天宁年鉴 2024

TIANNING YEARBOOK

常州市天宁区地方志编纂委员会　编

方志出版社
Publishing House of Local Records

图书在版编目（CIP）数据

天宁年鉴. 2024 / 常州市天宁区地方志编纂委员会编. -- 北京 : 方志出版社, 2024. 11. -- ISBN 978-7-5144-6503-7

Ⅰ. Z525.34

中国国家版本馆 CIP 数据核字第 2024PS6118 号

责任编辑：陈菁
责任校对：张玉霞
责任印制：梅中英
出 版 者：方志出版社
地　　址：北京市朝阳区潘家园东里 9 号（国家方志馆 4 层）
邮　　编：100021
网　　址：http://www.zgfzcb.cn
发　　行：方志出版社图书营销中心（010-67110500）
印　　刷：苏州市越洋印刷有限公司
开　　本：889 毫米×1194 毫米　1/16
印　　张：25.25
字　　数：897 千字
版　　次：2024 年 11 月第 1 版
印　　次：2024 年 11 月第 1 次印刷
定　　价：168.00 元

编辑说明

一、《天宁年鉴（2024）》以马克思列宁主义、毛泽东思想、邓小平理论、“三个代表”重要思想、科学发展观、习近平新时代中国特色社会主义思想为指导，坚持辩证唯物主义和历史唯物主义的立场、观点和方法，全面、系统地记述2023年天宁区自然、政治、经济、文化、社会、生态等方面概貌和发展情况，为各级各部门领导决策提供依据，为社会各界了解天宁、研究天宁、投资天宁提供信息资料，为编修地方综合志书积累资料。

二、《天宁年鉴》是由中共常州市天宁区委员会领导，天宁区人民政府主办，天宁区地方志办公室负责逐年编纂的年度资料性文献。《天宁年鉴（2024）》为第八卷。

三、《天宁年鉴（2024）》采用分类编辑法，分为类目、分目、条目3个层次，类目、分目、条目的标题以及表格等使用不同字号区别。条目为记述内容的主要形式，其标题用黑体加【　】表示，全书设类目35个。

四、《天宁年鉴（2024）》根据天宁区区域发展重点和科学分类要求，参照《天宁年鉴（2023）》，对部分类目、分目进行调整。增设“区域协同发展”“交通·水利”“焦溪古镇保护申遗”3个类目，其中“区域协同发展”类目设“锡常协同发展”“东西部支援帮扶协作”2个分目，“交通·水利”类目设“交通项目建设”“交通运输管理”“物流”“水利”4个分目，“焦溪古镇保护申遗”类目设“综述”“古镇保护修缮”“古镇文化研究”“古镇活化利用”4个分目。“中共常州市天宁区委”类目中增设“综述”和“人才工作”2个分目，把“档案管理”分目调整归入“文化旅游”类目；“常州市天宁区政府”类目中增设“民生实事项目”“数字政府建设”“营商环境优化”3个分目，把“地方志工作”分目调整归入“文化旅游”类目，把“信访工作”分目名称调整为“社会矛盾纠纷预防与化解”并归入“社会事务”类目；“法治”类目中增设“法治政府建设”分目；“军事”类目中的“退役军人事务”分目归入“社会事务”类目中；“农业”类目调整为“都市农业”，其下分目均作相应调整，设“综述”“休闲观光农业”“优质农副产品”“农业产业化”4个分目；“工业”类目调整为“制造业 建筑业”，增设“新能源产业”“电子产业”2个分目；“商贸服务业”类目中，增设“商务服务”“检验检测认证服务”“农贸市场建设”“养老服务”“托育服务”5个分目，把“大型商场超市”“商品交易市场”2个分目内容调整并入“商贸流通”分目；“开放型经济”类目中增设“天宁经济开发区”分目；“房地产业”类目中增设“房地产市场监管”分目；“城乡发展”类目调整为“城乡融合发展”，把“国土空间规划”分目名称调整为“城乡规划”，增设“公用事业”分目；“生态建设”类目下的“环境治理”分目调整为“污染防治”，“生态建设”分目调整为“生态修复”；“科学技术”类目中，把“科技创新载体”分目调整为“科技平台”，把“产学研合作”分目去除，其内容拆分整合至相关分目，增设“科创企业”分目；“文化旅游”类目中增设“大运河文化带建设”“青果巷历史文化街区”“文化场馆”“大众传媒”“文旅市场管理”5个分目；“体育”类目中增设“体育市场管理”分目；“卫生健康”类目中，把“医疗卫生信息化建设”分目内容拆分整合成条目，把“公共卫生”分目拆分为“疾病预防与控制”“公共卫生监督”“妇幼保健”3个分目;“社会保障”类目调整为“收入与分配”;“社会事务”类目中增设“民族宗教事务”，把“民政专项事务”分目拆分为“社会福利”“地名管理”2个分目。

五、《天宁年鉴（2024）》收录时限为2023年1月1日至12月31日，个别事务加以追溯，以便读者了解其始末。

六、《天宁年鉴（2024）》文字稿和随文插图主要由区各部门、各有关单位、开发区、镇、街道提供，并经各相关负责人审定。文中所列数据，原则上依据《天宁统计年鉴（2024）》，统计年鉴中没有的以主管部门统计为准，有些数据因统计口径不同而有所差异，部分数据因四舍五入等因素，总项和分项之和存在一定误差，未做机械调整。为保持文献原貌、遵从行业习惯，“附录”所刊文献的数据、计量单位均未作变动。

七、《天宁年鉴（2024）》中城乡特困人员、困难家庭、困境儿童、低保家庭、低保边缘家庭、政府援助服务对象、享受“两项补贴”残疾人、80岁及以上老年人等民政社会救助对象人数，以2023年12月31日24时为统计时点，救助金额为2023年度累计数。

八、《天宁年鉴（2024）》中有关“江苏省”“常州市”“天宁区”“中共江苏省委员会”“中共常州市委员会”“中共常州市天宁区委员会”的记述，非特定需要时（标题名、文件名等），分别简称为“省”“市”“区”“省委”“市委”“区委”。文中“上年”均指“2022年”。

九、表格中无数据统计意义和无法获得数字及有关情况的单元格用“—”表示，数据为零的用“0”表示。

十、数字用法、标点符号用法分别采用国家标准《出版物上数字用法》（GB/T 15835—2011）、《标点符号用法》（GB/T 15834—2011），计量单位采用国家技术监督局1993年12月发布的《量和单位》系列国家标准。

天宁区主要机构全称、简称对照表

全称	简称
中国共产党常州市天宁区委员会	区委
常州市天宁区人民代表大会常务委员会	区人大常委会
常州市天宁区人民政府	区政府
中国人民政治协商会议常州市天宁区委员会	区政协
中国共产党常州市天宁区纪律检查委员会	区纪委
常州市天宁区监察委员会	区监委
中国共产党常州市天宁区委办公室	区委办
常州市天宁区人民代表大会常务委员会办公室	区人大办
常州市天宁区人民政府办公室	区政府办
中国人民政治协商会议常州市天宁区委员会办公室	区政协办
中国人民解放军江苏省常州市天宁区人民武装部	区人武部
常州市天宁区人民法院	区法院
常州市天宁区人民检察院	区检察院
江苏常州天宁经济开发区管理委员会	天宁经济开发区
常州市天宁区郑陆镇人民政府	郑陆镇
常州市天宁区雕庄街道办事处	雕庄街道
常州市天宁区青龙街道办事处	青龙街道
常州市天宁区茶山街道办事处	茶山街道
常州市天宁区红梅街道办事处	红梅街道
常州市天宁区天宁街道办事处	天宁街道
常州市天宁区兰陵街道办事处	兰陵街道
中国共产党常州市天宁区委组织部	区委组织部
中国共产党常州市天宁区委宣传部	区委宣传部
中国共产党常州市天宁区委统一战线工作部	区委统战部
中国共产党常州市天宁区委政法委员会	区委政法委
中国共产党常州市天宁区委研究室	区委研究室
中国共产党常州市天宁区委网络安全和信息化委员会办公室	区委网信办
中国共产党常州市天宁区委机构编制委员会办公室	区委编办
中国共产党常州市天宁区委区级机关工作委员会	区级机关党工委
中国共产党常州市天宁区委巡察工作办公室	区委巡察办
中国共产党常州市天宁区委老干部局	区委老干部局
常州市天宁区档案馆（挂常州市天宁区地方志办公室牌子）	区档案馆（区地方志办）
常州市天宁区发展和改革局	区发展改革局
常州市天宁区教育局	区教育局
常州市天宁区科学技术局	区科技局
常州市天宁区工业和信息化局	区工信局

全称	简称
常州市天宁区民政局	区民政局
常州市天宁区司法局	区司法局
常州市天宁区财政局	区财政局
常州市天宁区人力资源和社会保障局	区人社局
常州市天宁区住房和城乡建设局	区住建局
常州市天宁区城市管理局	区城管局
常州市天宁区农业农村局	区农业农村局
常州市天宁区商务局	区商务局
常州市天宁区文化体育和旅游局	区文体旅局
常州市天宁区卫生健康局	区卫生健康局
常州市天宁区退役军人事务局	区退役军人事务局
常州市天宁区应急管理局	区应急管理局
常州市天宁区审计局	区审计局
常州市天宁区行政审批局	区行政审批局
常州市天宁区市场监督管理局	区市场监管局
常州市天宁区统计局	区统计局
常州市天宁区信访局	区信访局
常州市天宁区地方金融监督管理局	区地方金融监管局
常州市天宁区房屋征收与补偿办公室	区征收办
常州市天宁区机关事务管理中心	区机关事务管理中心
常州市天宁区总工会	区总工会
共青团常州市天宁区委员会	团区委
常州市天宁区妇女联合会	区妇联
常州市天宁区科学技术协会	区科协
常州市天宁区残疾人联合会	区残联
常州市天宁区工商业联合会	区工商联
常州市天宁区红十字会	区红十字会
常州市天宁区关心下一代工作委员会	区关工委
江苏常州人力资源服务产业园管理委员会	常州人力资源服务产业园管委会
常州市公安局天宁分局	公安天宁分局
常州市交通运输综合行政执法支队执法三大队	市交通执法支队三大队
常州市公安局交通警察支队天宁大队	天宁交警大队
常州市天宁区消防救援大队	天宁消防救援大队
常州市自然资源和规划局天宁分局	市自然资源和规划局天宁分局
常州市天宁生态环境局	天宁生态环境局
国家税务总局常州市天宁区税务局	区税务局
常州市医疗保障局天宁分局	医保天宁分局
常州天宁建设发展集团有限公司	天宁建设
江苏天宁城市发展集团有限公司	天宁城发

综合荣誉

- 全国义务教育发展基本均衡区
- 全国社区教育实验区
- 全国社会工作服务标准化示范区
- 全国和谐社区建设示范城区
- 全国科普示范区
- 全国基层中医药工作先进单位
- 国家慢性病综合防控示范区
- 国家妇幼健康优质服务示范区
- 全国社区治理和服务创新实验区
- 全国中小学校责任督学挂牌督导创新区
- 全国健康促进区
- 国家农产品质量安全区
- 全国青少年校园足球试点区
- 全国城乡融合发展改革项目制试验任务试点地区
- 第五批节水型社会建设达标区

产业强区重质效

2月11日，盛天新能源核心部件项目举行奠基仪式　　（区委宣传部 供图）

4月23日，西安交大长三角新型光电创新中心揭牌成立（区委宣传部 供图）

3月5日，江苏固立得精密光电有限公司年产亿级深紫芯片项目举行签约暨开工仪式（区委宣传部 供图）

2023年，常州汽车零部件产业园俯瞰图　　（区委宣传部 供图）

12月30日，常州首个主城区仓储式会员制商店M会员店试营业(组图) （兰陵街道 供图）

2023 年，南城脚·牡丹里文化创意产业园　　（区委宣传部 供图）

2023年，油用牡丹光伏农光互补发电项目 （区委宣传部 供图）

2023 年，“潇洒莲坞”睡莲培育基地。上图为基地负责人培育睡莲，下图为绛红色中国睡莲“福”
（区委宣传部 供图）

城乡融合展新颜

青果巷历史文化街区　　（姚建国 摄）

8月19日,A35·红盒子城市艺文生活空间开业　　（高振渊 摄）

A35·红盒子城市艺文生活空间内景　　　　（高振渊 摄）

10 月，焦溪古镇经纬度轻食店开业　　（高振渊 摄）

10 月，焦溪古镇耳看·音乐酒馆试运营　　（区委宣传部 供图）

10月，焦溪古镇姚记手工美食店对外营业　　（区委宣传部 供图）

10月，焦溪古镇万物生长生态艺术商店试运行　　（区委宣传部 供图）

2023 年，武城获评常州市美丽乡村（组图） （青龙街道 供图）

10 月，石堰自然村获评第十二批次江苏省特色田园乡村（组图）　　（郑陆镇 供图）

2023年，常州首个人工生态湿地公园蔷薇公园改造后景观(组图)　　（区委宣传部 供图）

8月1日，景仁公园建成开园（组图） （区委宣传部 供图）

民生幸福更普惠

6月，常州市局前街小学开设特色艺术教育课堂　（区教育局 供图）

10月，常州市青龙实验小学学生设计无人机穿过目标门洞程序　（区教育局 供图）

7月，“天宁星课堂”爱心暑托班　　（区教育局 供图）

9月27日，青龙街道阳光龙庭托育服务中心创成国家级“向日葵亲子小屋”项目点（区卫生健康局 供图）

4月，“初心映山红·幸福环岛路”常州市第十六届社区邻里节暨第六届杜鹃花展在凤凰新城开幕

（区委宣传部 供图）

8月，秋白书苑·东坡雅集对外开放　　（潘劲舟 摄）

9月25日，常州市儿童医院新院区开诊（组图）　　（区委宣传部 供图）

10 月 15 日，完成改扩建的郑陆镇卫生院启用运行（组图）　　（区卫生健康局 供图）

7月，红梅街道翠竹市集建成开业（组图）　　（区委宣传部 供图）

12月25日，“兰陵茂”农贸市场完成提升改造　　（区委宣传部　供图）

7月，茶山街道“茶饭小馆”社区食堂开业运营　　（区委宣传部　供图）

萃 园

9 月 26 日，萃园开园　（区委宣传部 供图）

萃园开园活动（组图）

（天建集团 供图）

萃园景观(组图)

（天建集团 供图）

目录

专 文

区情概览

大事记

中共常州市天宁区委

常州市天宁区人大

常州市天宁区政府

常州市天宁区政协

中共常州市天宁区纪委 常州市天宁区监委

民主党派・工商联

群众团体

法 治

军　事

经济管理

区域协同发展

开放型经济

都市农业

制造业　建筑业

商贸服务业

金融业

房地产业

交通·水利

城乡融合发展

生态建设

科学技术

教　育

焦溪古镇保护申遗

文化旅游

体 育

卫生健康

收入与分配

社会事务

应急管理

镇·街道

人物 · 荣誉

附 录

索 引

专文

◆栏目编辑　章丽华

天宁区城乡融合发展改革

2021年7月，天宁区被农村改革试验区办公室（农业农村部改革司）确认为国家级城乡融合发展改革试验区，建设期限为2021—2023年。为推进城乡融合发展改革任务，2022年8月，区委、区政府出台《关于推进国家级城乡融合改革试验区建设的实施意见》，明确国家级城乡融合发展改革试验区建设以习近平新时代中国特色社会主义思想为指导，按照乡村振兴战略的总体要求，将“城乡共同体”理念贯穿始终，以“城乡一体、两山理论、三产融合、四化同步、五大振兴”为原则，建立健全城乡融合发展的体制机制和政策体系，统筹推进规划、产业、功能、生活、治理五大融合，促进城乡之间资本、技术、人才等要素双向流动，交通、教育、医疗等资源互联互通，真正让农业有干头、农民有奔头、农村有看头，打造未来元素和历史人文交相辉映、产业发展与水墨江南有机融合、效率优先与共同富裕相互促进的苏南乡村振兴样板。

空间规划　2022—2023年，天宁区按照国家级城乡融合发展改革试验区建设要求，推进新一轮国土空间规划编制和“三区三线”划定工作，组织编制《天宁区国土空间总体规划（2020—2035年）》，聚焦未来智慧城、天宁省级高新技术开发区和郑陆农场三大片区，明确工业区、集镇区、农业区、居住区四大空间布局，形成相对连片、边界清晰、功能互补、设计美观的规划体系。组织编制《锡常协同先行区空间规划》《常州东部地区空间协同发展规划》系统方案，与无锡市江阴市、常州经济开发区共建锡常协同发展先行区，聚焦交通、产业、创新、文旅、配套等重点领域，以局部先行一体化提升城市发展能级，《苏锡常都市圈发展行动计划》获省发展改革委明确支持，被列入长三角城市经济协调会年度计划。完成郑陆镇4个村庄单元规划编制，构建国土空间格局下镇村体系，架构村庄单元发展蓝图，促进农林空间、建设空间优化和综合价值提升。

产业转型　2022—2023年，天宁区加快产业转型，促进城乡融合发展。工业经济向“智慧”转型，紧扣“国际化智造名城、长三角三新经济高地”战略定位，构建“一城一区多园”的未来工业体系；未来智慧城初具规模，欧陆检测技术服务（上海）有限公司落户开发区，天宁跨境电商产业园累计入驻跨境电商企业30家，建立全省首家数字化转型促进中心，“三新”经济逐步成为天宁经济新的增长极；天宁省级高新技术开发区蓄势待发，核心区框架路网基本建成，集聚凯成精密、武进不锈等重点产业项目12个；观光工业、三产融合、医疗设备等独具特色的小微工业园区初具规模，逐步成为助推天宁经济发展的新引擎。农业经济向“三品”集聚，按照“1+3+N”天宁品牌体系，创成区域公用品牌1个（焦溪翠冠梨）、国家地理标志商标（产品）3个（焦溪二花脸、黄天荡清水蟹、焦溪翠冠梨）、绿色优质农产品22个，新增高标准农田110.4公顷，全区农产品加速向“品质、品牌、品种”集聚；农业服务业经济向“融合”进军，引进江南运河“舜山舜水”保护利用、焦溪古镇保护与利用工程建设、爱巢生物年产300吨农产品果蔬方便食品及固体饮料等总投资117亿元的农业农村重点项目32个。焦溪古镇加入联合申遗预备名单，舜山小镇乡村MALL主体封顶，雕塑小镇、皮划艇基地等一批产业项目投入运营，助推“一二三产融合、文商旅农互动”。

功能配置 2022—2023年，天宁区加快推进国家级城乡融合发展改革试验区建设进程，加速推动城乡一体化建设。推进交通一体化建设，两年完成35条城市道路建设，新建城市道路桥梁7座，新建农村公路桥梁7座、箱涵1个，焦溪大道建成通车；全面推行农村公路“路长制”，农村路网“毛细血管”得到有效疏通；未来智慧城“五纵五横”骨干交通网络体系框架基本成型。推进教育一体化建设，在全市率先出台“双减”（减轻义务教育阶段学生过重作业负担和校外培训负担）工作指南，常州市博爱小学“魔方式”作业成为全市唯一入选江苏省教育厅第二批“双减”工作典型案例；持续深化“集团化办学2.0”行动，推动城乡学校之间教师轮岗、联盟交流，推进季子幼儿园与市机关幼儿园一体化办学、郑陆实验学校与局前街小学紧密合作办学，实现与主城区优质教育资源共建共享，全面提升农村教育软硬件实力。推进医养一体化建设，郑陆镇卫生院改（扩）建工程竣工并投用，与市三甲医院联合建设6个特色科室，辐射周边20万人，全区18个村卫生室90%通过甲级村卫生室验收；解决“一老一小”问题，天宁普惠托育服务实践获省政府表彰，青龙街道便民服务中心获评“15分钟医保服务圈”省级示范点，村（社区）医保公共服务站点实现全覆盖，全区“15分钟医保服务圈”实现全覆盖，基本实现“基本医疗人人享有、优质医疗人人可及、养老服务人人惠及”。推进公共设施管护一体化建设，出台《天宁区公共基础设施城乡一体化管护体制改革试点实施方案（2022年度）》，制定社区服务、基础设施、农田水利等12个行业农村公共基础设施管护试点方案，做到“三有”（有人管、有钱管、有机制管），突出“五明确”（明确管护范围、管护权属、管护标准、管护资金、管护任务），创新“三个模式”（专业管护模式、市场化管护模式、自行管护模式），建立健全建管一体的公共基础设施城乡一体化发展机制，逐步推动农村公共基础设施管护改革落到实处。推进生态一体化建设，天宁区创成国家级节水型社会建设达标区，老大运河（天宁段）创成全市首条省级示范幸福河湖，全区建成14条总计50.4千米县乡级生态河道；探索生态产品价值实现机制，郑陆镇1宗集体用地成为全省首宗附带生态增值的集体经营性建设用地，《江苏省常州市郑陆镇整理资源发展生态产业促进生态产品价值实现案例》入选自然资源部办公厅《生态产品价值实现典型案例》（第四批）；天宁生态环境局与区税务局签署实施《关于深化环境保护（扬尘税）协作共治合作备忘录》《关于助力企业绿色转型发展、深化绿色税制管理联动工作机制协议》，通过税制促进区域大气环境治理，助推企业绿色转型；率先在全省制定出台《关于在生态环境损害赔偿和公益诉讼案件中开展生态公益岗位劳务代偿的办法（试行）》，试点实施在建工地噪声民事公益诉讼生态环境损害“四方磋商”机制；在郑陆镇建设全省首个固碳基地，在郑陆镇丰北村建立生态环境损害赔偿教育基地，为破坏生态环境的违法行为提供生态补偿、生态代偿的实施路径，实现生态修复目标，共同保护天宁区城乡生态环境。

人才保障 2022—2023年，天宁区强化城乡融合发展人才引育，聚焦“原乡人”，持续开展农业经营主体和新型职业农民培育工程，建立各级各类人才“乡贤库”，不断提升农业主体核心示范带动力，全区累计培育国家级农民合作社示范社3家、省级农民合作社示范社3家、市级农民合作社示范社7家、区级农民合作社示范社4家，有省级农业龙头企业2家、市级农业龙头企业1家、区级农业龙头企业4家，举办高素质农民培训班29期，参训3308人次，11个项目入选第十九批“龙城英才计划”创业类项目，培育“龙城英才计划”农业乡土人才5名、江苏省“三带”名人2人、江苏省“三带”能手8人，一大批“原乡人”进城创业。聚焦“新乡人”，全市首家“人才天地”多功能展厅建成投用，举办龙城英才、新“才富天宁”、青年优才等招才引智活动18场，2年内新建、改造人才公寓7667套，全区累计投用人才公寓11000余套；通过“三新”经济、文旅融合、现代农业等重点项目建设，新建农业博士工作站1个、硕士工作站2个，引进（含柔性）农业农村类博士10人、硕士10人、专家级教授35人，累计引进城市人才6850人，为乡村振兴注入技术、资本、信息资源。聚焦“归乡人”，天宁区建立郑陆乡贤库，定期不定期走访联络“归乡人”，推荐家乡发展载体和创业机会，鼓励回乡创业，累计引进23个“归乡人”投资建设的重点项目，让更多“归乡人”回天宁发光发热。

乡村建设 2022—2023年，天宁区按照“国资先行做环境、民资跟进唱大戏”的天宁模式，利用社会力量、专业人才加快提升美丽乡村运营水平。位于查家湾美丽乡村的舜山小镇项目建设稳步推进，万怡酒店和舜山春早（一期）样板区主体封顶，乡村MALL、学农营地主体完工，康养板块实体样板房建成开放，花间府·舜山居民宿签约入驻；牟家村全域运营管理试点全面推进，雕塑小镇建成开放，伊酷拉农庄、半石咖啡、公子居民宿等产业项目实现稳定运营；丰北村农文旅融合发展加快推进，建成皮划艇基地1个、星空民宿13个、稻田文化圈1.33公顷，蜗牛时光度假村和“蜗牛时光”都市慢生活乐园建成开放，度假村体育休闲旅游场景被评为江苏省体育消费场景典型案例。制定出台《天宁区集体经营性用地上市办法》《关于加强和规范农村宅基地审批管理工作的通知》《天宁区郑陆镇农村宅基地审批管理实施细则》《天宁区郑陆镇农村宅基地资格权认定管理暂行细则（试行）》等规章制度，打通农房改造的政策“瓶颈”和实现路径，横沟村现代宜居农房（一期）启动建设，累计完成100户宜居农房改造。按照“三标融合”的要求，建立市、区、镇三级一体化测评考核体系，在全市率先推出“红黑榜”制度，建立完善“市场化保洁+村保洁”双向管护体系和网格化监管体系，新（改、扩）建农村公厕29座，户厕粪污接管处理率和资源化利用率保持100%，农村生活污水处理设施正常运行率99.35%，农村生活污水治理率达90%。

基层治理　2022—2023年，天宁区加大城乡融合发展改革的基层治理力度，打造一流党建样板，与南京大学、市委党校联合在牟家村建设全市首个、全省最大的“乡村振兴学院”，并在乡村振兴学院揭牌成立常州市龙城先锋乡村振兴培训中心、全国干部教育培训南京大学基地乡村振兴教学基地，成为向外展示党建引领乡村振兴的“第一窗口”、农村干部和乡土人才教育培训的“第一课堂”、乡村振兴战略落地落实的“第一智库”。打造一流善治样板，围绕资产化纽带，牟家等7个村联合谋划村级资产的开发运营，进一步强化资产运营管理，全区村级资产非现金结算实现全覆盖；围绕数字化赋能，开展区域社会治理现代化试点，建立“智慧乡村”数字治理平台，打造全方位、立体化、数字化智慧安防体系，天宁区城乡综合管理服务智慧平台创成全省首家城乡领域全覆盖的综合管理服务试点平台，实现多个执法主体和中心城区、乡镇综合管理事项“一平台通办”；围绕民主化管理，探索创新“四+”社会治理新样板，“情报方舱”安全稳定风险防控入围市域社会治理重点项目，培育推广“郑能量法治堂”“童乐议事会”等新型自治共治平台，及时有效回应群众诉求，确保矛盾不上交、平安不出事；加强乡风文明建设，改善人居环境，牟家村试点实施乡风文明积分制，督促村民自觉践行文明风尚，提升乡村治理效能，《“小积分”撬动“大治理”，激活乡村治理“新引擎”》经验做法作为第三批全省乡村治理典型案例被公布推介。打造一流文化样板，持续打造推广“初心”系列党建品牌和“郑”系列公共服务品牌，公共文化资源、道德讲堂品牌加速向基层延伸，新时代文明实践站“一站一品”提升行动实现全覆盖，“‘郑’说理响”理论宣讲队推动党的创新理论飞入寻常百姓家，群众文化获得感、幸福感进一步提升。

（钱　寅）

名词解释：

“城乡一体、两山理论、三产融合、四化同步、五大振兴”：“城乡一体”指通过体制机制和政策创新，加速城乡之间资本、技术、人才等要素的双向流动，推动交通、教育、医疗等功能的互联互通，构建城乡居民生活环境品质相对均等的城乡共同体；“两山理论”指“绿水青山就是金山银山”理念，坚持人与自然和谐共生，统筹山水林田系统治理，有序推进生态产品价值转化机制，推动生产、生活、生态的协调互动；“三产融合”指“一二三产融合、文商旅农互动”，依托特色资源，推动跨界融合，进一步延伸产业链、配套服务链、提升价值链，促进新产业、新业态、新模式蓬勃发展；“四化同步”指信息化、工业化、城镇化、农业现代化同步发展，通过信息化引领发展、工业化创造供给、城镇化拓展需求，共同推动农业农村现代化，真正实现“四化”深度融合、良性互动、共同发展；“五大振兴”指产业、人才、文化、生态、组织5个方面的全面振兴，通过城乡融合改革，确保农业稳产提质、农民稳步增收、农村稳定安宁，加快实现共同富裕。

“三区三线”：“三区”指城镇空间、农业空间、生态空间三种类型的国土空间，“三线”指在城镇空间、农业空间、生态空间划定的城镇开发边界、永久基本农田、生态保护红线三条控制线。

“一城一区多园”：“一城”指未来智慧城，“一区”指天宁省级高新区，“多园”指小微工业园。

“城市人才”：区别于农村人才，特指农村地区范围外的人才。

“三标融合”：整合文明城市建设、城镇长效综合管理、农村人居环境整治三大测评指标，分类施策，协同推进，精准管理。

老工业基地调整改造

2020年、2021年、2023年，天宁区老工业基地调整改造工作3次获得国务院办公厅真抓实干督查激励表扬。天宁区老工业基地调整改造工作于2012年启动，按照市委、市政府提出的“南北建新、三城融合、东西协调、开发东部”建设思路，以雕庄街道为核心区域，启动老工业基地调整改造工作，确立“三年成势、五年成形、十年成城”目标，构建“一廊、两心、两区、两园”的空间布局，实施“新城市、新产业、新社区、新生活”改造模式，全力打造以科技创新、生态居住、滨水活力、文化创意为典范的创智半岛、凤凰新城、乐活水岸。

基本情况 天宁区雕庄街道（凤凰新城）位于中心城区东南部，京杭古运河、苏南新运河、采菱港三河围合，三面环水，是天然的生态半岛。2023年，街道区域面积11平方千米，312国道、中吴大道、劳动东路贯穿东西，大明路、青洋路高架、凤凰路直通南北，距常州火车站5千米，距京沪高铁常州北站、奔牛国际机场30分钟车程。雕庄街道下辖清溪村、朝阳村2个建制村和朝阳花园社区、菱溪社区、采菱社区、水岸社区4个社区，辖区内户籍人口1.65万人，常住人口4.16万人。雕庄街道具有雄厚的产业基础，在以传统老工业为支撑的时代，连续多年跻身全市工业企业十强乡镇，但伴随经济转型发展，产业结构落后、环境污染严重、亩均效益不高等问题逐渐凸显，成为制约凤凰新城建设发展的短板。

2015年，天宁区出台《雕庄老工业区整体搬迁改造实施方案》，明确雕庄街道老工业区搬迁改造的主要目标和具体措施。对此，常州市政府高度重视，出台《市政府关于支持天宁区雕庄老工业区整体搬迁改造的意见》（以下简称《意见》），要求市发展改革委、房管局、财政局、交通运输局等相关责任部门围绕城市规划、产业转型升级、生态治理、城市功能设施、棚户区改造、财税金融六大方面给予大力支持。《意见》的出台，为雕庄街道老工业区搬迁改造提供强有力的政策支持。

塑造城市功能 凤凰新城围绕“一廊、两心、两区、两园”的总体规划布局，坚持拆迁与建设双向发力，完善城市功能，优化人居环境。

优化空间布局。在全市率先探索集体拆迁转为国有征收动迁模式，对生态居住区、综合服务区落后企业实施征收搬迁，并加大对区域内厂中村、低洼地村等民房的改造力度，彻底改变老工业区厂中村、村中厂混杂及环境脏乱差局面，解决居民房屋年久、危旧、易涝等问题，有效改善居民居住环境。至2023年年末，累计实施老工业区改造提升项目100个，征迁面积超400万平方米，腾出产业发展空间约24.7万平方米，为新城发展提供空间、增强后劲。

强化设施建设。依托凤凰新城区位优势，通过完善道路框架体系提升区域发展活力，着力打造“主次有序、内联外通、开放共融”的新城交通格局。2022年，总投资20亿元的凤凰新城环岛路绿色生态长廊全面建成，集运河水韵、非遗文化、创意产业于一体，由“工业锈带”蝶变为“城市秀带”。至2023年，“三横九纵”（“三横”指中吴大道、光华路、劳动东路，“九纵”指凤凰路、优胜路、青洋路、友谊路、雕庄路、东南路、清溪路、大明路、团结路）路网全面建成。

优化生态环境。实施水、气、土壤环境综合整治，改造辖区内污水接管企业管线，新建雨污水管网，提升污水处理能力。对污水处理厂进行技改和管网改造，实现污水管道与城市污水管网对接，通过二次处理，确保污水排放达标。新建垃圾中转站厂房，使区内居民生活垃圾，商贸服务业、部分工业企业产生的固体废物得到及时处理。2018—2020年，雕庄街道关停“散乱污”企业56家，腾挪2.33万平方米土地，完成采菱港“三乱”（乱占、乱建、乱排）清理整治，完成河道管理“两违”（在河湖库管理范围内实施违法圈圩和违法建设）排查整治。推进辖区内污染地块风险管控和治理修复，至2023年，原常州市山峰化工有限公司、常州市东方化工有限公司地块污染土壤修复及风险管控项目基本完成。2021年，在凤凰公园举办“初心映山红，同庆一百年”第十七届中国杜鹃花展览会，25万余株（盆）杜鹃花、近60万平方米绿化景观带共筑十里杜鹃花海。2023年，萃园建成开园，园内以亭、台、轩、榭、廊、坊、桥等园林要素布局，设置洛原春晓、菱溪荷香、归乐秋韵、寄园梅影、云岫飞瀑、峰势三台、九峰揽翠、西岭穿月八大主题景观，配置匾额、楹联、碑文、壁画等书画作品，成为大运河沿线的亮丽风景。

改善民生项目。坚持高门槛准入、高标准建设、高品质打造凤凰新城，中海、荣盛、新城等七大高端商品住宅联动开发，清溪人家、菱溪名居35万平方米高标准安置小区交付使用；完成历史文化陈列馆、革命旧址纪念馆、全民减灾教育体验馆、青少年成长教育体验馆、运河文化创意展示馆，雕庄街道社区卫生服务中心（含老年人日间照料中心）、全民健身中心、社区教育中心、奥体雕庄街道文体活动中心“五馆五中心”建设；国际标准双语幼儿园、常州市凤凰新城实验小学、常州市儿童医院等资源落户凤凰新城。

产业转型升级 凤凰新城实施淘汰落后产能腾挪空间、传统产业转型升级和特色产业高质量发展“三年行动计划”，推动落后产业“腾笼换鸟”、优势产业“脱胎换骨”、新兴产业“筑巢引凤”，真正实现以产兴城、以城聚产。

淘汰落后产能企业。从产业规划、产出贡献、环境承载、区域调整等多个维度对区域企业进行综合考量和系统分类，梳理出落后产能企业清单，对不符合产业发展要求的企业关停淘汰。2014 年，常州四药制药有限公司新厂区搬入原文景纺织地块，年销售额超过 20 亿元，成为全市效益最佳的企业；2019 年，常州华利达服装集团有限公司在原海之春纺织地块建立 15 万平方米的现代化厂区，研发投入占比超 8%，成为服装行业双“百强”企业和华东地区最具规模的纺织服装出口企业。至 2023 年年末，凤凰新城累计搬迁落后产能企业 72 家，为优质企业发展、新兴产业集聚创造宝贵的土地空间，产业发展由“大水漫灌”变为“精准滴灌”。

焕发传统产业生机。支持传统企业进行技术化改造，推动传统优势产业焕发新活力。以常州华利达服装集团有限公司、亚东（常州）科技有限公司为代表的一大批传统企业，通过技改、产学研合作、量级上云、智改数转等方式，实现由传统制造向智能制造到行业领先的华丽蜕变。至 2023 年，凤凰新城拥有高新技术企业 63 家、授权发明专利 5025 件。导入社会资本，对南港码头、曼淇威厂房等 10 余处闲置资源进行综合改造，盘活文创商业空间 20 万平方米。2023 年，常州制药厂有限公司获评全国绿色工厂，常州华利达服装集团有限公司获评国家绿色供应链管理企业，亚东（常州）科技有限公司技术中心获评省级企业技术中心，常州金源铜业有限公司获评江苏省绿色工厂，江苏永信医疗科技有限公司被工业和信息化部评为国家级专精特新“小巨人”企业，常州威远电工器材有限公司、常州市久成电子设备有限公司、常州瑞曦生物科技有限公司被省工业和信息化厅评为江苏省专精特新中小企业。

建设新兴产业高地。科学定位产业发展，重构产业布局，确定生命健康、智能制造、现代物流产业作为老工业区“新”产业定位。生命健康产业以常州四药制药有限公司、常州制药厂有限公司、创志科技(江苏)股份有限公司、常州市久成电子设备有限公司等一批生命健康企业为龙头，打造集研发、孵化、生产、销售于一体的生物医药产业新高地，常州兰陵制药有限公司纳税销售成倍增长，常州制药厂有限公司“常药商标”被认定为中国驰名商标，常州爱医爱药众创空间获评全省众创空间。智能制造产业以江苏大恒环境技术研究院有限公司、普偌迈机电制造(常州)有限公司、常州信通申隆汽车零部件有限公司等高端装备制造企业为龙头，聚集国内外一批专精特新“小巨人”企业。现代物流板块以万都金属智慧物流园的金属物流产业链和中村物流中心的建筑钢材交易为基础，形成现代化综合货运枢纽。2023 年，万都金属智慧物流园成为长三角交易规模最大的金属材料交易中心，并以欧冶云商电子交易平台为基础建设线上园区，经营范围可辐射至长三角乃至全国。

提升治理水平 凤凰新城坚持“共建共享共治”理念，创新社会治理，“五微工作法”被《中国社区报》报道，并入选全省“五社联动”机制创新试点单位，“公益五号”志愿服务品牌在全市形成影响。

服务“一站式”。凤凰新城高标准定位、高起点建设、高规格建设服务便民、温馨宜人的社区服务综合体，打造服务百姓群众的“最美根据地”，为居民提供“全龄段、一站式、多元化”的社区服务。建立“街道 + 社区 + 居家养老服务站运营单位 + 志愿者 + 助餐单位”五方协同机制，至 2023 年年末，5 个社区（村）均建有居家养老服务站，设立 8 个社区老年助餐点，日均助餐 125 份，惠及 140 余名老年人。

公益“项目化”。2015 年，凤凰新城成立“联谊 Σ”社会组织发展中心，将社区服务进行项目化“外包”，初步形成“政府制单、社团接单、契约管理、服务量化、绩效追踪、评估考核”的闭环模式，提升政府管理服务效能，推动社区服务更具特色化、专业化、品质化，实现多方共赢。至 2023 年年末，凤凰新城登记备案社会组织 49 家，孵化 AAA 级以上社会组织 14 家，申报创投项目 26 个，争取各类项目资金 120 余万元，组织开展各类公益服务近万次，受益群众达 20 万人次，增强社区百姓的幸福感和获得感。同年，街道联合凤凰新城托育中心创建的“向日葵亲子小屋”项目点入选国家级项目，全市唯一。

沟通“零距离”。2018年，凤凰新城创新推出手机上的“社区”，全力打造“线上+线下”社区治理服务新模式，通过“微服务、微协商、微公益”三大行动，线上征集居民意见、回应居民需求、发布活动信息，线下匹配居民需求、开展治理与服务，打破空间距离、实时解难纾困，实现线上共商社区事务与线下网格治理的有机融合。

坚持党建引领 凤凰新城坚持以“开放、包容、实干、争先”的奋斗精神，沉下心来谋发展、保持定力抓落实，奋力抓党建、促改革，形成全领域的党建引领新城建设发展示范。

突出项目强党建。深化“初心映山红”党建IP创建成果，发挥常州华利达服装集团有限公司“平凡人”党建等品牌效应，围绕干部队伍建设、新兴领域党建、非公有制企业党建等，部署开展“党建引领新城治理全域样板三年行动”，通过党建项目化、项目清单化、清单专班化，切实提升全领域党建工作水平，先后建成常州红馆、清园、青廉馆等10个省、市、区级党建阵地，涌现屠永锐、汤亚平、李承霞等20多位全国、全省共产党员先进典型。2019年，街道办事处获评全市唯一的全省人民满意的公务员集体。雕庄老工业基地改造、“凤凰新城十年涅槃精彩蝶变”典型案例、常州华利达服装集团有限公司“平凡人党建”案例作为正面典型案例接受市、区主题教育解剖式调研。《初心映山红，凤凰涅槃生——党建引领凤凰新城十年转型的实践探索》入选第六届全国基层党建创新典型案例优秀案例。

开展活动促党建。2021年，“花开有声·艺心向党”艺术党课被中央广播电视总台CCTV-1《晚间新闻》栏目报道。2022年，雕庄街道举行第二届映山红党建文化节，开展“初心映山红、先锋映山红、幸福映山红、奋斗映山红”四大党建文化主题活动，吸引近万名党员群众参与；举办凤凰新城“十年成城”成就展，用533张图片展示凤凰新城在党的建设、产业发展、社会治理等方面取得的成就，线上与线下展馆累计观展70余万人次。围绕“青年党员参与社会治理”主题，打造青年Young空间，组织青年党员进社区服务累计40余场次，惠及群众2000余人次。2023年，开展“党员集结号”党员报道活动，各社区（村）组建党员回归社区志愿者服务群，吸引300余名街道机关党员下沉社区（村）服务；成立菱溪社区少工委，启动“成长365：红领巾赋能社区治理”项目，以党建带队建，为社区治理融入少年力量。

基层共建谋发展。凤凰新城围绕“把每个基层党组织都建成坚强战斗堡垒”的目标，强基层、打基础，探索基层党建新模式，“党员好管家”等4项党建品牌被省级以上媒体推广，“清园”党风廉政教育基地、常州四药制药有限公司“融合党建”受到省、市领导高度肯定。2023年，雕庄街道党工委与市儿童医院党委建立党建联盟，共同开展“同心启新程，如愿向未来”主题快闪活动，被《人民日报》客户端报道；以“初心映山红，幸福环岛路”为主题，串联乔司影视基地、中赛水上文化运动中心等7个点位，开展沉浸式、体验式、互动式的党建文化节活动。根据辖区货车司机集聚、外卖小哥骑手集中的特点，建立4个龙城红色驿站、15个龙城红色服务吧，为货车司机、装卸工、外卖骑手等户外劳动者提供“冷可取暖、热可纳凉、渴可饮水、累可歇脚”等爱心服务。菱溪社区探索建立“社区骑手驿站”，推进“骑护夕阳”项目，为老年人提供代买代购、应急救援、心理慰藉等服务，构建社区、骑手、老年人、社区居民及物业多方联动机制。

（龚　可）

名词解释：

“一廊、两心、两区、两园”：“一廊”指运河工业文明走廊；“两心”指高端居住中心、产业综合服务中心；“两区”指生态居住区、综合服务区；“两园”指凤凰科技生命园、现代物流园。

五微工作法：一种基层治理和服务居民的创新方法，旨在通过微小的行动和细节，实现社区治理的精细化和服务的高效化，具体包括建立“微架构”、搭建“微平台”、组建“微队伍”、优化“微服务”、汇聚“微力量”。

公益五号：2018年，雕庄街道启动公益“5号”集市，每月5号（日）、15号（日）、25号（日）任选一天举办集市活动，在7个村（社区）中按顺序轮转。

区情概览

◆ 栏目编辑　潘劼飞

地理环境

【区位】 天宁区是常州市主城区，位于常州市东北部，地理位置北纬31°43′34″～31°52′23″，东经119°55′01″～120°10′52″，北京时间基准线（东经120°经线）穿越境内。天宁区东及东北与无锡江阴市接壤，南邻武进区，西接钟楼区，西北与新北区相连。

【交通】 天宁区地理位置优越，交通便利。距常州奔牛国际机场15千米、苏南硕放国际机场39千米、南京禄口国际机场80千米，区内京杭大运河、沪宁高速铁路、沪蓉（沪宁）高速公路、312国道穿境而过，常州火车站、常州客运中心、城际高铁站坐落辖区。

【地貌】 天宁区地处长江下游南岸，属太湖流域水网平原。境内有山有水，主要有舜过山（又称舜山）、鹤山、石堰山；京杭大运河穿境而过，澡港河直通长江，采菱港与太湖相连，北塘河与京杭大运河、长江贯通，境内有采菱港、大通河、西河、横塘河、宁河、申浦河、黄天荡河、青龙港、丁塘港、芦浦港、童家浜、草塘浜、黄家浜、隆兴浜、窑墩浜等河道，水网星罗棋布，是典型的江南水乡。

（区地方志办）

【土地】 至2023年年末，全区土地总面积为154.84平方千米。根据第三次国土调查最终成果，天宁区有耕地1948.77公顷。其中，水田1065.03公顷，占54.65%；水浇地722.01公顷，占37.05%；旱地161.73公顷，占8.3%。有园地820.20公顷。其中，果园689.79公顷，占84.1%；其他园地130.41公顷，占15.9%。有林地949.29公顷。其中，乔木林地73.58公顷，占7.75%；竹林地4.88公顷，占0.51%；其他林地870.83公顷，占91.74%。有草地273.64公顷。有湿地0.14公顷，均为内陆滩涂。有城镇村及工矿用地8264.95公顷。其中，城市5086.34公顷，占61.54%；建制镇1315.31公顷，占15.92%；村庄1818.32公顷，占22%；采矿用地4.39公顷，占0.05%；风景名胜及特殊用地40.59公顷，占0.49%。有交通运输用地718.35公顷。其中，铁路用地102.86公顷，占14.32%；轨道交通用地7.64公顷，占1.06%；公路用地404.45公顷，占56.3%；农村道路190.03公顷，占26.46%；港口码头用地13.37公顷，占1.86%。有水域及水利设施用地2473.86公顷。其中，河流水面774.44公顷，占31.31%；坑塘水面1568.95公顷，占63.42%；沟渠28.30公顷，占1.14%；水工建筑用地102.17公顷，占4.13%。

（蒋云峰）

【气候】 天宁区属北亚热带季风区，气候温润，雨量丰沛，日照充足。2023年，天宁区年平均气温较常年正常略偏高，日照总时数正常，年降水量正常，主要灾害天气有暴雨、强对流、寒潮、暴雪、低温冰冻、高温、雾和霾等。

气温 2023年，全区平均气温17.6℃，较常年偏高1℃，位列历史第二高（仅次于2021年和2022年的17.8℃）。冬季（2022年12月至2023年2月）平均气温5.2℃，与常年持平；春季（3—5月）平均气温17.5℃，比常年偏高1.6℃，与2022年并列历史第二（仅次于2018年的17.6℃）；夏季（6—8月）平均气温28℃，比常年偏高0.7℃；秋季（9—11月）平均气温19.2℃，比常年偏高0.9℃。一年中，3月气温异常偏高（历史第二），1月、4月、6月、9月偏高，其余月份基本正常（偏均值小于1℃）。年极端最高气温38.1℃（8月12日），年极端最低气温-9.3℃（1月25日）。日最高气温≥35℃的高温日为16天，日最低气温≤0℃的低温日为32天。

日照 2023年，全区日照时数1862.4小时，比常年偏少105小时，属正常年份。冬季（2022年12月至2023年2月）日照时数451.6小时，比常年偏多56小时；春季（3—5月）日照时数487.1小时，比常年偏少35.1小时；夏季（6—8月）日照时数436.1小时，比常年偏少116.6小时；秋季(9—11月）日照时数493.2小时，比常年偏少5.6小时。1月显著偏多，11月偏多；5月、7月、9月偏少；其余月份均正常。

降水 2023年，全区降水量1217.7毫米，与常年持平，属正常年份。冬季（2022年12月至2023年2月）降水量119.4毫米，比常年偏少34.5毫米；春季（3—5月）降水量171.7毫米，比常年偏少90.6毫米；夏季（6—8月）降水量759.1毫米，比常年偏多156.5毫米；秋季（9—11月）降水量147.3毫米，比常年偏少50.2毫米。各月降水时间分布不均，6月异常偏多，7月和9月偏多；1月、4月、10月、11月显著偏少，3月、5月、8月偏少；其余月份正常。梅雨期正常，6月17日入梅（常年6月18日），7月11日出梅（常年7月12日），梅雨期长24天(常年24天)；梅雨量为529.4毫米，较常年偏多88.7%。

灾害 2023年，天宁区灾害性天气主要有暴雨、强对流、寒潮、暴雪、低温冰冻、高温、雾和霾等。

夏季出现区域性暴雨以上强降水过程4天，分别为6月18—19日、7月8日、8月22日。6月18日全区普降暴雨到大暴雨，各站日雨量均超过50毫米，最大为郑陆镇152.7毫米；6月19日普降暴雨，局部大暴雨，最大为郑陆镇东青社区115.2毫米；7月8日普降大到暴雨，最大为雕庄街道78.3毫米；8月22日普降中到大雨，局部暴雨到大暴雨，最大为茶山街道102.1毫米。

受强对流天气影响，4月18日、6月10日出现雷暴大风，最大风速分别为雕庄街道15.6米/秒（7级）、郑陆镇东青社区17米/秒（7级）。

受冷暖空气交汇影响，12月18日7时至19日8时出现暴雪天气，过程累积雪量为18.8毫米（常州），最大积雪深度为6厘米（常州）。

冷空气活动频繁，寒潮天气多发，出现7次寒潮过程。1月有2次强寒潮过程，13—15日48小时最低气温降幅达17.7℃，15日最低气温为-3℃；23—25日48小时最低气温降幅达14.6℃，25日最低气温为-9.3℃。2月出现1次寒潮过程，18—20日48小时最低气温降幅达10.1℃，20日最低气温为0℃。11月有2次寒潮过程，5—7日48小时最低气温降幅达12.3℃；11—13日48小时最低气温降幅为8.4℃。12月有2次寒潮过程，14—16日48小时最低气温降幅达13.2℃，16日最低气温为-1.8℃；2023年12月30日至2024年1月1日48小时最低气温降幅为8.1℃。

2023年雾日较多，为21天。1月13日出现强浓雾，最低能见度为109米；2月20日出现强浓雾，最低能见度为114米；10月21日和24日最低能见度分别为257米、270米；11月27日出现强浓雾，最低能见度为122米；12月28—29日连续两天出现大雾天气，部分地区有强浓雾或特强浓雾，28日、29日最低能见度分别为29米、236米。

（雷正翠）

常住居民

【人口】 至2023年年末，全区户籍人口48.66万人，比上年年末增加0.05万人，同比增长0.1%；年内出生2314人，户籍人口出生率4.76‰；死亡4789人，死亡率9.84‰；人口自然增长率-5.09‰。常住人口67.73万人，比上年年末增加0.1万人，其中城镇人口62.19万人、农村人口5.54万人，城镇化率（城镇人口占常住人口比重）91.8%。

（高已婷）

【民族】 天宁区人口以汉族为主。2020年，第七次全国人口普查，天宁区有40个少数民族，分别是回族、满族、壮族、朝鲜族、蒙古族、苗族、土家族、布依族、高山族、藏族、维吾尔族、彝族、侗族、瑶族、白族、哈尼族、傣族、黎族、畲族、水族、景颇族、达斡尔族、仫佬族、羌族、布朗族、锡伯族、德昂族、京族、基诺族、傈僳族、佤族、拉祜族、土族、毛南族、仡佬族、阿昌族、保安族、东乡族、鄂温克族、柯尔克孜族。2023年，天宁区常住少数民族38个、2754人，占常住人口的0.56%。其中，回族、苗族、壮族、蒙古族、满族、土家族6个少数民族人口均超100人，回族人口最多，有968人；外来流动少数民族人口4900人。

【宗教】 天宁地区宗教有佛教、天主教、基督教，宗教活动场所较为密集，对周边地区有较大影响。历史上，佛教最为兴盛，著名寺院有建元寺、天宁禅寺、法济寺、国安禅寺、护国讲寺、慈恩寺、白云禅院、端明寺、清凉禅寺、九华禅寺、南城寺、舜山古寺、东平禅寺、舜山南禅寺等。其中，位于天宁禅寺东侧的建元寺，为南朝齐开国皇帝萧道成在建元年间（479—482年）所建，为常州地区最早的皇家寺院。天主教在清嘉庆年间（1796—1820年）进入常州，时于东青陈家头村建天主堂；清光绪二十二年（1896年），常州东门建天主堂，系东青天主堂分堂，该两堂是常州、武进地区最主要的天主教堂。基督教于清光绪二十八年（1902年）传入常州，在北直街设福音堂传教，民国4年（1915年）在县学街建基督教教堂，名恺乐堂，迄今为止仍是常州、武进地区最早、最重要的基督教教堂。至2023年，天宁区有依法登记的宗教活动场所11处，其中佛教有天宁禅寺、清凉禅寺、九华禅寺、南城寺、舜山古寺、东平禅寺、舜山南禅寺7处，天主教有郑陆东青天主堂1处，基督教有常州市基督教堂、焦溪基督教堂、北塘基督教堂3处。

【著名人物】 天宁区自古人杰地灵，在古代科举史上出过6名状元。常州学派创立人庄存与、刘逢禄，阳湖文派缔造者恽敬、李兆洛、陆继辂，常州词派代表人物张惠言、张琦，常州画派创始人恽寿平，常州诗派著名诗人黄仲则、赵翼均生活在天宁地区。天宁区还出过江南大儒钱名山、中国著名法学家和中华民国司法总长董康、史学泰斗吕思勉、中国电影开拓者及剧作家洪深、上海解放日报社社长兼华东新闻学院院长恽逸群、新中国第一代大法官和最高人民法院副院长张志让、意大利欧洲学院院士和著名画家吴青霞、中国第一位女外交家袁晓园、中国电波传播科研事业创始人和中国科学院院士吕保维、中国科学院和中国工程院双院士吴阶平、中国航天空气动力学开拓者和中国科学院院士庄逢甘等著名人物。

（区地方志办）

建置区划

【建置】 据南京博物院对乌墩遗址、潘家塘遗址和寺墩遗址的崧泽文化遗存考古发现，5500年前，天宁地区已有先民从事农耕、渔猎活动，创造出最早的远古文明。春秋晚期，吴王寿梦第四子季札封邑延陵，在今郑陆镇舜过山北麓躬耕去世。秦汉以后，天宁地区曾先后属毗陵、晋陵、常州等郡、州、路、府管辖。两汉、三国及西晋时期，天宁地区属毗陵县，东晋、南朝、唐、两宋、元代属晋陵县，明朝属武进县，清雍正年间（1723—1735年）武进县一分为二属阳湖县。1949年前，天宁地区属武进县名山镇、龙城镇及青山镇；1949年后，属名山、龙城两镇。1949年，废镇设第一区（天宁区前身），1952年设立东区，1956年改称天宁区，1966年更名为东风区，1980年复称天宁区。

【区划】 1949年，常州第一区（天宁区前身）东起白家桥，西到化龙巷、青山桥，南到东仓桥下塘，北抵沪宁铁路。1952年，东区范围稍有扩大，先后分9个居委会。1955年，常州市北区撤销，马山埠、大圩沟、中街、化龙巷、大火弄5个居委会和1个船民委员会以及县直街居委会的一部分划归东区。1956年，天宁区分3个街道、31个居委会。1957年，区界东起白家桥，西至小河沿、化龙巷、北直街一线，南抵德安桥，北达沪宁铁路，原3个街道改为东、中、北三大块。1960年，天宁人民公社下辖青山、水门、新丰、和平、五一、红梅、青龙7个分社、35个管理区。1961年，增辖北塘公社。1962年，红梅、青龙、北塘3个公社划出归郊区管辖。1963年，辖新丰街、青山路、水门桥3个分社、23个管理区。同年，分社改称街道，23个管理区改建为34个居委会。随着市区建设事业的发展，辖区范围相应扩大，至1985年，天宁区辖朝阳桥、水门桥、新丰街、局前街、北环路5个街道、66个居委会。1987年1月，常州市广化区撤销，所属古村、清凉、兰陵3个街道划归天宁区管辖。调整后，天宁区辖新丰街、局前街、水门桥、北环路、朝阳桥、古村、清凉、兰陵8个街道，面积18.7平方千米，区政府驻地新丰街街道鹤园弄。2002年4月，原属郊区的雕庄、青龙、茶山、红梅4个乡划归天宁区管辖。调整后，天宁区辖8个街道、4个乡，面积78.23平方千米，区政府驻地常锡路116号。2003年10月，撤销4个乡行政建制，在原辖区域设立雕庄、青龙、茶山、红梅4个街道，同月新丰街、水门桥2个街道合并设立新丰街街道，局前街、古村2个街道合并设立局前街街道，调整后的天宁区辖新丰街、局前街、雕庄、青龙、茶山、红梅、北环路、朝阳桥、清凉、兰陵10个街道。2006年8月，位于青龙境内的常州外向型农业综合开发区与位于雕庄境内的常州市东南经济开发区合并，成立天宁经济开发区，与青龙街道实行“两块牌子、一套班子”。同年，撤销新丰街、局前街街道，与红梅街道部分、朝阳街道部分合并设立天宁街道；撤销北环路街道，与红梅街道部分、新丰街街道部分和青龙街道部分合并设立红梅街道，并将红梅街道沪宁铁路以北、五角场北路东侧区域划归青龙街道；撤销朝阳、清凉街道，与茶山街道部分合并设立茶山街道；将兰陵街道与原茶山街道部分、原清凉街道部分合并设立兰陵街道；将红梅街道办事处运河以南、采菱河以东区域划归雕庄街道。调整后，天宁区辖雕庄、青龙、茶山、红梅、天宁、兰陵6个街道。2015年5月，原武进区郑陆镇划归天宁区管辖。至2023年，天宁区有1个省级开发区（天宁经济开发区）、1个镇（郑陆镇）、6个街道（雕庄、青龙、茶山、红梅、天宁、兰陵），辖44个建制村、78个社区，面积154.84平方千米，区政府驻地竹林北路256号。

【消失的村落】 自2003年以来，天宁区根据自身经济发展，以及配合常州市城市规划建设需要，一些涉及重要项目建设的村落被列入征收拆迁范围。至2023年年末，累计有230个自然村消失，其中郑陆镇55个（自2015年区划调整以来）、雕庄街道41个、青龙街道70个、茶山街道15个、红梅街道23个、天宁街道11个、兰陵街道15个。

（区地方志办）

表1 截至2023年年底天宁区消失的村落一览表

序号	镇、街道	数量（个）	消失的村落
1	郑陆镇	55	武城村委狄墅村、捕捞村、谢家头、江塘头，和平村委陈家头、赵家头、方基村、代渡桥、塘下头、薛家头、蒋区村、杨家坟、陈士庙，青松村委湾塘村、连家头、庙头村、常家头、行管路口、塘子头、谢家巷，横沟村委后马岸、小村庄、廖家村、前马岸、后横沟、吴土戾、东恒村、杜家村，舜南村委前陈巷、陈家村、东庄、后陈巷村、横岸塘河西村、尹家村、陈大房桥，省岸村委省岸里、朱家村、蒋家村，羌家村委西闸头村，翟家村委小湾里村、埂上村、巷口村、蒋家村，施家巷村委盛家头村，东青村委北街、后巷、中村、朝南廊、戚家弄、邱家廊、毕家廊、蒋家头，舜北村委塘铁桥村，焦溪村委刘维桥，三皇庙村委东寺湾
2	雕庄街道	41	团结村委前场村、前白村、梁家塘、后白村、梅家村、冯家塘、杨圆村、后横塔村，中村村委缪家塘、下庄村、汤范村，雕庄村委雕庄村、周家头、小墩村、店巷三村、横墩头、芳田村，采菱村委陶家塘、宗家塘、东浜、长田埂，优胜村委蒋家塘（蒋东蒋西）、南岸头（南前南后）、盛家塘、杨家塘、西头村、北岸头、茹家塘、顾家塘（顾东顾西）、陈家塘、马家塘，清溪村委奚杨村、胡一、胡二、胡三、张家塘、陈家塘，采菱社区张家岸、下庄村、柏树坟，菱溪社区周季村
3	青龙街道	70	东风村委周庄村、章家村、徐家村、陆家村、严家村，常青村委徐家村、庙湾村、骆家塘、俞家塘，三里村委李家塘，亚新村委五里头村、后曹村、胡史塘、洪丰东村，青龙苑南区社区於家湾、前洛庄、典前村、后洛庄、朱家村、高头村、方家塘、谈家塘、柳墅村、高家塘、徐家塘、洪丰村、八家村，青龙苑北区社区桐家新村、十里庵、江家村、王家塘、小观音塘、郭家塘、黄岐头、邓谈家头、徐周家头、小桥头、殷家头、羊头桥、金家头、葛家头、东岐村、紫云村、华严村，新丰村委杨棋村、陈家塘、大陆家塘、小陆家塘、秦家塘、小陈家塘、黄米子村、丁莫村、张扶塘、须家塘、贺家塘、谢家村、祝家庄、塘内村、王家塘、钱家塘、褚家塘、周家塘、田舍村、张家塘、张墅村、小桥头、丁家塘、福成村、丁庄村、上�村
4	茶山街道	15	常春村委张家村、薛家村、蔡家村、建新村，富强村委太圩村、赵家村、梅龙坝、缪家村，丽华村委严家村，红梅村委花园底、陶家村、后摇树村、前采菱村，群力村委翟家村，勤丰村委马巷村

续表 1

序号	镇、街道	数量（个）	消失的村落
5	红梅街道	23	红菱村委周家巷、蔡家村、浦家村、前林庄、后林庄、砚瓦池，竹林村委何家塘、卞家塘、中路村、董头村，卫星村委冯家墩、倪王村、沟头村、戴家塘、东王村、西王村、倪家塘、杨板村，胜利村委大圩村、孙家村、小村，光明村委光明村，虹景社区庵背后
6	天宁街道	11	五角场社区戈家村，小东门桥社区窑上村，青山路社区黄泥坝、桑园村、东孟家村、炒米浜，兆丰花苑社区严家村、徐家村、陆家村、强家弄，解放村委强家弄
7	兰陵街道	15	复兴村委复兴下村，荡南村委冯家村、吴家村、后杨家村，茶山村委金王家村、降子村、三桥头、杨家村、芳田村、红庙头，浦前社区（原浦前村委）裴家村、杨家塘、余家塘、丁家塘、杨家弄

名胜古迹

【寺墩遗址】 寺墩遗址位于郑陆镇三皇庙村，1973 年发现，是一处以新石器时代崧泽——良渚文化遗存为主体的中心聚落遗址，距今 4500 ～ 5500 年。遗址以一处椭圆形土墩为中心，周围分布 10 余处小型台地，外围有双重水系环绕，总面积约 150 万平方米。1995 年被批准为江苏省文物保护单位，2019 年入选第八批全国重点文物保护单位。自 1978—2023 年，先后对寺墩遗址进行 6 次考古发掘，发现墓葬 40 座，出土玉器、陶器、石器等文物 300 余件。

【潘家塘遗址】 潘家塘遗址位于青龙街道潘家塘、奚蒋塘、刘家村一带，1977 年 3 月开始进行小规模试掘，是长江下游新石器时代崧泽文化遗址，面积约 15 万平方米，距今约 5500 年。考古挖掘发现墓葬 10 余座，出土陶、石、玉各类完整器物数百件，以及大量稻谷作物等标本。专家认定该遗址是从戚墅堰（今江苏省常州经济开发区）圩墩聚落人群中分离、迁移到此处生活定居的先民形成的。

【乌墩遗址】 乌墩遗址位于青龙街道新丰村张家湾，1992 年发现，主要是长江下游新石器时代崧泽文化遗址，面积约 1800 平方米，距今约 5500 年。考古挖掘发现墓葬 10 座、遗物 368 件，出土石锛、石斧、陶网坠、陶盆、陶鼎、陶罐、陶壶、玉器等文物 200 余件。

【天宁禅寺】 天宁禅寺始建于唐朝，距今已有 1300 余年历史，是国家 AAAA 级旅游景区，天宁区因该寺得名。该禅寺殿宇巍峨壮观，佛像高大庄严，历代名僧辈出，法会闻名遐迩，寺内主要建筑有天王殿、大雄宝殿、文殊殿、普贤殿、观音殿、地藏殿、三宝殿、罗汉堂、功德堂、玉佛楼学戒堂、达摩阁和放生池等，被誉为“东南四大丛林”之一。清代，康熙、乾隆南巡经常州，对寺僧多有赏赐，乾隆帝曾为天宁禅寺御书“龙城象教”匾额。2007 年，建成开光的天宁宝塔有 13 层，高 153.79 米，创造第一金顶玉身、第一铭文铜瓦、第一高钟、第一经文碑林等多项佛塔全国第一纪录。

【红梅公园】 红梅公园因古建筑红梅阁而得名，为国家 AAAA 级旅游景区，内有红梅阁、文笔塔、居一道根艺藏珍馆和红梅春晓、古刹钟声、曲池风荷、青峦倒影、凤桥花径、翠薇秋霞、孤山雪松、文笔夕照八景，以及文思桥、星聚桥、伯牙桥、翠盖桥、西双桥、三吴桥等历史文化景点。红梅阁始建于唐光化至天祐年间（898—904 年），距今 1100 多年，宋代曾作为贡士试院，后成为道院，传说号称紫阳真人的道教南派鼻祖张伯端曾在此聚徒修炼。2019 年，红梅公园内的红梅阁、文笔塔入选第八批江苏省重点文物保护单位。

【东坡公园】 东坡公园曾被称之“东郊公园”“工农兵公园”“舣舟亭公园”，1995 年更名“东坡公园”，其位于京杭大运河畔，系名胜古迹与自然风光相结合的江南园林，为国家 AA 级旅游景区。南宋时，常州人民为纪念北宋大文豪苏东坡 14 次到常州，泊舟于此，建舣舟亭作纪念。清代康熙、乾隆南巡时，在此兴建万寿亭行宫，重修舣舟亭。园内主要景点有仰苏阁、竹亭、御碑亭、东坡洗砚池、龙亭、御码头、广济桥、半月岛等。

（区地方志办）

文化遗产

【物质文化遗产】 天宁区古遗址、名人故居、红色纪念地众多。据常州市第三次全国文物普查结果统计，天宁有古墓葬3处、古建筑98处、石窟寺及石刻5处、近现代重要史迹及代表性建筑97处、其他2处，总计205处；郑陆镇划归天宁区管辖后，又增加文物保护点41处。至2023年，天宁辖区内有1个世界遗产项目（大运河天宁段）；有1个中国历史文化名村（郑陆镇焦溪村）；有2个历史文化街区（青果巷、前后北岸），有1个历史地段（天宁寺至舣舟亭）；有6处红色纪念地，分别是瞿秋白故居、张太雷纪念馆、恽代英纪念馆、逸仙中学旧址、红庙遗址、澄西抗日民主政府旧址；有7处江苏省革命文物名录（不可移动革命文物），分别是张太雷旧居、逸仙中学旧址、北夏墅学校旧址、恽代英住址、澄西抗日民主政府旧址、大成三厂旧址（常州国棉三厂旧址）、史良故居；有全国重点文物保护单位6处（京杭大运河、瞿秋白故居、张太雷旧居、近园、寺墩遗址、常州唐氏民宅）、省级重点文物保护单位21处、市级重点文物保护单位55处。

【非物质文化遗产】 天宁区拥有众多非物质文化遗产。至2023年，有国家级非遗项目2个、省级非遗项目11个、市级非遗项目25个、区级非遗项目31个，形成完备的国家、省、市、区级名录体系。其中，国家级非遗项目——天宁寺梵呗唱诵是一种宗教音乐，历史悠久，其特点是节奏沉稳扎实，唱腔悠扬潇洒，韵味古朴清雅，被公认为东南各省佛教寺院唱诵的典范；国家级非遗项目——留青竹刻是当地著名的传统手工艺品，竹刻艺人在竹子表面极薄的一层青筠上镌刻，巧施全留、多留、少留、微留、不留的技艺，使作品呈现出明暗浓淡、翻转掩映的立体感，体现作品的形象或书法神韵，为历代名人雅士所喜爱。

表2 2023年天宁区市级及以上非物质文化遗产一览表

序号	项目级别	非遗项目名称	项目类别
1	国家级	天宁寺梵呗唱诵	传统音乐
2	国家级	留青竹刻	传统美术
3	省 级	宝卷扩展（常州宣卷）	民间文学
4	省 级	苏东坡传说	民间文学
5	省 级	兰陵民间吉祥图案	传统美术
6	省 级	常州周氏家庭剪纸	传统美术
7	省 级	常州梨膏糖制作技艺	传统技艺
8	省 级	郑陆脚踏糕制作技艺	传统技艺
9	省 级	焦溪糍团制作技艺	传统技艺
10	省 级	焦溪油酥饼制作技艺	传统技艺
11	省 级	戈裕良叠石（山）技艺	传统技艺
12	省 级	常州钱氏中医儿科疗法	传统医药
13	省 级	常州朱普生伤骨科疗法	传统医药
14	市 级	白太官传说	民间文学
15	市 级	孟姜女传说	民间文学

续表 2

序号	项目级别	非遗项目名称	项目类别
16	市　级	延陵季子的传说	民间文学
17	市　级	舜的传说	民间文学
18	市　级	焦丙与焦溪的传说	民间文学
19	市　级	常州市太湖石鉴赏艺术	传统美术
20	市　级	丝弦古琴艺术（常州）	传统音乐
21	市　级	焦店扣肉制作技艺	传统技艺
22	市　级	东坡红友酒制作技艺	传统技艺
23	市　级	焦溪重阳糕制作技艺	传统技艺
24	市　级	焦溪腊肠制作技艺	传统技艺
25	市　级	焦溪米酒制作技艺	传统技艺
26	市　级	青果巷虾饼制作技艺	传统技艺
27	市　级	焦溪羊肉烧制技艺	传统技艺
28	市　级	常州雕庄工艺品制作技艺	传统技艺
29	市　级	常州虎头鞋制作技艺	传统技艺
30	市　级	茅靴筒制作技艺	传统技艺
31	市　级	焦溪黄石半墙营造技艺	传统技艺
32	市　级	焦溪“二花脸”猪养殖技艺	传统技艺
33	市　级	常州金银器打制技艺	传统技艺
34	市　级	茂林风伤敷疗方	传统医药
35	市　级	常州茶筵	民俗
36	市　级	两顿头筵席	民俗
37	市　级	划龙舟	传统体育、游艺与杂技
38	市　级	查家拳	传统体育、游艺与杂技

【历史文化街区】 至 2023 年，天宁辖区内有青果巷和前后北岸 2 个历史文化街区。

青果巷历史文化街区是常州市区保存最为完好、最负盛名的古街巷。历史上，这里名人聚居，名家辈出。青果巷邻近市内运河，沿岸开设各类果品店铺，河上船舶云集，成为南北果品集散地，有“千果巷”之称。后因常州方言“千”“青”难辨，演变为“青果巷”。明初唐伯成父子在此建易书堂、筠星堂、四并堂居住后，青果巷成为名人聚居地。巷内出现的名人有明代文豪唐顺之，清代书画家钱维城、汤贻汾，洋务运动先驱盛宣怀，民初谴责小说家李伯元，剧作家吴祖光，语言学家赵元任，汉语拼音之父周有光，革命先驱瞿秋白，“七君子”之一史良，民族工业开创者刘国钧等。2013 年 2 月，青果巷历史文化街区修缮保护工作启动，规划面积 12.6 万平方米，其中核心保护区 8.2 万平方米，规划范围内有 11 处文物保护单位、17 处历史建筑。街区内著名历史建筑有阳湖县城隍庙戏楼、唐荆川宅、周有光宅、史良故居、刘国钧故居、八桂堂天香楼、赵元任故居、恽鸿仪故居。2019年4月，青果巷历史文化街区（一期）开放；2022年9月，青果巷历史文化街区（二期）开放。2019年，青果巷历史文化街区被省商务厅评为首批省级高品位步行街培育街区；2020年，入选全省首批夜间文旅消费集聚区建设单位；2022年，入选文化和旅游部公布的第二批国家级夜间文化和旅游消费集聚区名单；2023年，入选第二批国家级旅游休闲街区名单。

前后北岸历史文化街区东邻文化宫广场，西接晋陵中路，形成于北宋庆历年间（1041—1048年），此处三面环水，风水极佳，是常州仕宦、文人集聚之地。历史上，先后有4位状元在此居住。街区内有省级文物保护单位3处、市级文物保护单位4处，其中著名的有苏东坡终老地——藤花旧馆，清代弘文院大学士吕宫府，清代著名史学家、诗人赵翼故居，漕运总督管干贞故居，清代徐氏道台府等。2004年，启动前后北岸历史文化街区的修缮保护和原样复建，形成现在的仿古街区。

（区地方志办）

经济与社会发展

【经济建设】 2023年，天宁区完成地区生产总值972.4亿元，同比增长5%。其中，第一产业增加值7.3亿元，同比增长1.2%；第二产业增加值238.3亿元，同比增长3%；第三产业增加值726.8亿元，同比增长5.7%，三次产业增加值比例为0.8∶24.5∶74.7。全年完成一般公共预算收入49.79亿元，较上年减少2.52亿元，同比下降4.82%。其中，税收收入43.8亿元，同比增长1.53%，税收收入占一般公共预算收入的87.98%。财政惠民力度不断加大，全年一般公共预算支出48.96亿元，同比增长3.47%。其中用于民生事项支出36.71亿元，占一般公共预算支出的78%，主要用于社会保障、“一老一小”健康关爱、教育卫生设施建设。全社会固定资产投资比上年增长5.4%，其中工业投入同比下降15.9%，工业技改投入同比增长0.4%，技改投入占工业投入的75.8%；服务业投入比上年增长9.3%。全年新增高新技术企业198家、科技型中小企业402家，完成高新技术产业产值375.3亿元，占规模以上工业总产值的46.8%。全区累计有效发明专利3060件，同比增长25.77%；每万人有效发明专利45.25件，同比增长24.45%。发明专利主要集中在电力设备、新材料、新能源行业。

农业 全年实现农林牧渔业总产值14.09亿元，同比增长1.3%；农林牧渔业增加值7.82亿元，同比增长1.43%。全区耕地面积1933.33公顷，渔业面积664公顷，果树种植面积506.67公顷，蔬菜栽培面积200公顷。全区粮食作物播种面积1276.33公顷，比上年增加160.46公顷；粮食总产量8338吨，比上年增加1231吨。果树种植稳定增长，全区翠冠梨种植面积362.73公顷，年产量13874吨，总产值8324.4万元，产量、产值分别同比增长3.27%、3.27%。葡萄种植面积140.67公顷，年产量4220吨，同比减少6.68%；总产值3376万元，同比增长24.44%。畜禽养殖保持稳定，年末存栏二花脸猪5003头，出栏生猪5000头；存栏蛋鸡10.6万羽，日产蛋量5.5吨，年销售鸡蛋2000吨，年销售额1980万元。“互联网+”农业发展较快，农产品电商销售额达3.42亿元，同比增长20%。全年新增高标准农田34.93公顷，完成16.53公顷池塘标准化改造。农业龙头企业发展良好，全区有2家省级农业龙头企业，年销售额14479.12万元；有1家市级农业龙头企业，年销售额2373万元；有4家区级农业龙头企业，年销售额5428万元。新型农业经营主体不断壮大，全区有各类农民专业合作社49家，其中国家级农民合作社示范社3家、省级农民合作社示范社3家、市级示范农民专业合作社7家、区级示范农民专业合作社4家；有家庭农场63家，其中省级示范家庭农场7家、市级优秀家庭农场8家、区级示范家庭农场13家。

工业 全年规模以上工业企业总产值802.1亿元，比上年下降1.2%，规模以上工业增加值同比增长3.3%。从行业分类看，纺织服装、生物医药、冶金3个行业的产值分别同比下降5.23%、12.2%、1.16%，机械、新材料、电子、建材4个行业的产值分别同比增长2.63%、7.68%、5.48%、12.66%。新能源产业产值167.68亿元，同比增长超17%。工业互联网产业全年实现销售120.74亿元，纳税1.73亿元，分别同比增长2.42%、69.6%。工业转型升级力度持续加大，实施智能化改造项目87个，新增省级工业互联网标杆工厂1家、星级上云企业44家，新增省级智能制造示范车间4家、市级智能制造示范车间2家，新增省级企业技术中心5家、市级企业技术中心7家，新增国家级服务型制造示范企业1家、省级服务型制造示范企业3家、市级服务型制造示范企业4家，新增省级服务型制造示范平台2个、市级服务型制造示范平台3个，新增省级工业设计中心2家、市级工业设计中心16家，新增第五批国家专精特新“小巨人”企业7家、省级专精特新中小企业38家、市级专精特新中小企业50家。

商贸业 全年实现社会消费品零售总额467.1亿元，同比增长0.6%，其中限额以上社会消费品零售总额129.99亿元，同比下降12.7%。全区20个零售商品类别中，8个零售商品实现正增长，其中书报杂志类、化妆品类和通信器材类零售额增速位列前三，分别同比增长70.3%、53.8%、28.1%。从行业来看，批发业实现销售额1578.7亿元，同比下降4.8%；零售业实现销售额360.7亿元，同比增长0.2%；住宿业实现营业额58.97亿元，同比增长10%；餐饮业实现营业额6.6亿元，同比下降2%。

金融业 全年金融业实现增加值107.35亿元，同比增长9.2%，占全区地区生产总值的11.04%，对地区生产总值增长的贡献率为19.4%。区域内有市级银行业金融机构9家、区级银行业金融机构16家、地方金融组织19家；有境内外上市企业6家、“新三板”挂牌企业25家。

房地产业 全年完成房地产开发投资205.7亿元，同比增长26%，占全区固定资产投资总额的64.2%，较上年提升10.7个百分点。商品房完成销售100.1万平方米，同比增长4.9%；实现销售额108.8亿元，同比下降10.5%。

开放型经济 全年实现进出口贸易总额199.7亿元，同比下降7.4%。其中，出口贸易174亿元，同比下降10.8%；进口贸易25.7亿元，同比增长25%。全区进出口贸易额排名前100的重点企业累计完成进出口贸易额148.8亿元，占全区进出口贸易总额的75%。其中，进出口贸易额同比增长的企业有52家，同比下降的企业有48家。

【生态环境】 2023年，天宁区空气质量优良天数282天，优良率78.1%；$PM_{2.5}$平均浓度35微克/立方米，连续3年达到《环境空气质量标准》二级标准；北塘河青洋桥、新沟河粮庄桥2个省考断面水质稳定Ⅲ类，优Ⅱ类水质比例达100%，三山港石堰桥、北塘河石埝桥等9个市考断面水质均达到Ⅲ类，优Ⅲ类水质比例达100%。推进新一轮太湖综合治理专项行动，全年完成35个入河（湖）排污口整治，整治率100%；完成57家涉磷企业磷排放整治验收，全区总磷排放量削减率达17.37%。完成丁塘河、北环新村内河等9条支浜消劣整治，完成郑陆镇中心河、永胜河2条农村河道轮浚工程，清淤土方6.6万立方米，完成郑陆镇芦蒲港、丰收河累计6.3千米农村生态河道建设。完成53个老小区雨污水管网敷设119623米，配套市政道路新建2.38千米生活污水管网，城市生活污水集中处理率达84%；农村生活污水处理设施覆盖279个自然村，农村生活污水集中处理率达81.5%。加强有机废弃物处理利用，天宁辖区内重点水域的水生植物打捞率100%，垃圾分类收集与处理（四分类）设施覆盖率90%以上，生活垃圾无害化处理率100%，厨余（餐厨）垃圾综合利用率90%，园林废弃物综合利用率95%。开展农业用地土壤重金属污染物源头防治，关停涉镉等重金属排污单位2家，完成土壤污染重点监管单位土壤和地下水监测4家，对郑陆镇冠今化工地块实施土壤修复与风险管控及填埋固废处理，全年处置固体废弃物2800吨、污染或非污染土4.16万吨、基坑废水2700万吨。开展核与辐射安全风险隐患排查治理，转移处置危险废物3.07万吨。

【教育】 2023年，全区有学校95所，其中九年一贯制学校2所、初中5所、小学33所、幼儿园54所、特殊教育学校1所，非校事业单位3家；中小学在校学生55226人（含特殊教育学校），幼儿园在园幼儿16437人，全区小学适龄儿童入学率和小学义务教育年巩固率均为100%，初中义务教育年巩固率和初中毕业生升学率均为100%。全区中小学在编教职工2495人（含特殊教育学校），幼儿园专任教师1427人。

【文化体育】 2023年，全区有区文化馆总馆1个、镇（街道）文化馆分馆7个，区级图书馆1个、镇（街道）图书馆8个、村（社区）基层文化服务中心124个，累计馆藏图书60万册、报纸期刊150余种；全年举办文化艺术大联展和天宁文化艺术节等文艺活动1000余场次，创作文艺类原创作品15件，其中6件文艺作品获常州市公共文化“青果奖”，秋白书苑天宁吾悦馆、秋白书苑运河·明德馆、泰和·幸福里3家单位入选省最美公共文化空间打造对象名单。全区有区级全民健身中心1个、镇（街道）全民健身中心9个、水上运动中心1个、社区体育公园20个、社会足球场地15个、全民健身路径点863个，配备健身器材6836件，人均体育场地面积5.26平方米，“城市社区10分钟体育健身圈”覆盖率100%。全区有区级体育社会组织13个、健身场馆77家、体育类校外培训机构62家，有各级社会体育指导员3021人，每万人拥有社会体育指导员45名，国民体质合格率为93.3%，经常参加体育锻炼人数占常住人口的40.2%。

【医疗卫生】 至2023年年末，全区有区管医疗卫生机构279家，其中区级公共卫生服务机构3家、镇卫生院2家、社区卫生服务中心7家、社区卫生服务站27家、村卫生室18家、门诊部81家、个体诊所103家、企事业单位医务室（卫生站）29家、民营医院2家、护理院7家；拥有卫生技术人员2894人，其中执业医师（含执业助理医师）1214人、注册护士1159人，政府办基层医疗卫生机构有执业医师（含执业助理医师）557人、执业护士418人；有医疗用房19万平方米，编制床位1194张，实际开放床位896张。全年家庭医生签约居民28万余人，签约率42.39%；重点人群（糖尿病，高血压等慢性病患者，0～6岁儿童，老年人，孕产妇，重型精神病患者等）签约人数19万余人，签约率80.78%；建立居民电子健康档案62万余份，建档率92.97%；适龄儿童免疫规划疫苗常规接种率保持在90%以上；孕妇早孕建册3287人，建册率94.37%；产妇产后访视3200人，访视率97.35%；管理高血压患者73433人、糖尿病患者25039人，规范化管理率分别为69.9%、69.38%；管理严重精神障碍患者2996人，规范化管理率98%；65岁及以上老年人健康体检79281人，健康管理率76.49%；65岁及以上老年人中医药健康管理人群覆盖率超过75%，0～36个月儿童中医药健康管理人群覆盖率超过77%。

【民生保障】 2023年，全区新增城镇就业16100人、失业人员再就业15423人、城乡就业困难人员再就业3075人，城镇登记失业率3%以内；扶持成功创业1788人，实现创业带动就业9586人。开展补贴性职业技能培训7016人，其中就业技能培训633人、创业培训348人、企业职工等级证书取证培训2000人、企业职工合格证培训3835人、校企联合培训企业新型学徒150人。全年审核通过不裁员或裁员少企业稳岗补贴4011.26万元，为59家企业发放富民创业担保贷款及创业补贴1627万元，为40家企业发放大学生创业者社保补贴37.49万元，为7家企业发放创业租金补贴4.52万元，为20家企业发放一次性创业补贴14.9万元，为4家企业发放创业带动就业奖励5.3万元。年末，全区企业职工基本养老保险、失业保险、工伤保险、医疗保险、生育保险五项险种参保人数分别为16.7万人、17.88万人、18.1万人、41.13万人、15.48万人，新增城乡居民基本养老保险参保人数7321人。城乡居民基础养老金发放标准由每人每月405元提高至450元，惠及全区2.21万人；调整养老年龄段被征地农民养老保障待遇，由每人每月1020元增至1100元。全年累计为2268名城乡低保对象、低保边缘对象、临时救助对象、困境儿童、城乡特困人员足额发放救助金2418.79万元，发放“两节”（春节、元旦）补贴84.51万元，向3813名残疾人发放“两项补贴”（困难残疾人生活补贴和重度残疾人护理补贴）2284.11万元，天宁区城乡居民最低生活保障标准由每人每月1000元提高至1020元，五类残疾人的“两项补贴”同步按比例提标至每人每月204元、255元、357元、612元和1020元，农村特困人员基本生活标准由每人每月1300元提高至1326元。全区有社区老年人助餐点85个、全龄段社区共享食堂3家，有养老机构22家，养老机构床位4162张，其中护理型床位3568张。

（区地方志办）

大事记

◆栏目编辑　潘劼飞

1月

2—4日　政协常州市天宁区第十届委员会第二次会议在常州市第二十四中学天宁分校召开，区委书记许小波作题为《凝心聚力谋发展、团结拼搏向未来，在新征程上奋力书写好中国式现代化的天宁答卷》的讲话，十届区政协主席魏敏作常委会工作报告，副主席周登蓉作提案工作报告；会议审议并通过区十届政协常委会工作报告、提案工作报告，赞同区政府工作报告及其他报告。

3日　由市委宣传部、天宁区政府、晋陵投资集团、市文广旅局、常州广播电视台共同组织发起的舞蹈诗剧《东坡》与中国东方演艺集团在北京举行合作签约仪式。

3—5日　天宁区第十七届人民代表大会第二次会议在常州市第二十四中学天宁分校召开，听取并审议区长张凯奇所作的《区政府工作报告》、区人大常委会主任沈月芬所作的《人大常委会工作报告》、区法院院长康林所作的《法院工作报告》、区检察院检察长赵鑫所作的《检察院工作报告》，书面审议《天宁区2022年国民经济和社会发展计划执行情况与2023年国民经济和社会发展计划草案的报告》《天宁区2022年预算执行情况与2023年预算草案的报告》，表决通过各项工作报告决议；票决通过天宁区2023年民生实事项目；会议选举吴涛为区监察委员会主任。

11日　天宁区与西安交通大学在天宁科技促进中心召开产学研合作对接会，天宁经济开发区、江苏隆宇智慧科技集团有限公司与西安交大电信学部共建西安交大长三角新型光电创新中心。

12日　天宁区与南京大学终身教育学院在天宁科技促进中心举行共建乡村振兴学院签约仪式，双方围绕苏南首家乡村振兴学院建设，在人才培训、学术研讨、科研合作等方面开展合作。

△　以天宁区为主阵地的常州“老工业基地调整改造”第三次入选国务院发展改革委振兴司公示的2022年度老工业基地调整改造和推进产业转型升级等工作成效明显的督查激励推荐城市。

△　天宁区“退役无忧”工作品牌项目获评江苏省退役军人工作创新创优活动优胜项目。

19日　中国农业银行常州分行、农业银行天宁支行签约进驻常州金融商务广场，面积2.8万余平方米。

△　“翠竹公园景观提升工程设计”获2022年江苏省城乡建设系统优秀勘察设计评选活动园林绿化工程设计一等奖。

29日　天宁区营商环境优化提升暨产业发展大会在常州市第二十四中学天宁分校召开，落实全市新能源之都建设推进大会决策部署，推动天宁产业发展再上新台阶，表彰2022年获得国家级、省级、市级荣誉和作出重要贡献的企业、单位和个人，表彰2022年度天宁区星级企业、重点项目投入企业、“三新经济”示范企业等。

是月　青龙街道便民服务中心推行周末“不打烊”服务，每周日上午9：00—11：30（法定节假日除外），综合办事窗口为居民群众提供城乡居民医保办理、残疾人证申请办理等21项服务事项，采取“现场办理＋帮办代办”的形式，对老弱病残孕等特殊群体当日无法完成办理的服务事项，其办结件可“邮寄上门”或由社区工作人员“送件上门”。

2月

7日　全区巡察工作会议暨十一届区委第六轮巡察工作动员部署会在天宁科技促进中心召开。经区委授权，3个巡察组将对区城管局、团区委、区妇联、区残联、区红十字会开展巡察，巡察时间为2023年2月13日至4月12日。

△　石家庄市新华区区长徐圣银率代表团考察天宁区城市规划、产业发展、城市更新等工作，实地观摩未来智慧城、跨境电商产业园、华利达服装科技产业园、青果巷历史文化街区、富强新村社区等地。

9日　全区科级干部学习贯彻习近平新时代中国特色社会主义思想和中共二十大精神专题轮训班在常州乡村振兴学院开班，区委书记许小波出席开班仪式并作专题辅导。

△　江苏省作家协会创作实践基地签约挂牌暨文学惠民活动在郑陆镇新时代文明实践所举行，省作协党组成员、书记处书记杨发孟，省作协联络部主任、一级调研员吴正峻，市文联党组书记、主席舒文，区委常委、统战部部长倪云泽出席活动。会上，江苏省作家协会创作实践基地揭牌成立，省作家协会和郑陆镇签订《江苏省作家协会创作实践基地合作协议》，省作协副主席、南京大学文学院教授、博士研究生导师王彬彬以《高晓声的家乡体验与文学创作》为题作文学讲座。

11日　天宁区2023年重大项目现场推进会暨盛天新能源核心部件项目奠基仪式在郑陆镇举行，10个项目举行集中签约仪式，26个重点项目集中开工。其中产业发展类项目19个、民生保障类项目7个，签约、开工项目涵盖新能源、半导体、三新经济、智能制造等领域，总投资近120亿元。

14日　中国共产党常州市天宁区第十一届纪律检查委员会第三次全体会议在天宁科技促进中心召开，区委书记许小波出席会议并讲话。大会审议通过区委常委、区纪委书记、区监委主任吴涛代表十一届区纪委常委会向大会所作的《深入贯彻中共二十大精神，纵深推进全面从严治党，为奋力书写好中国式现代化的天宁答卷提供坚强保障》工作报告，通过《中国共产党常州市天宁区第十一届纪律检查委员会第三次全体会议决议》。

15日　2023年“名城名校合作行，创新创业赢未来”活动启动，市委常委、组织部部长季培东率常州市、天宁区相关部门负责人和企业代表到湖南长沙开展产学研活动，举办“龙城英才计划”推介会，完成钠电池储能材料项目、国产服务器产学研合作项目、固体制剂技术工程中心联合实验室项目、大功率风力发电核心技术及装备联合实验室项目签约；天宁区在湖南相关高校就业工作部门和有关学院建立6个高校毕业生引才工作站，并启动“名校优才”云聘活动。

16日　2023年“名城名校合作行，创新创业赢未来”活动走进江西南昌，市委常委、组织部部长季培东率常州市、天宁区相关部门负责人和企业代表参观考察国家中药先进制造与现代中药产业创新中心，到江西财经大学推介高校毕业生就业政策和创新创业生态，设立引才工作站，共建人才引育平台。

18日　天宁区工会第五次代表大会在天宁科技促进中心召开，经大会选举，赵浴宇当选为主席，蒋厉英、徐婧、黄峰（兼职）、廖明超（挂职）当选为副主席。

△　天宁区首个就创加油站（零工驿站）启用揭牌仪式在天宁吾悦广场举行，进一步满足企业用工和新业态新就业群体就业需求，方便辖区居民就近就地求职就业。

20日　郑陆镇丰北村蔡岐自然村入选第六批江苏省传统村落名单。

21—23日　2023年常州—上海经贸交流和创新合作活动周启动，区领导许小波、张凯奇带队拜访国家智能传感器创新中心有限公司、溢达集团、博雷顿科技股份公司等重要企业客商，举办2023常台半导体及汽车电子产业发展对接会、2023天宁·东久新宜新能源及核心零部件产业对接会。

△　常州华利达服装集团有限公司获评“全国就业与社会保障先进民营企业”“2022中国民营企业社会责任优秀案例”。

22日　常州旭荣针织印染有限公司被工业和信息化部、水利部、国家发展改革委、市场监管总局评为2022年度水效领跑者工业企业，为全市首家。

23日　兰陵鼠宝烘焙店在兰陵街道行政审批局领取全区首张直接变更经营者的个体工商户营业执照。

△　青龙街道横塘社区被团中央确定为“社区青春行动”第二批实施社区，茶山街道华润国际社区、清凉新村第二社区被团省委确定为“社区青春行动”第二批实施社区。

24日　常州老三集团有限公司工会主席、妇联主席、服装制作工、高级技师李承霞当选为第十四届全国人大代表。

是月　常州市创亿机电物资有限公司在天宁区政务服务中心市场准入窗口领取全区首张企业变更全程电子化营业执照。

△　焦溪大道建成通车，起点为常焦线与工业大道交叉处，终点为常焦线与焦溪古镇溪河路交叉处，全长8342米，为双向四车道一级公路，总投资4.92亿元。

△　常州市龙锦小学被中国卫星导航系统管理办公室学术交流中心评为全国北斗科普基地（2022—2024年）。

3月

1日　区人大常委会与“一府一委两院”联席会议在天宁科技促进中心召开，通报区人大常委会2023年工作要点（草案），听取和征求“一府一委两院”对区人大常委会年度工作计划安排的意见建议。

△　2023年全区公安工作会议暨2022年度“警营工匠”揭晓仪式在天宁科技促进中心举行，俞金龙、蔡成城、汪廷君、邱敏、赵川、是俊雄、俞斐、王佳莉8人被评为天宁区2022年度“警营工匠”。

2日　由天宁经济开发区承办的第三届中国·江苏游戏产业高质量发展论坛开幕，咪咕互娱、腾讯游戏、三七互娱、椰岛游戏、友谊时光、米哈游等游戏企业代表参会，探讨游戏产业前沿理论、技术和应用，展示游戏产业发展成果和游戏企业社会责任。中宣部出版局网络出版处副处长丁德良，省委宣传部常务副部长、省新闻出版局（版权局）局长梁勇，市委常委、宣传部部长陈志良，区领导张凯奇、倪云泽、周海鹏出席会议。

△　由天宁经济开发区承办的第二十六届游交会暨第二届全球游戏运营交易大会在常州白金汉爵大酒店举行，完美世界、字节跳动、哔哩哔哩、三七互娱等600余家企业参会，区委书记许小波出席活动并致辞。大会现场，游交会创业孵化合作基地揭牌，20家企业合作签约，8家游戏企业签约入驻江苏常州网络视听游戏产业园。

3日　天宁区巾帼先进典型分享会暨五大女性联盟成立仪式在天宁科技促进中心举行，活动现场为2022年度获得国家级、省级荣誉的个人、家庭以及区级巾帼建功标兵、建功集体颁奖，成立“女书记、初创女性、最美家庭、妇女微家、女性社会组织”五大女性联盟。

△　天宁区社工领军人才培训班和城乡社区工作者实训基地在郑陆镇分别举行开班和揭牌仪式，该基地位于郑陆镇牟家村，集教育、培训、服务于一体，打造成常州市农村人才培训基地、常州市乡镇领导研学基地、天宁区城乡社区工作者实训基地。

5日　江苏固立得精密光电有限公司年产亿级深紫芯片项目签约暨开工仪式在天宁未来智慧城举行。

6日　郑陆镇黄天荡村入选农业农村部公布的2022年全国乡村特色产业产值超亿元村名单。

8日　退役军人事务部思想政治和权益维护司一级巡视员孙军山一行到青龙街道退役军人服务站调研指导天宁区退役军人服务保障体系建设。

9日　省委宣传部副部长、网信办主任杨力群带队调研常州互联网惠企直播基地，区领导许小波、倪云泽参加调研。

△　东方侏罗纪旅游度假区和焦溪长江国家文化公园入选省文化和旅游厅发布的《2023年江苏省重点文化和旅游产业项目名录》。

9—10日　全国工商联副秘书长、经济服务部部长林泽炎一行围绕新时代“两个健康”先行区创建经验推广试点工作到常州开展调研，实地考察常州华利达服装集团有限公司和桑麻名人馆并召开座谈会。

10日　天宁区率先在全省出台《关于破坏生物多样性违法犯罪行为线索举报奖励办法（试行）》。办法规定，提供非法猎捕（捕捞）、杀害、收购、运输、携带、寄卖、销售、加工、食用、生产、经营野生动物及其制品等行为的线索，经查实最高可奖励500元；提供在保护区内开垦、烧荒、未按规定排污等行为的线索，经查实最高可奖励1万元。

12日　天宁区“3·15”国际消费者权益日暨“信用惠民”示范体验区建设启动仪式在九洲新世界商业广场举行。

15日　天宁区组织收听收看常州市传达学习贯彻全国两会精神电视电话会议，并召开全区传达学习贯彻全国两会精神会议，区四套班子领导出席会议。

△　《天宁区形成十二条措施、一本成长档案，抓细抓实新录用公务员培养管理》入选江苏省社会信用体系建设领导小组办公室发布的2022年政务诚信文化建设领域创新举措。

17日　天宁区人民政府与中国人保财险常州市分公司签订战略合

作协议，这是人保财险常州分公司首次与辖市区在产业发展、民生保障、乡村振兴等领域开展战略合作。

△ 常州市局前街小学申报的《“二十四节气课程”的校本化设计与实施》、常州市龙锦小学申报的《知食明德：儿童“勤俭创享”品格涵育行动实践研究》、常州市解放路小学申报的《让大脑开始奇妙的旅行》、常州市青龙实验小学申报的《科技种植育人课程的开发与研究》入选教育部课程教材研究所发布的全国中小学校本课程案例展示名单。

19日 江苏武进不锈股份有限公司承担的“能源用高性能大口径不锈钢无缝管研发及产业化”项目获第七届中国工业大奖表彰奖。

20日 国务委员谌贻琴考察调研江苏常州人力资源服务产业园就业等情况，对入园企业保用工促就业工作表示肯定。

△ 天宁区餐饮商会第三届会员大会在九洲环宇大酒店召开，推选江苏文笔山庄集团有限公司董事长陈振为新一届餐饮商会会长。

22日 常州市虹景小学获生态环境部2022年（第十一批）国际生态学校项目绿旗认证，为天宁区首家获绿旗认证学校。

△ “一卡通”自助制卡点在郑陆镇便民服务中心24小时自助服务区投入使用，市民携带身份证原件，即可办理查询社保卡信息、申领（补换）社保卡、激活社保卡等业务。

23日 区委农村工作会议暨城乡融合推进会在天宁科技促进中心召开，会议深入学习贯彻中共二十大精神和习近平总书记关于“三农”工作的重要论述，全面贯彻落实中央、省委、市委农村工作会议精神，动员全区上下以城带乡、以乡兴城，打造更高质量的城乡融合发展示范区。

△ 天宁区与江阴市、常州经开区签订《常州市天宁区·无锡市江阴市·常州经开区政务服务“跨域通办”战略合作协议》，三方在政务服务领域建立双向联络机制，全面梳理并列出23项办事频率高、需求量大、群众获得感强的“跨域通办”事项清单。

24日 工业和信息化部公布2022年度绿色制造企业名单，常州旭荣针织印染有限公司获评绿色供应链管理企业，为天宁区首家绿色供应链管理企业；黑牡丹纺织有限公司、常州旭荣针织印染有限公司、亚东（常州）科技有限公司的7个产品获评绿色设计产品，为天宁区首批绿色设计产品类企业。

△ 天宁区举行2023年社会工作主题宣传活动暨雕庄街道社工站“益空间”揭牌仪式，表彰江苏省最美社工3人、天宁区最美社工20人、天宁区第四届社会组织公益创投十佳优秀项目和10个天宁区社工站优秀服务项目。

25日 天宁区青年联合会第五届委员会第一次全体会议在天宁科技促进中心召开，会议审议并通过《常州市天宁区青年联合会工作细则》，选举谢梦为区第五届青联会主席，王飞、刘宇、陈娜、贺辰阳为区第五届青联会副主席，王硕等20人为区第五届青联会常委。

29日 郑陆镇焦溪卫生院与常州市中医医院签署专科共建型医联体合作协议。

31日 天宁区企业上市工作推进会在天宁科技促进中心召开，会议深入学习贯彻中共二十大关于“健全资本市场功能，提高直接融资比重”的战略部署，准确把握资本市场改革发展导向趋势，抢抓全面注册制、多层次资本市场体系建设机遇。

是月 新天地花苑小区和月馨苑小区5座AI智能生活垃圾分类收集屋投用，为常州市首批投用的AI智能生活垃圾分类收集屋。

4月

1日 全省首个以监察制度为主题的公共廉洁文化服务空间——监察文化馆在紫荆公园开馆，市委书记陈金虎出席开馆仪式并讲话，省纪委副书记、省监委副主任尹卫东，市委常委、市纪委书记、市监委主任李文宏，区领导许小波、张凯奇、宋福波、吴涛参加活动。

△ 天宁区“危污乱散低”综合治理攻坚行动暨绿色涂料集聚区项目开工仪式在天宁高新区举行。

4日 郑陆镇牟家村、施家巷村被省委农村工作领导小组评为江苏省生态宜居美丽示范村。

8日 由区委宣传部主办的“在常州遇见东坡·眷此邦之多君子”网络直播在新华社客户端、《现代快报》客户端、中吴网、“锦绣天宁”微信公众号等平台播出，在线观看约48.6万人次。

10日 人力资源社会保障部农村社会保险司副司长汪泽英到青龙街道为民服务中心调研“暖心居保”服务品牌建设工作。

△ 四川省泸州市党政考察团考察天宁区开展全国文明城市创建工作。

△ 天宁区143个路口的交通信号灯改为“先直行后左转”。

12日 常州市首届新能源半导体创新发展大会在天宁工业互联网体验培训中心召开，万帮数字能源股份有限公司和常州韦斯佰瑞电子科技有限公司、飞腾信息技术有限公司和江苏国光信息产业股份有限公司、天风证券和常州元极芯科技有限公司、芯智造信息技术咨询有限公司和杭州加速科技有限公司分别签约，在半导体领域开展深度合作；新能源产业汽车供需平台揭牌启用，哈军工——国防科技大学常州校友联络处揭牌成立。

13日 天宁区理论学习特色项目发布暨中共二十大精神专题宣讲会在光大银行常州分行举办，常州工学院马克思主义学院与兰陵街道党工委、常州市委党校、常州革命烈士陵园、兰陵街道商会功能型党支部携手联建“校—地—企”党建联盟，签订“两校一基地”党建共建项目协议书，区委宣传部发布“两校一基地”进基层、党员冬训面对面、码上冬训“金句连连看”等理论学习特色项目。

△ 秋白书苑天宁吾悦馆、秋白书苑运河·明德馆、泰和·幸福里入选省文化和旅游厅公布的2023年度“最美公共文化空间”打造对象名单。

15日 “初心映山红，幸福环岛路”常州市第十六届社区邻里节暨第六届杜鹃花展在凤凰新城开幕，首次在花展中引入集市露营、赛艇竞技、非遗手作、半岛音乐节等潮流业态，花展时间为4月15日至5月3日。

△ 区科学技术协会第五次代表大会在天宁科技促进中心召开，大会选举产生天宁区科协第五届委员会委员、主席和副主席，徐婴当选为主席，钱启民、蒋琳、姚宇光、林金汉当选为副主席。

18日 常州市养老服务认证试点启动仪式暨安信颐和&方圆认证养老服务认证签约仪式在天宁区安信颐和颐养中心举行，安信颐和颐养中心与方圆规划研究（江苏）有限公司发挥各自在养老服务和第三方认证领域的优势，合力打造高认证等级的养老服务标杆。

19—20日 区委书记许小波率天宁区党政代表团到新疆维吾尔自治区克孜勒苏柯尔克孜自治州乌恰县考察交流，看望慰问援疆干部和专技人才，两地就深化东西部协作开展交流探讨，天宁区向乌恰县捐赠50万元帮扶资金。

21日 天宁区“4·26”世界知识产权日活动暨知识产权公共服务平台启动仪式在天宁经济开发区举行，常州市知识产权保护中心天宁分中心、区法院云制造先导中心知识产权巡回审判点、常州市专利执法巡回审理庭揭牌成立，天宁经济开发区与江苏擎航知识产权服务有限公司、江苏银行、太平洋财产保险股份有限公司常州分公司、中都国脉（北京）资产评估有限公司等合作机构签约，区法院、区检察院、区市场监管局、公安天宁分局联合发布5起知识产权典型案件，发布《天宁区关于开展知识产权“伙伴行动”（2023—2025年）的指导意见》。

△ 由市委宣传部（文明办）、天宁区人民政府、市城管局共同主办的第28届常州市花——月季花展在紫荆公园举行启动仪式，主办方为城管系统获评省“五一巾帼标兵岗”、省“工人先锋号”、省“五一巾帼标兵”的单位和个人颁奖，为9个星级公园和7个“社区邻里月季园”授牌；花展同步在溧阳燕山公园、金坛钱资湖公园设分会场。

23日 “艇进大运河，畅游新天宁”——2023天宁区全民健身系列活动在凤凰新城启动，中赛凤凰新城水上运动中心、天宁区体旅融合发展基地揭牌，全市首个水上运动联盟成立。

△ 江苏省计生协成立四十周年纪念宣传活动暨“宝贝如瞳·用心托护——萌宝模特秀”在雕庄街道举行，中国计生协家庭服务部部长王丽娟，江苏省卫生健康委二级巡视员、省计生协常务副会长祁爱平，区领导曹瑜、吴静出席活动。

△ “书香天宁”2023年阅读推广暨秋白书苑紫荆公园馆揭牌仪式在紫荆公园举行。

23—24日 区委书记许小波带队到西安交通大学开展产学研合作对接，开展常州市“龙城英才计划”相关人才政策推介，西安交大长三角新型光电创新中心揭牌，6家企业代表与西安交大合作教授开展产学研合作项目签约。

24日 中国计生协家庭服务部部长王丽娟一行到天宁区调研普惠托育服务体系建设及“向日葵小屋项目”建设情况。

△ 常州焦溪古村食品有限公司（轩安居）、常州市企鸟食品有限公司（企鸟）、天宁区兰陵冬神梨膏糖厂（冬神）入选第四批“常州老字号”名单。

24—26日 陕西省旬阳市党政代表团到天宁区考察交流，天宁区与旬阳市签订《2023年苏陕协作与经济合作工作协议》，常州亲之民生态农业有限公司、本来生活网与旬阳市乡村振兴局签订《苏陕协作消费帮扶农产品采购协议》。

25日　全国第三届基础教育“新教学”观摩研讨会（语文专场）在常州市第二实验小学翰学校区举办，教育部基础教育二司原副司长、教育部基础教育课程教材发展中心主任朱慕菊致开幕词，江苏省语文整合教学研究所所长戴晓娥作报告，徐州市鼓楼区、徐州市泉山区、常州市天宁区、常州市初中实验组实验团队派代表参加。

27日　“劳动创造幸福，青春点亮未来”天宁区庆祝“五一”“五四”主题活动在凤凰新城举行，表彰天宁区“优秀工会工作者”10人、天宁区“岗位操作能手”30人、“天工杯”天宁技能新匠25人、天宁区“模范职工之家”10个、天宁区“工人先锋号”20个、天宁区“工会老娘舅优秀案例”10个、天宁区2022年示范性劳动竞赛项目6个，以及第四届天宁区十大杰出青年。

△　中交智荟港天宁高新智能制造中心奠基仪式在天宁高新区举行，南京兆奇光电科技有限公司、常州市智阳机械设备有限公司、江苏钥泽科技有限公司等首批6家企业签约入驻。

△　全区生态文明建设暨创建国家生态文明建设示范区动员会在天宁科技促进中心召开，以争创国家生态文明建设示范区为引领，打好污染防治攻坚战，推动发展方式绿色转型。

△　常州市医保局联合区检察院、区法院召开医保基金安全协作配合工作推进会，区检察院、区法院、医保天宁分局共同制定《关于加强医疗保障基金安全协作配合机制建设的实施意见》，天宁区在全市率先建立跨部门医保基金安全协作机制。

△　常州市3岁以下婴幼儿入户指导签约暨雕庄街道“1+N”托育服务点揭牌仪式在雕庄街道举行。

28日　天宁区在全市率先成立郑陆镇慈善工作站、雕庄街道慈善工作站、茶山街道丽华村委慈善工作站和青龙街道青龙苑南区社区慈善工作站4家基层慈善工作站。

是月　天宁区全面启动公园绿地开放共享试点，第一批试点开放的公园和绿地有7处，分别是红梅公园草坪，紫荆公园草坪，蔷薇公园林下空间、空闲地，横塘河湿地公园林下空间、空闲地，环岛路绿地（青洋大桥—徐窑渡桥）草坪、林下空间、广场，前浪浜滨河绿地水域，紫荆公园北侧地块（东至东经120路，西至龙沧路，北至新堂北路，南至竹林北路）空闲地。

5月

4日　团区委入选共青团中央公布的2022年度全国大学生“返家乡”社会实践活动表扬单位。

△　“廉洁护青春，逐梦新征程”天宁区青年党员干部主题教育馆“青廉馆”在常州清园举行开馆活动，号召广大青年干部以青春之我、奋斗之我、廉洁之我，践行总书记嘱托，争做政治可靠、纪律严明、担当作为的青年干部。

5日　注册在钟楼区的江苏美迪顺医疗器械有限公司在天宁区政务服务中心“同城通办”专窗领取变更后的营业执照，为天宁区政务服务中心首件企业登记“同城通办”业务。

6日　青龙街道为民服务中心被省医保局评为2022年度“15分钟医保服务圈”省级示范点。

8日　天宁区机关作风建设大会在天宁科技促进中心召开，会议学习贯彻中共二十大和全国两会精神，落实省、市作风建设各项要求，查摆机关作风中不适应发展需求的薄弱环节。

9日　市委书记、军分区党委第一书记陈金虎专题调研天宁区基层武装规范化建设，现场调研天宁街道人武部、红梅街道人武部。

10日　“跃动天宁·奔向未来”天宁区首届学校体育节在紫云小学开幕，采用“1+4+6+8+N”模式，即1个开幕式、4个天宁体育名师风采展示、6个学校体育特色展示、8个体育特聘教练技能展示，以及校园足球联赛、跆拳道、羽毛球锦标赛等N个赛事活动，同时召开1次体育发展研讨会，组织1次体育教师基本功比赛，全方位、多层次展示天宁体育高质量发展成效，体育节历时一个半月。

△　常州宝贝盛宴婴幼托育有限公司在天宁区政务服务中心领取“一照多址”营业执照，这是天宁区首例企业登记“一照多址”业务。

12日　壹城经济咨询中心在2023中国财富峰会发布《中国市辖区高质量发展报告》，天宁区列市辖区高质量发展百强（地级城市市辖区）第39位，较上年提升2位。

15日　天宁区科技创新工作暨科技招商推进会在天宁科技促进中心召开，为科技招商团授牌，发布天宁区促进创新发展政策2.0版，6

个项目合作签约。

15—17日　青海省果洛藏族自治州玛沁县党政代表团到天宁区考察交流，召开天宁区—玛沁县东西部协作联席会议，签订《天宁区—玛沁县2023年东西部协作协议》，中粮人瑞有限公司与玛沁县乡村振兴局签订合作协议，人民卫生出版社数字医学研发转化基地与玛沁县卫生健康局签订战略合作协议，位于天宁商都的青海优品展销中心“天宁玛沁消费帮扶特色展馆”揭牌成立。

16日　车联天下物流集团有限公司被省交通运输厅授予2022年度江苏“交通运输企业25强”称号。

17日　天宁区举行行长看天宁——金融助力高质量发展专题活动，深化政银合作交流，提升合作层次，拓展合作空间，全市26家银行机构负责人参加。

△　全市首个计量文化社区宣传阵地“计量文化园”在兰陵街道工人新村第二社区成立，是计量文化宣传走进社区、贴近居民的首次尝试。

20日　2023江阴——长三角旅游休闲消费嘉年华联合推广活动在无锡市江阴市云亭街道敔山湾举行，连云港市灌云县、常州市天宁区、无锡市锡山区、无锡市惠山区和无锡市江阴市五地开启互为旅游目的地合作，共同建设区域文旅协同合作展示平台。

20—29日　区长张凯奇率天宁经贸代表团到越南、韩国、日本开展经贸洽谈，拜访境外企业及机构，在日本大阪举办中日新能源检测交流会，推动中日检验检测产业的投资合作。

23日　天宁区党建引领老旧小区改造集中焕新仪式在清凉新村第二社区古树新亭广场举行，现场为老旧小区党群服务中心揭牌，发布天宁区2023年老旧小区改造项目。

△　全市首支退役女兵志愿者服务队“红山茶·木兰”在茶山街道成立。

24日　省委党史工办主任于阳一行到常州华利达服装集团有限公司调研指导基层党建工作。

26日　“数字双碳赋能常州新能源产业高质量发展战略合作”启动仪式暨常州市检验检测标准认证协会年会在中欧（常州）检验检测认证国际合作产业园举行，国家市场监督管理总局认可与检验检测监管司二级巡视员李文龙、区委书记许小波出席活动，区委常委、开发区党工委书记周海鹏主持。会上，常州检验检测认证产业规划修订工作启动；“数字双碳赋能常州新能源产业高质量发展战略合作”启动，中欧国际合作园、英国标准协会（BSI）、常州建筑科学研究院股份有限公司三方在新能源与数字双碳领域深化能源改革、规范地区标准、提高区域检验检测技术水平等方面深入合作；欧陆检测技术服务（上海）有限公司、英国标准协会（BSI）等10家企业签约入驻产业园。

△　天宁区举行景仁园暨诗人黄仲则塑像揭幕仪式，景仁园位于飞龙东路西侧、新堂路北侧、北环小学新址东侧，是集运动、文化、共享于一体的城市公共空间。

27日　人民网编委委员、中国共产党新闻网主任何晶茹带队调研天宁区非公有制企业党建工作。

30日　区委书记许小波现场督办区政协重点提案《关于细化靶向服务，提振企业信心的建议》，实地视察常州海图电子科技有限公司，专题召开重点提案督办协商会。区政协党组书记、主席魏敏，区人大常委会副主任金明杰，副区长李军参加督办。

31日　“从红船到飞船——全市首个大中小学思政课一体化共同体”在常州市龙锦小学启动建设，常州信息职业技术学院、常州市第二十四中学天宁分校、常州市龙锦小学、天宁区青龙街道阳光龙庭社区共同签约共建思政课一体化共同体，龙锦小学与阳光龙庭社区共建的“理想”校社合作航天思政学习团现场揭牌。

△　天宁区托育综合服务中心在红梅街道铂雅花园托育中心挂牌成立，为全市首家集技能培训、课题研发、业务指导、监督监管、托育服务于一体的区级托育服务指导中心。

△　常州市首个儿童友好专属网格联盟在天宁区凤凰新城成立，打造家门口的“5分钟儿童友好生活圈”。

是月　省政府办公厅印发《关于对2022年落实有关重大政策措施真抓实干成效明显地方予以督查激励的通报》，天宁区“放管服”改革和数字政府建设、贯彻实施《政府督查工作条例》受到督查激励。

6月

1日　江苏九洲投资集团有限公司与常州慈善总会在九洲环宇大酒店签订《常州市慈善总会九洲基

金设立协议》,基金初始规模1亿元,主要用于舜山季子小镇公益项目建设及慈善公益事业。

4日　常州市纪念季札诞辰2599年活动在郑陆镇举行。常州市季子文化研究会介绍近年季子文化研究成果和出版丛书计划,江苏省季子文化研究会副会长、河海大学教授纪玲妹作“论季札在中国文化史上的地位和影响”主题演讲,市政协副主席赵正斌、区政协主席魏敏出席活动,江苏省季子文化研究会、常州市季子文化研究会、江阴季子文化研究会、无锡泰伯文化研究会、苏州常熟仲雍文化研究会等单位部分理事、会员和专家学者参加活动。

6日　省委组织部副部长、省委编办主任李伟到郑陆镇调研经济发达镇改革培育工作。

△　常州强力先端电子材料有限公司、常州强力电子新材料股份有限公司“一种双肟酯类光引发剂及其制备方法和应用”,常州亚玛顿股份有限公司“一种超薄双玻光伏组件的制备方法及其产物”均获首届江苏专利奖银奖。

7日　天宁区在监察文化馆召开新时代廉洁文化建设联席会议,19家区级机关单位和开发区、镇(街道)纪(工)委为联席会议成员单位,旨在建立全区新时代廉洁文化建设统筹协调机制,协调推进重点工作,实施项目化、清单化管理。

8日　省人大常委会副主任周广智一行到天宁区调研基层治理中如何坚持和发展新时代“枫桥经验”,听取“青平果联盟”群防品牌创建等工作情况,实地考察监察文化馆和张太雷纪念馆。

11日　天宁籍运动员施俊杰与队友共同获得2023年世界杯(波兰站)技巧比赛男子四人组冠军。

13日　天宁区母乳喂养支持门诊在天宁区妇幼保健计划生育服务中心开诊,为常州市首家母乳喂养支持门诊。

14日　市委书记陈金虎到天宁区龙城红色驿站·龙城先锋骑士党群服务中心调研“感悟新思想,五学五在先”活动开展情况。

△　市委副书记、组织部部长季培东率队到西安开展“名城名校合作行,创新创业赢未来”专场活动,区领导许小波、沈永红、周海鹏、金明杰、吴小红参加。在天宁区双创生态环境介绍会上,许小波从人文、智造、创新、活力、环境五方面介绍天宁,向各类人才发出邀约。天宁区与西安交通大学等7所高校建立引才工作站,单晶金刚石半导体材料、芯片检测设备等6个人才项目现场签约。

△　天宁区被省教育厅、省委网信办、省工信厅确定为江苏省智慧教育样板区培育区域(方向三:智慧教堂创新实践)。

16日　天宁区首期“政企同心会”暨工商联(总商会)走进标杆企业活动在金新控股集团有限公司举办,推出关心关爱优秀企业家十六条措施。

17日　天宁大讲坛之政治理论专场学习会在天宁科技促进中心举办,邀请中央党校中共党史教研部教授、博士生导师、毛泽东思想教研室主任祝彦作“习近平新时代中国特色社会主义思想”专题授课,参与听讲干部120人次。

26日　天宁区4家单位入选2023年江苏省两化融合管理体系贯标示范企业培育对象名单。其中,通标标准技术服务(常州)有限公司推荐等级为A,常州诺德电子股份有限公司、江苏康进医疗器材有限公司、常州钜苓铸造有限公司推荐等级为AA。

△　天宁区22家企业入选2023年度首批省星级上云企业名单,其中五星级1家、四星级9家、三星级12家。

27日　航天云网数据研究院(江苏)有限公司的中小企业公共服务平台入选2023年度省重点工业互联网平台名单[综合类(双跨型)平台]。

27—28日　贝宁共和国外交部部长奥卢舍甘·阿贾迪·巴卡里、贝宁驻华大使西蒙·阿多韦兰德一行访问常州,参观常州浩万新能源科技有限公司、常州四药制药有限公司等地,贝宁SPIRO公司与常州浩万新能源科技有限公司达成未来5年10亿美元的合作协议。

28日　天宁区庆祝中国共产党成立102周年座谈会在天宁科技促进中心召开,激励各级党员干部进一步弘扬党的光荣传统和优良作风,不忘初心、牢记使命、永远奋斗。

△　天宁区举行“光荣在党50年”纪念章颁发仪式,区委书记许小波为老党员代表颁发“光荣在党50年”纪念章。

30日　由江苏省电影集团有限公司、常州广播电视台、江苏恐龙园赞奇影业有限公司出品,团省委、省总工会、市委宣传部、天宁区委联合摄制的电影《觅渡》媒体推介会在南京举行。现场发布影片首部预告片和首款海报，播放影片主题曲和制作花絮。

是月　天宁区首家社区临床心理科在红梅街道社区卫生服务中心开诊。

7 月

3 日　青海省果洛藏族自治州委副书记、州长叶万彬率果洛州代表团到天宁区考察青海优品展销中心——天宁玛沁消费帮扶特色展馆、青果巷历史文化街区。

△　常州市局前街小学的技巧啦啦操案例、常州市雕庄中心小学的校园足球文化案例获评 2023 年（第六届）全国小学体育活力校园“优秀案例 100”。

4 日　天宁区《完善家门口议事体系，重塑社会治理共同体》案例被省民政厅评为 2021—2022 年度江苏基层社会治理创新成果奖。

7 日　天宁区召开卫生行业协会四届一次会员大会，成立由各市级综合医院推荐的 50 余名专家、技术骨干组成的天宁区卫健系统行业管理专家库。

△　郑陆镇卫生院与常州市第一人民医院签署专科共建医联体协议，成立消化内科联合病房。

10 日　新能源装备及低碳节能科技总部项目签约仪式在天宁经济开发区举行，项目总投资超 10 亿元，计划投资建设新能源装备 & 低碳节能科技产业总部与智造基地。

12 日　天宁区举行新闻发布会，介绍优化营商环境“1+5+N”机制暨十大联合攻坚工程，区委副书记、副区长宋福波作新闻发布，区相关部门负责人就有关问题回答记者提问。

△　天宁区第五次全国经济普查动员部署会议在天宁科技促进中心召开，贯彻落实国家、省、市关于第五次经济普查会议精神及工作要求，安排部署全区普查工作。

△　芳茂山“恐龙主题”服务区入选省文旅厅、省交通运输厅、省邮政管理局联合公布的江苏省交通运输与旅游融合发展典型案例名录。

13—15 日　天宁区党政代表团赴青海省果洛藏族自治州玛沁县开展东西部协作交流考察，两地相关单位签订对口支援协作框架协议，天宁区向玛沁县捐赠医疗设备和 30 万元帮扶资金。

14 日　“凝聚统战力量，助推文商旅发展”主题活动在青果巷历史文化街区举行，现场推出天宁文商旅全新 IP 形象“宁小同”。

△　以“从新出发，相约天宁”为主题的 2023 年常州市天宁区文化旅游节开幕式暨长三角县域文化旅游协会合作联盟成立仪式在红梅公园举行，上海市长宁区、建德市、合肥市庐江县、六安市金寨县、连云港市灌云县、无锡市江阴市、常州市天宁区共同签约成立长三角县域文化旅游协会合作联盟。

19 日　常州强力先端电子材料有限公司、常州强力电子新材料股份有限公司“一种双肟酯类光引发剂及其制备方法和应用”获第二十四届中国专利银奖，常州市第四制药厂有限公司、常州四药制药有限公司“一种烯丙雌醇片剂及其制备方法”获中国专利优秀奖。

22—23 日　省委常委、省委组织部部长沈莹到天宁区人民来访接待中心察看信访工作流程，了解信访情况，与有关负责人一起接待信访群众，研究解决信访事项；到华利达服装集团有限公司、茶山街道清凉新村第二社区调研基层党建工作。

24 日　教育部公布 2022 年国家级教学成果奖获奖项目，天宁区雕庄中心幼儿园的“农村幼儿园创意手指游戏体系建设的 20 年实践探索”、常州市北郊小学的“‘交互式探究性’数字化课堂教学范式”获评二等奖。

26 日　常州市市级机关党建赋能助力基层治理暨天宁经济开发区、青龙街道“红链天开，青青向融”全域党建品牌发布仪式在常州市龙锦小学举行，区检验检测产业红链社群、区数字经济产业红链社群、区纺织服装和纺织机械产业红链社群、区新能源产业红链社群揭牌成立，10 项常州市市级机关党建赋能助力基层治理项目结对。

26—27 日　2023 中国汽车芯片大会暨中国汽车芯片产业创新战略联盟全体大会在中吴宾馆召开，区委书记许小波出席会议并致辞，市委常委、副市长李林，区领导倪云泽、周海鹏出席会议，行业专家学者、中国汽车芯片创新联盟全体成员单位参加会议。大会通过成果发布、主题演讲、供需对接、专题研讨、招商引资、企业走访、媒体专访等环节，探讨建立汽车芯片创新生态，12 个产业项目签约落户天宁区。

28—30日 区委书记许小波率天宁区党政代表团赴陕西省安康市旬阳市开展考察交流，现场考察旬阳市毛绒玩具（文创）产业电商中心、安康多来爱梦毛绒动漫公司、旬阳高新区科创中心；在天宁—旬阳东西部协作联席会议上，天宁区政府向旬阳市政府捐赠155万元援助资金，全国高校常州校友会联盟向旬阳市教体科技局捐赠爱心助学器材，常州市奕迦仁商贸有限公司与旬阳市乡村振兴局签订《苏陕协作消费帮扶农产品采购协议》，江苏苏合名优农产品专业合作联社与旬阳市农业农村局签订《苏陕协作“公司＋农户”委托养鹅回购协议》。

是月 2022年度全国学雷锋志愿服务“四个100”先进典型名单公布，常州一加爱心公益服务中心入围“最佳志愿服务组织”，青龙街道横塘社区入围“最佳志愿服务社区”。

△《天宁区整理资源发展生态产业促进生态产品价值实现》案例入选《江苏省自然资源领域生态产品价值实现典型案例》（第一批）。

△ 红梅街道在北环南村小区推出信义制物业管理模式，为全省首家。

8月

1日 中国共产党常州市天宁区第十一届委员会第七次全体会议在天宁科技促进中心召开，区委常委会主持，区委书记许小波代表区委常委会作工作报告，会议审议通过《中国共产党常州市天宁区第十一届委员会第七次全体会议决议》。

4日 区政府全体（扩大）会议在天宁科技促进中心召开，学习贯彻习近平总书记考察江苏重要讲话精神，落实市委十三届六次全会、区委十一届七次全会精神，动员全区上下为全市冲刺“GDP万亿之城”、建设“新能源之都”贡献天宁力量。

△“同心聚能”为侨服务园区行·天宁华侨华人创新创业集聚区专场活动在天宁经济开发区举行，与会人员现场参观汽车智能零部件产业园侨创空间——天宁侨智园，了解侨创空间的功能与服务模式，维发电子科技（常州）有限公司、江苏智锐博成新能源科技有限公司、川木自动门（常州）有限公司、中汉（江苏）医学科技有限公司签约入驻汽车智能零部件产业园，“常侨惠”金融专项产品发布，首批7位侨界创新创业者成立侨海创新创业联盟，为侨界及留学归国人才创新创业提供交流展示、项目咨询、技术对接、联谊沙龙等服务。

8日 “才聚天宁·智创未来”人才服务月启动仪式暨天宁高校学子看家乡活动在天宁人才大厦举行，全市首个“人才之家”发布服务清单，并为全区引才较多企业和6位人力资源服务猎聘官颁发“引才伯乐奖”，为“天宁工匠”代表颁发荣誉奖杯，聘请镇（街道）人才工作联络员为人才服务专员。

14日 位于天宁高新区的江苏武进不锈股份有限公司2万吨高端装备用高性能不锈钢无缝管项目竣工投产，该项目占地面积7万平方米，总投资4.7亿元。

△《新华日报》头版以《“1+5+N”工作机制暖企又惠企，常州天宁助企业轻装前行》为题，报道天宁区打造一流营商环境的不懈探索。

15日 区人大代表“家站点”工作“三统一”发布会暨“三官两师一员”进家入站驻点服务启动仪式在青龙街道第四片区人大代表联络站举行，市人大常委会副主任方国强、区委书记许小波参加活动并共同发布人大代表“家站点”工作“三统一”制度（统一标识标牌、统一接待时间、统一接待主题），启动“三官两师一员”（“三官”指法官、检察官、警官，“两师”指律师、心理咨询师，“一员”指人民调解员）进驻人大代表“家站点”活动，全区83个“家站点”进驻301名“三官两师一员”。

△ 全区新一轮太湖综合治理暨省级生态环境保护督察整改推进会在天宁科技促进中心召开，区委书记许小波出席会议并讲话。会议播放半年度深入打好污染防治攻坚战情况通报片，部署省级生态环保督察反馈问题及新一轮太湖治理工作。

△ 常州市工人文化宫完成修缮改造，正式向公众开放。

17—18日 区长张凯奇率队参加常州市新能源汽车关键零部件产业“招商季”上海专场活动，在上海开展“三新经济”产业招商，拜访畅的新材料科技（上海）有限公司、优势资本（私募股权投资机构），考察辅助驾驶项目、智慧车库项目、工业阀门项目和储能装备项目等。

17—25日 区委书记许小波率天宁经贸代表团赴欧洲开展经贸洽谈活动，先后拜访瑞士SGS集团、HR-bio全球研发中心和洛桑大学，德国EG集团、浩万欧洲总部、比弗瑞斯考特公司、亮道欧研中心等，并在德国斯图加特举办天宁区产业投资说明会，围绕新能源汽车零部件、第三代半导体、太阳能光伏三大产业赛道作推介说明。

21—22 日　中国作家协会副主席、中华文学基金会理事长徐贵祥，中华文学基金会秘书长安亚斌，中华文学基金会公益项目部负责人刘娜，江苏省作协联络部主任、一级调研员吴正峻，江苏省作协联络部三级调研员潘剑到天宁区考察“文学之乡”创建工作。

23 日　以“贯彻二十大，奋进新征程”为主题的天宁区“百姓名嘴”风采展示活动暨理论宣讲数据感知平台上线仪式在工业互联网大厦举行。活动现场，东北联队和西南联队 2 支队伍 12 组参赛人员进入决赛的理论宣讲员围绕中共二十大主题，开展主题宣讲和即兴宣讲，发布天宁区理论宣讲数据感知平台，推出全省首个智慧理论宣讲助手“宁晓理”。

24 日　常州市青果巷历史文化街区照明设计获评第十八届中照照明奖一等奖。

25 日　天宁区交通运输行业党委、天宁区交通运输行业工会联合会揭牌成立。

△　天宁区郑陆钰锋糕点坊、常州市焦溪二花脸猪专业合作社、常州琪嘉文化传播有限公司、常州集味九香食品有限公司、常州市三顺得食品有限公司被区文体旅局、区人社局、区农业农村局认定为首批区级非遗工坊，被认定的 5 家非遗工坊的非遗项目分别是郑陆脚踏糕制作技艺(焦溪重阳糕制作技艺)、焦溪二花脸猪养殖技艺（焦溪）、苏式旗袍制作技艺、常州大麻糕制作技艺、常州过年蒸馒头习俗。

28 日　安徽省芜湖高新技术产业开发区党工委书记、管委会主任、弋江区委书记陈海俊率弋江区党政代表团考察天宁区产业发展、社区治理等工作，实地考察中认国创检测技术（江苏）有限公司、常州悦易网络信息技术有限公司（爱回收常州运营中心)、雕庄街道菱溪社区。

31 日晚　由市文广旅局和江苏九洲投资集团联合出品、江苏九洲投资集团出资支持、市锡剧院创演的大型原创传统锡剧《季子》在常州大剧院首演。

9 月

1 日　《江苏省常州市郑陆镇整理资源发展生态产业促进生态产品价值实现案例》入选自然资源部办公厅印发的《生态产品价值实现典型案例》(第四批)。

5 日　区政务服务中心市场准入窗口为从事餐饮服务的个体经营者发放企业营业执照和食品经营许可证，为全省首个个体工商户转为企业一次性变更证照的服务事项。

8 日　天宁区第 39 个教师节庆祝活动暨天宁区首届“天宁大先生”颁奖典礼在常州市第二十四中学天宁分校举行。郑陆实验学校博雅“双导师团”、天宁区田径教练团队、局前街小学李伟平、北郊小学管雪沨、雕庄幼儿园蒋惠娟、博爱小学学习社区项目研究团队、焦溪初级中学马玲云、丽华第三幼儿园谢琦芳、清凉小学唐克枫、第二实验小学朱江月、解放路小学蒋琳、正衡中学吴琦、朝阳新村第二小学音乐教研组获评首届“天宁大先生”,现场还发布“百千万”初心育“宁”星课堂党建品牌。

11 日　由区委网信办主办、中国移动常州分公司承办的“2023 天宁区网络安全宣传周开幕式暨网络安全攻防实战演练”活动在工业互联网大厦举行。

12 日　全区组织工作会议在天宁科技促进中心召开，区领导许小波、宋福波、沈永红、周海鹏、吴涛、金明杰、陈一峰出席会议。会议贯彻落实全国、全省、全市组织工作会议精神，部署当前和今后一个时期重点任务，推动全区党的建设和组织工作高质量发展。

13 日　青海省果洛藏族自治州委副书记、玛沁县委书记杨文渊一行考察天宁区，现场调研监察文化馆，双方围绕东西部协作帮扶深入交流。

14 日　常州市以视频会议形式召开学习贯彻习近平新时代中国特色社会主义思想主题教育动员会议，区四套班子领导在天宁分会场参加会议；会议结束后召开续会，深入学习贯彻习近平总书记关于主题教育系列重要讲话和重要指示批示精神，认真落实党中央关于开展第二批主题教育部署要求和省委、市委工作安排，全面推进全区主题教育各项工作。

17 日　2023 年全国科普日常州市主场活动“我有一个院士梦”启动仪式在常州市龙锦小学举行，中国工程院院士龙乐豪，省科协党组成员、副主席徐春生，市委常委、宣传部部长陈志良，区领导韩波、宋福波、曹瑜出席活动。活动现场，龙锦小学、焦溪小学、凤凰新城实验小学、北环小学、丽华新村第三小学、博爱小学、兰陵小学7所学校成立天宁区“北斗七星”科技联盟校，常州市首批青少年院士科普站在常州信息职业技术学院江苏省时空信息中小学生职业体验中心和常州市龙锦小学成立。

18日　区委学习贯彻习近平新时代中国特色社会主义思想主题教育领导小组召开第一次会议，学习贯彻习近平总书记在主题教育工作会议上的重要讲话精神，落实全省第一批主题教育总结暨第二批主题教育部署会议精神和全市主题教育动员会议精神，研究部署全区主题教育工作方案与工作安排。

△　西藏自治区人大社会建设委员会副主任委员刘玥率自治区就业援藏调研工作组考察天宁人才大厦。

19日　常州市首个国家调查点“住户之家”在茶山街道华润国际社区揭牌成立。

22日　天宁区区级领导干部学习贯彻习近平新时代中国特色社会主义思想主题教育读书班开班。

△　欧陆检测项目签约入驻中欧（常州）检验检测认证国际合作产业园，总投资500万欧元，该项目主要在食品、制药、环境和消费品行业为客户及政府机构提供全方位的检测认证服务。

△　区退役军人事务局获评全省退役军人就业创业工作先进单位。

25日　位于中吴大道958号的常州市儿童医院新院区开诊。

26日　天宁区重大项目推进会在天宁经济开发区云制造先导中心举行，半导体测试装备、新能源装备、高端聚氨酯制品研发生产等24个项目集中签约，总投资76亿元；27个重大项目开（竣）工，总投资41亿元。市委书记陈金虎，市委常委、组织部部长陈翔，市委常委、市委秘书长杭勇，市政府秘书长周承涛，区领导许小波、张凯奇、沈月芬、魏敏、韩波、宋福波、沈永红、倪云泽、金明杰、曹瑜出席活动；活动有来自德国、贝宁、土耳其、日本、印度、马来西亚及国内的客商200余人参加。

△　区委书记许小波会见非洲SPIRO集团公司董事Gaurav Gupta（高瑞夫 古普塔）。

△　常州市化工轻工材料总公司获评2023江苏民营企业200强，亚东（常州）科技有限公司、常州强力先端电子材料有限公司、常州船用电缆有限责任公司、常州制药厂有限公司获评绿色发展领军企业，常州华利达服装集团有限公司获评江苏民营企业社会责任领先企业。

△　代表天宁区参赛的新一代光储逆变器团队和常州金襄新材料科技有限公司在第十一届“创业江苏”科技创业大赛暨第十二届中国创新创业大赛江苏赛区总决赛中分别获团队组和成长企业组三等奖。

26日晚　位于凤凰新城的萃园举行开园仪式，市委常委、宣传部部长陈志良，副市长蒋鹏举，区四套班子领导，以及萃园总设计师、居民代表等出席开园仪式，现场发布优秀传统文化展示周活动安排。

27日晚　2023年常州市“我们的节日（网络中国节）·中秋”主题活动在茶山街道龙游河畔举行，现场为常州市首批12家“红领巾”学雷锋志愿服务岗授牌。

28日　兰陵街道人民调解委员会被司法部授予“全国模范人民调解委员会”称号。

△　青龙街道阳光龙庭社区托育中心、雕庄街道凤凰新城托育中心创成国家级“向日葵亲子小屋”项目点，为全市首批国家级“向日葵亲子小屋”项目点。

△　常州华利达服装集团有限公司被省政府授予省长质量奖。

△　丰北蜗牛时光度假村体育休闲旅游场景被省体育局评为2023年江苏省体育消费场景典型案例（体育休闲旅游基地类）。

△　江苏康进医疗器材有限公司牵头的FEP细胞培养膜焊接工艺项目入选上海市科学技术委员会、江苏省科学技术厅、浙江省科学技术厅、安徽省科学技术厅联合发布的2023年度长三角科技创新共同体联合攻关重点任务，为常州市唯一。

29日　位于翠竹公园东北角的“义起来反诈”主题公园开园。

是月　区地方金融监督管理局联合建设银行天宁支行，完成全市首笔地方行政单位数字人民币工资代发。

10月

7日　芳茂山“恐龙主题”服务区入选文化和旅游部、交通运输部、国家铁路局、中国民航局、国家邮政局、国铁集团公布的第一批交通运输与旅游融合发展典型案例。

8日　在2023中国常州科技经贸洽谈会开幕式上，西安交大长三角新型光电创新中心项目、高端聚氨酯制品研发及生产项目签约落户天宁区。

15日　完成改（扩）建的郑陆镇卫生院启用运行，新院区位于天宁区焦溪大道，占地面积2.05万平方米。

17日　区委宣传部与常州大学马克思主义学院在天宁科技促进中心举行合作共建签约仪式，双方将在重大理论宣传、课题项目研究、实践教学基地建设、服务地方能力提升等方面加大合作力度。

20日　“全球新视野·天宁新突破”2023天宁区现代服务业推介活动在九洲环宇大酒店举行，长三角跨境电商产业平台、瀚景口腔医院、晋陵文旅、消防安全体验中心、兰陵茂等项目现场签约。

25日　天宁区关心下一代工作委员会成立30周年纪念大会在天宁科技促进中心召开，深入学习贯彻习近平总书记关于关心下一代工作的重要指示批示精神，回顾工作历程，总结实践经验，表扬先进典型，谋划创新发展。

26日　全市首家区域检验中心——天宁区区域医学检验中心启用，旨在为全市居民群众提供优质高效的医学检验服务。

27日　集商户拥军、服务拥军、文化拥军三位一体的青果巷双拥示范街区举行开街启动仪式。

29日　常州市儿童医院举行高质量发展大会暨新医院启用仪式，省政府参事盛克勤、市长盛蕾、南通大学校长杨宇民出席活动，市委常委、副市长李林，市政府秘书长周承涛，区长张凯奇参加活动。

△　2023年常州市天宁区第二届全民健身运动会开幕式在常州市第二十四中学天宁分校举行，2015年游泳世锦赛冠军、常州籍运动员沈铎担任天宁全民健身推广大使。

是月　天宁区市场监督管理局与江阴市市场监督管理局、常州经济开发区市场监督管理局签订《知识产权跨区域保护协同协作备忘录》。

△　常州首个公交专用“光储充”一体化综合能源站——红梅公交中心站充电站投用。

11月

2日　省民政厅公布2023年省级地名文化遗产名单，青果巷入选路、街、巷（里、弄、坊）地名，乌衣桥、新坊桥入选古桥梁地名。

3日　常州大运河新时代文明实践带建设联盟在翠竹公园举行揭牌仪式，该联盟由天宁区新时代文明实践中心与大运河沿线的新北区、钟楼区、经开区的新时代文明实践中心共同组建。天宁区新时代文明实践中心同步在翠竹公园揭牌成立，该中心一楼为多功能展示区、融媒体发布平台、理论宣讲平台、文明实践“VR”体验区、文明实践办公区，二楼为文化服务平台，总建筑面积500平方米。

△　天宁区申报的兰陵民间吉祥图案、戈裕良叠石（山）技艺入选省政府公布的第五批省级非物质文化遗产代表性项目（传统美术），常州剪纸、焦溪糍团制作技艺、焦溪油酥饼制作技艺、郑陆脚踏糕制作技艺入选省级非物质文化遗产代表性项目名录扩展项目。

6日　全国双拥工作领导小组成员兼办公室副主任、中央军委政治工作部群众工作局局长高翔一行调研天宁区双拥工作。

8日　由江苏省社会主义学院、市委统战部、区委统战部共同主办的坚定发展信心与民营企业家履行社会责任理论研讨会在常州华利达服装科技产业园召开，省委统战部副部长、省社会主义学院党组书记刘步健，市委常委、统战部部长杨芬，区委书记许小波，区委常委、统战部部长倪云泽等出席会议。

△　民政部社会组织管理局信用信息宣传处处长柯晓山率新华社、人民日报社、中国新闻社等中央和部属媒体到茶山街道富强新村采访采风椿熙公益集市活动。

10日　十一届区委第八轮巡察动员部署会在天宁科技促进中心召开，会议深入学习领会习近平总书记关于巡视工作重要论述和中共二十大精神，贯彻落实中央和省委、市委、区委关于巡视巡察工作最新部署要求，宣布区委第八轮巡察组长授权任职和任务分工决定，对区人大机关、区政协机关开展常规巡察，对区卫生健康局党委开展巡察“回头看”，并延伸巡察区卫生监督所、茶山街道社区卫生服务中心、天宁街道社区卫生服务中心，巡察时间为2023年11月中旬至2024年1月中旬。

13日　全国干部教育培训南京大学基地乡村振兴教学基地、常州市龙城先锋乡村振兴培训中心在郑陆镇举行揭牌仪式，聘请葛扬为龙城先锋乡村振兴培训中心名誉院长，举行乡村振兴实践导师联盟成立暨首批导师聘任仪式，南京大学乡村振兴课程研究开发项目、中国水产科学研究院渔光一体项目、南京农业大学二花脸育种项目、共建大连理工大学江苏研究院天宁创新中心项目、燃料电池用新型磺化聚酰亚胺质子交换膜项目集中签约。

13—15日 天宁区经贸代表团赴深圳参加“2023常州·深圳开放创新合作交流会”，拜访深圳市倚锋投资管理企业、融冲（深圳）生物医疗科技有限责任公司等，天宁区高新技术产业园与深圳天狼芯半导体有限公司签署大功率半导体封测基地项目框架协议，总投资3亿元，区领导周海鹏、曹瑜参加招商活动。

17日 《中国青年》创刊100周年主题团日暨“利群·奋进”青年学习社线路发布活动在恽代英纪念馆举行。

18日 区委书记许小波到基层联系点郑陆镇讲授主题教育专题党课，市委主题教育办第五联络组组长张洪兵，区领导沈永红、金明杰出席。

△ 天宁区开展“凤凰新城十年涅槃精彩蝶变”典型案例解剖式调研，学习习近平总书记关于城市发展的重要论述，探寻产业转型升级和产城人融合发展的路径。

△ 中国中小城市发展指数研究课题组、国信中小城市指数研究院联合发布“2023年中国中小城市高质量发展指数研究成果”，天宁区列“2023年全国综合实力百强区”第71位。

24日 天宁区开展农村道路交通隐患突出反面典型案例解剖式调研，区四套班子领导、“法检”两长实地调研焦溪大道、朝阳路口事故多发点位整治现场和天宁交警大队指挥中心，并召开专题会议。

△ 江苏怀业信息技术股份有限公司获评江苏省潜在独角兽企业，常州智谷机电科技有限公司、常州海图信息科技股份有限公司、常州仁千电气科技股份有限公司、常州市蓝博氢能源科技有限公司获评江苏省瞪羚企业。

△ 区委组织部提交的《初心映山红，凤凰涅槃生——党建引领凤凰新城十年转型的实践探索》案例获评第六届基层党建创新优秀案例，为常州辖市区唯一。

△ 萃园书画手稿交接仪式在天宁科技促进中心举行，常州天宁建设发展集团有限公司向区档案馆移交萃园建设过程中匾额、碑文、楹联等书画作品60幅。

25日 天宁区“好家风，好人生”廉洁齐家课堂第一场活动在监察文化馆监察大课堂举行，深入学习贯彻习近平总书记关于注重家庭家教家风建设重要论述。

26日 区委副书记、区长张凯奇到基层联系点天宁经济开发区（青龙街道）作“感悟思想深厚伟力，扎实做好经济工作”主题教育专题党课。

27—29日 区委书记许小波带队到北京开展招商活动，与华夏银行总行、北京中关村信息谷资产管理有限责任公司、北京理工华汇智能科技有限公司等企业对接，拜访优碧技术（北京）有限公司总经理赵越、环球电广影视传媒集团有限公司董事长黄尉等企业家，聚焦新能源、智能制造、网络视听等产业，开展洽谈合作，推动项目加快落地。

29日 寺墩遗址被国家文物局列入“考古中国”重大项目进展发布名单，为全省唯一入选项目。寺墩遗址是一处以新石器时代崧泽文化和良渚文化遗存为主体的中心聚落遗址，距今4500年至5500年。

是月 由省总工会、团省委、市委宣传部、天宁区委联合摄制的电影《觅渡》获第19届中美国际电影节“金天使奖”，主题曲获第36届中国电影金鸡奖最佳音乐奖。

△ 全国三八红旗手汤亚平工作室被省妇联评为江苏省三八红旗手（集体）示范工作室。

△ 常州市兰陵小学乒乓球选手丁铭淇代表江苏省参加2023年国家少年训练暨国少集训队（第四期）女子组选拔赛（第二阶段）全国总决赛，获女子九岁组单打第七名，入选国家少年队。

△ 常州市第二人民医院（城中院区）血液净化中心搬迁至青龙街道社区卫生服务中心北楼二楼。

12月

7日 郑陆镇石堰村石堰自然村获评第十二批次江苏省特色田园乡村。

8日 全国名校联盟2023年会在常州市局前街小学召开，来自全国各地的400余位小学语文老师参加。会议期间，举办第六届全国小学语文“十大青年名师”颁奖典礼、全国名校联盟第八批示范校授牌仪式、第四届校长高峰论坛、名师示范课、“十大青年名师”展示课等活动。

△ 斜桥巷老旧小区改造项目入选江苏省实施城市更新行动工作领导小组公布的2023年度全省城市更新试点项目名单。

14日 区人大代表、政协委员集中视察全区重点项目及民生实事完成情况，实地查看萃园、教育小镇、武进不锈股份有限公司、浩万新能源科技有限公司和焦溪古镇，感受天宁区经济社会发展取得的新成就和发生的新变化。

15 日 天宁区入选第一批江苏省商业秘密保护创新试点城市名单。

△ 史良故居入选省文化和旅游厅、省文物局公布的第三批江苏省革命文物（不可移动革命文物）名录。

15—16 日 天宁区召开 2023 年领导干部研讨会，深入贯彻落实习近平总书记对江苏工作“四个走在前”“四个新”的重大要求，全面落实省、市各项部署，研讨交流天宁长远发展、2024 年工作思路。研讨会期间，天宁代表团赴苏州相城区学习考察，参观长三角国际研发社区展示中心、长三角先进材料研究院、中亿丰控股集团有限公司、苏州中关村信息谷创新中心等地，了解相城区在推进数字经济时代产业创新集群建设和加快构建现代化产业体系方面的经验做法，并围绕城市规划、产业发展、科技创新和载体打造等领域开展互动交流。

18 日 区图书馆被文化和旅游部评为国家一级图书馆。

20 日 常州市工业互联网科创中心孵化器被省科技厅认定为 2023 年度省级科技企业孵化器。

△ 区文联会员作品《向火而行的也是血肉之躯》入围《人民日报》2023“微博年度照片”。

20—22 日 新华社江苏分社分党组书记、社长刘亢一行对寺墩遗址、东坡公园、常州强力先端电子材料有限公司开展实地调研，全方位了解天宁城市形象和发展脉络。

22 日 常州市道路货运行业天宁区党群服务中心揭牌暨“天宁红运”党建关爱联盟成立仪式在天宁经济开发区举行，常州市道路货运行业天宁区党群服务中心、天宁区“司机之家”、常州市户外劳动者驿站、“益家宁”检察护航站揭牌，“天宁红运”党建关爱联盟成立。

△ 兰陵街道浦南南村小区改造项目被住房和城乡建设部办公厅纳入城镇老旧小区改造可复制政策机制清单（第八批）。

25 日 常州金源铜业有限公司、常州东恒印染有限公司、江苏康进医疗器材有限公司、伊顿电力设备有限公司 4 家企业获评 2023 年（第四批）江苏省绿色工厂，天宁经济开发区获评 2023 年（第一批）江苏省绿色工业园区。

27 日 区政府全体（扩大）会议在天宁科技促进中心召开，讨论完善《区政府工作报告》，区领导张凯奇、宋福波、方力、倪云泽、吴小红、冯杰、陈一锋出席。

△ 常州纺检检验有限公司被省科技厅认定为 2023 年度江苏省技术先进型服务企业。

28 日 中国共产党常州市天宁区第十一届委员会第八次全体会议在天宁科技促进中心召开，全会由区委常委会主持，区委书记许小波代表区委常委会作工作报告。全会审议通过《中共常州市天宁区委常委会 2023 年度落实全面从严治党主体责任情况的报告》和《中国共产党常州市天宁区第十一届委员会第八次全体会议决议》。

29 日 天宁区 2023 年度党（工）委（党组）书记抓基层党建工作述职会在天宁科技促进中心召开，开发区、镇、街道党（工）委，区住建局党委，区行政审批局党组，天建集团党委分别进行述职。

△ 区机关事务管理中心获评 2023 年度江苏省公共机构节能低碳示范单位。

△ 中欧（常州）检验检测认证国际合作产业园被省市场监督管理局认定为江苏省仪器仪表产业园。

30 日 位于兰陵北路 301 号的常州首个主城区仓储式会员制商店 M 会员商店试营业。

是月 桃园路户外劳动者驿站被全国总工会确认为 2023 年最美工会户外劳动者服务站点。

△ 兰陵街道社区卫生服务中心全科医学团队被国家卫生健康委能力建设和继续教育中心授予“2023 中国家庭健康守门人”称号。

△ 雕庄街道菱溪社区党委书记、居委会主任汤亚平获评江苏省第三批“百名示范”村（社区）书记。

△ 天宁区在永宁雅苑、新城金郡 2 个小区开展固定车位新能源汽车充电基础设施建设试点工作。

△ 郑陆镇入选 2023 年江苏省乡村振兴示范乡镇创建名单，郑陆镇牟家村入选 2023 年江苏省乡村振兴示范村创建名单。

中共常州市天宁区委

◆ 栏目编辑　刘志贤

综　述

【中共二十大精神贯彻落实】 2023年，中共常州市天宁区委坚持以习近平新时代中国特色社会主义思想为指导，全面贯彻落实中共二十大精神。坚持感恩奋进，展现勇挑大梁政治担当。始终把深入学习宣传贯彻中共二十大精神、习近平总书记对江苏工作重要讲话重要指示精神和开展学习贯彻习近平新时代中国特色社会主义思想主题教育作为全年工作的主题主线，自觉在思想上对标对表、行动上紧跟紧随，以忠诚感恩之心、实干担当之行拥护“两个确立”、做到“两个维护”。按照中央和省委、市委决策部署，顶住外部压力，克服内部困难，开展“党旗飘在一线、堡垒筑在一线、党员冲在一线”专项行动，团结带领党员干部群众打硬仗、攻难关、化矛盾，为扎实推进高质量发展做好打基础、化风险、创品牌、增信心的工作。是年，老工业基地调整改造第三次获国务院真抓实干督查激励，“放管服”改革和数字政府建设获省政府督查激励，在全国市辖区高质量发展百强榜排名提升至第39位。

【经济高质量发展】 2023年，天宁区加大境内外招商力度，全年累计签约落地优质项目118个，总投资68.7亿元；119个市“532”（“5”指长三角交通中轴、创新中轴、产业中轴、生态中轴、文旅中轴，“3”指长三角产业科技创新中心、现代物流中心、休闲度假中心，“2”指城乡融合发展示范区、统筹发展和安全示范区）发展战略重点项目超额完成年度投资，东方侏罗纪城堡酒店启动建设，国创未来检测中心、东风李尔智能座舱等61个项目竣工投产；青果巷历史文化街区创成国家级旅游休闲街区，华润万象城主体落成，M会员商店盛大开业，朝阳市集、翠竹市集建成投用；创新建立优化营商环境“1+5+10”（成立1个区优化营商环境工作领导小组，下设政策环境、市场环境、政务环境、法治环境、人文环境5个协调组，实施10项联合攻坚工程）工作机制，出台关心关爱优秀企业家16条措施，办理留抵退税4.26亿元，协调解决企业用地、用工等各类问题诉求1700个。“长三角一网通办”“个转企套餐办”率先在全省实现，“信用＋承诺”容缺办理全领域推广，“首违不罚”柔性执法、“周末不打烊”延时服务收获群众好评，全年新登记注册企业5150家，同比增长13.4%，营商环境评价位列全省第一方阵。深度参与全市“新能源之都”建设布局，举办“聚焦新能源，竞逐新赛道”重大项目推进活动，维发电子、零壹半导体等一批科技含量高、成长性强的企业落户天宁；新能源汽车零部件、第三代半导体、太阳能光伏产业产值同比分别增长22.5%、31.6%、22.5%；“智改数转”工作成效获中央广播电视总台报道；新增国家专精特新“小巨人”企业6家、省潜在独角兽和瞪羚企业5家，科技型、创新型中小企业数量创历史新高，高新技术企业增至416家；万人发明专利拥有量超45.25件。天宁经济开发区、郑陆镇、雕庄街道获评市级智能制造示范区，“两业融合”实践成为全省标杆，西安交大长三角新型光电创新中心挂牌运营，大连理工天宁创新中心签约落地。

【城乡建设品质提升】 2023年，天宁区完成区级国土空间总体规划编制，中绛、桐家、东塘路工业园转型提升启动实施，完成低效用地再开发163.73公顷，土地节约集约利用模式获《人民日报》头版报道；夏雷路、横塘浜路等12条道路建成通车。53个老旧小区完成改造，改造面积332.21万平方米，既有住宅加装电梯46部；累计建设、改造和筹集人才公寓11390套，入住率超过90%。新增高标准农田34.93公顷、现代化宜居农房300户；焦溪古镇被列入江南水乡古镇联合申遗预备名单，小满茶铺、国乐传习所等潮流业态陆续上新；舜山小镇8大板块主体完工；寺墩遗址入围“考古中国”重大发现，为全省唯一；“五园荟秀”的萃园再现古典园林风雅，景仁公园获评省级乐享园林示范。

【保障改善民生】 2023年，天宁区新增城镇就业1.6万人、失业人员再就业1.5万人。高标准通过国家义务教育优质均衡发展区、学前教育普及普惠区验收，常州市天宁区竹林壹号幼儿园、常州市清凉小学、常州市光华学校建成投用，常州市天宁区实验幼儿园分园、常州市天宁区舜新幼儿园、茶山街道北侧地块幼儿园、常州市怡康小学完成建设，新增学位2340个。市儿童医院、郑陆镇卫生院、红梅街道社区卫生服务中心焕新亮相，区域医学检验中心建成投用。完成适老化改造400户，区级托育综合服务中心挂牌成立，“茶饭小馆”助餐、“1+N”社区普惠托育模式获全市推广。率先试点信托制物业管理模式，家门口议事体系建设获评省级创新成果。重点场所燃气泄漏保护装置实现全覆盖，生产安全事故数、死亡人数保持“双下降”。实体性化解信访积案17件，房地产、互联网金融、地方债务等各领域风险总体可控。

【落实管党治党政治责任】 2023年，天宁区压紧压实意识形态工作责任制，上线全省首个智慧理论宣讲助手“宁晓理”，萃园“中秋诗词会”、青果巷“国韵共潮生”获中央广播电视总台《新闻联播》报道，电影《觅渡》获金鸡奖最佳音乐奖。聚力壮大“宁聚力”品牌矩阵，常州市龙城先锋乡村振兴培训中心揭牌成立，《初心映山红，凤凰涅槃生——党建引领凤凰新城十年转型的实践探索》获评全国党建创新典型案例。扎实推进干部队伍能力提升，举办“阅见未来，伴宁成长”年轻干部读书月活动，新录用公务员培养管理模式获全省推广。动真碰硬抓好省委巡视整改，超七成整改措施落实到位，高层住宅消防、农村道路交通等安全隐患得到妥善化解。全省首家监察文化馆建成开放，展现正气充盈、政治清明的良好局面。

（张艺锋）

重要会议

【区委十一届七次全体会议】 8月1日，区委十一届七次全体会议在天宁科技促进中心召开，由区委常委会主持，区委书记许小波代表区委常委会作题为《锚定目标抓落实，勇挑大梁作贡献，以“四敢”精神推进中国式现代化天宁新实践》的报告。会议深入学习贯彻习近平总书记对江苏工作的重要讲话精神，落实省委十四届四次全会、市委十三届六次全会部署，总结回顾上半年主要工作，安排部署下阶段重点任务，动员全区上下锚定目标抓落实，勇挑大梁作贡献，以“四敢”精神推进中国式现代化天宁新实践，奋力谱写“强富美高”新天宁现代化建设新篇章。会议指出，2023年是全面贯彻落实中共二十大精神的开局之年，开局之年当有开拓作为，要全面落实“四个走在前”“四个新”重大任务，大力弘扬“四敢”精神，锚定全年目标，争取更好结果，更高质量增强发展质效、更高质量激活增长动能、更高质量构筑竞争优势、更高质量提升城市能级、更高质量增进民生福祉、更高质量改善基层治理。会议审议通过《中国共产党常州市天宁区第十一届委员会第七次全体会议决议》。

【区委十一届八次全体会议】 12月28日，区委十一届八次全体会议在

8月1日，天宁区委十一届七次全体会议召开　（区委宣传部　供图）

天宁科技促进中心召开，由区委常委会主持，区委书记许小波代表区委常委会作题为《增强信心决心、保持发展定力，为常州“万亿之城再出发”勇挑大梁、多作贡献》的报告。会议坚持以习近平新时代中国特色社会主义思想为指导，全面贯彻中共二十大和二十届二中全会精神，深入学习习近平总书记对江苏工作重要讲话、重要指示精神，落实中央经济工作会议和省委十四届五次全会、省委经济工作会议、市委十三届七次全会精神，总结回顾2023年工作，研究部署2024年任务，动员全区上下增强信心决心、保持发展定力，在推进中国式现代化中走在前、做示范，为常州“万亿之城再出发”勇挑大梁、多作贡献。会议强调，2024年要紧扣“长三角三新经济高地、现代化城乡治理样板”发展定位，深入推进“3511”(“3”指“创新驱动、数字驱动、消费驱动”，“5”指“空间治理、生态治理、文化治理、民生治理、社会治理”，“11”指全面深化改革、优化营商环境）发展战略，坚持项目为王、产业强区，加快打造发展硬核支撑，形成消费和投资相互促进的良性循环；坚持创新引领、人才驱动，加快塑造新动能新优势，推动“关键变量”加速成长为“最大增量”；坚持深化改革、扩大开放，加快提升区域发展能级，源源不断为高质量发展赋能增效；坚持规划引领、内涵发展，加快推动城乡融合共生，不断增强城市综合承载力和集聚带动力；坚持人民至上、普惠共享，加快绘就美好生活图景，更高标准、更高质量建设人民满意的共同富裕城市；坚持底线思维、极限思维，加快构筑安全稳定屏障，实现高质量发展和高水平安全良性互动。会议审议通过《中共常州市天宁区委常委会2023年度落实全面从严治党主体责任情况的报告》《中国共产党常州市天宁区第十一届委员会第八次全体会议决议》。

（张艺锋）

9月14日，天宁区召开“学习贯彻习近平新时代中国特色社会主义思想主题教育”动员会 （区委宣传部 供图）

决策部署

【天宁区开展“学习贯彻习近平新时代中国特色社会主义思想主题教育”活动】 2023年，根据《中共中央关于在全党深入开展学习贯彻习近平新时代中国特色社会主义思想主题教育的意见》要求，自2023年9月至2024年1月，由区委组织部牵头，围绕“一体推进理论学习、调查研究、推动发展、检视整改、建章立制”五项重点措施，组织全区区级机关部门、镇（街道）51家单位（部门）、1480个基层党组织、3.2万名党员，开展“学习贯彻习近平新时代中国特色社会主义思想主题教育”活动（以下简称主题教育活动）。年内，围绕主题教育活动部署要求，组建主题教育领导小组和工作机构，召开动员部署会议、领导小组会议、工作座谈会和工作推进会，开展专题培训，制定出台《各领域基层党组织分类指导办法》，清单化明确7大类、127条推进举措，确定29个调研课题，开展实地走访135次、座谈交流72场，区委常委会聚焦“凤凰新城十年涅槃精彩蝶变”正面典型案例和“农村道路交通隐患突出”反面典型案例开展解剖式调研，实现从“解剖一个问题”到“解决一类问题”；落实“八个一”(指开展一次专题指导、确定一个常态化挂钩联系点、开展一次集中政策宣传、讲好一次专题党课、至少开展一次体验式调研、至少安排一天信访接待、至少开展一次现场办公、至少领办一项民生实事)、“六个一”(指开展一次集中政策宣传、讲好一次专题党课、至少开展一次体验式调研、至少安排一次信访接待、至少开展一次现场办公、至少参加一次“双报到、双服务”活动）工作任务，区领导常态化挂钩联系1个镇（街道）、1个村（社区），累计开展下基层活动138次、现场办公53次，化解信访积案17件，解决实际问题103个；深入开展整改整治，区领导查摆分管领域突出问题17个，各级各部门查摆突出问题77个，逐一明确整改措施、目标、时限、责任人，对查摆的问题坚持一抓到底、动态销账。是年，“‘四下基层’生动实践”经验做法在《中央主题教育简报》刊发，“民生事项承诺制”等特色做法3次登上中央主题教育官网，“‘四下基层’生动实践”“挂钩联系制度”相关做法被《中国组织人事报》《江苏学习贯彻习近平新时代中国特色社会主义思想主题教育简报》《快报》等省级平台媒体刊登录用超10次，天宁区主题教育的经验做法被省级以上媒体宣传报道数量位列全市第一梯队。

【《关于加快发展方式绿色转型 积极稳妥推进碳达峰碳中和工作的实施意见》出台】 4月，天宁区全面贯彻市委“532”发展战略，落实区委“3511”工作要求，制定出台《关于加快发展方式绿色转型 积极稳妥推进碳达峰碳中和工作的实施意见》（以下简称《实施意见》），加快推进碳达峰碳中和目标实现。《实施意见》明确2025年、2030年、2060年碳达峰碳中和主要目标任务：到2025年，重点行业能源利用效率达到国际先进水平，二氧化碳排放增量得到有效控制，单位地区生产总值能耗、单位地区生产总值二氧化碳排放、非化石能源消费比重均完成市下达目标任务，森林覆盖率持续提升，为实现碳达峰、碳中和奠定坚实基础；到2030年，初步建立清洁低碳安全高效的能源体系，绿色生产生活方式得到广泛推行，单位地区生产总值能耗、单位地区生产总值二氧化碳排放持续下降，非化石能源消费比重、森林覆盖率持续提升，二氧化碳排放量达到峰值并实现稳中有降，为实现碳中和提供强有力支撑；到2060年，全面建立绿色低碳循环发展的经济体系和清洁低碳安全高效的能源体系，采取深度调整产业结构、加大节能减排力度、优化交通运输结构、加强城乡低碳建设、加大科技攻关力度、积极应对气候变化、加强绿色国际合作、政府市场协同发力等措施，推进绿色低碳转型发展，能源利用效率达到国际先进水平，生态文明建设取得丰硕成果，如期实现碳中和目标，开创人与自然和谐共生新境界。

【《天宁区关心关爱优秀企业家十六条措施》出台】 2023年，天宁区深入贯彻落实中共二十大报告有关民营经济的重要论述以及习近平总书记关于“倍加珍惜爱护优秀企业家”重要指示精神，7月，制定出台《天宁区关心关爱优秀企业家十六条措施》（以下简称《措施》）。《措施》从提供服务和支持、维护公平和权益、增强信心和能力3个方面，通过健全区领导挂钩服务机制、建立全生命周期专员制度、强化涉企法律服务支持、切实保护企业家的合法权益、搭建企业家综合能力提升平台等十六条措施关心关爱优秀企业家，促进非公有制经济健康发展和非公有制经济人士健康成长，在全区形成尊重企业家、支持企业家、关心关爱企业家的氛围。

（张艺锋）

巡察工作

【概况】 2023年，区委巡察办深入学习贯彻习近平总书记关于巡视工作的重要论述和中共二十大精神，全面落实巡视工作方针，坚决落实政治巡察要求，推进政治巡察具体化、精准化、常态化。围绕“四个聚焦”（指聚焦党中央决策部署在基层落实情况、聚焦群众身边不正之风和腐败问题、聚焦基层党组织和党员队伍建设、聚焦巡察整改和成果运用），统筹安排常规巡察、专项巡察和巡察“回头看”，全年分别对区人大机关、区政协机关、区城管局、区商务局、区退役军人事务局、

2月7日，天宁区召开巡察工作会议暨十一届区委第六轮巡察工作动员部署会（区委巡察办 供图）

区行政审批局、区信访局、团区委、区妇联、区残联、区红十字会11个机关部门（单位）开展常规巡察，对10所学校开展护航“常有优学”巡察，对区卫生健康局开展巡察“回头看”，并延伸巡察1家公共卫生服务机构和2家街道社区卫生服务中心，全年累计发现问题385个，移交问题线索41条，立案21件。根据中央和省委、市委巡视巡察工作规划要求，结合天宁区实际，修订《十一届区委巡察工作规划（2021—2025年）》，完善巡察配套制度9个，调整更新巡察人才库人员70名，并根据党中央《关于加强巡视整改和成果运用的意见》要求，把巡察整改落实情况纳入被巡察党组织领导班子和领导干部年度考核中，对组织领导巡察整改不力，整改工作走过场、不到位，敷衍应付、虚假整改等情况并造成严重后果的依规依纪依法追究责任。是年，《聚焦问题直插基层，联动巡察解决办证难》《梳理民生清单，巡察助力道路改造提升》《发挥巡察政治体检作用，协调联动促进国企治理》等经验做法被《中国纪检监察报》刊登报道，《“纪巡审”联动推进国企领域突出问题专项治理》经验做法获市委书记陈金虎批示肯定。

【省委巡视反馈意见整改专项督查】2023年，根据省委巡视工作领导小组要求，天宁区对省委巡视反馈意见整改工作开展专项督查，成立巡视反馈意见整改落实工作领导小组办公室，制定专项督查工作方案，组建由区委办、区纪委监委、区委组织部、区委巡察机构相关人员构成的8个督查组，逐条逐项检查全区59家单位对省委巡视反馈意见阶段性整改进展情况。至年末，省委巡视反馈的34个问题中，完成整改14个；区委制定的98条整改措施中，整改落实63条，修订完善、制定出台规章制度（文件）77个。

【巡察工作专项检查反馈意见整改】4月，省委第六巡视组向天宁区反馈《关于专项检查天宁区委巡察工作情况的报告》，指出天宁区巡察工作4个方面的13个问题。区委高度重视，成立巡察工作专项检查反馈意见整改小组，制定《中共常州市天宁区委关于省委巡视期间巡察工作专项检查反馈意见整改方案》，确定4个方面、39条整改措施，每条整改措施均明确责任领导、责任单位和完成时限。区委办、区纪委监委、区委组织部、区委巡察机构等责任单位立足职责职能，分工负责，合力推进整改；区委巡察办发挥统筹协调、跟踪督促、汇总分析作用，定期向区委巡察工作领导小组汇报整改进展情况。至年末，完成10个问题整改，3个问题按序时进度推进整改。

【护航“常有优学”巡察】5—7月，区委第三巡察组对常州市正衡中学、常州市正衡中学天宁分校、常州市郑陆实验学校、常州市延陵小学、常州市丽华新村第三小学、常州市雕庄中心小学、常州市天宁区朝阳幼儿园、常州市天宁区实验幼儿园、常州市天宁区三河口幼儿园、常州市天宁区茶山中心幼儿园10所学校开展护航“常有优学”巡察，重点围绕学习贯彻习近平总书记关于教育工作的重要论述、落实“立德树人”根本任务、执行党组织领导下的校（园）长负责制、深化教育领域综合发展、全面从严治党治校（园）、防范纠治腐败和作风问题、维护师生切身利益、加强班子队伍和基层组织建设、打造高素质专业化干部教师队伍等方面开展监督检查，发现“落实党中央决策部署、群众身边不正之风和腐败问题、基层党组织和党员队伍建设、巡察整改和成果运用”等方面存在突出问题24个，移交问题线索14条。

【巡察“回头看”】11月，根据市委对卫健系统上下联动巡察部署要求，区委第一巡察组对区卫生健康局党委开展巡察“回头看”，并延伸巡察区卫生监督所、茶山街道社区卫生服务中心和天宁街道社区卫生服务中心。年内，区委第一巡察组针对医疗卫生机构“关键少数”和关键岗位风险隐患、医务人员违反《医疗机构工作人员廉洁从业九项准则》等情况，结合医药领域腐败问题集中整治内容开展监督检查，运用横向比对分析、筛查异常数据、上下追踪溯源等方法，发现“落实党中央决策部署、群众身边不正之风和腐败问题、基层党组织和党员队伍建设、巡察整改和成果运用”等方面存在突出问题35个，移交问题线索7条，挽回经济损失60万元，推动为民办实事2件。围绕普遍性、倾向性和体制机制等方面问题，提交《关于进一步加强基层医疗卫生机构建设的专题报告》，提出加强监管、健全制度、深化改革等意见建议。

（徐　浩）

组织工作

【概况】2023年，区委组织部紧扣“学思想、强党性、重实践、建新功”总要求，开展学习贯彻习近平新时代中国特色社会主义思想主题教育，其中“民生事项承诺制”“挂钩联系制”“以群众满意度检验主题教育成效”经验做法被中央主题教育网刊

9月12日，天宁区召开组织工作会议 （区委组织部 供图）

登录用。以党的建设为引领，聚焦乡村、城市治理，打造常州华利达服装有限公司“平凡人党建”等党建品牌，提升党建在乡村、城市治理方面的影响力。坚持新时代好干部标准，健全干部选拔、培育、管理、任用全链条培养机制，突出重实绩重实干的选人用人导向，激发干部队伍干事创业活力。聚焦全区新能源汽车零部件、第三代半导体、太阳能光伏产业三大赛道发展需要，为招引人才搭建平台载体，推动青年友好城区建设，全方位培养、引进、用好各类人才，全年新增人才超1.32万人。至年末，全区有基层党组织1505个，其中党委60个、党总支130个、党支部1315个；有党员32820名，其中女性党员12544名，占全区党员总数的38.22%；年内发展预备党员235名。

【干部队伍建设】 2023年，区委组织部完善干部“选、育、管、用”全链条机制，激励干部干事作为，建设高素质干部队伍。年内，制（修）定（订）出台《关于进一步规范科级领导干部选拔任用工作程序的实施办法》等10项干部选任制度，优化“5+X”（5项政治体检测评指标和多项政治体检负面行为表现）政治体检指标，对区城管局、区卫生健康局等12家单位开展选人用人专项检查，对不符合选人用人程序的相关问题及时督促整改，规范选人用人程序。推进“干部队伍能力强化年”活动，分类分级开展中共二十大精神集中轮训和系统培训，举办全区科级干部学习贯彻习近平新时代中国特色社会主义思想和中共二十大精神轮训班3期；围绕服务区委“3511”发展战略，举办招商引资等专题培训班16期，覆盖干部1000人次。突出重实干重实绩导向，推行职务职级晋升“双向通道”，全年提拔和进一步使用干部51人次，晋升四级调研员以下职级干部164人次，其中科级以下公务员占比超57%。加大年轻干部发现、培养和使用力度，开展“阅见未来，伴宁成长”年轻干部读书月活动，举办年轻干部座谈会、读书分享会和中青年干部、新录用公务员主题班会，全年提任“90后”正科职干部2名、“90后”副科职干部4名、“95后”副科职干部4名，晋升“90后”四级主任科员16名、“95后”四级主任科员2名。

【新录用公务员培养】 2023年，区委组织部按照《天宁区新录用公务员培养管理十二条措施》要求，实施年轻干部“标兵锻造营”培养计划，组织“五个一”（开展一期专题授课、组织一趟初心之行、阅读一本红色书籍、接受一次廉政洗礼、安排一期专题访谈）政治专训；实行“所在单位+主管部门”跟踪管理，压实单位、导师、个人三方主体职责，配备“思政+业务”双轨帮带导师，每季度定期开展1次谈心谈话；建立新录用公务员“成长档案”，全程纪实、动态跟踪年轻干部学习调研、教育培训、谈心谈话、挂职历练、评估考察等情况，为选准用好干部提供参考；分批安排新录用公务员参加司法执行、应急管理检查等方面“沉浸式培训”，提升新录用公务员跨领域实践综合素能。是年，天宁区新录用公务员管培做法入选省信用办“2022年政务诚信建设创新举措”。

【公务员管理】 2023年，区委组织部持续完善公务员管理制度，提升公务员管理规范化水平，发挥公务员在服务保障发展大局中的骨干作用。年内，制定出台《天宁区科级以下公务员（参公人员）晋升四级主任科员及相当职级操作口径》，明确公务员职级晋升以基层优先和实绩优先为导向，全年科级以下公务员晋升职级95人。激励关爱优秀公务员，制定《2023年度优秀工作人员健康休养实施方案》，全年组织4批次近100名优秀工作人员参加健康休养。激励担当作为，组织开展第3期“金牌科长”“银牌副科长”和“满意科室”评选活动，三类对象各评选表彰10个，营造“争先创优、比学赶超”氛围。严格公务员考核管理，合理设置考核指标、评价体系，增加平时考核结果权重，与评优评先、职级晋升等挂钩，发挥考核奖优罚劣作用。

【年度综合考核】 2023年，天宁区制定出台《2023年度开发区、镇、街道和区级机关单位高质量发展综合考核实施办法》，分解落实市对区高质量发展绩效评价47项细分指标、高质量发展重点工作考评28项指标、党的建设考核30项指标至区分管领导和相关责任部门。优化考核模式，对开发区、镇、街道继续实行结对考核，调整优化区级机关单位考核分类，区征收办并入区住建局考核，医保天宁分局纳入部分垂直管理单位类考核。经考核，评出年度综合考核“第一”等次地区（单位）21个、“第二”等次地区（单位）22个、“第三”等次地区（单位）4个。

【区级机关党建】 2023年，区委区级机关工委下属机关党委2个、党总支5个、党支部78个，党员1144名，年内发展预备党员9名，转正11名。区委区级机关工委，推动机关党建高质量发展。强化业务培训，举办区级机关党组织书记培训班1期，参训85人，提升党务工作者业务水平和履职能力。严抓机关作风建设，召开区级机关作风建设大会，印发《全区机关作风建设工作要点》，出台《关于强化组织保障鼓励“四敢”的13条举措》，成立作风建设工作专班，选聘新一届区作风建设特邀监督员26名，开展“网上民调”、“啄木鸟”行动、“第三方”暗访和常态化察访，发现政务服务升级、老旧小区改造、营商环境提升等方面问题15个，督促完成整改。

【基层党建】 2023年，天宁区加强基层党建服务阵地建设，提档升级郑陆镇羌家村、茶山街道丽华新村第一社区、红梅街道红梅东村社区等25个村（社区）党群服务中心，使用面积均扩大至300平方米左右，完善硬件设施，改变服务理念，提升“家门口”党建阵地的服务效能。至年末，全区有1个区级党群服务中心、7个镇（街道）党群服务中心、122个村（社区）党群服务中心，建立网格支部766个、网格党群直通站694个。发挥党员先锋模范作用，落实在职党员“双报到”（在职党员下沉至社区网格）制度，制定区机关各部门（单位）挂钩联系表，每个部门（单位）挂钩联系3个村（社区），协助村（社区）抓党建抓服务抓治理。《初心映山红，凤凰涅槃生——党建引领凤凰新城十年转型的实践探索》获评全国第六届基层党建创新典型案例，雕庄街道菱溪社区党委书记汤亚平获评省第三批“百名示范”村（社区）书记。

【“两新”组织党建】 2023年，天宁区有新经济组织5513个、新社会组织28个，其中新经济组织有党组织614个、党员4782人，新社会组织有党组织4个、党员161人。年内，区委组织部深化新经济组织产业链党的建设工作，以学习链、产业链、服务链“三链共建”赋能党建链，成立江苏常州天宁经济开发区检验检测产业、江苏常州天宁经济开发区数字经济产业等红链社群4个，配备“党建+业务”双专员，提供“爱心暑托班”园区职工子女托管、“链”盟第三期数字经济行业主题沙龙、“大咖有约”新能源企业家交流会等“产业链+服务链”服务。围绕产业链党建工作，开展纺织服装与机械等6个重点产业群84家链上企业生产、资金、供应链等方面调研，收集用工需求、金融合作等诉求18个，开展供需对接活动21场，实施技术攻关项目51个，签署合作框架协议11个，为链上企业注入红色动能。承办全市“两新”组织党建工作现场推进会，深入学

8月9日，天宁区承办全市“两新”组织党建工作现场推进会。图为两新组织党建“先锋礼包”正式发布 （区委组织部 供图）

习贯彻习近平总书记关于“两新”党建的重要论述，进一步推动全市“两新”组织党建强基础、攻弱项、创品牌。打造“融益天宁”社会组织党建品牌，发展“双强共同体”，推进建设“党建强、服务强”的社会组织，开展“曙光行动”“红情绿意，党建助残”“红色引领，益路同行”等多个“党建+公益”社会组织服务活动，开展“融益党课”“主题党日”“实境课堂”等主题赋能活动7场，扶持“党建+公益”项目22个。区委组织部扩大党组织在社会组织中的覆盖面，引导组织找党员、党员找组织，全区从业人员30人以上的社会组织13家，其中从业人员100人以上的社会组织1家，要求有3名以上党员的社会组织单独组建党组织，不足3名党员的社会组织采取片区联建、同行共建等方式，联合组建党组织。“两新”领域优秀代表钱震宏获评市“最美系列”代表人物。

【新业态新就业群体党建】 2023年，天宁区有新业态新就业群体2476个，成立外卖送餐、网约车、网络直播、货物运输、快递5大行业党委，有党支部7个、党员37人。为了解新业态行业发展现状、新就业群体的困难诉求和党建工作中存在的突出问题，区委组织部联合区市场监管局组建6个调研小组，开展2轮“百人万里行”体验式调研，动员29名党员干部深入电商、货运、外卖、快递等新业态新就业群体，走访基层寻实策，形成调研报告2篇，征集汇总幼儿托育、歇脚休息等诉求120个；区委组织部联合镇（街道）、相关部门协助解决诉求110个，为新业态新就业群体提供暖心、舒心、安心环境，提升新业态新就业群体对党组织的归属感和认同感，引导新业态新就业群体依法合规经营、健康发展。李园园等10名新业态新就业群体代表获评市“最美系列”代表人物。

（朱轶凡）

【学校党建】 2023年，天宁区委教育工委下属党组织65个，其中党总支5个、党支部60个，党员1301人，年内发展预备党员19名，转正27名。区教育系统开展学习贯彻习近平新时代中国特色社会主义思想主题教育，组织理论中心组学习25次，区教育局班子成员上党课4次，组织学校（幼儿园）党组织书记参加党性教育专题培训；开展“大讨论”、“大家访”、公益课堂1000余次，推进“广结同心、玉兰花开”学生成长关爱行动。启动“杏坛清风”党风廉政品牌建设，区委教育工委与基层单位负责人签订《全面从严治党责任书》，组织全区校（园）级干部参观监察文化馆、观看警示教育片《代价》，配合区委巡察办对10所学校开展“常有优学”巡察，认领区委巡察组反馈意见24条，至年末，完成问题整改18条，整改率75%。开展“书记项目”建设，创成精品书记项目7个，新增1个省级、5个市级“一校一品”党建文化品牌项目，启动“百千万”初心育宁星课堂党建品牌建设，全年累计上线“星课堂”24期，“宁好，青老师”上线2期。加强师资队伍建设，组织校（园）长综合素养提升专题培训、新任校（园）长岗位能力提升专题培训，创新打造“天宁区教育实践家”培育项目，培养在基础教育领域有高尚道德力、卓越领导力、精深专业力、前瞻科研力和广泛影响力的中青年干部队伍，组织27名培养对象聆听高端报告18场，考察学校5所，项目研讨6次，完成第一批为期两年的青年干部培训，启动第二批青年干部培训班学员遴选工作。加强宣传，全年被国家级媒体录用信息42篇、省级媒体录用信息215篇、市级媒体录用信息526篇；开设天宁教育视频号，全年发布视频50余个。是年，常州市局前街小学党支部、常州市第二实验小学党支部、常州市博爱小学党支部获评常州市教育系统“秋白党支部”，常州市解放路小学党支部、常州市凤凰新城实验小学党支部、常州市丽华新村第二小学党支部、常州市天宁区北环幼儿园党支部获评天宁区教育系统“秋白党支部”。

（蔡一凡）

人才工作

【概况】 2023年，天宁区推进新时代人才强区建设，围绕新能源汽车零部件、第三代半导体、太阳能光伏三大赛道和“三新经济”产业发展需求，全年引进各类人才13210名，为全区创新创业提供坚实的人才支撑。根据《常州市“青年人才生活居住双资助”实施细则》，全年为26913人次青年人才发放生活资助1473.9万元，提升青年人才到常州就业创业的归属感和幸福感。按照《天宁区人才公寓建设和管理办法（试行）》要求，全区三年（2021—2023年）累计建设、改造和筹集人才公寓11390套，年内新增星级人才公寓6家，其中四星级人才公寓1家，发挥住房吸引和聚集人才的作用。

【人才政策落实】 2023年，区人社局落实企业引进人才资助奖励政策，根据《常州市博士后管理工作实施办法》，为常州制药厂有限公司新引进的2名在站博士后发放生活补助24万元。根据《常州市人才公寓人才综合服务站（人社服务站）建设方案》要求，为获评市级人才公寓、人才综合服务站的凤凰新城青年人才公寓发放运行经费补贴6万元。至年末，凤凰新城青年人才公寓综合服务站开展接待活动2场、现场咨询活动2场，发送各类招聘信息150余条。根据《常州市2023年研究生社会实践活动的通知》要求，组织9家单位申报研究生暑期社会实践课题项目16项，10名研究生获市级课题奖励4万元，4名指导老师获市级带教补贴1万元。

【“两高”人才引育】 2023年，天宁区强化“两高”（高层次、高技能）人才的引进和培育，聚焦合成生物、新能源汽车零部件、新材料等重点领域，全年引进高层次人才580名，新增留学归国人员198人，入选国家重点人才3名，入选市“双创优选”重点人才3名，入选数位列全市第三；推进第二十二批、二十三批“龙城英才计划”，全年引进人工智能、新能源等新兴领域“龙城英才计划”项目32个，引进全职博士5名，入选区领军人才（其他类）12名。组织17家辖区重点企业赴苏州市、扬州市、镇江市、安徽省淮南市等地高校开展“名校优才引进计划”秋季校园招聘活动，提供岗位300个。开展“名城名校合作行，创新创业赢未来”“名校优才引进计划”系列活动，在长沙市、南昌市、西安市三地高校建立毕业生引才工作站13家，聘请毕业生引才专员32名，建立高校毕业生引才通道。围绕新能源之都建设战略需求，开展“新能源之都”产业人才供需对接会暨“百名高校学生处处长常州行”活动，邀请中南大学、南昌大学、安徽理工大学、苏州大学等省内外9所高校学生处处长、引才专员开展“天宁行”活动，推进高校人才与企业供需对接，吸引更多高层次人才到天宁就业创业。

（吕　茜）

9月16日，区人社局在青柠国际人才社区举办“人才接待日”走进“人才公寓”活动

（区人社局　供图）

宣传工作

【概况】 2023年，区委宣传部深入学习宣传贯彻习近平总书记关于宣传思想文化工作的重要讲话和重要指示精神，突出学习宣传贯彻中共二十大精神主线，紧扣“学思想、强党性、重实践、建新功”总要求，重点在“四个以学”（以学铸魂、以学增智、以学正风、以学促干）下功夫，强化理论武装，创新对外宣传，推动文化发展，提升文明水平，为打造“长三角三新经济高地、现代化城乡治理样板”，书写中国式现代化的天宁答卷提供坚强思想保证和精神力量。是年，天宁区入选省第四批书香城市建设示范区，区委宣传部获常州市第十届精神文明建设“五个一工程”组织工作进步奖；江苏省首个作家创作实践基地在郑陆镇新时代文明实践所挂牌成立，歌曲《红绸如诉》获江苏省第十二届精神文明建设“五个一工程”优秀作品奖、常州市第十届精神文明建设“五个一工程”荣誉奖，纪实文学作品《好风过郑陆》获常州市第十届精神文明建设“五个一工程”优秀作品奖，长篇小说《五色》获2023年度常州市优秀精神文化产品扶持，电影《觅渡》获第36届中国电影金鸡奖最佳音乐奖。

【理论学习】 2023年，天宁区把学习贯彻习近平新时代中国特色社会主义思想作为首要政治任务，落实“第一议题”制度，学好用好《习近平新时代中国特色社会主义思想专题摘编》《习近平著作选读》等理论读物。年内，区委理论学习中心组围绕“深刻把握中国式现代化的中国特色和本质要求”等8个专题，开展集中学习研讨16次，交流发言35人次，组织区委理论学习中心组成员到监察文化馆参观学习，邀请4位专家学者作题为《习近平新时代中国特色社会主义思想》《以“四个新”推动江苏在中国式现代化中走在前、做示范》《关于完整准确掌握习近平新时代中国特色社会主义思想科学体系、精髓要义、实践要求》《树立和践行正确政绩观，聚向聚力聚责高质量发展》的辅导报告，开展主题宣讲600余场，形成调研报告80篇。

【理论宣讲】2023年，天宁区在全省率先推出“宁晓理”理论宣讲数据感知平台，数字化赋能宣传思想工作，“数字赋能理论武装”相关做法被中央网信办“工作动态”刊登推广。开展“百名宣讲员进校园”“贯彻二十大、奋进新征程”等宣讲活动500场，培育100名宣讲骨干，打造“1+8+N”[“1”指“向日葵”区基层理论宣讲队，“8”指“青穗”“红山茶”等8支镇（街道）基层理论宣讲队，“N”指构建一支超百人，覆盖区、镇（街道）的常态化宣讲队伍］特色宣讲队伍，持续推动党的创新理论飞入寻常百姓家。是年，天宁区参加“学习强国·学习达人”挑战赛决赛，位列全市第二；“宁晓理”理论宣讲数据感知平台、茶山街道“榆论正前方”百姓讲坛获评2023年常州市优秀理论宣讲点；红梅街道“红梅花开”理论宣讲队、郑陆镇“‘郑’说理响”理论宣讲队获评2023年常州市优秀理论宣讲队，《方寸山海》微视频获评2023年常州市优秀理论宣讲微视频。是年，1人获评2023年常州市优秀理论宣讲人，1人获评常州市第五届红色故事宣讲大赛二等奖，1人获全市“百姓名嘴”风采展示活动总决赛第一名、全省“百姓名嘴”风采展示活动总决赛三等奖，连续6年代表常州参加全省“百姓名嘴”总决赛。

【新闻宣传】2023年，天宁区开展中共二十大主题宣传和学习贯彻习近平新时代中国特色社会主义思想主题教育宣传，开展“新时代、新征程、新伟业”新闻行动4期，在《常州日报·锦绣天宁》专版开设“抢逐新赛道、跑出加速度”“民营企业新力量”等专栏。全年在《常州日报·锦绣天宁》专版刊发稿件1000余篇，在“锦绣天宁”微信公众号推送信息1000余条，在“锦绣天宁”视频号播发视频50条，在天宁融媒体记者站播发新闻报道360篇。其中被省级及以上报纸、杂志、电视台刊（播）稿件100篇，被中央广播电视总台新闻客户端等国家级网络媒体刊发90篇，被省级网络媒体发稿260篇，被“学习强国”江苏学习平台录用稿件237篇，展现经济高质量发展、科技自立自强、乡村全面振兴、实现共同富裕的天宁样板和天宁经验。是年，“天宁节约集约利用土地资源”经验做法被《人民日报》头版报道，天宁产业新赛道、“1+5+N”营商环境机制被《新华日报》头版报道，30余名“一带一路”国家留学生打卡寺墩遗址活动被《人民日报》要闻第三版报道。萃园中秋诗词会、青果巷“国韵共潮生”活动视频被中央广播电视总台《新闻联播》播报，金融业小伙回老家焦溪古镇的创业故事被中央广播电视总台《财经频道》专题报道。《在传承创新中绘就“十里”运河文化带》理论文章被《群众》杂志刊用；“寺墩遗址等多处考古获重要进展——江苏地域文明探源工程取得系列成果”报道入选全省年度十大新闻，为天宁历史首次。《“外卖宝宝”展现天宁温度》被中国青年网、澎湃新闻等多家媒体网络报道。常州浩万新能源科技有限公司5G智能工厂、常州华利达服装集团有限公司“智改数转”2.0模式摄影图片被“一带一路”新风景2023“SHOW JIANGSU”（秀江苏）外媒摄影采

11月29日，寺墩遗址入选“考古中国”重大项目

（区委宣传部 供图）

风活动收录;《华利达“一带一路”成效亮相越南》被中央广播电视总台《新闻联播》播出。

【党员冬训】 2023年,天宁区以数字化赋能基层党员冬训,动员全区3万余名党员参加冬训。依托“码上冬训”微信小程序,推动党员冬训形式和内容创新,推出全省首张冬训日历、全省首个“金句连连看”微信小游戏,开展“在常州遇见东坡·眷此邦之多君子”网络直播、理论宣讲段位赛、“就是这‘理’小剧场”等特色活动,通过沉浸式体验、高频式参与、趣味式游戏等形式,把“冬训课堂”前移至基层一线。围绕深入学习习近平新时代中国特色社会主义思想等5个专题,组织开发区、镇(街道)党(工)委,区机关各部门党组(党委),区各直属单位党委(党总支)拍摄制作《我是冬训主讲人》视频,全年推出《我是冬训主讲人》视频30余部;《常州好“丰”景》获评全省优秀视频,《常州上“新”》等4部视频获评市优秀视频。

【网络空间综合治理】 2023年,天宁区深入开展网络空间综合治理,坚持党管互联网,位于江苏常州网络视听游戏产业园的互联网行业党群服务中心建成投用,区委网信办组织开展“学习二十大、奋进新征程”“网络主播公约论坛”等活动,打造“围炉问法”普法直播、惠企直播带岗等党建品牌。是年,1人获评“苏网先锋”先进个人,1家单位获评“苏网先锋”先进集体,常州奥比利智能有限公司“hietor智能制造平台”、常州二更网络科技有限公司“数字人社常州人才招聘新媒体就业新模式”2个项目入选数字江苏建设优秀实践成果。坚持依法管网治网,开展“清朗2023”专项行动,处置违法违规网站7个,行政处罚主体责任落实不到位单位19家,营造风清气朗的网络空间。坚持预防为主、全面防范原则,组织开展“网安2023”天宁行动、网络安全攻防实战演练、网络安全宣传周、“弱口令”问题专项检查等活动,加强互联网资产安全监测检查,维护全区网络安全。是年,天宁区获评市网络综合治理体系建设成效突出地区,区委网信办获评“‘网安2023’常州行动”防守表现突出单位、2023年常州市网络安全宣传周突出单位,数据安全宣传作品入围2023年江苏省网络数据安全宣传作品。

【网络宣传】 2023年,天宁区持续深化习近平新时代中国特色社会主义思想和中共二十大精神网络宣传,开展“长三角三新经济新高地、现代化城乡治理新样板”等重大主题网络宣传,组织“V眼看常州·天宁行”等活动,推进“好网民工作室”建设,传播网络正能量作品,加强互联网违法和有害不良信息举报。是年,网络举报辟谣活动被中央网信办举报中心微信公众号刊登,《建设让党放心让人民满意的模范机关》等2篇文章被省委网信办录用。郑陆镇查家村、雕庄街道葑溪社区等5家单位获评常州市网络文明传播优秀组织单位,9人获评常州市网络文明传播先进个人。

(吴　晔)

精神文明建设

【概况】 2023年,天宁区按照《创建全国文明城市三年(2021—2023年)行动计划》要求,制定《天宁区2023年争创全国文明城市重点攻坚行动方案》,围绕16个方面内容开展重点攻坚行动,加强文明城市常态长效管理,提升市民文明素养和社会文明程度,为全市争创全国文明城市作出主城区贡献。挖掘先进典型、模范人物,宣传身边好人好事,加强未成年人思想道德建设,推进新时代文明实践“一站一品”标准化建设,建强用好新时代文明实践中心(所、站)。

【文明城市建设】 2023年,天宁区按照《天宁区2023年争创全国文明城市重点攻坚行动方案》要求,围绕城乡公益广告质量提升、乡风文明提升、窗口行业服务提升、市民网络文明素养提升、物业管理水平提升、互联网服务经营性场所管理提升、农村公厕建设和管理提升、空中线缆治理、非机动车治理、不文明养犬治理、飞线充电治理、背街小巷治理、垃圾分类管理、村庄环境治理、集贸市场环境治理、重点难点区域整治16个方面,开展重点攻坚行动,提升文明城市创建常态长效水平。开展延陵中路、延陵东路、竹林路段及周边公益广告提升行动,制作公益广告景观小品13个,增加、更换公益广告宣传板75个。加强农贸市场环境治理,制定《天宁区农贸市场综合管理体制优化提升实施意见》《天宁区农贸市场综合管理体制优化提升三年计划(2023—2025年)》,依托“市场主体投入+政府政策支持+属地服务落实”方式,提升改造农贸市场基础设施、硬件建设、运营管理等,打造功能完善、管理规范、食品安全、群众满意的农贸市场;至年末,完成郑陆农贸市场、茶山朝阳农贸市场、雕庄菜场等5个农贸市场的提升改造工作。

【典型模范选树】 2023年，天宁区推动道德讲堂内涵高质量发展。全年举办“文明风尚促和谐，诚信经营‘郑’清朗”等28场区级道德讲堂，其中6场道德讲堂入选市道德讲堂总堂，9场道德讲堂课程获评市道德讲堂百优精品课程，“情暖夕阳，茶有善养”获评市十佳精品课程，雕庄街道朝阳花园社区道德讲堂获评市“十佳道德讲堂”，1人获评市道德讲堂“十佳宣讲员”，9人获评常州市道德讲堂“百优宣讲员”。提升志愿服务影响力，全区有志愿服务队506支，全年累计开展志愿服务约5万人次。是年，常州一加爱心公益服务中心获评全国学雷锋志愿服务最佳志愿服务组织，青龙街道横塘社区获评全国学雷锋志愿服务最佳志愿服务社区，龙城红色驿站——“两新”群体“暖新”行动获评市优秀志愿服务项目，雕庄街道联益西格玛社会组织发展中心获评市优秀志愿服务组织，青龙街道阳光龙庭社区获评市优秀志愿服务社区，1人获评第八批市岗位学雷锋标兵，2人获评市优秀志愿者。深化未成年人思想道德建设，“天宁星课堂，引领新思想”获评2022年度全市未成年人思想道德建设工作标兵项目，“大手拉小手，趣做好网民”获评2022年度全市未成年人思想道德建设工作优秀项目，常州桑麻名人馆、监察文化馆被命名为第十批常州市爱国主义教育基地，茶山街道红梅村公共安全体验馆、常州市第二实验小学被命名为常州市国防教育基地。推进身边好人、新时代好少年选树宣传活动，2人获评江苏好人，7人获评常州好人，49人获评天宁好人，5人获评常州最美人物，1人获评省新时代好少年，10人获评市新时代好少年，60人获评区新时代好少年。加强文化惠民品牌建设，让更多群众在家门口畅享文化盛宴，区文化馆“精彩送到家门口，文化服务更走心”项目获评常州市文化科技卫生“三下乡”活动示范项目，郑陆镇舜韵艺术团获评常州市文化科技卫生“三下乡”活动优秀团队，医保天宁分局获评常州市文化科技卫生“三下乡”活动先进集体，1人获评常州市文化科技卫生“三下乡”活动先进个人。

11月3日，天宁区新时代文明实践中心在翠竹公园揭牌成立
（区委宣传部 供图）

【新时代文明实践建设】 2023年，天宁区深化新时代文明实践“一站一品”建设模式，在翠竹公园揭牌成立天宁区新时代文明实践中心，在全市率先打造“常州大学马克思主义学院新时代文明实践基地”，开展理论宣传、课题研究、实践教学等综合合作，推进马克思主义中国化时代化。在郑陆镇牟家村试点探索实施乡风文明积分制，督促村民自觉践行文明风尚，激发乡村治理的内生动力，《“文明小积分”提升“乡风大文明”》调研报告被《新华日报》《江苏省宣传工作动态》等媒体刊登，获市委宣传部部长陈志良批示推广。策划省紫金文化暨市中吴文化艺术节系列活动，举办2023年“我们的节日（网络中国节）·清明”主题活动暨“龙城风筝节”活动、2023年“我们的节日（网络中国节）·中秋”主题活动、“初心映山红，文明邻里人”——常州市第十六届社区邻里节暨第六届杜鹃花展等文化惠民活动350场，惠及群众6万余人次，以实际行动践行文明新风。

（吴　晔）

统战工作

【概况】 2023年，天宁区有民革基层委员会、民盟基层委员会、民建基层委员会、民进基层委员会、农工党基层委员会、致公党基层委员会、九三学社基层委员会7个民主党派基层委，拥有1023名民主党派人士；有1个工商联组织，4110

家企业（个人、团体）会员；有1个党外知识分子联谊会，103名会员；有1个新的社会阶层人士联合会，91名会员；有1个归国华侨联合会，51名会员；有1个欧美同学会（留学人员联谊会），27名会员；有侨港澳资企业63家，涉及纺织服装、电子、房地产、机械制造以及服务等行业。是年，区委统战部深入学习贯彻习近平新时代中国特色社会主义思想，通过“党员每天自学、领导每周领学、集体每月交流”形式，先后开展集中理论学习12次、支部学习交流3次、领导干部专题党课2次。举办“凝聚统战力量，助推文商旅发展”活动，发布全市首个区级统战IP形象“宁小同”，发挥各领域统战成员资源优势，推动文商旅“+统战”融合发展。深化“同心汇宁”统战工作品牌，持续开展“同心+”联盟、“石榴红”企业联盟、天宁侨智园、民营经济大讲堂、欧美同学会创业讲堂等特色亮点活动，扩大基层统战工作影响力。

【民营经济统战工作】 2023年，天宁区全方位推进“两个健康”（非公有制经济健康发展和非公有制经济人士健康成长）工作，围绕“提供服务支持、维护公平权益、增强信心能力”三方面，在全市率先制定出台《天宁区关心关爱优秀企业家十六条措施》，在全区形成尊重企业家、支持企业家、关心关爱企业家的浓厚氛围；每月组织召开政企同心会，了解企业生产经营困难，搭建政企沟通桥梁，帮助民营企业协调解决项目申报等问题63个；全年举办商会会长、民营企业家、年青一代企业家、优化营商环境、后备上市企业、行业商会专场活动6场，开展“走进标杆企业”活动4期，为民营企业营造互学互鉴交流氛围。承办省社会主义学院“坚定发展信心与民营企业家履行社会责任理论研讨会”，引导全区民营企业家投身社会公益，年内新增“郑陆镇乡村振兴百万光彩基金”1个，“四药光彩基金”为陕西省旬阳第二中学购买价值14.6万元多媒体智慧教学设施。

【党外知识分子和新的社会阶层人士统战】 2023年，天宁区党外知识分子联谊会（以下简称区知联会）拥有会员103人，年内发展新会员1人。加强党外知识分子思想政治工作，在区知联会江苏常州人力资源服务产业园分会（以下简称区知联会人力资源产业园分会）成立区党外知识分子思想政治工作阵地，组织区知联会、区知联会天宁经济开发区分会（以下简称区知联会天宁经开区分会）、区知联会人力资源服务产业园分会会员30人参观溧阳新四军纪念馆，调研金坛文商旅融合发展情况，全年会员撰写调研文章1篇，提交建议提案3件、社情民意12条，为全区经济社会发展建言献策。围绕知识产权保护、人力资源服务等方面，区知联会天宁经开区分会、区知联会人力资源服务产业园分会开展“校+园知盟”活动，推进产学研政对接，加强各会员单位间的交流联谊。强化新的社会阶层人士统战阵地建设，在翠竹公园挂牌成立新的社会阶层人士联合会（以下简称新联会）会员之家，为全区12个新联会活动阵地制作“新联地图”，并实施动态调整。推动各行业新的社会阶层人士参与社会治理，在萃园挂牌成立“天宁区新的社会阶层人士统战工作实践创新基地”，在青龙街道阳光龙庭社区、兰陵街道兰陵·集人才公寓挂牌成立“宁新驿站”，成为新的社会阶层人士联络联谊、交流交往、志愿服务的集聚地。开展“乡村‘郑’新”服务团活动，区新联会聘请注册会计师、税务师、资产评估师、专利代理师等专业人员10人，为全区企业作相关辅导讲解，助力优化营商环境。开展“采梨助农·公益乐捐”活动，区新联会购买价值5000元的翠冠梨捐赠给市快递协会，会员累计购买翠冠梨超

11月20日，青龙街道阳光龙庭社区“宁新驿站”揭牌成立

（区委统战部 供图）

5000千克，解决梨农销售困难。围绕“凝心铸魂强根基，团结奋进新征程”主题教育，组织会员到江苏九洲投资集团有限公司、常嘉建设集团和中赛（常州）体育发展有限公司参观学习，加强会员间的沟通交流，提升团队凝聚力。

【天宁区新的社会阶层人士联合会换届】 6月，天宁区新的社会阶层人士联合会第二届第一次会员大会在天宁科技促进中心召开，区新联会会长陈顺代表第一届新联会作工作报告，选举徐鲁平为第二届区新联会会长，李旌、李春为副会长，推选李东瑞、蒋玉峰等26人为理事；至年末，第二届区新联会有会员91名。根据会员结构和行业分布，成立民营企业和外商投资企业管理技术人员分会，会员41人；成立中介组织和社会组织从业人员分会，会员20人；成立自由职业人员分会，会员29人。年内，建立健全新一届新联会体制机制，制定《天宁区新联会领导班子成员职责及分工》《天宁区新联会理事会成员联系会员制度》《天宁区新联会会员发展管理办法》，制定《天宁区新联会会员、分会履职评价办法》，围绕政治表现、组织建设、岗位业绩、参政议政、参加活动、遵纪守法6个方面，设置A、B、C、D不同档次评价会员和分会，调动和激励会员、分会参与活动的积极性。

【党外代表人士队伍建设】 2023年，全区有无党派人士95人，确定区级无党派人士骨干12人、区级重点无党派人士21人。年内，区委统战部修订《2023年天宁区各民主党派基层委、区知联会评价目标体系》，完善各民主党派成员名单信息，开展“同心+”联盟活动，加强与民主党派、党外知识分子联谊会的互联互动。制定出台《天宁区优秀党外干部人才培养选拔三年计划（2023—2025年）》，按梯队培养党外后备干部，优化党外干部队伍结构。落实重点无党派人士“双走访双报告”制度，全年走访无党派人士重点、骨干人员46人次，收集各类意见建议13条。

【涉台工作】 2023年，天宁区加强对台交流合作，提升服务台胞台企质效，全年走访重点台资企业7家，定期开展台企安全生产检查，慰问台胞台属15人次，解决台胞子女入学、住房租赁等困难。2月，在上海举办“2023常台半导体及汽车电子产业发展”对接会，邀请40余名台企代表参加，深化两岸产业与人才合作对接。3月，组织台商参观青果巷，了解青果巷人文历史，提高台商对常文化认同。5月，在茶山街道龙游河畔组织开展“文创两岸·情系一家”朝阳市集，邀请8家台湾商铺现场设摊，让居民体验地道的台湾美食和文化。8月，配合省、市台办开展“两岸大V跟着诗词走江苏”常州站活动，带领“两岸大V”（指在新浪、腾讯、网易等微博平台上获得个人认证，拥有众多“粉丝”的微博用户）参观苏东坡纪念馆、东坡公园和品尝东坡宴等，邀请苏东坡后人、苏东坡文化研究会会长和东坡宴研究者等专家学者作相关介绍，活动在新浪江苏微博上同步播放。9月，举办“我们的节日·中秋节”主题活动，展演朗诵、歌舞、小品等节目，现场邀请在常台胞与台湾亲友连线视频，分享常州文化和城市发展。

（汪　垚）

机构编制管理

【概况】 2023年，区委编办推进经济发达镇培育工作，深化基层管理体制改革，开展镇（街道）机构编制保障能力整体性评估，推进行政权力事项清单管理，全区行政编制和事业编制控制在上级规定限额内，行政、事业实有人员总量不超编。是年，区委编办获评2023年度辖市（区）委编办重点工作绩效评价优秀单位，调研报告《创新应急体系“天宁模式”，筑牢基层善治“安全底板”——基层应急治理科层逻辑转向圈层逻辑的实践和思考》分别获2023年度机构编制重点课题研究成果江苏省二等奖和常州市一等奖。

【经济发达镇改革培育】 郑陆镇于2022年被省委编委列入省级经济发达镇（培育镇）。2023年，区委编办推动经济发达镇培育方案和配套支持政策落实，指导郑陆镇制定《经济发达镇创建三年行动计划（2022—2024年）》《2023年度经济发达镇创建实施方案》，明确郑陆镇创建经济发达镇的主要目标、重点任务、保障措施，建立完善“1+3”制度体系（“1”指改革推进联席会议；“3”指区级部门政策落实季报、郑陆镇改革情况月报、成员单位实时信息共享），指导郑陆镇开展新一轮全员岗位聘用，完善岗位职责说明书，推动实现人岗匹配、科学管理。是年，郑陆镇在全市7个省级经济发达镇（培育镇）中列2022年度评估第一名。

【基层管理体制改革】 2023年，区委编办优化区级部门派驻镇（街道）机构管理，联合区委组织部、区人社局制定印发《关于进一步优化区级部门派驻镇（街道）机构属地管理的意见（试行）》，在优化管理模式、健全协调机制、强化人员管理、加强队伍建设等方面，加强区级部门派驻镇（街道）机构管理，提升镇（街道）统筹管理、协调指挥能力，提升基层综合执法改革质效。推动镇（街道）完善岗级管理、绩效管理等机制，围绕区镇衔接、定岗定责、社会化用工管理等方面，制定区镇机构联系表、业务对口一览表、镇（街道）岗位分工责任表、镇（街道）社会化用工管理办法等，优化基层管理体制。

【机构编制保障能力整体性评估试点】 2023年，区委编办在全市率先开展镇（街道）机构编制保障能力整体性评估试点，创新制定评估指标体系，涵盖加强党的领导、职责配置及履行、机构编制管理、人员配备及管理4个一级指标，以及党管机构编制、政策法规宣贯等14个二级指标；选取郑陆镇、天宁街道为评估试点单位，通过座谈交流、调查问卷等形式，分别形成机构编制保障能力评估报告，提出“优化队伍结构、固化职责分工制度成果”等建议，提升镇（街道）机构编制保障水平。

【权力清单运行情况评估】 2023年，区委编办对区卫生健康局、区文体旅局2个区级部门试点实施行政权力清单运行情况评估，建立权力清单评估指标体系，设置规范建设、清单管理、依法行政、应用监督4个一级指标，以及权力清单工作的组织保障、机制建设、动态调整、运行情况等8个二级指标，联合区司法局、区行政审批局、区市场监管局组建评估组，通过听取报告、查阅台账、抽查案卷、调取数据、交流访谈等形式，全面评估部门权力清单运行情况，并形成评估报告，对个别事项维护不到位、应用监督还需加强等问题督促整改。11月，完成2个区级部门权力清单运行情况评估。

【机构编制保障管理】 2023年，区委编办围绕国防动员体制改革、疾病预防控制体系调整、知识产权保护、区域社会治理等重点工作，加强机构编制保障。优化区发展改革局、区住建局、区文体旅局、区卫生健康局、区法院及所属事业单位职能，调整内设机构，增强工作力量配置，激发部门发展内生动力。根据市、区关于加强城市运行“一网统管”工作要求，在区域社会治理现代化指挥中心增挂“区城市运行管理中心”牌子，增加区城市运行管理中心人员编制，提升城市运行管理能力，助推区域社会治理现代化。

【事业单位登记管理】 2023年，区委编办按照《事业单位登记管理暂行条例》及其实施细则有关规定，加强事业单位登记管理，全年完成149家事业单位法人2022年度报告审核把关及网上公示。强化对登记设立事业单位监管，要求登记设立事业单位在年度报告中签订信用承诺书，推动事业单位依法诚信履职。提升事业单位登记管理服务效能，优化简化办理流程，推行“服务前移”“容缺受理”“即来即办”等举措，全年累计办理登记事项38件，其中设立登记1件、变更登记31件、注销登记6件。

（魏思琦）

侨 务

【概况】 2023年，天宁区有归侨（回国定居落户）31人、华侨（定居国外的中国国籍自然人）231人、侨眷822人、侨企36家。全年走访慰问归侨侨眷32人，办理“三侨生”（归侨学生、归侨子女、华侨在国内的子女）身份认定2人、华侨身份认定1人。

【为侨服务】 2023年，天宁区深化新侨（指改革开放以后出国定居的新一代华侨华人，包括华裔新生代、留学生、归国留学人员及海外高层次留学人员等）服务站建设，明确郑陆镇、各街道实行管家首问负责制，为侨界人士就近提供政策咨询、资源对接、便民服务等“一站式”服务，帮助新侨人士协调解决存在的困难问题。加强基层侨务阵地建设，在红梅街道新堂社区设立“侨胞之家”，内设“墨香红侨”书画室、“书香红侨”阅读亭、同心议事厅等功能区，为社区老归侨侨眷提供“爱侨助餐”。开展“新侨家乡行，侨见新发展”活动，组织留学归国人员、海外学子参观张太雷纪念馆、天宁宝塔、青果巷历史文化街区等常州地标，品尝天宁地道美食，感受天宁传统文化。组织新侨参加全市“创业之桥”等海外人才洽谈会和产业对接会，天宁区与3位海外人才签订项目落户意向。是年，中华纺织博览园获评省华侨文化交流基地，萃园获评市华侨文化交流基地。

【天宁侨智园建设】 2023年，天宁区推进侨智园建设，打造一体化新侨创业孵化生态链。7月，在汽车智能零部件产业园成立天宁侨智园，实行“1+5+N”（“1”指园区侨务工作机制，“5”指“企业孵化、公共服务、产业导入、招才引智、聚侨引资”五大侨务服务平台，“N”指为归国留学人才提供包括人才公寓、孵化中心、图书文化角、侨法宣传角和健身中心等复合型空间）为侨服务模式，为新侨创新创业搭建平台。7月，在天宁侨智园举办“为侨服务园区行·天宁华侨华人创新创业集聚区”专场活动，4家侨企签约入驻汽车智能零部件产业园，汽车智能零部件产业园、中欧（常州）检验检测认证国际合作产业园与河海大学、江苏理工学院、常州工学院围绕科技合作、人才培养等签订产学研合作协议，聘请高校老师、创业导师、咨询公司负责人等10人为首批为侨服务导师团导师，为侨界人士创新创业答疑解惑、聚力赋能；成立侨海创新创业联盟，吸收7位侨界创新创业者为联盟首批成员，为侨界及留学归国人才创新创业提供交流展示、项目咨询、技术对接、联谊沙龙等服务。是年，天宁侨智园获评省级侨务进园区先进单位、侨心书苑和市级新侨创新创业基地。

（汪　垚）

老干部工作

【概况】 至2023年年末，区委老干部局服务管理离退休干部94人，年内新增县处级以上退休干部4人，去世离休干部6人，去世县处级以上退休干部5人。全区县处级以上离退休干部有73人，其中区四套班子正职离退休干部15人（含离休2人）、区四套班子副职离退休干部36人（含离休4人）、享受县处级待遇的离休干部5人、享受县处级待遇的退休干部17人。全区有离退休干部党支部16个，其中机关6个、镇（街道）10个。是年，全区离退休干部党组织开展第二批学习贯彻习近平新时代中国特色社会主义思想主题教育和“学思践悟二十大，银发先锋在行动”主题党日活动。开展“六好”（班子建设好、组织设置好、服务队伍好、服务能力好、服务机制好、服务业绩好）党支部创建示范活动，郑陆镇老干部党支部与区法院第十党支部分别获评省、市“六好”离退休干部示范党支部。

【“银发生辉”建新功活动】 2023年，天宁区开展“银发生辉·银龄行动”，发挥离退休干部作用。探索基层村（社区）老党员发挥作用新模式，成立20家社区老党员、老干部工作室（志愿服务队），组织老干部参与社区治理，开展结对帮扶等服务活动，为基层治理贡献银发力量。6月，出版《天宁区老干部书画协会、摄影协会成立二十周年书画摄影作品集》，作品内容涵盖书法、中国画、摄影等。

（朱轶凡）

常州市天宁区人大

◆ 栏目编辑　刘志贤

综　述

【人大及其常设机构】　至2023年年末，天宁区第十七届人民代表大会下设法制委员会、财政经济委员会、社会建设委员会、监察和司法委员会4个专门委员会，其常设机构常务委员会由32人组成。区人大常委会下设办公室、研究室以及财政经济工作委员会、教育科学文化卫生工作委员会、环境资源城乡建设工作委员会、法制和内务司法工作委员会、人事代表工作委员会、农业和农村工作委员会、雕庄街道工作委员会、青龙街道工作委员会、茶山街道工作委员会、红梅街道工作委员会、天宁街道工作委员会、兰陵街道工作委员会。

【人大代表构成】　至2023年年末，天宁区第十七届人民代表大会有代表251人，其中一线工人代表11人、农民代表29人、专业技术人员代表33人、其他基层代表60人、公务员代表62人、国有和集体企业负责人代表8人、非公有制经济人士代表30人、事业单位负责人代表7人、解放军和武警代表2人、其他代表9人。

【人事任免】　2023年，区人大常委会依法任免国家机关工作人员41人次。6月29日，区十七届人大常委会第十次会议决定，免去张鹏常州市天宁区人民政府副区长职务。8月31日，区十七届人大常委会第十一次会议决定，任命陈一锋为常州市天宁区人民政府副区长，任命宋金措为常州市天宁区人民政府副区长，免去杨康成常州市天宁区人民政府副区长职务。12月26日，区十七届人大常委会第十四次会议决定，任命倪云泽为常州市天宁区人民政府副区长。

表3　2023年天宁区人大常委会任免人员一览表

时间	会议名称	任免人员及职务
4月28日	区十七届人大常委会第九次会议	任命殷铭为常州市天宁区人大常委会办公室副主任，免去王琥常州市天宁区人大常委会办公室副主任职务；免去丁伟英常州市天宁区人民检察院检察员职务
6月29日	区十七届人大常委会第十次会议	接受张鹏辞去常州市天宁区人民政府副区长职务请求；任命姜旭阳为常州市天宁区人民法院审判员、审判委员会委员、副院长

续表 3

时间	会议名称	任免人员及职务
8 月 31 日	区十七届人大常委会第十一次会议	接受杨康成辞去常州市天宁区人民政府副区长职务请求；任命刘梅艳为常州市天宁区人大常委会环境资源城乡建设工作委员会副主任，免去其常州市天宁区人大常委会办公室副主任职务；免去顾勤常州市天宁区人大常委会环境资源城乡建设工作委员会副主任职务；任命陈一锋、宋金措为常州市天宁区人民政府副区长；任命刘丽为常州市天宁区人民法院副院长，免去其郑陆人民法庭庭长职务；任命王东莉为常州市天宁区人民法院郑陆人民法庭庭长，免去其少年及家事审判庭庭长职务；任命李倩为常州市天宁区人民法院少年及家事审判庭庭长、审判委员会委员，任命潘德进为常州市天宁区人民法院民事审判第一庭副庭长；免去王君俊常州市天宁区人民法院副院长职务，免去杨川川常州市天宁区人民法院郑陆人民法庭副庭长、审判员职务，免去赵鸿生常州市天宁区人民法院郑陆人民法庭副庭长职务，免去蒋魁山常州市天宁区人民法院兰陵人民法庭副庭长职务，免去周莹莹常州市天宁区人民法院民事审判第一庭副庭长职务，免去朱兆林常州市天宁区人民法院审判员职务，免去张为众常州市天宁区人民法院审判员职务，免去邵玲常州市天宁区人民法院审判员职务
10 月 30 日	区十七届人大常委会第十二次会议	任命江姅为常州市天宁区人大常委会人事代表工作委员会副主任，免去陈亚泽常州市天宁区人大常委会人事代表工作委员会副主任职务；任命赵剑为常州市天宁区发展和改革局局长，任命周碧莲为常州市天宁区财政局局长，任命李小利为常州市天宁区农业农村局局长，任命徐丽燕为常州市天宁区文化体育和旅游局局长；任命陈廛瑜为常州市天宁区人民法院民事审判第一庭副庭长，免去储丽常州市天宁区人民法院民事审判第一庭副庭长职务
12 月 4 日	区十七届人大常委会第十三次会议	任命李锐、秦梓涵、王晓纯为常州市天宁区人民检察院检察员
12 月 26 日	区十七届人大常委会第十四次会议	任命倪云泽为常州市天宁区人民政府副区长；任命赵亚鲁、张冬子、黄苗苗、陶佳、王俊为常州市天宁区人民法院审判员；免去钱剑明常州市天宁区人民法院审判委员会委员、审判员职务，免去何杰常州市天宁区人民法院审判员职务

（陈文玮）

重要会议

【区十七届人民代表大会第二次会议】 1 月 2—5 日，天宁区第十七届人民代表大会第二次会议在常州市第二十四中学天宁分校召开，会议应到代表247人，实到代表224人。会议听取和审议区长张凯奇所作的《天宁区人民政府工作报告》、区人大常委会主任沈月芬所作的《天宁区人大常委会工作报告》、区法院院长康林所作的《天宁区人民法院工作报告》、区检察院检察长赵鑫所作的《天宁区人民检察院工作报告》，书面审议《天宁区 2022 年国民经济和社会发展计划执行情况与 2023 年国民经济和社会发展计划草案的报告》《天宁区 2022 年预算执行情况与 2023 年预算草案的报告》，表决通过各项工作报告决议，票决通过

1月3日，天宁区第十七届人民代表大会第二次会议在常州市第二十四中学天宁分校召开（区人大办 供图）

天宁区2023年民生实事项目。会议选举吴涛为常州市天宁区监察委员会主任。大会期间，收到代表建议、批评和意见49件。区委书记许小波在闭幕时讲话。

【区十七届人大常委会会议】 2023年，区十七届人大常委会在天宁科技促进中心召开7次常委会会议，听取和审议“一府两院”专项工作报告17项，作出决议决定13项，任免国家机关工作人员41人次，32名区人大代表受邀列席各次常委会会议。

第八次常委会会议。3月7日召开，区人大常委会副主任金明杰主持。会议审议通过区人大常委会2023年工作要点，听取和审议副区长冯杰所作的《天宁区2022年度法治政府建设工作报告》，听取区人大常委会人事代表工委主任杨琰所作的《关于进一步规范和提升镇、街道人大工作的实施意见》的起草说明和解读。

第九次常委会会议。4月28日召开，区人大常委会主任沈月芬主持。会议分别听取和审议天宁生态环境局局长高亚峰受区政府委托所作的《关于2022年度环境状况和环境保护目标完成情况的报告》、区财政局局长栾晓军受区政府委托所作的《关于常州市天宁区2022年度国有资产管理情况的报告》、市自然资源和规划局天宁分局局长陆一中受区政府委托所作的《关于〈天宁区国土空间规划（2021—2035年）草案〉编制情况的报告》，对17个政府投资建设项目作出相应决定，表决通过有关人事任免事项。

第十次常委会会议。6月29日召开，区人大常委会副主任戴留春主持。会议分别听取和审议区财政局局长栾晓军受区政府委托所作的《关于天宁区2022年财政决算草案的报告》、区审计局局长王静玉受区政府委托所作的《关于天宁区2022年度本级预算执行情况和其他财政收支的审计工作报告》、区人民检察院检察长赵鑫所作的《关于未成年人保护检察工作情况的报告》，表决通过《常州市天宁区第十七届人民代表大会常务委员会关于批准常州市天宁区2022年财政决算的决定》，对3个房屋征收项目作出相应决定，书面听取人大常委会各街道工委上半年工作情况和下半年工作安排，表决通过有关人事任免事项，学习全国、省、市人大常委会负责人学习班精神。

第十一次常委会会议。8月31日召开，区人大常委会副主任管黎芳主持。会议分别听取和审议区委常委、副区长方力所作的《2023年区政府半年度工作报告》、副区长吴小红所作的《天宁区“十四五”养老服务进展情况报告》，书面审议《2023年上半年国民经济和社会发展计划执行情况的报告》《2023年上半年财政预算执行情况的报告》，对18个政府投资建设项目作出相应决定，听取部分市人大代表述职报告，表决通过有关人事任免事项，对养老服务体系建设开展专题询问。

第十二次常委会会议。10月30日召开，区人大常委会副主任金明杰主持。会议分别听取和审议区委副书记、副区长宋福波所作的《关于天宁区2022年度本级预算执行情况和其他财政收支审计发现问题整改情况的报告》《关于区十七届人大二次会议代表建议、批评和意见办理情况的报告》《关于2023年度政府民生实事项目实施情况的报告》，表决通过《常州市天宁区人民代表大会常务委员会关于区人民政府重大决策出台前向区人民代表大会常务委员会报告的决定》，对部分员额法官、检察官履职情况开展评议，书面审议《关于规范性文件备案审查工作情况的报告》，表决通过有关人事任免事项。

第十三次常委会会议。12月

4日召开，区人大常委会副主任吴新峰主持。会议听取和审议区发展改革局局长赵剑受区政府委托所作的《关于〈常州市天宁区国民经济和社会发展第十四个五年规划和二〇三五年远景目标纲要〉实施情况中期评估报告》的说明，表决通过《常州市天宁区第十七届人民代表大会常务委员会关于接受陈一锋等辞去常州市天宁区第十七届人民代表大会代表职务请求的决定》《常州市天宁区第十七届人民代表大会常务委员会关于补选常州市天宁区第十七届人民代表大会代表的决定》，表决通过有关人事任职事项。

第十四次常委会会议。12月26日召开，区人大常委会主任沈月芬主持。会议听取和审议区财政局局长周碧莲受区政府委托所作的《天宁区区级2023年财政预算调整的报告》，对区级2023年财政预算调整作出决定；初步审查区财政局局长周碧莲受区政府委托所作的《关于天宁区2024年财政预算草案编制情况的报告》，同意将预算草案报告初步方案提交区十七届人大三次会议审议；表决通过《常州市天宁区人大常委会任命的有关人员向区人大常委会报告履职情况办法（草案）》，审议通过《天宁区第十七届人民代表大会常务委员会代表资格审查委员会关于个别代表的代表资格的报告》；听取区人大常委会办公室主任狄舜尧所作的《关于筹备召开常州市天宁区第十七届人民代表大会第三次会议有关情况的报告》《关于常州市天宁区第十七届人民代表大会第三次会议各类建议名单的说明》，决定召开区十七届人大三次会议的时间和有关事项；听取区人大常委会研究室主任王琥所作的《关于〈常州市天宁区人大常委会工作报告〉起草情况的说明》，同意将人大常委会工作报告提交区十七届人大三次会议审议；评议《关于未成年人保护检察工作情况审议意见处理情况的报告》《关于〈常州市焦溪古镇保护条例〉贯彻实施情况审议意见处理情况的报告》，测评2023年度区民生实事项目实施情况及牵头单位履职情况；表决通过《常州市天宁区第十七届人民代表大会常务委员会关于接受殷群辞去常州市第十七届人民代表大会代表职务请求的决定》，补选部分常州市第十七届人大代表；表决通过有关人事任免事项。

【区十七届人大常委会主任会议】2023年，区人大常委会召开12次主任会议，分别听取《天宁区国土空间规划（2021—2035年）草案》编制、区法院金融审执工作、《中华人民共和国安全生产法》贯彻实施情况、《常州市焦溪古镇保护条例》贯彻实施情况、《中华人民共和国科学技术进步法》贯彻落实情况、“危污乱散低”综合治理工作、探索推进农村宅基地改革7项工作情况汇报，提出针对性对策建议。讨论通过《关于进一步规范和提升镇、街道人大工作的实施意见》《关于打造“民呼我应·助‘宁’无忧”——践行全过程人民民主天宁样本的实施意见》《关于建立天宁区人大常委会领导挂钩联系指导镇、街道人大工作制度的方案》《全区各级人大代表“牢记嘱托、感恩奋进”学习实践活动实施方案》《关于推进“三官两师一员”进驻人大代表之家、联络站和联系点工作的实施意见》《关于建立代表建议与公益诉讼检察建议双向衔接转化工作机制的实施细则》《关于天宁区国家机关负责人走进人大代表之家的实施意见（试行）》7项规章制度，保障人大常委会依法履职。

（陈文玮）

重大事项决定

【概况】2023年，区人大常委会审议通过《常州市天宁区人民代表大会常务委员会关于区人民政府重大决策出台前向区人民代表大会常务委员会报告的决定》，进一步完善人大与政府互动机制，提升政府重大决策的科学性和民主性。全年围绕区委中心工作和2023年目标任务，对政府投资建设重大项目（500万元以上）、征收项目、财政决算、财政预算调整等事项作出决议决定5项。

【政府投资建设重大项目年度计划增补决定】4月，区十七届人大常委会第九次会议听取区发展改革局局长杨琪受区政府委托所作的《关于将天宁区茶山街道2023年丽华片区老旧小区改造工程等17个项目调整列入2023年度政府投资建设项目计划的报告》，经审议，决定批准天宁区茶山街道2023年丽华片区老旧小区改造工程、2023年朝阳片区老旧小区改造工程、天宁区红梅街道2023年老旧小区改造工程、天宁区天宁街道2023年老旧小区改造工程、斜桥巷老旧小区改造工程、天宁区兰陵街道2023年老旧小区改造工程、天宁区2023年住宅小区电动自行车充电设施配套工程、都家弄（青龙西路—东方西路）建设工程、2023年天宁区公交候车亭提升改造工程、丽华北路西侧及关河东路北侧地块配套市政工程、横塘河东路（太湖东路—河海东路）建设工程、青龙西路北侧（QL040126）

地块公用绿化配套工程、青洋北路西侧青龙西路北侧地块公用绿化配套工程、火车站南广场南侧地块景观工程、新堂路南侧工业互联网中心周边景观提升工程、常州市天宁区劣V类支流支浜片区排水管网改造工程等17个项目增补列入2023年度政府投资建设项目计划。8月，区十七届人大常委会第十一次会议听取区发展改革局局长杨琪受区政府委托所作的《关于对2023年度政府投资建设项目年度计划调整的报告》，经审议，决定批准季子北路道路新建工程、常州郑陆污水处理有限公司一期工程工业污水改造项目尾水湿地工程、2023年郑陆镇城镇污水管网覆盖工程、郑陆镇2023年村庄生活污水治理工程、雕庄街道竹韵茗苑公共管理服务站（居家养老服务站）改造装修工程、雕庄街道文化便民服务中心（新时代文明实践所）装修改造项目、常州双拥教育基地提升改造项目、紫云苑社区医养融合项目、青龙街道2023年农村生活污水治理项目、横塘河东路(太湖东路—北塘河路)建设工程、浦陵南路大修工程、2023年天宁区城市智能交通品质提升工程、未来智慧城片区交通监控安全提升一期工程、关河东路北侧地块配套工程、青龙道路六十九西侧地块配套工程、横塘河北路（河海东路—太湖东路）建设工程、横塘河东路东侧及长荣路南侧地块配套市政工程、常州市天宁区2023年美丽街区综合提升工程、天宁区信访接待中心提升改造工程19个项目增补列入2023年度政府投资建设项目计划。

【国民经济和社会发展计划增补决定】 6月，区十七届人大常委会第十次会议听取区发展改革局局长杨琪受区政府委托所作的《关于将中绎高端生物医药产业园项目（二期）等3个房屋征收项目增补列入常州市天宁区2023年国民经济和社会发展计划的报告》，经审议，决定批准中绎高端生物医药产业园项目（二期）、青龙生活区2号地块项目、朝阳综合市场及周边地块项目3个项目增补列入常州市天宁区2023年国民经济和社会发展计划。

（陈文玮）

监督工作

【概况】 2023年，区人大常委会按照宪法和法律要求，坚持正确监督、有效监督、依法监督，围绕高质量发展、生态文明、民生保障、公平正义等方面，综合运用执法检查、专题调研、专题询问、听取审议报告等方式，持续加强对“一府一委两院”监督，回应人民群众新期盼，彰显人大监督的广度、温度和力度。是年，区人大常委会听取和审议专项工作报告24项，开展专题询问1次，组织执法检查3次、视察调研27次，督办代表建议意见49件。

【民生实事项目专项监督】 1月，区十七届人大二次会议票决确定10项民生实事项目，镇人大和各街道议政代表会票选60项民生实事项目，累计70项民生实事项目。2023年，区人大常委会把70项民生实事项目列为人大监督重点，建立民生实事项目代表全程参与机制，构筑民生实事项目全过程监督链条，形成群众提、代表选、政府办、人大督的良好局面。7—10月，区人大常委会开展民生实事督办活动，组织人大代表专题调研实事项目现场，察看部分民生项目进展情况，多次跟踪督察，听取项目负责人、群众的意见建议。10月，区十七届人大常委会第十二次会议审议2023年度政府民生实事项目实施情况报告，要求各项目实施单位强化责任意识，把民生实事项目办成“民心工程”，以行动和成效取信于民。12月，70项民生实事项目全部完成，区十七

7月20日，区人大常委会督查2023年天宁区民生实事项目进展情况
（区人大办 供图）

届人大常委会第十四次会议对民生实事项目完成情况及项目实施单位履职情况进行满意度测评，满意率和基本满意率为100%。

【经济工作监督】 2023年，区人大常委会高度关注宏观经济走势和区域发展态势，听取区发展改革局局长赵剑受区政府委托所作的《关于〈常州市天宁区国民经济和社会发展第十四个五年规划和二〇三五年远景目标纲要〉实施情况中期评估报告》的说明，助力政府把握发展主动权，确保天宁区"十四五"规划顺利实施。听取和审议区政府半年度工作报告、区国民经济和社会发展计划半年度执行情况报告，视察重大项目推进情况，为稳住经济大盘、提高发展质量建言献策。开展新能源汽车零部件、第三代半导体、太阳能光伏专题调研，组织新能源产业促进条例立法调研，为产业发展贡献智慧力量。开展《中华人民共和国科技进步法》贯彻落实情况调研，推动实施创新驱动核心战略。关注《中华人民共和国安全生产法》贯彻情况，以高水平安全保障高质量发展。听取审议财政预决算执行、审计及审计查出问题整改等情况报告，审查批准年度财政决算及预算调整方案，跟进监督政府重大投资项目建设、国有资产管理等情况，抓实审计整改，推动效益提增。

【社会事业工作监督】 2023年，区人大常委会审议《天宁区国土空间规划（2021—2035年）》草案编制情况。组建专班开展城中村改造调研，组织开展走访座谈6次，探索多样化城中村改造思路，形成《关于城中村改造的调研与思考》专项报告，为区委、区政府决策提供参考。市、区两级人大上下联动开展《常州市焦溪古镇保护条例》执法调研，助力推进古镇申遗保护各项工作。听取城乡融合大背景下宅基地改革情况报告，优化城乡资源配置，激发乡村振兴内生动力。听取和审议2022年度环境状况和环境保护目标完成情况报告，专题调研"危污乱散低"综合治理情况，助推环境治理攻坚克难，绘就美丽天宁新篇章。8月，开展养老服务体系建设专题询问，31名区人大常委会委员、7名区人大代表围绕养老服务体系建设、健康养老服务、老年人助餐服务、农村地区养老服务阵地建设等方面提问，分管副区长和有关职能部门负责人分析、回应提问，提出解决问题的措施与步骤，擦亮"常有颐养"民生名片，推动全区养老服务高质量发展。

10月24日，区人大常委会在景仁公园督查《充分利用城市零星空间，打造特色"口袋"公园的建议》办理情况 （区人大办 供图）

【法治工作监督】 3月，区人大常委会听取和审议法治政府建设情况报告，助力构建职责明确、依法行政的政府治理体系。10月，听取规范性文件备案审查工作报告，对《天宁区区长质量奖管理办法》进行备案审查，强化备案审查制度建设。4月和6月，分别听取和审议区法院关于金融案件审判执行、区检察院关于未成年人检察工作情况报告，调研行政诉讼和行政复议案件处理情况，不断提升基层治理法治化水平。坚持党管干部和人大依法任免有机统一，规范执行拟任命人员任前法律考试、颁发任命书、宪法宣誓等制度，全年组织14名拟任职人员任前法律知识考试，组织15名人大常委会任命人员向宪法宣誓。持续开展"听百案、议百事、评百员"活动，组织人大代表12批、38人次旁听法院庭审，评议6名员额法官、6名员额检察官履职情况，强化人大司法监督工作实效。

（陈文玮）

代表工作

【概况】 2023年，区人大常委会持续提升人大代表履职能力，落实《天宁区第十七届人大代表2022—2026年培训规划》要求，通过专题讲座、辅导报告、研讨会、线上课程等方式，加强人大代表学习培训，全年组织人大代表开展各类学习交流活动52场次，参与1258人次。拓展代表知情知政渠道，落实主任接待日、常委会组成人员走访联系代表等制度，全年开展区人大常委会“主任接待日”活动7场，接待代表36人次，听取代表意见建议28条，转办和督促落实意见建议20条；组织市、区、镇（街道）三级人大代表264人次列席区人大常委会会议、区政府常务会议，以及参加部门评议、执法检查、工作调研、民生实事项目督查等活动。开展“人大代表接待群众月”活动11场次，组织市、区人大代表205人次进村（社区）、进企事业单位、回选区接待选民群众，累计接待选民群众14361人次，收集意见建议1165条，解决落实意见建议1019件，转办和督促落实意见建议79条。建立健全并落实代表述职、评议等履职管理制度，全年组织17名市人大代表向区人大常委会述职、68名区人大代表回原选区向选民述职，接受选民评议，激发广大代表立足本职、为民谏言、投身发展。

【代表建议意见督办】 区十七届人大二次会议期间，收到代表建议意见49件，其中经济建设类7件、城建城管类19件、科教文卫类16件、社会保障类7件。2023年，区人大常委会以重视代表满意率、提高建议办成率为导向，严把建议质量关，围绕区委中心工作、群众关注问题，协同区政府办公室制定选题参考，开展专题培训、案例分享、视察调研，引导代表提出高质量建议，并落实建议预提预审，从源头保证代表建议高质量；严把建议办理关，明确重点督办和归口督办具体规程，坚持区委、区政府领导领办督办、区人大常委会领导重点督办、区人大常委会各工委归口督办，通过集中接待选民、代表专题调研等形式，保障代表参与建议办理全过程，加大建议跟踪督办力度；严把办理结果检验关，探索开展代表建议“二次评价”，对答复评价和落实评价不一致时，通过回访问效提高督办实效。至10月，49件建议均在规定时限内办结，其中年内解决、基本解决或措施已落实的44件，占办理总数的89.8%；正在解决和纳入计划逐步解决的3件，占办理总数的6.1%；因条件限制，暂时不能解决的2件，占办理总数的4.1%；代表对建议办理工作满意和基本满意率为100%。49件建议中，7件被区人大常委会评为优秀人大代表建议。闭会期间，收到代表建议意见104件，经梳理，20件交由区政府办理，年内均完成办结。

表4 2023年度天宁区优秀人大代表建议一览表

序号	建议人	类别	建议事项
1	李汉田	社会保障	关于全面提升基层医疗服务能力建设的建议
2	蒋雪梅	科教体卫	关于筹建“以区域为主导的家校社企联建共育资源圈”的建议
3	杨　波	经济建设	关于加快推动传统制造业数字化转型的建议
4	殷云峰	文化旅游	关于深化“天宁全域旅游，打造郑陆文旅新坐标”的建议
5	钱　宏	城建城管	关于充分利用城市零星、边角空间，打造特色“口袋公园”的建议
6	潘伯鸣	城建城管	关于完善和平路文化宫至青果巷段无障碍设施的建议
7	冯徐波	社会保障	关于老年人助餐点提质扩面的建议

【代表建议与公益诉讼检察建议衔接转化】 2023年，区人大常委会依据最高人民检察院《关于在部分省区市试点推广代表建议、政协提案与公益诉讼检察建议衔接转化工作机制的方案》和《江苏省人民代表大会常务委员会关于加强检察公益诉讼工作的决定》精神，制定《关于建立代表建议与公益诉讼检察建议双向衔接转化工作机制的实施细则（试行）》（以下简称《细则》），推进代表建议与公益诉讼检察建议双向衔接转化常态化、长效化，督促行政机关依法履职，共同推动解决公益保护问题。《细则》明确人大代表建议与公益诉讼检察建议双向衔接转化范围、流程以及相关部门职责、保障举措等，为人大代表提前了解公益诉讼案件办理情况提供依据。年内，区人大常委会根据区检察院《关于制定完善禁猎区、禁猎期管理制度的检察建议》，发挥代表监督优势，经过多次座谈、科学论证，会同区检察院推动将检察建议转化为代表建议，交由区政府办

理；天宁区向社会发布《关于划定陆生野生动物禁猎区、规定禁猎期的通告》。

【人大代表“家站点”提档升级】 2023年，区人大常委会推进人大代表之家、代表联络站、代表联系点提档升级，做到高标准建、高质量管、高效率用。8月15日，召开“三统一”发布会，全区人大代表“家站点”统一悬挂以汉字“人”和“民”为主的图形标识，提升“家站点”的影响力与知晓度；统一每月15日为代表接待选民日，便于群众识记；统一以“民呼我应·助宁无忧”为接待主题，倾听群众的呼声心声，推动群众急难愁盼问题的解决。8月，会同区法院、区检察院、区司法局、公安天宁分局制定《关于推进“三官两师一员”进驻人大代表之家、联络站和联系点工作的实施意见》，启动“三官两师一员”（法官、检察官、警官，律师、心理咨询师，人民调解员）进驻人大代表“家站点”；至年末，全区83个人大代表“家站点”进驻“三官两师一员”301名，区法院、区检察院、区司法局、公安天宁分局推出52项服务内容，为群众提供家门口的优质专业化法治服务，增强人大代表“家站点”运行实效。加快人大代表“家站点”数字化转型，综合运用“代表E家”“我给代表留个言”等数字化代表履职服务阵地，推动代表与群众“全天候”“零距离”联系，第一时间答复选民需求。是年，雕庄街道人大代表之家、青龙街道人大代表之家入选常州市十佳示范型“人大代表之家”。

【“民呼我应 · 助宁无忧”人大工作品牌创建】 2023年，为强化基层治理，促进民生改善，区人大常委会以听民声、促民治、增民享为抓手，创建“民呼我应·助宁无忧”人大工作品牌，打造全过程人民民主天宁样本。年内，组织“民呼我应·助宁无忧，人大代表在行动”集中接待群众活动20场次，收集促进经济社会发展意见建议104条，助力解决安置房产权证办理等群众关切问题79个。指导镇（街道）人大探索强化基层治理的方式方法，创新“小板凳工作法”“民生微实事”“民情茶座”等基层实践案例，以特色化、品牌化带动基层人大工作提质增效、提标进位，形成“全区一品牌、镇街多特色”的人大工作格局。

（陈文玮）

9月15日，人大雕庄街道工委开展“流动小板凳”活动，热议民生“关键小事”（区人大办 供图）

常州市天宁区政府

◆栏目编辑　刘志贤

综　述

【经济运行质效提升】 2023年，天宁区锚定“长三角三新经济高地、现代化城乡治理样板”发展定位，全年实现地区生产总值970亿元，同比增长4.4%；一般公共预算收入50亿元；全社会固定资产投资同比增长5.4%；核算服务业营业收入同比增长12.6%；城镇居民人均可支配收入同比增长5.1%。年内，新增市重点项目7个，累计在库19个，完成投资31.66亿元，超年度计划9个百分点，140个区重点项目完成投资273.1亿元，亚芯半导体材料、雷尼尔模块式机床功能部件、国创未来新能源检测中心、亚玛顿光电材料研发智造、季子文化传承基地、凯成精密声学网纱研发生产、轻量型智能汽车座舱研发生产7个优质项目建成投用。实施“智能化改造和数字化转型”专项行动，新增星级上云企业44家、省级智能制造示范车间4家，培育市“智改数转”典型应用场景61个，新增市级“智改数转”服务商4家，工作成效获中央广播电视总台报道点赞。制定出台《天宁区关心关爱优秀企业家十六条措施》，定期举办政企同心会，推动惠企政策直达快享、非申即享，兑付惠企资金7700万元，办理留抵退税4.26亿元。实施“创新主体倍增”计划，净增高新技术企业94家，全区完成高新技术产业产值375.3亿元，占规模以上工业总产值的46.8%，全社会科研投入占比增至2.8%；大连理工天宁创新中心落户天宁高新区，工业互联网高企数据中心竣工验收，浩万新能源科技有限公司5G智慧车间建成投用。新增第五批国家专精特新“小巨人”企业7家（转入1家）、省级专精特新中小企业38家，新增省级企业技术中心5家、省级瞪羚企业4家；怀业信息技术股份有限公司获评省潜在独角兽企业。新增“龙城英才计划”项目32个，5家企业入选市“揭榜挂帅”项目。全区新增发明专利授权692件，强力先端电子材料荣获中国专利奖银奖。上市工作稳中有进，创志科技（江苏）股份有限公司成为2023年全市首家IPO过会企业，海图信息科技有限公司挂牌新三板。

【城乡面貌品质提升】 2023年，天宁区城市面貌展现“高颜值”，53个老旧小区改造全面完工，斜桥巷小区获评省城市更新试点，永宁雅苑小区、新城金郡小区建成全市首批既有住宅小区加装新能源充电桩试点；常州主城区首个仓储式会员店M会员店开业，朝阳市集、翠竹市集建成投用，“油菜花大道”“月季花路”等景观绿化道路成为新打卡点；“精管善治”三年行动扎实开展，空中线缆、背街小巷等城市顽疾得到有力整治，城市长效综合管理位列全市第一方阵；乡村振兴跑出“加速度”，农业农村现代化示范片区有机更新，编制村庄单元规划4个，34.93公顷高标准农田建成投用，舜山小镇农文旅项目顺利开园，牟家村、施家巷村获评省级生态宜居美丽示范村，石堰自然村创成省级特色田园乡村。

【民生事业加快发展】 全区新增社保扩面7321人，企退人员待遇、城乡居民养老金连年调增，普通门诊统筹实际报销比例提高28.35%，最低生活标准提高至每人每月1020元。新增学位2340个，培育五级梯队教师57名，2项成果获评国家级基础教育教学奖，教育改革实践入选省典型案例。完成适老化改造400户，天宁区入选省首批居家社区养老示范地区，新增养老助餐点14家、全龄社区食堂3家，“茶饭小馆”助餐模式获评2023年度常州市民生实事项目优秀典型案例。市儿童医院、郑陆镇卫生院、红梅街道社区卫生服务中心竣工投用，全市首家区域医学检验中心建成运行。“1+N”社区普惠托育服务模式全市推广。

【社会大局和谐稳定】 2023年，天宁区开展重大事故隐患排查整治专项行动，立行立改危化品、“九小场所”、医疗机构等重点领域隐患问题超5000个，累计安装工业级燃气泄漏安全保护装置1892台。强化社会治安整体防控，严厉打击电信网络诈骗、非法集资等突出违法犯罪436起，追赃挽损近1亿元，违法犯罪警情、刑事发案数实现双下降，群众安全感、满意度测评居全市前列。创新发展新时代“枫桥经验”，纵深推进“信访突出问题攻坚化解巩固提升年”行动，实质性化解信访积案17件，房地产、互联网金融、地方债务等领域风险总体可控。天宁区获授全省“五社联动”机制创新试点，“民生晴雨”数字治理平台获评中国数字政府治理十佳创新案例。全年办理市、区两级人大代表建议和政协委员提案177件，见面率、满意率和基本满意率均达100%，圆满完成第五次全国经济普查清查阶段工作，全面落实省委第六巡视组反馈问题整改。深化法治政府建设，健全“三重一大”决策机制，认真执行党风廉政建设责任制，推动审计监督提质增效，营造风清气正的政治生态。

（吴　菁）

重要会议

【区政府全体（扩大）会议】 2023年，区政府在天宁科技促进中心23楼天宁厅召开2次全体（扩大）会议。

8月4日召开，区长张凯奇出席会议并讲话，区委常委、副区长方力主持会议，区领导宋福波、吴小红、冯杰、曹瑜、宋金措出席会议。会议深入学习贯彻习近平总书记考察江苏重要讲话精神，全面落实市委十三届六次全会、区委十一届七次全会精神，动员全区上下锚定目标、坚定信心、真抓实干，以实际行动和优异成绩把中共二十大精神落到实处，为全市冲刺“GDP万亿之城”、建设“新能源之都”贡献天宁力量。会议指出，全区上下要不折不扣落实中央和省委、市委、区委决策部署，全面落实“四个走在前”“四个新”重大任务，大力弘扬“四敢”精神，锚定全年目标，争取更好结果，推动经济社会高质量发展，奋力推进中国式现代化天宁新实践。

12月27日召开，讨论完善《区政府工作报告》，区领导张凯奇、宋福波、方力、倪云泽、吴小红、冯杰、陈一锋出席会议。会议认为，《区政府工作报告》立足于“成绩总结好、经验归纳好、工作部署好”原则，召开多场征求意见座谈会，凝练出科学严谨的发展目标和切实可行的工作举措；相关单位对动态数据、相关表述提出修改意见，继续完善报告。

【区政府常务会议】 2023年，区政府在天宁科技促进中心召开12次常务会议。

第一次常务会议。1月17日召开，审议《天宁区营商环境优化提升暨产业发展大会方案》《2022年“创新发展贡献企业”建议名单》《天宁区新建居住区红线外电力接入工程政府投资建设实施细则（试行）》《促进天宁区建筑业高质量发展三年行动计划的实施意见》《农行战略合作及资产置换方案的情况汇报》《2023年天宁区法治政府工作报告》，集中学习《江苏省就业促进条例》。

第二次常务会议。3月1日召开，审议《天宁区2023年政府工作报告责任分解落实方案》《天宁区2023年民生实事责任分解落实方案》《天宁区关于规范工业标准厂房分割转让管理的意见》《进一步加强天宁区城市管理工作的意见》《停车场管理实施办法》《关于开展天宁区2022年综合表彰工作方案》《常州市天宁区事业单位管理岗位职员等级晋升制度工作实施方案》，听取区信访局关于全区信访工作的汇报，集中学习《江苏省行政程序条例》。

第三次常务会议。3月16日召开，审议《天宁区2023年度重大项目目标任务分解表》《天宁区2023年重点项目投资计划》《2023年全区主要经济社会发展预期目标任务分解表》《关于加快发展方式绿色转型积极稳妥推进碳达峰碳中和工作的实施意见》《天宁区老旧小区改造招标投标“评定分离”实施细则》《关于进一步加强农村集体经营性资产资源管理的通知》《关于全面做好城乡融合重点工作的实施意见》《关于全面推行政务服务“周末不打烊”的实施意见》，听取区发展改革局《关于天宁区产业强区相关政策兑现“一事一议”情况汇报》，集中学习《促进个体工商户发展条例》。

第四次常务会议。4月6日召开，听取区商务局《关于2023年天宁区跨境电商产业扶持政策汇报》，审议《政府投资年度计划增补项目》《天宁区农贸市场改造提升三年行动计划暨农贸市场综合管理体制优化提升的实施意见》《关于调整2023年养老年龄段被征地农民养老保障待遇标准方案》，传达学习习近平总书记关于统计工作的系列重要讲话、重要指示批示精神，以及防范和惩治统计造假、弄虚作假的相关文件精神和违法案件查处情况。

第五次常务会议。5月11日召开，审议《天宁区首席数据官制度建设实施意见》《天宁区城市运行“一网统管”工作领导小组》《2023年度天宁区政府重大行政决策事项目录》《常州市天宁区2023年度对口支援协作合作工作要点》《常州市天宁区国土空间分区规划（2021—2035年）》《2023年度天宁区规划编研及专项工作计划》《江苏常州人力资源服务产业园管委会关于2022年度对入驻企业实施奖补的方案》《天宁区普惠托育服务三年行动实施方案（2023—2025年）》《常州宾馆地块城市更新规划合作方案》《常州市天宁区焦溪古镇（启动区）招商引资协议书》《天宁区企业上市攻坚年行动方案》，听取红梅街道《关于央庭雅苑项目2.1期规划核实情况的报告》，集中学习《江苏省消防条例》。

第六次常务会议。6月8日召开，审议《天宁区“十四五”规划中期评估实施方案》《2022年财政决算草案》《2022年度“推动‘3511’发展战略贡献奖”先进集体和先进个人的建议名单》《常州市天宁区城市管理精管善治三年行动计划（2023—2025年）》《关于在行政处罚中适用“首违不罚”规定的指导意见（修改稿）》《常州市天宁区行政处罚“首违不罚”事项清单（第二版）》《常州市天宁区2023年法治政府建设工作要点》，听取区发展改革局《关于天宁区2022年度推动产业强区若干措施兑现资金的情况汇报》，听取天宁经济开发区《关于购买仁千物业资产的情况汇报》，听取区应急管理局《关于全区重大事故隐患专项排查整治行动安排情况汇报》，集中学习《江苏省宗教事务条例》。

第七次常务会议。6月20日召开，审议《区委常委会成员、区政府领导班子成员2023年安全生产重点工作清单》《关于成立天宁区优化营商环境工作领导小组内设环境建设协调组暨推进十大联合攻坚工程的通知》《关于天宁区2022年度本级预算、决算草案以及其他财政收支的审计工作报告》《中绎高端生物医药产业园项目（二期）等3个房屋征收项目增补列入常州市天宁区2023年国民经济和社会发展计划事宜》《2023年集中建设项目计划增补事宜》《天宁区关心关爱优秀企业家十六条措施》，审议教育有关工作，听取天宁消防救援大队《关于天宁区消防安全专项治理工作阶段性汇报》。

第八次常务会议。7月28日召开，审议《常州市天宁区非法集资举报奖励实施办法（试行）》《天宁区区长质量奖管理办法》《天宁区区长质量奖评审规则》《天宁区质量管理先进班组管理办法》，听取区住建局《关于建筑施工和城镇燃气领域安全生产工作情况汇报》，听取雕庄街道《关于万都金属城产权分割相关事宜汇报》，集中学习《江苏省优化营商环境条例》。

第九次常务会议。8月30日召开，审议《2023年度政府投资建设项目年度计划调增项目》《光大水务（常州）有限公司郑陆厂二期2000万千克/天提标改造项目报告》《2023年度天宁区政府集中建设项目计划第二次调整》《天宁区深入推进“常有健康”三年行动方案(2023—2025年)》《关于公布常州市天宁区行政许可事项清单(2023版)的通知》《天宁区加强基层应急管理和消防安全体系建设的意见》，听取天宁生态环境局《关于大气污染防治工作汇报》，集中学习《中华人民共和国文物保护法》。

第十次常务会议。10月9日召开，审议《天宁区重点领域信访突出问题专项攻坚工作》《常州市天宁区燃气安全专项整治实施方案》

7月28日，区政府召开第八次常务会议　　（区政府办 供图）

《2023年度天宁区政府集中建设项目计划第三次调整》《2023年度天宁区银行业金融机构支持地方经济高质量发展评价激励办法》《城中供电服务中心项目合作方案》《关于常州凯美日用品商城有限公司处理路桥市场社会矛盾的后续问题建议方案》《天宁区2023年打造一流营商环境工作任务清单》《常州天宁经济开发区融合发展区域综合开发一期PPP项目资产证券化方案》《常州市天宁区2022年度本级预算执行情况和其他财政收支审计发现问题整改情况报告》，集中学习房屋征收方面法律规范。

第十一次常务会议。11月15日召开，审议《关于天宁区开展城乡居民基本养老保险集体经济组织补助工作的实施细则》《天宁区个体工商户分型分类精准帮扶试点工作方案》《〈常州市天宁区国民经济和社会发展第十四个五年规划纲要和二〇三五年远景目标〉实施情况中期评估报告》《天宁区乡村振兴扶持政策》《关于印发郑陆镇政务服务事项调整清单的通知》《关于进一步加强区属板块及区管国有企业内部审计监督的实施意见》《天宁区数字人民币试点工作实施方案》《龙城灶中央厨房助老项目有关事项》，集中学习《优化营商环境下破产工作府院联动机制的构建》。

第十二次常务会议。12月25日召开，审议《2024年政府工作报告》《2024年度区民生实事候选项目》《关于天宁区区级2023年财政预算调整的汇报》《关于2024年区级财政预算安排的汇报》《2023年集中建设项目计划调整》《天宁区关于推动产业强区的若干政策（修订）》《2024年度政府投资建设项目计划》《常州市天宁区2023年国民经济和社会发展计划执行情况与2024年国民经济和社会发展计划草案的报告》《天宁区2024年旧城改建房屋征收项目计划》《2023年天宁工匠评选结果建议名单》《区长质量奖和区质量管理先进班组名单》《2023年天宁区食品安全工作报告》，集中学习修订后的《中华人民共和国反垄断法》和公平竞争审查制度。

（吴　菁）

民生实事项目

【概况】 1月，天宁区第十七届人民代表大会第二次会议以票决形式，产生以“三优三美”（优质均衡教育、优质卫健服务、优质就业保障，美丽环境、美好生活、和美社会）为主题的2023年度10项民生实事项目。至年末，10项民生实事项目全部完成。

【“优质教育常有优育”项目】 2023年，该项目由区教育局牵头实施。至年末，完成怡康小学、清凉小学、实验幼儿园分园、舜新幼儿园、茶山街道北侧地块幼儿园建设，新增学位2340个；开展“优才计划”公开招聘，招录初中事业编制教师6名；深化教师培育项目，新增省级名师1名、市“五级梯队”（市教坛新秀、市教学能手、市骨干教师、市学科带头人、市特级教师后备人才）57名，新增“光荣在岗三十年”优秀教师2名、龙城十佳教师1名、龙城十佳乡村教师1名，新增名班主任14名、龙城十佳班主任2名。

【“促进学生身心健康”项目】 2023年，该项目由区教育局牵头实施。至年末，全区中小学生开展视力筛查2次，视力健康电子档案建档率100%。有效落实“双减”政策，推出优秀“双减”案例45篇，创新推行“1+T+X”（“1”指作业辅导，“T”指每天确保20分钟体育锻炼，“X”指开展艺术、劳动等丰富的课后服务课程）课后服务新模式，引进优质校外资源51家、优质课程162门，全区中小学课后服务参与率96.46%；常州市局前街小学获评江苏省“双减”示范创建学校，《深耘课后服务，精耕“科学+”实践之路》案例获全省“双减”工作科学教育典型案例称号，常州市清凉小学、常州市东坡小学获评常州市新优质学校。开展中小学生命健康关爱工作，召开初中阶段“天润宁心”关爱学生生命健康工作会议，完成“天润宁心”学生身心健康和家庭养育环境情况评估，举办第一期“天宁星课堂·天宁xin课堂”家庭教育指导线上讲座。

【“优质医疗常有健康”项目】 2023年，该项目由区卫生健康局、医保天宁分局牵头实施。年内，市儿童医院新院区9月25日全面开诊。基层医疗卫生机构完成4000名35～75岁常住居民早期心脑血管疾病筛查，137人参与“小心肝”健康管理项目，142人参与“远离甜蜜烦恼”健康管理项目糖尿病并发症筛查。推进中医药综合服务区建设，红梅街道社区卫生服务中心完成五级中医馆建设，茶山街道社区卫生服务中心、焦溪卫生院完成四级中医馆建设并通过市级验收，15家社区卫生服务站均设立中医药服务区。提升医保服务效能，青龙街道便民服务中心创成“15分钟医保服务圈”省级示范点，郑陆镇卫生院完成医保公共服务站示范点建设并通过市级验收，为群众提供“一站式”医保经办服务。加强便民药店集采药品数据采集和监测，38家医保便民药店均开通网上集采账号，实时监测药品集采和销售，保障居民买药用药安全。

【“一老一小健康关爱工程”项目】 2023年，该项目由区民政局、区卫生健康局牵头实施。至年末，完成400户经济困难的高龄、失能、低保老年人家庭住所适老化改造，年内新增150张家庭养老照护床位，为全区2.19万名80周岁以上老年人提供居家上门服务。招募培训助老志愿者100名，为2万余人次老年人提供线上线下服务。为300户经济困难的独居“空巢”老人安装智能紧急呼叫设备，为246户适老化改造对象安装具备联网功能的独立式火灾烟感探测器和燃气警报器。新建茶山街道丽华一村、雕庄街道竹韵茗苑社区居家养老服务站，提升改造红梅街道红梅东村社区居家养老服务站。新增社区老年助餐配送点14个（青山路社区、新丰街社区、椿桂坊社区、东青社区、龙湖郦城社区、阳光龙庭社区、青龙苑南区社区、金梅花园社区、锦绣东苑社区、上城社区、焦溪社区、三河口社区、菱溪社区、水岸社区）。新增茶饭小馆、添宁食堂、三和益家3家全龄段社区共享食堂。加强重点人群健康指导和健康管理，完成79281名65周岁以上老年人健康体检，体检率75.64%。深化“康益行”医养融合项目，为2万余名老年人开展专病（糖尿病、高血压等慢性病，以及骨质疏松、前列腺肿瘤、胃肠道疾病等易发病）健康筛查，为2180名老人提供专病精准筛查、分类评估、点单式医疗服务。加强出生缺陷综合防治，完成孕妇产前筛查2621人，筛查率98.89%；完成新生儿疾病筛查2686人，筛查率99.67%。深化普惠托育服务，建成省级托育服务实训基地1家、国家级“向日葵亲子小屋”项目点2个、省级普惠托育机构2家、省级示范性托育机构（社区点）3家。

【“就业保障促进工程”项目】 2023年，该项目由区人社局、区残联、医保天宁分局牵头实施。至年末，全区采集、开发就业岗位2万个，新增城镇就业16100人、城镇失业人员就业15423人，城镇登记失业率3%以内。开展补贴性职业技能培训7016人次，为353名离校5年内且首次创业的高校毕业生提供培训和就业指导。引进高层次人才580人、“高精尖缺”创新人才8人。保障十类困难群众基本医疗权益，“五统一”（救助范围、救助标准、经办管理、定点管理及信息系统建设）医疗救助累计3927人，符合政策范围内特困供养人员救助率100%。开展残疾人职业技能培训100人，新增残疾人就业创业94名。

【“城乡基础设施提升”项目】 2023年，该项目由区住建局、区城管局、天宁交警大队、区农业农村局（水利局）牵头实施。至年末，全年新增公共停车泊位1718个，新增企事业单位开放共享停车位1000余个，累计接入市“智慧停车平台”12228个，完成全区83处、4042个停车泊位政府指导价调整，新能源车辆免费停车时长延至2小时。完成章东路、宗家塘路大修工程，2024年1月初全线通车；完成舜山路、舜平路及河横路交通设施改造，增设信号灯5组、标线2.5万米、警示柱200个、警示标志304个、监控及违停球机29个、电子哨兵11个等设施，提升农村道路交通安全。按“三定一撤”（将小区原布置的垃圾桶点位撤销，设置密闭的生活垃圾定时、定点、定人分类投放亭）要求创建垃圾分类设施达标小区82个，20个小区试点实施家庭厨余垃圾集中收运，改造提升城市公厕3座，新建便捷驿站1座，完成茶山垃圾转运站改造提升，12月末投入使用；推进茶山街道二十一米河河道综合整治，完成河道开挖，有效改善水质，提升河道功能。

【“城乡环境美化提升”项目】 2023年，该项目由区城管局、区农业农村局（水利局）、天宁生态环境局牵头实施。至年末，新建“口袋公园”5个，萃园建成开园，成为常州网红打卡新地标。完成唐家湾路、鹤园弄、北太平桥路、中山路、药王庙弄道板改造15000平方米，完成北太平桥路、唐家湾路混凝土浇筑5378平方米，完成迎春步行街、唐家湾路、北太平桥路店招提升1600平方米，完成北太平桥路游园、中山路游园绿化清表（清理场地表面的杂草树木）420平方米，完成博爱路小学周边人文墙及交通标识设置，完成太平桥路游园、中山路游园绿化提升工程。推进农村厕所改造，新建、改（扩）建农村公厕14座；推进农村生活污水治理，完成三皇庙村和武城村农村生活污水治理；开展村庄清洁行动，清理农村陈年生活垃圾、建筑垃圾、白色垃圾、河岸垃圾等3.57万立方米，清理村内河塘沟渠、排水沟791处。农村人居环境考核位居全市第一，串心河和机器河创成市级示范幸福河湖，施家巷村和梧岗村创成市级小微水体示范村。

【“宜居改造安居建设”项目】 2023年，该项目由区住建局牵头实施。至年末，完成浦南南村、润德半岛等53个老旧小区改造提升，完成既有住宅加装电梯46台，改造108个住宅小区电动自行车入库坡道280处，新增电动自行车充电点位700个、充电端口10400个，新增公共电动汽车充电桩570个。有序推进青龙苑等安置小区房产权证办理，完成5102套安置房产权证办理。推进人才公寓建设，全年累计建设、改造和筹集人才公寓11390套。

【“关爱帮扶暖阳行动”项目】 2023年，该项目由区民政局、区退役军人事务局、区妇联、区司法局、区总工会、团区委、区残联、区红十字会、区委政法委、公安天宁分局牵头实施。至年末，开展助老助残、扶贫济弱、社会工作等领域公益服务项目43个。为新征入伍士兵父母购买人身意外伤害、意外医疗保险300余份，向新兵母亲赠送美丽人生安康保险100余份。为经济困难群众提供法律援助服务812件；为1088名环卫工人赠送专项人身保险；开展“夏送清凉，冬送温暖”活动，惠及产业工人5253人。完成48间困境青少年“梦想小屋”建设，开展“99公益日”“希望家长”“圆梦微心愿”“暖冬行动”等促进青少年健康成长关爱活动27场。完成60名16～59周岁智力、精神和重度肢体残疾无业人员托养服务，完成0～17岁残疾儿童抢救性康复训练243人。为户籍在辖区内的持证残疾人办理意外伤害商业保险24.68万元，为22户低收入残疾人家庭实施无障碍改造，投入经费9.46万元，完成全民自救互救技能培训13420人次。

【“社会治安和食品安全”项目】 2023年，该项目由区委政法委、公安天宁分局、区市场监管局、区住建局牵头实施。至年末，累计开展食品安全抽检4690批次，完成兰陵街道光华路（兰陵段）餐饮场所液化气“瓶改管”工程，督促350家网络订餐单位实施“阳光餐饮”服务，建成市级餐饮质量安全示范街区7条、示范店600家。对已有的监控进行存储扩容，金梅花园、华润国际、九洲新世界花园3个小区反诈宣传点建成投用，翠竹公园建成全市首家反诈主题公园，受众13万人次。

（吴　菁）

数字政府建设

【概况】 2023年，天宁区运用大数据、云计算、物联网、人工智能等技术，重塑政务信息化管理架构、业务架构、技术架构，加强“一网统管”智治体系建设，提升“一网通办”服务水平，推进行政办公“一网协同”办理，形成“一屏观全域、一网管全城”的城市治理新模式，实现政府数字化转型目标。

【“一网统管”智治体系建设】 2023年，天宁区加强“一网统管”智治体系建设，成立由区委书记、区长任双组长的“一网统管”工作领导小组，统筹协调全区城市运行“一网统管”工作。制定出台《天宁区首席数据官制度建设实施意见》，明确区级首席数据官统筹全区数据资源管理和融合创新职责，明确区机关各部门、镇（街道）首席数据官制定本单位数字化发展规划、开展数据治理职责，推动跨部门数据共享和业务协同。建立“首席数据官+数据专员”组织体系，区级层面设立首席数据官和首席数据执行官各1名，区机关各部门和镇（街道）设立首席数据官和数据专员各52名。整合区机关各部门业务信息系统至“天宁区数字政府统一登录门户”，实现通过一个平台即可使用所有政府信息化系统、访问所有数据资源的目标，提高政务服务效率。

【“一网通办”服务事项完善】 2023年，天宁区提升“一网通办”服务效能，政务服务网天宁旗舰店在原有设立变更、准营准办、社会保障等29大类、主题服务分类的基础上，增设企业和个人全生命周期政务服务专栏，为企业提供登记开办、获得场地、员工管理、项目建设、生产经营、注销6个阶段合计173项涉企服务事项，为个人提供出生、入学、留学、就业、购房、结婚、退休、养老、身后9个阶段合计64项个人服务事项，提升全生命周期政务服务能级。

【“一网协同”行政事务办理】 2023年，天宁区推进行政办公“一网协同”办理，区智能办公平台（以下简称OA）设置日常管理、公文办理、事务办理等系统模块，提升工作效能。其中，日常管理系统是天宁区智能办公平台的辅助工具，集成请假管理、纸质传阅单、通讯录、一周工作安排、常用模板下载、领导批示文件、值班报送等功能模块，为区政府各部门日常事务处理提供统一的管理平台；公文办理系统是天宁区智能办公平台的核心枢纽模块，集成通知查阅、公文查阅、发文办理、收文办理、区委办文、信息直报、会务办理等功能模块，协同实现各部门公文线上流转、审批、存档等；事务办理系统是天宁区智能办公平台的重要组成部分，集成交办督办、规范性文件备案、备案回复、信息报送、参阅资料、信息审核、会议上报、会议统计、发文上报、发文统计等功能模块，旨在实现区政府各部门间事务的协同处理。至年末，OA 累计收办省、市文件 2000 余份，区机关部门、镇（街道）通过 OA 制发通知、文件等 4000 余份。是年，天宁区被省政府办公厅表彰为“放管服”改革和数字政府建设成效明显的地方，优先纳入“放管服”改革和数字政府建设省级试点。

（卜俊杰）

【自然资源实时智能云监管平台建设】 2023 年，天宁区为守住耕地红线，保障粮食安全，遏制辖区内各类自然资源违法行为，运用“互联网 +”和卫星遥感、无人机、监控视频等技术手段，建设自然资源实时智能云监管平台（以下简称云监管平台），构建“天上看、空中巡、地上查、网上管”一体化自然资源监测体系，实现由“人防”向“技防”转变。10 月，云监管平台完成建设，设置云踏看、云批管、云监管、云督查、云防灾、云应急、云普查、云定制、云集成九大应用场景，面向山、水、林、田、湖、草等自然资源全要素，着眼执法监督、用途管制、保护修复、空间规划等自然资源全业务环节，实时智能监测监控，实现自然资源监管智能化。

（蒋云峰）

【智慧城管建设】 2023 年，区城管局按照数字政府“一网统管”要求，将区级智慧城管平台接入市城市运行管理服务平台，将街道、社区、市场化单位等责任主体纳入平台系统，打造“天宁智理”城市管理基层治理平台，实现市、区、街道三级城管数据互联互通。全年累计流转城管问题数据 175542 条，办结 174489 条，办结率 99.4%，实现城管各类问题高效流转处置；通过“市容监管”系统，全年抓拍非机动车乱停放、露天垃圾等市容问题 1275 个，通知并督促违法单位自行整改，自行整改率 82%。是年，天宁街道依托市城市运行管理服务平台，打造“智 · 天宁”城市管理服务平台，设置公众参与、非机动车治理、基层治理等六大场景模块，拓展公众参与城市治理渠道，流程化解决群众关注的急难愁盼城管问题，提升街区治理能力和水平。雕庄街道作为全市城市治理创新示范街镇试点单位，在凤凰公园打造集传感设施、综合调度于一体的管理系统，既可实现对植物光照、土壤水分、pH 值、营养元素的感知检测，也可实现对人员落水、客流密度、草坪踩踏、露天垃圾等问题的自动识别及派单处置，有效降低公园的运营维护成本。

（张　燕）

【政务数据共享交换】 2023 年，为提升政府社会治理和公共服务水平，区政府办公室（区大数据管理局）启用区级超融合大数据平台，加强与市超融合大数据平台对接，梳理调整原政务数据共享交换平台上接收的事关市场主体、国资监管、安全生产、公共资源等高频使用数据 7821.3 万条，涉及 7 个部门、412 类。加强区级自建系统数据归集，累计归集数据 103.3 万条。配合市超融合大数据平台做好监管数据归集和电子印章采集，累计归集上报监管数据 2.6 万条，归集制作区级相关单位电子印章 455 个。加强数据共享，全年累计为区经济运行分析平台、综合治税平台、重大项目管理系统、城管综合执法平台、智汇数检大数据分析平台和郑陆镇审批服务综合执法一体化平台提供数据共享 289.6 万条，数据服务共享向基层延伸。

【政府网站运行管理】 2023 年，区政府办公室落实国家、省、市对政府网站建设管理要求，通过政府门户网站开展政策宣传、回应群众关切问题、提供政务服务，增强政府工作透明度，提升政府服务效能。年内，区政府领导、相关部门（单位）负责人通过政府门户网站开展在线访谈 12 次，相关单位通过政府门户网站开展在线调查 7 次，征集意见建议 5 次，向公众反馈在线调查结果和征集意见结果 9 期，解读政策文件文字类 20 次、图文类 12 次。持续更新数据开放平台内容，全年开放 23 个部门、77 个数据源、1850 条数据，累计下载量 4.5 万余次。是年，区政府办公室被省政府办公厅评为 2023 年度全省政府工作网站先进单位。

【政务网络安全保障】 2023 年，区政府办公室（区大数据管理局）构建全区政务网络安全防护体系，推进集安全运营、防病毒网关（网间连接器）设备部署、安全态势感知、网络安全认证、终端安全管控及加固于一体的网络安全建设，形成“事前有防范、事中有应对、事后有追溯”的网络安全运营体系。年内，完成区级党政机关办公终端 IPv4（互联网协议第 4 版）地址固定、MAC 地址（物理地址）绑定等工作，实现事件溯源，责任到人。强化网络安全技术和产品应用，通过持续监测、态势感知、威胁预警等安全技术手段，第一时间发现安全隐患，及时通知并指导督促相关责任单位立即整改；组织专业技术人员分析诊断网络安全攻防演练和常态化检查中发现的问题，提升网络安全防护能力。是年，参与省、市政务网络安全攻防演练4次，保障全国两会、杭州亚运会等重大活动期间天宁政务网络安全。

（卜俊杰）

营商环境优化

【优化营商环境十大联合攻坚工程推进】 6月30日，天宁区召开优化营商环境工作领导小组会议，推出优化营商环境“1+5+N”工作模式，实现政策最优、办事最快、成本最低、服务最好的营商环境。年内，天宁区通过5个协调组，联合推进政策总门户数字化工程、产业政策精准快享工程、知识产权领航护航工程、优化联合监督执法工程、优化建设项目审批工程、打击欺诈登记专项工程、加强府院联动专项工程、首违不罚柔性执法工程、实施人才赋能提质工程、全方位提升满意度工程10项联合攻坚工程。其中，政策总门户数字化工程由区行政审批局负责，主要推广常州政策总门户“政企通”平台维护及应用，协同区各有关部门推动政策录入、事项维护、奖补汇集、问答推送、服务直达等工作；至年末，区工信局、区地方金融监管局等12个部门完成上传政策原文、事项拆解等76条，8181家企业在“政企通”平台注册。产业政策精准快享工程由区发展改革局负责，主要协同区各有关部门调整优化区级产业政策，推进新能源之都建设；至年末，新增市级工程研究中心5家，数量位列全市第一方阵。知识产权领航护航工程由区市场监管局负责，主要协同区检察院、公安天宁分局等部门，加强知识产权保护行政执法与刑事司法衔接，推进知识产权快速协同保护体系建设，为市场主体享受专利快速受理、快速确权、快速维权保驾护航；至年末，常州市知识产权保护中心天宁分中心、天宁区高价值专利培育中心、知识产权公共服务平台挂牌成立。优化联合监督执法工程由区市场监管局负责，通过“减频次、增联合、加信用”等方式，实行监管部门联合检查沟通协作机制，有效压降抽查频次，主动回应并解决“多头检查、重复检查”的问题，减轻企业负担。优化建设项目审批工程由市自然资源和规划局天宁分局负责，主要优化并联审批机制，探索拿地即开工、交地即发证等工业用地改革项目常态化实施，确保重大项目加速落地；至年末，为1个省重点项目、19个市重点项目提供定制化服务，助力企业项目高效落地。打击欺诈登记专项工程由区行政审批局负责，主要协同区检察院打击冒用身份证信息进行虚假登记等扰乱市场行为，实现行政调查与司法调查优势互补；至年末，查办冒用他人身份信息登记案件22件。加强府院联动专项工程由区法院负责，主要协同区检察院、公安天宁分局、区税务局等部门，优化完善破产企业财产解封、打击破产企业逃废债等破产处置协同联动机制；至年末，区法院审结破产、公益强清案件118件，移送逃废债违法犯罪线索2条。首违不罚柔性执法工程由区司法局负责，主要协同区有关部门动态化调整首违不罚清单，探索通过指导整改、信用承诺、劳务代偿等方式实施柔性执法；至年末，实施首违不罚柔性执法1500次，惠及经营主体约900家，获评市法治惠民实事优秀项目。实施人才赋能提质工程由区人才办负责，主要开展重点人才培养行动，形成“人才带项目、项目带企业、企业带发展”的新局面，并协同区有关部门建立健全人才保障机制；至年末，累计建成博士后科研工作站7家，累计招收博士后研究人员18人，入选“龙城英才计划”项目16个。全方位提升满意度

7月12日，天宁区举行优化营商环境“1+5+N”机制暨十大联合攻坚工程新闻发布会　　（区行政审批局 供图）

工程由区工商联负责，主要健全区领导、职能部门与商会组织、民企代表沟通协商机制，通过每月末周五召开的“政企同心会”帮助企业解决有关困难和问题；至年末，召开年青一代企业家、优化营商环境等专题活动4场。至年末，天宁区营商环境便利度指标位列全市第三。

（杨晨露）

【法治营商环境建设】 2023年，区法院在天宁工业互联网云制造先导中心设立知识产权巡回审判点，全年审结技术委托开发、不正当竞争、侵害商标权等知识产权案件212件。对标对表营商环境先进地区，与江阴市人民法院、常州经济开发区人民法院签署《司法服务保障锡常协同发展先行区实施意见》，深化三地法院在金融、破产、知识产权等审判领域的司法协作。依托政府、法院的资源优势，发挥双方职能作用，合作共建企业破产处置实体化平台，在区政府门户网站“专题专栏”设置“天宁区企业破产处置实体化平台”专栏，帮助破产企业安置人员、处置资产、化解有关纠纷矛盾，全年审结破产、强清案件163件，安置、分流职工221人，化解不良债权12.04亿元，盘活土地资源6197平方米，盘活房产面积1.3万平方米，办理房产权证323份。

（於　露）

【天宁经济开发区获评常州市优化营商环境工作先进集体】 8月，天宁经济开发区被市委、市政府评为常州市优化营商环境工作先进集体。2022—2023年，天宁经济开发区建立健全优化营商环境工作机制，制定出台《关于推动开发区创新驱动高质量发展的若干措施》《天宁经济开发区园区管理办法》，编制《开发区经济政策一本通》，建立并实体化运作园区管理办公室，加强园区日常管理；打造“青馨办，龙速度”政务服务品牌，增设24小时自助政务服务区、中欧（常州）检验检测认证国际合作产业园政务服务便利站，推行“免申即享”“网申捷享”“代办直达”等政务服务，简化政务审批流程；实施园区保、苏科贷、创业贷等融资项目，为企业提供融资服务；加大低效用地腾退，破解土地资源要素制约；落实人才优惠政策，为人才落户、家人就业、子女上学等提供“一站式”服务，确保人才引得来、留得住。两年来，累计组织召开线上线下银企对接会10场，帮助企业解决融资8亿元，引进高层次人才28名，新建、改建人才公寓2000套，入住率超70%。

（颜华鳞）

政务服务

【概况】 2023年，区行政审批局深化“放管服”改革，全年办理市场准入服务事项16025件；其中，办理企业设立登记5245件，变更登记6151件，注销登记2069件，其他类登记2210件；办理娱乐场所设立12家、其他业务37件，互联网上网服务营业场所经营单位变更2家、注销1家，文艺表演团体变更3家，演出场所备案1家；办理社会组织新成立8件、其他业务286件。办理投资建设服务事项369件，其中完成固定资产投资项目备案307件、技改项目备案6件、固定资产投资项目核准9件；办理商品房预售许可23件、商品房现售备案9件。是年，区政务服务中心窗口累计接待办事群众14万余人次，办结政务服务事项137236件，办结率99.9%。江苏政务服务网天宁旗舰店年度访问量127941人次，区市场监管局、公安天宁分局等24个部门认领“互联网+监管”平台事项392条，监管行为数据覆盖率100%。区12345政府公共服务平台受理省、市两级派发工单47362件，同比增长20.06%，按时办结率99.98%，答复规范率99.97%，省工单满意率98.28%，市工单满意率96.05%。

【“个转企”证照变更审批服务改革】 2023年，天宁区在全省率先制定出台《常州市天宁区个转企“一件事”改革工作实施方案》，对已取得相关行业许可、备案的个体工商户，通过“申请材料一次告知、收件专窗一次受理、并联审批一次办好”模式，实现个体转企业一次性变更证照。年内，区行政审批局制定标准化办事指南，对办理个体工商户转企业所需材料实行一次性综合告知；在政务服务中心设置“1+1+N”个转企套餐办专窗，对个体工商户转型升级、企业开办、相关许可、备案证件变更实行“一件事一次办”，专窗工作人员通过线下人工传递或线上自动推送方式将申请材料转送相关部门，相关部门在规定时限内对符合申办条件的个体工商户转企业作出决定，对申请材料不符合变更要求的，3个工作日内一次性书面告知补正材料。至年末，全区有35家个体工商户一次性变更证照转为企业。

【“审管联动”服务模式探索】 2023年，天宁区为维护市场主体和公民合法权益，打击市场主体提交虚假材料或者采取其他欺诈手段隐瞒重要事实取得市场主体登记、申请注销登记、未按规定办理变更登记等违法行为，探索“审管联动”服务新模式，在全市率先制定出台《关于加强协作配合完善市场主体登记治理的实施意见》，对企业类市场主体在设立、变更、注销、撤销等环节的违法行为，区行政审批局与区检察院通过联席会议机制、案件信息共享机制、疑难复杂案件会商机制、常态化工作联系机制，形成行政调查与司法调查优势互补，破解欺诈登记案件行政调查不易取得实质性证据、难以作出事实认定的困境。至年末，区行政审批局、区检察院协作配合，累计查办冒用他人身份信息登记案件 22 件，其中作出撤销决定 13 件、不予撤销决定 1 件，被侵害人申请撤回诉讼 1 件，7 件移送区税务局等相关部门协助调查。

9 月，江苏政务服务网天宁旗舰店“个人全生命周期”专栏上线
（区行政审批局 供图）

【容缺受理信用审批试点】 2023 年，区行政审批局推进容缺受理（指非主审要件暂有欠缺或存在瑕疵，政务服务窗口先予收件或审批部门先予受理的政务服务活动）信用审批试点，制定《天宁区容缺受理信用审批试点工作方案》（以下简称《方案》），公布可容缺受理政务服务事项清单 56 条。《方案》规定符合条件的公民、法人或其他组织办理行政许可、行政确认、行政奖励、行政裁决、行政给付、其他权力（申请类）和公共服务（办理类）7 大类政务服务事项时，在基本条件具备、主要申报条件（材料）齐全且符合法定形式，但次要条件（材料）欠缺或存在瑕疵的情况下，经申请人自愿申请并填写承诺书，政务服务部门可先行开展预审，等申请人按规定期限补正全部材料后，再作出行政审批服务决定或出具办理结果。至年末，区行政审批局为企业、群众提供容缺政务服务 887 次，解决申请人因材料不全“多次跑”问题，最大限度方便企业和群众办事。是年，《探索全域推行容缺受理审批服务机制》被常州市社会信用体系建设领导小组办公室评为 2023 年度常州市“揭榜挂帅”信用应用创新优秀案例。

【企业和个人全生命周期政务服务专栏上线】 2023 年，天宁区在江苏政务服务网天宁旗舰店设立“企业和个人全生命周期”专栏，集合涉及企业和个人有关政务服务事项，提升企业和群众办事便利度。其中，“企业全生命周期”专栏设置“我要开办食品生产小作坊”“我要开办劳务派遣公司”“我要开办职业中介机构”等 8 个服务应用栏目，涉及登记开办、获得场地、员工管理、项目建设、生产经营、注销 6 大阶段 26 个类别，累计 173 项涉企服务事项；“个人全生命周期”专栏设置“医疗健康”“警务”“社会保障”“法律”“教育”“人才就业”“住房”“其他”8 个服务应用栏目，包含出生、入学、留学、就业、购房、结婚、退休、养老、身后 9 个阶段，累计 64 项个人服务事项。办事群众点击任何一阶段或主题就能定位至该分类下的政务服务事项，方便市场主体厘清各项服务之间的顺序关系与业务联系，避免多头跑、往返跑情况。“全生命周期政务服务”专栏除为企业和个人提供政务服务事项外，还根据企业和群众的需求，更新集成服务、网站链接等服务模块，提供公积金查询、地图导航等服务。

【“周末不打烊”延时政务服务全市首推】 2023 年，天宁区为提升企业和群众办事便利度，创新服务方式，提升政务服务质效，在全市首推全域“周末不打烊”政务服务举措，制定出台《关于全面推行政务服务“周末不打烊”的实施意见》，明确全区镇（街道）7 个便民服务中心每周日上午为企业、群众提供档案、人社、卫健、医保、残联、住建、民政7个方面、59项政务服务事项办理，解决企业、群众“上班没空办、下班没处办”难题。至年末，镇(街道)便民服务中心为企业、群众提供“周末不打烊”延时政务服务5425件次。

（杨晨露）

人事管理

【概况】 2023年，区人社局深入推进“龙城英才计划”“名校优才引进计划”“职场精英引进计划”，为建设“强富美高”新天宁提供人才支撑。其中“龙城英才计划”全年引进项目32个，“名校优才引进计划”申报企业192家，全年累计引进各类紧缺人才13210名，其中高层次人才580名。是年，公开招聘事业单位工作人员98名，完成3962名科级以下事业单位工作人员考核，完成172名社会化用工待遇核定；新增创志科技（江苏）股份有限公司1家省级博士后创新实践基地，新增在站博士后2人，全区累计拥有博士后科研工作站（创新实践基地）7家、在站博士后18人。

（万楚钰）

【事业单位人事管理】 2023年，天宁区向社会公开招聘事业单位在编人员98名，其中教育系统68名、卫健系统10名、其他事业单位工作人员20名；面向镇(街道)优秀村(社区）书记定向招录事业编1名；招聘政府按岗位购买服务使用教师49名。开展2022年全区事业单位年度考核，完成3962名科级以下事业单位工作人员考核，其中优秀等次809人（含记功59人）、合格等次3028人、不定等次72人，未参加考核53人。规范全区机关事业单位社会化用工待遇管理，完成172名社会化用工待遇核定。组织2882名机关（含合署办公事业单位）工作人员健康检查，其中在职人员1531名（机关人员531名、事业单位人员605名、社会化用工人员395名)、退休人员1351名。

（刘颖华）

机关事务管理

【概况】 2023年，区机关事务管理中心配合全区机关作风建设、重大会议活动保障等重点工作，规范办公用房使用，提档升级公共机构节能管理，优化公务用车保障与调度，统筹机关资产资源集约高效调配，提升安全保卫、会议服务、餐饮管理等保障能力。是年，调整6个区级机关部门办公用房1100余平方米，对开发区、镇（街道）、法检两院等10家单位开展党政机关办公用房专项巡检督导，未发现办公用房违规问题。为进一步提升安全保卫、服务保障能力，天宁科技促进中心安装门岗智能人脸识别装置，实行访车预约制度，加强对人员、车辆进出管理；与市、各辖市（区）实现“同城派车”10单，累计出车4000余次，安全行驶里程35万千米；完成会议接待2300余场，服务参会人员10.8万人次；为天宁科技促进中心部分楼层更换净水直饮水机，办公设备及通信报修1500余次，改造B2层地下车库地面；引进洗车服务项目，周一至周六为机关干部职工提供12元/辆洗车服务。

【区级行政事业单位公物仓建成投用】 2023年，天宁区为推进国有资产共享共用和资源优化配置，在天宁科技促进中心一楼建立区级行政事业单位公物仓，面积约600平方米，设置处级、科级、科级以下干部公物仓展示间和文化展厅各1间。加强公物仓和仓内资产管理，区机关事务管理中心与区财政局联合制定《常州市天宁区区级行政事业单位公物仓管理实施细则（暂行）》，明确公物仓资产出入标准、操作流程和流转机制。至年末，办理资产入仓、调拨、借用、展示等业务28件，收纳桌、椅、电器等物件363件，为14个区级机关部门调拨办公桌椅、会议桌椅、沙发、书柜、电子设备等闲置资产69件，与武进区、常州经济开发区公物仓完成固定资产借用10件。是年，区级行政事业单位公物仓获评市机关事务管理局“四星级公物仓”。

（钟　丹）

常州市天宁区政协

◆ 栏目编辑　刘志贤

综　述

【政协机构组成】 2023年，区政协设办公室、研究室，以及提案和委员工作委员会、经济科技和农业农村委员会、教文卫体和文史委员会、环境资源和城乡建设委员会、社法民宗和港澳台侨委员会5个专门委员会。

【政协委员构成】 2023年，政协常州市天宁区第十届委员会有政协委员247人。从党派构成看，有中共党员委员100人，占委员总数的40.49%；有非中共党员委员147人，占委员总数的59.51%。从性别构成看，有女性委员78人，占委员总数的31.58%；有男性委员169人，占委员总数的68.42%。从民族构成看，有汉族委员246人，占委员总数的99.6%；有蒙古族委员1人，占委员总数的0.4%。政协常州市天宁区第十届委员会有中共（界）、民主党派和无党派人士（界）、工商联（界）等界别19个；有常委会组成人员41人。

【传承弘扬东坡文化项目获评省政协工作创新案例】 2023年，区政协为传播优秀历史文化，传承苏东坡文化精髓，在“喜马拉雅”音频分享平台开设“青果电台”，设立“东坡文化分享”和“读书沙龙”专栏，组建由全国各地苏东坡研究会专家、高校教授、相关学者等组成的东坡文化研究专家库，邀请他们在“东坡文化分享”专栏讲述苏东坡生平故事及与常州的渊源；组织政协委员阅读《苏东坡新传》《苏轼十讲》等图书，通过线下读书+线上分享方式，开展“读书沙龙”活动，分享委员对苏东坡生活、心灵和人生智慧的认识，“青果电台”全年录制东坡文化专栏52期。开展东坡文化宣传系列活动，组织政协委员开展东坡主题讲座进校园、进社区活动，举办“毗陵我里·漫谈苏东坡与常州”委员讲堂活动、“东坡明月寄相思·中吴风雅奇妙夜”中秋晚会，讲述苏东坡与常州的故事。区政协与苏东坡研究会、江苏理工学院联合成立东坡文化现代化研究院，设计常州东坡文化古迹研学游线路，与东坡文化联盟城市相互推送研学旅行线路和研学旅行团，助推地方优秀传统文化的传播。是年，“百名委员进电台，助力擦亮东坡文化名片”获评2023年全省政协工作创新案例。

（沈春林）

9月25日，2023“毗陵我里 宋韵国风”迎中秋东坡雅集在文化宫大剧场举行　（区政协办 供图）

重要会议

【政协常州市天宁区第十届委员会第二次会议】 1月1—4日，政协常州市天宁区第十届委员会第二次会议在常州市第二十四中学天宁分校召开，到会委员245人，收到提案112件，立案78件。区政协副主席吴静主持开幕式，区委书记许小波作题为《凝心聚力谋发展，团结拼搏向未来，在新征程上奋力书写好中国式现代化的天宁答卷》的讲话。会议审议并通过区政协主席魏敏代表区十届政协常委会所作的工作报告和区政协副主席周登蓉所作的提案工作报告，与会委员列席区十七届人大二次会议，听取并分组讨论区长张凯奇所作的《区政府工作报告》，区政协主席魏敏在闭幕式上作题为《团结奋斗，勇毅前行，为书写好中国式现代化天宁答卷贡献智慧力量》的讲话。

1月2日，政协常州市天宁区第十届委员会第二次会议在常州市第二十四中学天宁分校召开　（区政协办 供图）

【区政协十届常委会会议】 2023年，十届区政协在天宁科技促进中心召开5次常委会会议，区政协主席魏敏主持。

第六次常委会会议。1月4日召开，听取区政协十届二次会议各组讨论区委书记许小波在大会开幕式上的讲话、区政府工作报告，审议区政协常委会工作报告和提案工作报告的情况汇报，审议《区政协十届二次会议决议（草案）》，听取区政协提案审查委员会十届二次会议期间提案审查情况。区委副书记韩波，区委常委、副区长方力应邀参加。

第七次常委会会议。4月28日召开，专题协商《强化上市梯队建设，加快企业上市培育》议题，副区长李军到会听取政协专题协商意见建议；专题学习全省学习贯彻习近平新时代中国特色社会主义思想主题教育动员会议精神，研究讨论有关人事任免事宜，与会人员参观监察文化馆。

第八次常委会会议。8月10日召开，专题听取区政府上半年工作情况和下半年工作打算的通报，区长张凯奇从产业强的基础更加坚实、动能增的态势更加明显、城乡美的图景更加生动、惠民生的实事更加暖心、保安全的防线更加牢固五方面通报区政府半年工作情况。并表示要始终保持清醒头脑，正确看待面临的困难挑战和有利条件，在正视差距中抢抓机遇、奋起赶超，全面落实“四个走在前”“四个新”重大任务，弘扬“四敢”精神，推动经济社会高质量发展，奋力推进中国式现代化天宁新实践。

第九次常委会会议。10月25日召开，专题协商《提升委员联系界别群众工作》调研课题，协商讨论有关人事任免事宜，协商审议《政协常州市天宁区委员会常务委员年度履职报告办法（试行）》；区委书记许小波应邀参加并就进一步加强政协工作讲话。

第十次常委会会议。12月29日召开，传达学习中央经济工作会议、中共江苏省委十四届五次全会、中共江苏省委经济工作会议、中共常州市委十三届七次全会、中共天宁区委十一届八次全会精神，协商决定区政协委员调整事宜，协商决定区政协十届三次会议有关事宜，讨论区政协常委会工作报告、提案工作报告，听取区政协各专门委员会述职。

【区政协十届主席会议】 2023年，十届区政协在天宁科技促进中心召开11次主席会议，区政协主席魏敏主持。

第八次主席会议。2月9日召开，协商讨论区政协2023年度工作要点及工作计划安排、区政协2023年度协商计划。

第九次主席会议。3月15日召开，协商讨论区政协2023年度协商计划实施方案、区政协九届联谊会会员提名推荐名单、创新与发展专题培训班和中共二十大精神暨理想信念培训班相关事宜，协商确定2023年度重点提案。

第十次主席会议。4月26日召开，专题学习全省学习贯彻习近平新时代中国特色社会主义思想主题教育动员会议精神，协商决定区政协十届七次常委会会议有关事项，协商讨论有关人事任免事项。

第十一次主席会议。6月7日召开，专题协商《坚持就业优先战略，促进高质量充分就业》调研课题，副区长吴小红到会听取政协专题协商意见建议；专题学习中共二十大报告关于实施就业优先战略论述、《江苏省就业促进条例》。

第十二次主席会议。6月21日召开，专题协商《强化资源共享，深化机制建设，全力推动医养融合工作高质量发展》调研课题，副区长曹瑜到会听取政协专题协商意见建议；专题学习《关于进一步推进医养结合发展的指导意见》《关于深入推进医养结合发展的若干措施》。

第十三次主席会议。7月19日召开，专题协商《提高“一网统管”运用效率，推进城乡治理智能化水平新提升》调研课题，区委副书记、区政府副区长宋福波到会听取政协专题协商意见建议；专题学习住房和城乡建设部办公厅《关于全面加快建设城市运行管理服务平台的通知》《常州市委市政府关于印发〈常州市城市运行“一网统管”工作三年行动计划（2022—2024年）〉的通知》，协商审议《政协常州市天宁区委员会2023年上半年工作总结和下半年工作安排》，协商决定区政协十届八次常委会会议有关事项。

第十四次主席会议。8月28日召开，专题协商《弘扬东坡文化，促进文旅中轴建设》调研课题，副区长吴小红到会听取政协专题协商意见建议；协商审议《“同心互联”委员联系服务界别群众专题活动实施方案》。

第十五次主席会议。10月7日召开，专题协商《提案办理引入第三方评估的思考》调研课题，副区长曹瑜到会听取政协专题协商意见建议；通报区政协十届二次会议闭会期间提案办理情况。

第十六次主席会议。10月23日召开，协商审议《政协常州市天宁区委员会常务委员年度履职报告办法（试行）》，协商决定区政协十届九次常委会（扩大）会议有关事项，协商讨论有关人事任免事项。

第十七次主席会议。11月20日召开，专题协商“打造具有天宁特色的乡村振兴模式”调研课题，区委常委、副区长方力到会听取政协专题协商意见建议；组织学习习近平总书记关于“加快建设农业强国，推进农业农村现代化”重要论述。

第十八次主席会议。12月28日召开，协商讨论区政协十届委员会常委、委员调整名单，协商讨论区政协十届三次会议有关事项及各类建议名单，协商讨论区政协常委会工作报告、提案工作报告，听取委员履职报告，协商决定优秀提案、优秀社情民意信息、社情民意信息工作先进单位和个人建议名单，协商决定区政协十届十次常委会会议有关事项。

（孟琪华）

协商议政

【专题调研】 2023年，区政协根据年度协商计划安排，围绕“强化上市梯队建设、加快企业上市培育”“坚持就业优先战略、促进高质量充分就业”“强化资源共享、深化机制建设、全力推动医养融合工作高质量发展”“提高‘一网统管’运用效率、推进城乡治理智能化水平新提升”“弘扬东坡文化、促进文旅中轴建设”“提案办理引入第三方评估的思考”“关于提升委员联系界别群众工作的实践与思考”“打造具有天宁特色的乡村振兴模式”等年度协商课题，由区政协分管领导领衔、专委会牵头，成立课题调研组，深入企业、园区、学校、医疗机构、村（社区）开展实地调研，召开座谈会26场次，并赴杭州、福州、长沙、东莞、宁波、扬州、淮安、淄博等地区考察学习，形成调研报告8篇。全年向区委、区政府有关部门报送《协商专报》8期，为区委、区政府科学决策提供参考，获区委、区政府分管领导批复和肯定。组织开展“助力民营经济健康发展、高质量发展”专题活动，走访调研委员企业24家，联系走访委员24人，通过座谈交流、个别访谈、实地考察等方式，宣传惠企政策，梳理困难问题，听取意见建议，助推稳定经济重大政策措施落地见效。区政协各界别组、镇（街道）政协工委围绕“擦亮古巷名人名片，助推文旅中轴建设——老城厢复兴之古巷名人效应”“向新而行，感受天宁‘三新经济’发展活力”“关于企业科创属性的分析与研究”“楼宇经济提质增效”“关于如何靶向服务，提振企业信心”“发挥居民自治主动性，建设家门口的议事体系”“关于恢复中国传统节日弘扬传统文化，促进民俗文化发展与传承”“大板房治理的实践与探索”“如何更好发挥常州高端纺织服装产业集群优势”“整治消除工贸企业外包项目安全管理隐患”“聚焦老旧小区改造全流程民主协商，破解老城区治理难题，在‘打造城市治理样板'上彰显政协担当作为""加快推进天宁区安置房产权证办理"等课题开展调研协商，提交提案78篇。

【专项民主监督】 2023年，区政协树立履职为民理念，拓宽履职为民领域，围绕推动医养融合工作高质量发展、门诊统筹对医保监管政策的影响、家校社协同育人、守护老年人"舌尖"上的幸福、提升农村人居环境、"信义"之下的小区治理、盘活存量停车资源、食品安全等方面，开展"有事好商量"协商议事活动42场次；紧盯老城厢复兴、凤凰新城大运河文旅建设、区托幼中心建设、萃园建设等惠民实事项目进展情况，开展"政协委员看天宁"专题视察协商活动4次，拓宽委员知情明政渠道，提出视察监督建议，助推惠民实事有效落实。聚焦重点项目、重点工程、重点工作推进情况，深入董墅村机器河城乡环境美化提升工程、郑陆镇卫生院优质医疗提升工程、"兰陵·集"人才公寓、清凉小学优质教育建设工程、区人才大厦就业保障促进工程等项目现场，与区人大常委会联合开展民主监督，增强监督实效。开展定题定点式委派监督，选派政协委员旁听法院信访案件调解、参加民生实事攻坚推进会，助力党政决策部署的推进和民生实事的解决落实。

【社情民意反映】 2023年，区政协全方位推动社情民意信息编报工作，全年累计收集社情民意信息181条，其中十届二次会议期间收到信息21条、闭会期间收到信息160条，内容涉及科技创新、医疗健康、城市建设、社会服务等方面，其中《文化多元环境下传承和弘扬传统文化亟需重视》等20条社情民意信息被区政协表彰为优秀社情民意信息。全年编报《社情民意信息动态》《社情民意信息》159期，向区领导及有关职能部门转交社情民意信息3条，向市政协报送社情民意信息156条，向省政协报送社情民意信息45条，向全国政协报送社情民意信息7条，被市级以上政协录用47条。

（谢叶彬　刘丰威）

提案办理

【概况】 2023年，区政协十届二次会议以来，收到以提案形式提出的意见建议117件，其中集体提案2件、委员联名提案57件、委员个人提案58件。经审查，立案78件，并案13件，涉及市职能范围转交市政协会议5件，转为社情民意信息、委员来信等方式处理21件；提案内容涉及经济建设、政治建设、文化建设、社会建设和生态文明建设等方面。78件立案提案提交39个承办单位办理，其中年内解决或基本解决A类提案73件，占立案提案总数的93.6%；所提问题三年内能基本解决或已制定解决措施B类提案3件，占立案提案总数的3.8%；因条件限制，留作参考C类提案2件，占立案提案总数的2.6%。从反馈情况看，提案人对提案办理满意和基本满意为100%。是年，9件提案被区政协评为年度优秀提案。

表5　2023年度天宁区优秀提案一览表

序号	提案人	案由
1	肖　涛　田志宇　王维光	关于细化靶向服务，提振企业信心的建议
2	郑陆镇政协工委	关于加快郑陆安置房建设的建议
3	郭晓红　蒋　艺　骆敏霞　许　锐　张鹏鸣　孙宏亮	关于打造天宁上市企业后备梯队的思考和建议
4	章仕杰	关于发挥基层新时代文明实践所（站）作用的建议
5	徐嘉豪　左凯杰	关于更好发挥常州高端纺织服装产业集群优势的建议
6	左道军　丁晓明　丁家巍　方世宏　顾春荣　金　云　刘贤民　孔　祥　李姝儀　孙国华	关于盘活闲置楼宇、工业厂房的建议
7	戴　霞　金　云	关注老城区幼儿园生存问题的建议
8	孙宏亮　曹　奕　何君玲　陆红菊　李程麟　吴　静　许　锐　张　科　张鹏鸣　朱瑛佳　张彩霞	关于新时期社区居家养老服务高质量发展的建议
9	陶建华　程　康	关于缓解大学生就业难问题的建议

【提案督办】 2023年，区政协通过推选、初选、复选，商定9件年度重点提案和11件相关提案，持续推行“1件领衔提案+N件相关提案”的专题督办模式，实行党政主要领导领衔督办、区政协领导协助督办制度，采用实地视察、召开督办座谈会相结合方式，发挥重点提案督办对提案办理工作的示范推动作用。探索建立提案办理结果清单机制，规范提案办理各环节，强化提案办前、办中、办后协商，将提案方、办理方信息、提案建议内容、办理答复结果等以清单形式体现，推动提案质量、办理质量双提升，此项创新机制获市政协领导肯定。

（刘丰威）

9月27日，天宁区政协2023年度委员集中培训　（区政协办 供图）

委员工作

【履职阵地建设】 2023年，区政协推进协商议事室、委员工作室等委员履职平台规范化、制度化建设，将委员个体的“点”和全社会的“面”贯通，推动协商平台有序运行、协商活动常态高效开展，发挥优秀委员引领带动作用。至年末，全区建立54个协商议事室、8个委员工作室，其中德伊门张建宇委员工作室创成政协委员工作室样板。

【履职能力提升】 2023年，区政协联合区委组织部、区工信局组织企业家委员赴西安交通大学举办“创新与发展”专题培训，围绕学习贯彻中共二十大精神、习近平总书记视察江苏重要讲话重要指示精神，集中培训委员407人次，举办委员论（讲）坛12期，提升委员履职能力。坚持服务与管理结合、激励与约束并重，制定出台《区政协常务委员年度履职报告办法（试行）》《区政协中共党员常委履职建言点评实施办法（试行）》，实行政协工委主任述职制度，修订委员量化考核实施细则，健全委员电子履职档案，构建委员履职评价体系。

【委员联系界别群众机制创新】 2023年，区政协落实党组成员联系工委委员党支部、中共党员委员联系党外委员、主席会议成员联系常委、常委联系委员等联络联系制度，加强专委会之间、专委会与党政部门之间、专委会与工委及界别之间的联动协作，提升专委会协商议政的工作效能。探索践行委员联系界别群众机制，制定出台《关于完善委员联系界别群众制度机制的实施意见》，明确界别委员联系群众的目标要求、任务内容、方式渠道、工作保障等，依托协商议事室、委员工作室等履职平台，界别委员定点定期联系界别群众，开展手拉手结对、面对面协商、心连心引导等活动，发挥界别术业专攻特长优势，更好地为社会大众服务。

（王毅良）

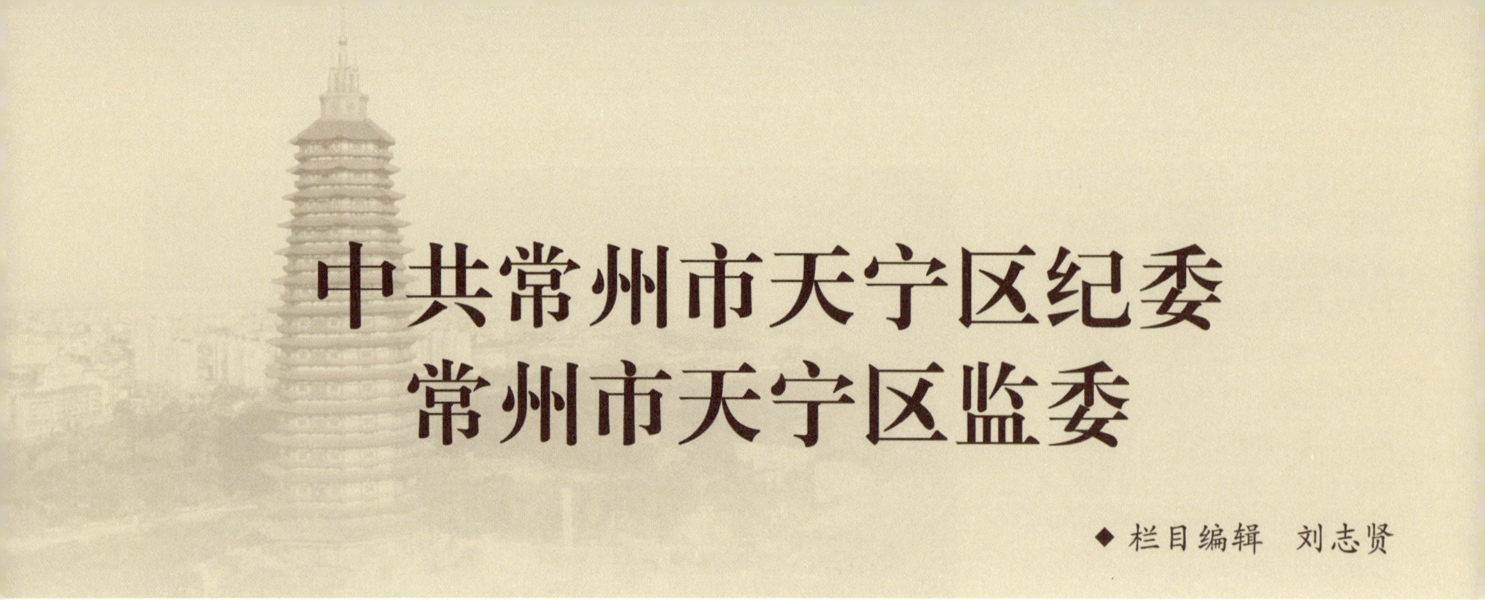

中共常州市天宁区纪委
常州市天宁区监委

◆ 栏目编辑　刘志贤

综　述

2023 年，区纪委监委深入学习贯彻中共二十大精神，扎实开展学习习近平新时代中国特色社会主义思想主题教育，紧扣“国之大者”加强政治监督，推进政治监督具体化精准化常态化。严格落实中央八项规定精神，查处违反中央八项规定精神问题 21 起 26 人，给予党纪政务处分 26 人，通报曝光“四风”（形式主义、官僚主义、享乐主义、奢靡之风）问题典型案例 17 起 27 人；查处群众身边腐败和作风问题 17 起 28 人，给予党纪政务处分 27 人。保持反腐败高压态势，强化惩治震慑，全年立案 139 件，给予党纪政务处分 95 人，采取留置措施 9 人，移送检察机关 9 人，成功劝返外逃人员 1 人。坚持行贿受贿一起查，查办行贿案件 12 件。深化以案促改，做好案件查办“后半篇”文章，制发纪检监察建议 36 份。围绕强化源头防控，严查“蝇贪蚁腐”和损害群众利益等问题，开展国有房产出租出借、国有企业工程建设领域突出问题、护航“常有优学”和职业技能人才培养等 15 个专项治理和监督，追回欠收租金 1837 万元，盘活房产面积 13 万平方米，增加租金收入超 1.7 亿元。强化宣教工作，全年在国家、省、市媒体平台发稿 136 篇，监察文化馆接待来访 700 批次、2.5 万人次，举办警示教育活动近百场。

（唐云茹）

执纪执法

【概况】 2023 年，区纪委监委坚持惩治震慑、制度约束、提高觉悟一体发力，释放反腐败综合效能，一体推进“三不腐”（不敢腐、不能腐、不想腐），营造风清气正政治生态。年内，运用“四种形态”批评教育帮助和处理干部 200 人次，其中运用第一、第二、第三、第四种形态批评教育帮助和处理干部分别占总人次的 49%、41.5%、4%、5.5%。运用“纪巡审”联动机制，推动纪律监督、巡察监督、审计监督相互贯通，形成监督合力，实现“1+1+1>3”的效果。实施片区协作机制，制定出台《关于建立片区协作机制的办法（试行）》，整合派出监察员办公室、基层纪（工）委、派驻组、审调室力量，实施协同监督，解决基层纪（工）委、派驻组力量薄弱问题，增强监督和联合办案合力。坚持把监督、办案、整改、治理贯通起来，全年制发纪检监察建议 36 份，其中纪律检查建议 29 份、监察建议 7 份。

【违纪违法案件查处】 2023 年，区纪委监委坚持“严”字主基调，保持惩治腐败高压态势，全年立案查处 139 件，其中给予党纪政务处分 95 人、采取留置措施 9 人、移送检察机关 9 人，成功劝返外逃人员 1 人，追赃挽损 6242 万元。持续深化对权力集中、资金密集、资源富集领域的腐败治理，查办区招商服务中心原主任钱某、常州弘辉控股集团有限公司原副总经理顾某某、常州市第二人民医院乳腺外科原主任兼城中乳腺外科（4 病区）原主任朱某某等一批严重违纪违法案件，坚持行贿受贿一起查，全年查处行贿案件 12 件。

【区管国企领域突出问题专项治理】 2023 年，区纪委监委推进天宁区区管国有企业领域突出问题专项治理，聚焦企业决策机制、工程建设、经营管理等关键环节，立案查处国企领域案件 16 起 16 人，其中采取留置措施 2 人、移送检察机关 2 人、给予党纪政务处分 8 人。开展以案

5月16日，天宁区召开区管国有企业警示教育大会

（区纪委监委 供图）

促改，召开区管国有企业警示教育大会，撰写国企领域案件剖析报告2篇，督促区管国有企业制定出台《天宁区国有企业人员廉洁从业手册》《违规经营投资责任追究暂行办法》等制度，促进区管国有企业依法规范经营，健康良性发展。是年，《纪巡审联动，深入推进国企领域突出问题专项治理》工作经验获市委书记陈金虎、市纪委书记李文宏批示，并在中央纪委十一室内网、省纪委办公厅内网工作交流栏目刊登。

（唐云茹）

重点领域专项问题督查

【概况】 2023年，区纪委监委落实中央八项规定精神，开展“四风”问题、职业技能培训问题、乡村振兴领域不正之风和腐败问题、固体废物非法倾倒占用耕地污染环境问题等专项治理和监督，防范和纠正群众身边腐败和不正之风，推动解决群众反映强烈的突出问题。

【营商环境损害问题专项查办】 2023年，区纪委监委开展优化营商环境助力行动，联合区发展改革局、区商务局、区行政审批局等部门协调解决企业工业蒸汽收费偏高、“能耗双控”措施通知不及时等诉求5件，查处损害营商环境问题23个，立案查处37人。协助省纪委监委查办的殷某案件入选全省“监督护航，助企敢干”专项行动发现的破坏营商环境典型案例，获省委书记信长星批示。

【形式主义官僚主义和享乐主义奢靡之风整治】 2023年，区纪委监委紧盯形式主义、官僚主义、享乐主义、奢靡之风顽瘴痼疾，常态化开展违规收送礼品礼金、违规发放津补贴等“四风”问题整治，通过交叉互查、明察暗访、大数据监督等方式，全年查处违反中央八项规定精神21起26人，给予党纪政务处分26人，其中科级干部占比26.92%。深化作风和腐败同查同治，查处风腐一体问题5件。加强教育引导和警示震慑，重大节假日前夕向全区副科职以上领导干部累计发送廉政提醒短信3000余条，通报曝光“四风”问题典型案例17起27人。

【职业技能培训专项监督】 2023年，区纪委监委以“小切口”推动“大治理”，聚焦职业技能培训报名、考试发证、财政补贴审核发放等环节，严肃查处违规发放大学生创业租金补贴、违规接受相关信息咨询公司宴请及收受礼品礼金等问题线索19条，立案18人，给予党纪政务处分16人，挽回经济损失10万余元。

【乡村振兴领域不正之风和腐败问题专项整治】 2023年，区纪委监委聚焦乡村振兴领域不正之风和腐败问题，开展村级集体“三资”管理、村级基础设施建设工程等重点领域专项整治，全年立案15起21人，给予党纪政务处分15人。为进一步加强基层集体资产管理，堵塞管理漏洞，推动建立完善《区政府关于进一步加强农村集体经营性资产资源管理的通知》等制度，督促镇、街道纪（工）委针对资产管理和工作纪律等问题制发纪检监察建议14份，通报曝光乡村振兴领域不正之风和腐败典型问题8起12人。是年，《失地农民保障监督模型展示》获评市纪委大数据监督模型评选一等奖。

【固体废物非法倾倒专项治理】 2023年，区纪委监委开展固体废物非法倾倒问题专项治理，梳理排查区城管局、天宁生态环境局等部门移送的固体废物倾倒案件线索，督促区城管局、天宁生态环境局等部门巡查非法倾倒固体废物多发区域现场8次，全年立案5起，给予党纪政务处分3人。

（唐云茹）

党风廉政建设

【概况】 2023年，区纪委监委落实习近平总书记在二十届中央纪委二次全会工作报告中强调的“三个区分开来”（把干部在推进改革中因缺乏经验、先行先试出现的失误和错误，同明知故犯的违纪违法行为区分开来；把上级尚无明确限制的探索性试验中的失误和错误，同上级明令禁止后依然我行我素的违纪违法行为区分开来；把为推动发展的无意过失，同为谋取私利的违纪违法行为区分开来）要求，严肃查处诬告陷害行为，及时开展澄清正名，激励干部敢于担当、积极作为，全年实施容错纠错、失实澄清5人次，回访教育25人。推进牟家村“廉洁村居”示范点建设，依托牟家村生态观光园，打造“牟+”廉洁文化公园，整合村纪检委员、村务监督委员会成员等力量，成立牟家村监督工作室，营造党风正、政风清、民风淳的良好社会氛围，该经验做法获省委《快报》录用报道。

【新时代廉洁文化建设】 2023年，区纪委监委加大廉洁文化建设力度，以传达学习党中央和省委、市委关于加强廉洁文化建设重要论述和会议精神、协调推进全区新时代廉洁文化建设为目标，制定《2023年度天宁区新时代廉洁文化建设重点项目清单》，明确廉洁文化建设重点项目的目标任务、责任单位、推进举措等。年内，区纪委监委、区委组织部、区委宣传部等责任单位完成27个新时代廉洁文化重点项目建设。建立健全廉洁文化建设统筹协调机制，制定《天宁区新时代廉洁文化建设联席会议制度》，由开发区、镇（街道）和17个区机关部门组成成员单位，压紧压实相关单位廉洁文化建设主体责任，全方位打造“天清地宁”廉洁文化品牌。加强警示教育，拍摄制作警示教育片《蒙尘的初心》，组织全区党员干部观看纪实警示教育片《折翼的“头雁”》《代价》《蒙尘的初心》，提升警示教育的针对性和震慑力。开展《中华人民共和国监察法》《中华人民共和国监察法实施条例》现场宣传活动，结合典型案例解读法律法规相关条款，发放宣传资料近1000份，让人民群众近距离感受法治力量。依托监察文化馆、雕庄青廉馆、“白扬轩”家风馆等廉洁文化阵地，开展“好家风，好人生”廉洁齐家课堂系列专场活动，推动廉洁文化浸润人心、成风化人。

【监察文化馆开馆】 4月，全省首个以监察制度为主题的公共廉洁文化服务空间——监察文化馆开馆，该馆位于紫荆公园内，建筑面积3800平方米，布展面积2500平方米，设置序厅、历史之光、奋斗之光、时代之光、尾厅五大板块，有监察宣传图片500幅、艺术装置28组、定制视频8部，展示从先秦时期起中国历代监察文化资源，以及中国共产党成立后对监察工作的探索实践历程，重点展现中共十八大以来监察体制改革成果。至年末，监察文化馆接待来访700批次、2.5万人次，举办警示教育活动近百场。是年，《天宁区注重“三个结合”打造全省首家监察文化馆》被省委《快报》录用，监察文化馆建设入选“平安常州建设优秀案例”，监察文化馆获评第十批常州市爱国主义教育基地。

（唐云茹）

4月1日，省纪委及市、区领导参观监察文化馆　（区纪委监委 供图）

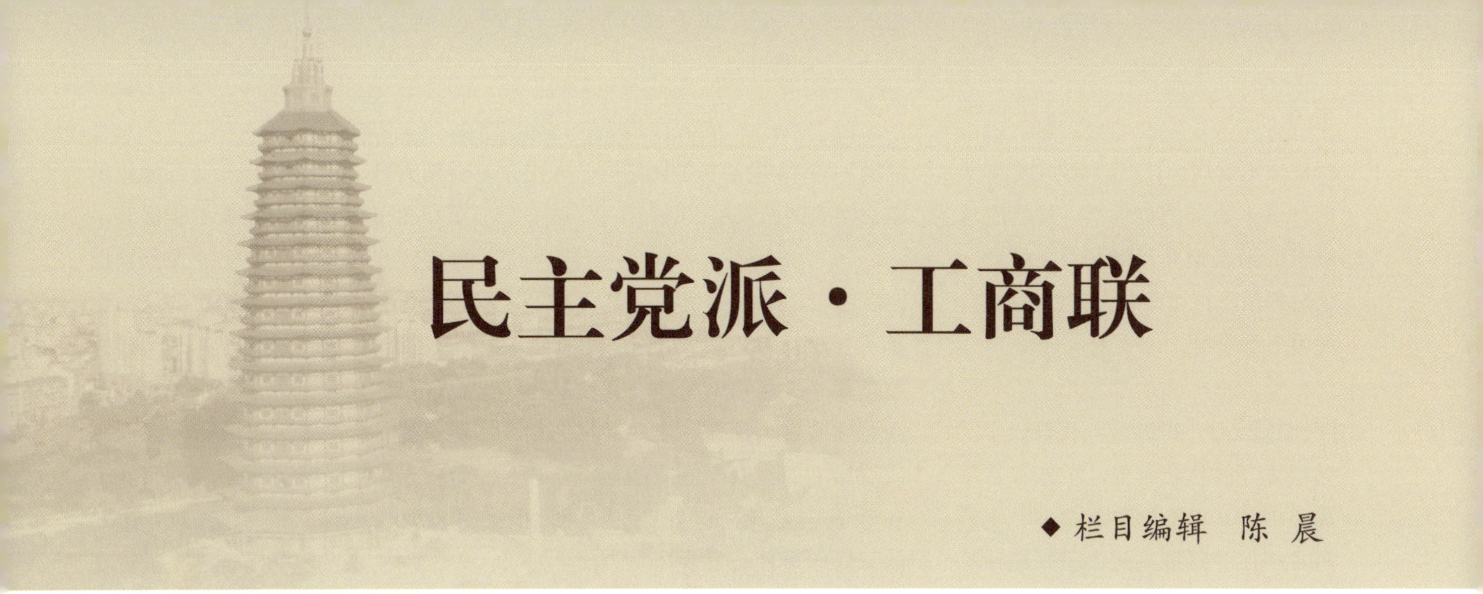

民主党派·工商联

◆栏目编辑　陈　晨

民革天宁区基层委员会

【概况】 2023年，民革天宁区基层委员会下辖5个支部，拥有党员98名，其中年内发展新党员5名；党员主要分布在法律、医疗卫生、经济界，有市政协委员3人、区政协委员9人。

【参政议政】 2023年，民革区基层委履行参政议政职能，主委吴小红负责的《吸引社会资本进入养老产业，提升老年居民生活品质》获民革江苏省委立项，党员汪国海撰写的《关于以医防融合推动常州市职业病防治能力建设的建议》获市政协立项，党员刘铭撰写的《慢行老城厢，品味最常州》、朱治善撰写的《电商企业数字化运营中法律风险合规建设》获评民革市委年度课题。各支部向民革市委、区委统战部和区政协报送《关于将中草药图谱写进小学生课本推广中医药知识的建议》《关于火车站地下车库设立网约车候车点》《关于中医养生成为年轻人的新潮流的讨论》《疫情下医院就诊难问题的思考及建议》等社情民意，有效反映民生民意。

【社会服务】 2023年，民革区基层委依托常州市第一人民医院、常州市第二人民医院、常州市中医医院和常州市疾病预防控制中心的优质医疗卫生资源，打造"'中山博爱'健康服务行"品牌，全年开展各类义诊7次，举办职业病防治、近视防控、轻医美抗衰老、中医养生、血液病解读、老年病防护、健康宣教等健康讲座活动12次，受益人数数千人。10月，举办"中山博爱·情暖重阳——银发天彩"敬老活动，成立由常州市第一人民医院、常州市第二人民医院、常州市中医医院和常州市儿童医院民革党员组成的老党员关爱服务队，设立中山博爱银发服务站，关爱全市民革老党员，服务社会。民革一支部为结对共建的北环新村社区捐助20份老年人安康关爱保险，为社区高龄老人和困难家庭赠送20份中秋慰问品，为社区高龄孤寡老人提供上门保洁服务。

（苍　松）

民盟天宁区基层委员会

【概况】 2023年，民盟天宁区基层委下设10个支部，拥有盟员225人，其中年内新发展盟员4人。年内，民盟区基层委开展"凝心铸魂强根基，团结奋进新征程"主题教育，以纪念中共中央发布"五一口号"75周年为契机，组织撰写征文3篇，参加"同心跟党走，建功新时代"——民盟常州市委纪念中共中央发布"五一口号"75周年朗诵会，增强多党合作的思想政治基础。是年，民盟区基层委获评民盟省委特色基层组织，盟员胡爱彬获评民盟省委社会服务工作先进个人，盟员万俊、熊彦等10人获评民盟市委先进个人。

【参政议政】 2023年，民盟区基层委围绕新农村建设、社会治理、文化发展、家庭教育等方面，组织各类调研活动10余次，形成调研报告3篇。其中，盟员黄越骅领衔撰写的《弘扬东坡精神，促进文旅中轴建设》被区政协评为重点课题，盟员仇慧星领衔撰写的《常州市物业管理纠纷解决的困境与对策》、盟员张小洁领衔撰写的《关于进一步优化常州市家庭教育指导服务供给的提案》被区司法局、教育局采纳。全年报送社情民意20余条。其中，《中美青年文化交流基本停摆影响海外年轻一代"开眼看中国"亟需重视》被全国政协采用，《不法机构冒充官方名义开展商业敛财》被省政协采用，《基层反映自助彩票机投资乱象亟需规范》《生育政策应降低养育成本而非道德标准，最新生育政策取消婚姻登记限制引发群众非议》等信息被市政协、市委统战部、民盟市委采用。

【社会服务】 2023年，民盟天宁区基层委开展社会服务，江苏省常州高级中学（以下简称省常中）支部与常州市戚墅堰高级中学开展结对帮扶，省常中支部盟员曹小丽、周丽为戚墅堰高级中学师生作德育专题报告，指导青年班主任处理突发事件；省常中支部盟员胡爱彬开展劳动教育指导，提升完善劳动教育课程。教育综合支部盟员蒋健组织送书下乡，服务当地群众。

（黄越骅）

民建天宁区基层委员会

【概况】 2023年，民建天宁区基层委员会下设10个支部，其中年内新成立第九、第十支部；拥有会员240名，其中年内新增会员6名；会员中有市政协委员5人、区人大代表2人、区政协委员19人。年内，民建区基层委开展“凝心铸魂强根基、团结奋进新征程”主题教育活动，民建天宁第一、第三、第六支部与金华市金东区开展主题教育结对共建交流，民建天宁第八、第九支部联合开展主题教育暨重阳节关爱老会员活动，民建天宁第四、第九、第十支部赴浙江联合开展主题教育。全年报送宣传信息200余篇，其中《常州民建会员举办“以知识产权保护运用促进企业高质量发展”公益讲座》《民建天宁区基层委员会开展“三杰故里、红色名城”主题交流活动》《民建东航委员会二支部与民建天宁一支部、八支部开展共建交流活动》等16篇信息被团结网、人民政协网等网站采用。

【参政议政】 2023年，民建天宁区基层委履行参政议政职能，承接民建市委“加强锡常协作，打造舜山旅游度假区”调研课题，并撰写相应调研文章，全年提交提案、建议50余篇。是年，会员赵之昱撰写的《气球事件凸显我国氦气产业进口度过高问题》被民建中央办公厅录用，《经纪人行业存在三大问题亟待提升》《我国涉外安保公司建设仍存在短板》被民建省委办公厅采用，《电商平台叫卖“挂名法人”问题亟待重视》被省委统战部采用，全年累计被民建市委办采用11条社情民意。

【社会服务】 2023年，民建天宁区基层委推进“思源”品牌建设，开展各项社会服务，常态化走访慰问“一加爱心社”帮扶的困难家庭，向社会捐款捐物累计6.27万元。

（刘国强）

民进天宁区基层委员会

【概况】 2023年，民进天宁区基层委员会下设8个支部，拥有会员181名，其中年内新发展会员6人，增补戴霞、潘芳为副主委；会员以教育文化界知识分子为主，中高级教师比例超过70%，有市人大代表1人、市政协委员1人、区政协委员6人。

【参政议政】 2023年，民进区基层委提升参政议政实效，在市、区两会上提交政协提案、代表建议7件，全年累计上报社情民意信息25条，其中13条被民进省委采用、12条被民进市委采用。民进区基层委主委李秀敏、教育综合三支部潘正凯撰写的《提升民主党派调查研究工作实效的策略研究》，副主委巢科撰写的《政协基层协商民主的法治化路径探析》被区政协工作理论研究会采用，会员刘建东、邹建美和尤舒玥撰写的《庙会上“轧闹猛”》《古城中寻年味》《民俗里纳新福》在民主党派中央级党报《团结报》上发表，刘建东撰写的《鲁迅喝酒》在《人民政协报》上发表。深化科研课题研究，李秀敏、潘正凯主笔的《叶圣陶基础教育思想下的教学评一体化实践研究》入选2023年度省教育科学规划课题；江苏省常州高级中学支部报送的《从“对教师的评价”转向“为教师的评价”——关于中小学教师评价改革的建议》获民进省委2023年度关注课题二等奖；常州市第一中学支部报送的《构建家校社协同的劳动教育体系》被列入民进市委2023年度课题；会员巢科、姚芹撰写的《家·校·社协同创新“升级”劳动教育，促进青少年全面发展》《推动文旅与现代农业融合发展赋能乡村振兴的建设》被民进市委列入2023年重点课题。

【社会服务】 2023年，民进区基层委整合社会服务资源，发挥会员人才优势，拓展服务方式和渠道。年内，教育综合一支部副主委姜涛虹响应省委统战部“江苏侨爱援助行动”，依托省级华文教育基地，为德国汉华中文学校开设线上中华文化云课堂；教育综合一支部主委李娟持续开展书香校园行动，举办“天宁小语教师读书会”，推广儿童阅读，培养阅读兴趣，提高儿童阅读能力；会员刘慧萍赞助的“晖朗”杯“STED”阅读展示活动在常州市第二实验小学和常州市凤凰新城小学举行，推进师生共读；天宁综合支部组织会员走访慰问清凉新村第三社区6户困难家庭，给天宁区康苑康复服务中心特殊儿童捐赠玩具和夏季生活用品。

【同心·彩虹活动】2023年，民进区基层委以教育惠民为宗旨，以城乡学校学科建设牵手行动“同心·彩虹”品牌为抓手，搭建城乡教师交流和学习平台，助力乡村学校高质量建设。5月，开展“同心·彩虹”乡村学校学科共建活动，常州市局前街小学、常州市博爱小学、常州市第二实验小学的民进区基层委会员教师与常州市焦溪小学教师开展同题异构研讨活动，推进学校课堂转型。10月，开展“同心·彩虹”乡村学校学科建设牵手行动暨前瞻性项目课堂展示活动，民进区基层委会员教师和会员单位教师在武进区运村实验学校展示示范课11堂。年内，教育综合三支部会员、北环中学副校长殷春霞到新疆维吾尔自治区乌恰县黑孜苇乡中学支教，针对黑孜苇乡中学图书紧缺问题，向民进会员发出“同心·彩虹”捐资助读倡议，募集初中生必读名著600本；常州第一中学支部副主委张捷在新疆伊利州尼勒克第一中学支教，被评为优秀援疆教师，其“风雨从教30载，教书育人守初心”事迹被省委教育工委评为“建功立业新时代”党外人士典型事迹。

（张慎量）

农工党天宁区基层委员会

【概况】2023年，农工党天宁区基层委员会下设4个支部，拥有党员68名，其中年内发展新党员7名，转进党员1名，转出党员2名。年内，农工党区基层委把学习贯彻中共二十大精神作为首要政治任务，开展“凝心铸魂强根基，团结奋进新征程”主题教育活动，举办政治专题学习会3场，增强多党合作的思想政治基础。加强制度建设，制定《农工党常州市天宁区基层委员会工作细则》《农工党常州市天宁区基层委员会会议规定》《农工党常州市天宁区基层委员会参政议政规定》《农工党常州市天宁区基层委员会经费管理规定》等5项制度，完善组织及工作运行机制。

【参政议政】2023年，农工党区基层委向农工党市委报送《基于孟河医派文化的常州市基层医疗卫生机构中医馆现状调研与高质量传承》课题，推动孟河医派文化传承发展与推广应用；主委高华提交的《关于加快推进公共充电桩建设的建议》被列为市政协年度重点提案；党员孙宏亮、陆红菊、许锐、张彩霞、曹奕联合提交的《关于新时期社区居家养老服务高质量发展的建议》被列为区政协年度重点提案、区政协优秀提案；全年向农工党市委、区政协、区委统战部报送《新冠“低流行水平”阶段，应抓紧“补齐短板”》《警惕医院养老院等重点单位内部施工作业中的管理盲区》等信息50余条，其中党员何俊报送的《小众救命药频喊“救命”警示药品保供短板》、党员严昊报送的《关于促进生物医药科研成果转化的几点建议》、党员蒋涛报送的《药品集采口服溶液剂存在的问题和建议》等7条信息被全国政协采用。是年，党员许锐报送的《关于血友病患者开展预防治疗存在的问题及建议》、党员殷时强报送的《货车通行费减免新政四点顾虑待解决》获农工党省委社情民意信息工作突出成果奖；党员何俊、严昊被农工党省委评为社情民意信息工作先进个人；农工党区基层委被区政协评为反映社情民意信息工作先进单位。

【社会服务】2023年，农工党区基层委全力打造“健康知识进社区、进企业、进校园、进家庭”服务品牌，开展“健康知识进社区”义诊活动、“儿童牙病预防与治疗”科普公益讲座、“关爱生命，守护健康”义诊活动、“关爱女性健康，构筑和谐家庭”健康讲座等活动10场次；深化“善育·众扶，同心同行”志愿服务，联合常州市家悦志愿者服务队、天宁区萌宝亲亲优育服务中心开展“爱在春日”学雷锋交流活动、“善育众扶迎端午·农工真情暖童心”活动、儿童秋冬季保健知识科普宣讲活动，打造“常有善育”“常有众扶”名片；响应农工党市委会号召，组织党员参与“我为大方下一单”消费帮扶活动，购买贵州省大方县农特产品3000余元，助力乡村振兴。

（高　华）

致公党天宁区基层委员会

【概况】2023年，致公党天宁区基层委员会下设4个支部，拥有党员89名，其中年内发展新党员7名。年内，致公党区基层委发挥党建引领作用，开展“凝心铸魂强根基、团结奋进新征程”主题教育活动，完成“致福夕阳——老侨生命回顾志愿服务项目”，与龙城春晓志愿者协会合作，为5名高龄老党员编写人生回忆录，带动致公精神新老传承。是年，致公党区基层委被致公党省委评为合作共建先进集体，泓德堂“致公之家”被致公党江苏省委评为优秀致公之家，党员朱瑚佳被致公党省委评为合作共建先进个人。

【参政议政】 2023年，致公党区基层委发挥参政议政作用，党员朱瑚佳报送的《完善虚拟养老院，闭环居家养老服务体系》课题入选致公党省委申报课题，并被致公党市委评为2023年度优秀调研报告二等奖；党员高雅报送的《推动数字技术赋能制造业绿色转型，建设“数实融合第一省”》课题、党员徐袁磊报送的《构建现代医疗管理体系，进一步推进智慧医院建设》课题被列为致公党市委重点课题。致公党区基层委全年报送社情民意信息87条，其中被致公党中央采用6条，被省委办公厅采用3条，被省政协录用7条，被省委统战部采用1条，被致公党省委录用49条，被市委办公室采用20条，被市政协采用43条。党员徐清撰写的2条信息获评致公党省委2022年度优秀社情民意信息，徐清获评致公党省委2022年度社情民意信息工作先进个人、区政协2023年度反映社情民意信息工作突出贡献先进个人、区委统战部2023年度统战系统优秀信息员。

【社会服务】 2023年，致公党天宁区基层委开展社会服务，天宁四支部医卫党员在礼嘉镇开展“致福乡村，致富礼嘉”义诊活动，为250人开展常见病检查；致公党区基层委20余名党员给清凉新村第二社区居民赠送爱心凉茶、书法作品，慰问街道特困老人。

（徐　清）

九三学社天宁区基层委员会

【概况】 2023年，九三学社天宁区基层委员会下设8个支社，拥有社员119人，社员平均年龄50.4岁；社员中有高级职称93人、中级职称15人，有本科55人、硕士41人、博士15人。8月，九三学社第三届区基层委完成届中调整，选举黄国栋为九三学社区基层委主委，补选戴丹骅为副主委。年内，九三学社区基层委开展“凝心铸魂强根基，团结奋进新征程”主题教育活动，组织社员学习中共二十大精神、习近平总书记视察江苏重要讲话指示精神；参加九三学社市委“喜迎二十大，奋进新征程”主题征文活动，撰写并报送征文20篇，其中1篇获评优秀征文；参加九三学社第八届全国青年论坛“院士之声我聆听”主旨报告、双岗建功参政议政培训班，营造“学党史、读社史、知社章、学先贤、比奉献”良好氛围。是年，规划建设支社被九三学社省委评为组织工作先进集体，主委黄国栋被九三学社省委评为组织工作先进个人，社员徐东炯、黄刚被九三学社省委评为参政议政先进个人。

【参政议政】 2023年，九三学社区基层委履行参政议政职能，开展课题调研活动，全年提交提案20篇。其中，主委黄国栋向市政协十五届二次会议提交《关于常州农耕文化遗产保护与利用的建议》《关于加快港口码头建设，降低常州市制造业物流成本的建议》提案，社员张建松向区政协十届二次会议提交《关于率先在天宁创建国家新能源汽车综合检测中心的建议》提案，社员辛佳贇向区政协十届二次会议提交《关于构建生育友好型城市，促进常州人口持续均衡发展的建议》《优化婴幼儿（3岁以下）照护服务，促进人口可持续发展》《三水统筹推进天宁区水环境高质量发展》提案，社员戴丹骅向区政协十届二次会议提交《以公园城市为导向的城市发展新模式践行天宁双碳目标》提案，社员徐东炯撰写的《抓好“两湖”水生态修复，建设生态宜居益游城市》入选市政协重点提案。九三学社区基层委全年提交社情民意信息79条，其中被九三学社中央采用1条，被九三学社省委采用3条，被省政协转报全国政协1条，被市委办采用2条，被市政协转报省政协7条，获市委书记陈金虎批示3条；在人民政协网发布信息3次，在省级媒体发布信息3次，在《常州日报》等市级媒体发布信息5次。

【社会服务】 2023年，九三学社区基层委发挥自身优势，开展各类社会服务。年内，规划建设支社参与常州市教育发展基金会“春日”助学行动，捐赠爱心款3000元；常州市第一人民医院支社、常州市第二人民医院支社、常州市中医医院支社赴溧阳市社渚镇卫生院及城中医院开展义诊活动，为100余人次提供诊疗服务；文化支社开展“薪火永续——常州红色人物家谱家训选粹”红色主题教育活动，向学生和团体赠送书刊；社员张建宇向中小学生及社会公众开放常州市德伊门科普教育基地，社员童红开展口腔卫生和牙齿养护健康讲座和义诊公益活动，社员王新梅开展眼科义诊服务，帮助困境儿童。

【学术研究】 2023年，九三学社区基层委全体社员立足本职岗位，贡献专业力量，累计发表论文19篇（含SCI论文6篇），出版著作6部，获得发明专利4项，9项成果获奖。其中，社员王新梅发表SCI（科学引文索引）论文2篇，在《中国实用眼科杂志》《中国斜视与小儿眼科杂志》《伤残医学杂志》《哈尔滨医科大学学报》等杂志发表论文9篇；社员朱怡君发表SCI论文1篇；社员杨玲发表SCI论文3篇；社员李峻在《计量学报》《计量与测试技术》发表论文3篇；社员储昭厅发表论文1篇；社员叶青主编《中医临床概要》；社员沈剑参编《生物化学》，社员杨文伟出版《配网自动化运维技术》《配电网设备数字化技术》；社员邵璐编著《常州市大运河水系沿岸工业文明遗产群落保护传承利用研究报告》。

（张建松）

天宁区工商业联合会

【概况】 2023年，区工商联拥有企业会员3839家、个人会员379名、团体会员23家；其中，年内新增1家团体会员——常州市天宁区文化旅游协会。区工商联推进新时代“两个健康”（非公有制经济健康发展、非公有制经济人士健康成长）创新探索工作，加强非公有制经济代表人士队伍建设，优化企业家服务体制机制，推进商会组织创新发展，助推全区民营经济高质量发展。打造光彩事业品牌，成立“郑陆镇乡村振兴百万光彩基金”，全区拥有“百万光彩基金”7只。11月，“四药光彩基金”捐资14.6万元，援助陕西省安康市旬阳市第二初级中学购置多媒体智慧教学设施。是年，区工商联获评2022—2023年度全国“五好”县级工商联、2023年度江苏省“构筑民营经济舆论阵地”先进单位、2023年度江苏省民营企业调查点工作先进单位、常州市优化营商环境工作（政策保障）先进集体；红梅街道商会获评江苏省“四好”商会，干燥设备行业协会获评常州市“四好”商会；郑陆镇商会、茶山街道商会获评全国AAAA级社会组织，红梅街道商会获评全国AAA级社会组织。

【新时代“两个健康”先行区创建】 2023年，区工商联推进“两个健康”先行区创建，建成常州市新时代“两个健康”示范基地2家，集中展示天宁区“两个健康”创建成果和创新工作。推进民营企业家队伍建设“百千万工程”，举办“万名企业经营管理人才高级研修项目”2023天宁万人班，为民营经济发展培养高素质人才；实施民营企业家“青蓝培养工程”，组织16名年轻一代企业家开展“传承企业家精神·汇聚民营经济力量”导师分享会，提升青年企业家素养。加强商会商事调解职能，制定《天宁区总商会人民调解指导委员会工作规则》，聘任12家商会为特邀调解组织，聘任12位商会负责人为特邀调解员，负责商会企业和行业协会商事纠纷诉调对接。郑陆干燥设备行业协会探索建立多元解纷机制，推进商事调解、涉案企业合规第三方监督评估等工作，优化民营企业法治化营商环境。

【天宁区关心关爱民营企业系列活动】 2023年，区工商联贯彻落实习近平总书记关于“倍加珍惜爱护优秀企业家”重要指示精神，在全市率先推出《天宁区关心关爱优秀企业家十六条措施》，完善区领导、区机关职能部门与商会组织、民营企业家沟通协商机制，每月末周五召开“政企同心会”，倾听企业家意见建议；全年召开会长企业家专场、年轻一代企业家专场、优化营商环境专场、后备上市企业专场、行业商会专场、商事调解专场活动6场，累计收集并帮助协调解决企业各类问题63条。深化领导干部走访调研重点民营企业制度，开展区领导、镇（街道）领导“送服务、解难题、办实事”活动，全年向民营企业家发放“常商服务卡”84张，为持卡人提供政务服务、体检就诊、旅游观光、通行便利、子女入学等方面服务。

【天宁区数字经济产业商会试点实体化运作】 2023年，区工商联加快推进所属商会发展改革，以商会实体化运作方式创新服务商会经济。是年，加强天宁区数字经济产业商会（以下简称商会）载体建设，优化功能布局，协助商会承接宣传培训、行业调研、商事调解等方面职能，为商会企业提供服务；推进“商会+园区建设”融合发展模式，指导商会参与园区建设、管理及招商，发挥其在企业能力提升、企业诉求反映、推动行业发展等方面作用，培育和完善天宁区数字经济产业集群发展的生态体系。

（史梦佳）

群众团体

◆ 栏目编辑 陈 晨

天宁区总工会

【概况】 2023年，天宁区新组建工会组织67家，新发展会员4560人；至年末，区总工会下辖天宁经济开发区总工会1个、镇总工会1个、街道总工会6个、直属工会24个、独立基层工会599个、联合基层工会164个，工会会员数86926人，工会动态组建率和职工入会率均达92%。年内，挖掘、选树一批先进典型，弘扬劳模精神、劳动精神、工匠精神，“五一”国际劳动节表彰全区6个示范性劳动竞赛项目、10个模范职工之家、20个工人先锋号、10名优秀工会工作者、30名岗位操作能手、10个工会老娘舅优秀案例、25名天宁技能新匠；全年新增全国五一劳动奖章获得者1人（何小中），新增江苏省五一劳动奖状获得单位2家（伊顿电力设备有限公司、黑牡丹纺织有限公司）、江苏省五一劳动奖章获得者6人（王君青、许金国、谢鹏、陈新华、狄佳、陈颖）、江苏省工人先锋号获得单位2家（区人社局劳动保障监察大队、常州裕源灵泰面料科技有限公司检测中心），新增市五一劳动奖状获得单位8家（常州钜苓铸造有限公司、倍科电器有限公司、常州一步干燥设备有限公司、常州市新瑞得仪器有限公司、常州海图信息科技股份有限公司、常州天晟新材料股份有限公司、雕庄街道办事处、区应急管理局），新增市五一劳动奖章获得者16人（吴泽君、毛成宝、高虹、蒋诚、薛万永、徐广东、郑毅、陈开、徐树鼎、杨康、朱仙美、王育、叶晓程、羌磊、周家强、韦建龙），新增市工人先锋号获得单位16家，新增龙城工匠3人（李承霞、章立、彭亚），新增龙城技能标兵6人（支秋娟、陈玉、陈峰、徐小民、高虹、黄锦）。是年，区总工会获评2023年度各辖市区总工会高质量发展第二等次，获评2023年度全市工会维护劳动领域政治安全工作优秀等次。

【区工会第五次代表大会召开】 2月18日，天宁区工会第五次代表大会在天宁科技促进中心召开，市人大常委会副主任、党组副书记、市总工会主席方国强，区委书记许小波出席大会并讲话，团区委书记谢梦代表人民团体致贺词，全区各行各业、各条战线的120余名代表参加。大会审议通过区总工会第四届委员会工作报告，选举产生区总工会第五届委员会委员、常务委员、主席和副主席；赵浴宇当选为主席，蒋厉英、徐婧、黄峰（兼职）、廖明超（挂职）当选为副主席。

【新时代产业工人队伍建设改革】 2023年，区产业工人队伍建设改革联席会议办公室把推动产业工人队伍建设改革（以下简称产改）内容列入2023年区委党的建设领导小组工作要点、深改工作要点、督查检查事项、高质量考核内容，纳入开发区、镇（街道）年度综合考核指标体系，全面加强党委对产改工作的统一领导。按照提质扩面增效工作要求，全年召开产改工作推进会2次，组织产改专题培训5次、现场观摩会2次，编印《天宁产改巡礼》200余册，发放产改宣传资料5000余份，全区新增产改试点企业30家。提升产业工人队伍素养，在全市率先成立常州工匠学院天宁分院，举办产业工人入党积极分子专题培训班，开展农产品直播、“工会老娘舅”业务提升等培训，覆盖产业工人超千人。创新开展“天宁技能新匠”选树活动，评出首批“天宁技能新匠”25名，并纳入劳模工匠储备库。9月，常州市产业工人队伍建设改革第四检查组对天宁区、伊顿电力设备有限公司、江苏远方

3月，常州工匠学院天宁分院揭牌成立（区总工会 供图）

动力科技有限公司、中欧（常州）检验检测认证国际合作产业园开展产改工作检查，认为天宁区产改工作构建"党委统一领导、产改办牵头抓总、部门各司其职、企业积极参与、社会各方协同发力"格局。5月，伊顿电力设备有限公司产改特色工作经验《突出"一线工人价值驱动"，打通优秀产业工人职业发展道路》在《工人日报》头版、《常州日报》头版头条刊发。

【"天工·领"职工思政品牌建设】2023年，区总工会深化"天工·领"职工思政引领品牌建设，在"天宁职工之家"微信公众号设置"天工·领"专栏，编写"永远跟党走——了不起的劳动者"风采18期，举办"凝聚工力量·奋进新征程"网络云宣讲6场，开展"职工代表话两会""新时代之星风华展""礼赞红五月"等系列主题活动，播放"班前十分钟、车间话奋斗"经典案例，学习宣传贯彻中共二十大精神，展现新时代劳动者精神风貌。年内，各级工会组织举办"天宁匠心课堂"80场次，参与超万人次，扩大"天工·领"思政工作在基层工会组织和职工群众中的影响力、渗透力。推动职工书屋、职工便利阅读站点提质增效，雕庄街道总工会职工书屋获评江苏省工会"最美职工书屋"，常嘉建设集团有限公司获评江苏省工会"书香企业"，其职工书屋获评全国工会职工书屋示范点，区税务局职工书屋获评全国工会职工书屋示范点。

【职工劳动权益维护】2023年，区总工会依法维护职工劳动权益，督促各类企业规范集体协商、完善劳动合同，全区新增5家技术创新专项集体合同签订企业。年内，各级工会组织开展《中华人民共和国工会法》《中华人民共和国民法典》《中华人民共和国劳动法》等法律法规宣传活动20余场次，推动法律宣传进基层、进企业、进工地、进车间，进一步增强职工法治观念，引导大家"遇事找法、学法用法"，以法律认同提增维权意识。开展"尊法守法·携手筑梦"公益法律服务11场，覆盖一线职工和新就业形态劳动者超2000人次。为进一步推进劳动关系矛盾多元化解工作，创新建立"三方座谈"（区总工会、区人社局、企业）、"五方协调"（区总工会、区法院、区检察院、区人社局、区司法局）、"九方联动"（区总工会、区委政法委、区法院、区检察院、区司法局、区人社局、区住建局、区信访局、公安天宁分局）机制，以及区总工会与11个部门的会商共商机制，构建"工会+维权"服务体系。打造"全覆盖+零距离"工会法律援助服务圈，完善区、镇（街道）两级法律援助体系，规范职工法律援助站运作。是年，《探索法律维权服务多种模式，女职工维权更进一步》获评全省工会信访处理十大典型案例，《新就业群体维"新"行动》获评全市平安建设优秀案例。

【工会普惠服务】2023年，区总工会办好工会民生实事项目，全年为辖区内6576名户外劳动者赠送意外伤害互助保障，为3245名企业职工提供工会大病互助保障，为1088名环卫职工购买医疗和伤残保险，为7628名职工赠送健康体检，组织411名职工参加省、市两级疗休养，为877名全国、省、市劳模（其中自评劳模59名）做好档案动态管理、疗休养、津贴发放等工作，解决劳模生活中遇到的实际困难。开展夏季安康"三送"活动，为全区重点企业、新就业形态建会企业4000余名职工赠送价值16万元的慰问物资。为把新就业群体紧紧团结凝聚在党的周围，在经济发展最活跃地带建设坚强战斗堡垒，区总工会与区委组织部、区教育局、区民政局等11个部门联合制定《关于建立天宁区新就业形态劳动群体党工共建、权益维护和融入基层治理工作共商联动机制的方案》，通过建立座谈协商机制、信息共享机制、项目共推机制、协同共管机制，维护和保障新就业形态劳动群体的切身利益与合法权益，激发新就业形态劳动群体融入社会治理的活力；全年开展“新心向党、天工暖新”综合服务系列活动6场，其中“‘驿’路安‘新’安全防护”活动，旨在提升“两员两司机”（快递员、外卖配送员、网约车司机、货运司机）的安全法治意识和文明素养。年内，打造“女职工康乃馨服务站”5家，为女职工提供休息、哺乳、备奶服务，定期为女职工宣传普及优生优育、婴幼儿喂养、生殖健康、“两癌”防治等知识。依托户外劳动者驿站、职工活动中心等平台载体，为新业态新就业群体的职工子女提供托管托育服务，解决双职工家庭暑期托育难题；9月，天宁街道总工会“爱骑驿”户外劳动者驿站托管班获评江苏工会爱心托管班。

【工会基层组织建设】 2023年，区总工会持续推进重点企业、重点行业集中建会行动，了解和摸排新业态行业领头企业、重点行业建会情况，会同区住建局成立天宁区交通运输行业工会联合会，会同区市场监管局成立天宁区外卖送餐行业工会联合会，全年完成百人以上企业建会15家，外资及港澳台资企业建会6家，新就业形态劳动群体建会23家，专题园区、商务楼宇、商圈市场建会4家，其他类型企业建会13家，交通运输、干燥、餐饮、外卖等行业建工会联合会16家。落实“县级工会加强年”专项工作要求，细化完善《天宁区总工会关于加强新时代县级工会规范化建设的实施方案》《天宁区总工会关于加强新时代开发区、镇（街道）工会建设的实施方案》，构建组织健全、制度完善、服务到位、工作规范、作用明显、职工信赖的职工之家，提高镇（街道）、开发区工会组织的组织力、凝聚力和战斗力。至年末，郑陆镇总工会、茶山街道总工会、天宁街道总工会获评市级“五好”工会，茶山街道职工活动中心获评市五星级职工综合服务阵地，青柠人才公寓建立工会服务阵地。

【户外劳动者驿站建设】 2023年，区总工会按照“六有”要求（有统一标识、有固定场所、有完善设施、有管理制度、有人员管理、有地图可查）和运营服务“五好”标准（建章立制好、运营管理好、协同联动好、服务保障好、作用发挥好），引导天宁区全域户外劳动者驿站建设。年内，新建普洛斯物流园户外劳动者驿站、郑陆镇三皇庙村农贸市场户外劳动者驿站、“一心小屋”户外劳动者驿站、天宁街道通济新村爱骑驿户外劳动者驿站、红梅街道翠南社区户外劳动者驿站、红梅街道两当轩户外劳动者驿站、红梅街道红西社区户外劳动者驿站、兰陵街道工人新村户外劳动者驿站、兰陵街道丽宝第花苑户外劳动者驿站、兰陵街道职工活动中心户外劳动者驿站、兰陵街道万都广场安利旗舰店户外劳动者驿站11家，全区累计32家，为户外劳动者提供“冷可取暖、热可纳凉、渴可喝水、累可歇脚”的爱心服务，解决户外劳动者“热饭难、喝水难、休息难”等现实问题。天宁吾悦户外劳动者驿站增设“家门口的就创加油站”功能，提供就创帮扶指导、岗位信息发布、职工技能培训、劳动权益维护、学习交流互动等暖心服务。12月，天宁街道桃园路户外劳动者驿站被全国总工会评为2023年最美工会户外劳动者服务站点。

【“天工365隐患随手拍”活动】 2023年，天宁区企事业单位和基层工会常态化开展“安全隐患随手拍”活动，维护职工在安全生产方面的合法权益。3月，区总工会联合区应急管理局开发设计“安全365隐患随手拍”微信小程序，职工将生产中发现的“小隐患”随时拍照上传至小程序；区总工会每季度组织专家会审通过小程序上报的“小隐患”，会同区应急管理局和相关镇（街道）督促责任单位落实整改，避免出现“大事故”。是年，通过“安全365隐患随手拍”微信小程序累计收集安全隐患506处，完成整改494处；评出区级“安全隐患随手拍”优秀案例38条，其中1条获评全省“安全隐患随手拍”活动优秀案例、15条获评全市“安全隐患随手拍”活动优秀案例，区总工会获评市“安全隐患随手拍”优秀组织奖。

（屠　晶）

共青团天宁区委员会

【概况】 2023年，天宁区有直属基层团（工）委18个、团总支22个、团支部1438个，团员10856人，其中年内发展团员945人。是年，团区委深入学习宣传贯彻中共二十大精神，落实习近平总书记关于青年工作的重要思想，深刻领会习近平总书记对新时代共青团提出的“四个始终成为”的殷切希望，聚焦市委“532”发展战略，聚力区委“3511”工作部署，增强共青团组织的引领力、组织力、服务力和大局贡献度，团结带领全区广大团员青年踊跃投身天宁高质量发展的生动实践。

【青少年思想引领工程】 2023年，团区委组织天宁区共青团员和14～35岁青年认真学习领会习近平新时代中国特色社会主义思想，坚持理论学习与交流研讨、实践体验、建功立业等有机融合、一体推进，动员引领广大团员青年做有理想、敢担当、能吃苦、肯奋斗的新时代好青年。至年末，《团区委突出实干导向，用团员青年建功立业、干事创业来检验主题教育实效》《团区委坚持以学促干推动主题教育提质增效》2篇经验做法被团市委及天宁区《学习贯彻习近平新时代中国特色社会主义思想主题教育简报》刊登录用。举办纪念《中国青年》创刊100周年主题团日暨"利群·奋进"青年学习社线路发布活动，以恽代英住地为实境课堂，以"书社集市""书社学堂"等青年学习社为枢纽，通过沉浸式、互动式、融合式等体验方式，打造"利群·奋进"青年学习社线路，被团省委评为2023—2024年度省级"青年学习社"线路。加强团员青年思想引领，组建"青言青语"青年讲师团，组织青年典型、辅导员老师、团干部走进学校课堂、机关国企、工厂车间，开展理论宣讲60余场，覆盖青年2000余名，引领团员青年深刻体悟所处伟大时代，深切认识肩上光荣使命。开展全国、省、市"两红两优"["两红"指五四红旗团委（团工委）、五四红旗团支部（团总支），"两优"指优秀共青团员、优秀共青团干部］等典型选树活动，天宁街道团工委获评全国五四红旗团委（团工委），天宁区翼创社工服务协会团支部书记郭晨获评全国优秀共青团干部，茶山街道团工委获评江苏省五四红旗团委（团工委），雕庄街道菱溪社区团支部获评江苏省五四红旗团支部（团总支），区教育局团工委书记蔡一凡、青龙街道团工委副书记张贺和区教师发展中心少先队教研员祁馨获评江苏省优秀共青团干部，公安天宁分局兰陵派出所民警尚子洲、天宁街道党政办一级科员崔清源获评江苏省优秀共青团员。注重发挥团属新媒体矩阵作用，在"天宁青年"微信公众号发布信息266条次，其中原创118篇，累计阅读量13.7万人次，公众号"粉丝"量9万余人，被市级以上媒体报道34条次；依托"青果电台"新媒体，录制8期《天宁青年榜样说》，并在"天宁青年"微信公众号同步推出。

11月17日，《中国青年》创刊100周年主题团日暨"利群·奋进"青年学习社线路发布活动 （团区委 供图）

【区青联会第五届委员会第一次全体会议召开】 3月25日，天宁区青年联合会第五届委员会第一次全体会议在天宁科技促进中心召开，区委副书记、副区长宋福波出席会议并讲话，团市委副书记、市青联副主席王芳到会祝贺并致辞，团区委书记谢梦代表天宁区青年联合会第四届常务委员会作工作报告，来自全区各行业、各战线的104名青联委员参加。会议审议通过《常州市天宁区青年联合会工作细则》，选举产生天宁区青年联合会第五届委员会主席、副主席、常委，谢梦当选为主席，王飞、刘宇、陈娜、贺辰阳当选为副主席，王硕等20人当选为常委。

【新时代少先队工作】 2023年，团区委进一步加强新时代少先队工作，邀请江苏省少先队总辅导员张志方为全区少先队辅导员专题授课，指导红梅西村社区、前后北岸社区、菱溪社区成立校外少先队工作委员会，探索少先队工作与社区网格治理的有效结合，打造家校社协同育人新模式。10月，在恽代英住地举行全市"争做新时代好队员"建队纪念日主题活动，进一步增强少先队员的光荣感和组织归属感。11月，团区委、区教育局、区少工委联合举办2023年天宁区“十佳少先队员”“十佳少先队辅导员”“支持少先队工作好书记（校长）”“优秀少先队集体”风采展示及评审活动，评出“十佳少先队员”10名、“优秀少先队员”37名、“十佳少先队辅导员”10名、“优秀少先队辅导员”35名、“天宁区支持少先队工作好书记（校长）”8名、“优秀少先队集体”28家。

表6 2023年天宁区“十佳少先队员”一览表

序号	姓名	所属学校
1	吕锦源	常州市局前街小学
2	许轩睿	常州市华润小学
3	王梓赫	常州市凤凰新城实验小学
4	戚轩翊	常州市第二实验小学
5	邓晨一	常州市紫云小学
6	匡　薇	常州市青龙实验小学
7	崔逸涵	常州市博爱小学
8	许　朔	常州市龙锦小学
9	杨睿娜	常州市丽华新村第三小学
10	夏暄哲	常州市解放路小学

表7 2023年天宁区“十佳少先队辅导员”一览表

序号	姓名	所属学校
1	花　琳	常州市局前街小学
2	李汶卿	常州市华润小学
3	谢　菲	常州市凤凰新城实验小学
4	居莉丹	常州市雕庄中心小学
5	马燕芬	常州市第二实验小学
6	汪云琪	常州市紫云小学
7	沈志慧	常州市青龙实验小学
8	单　玥	常州市博爱小学
9	沈灵芸	常州市龙锦小学
10	刘　亦	常州市解放路小学

表8 2023年天宁区“支持少先队工作好书记（校长）”一览表

序号	姓名	所属学校
1	李伟平	常州市局前街小学
2	王晴薇	常州市凤凰新城实验小学
3	朱丽萍	常州市第二实验小学（翠竹校区）
4	陈　娜	常州市青龙实验小学
5	王　燕	常州市红梅实验小学
6	柴曙瑛	常州市博爱小学
7	蒋　琳	常州市解放路小学
8	潘卫平	常州市第二十四中学天宁分校

【“劳动创造幸福·青春点亮未来”“五四”主题活动】 4月，天宁区在凤凰新城举行“劳动创造幸福·青春点亮未来”“五四”主题活动，团市委和区四套班子领导、镇（街道）和部门负责人、社会各界优秀青年代表等100余人参加。主题团日活动以“御风而行·产业赛道奋楫争先”“迎风奔跑·青春舞台逐梦笃行”“乘风破浪·时代征程勇毅担当”三大篇章为主线，以音诗画表演、微视频、情景说唱、歌曲舞蹈等形式，展现基层青年岗位奋斗的故事和理想。活动现场表彰“天宁区第四届十大杰出青年”，公布团代表联络站、青年之家、青年驿站、青年创业园等47个共青团服务站点，为团员和青年提供文化学习、互动交流、组织孵化、青年议事、婚恋交友、志愿公益、创业就业等特色服务。

【困境青少年关爱行动】 2023年，团区委联合阳光天地青少年事务服务中心，面向全区6～14周岁城乡困境青少年、农村留守儿童、城市外来务工人员子女、新业态新就业群体子女等暑期看护难家庭，在开发区、镇（街道）设立“宁青未来，欢乐一夏”爱心暑托班，组织青少年赴区法院、寺墩遗址、牟家村等地开展暑期研学营，助力青少年茁壮成长。“梦想改造+”关爱计划继续被列为天宁区重点民生实事项目，面向全区6～16周岁困境青少年群体，依托其原有居住房间，按照“三面改造、七物到位”（对顶面墙面地

表 9　2023 年天宁区第四届十大杰出青年一览表

序号	姓名	职务
1	王芝雅	天宁区青龙街道阳光龙庭社区党总支副书记、团支部书记
2	刘　宇	天宁区郑陆镇丰北村党委书记、村委会主任
3	李园园	上海扎拉斯信息科技有限公司“饿了么”常州分部外卖骑手
4	李桂林	常州市公安局天宁分局新丰街派出所副所长
5	冷　术	常州市汉韵雕塑工程有限公司总经理
6	范千里	天宁区中村村众人拾遗传承与发展协会会长
7	曹菊华	天宁区红梅街道社区卫生服务中心党支部组织委员、医务科科长
8	蒋耀元	常州丽华快餐集团有限公司经理
9	童银珠	常州远东连杆集团锻造有限公司总经理
10	虞道喜	常州市消防救援支队竹林路站班长

面进行施工改造，定制配备空调、床、书桌、衣柜、窗帘、台灯、小书架等家具和生活用品）标准，设计建设“梦想小屋”，全年筹集资金 35 万元，完成 48 户“梦想小屋”改造。年内，团区委联合区青年联合会、区青年商会，开展“学习二十大、关爱暖童心”“暖冬行动”“圆梦行动”“99 公益日”等集中关爱活动，向“梦想小屋”改造对象、新业态新就业群体子女等困境青少年赠送慰问物资，持续做好困难帮扶。

（陈晓珏）

天宁区妇女联合会

【概况】 2023 年，天宁区有各级妇联组织 248 个，其中本级妇联组织 1 个，开发区、镇（街道）妇联组织 8 个，村（社区）妇联组织 122 个，机关妇联组织 33 个，新兴领域妇联组织 84 个。是年，雕庄街道菱溪社区文明实践巾帼志愿阳光站被评为全国文明实践巾帼志愿阳光站，青龙街道阳光龙庭党总支书记、居委会主任姚志燕、SGS 通标标准技术服务（常州）有限公司总经理朱晀茵被评为江苏省三八红旗手，兰陵街道社区卫生服务中心、茶山街道富强新村社区被常州市公安局天宁分局反诈中心评为常州市三八红旗集体，郑陆镇丰北村党委书记刘宇、常州赛得能源科技有限公司高级技术副总监周行被评为常州市三八红旗手。

【妇联基层组织建设】 2023 年，区妇联加强新业态、新就业群体妇联组织建设，新建新兴领域妇联组织 12 家、妇女微家 33 家，努力把“三新”领域妇联组织建设成为实现党的领导、团结凝聚广大妇女群众的桥梁纽带和温暖之家。6 月，新业态新就业群体妇联成立粉马甲应急救援爱心服务车队，为 2023 年中、高考出行困难学子爱心送考护航。启动“添宁幸福”巾帼助力“3511”行动计划，成立天宁区“女书记、初创女性、最美家庭、女性社会组织、妇女微家”五大女性联盟，依托网格妇联、“宁管家”妇联，团结凝聚妇女力量参与社区治理、老旧小区改造、乡村振兴、服务“一老一小”等活动，引导妇女群众依法合理表达诉求，参与公共事务管理，将妇联工作融入基层社会治理体系。

【妇女思想政治引领】 2023 年，区妇联加强妇女思想教育，强化理论学习，邀请全国人大代表、全国妇代会代表李承霞传达全国两会精神、全国妇代会精神，举办“妇联干部领头雁”系列培训班、“学习二十大，保障她权益”菜妈妈知识竞赛，学习宣传贯彻中共二十大精神，学好用好“习近平走进百姓家”，开展反家庭暴力培训等，团结引领全区广大妇女听党话、跟党走。突出榜样力量，举办全区巾帼先进典型分享会、“巾帼红色亮担当，网格服务‘她力量’”常阿姐大讲堂，用榜样的力量进一步引领全区妇女巾帼心向党、建功新时代。

【妇女创业就业】 2023 年，区妇联开启“益企向未来”结对互助行动，与区人社局联合开展“前‘兔’似锦·悦启未来”春风招聘洽谈会，组织女企业家参加“优化营商环境，落实关心关爱优秀企业家‘十六条’”座谈会，成立区女科技工作者联盟，实现女企业家与女性初创项目、职能部门、社会资源的多元对接，助力女性创新创业。持续开展妇女创业贴息贷款，为 147 名女性提供创业小额贷款 4064 万元，缓解妇女创业资金不足难题。启动“奋斗出彩·添宁幸福”巾帼赋能计划，举办天宁区育婴师培训；联合区农业农村局、区机关事务管理中心开展“巾帼助农赋能乡村振兴”活动 3 场，宣传推介女能手、初次创业女性的农产品、手作产品。是年，南城脚·牡

3月3日，天宁区举办巾帼先进典型分享会暨五大女性联盟成立仪式
（区妇联 供图）

丹里文化创意产业园被评为常州市“丁香苗圃”女性创新创业服务基地，青柠国际人才社区女性人才公寓服务站和兰陵·集人才公寓女性人才公寓服务站被评为常州市女性人才公寓服务站，SGS通标标准技术服务（常州）有限公司总经理朱眺茵被评为常州市最美女科技工作者。

【家庭教育建设】 2023年，区妇联与区教育局联合制定出台《天宁区家庭教育工作专项规划(2023—2025年)》，细化“牵手慧宁”家庭教育行动，健全家、校、社协同育人机制，全年累计开展“我助妇儿康，妇儿权益维护与安全守护课堂”系列宣教活动84场，助力妇女儿童全方位、全周期的健康成长和发展。年内，在常州市局前街小学、常州市丽华新村第二小学等学校开展“生命关爱，法润心语”公益课堂12场，普及预防欺凌、心理成长、法律法规、家庭教育等知识，累计服务3000余人；实施“守护阳光心灵·护航健康成长”青少年心理健康教育支持行动，建立“阳光心灵”驿站11个，为青少年提供专业化、个性化、多元化心理健康服务。与区纪委监委联合开展“清廉风·家力量”廉洁文化进家庭系列活动，组织全区妇联干部家庭开展“促学、助廉、共进”主题交流互动，推动廉洁文化入脑入心。举办“网格‘聚’友好，联盟‘汇’童心”天宁区首个儿童友好专属网格联盟成立暨服务项目发布会，整合常州市儿童医院、天宁消防救援大队（东南消防救援站）、全民健身中心、小学、幼儿园、托育中心、萃园等资源，打造家门口的“5分钟儿童友好生活圈”。开展“‘童’话未来，精彩一‘夏’——‘添宁幸福+’”儿童友好观察员活动，将“一米高度看城市”的儿童视角引入社会治理，组建“童乐议事会”8个，招募儿童议事员128人，收集议题37个，探索让儿童平等参与社区建设与治理的新路径。至年末，瑞文心理工作室“社区‘心’家园——儿童青少年心理健康援助行动”入围省级家庭公益社工服务项目，陈童家庭、张谊家庭被评为江苏省最美家庭，雕庄街道水岸社区、红梅街道红梅西村社区和天宁街道通济桥社区获评常州市儿童友好社区。

【妇女儿童关爱帮扶】 2023年，为进一步摸清基层妇联工作现状，更加全面准确地了解掌握妇女群众需求，区妇联开展“走基层、访妇情、强服务”调研，深入企业、园区、特殊教育学校走访调研，了解妇女儿童需求，推进妇儿关爱帮扶措施落实。加强妇女权益维护和保障，与区委政法委、区检察院联合制定《关于建立妇女权益保障配合协作机制的意见》，加强各方保障妇女权益的有效衔接与协作配合，在涉及不特定多数妇女合法权益保障、困难妇女帮扶救助等领域形成工作合力；与区检察院共同开展“关注困难妇女群体，加强专项司法保护”检察开放日活动，邀请女人大代表、女政协委员，围绕如何更好做好困难妇女群众的维权关爱工作建言献策。启动“芬芳天宁”爱心妈妈公益行动，动员女企业家和爱心人士参与“暖心牵手，爱满西部”爱心棉被募集活动，累计募集棉被390条，捐赠给青海省果洛藏族自治州玛沁县困难妇女儿童。开展“一户一策”精准微关爱活动和“把爱带回家·圆梦微心愿”活动，发布“伴宁成长·益起童行”困境儿童圆梦项目，帮助394名困境儿童实现微心愿，为孩子们送去文具、书籍、生活用品等。开展“巾帼拥军送安康”活动，给新兵妈妈赠送美丽人生安康保险，该活动连续5年入选区民生实事项目。开展“为爱出发，情暖天宁”“99公益日”活动，累计筹集善款72185.81元，用于资助帮扶辖区内因父母双亡、病残、突发事件等原因处于困境中的儿童，以及关爱帮扶特困、大病。

（汤　震）

天宁区科学技术协会

【概况】 2023年，天宁区有镇（街道）科协7家、园区科协2家、企业科协19家。区科协坚持“四服务一加强”（为科技工作者、为创新驱动发展、为提高全民科学素质、为党和政府科学决策服务，加强自身建设）职责定位，深化“科创中国”建设，团结引领科技工作者自觉肩负高水平科技自立自强时代重任，助力天宁经济社会高质量发展。是年，前后北岸社区少年科学院成立暨“龙娃节气博物馆”开馆仪式、博爱小学“博创爱智科创节”启动仪式2个项目获2023年全国科技活动周暨江苏省第35届科普宣传周优秀活动项目，“全国科普日”活动——“追星科学家·擘画中国梦”科学家（精神）进校园系列行动获2023年全国科普日优秀活动，青龙街道横塘社区入选全国学雷锋志愿服务“四个100”先进典型，常州纺织博物馆、常州桑麻名人馆、德伊门化学元素馆被认定为江苏省科普教育基地，常州市龙锦小学被命名为全市首批青少年院士科普站，江苏武进不锈股份有限公司高虹获评2022年度常州市科技人物和“科创江苏”企业创新达人。

【科技服务】 2023年，区科协聚焦创新赋能服务增值，组织开展“科创中国”平台推荐活动2场，把创新要素导入基层和企业，全区9个企业案例被评为2022年度常州市企业科技信息应用成果案例。关心关爱科技工作者工作和生活，组织10名优秀科技工作者进行体检、组织4人进行疗休养；成立天宁区女科技工作者联盟，增强女科技工作者的政治认同、思想认同和情感认同；举办“点亮精神火炬，创新发展有我”2023年天宁区全国科技工作者日主题活动，50名科技工作者参加。

【科普宣传】 2023年，区科协联合区全民科学素质工作领导小组各成员单位，围绕“热爱科学，崇尚科学”主题，深入企业、学校、农村、社区等场所，举办健康讲座、科技竞赛、科普旅游等科普宣传活动47场次。5月，科普宣传周期间，在常州市局前街小学举办科普宣传周主场活动——前后北岸社区少年科学院成立暨“龙娃节气博物馆”开馆仪式，联合江苏省仪器仪表学会、区教育局在常州市博爱小学举办“创新型科技教育联合体”共建活动。9月，“全国科普日”期间，在常州市龙锦小学举行全国科普日常州市主场活动——“我有一个院士梦”启动仪式，成立天宁区“北斗七星”科技联盟，为全市首批2家青少年院士科普站揭牌，12人被聘为首批常州市“科普大使”。年内，按照常州市“基层科普行动计划”要求，推进红梅街道卫星村昆虫植物科普基地、青龙实验小学科普基地建设，横塘社区海洋馆、中华纺织博览园、焦溪古镇被列入市科普游线路。

【全民科学素质提升】 2023年，区科协围绕“十四五”中期提升全民科学素质的重点任务、重点人群、组织实施、保障条件等内容，开展梳理评估，总结经验，分析问题，提出建议，着力提升科普公共服务能力，推进高质量科普服务体系建设。开展“科普报告进基层”活动，全年为社区居民、青少年等重点人群举办科普报告35场，发动辖区居民参加线上江苏省全民科学素质大赛，提升重点人群科学素质，夯实高水平科技自立自强群众基础。联合区教师发展中心举办“天宁区第四届中小学生机器人大赛”，近200名中小学生参赛，提升青少年科学素质。联合天宁经济开发区、区委宣传部、区教育局在常州市龙锦小学举行“从红船到飞船”大中小学思政课一体化共同体建设启动仪式，构建以载人航天精神、新时代北斗精神为主题的协同教育模式。是年，常州市第二实验小学、常州市青龙实验小学获评2023年常州市科学教育特色学校。

【天宁区科协第五次代表大会召开】 4月15日，天宁区科学技术协会第五次代表大会在天宁科技促进中心召开，市科协党组书记、主席任洪兴，区委书记许小波出席大会并讲话，区四套班子领导出席开幕式，大会实到代表96人，基层一线科技工作者占70%以上。区科协主席徐婴代表区科协第四届委员会作《汇聚科技力量，赋能创新发展，为书写中国式现代化的天宁答卷积蓄更强动能》工作报告。大会选举产生天宁区科协第五届委员会委员、主席和副主席，徐婴当选为主席，钱启民、蒋琳（兼）、姚宇光（兼）、林金汉（兼）当选为副主席。

（童心露）

【老科协工作】 2023年，区老科协下设秘书处和工业、农业、文教卫生3个团体分会，拥有理（监）事8人、会员57人。区老科协结合“全国科技活动周”“全国科普日”“全国老科技工作者日”等时间节点，走进企业、农村、社区、学校和医院，开展科普讲座和义诊活动30场，受众3600余人次，被市老科协评为老科协工作突出贡献奖。聚焦建设“新能源之都”和“532”发展战略，围绕区域内经济社会发展重点开展调查研究，撰写调研报告4篇。其中，《关于推动民营企业高质量发展的建议》获省老科协建言献策竞赛活动三等奖、市老科协建言献策优秀调研成果一等奖，《常州市纺织印染行业调研报告》获市老科协建言献策优秀调研成果二等奖并被市人大常委会重点督办，《发展高效农业循环经济，引领农业现代化建设》《加速拥抱新兴技术，持续优化产业布局，坚定不移打造天宁未来智慧城综合体》获市老科协建言献策优秀调研成果二等奖。组织开展科技服务和科技创新，区老科协工业分会会长、常州旭荣针织印染有限公司副总经理张国成带领科研团队研发的新产品获发明专利8件；区老科协会员、原常州天宁新动力高新技术创业服务有限公司总经理戚卫协助企业创建常州新动力创业中心一站式孵化器运营管理平台（智慧园区平台），为园区“大数据+”综合服务平台建设与运营管理提供服务；区老科协理事、江苏诚印科技有限公司董事长居卫平带领科研团队研发新品“诚印锁章”。

（翁明星）

天宁区残疾人联合会

【概况】 2023年，天宁区有镇（街道）残联7个、村（社区）残协126个、各类专门协会5个。全区累计有持证残疾人8866人，其中视力残疾1168人、听力残疾734人、肢体残疾4083人、言语残疾63人、智力残疾1346人、精神残疾1354人、多重残疾118人。年内，区残联按照市“532”发展战略和区“3511”工作部署，完善残疾人公共服务体系建设，深化“残疾人之家”建设，7家“残疾人之家”完成提档升级，全区运行“残疾人之家”21家，运行率87.5%，发放运行经费78.21万元、建设经费16万元。依托镇、街道残联和辖区派出所等部门，全年处理信访件27件次，办结率、满意率均为100%，维护残疾人合法权益。是年，区残联获评江苏省2022年度公益助残项目组织奖、2022年度公益助残网络募捐工作特别贡献奖、公益助残网络募捐工作争先进单位奖、常州市2023年度残疾人工作综合业绩评价先进单位奖。

【残疾人生活保障】 2023年，天宁区新增“两项补贴”（困难残疾人生活补贴、重度残疾人护理补贴）受惠残疾人员902人，全区累计为34273人次残疾人发放“两项补贴”2134.13万元，其中发放生活补贴27202人次、1669.45万元，发放护理补贴34273人次、464.68万元；为34名残疾学生、22名低保残疾人家庭学生核发教育专项补贴11.1万元，为124名残疾人发放机动轮椅车燃油补贴3.25万元；为户籍在辖区内的残疾人办理意外伤害商业保险24.68万元，实现持证残疾人意外伤害险100%覆盖；为22户低收入残疾人家庭实施无障碍改造，投入经费9.46万元。落实残疾人托养服务，新增16～59周岁需托养服务的无业智力残疾人、精神残疾人和重度肢体残疾人60人，全区累计托养服务398人。根据省残疾人基本辅助器具适配目录，为9名持证残疾人和9名16周岁以下残疾少年儿童提供轮椅、坐便器和矫形鞋等辅助器具20件，价值2.56万元。实施省残疾人福利基金会家电圆梦公益助残项目，发放洗衣机、电视机、电风扇等家电131件，价值6.9万元。落实省福利基金会助残公益“99公益”募捐项目，完成慈善公益募捐18.06万元。春节和助残月期间，走访慰问1750名残疾人以及18户困难残疾人家庭，发放慰问金46.7万元。

【残疾人康复服务】 2023年，天宁区开展残疾儿童基本康复定点机构招标工作，完成视力残疾、听力语

10月31日，天宁区残疾人表演队参加全市残疾人文艺会演

（区残联 供图）

言残疾、肢体残疾、智力和多重残疾、孤独症5个类别残疾儿童基本康复项目招标，7家机构成为天宁区残疾儿童基本康复定点机构。完成0～17岁残疾儿童抢救性康复训练243人，拨付残疾儿童基本康复救助金413.62万元。配合省残联开展孤独症儿童帮扶项目筛查，对全区40名孤独症儿童家庭予以帮扶，发放补贴4万元。加强精神病人防治康复和服药救助政策宣传，引导社区精神病人按程序申报各类服药救助，全区精神病人（包括低保重症、低保边缘重症和贫困非重症）享受免费服药救助296名。依托常州爱尔眼科医院等机构开展白内障筛查，为629名残疾人提供筛查服务，实施复明手术77名。

【残疾人就业服务】 2023年，天宁区新增残疾人实名制就业94人、实名制培训141人，净增实名制就业109人。根据《常州市残疾人自主创业经营场地租金补贴办法》《天宁区残疾人创业扶助资金管理使用暂行办法》，扶持2名残疾人自主创业，发放自主创业场地租金补贴3.5万元。推进用人单位达比例和超比例安置残疾人奖励工作，166家单位安排残疾人就业664人，对按比例和超比例安排残疾人就业的12家企业给予奖补21.89万元。兰陵街道工人新村第一社区“常州市天宁区虎头鞋协会”建成市级“美丽工坊”示范点，助力残疾妇女就业增收，激发残疾妇女自强自立精神。

【残疾人文体活动】 2023年，区、镇（街道）残联利用元宵节、妇女节、助残日、爱耳日、爱眼日等时间节点，开展“关注普遍的眼健康”“网络无障碍，体验电信新时代”等宣传活动21场，参与433人次。第三十三次全国助残日活动期间，区残联在茶山街道“古树新亭”户外广场举行文艺演出、残疾人公益集市、爱心义卖等活动。加强苏锡常三地残联交流合作，与苏州市姑苏区残联、无锡市宜兴市残联、无锡市江阴市残联、常州经开区残联签署合作框架协议，建立常态互访机制、特色交流机制、就业创业互享机制、文体交流合作机制，与苏州市姑苏区、无锡市宜兴市共同开展“全国助残日”活动3场。组织残疾人代表参加全市残疾人文艺会演，向市残联推送朗诵、歌曲、音诗画和新民乐4个节目，获得一等奖1个、三等奖1个，获得创作奖、编导奖、辅导奖各1个。是年，茶山街道阳光馨愿残疾人之家获评省级文艺残疾人之家，一加爱心社等5家社会组织获评文明实践示范助残社会组织。

（陈秋霞　张雅鑫）

天宁区红十字会

【概况】 2023年，天宁区有各级红十字组织26个、红十字志愿者服务基地3个、红十字公益组织3个、博爱家园8个、红十字工作志愿者协会1个，有红十字健康关怀、应急救援、无偿献血、捐献造血干细胞、心理援助、养老照护等专业志愿服务队伍30支，注册志愿者730名。全区各级红十字组织发扬“人道、博爱、奉献”精神，推进“三救三献”（灾害救援、人道救助、应急救护，无偿献血、捐献造血干细胞、捐献遗体和器官）核心业务工作，服务百姓，扶贫助困；全年接收社会捐款91.12万元，接收物资价值1.71万元，使用捐赠款87万元，移交发放物资价值1.71万元。是年，雕庄街道菱溪社区博爱家园被江苏省红十字会评为基层组织工作先进集体，兰陵街道红十字会秘书长宋正花被江苏省红十字会评为基层组织工作先进个人。

【人道救助】 2023年，区红十字会以博爱项目为载体，开展助残、助孤、助困、助老等系列救助工作。1月，开展“博爱送万家”活动，发放大米、油、大礼包等慰问品价值6万元，救助辖区内需要帮助的孤寡老人、困境儿童、特困人员、残疾人、罹患重大疾病家庭等特殊群体和造血干细胞捐献者家庭累计150户。4月，开展“暖心牵手，爱满西部”活动，约100名爱心人士参与，募集善款10.53万元，购买390条棉被发放给青海省果洛藏族自治州玛沁县部分困难妇女儿童。5月，开展“生命接力，阳光助学”网络筹资活动，募集善款2.5万元，为器官捐献者子女提供学业资助，对器官捐献者家庭予以关怀慰问。7月，开展“关爱天宁青少年”活动，募集善款11.5万元，慰问困境青少年。8月，募集善款3.69万元，拨付给河北省保定市红十字会用于水灾救助。9月，开展“助力乡村振兴，结对精准帮扶”活动，为陕西省旬阳市石门镇中心学校、陕西省旬阳市白柳镇中心学校募集科普、文学、故事类等课外读物书籍5000余册，价值5万余元，受益学生约1500人。“99公益日”期间，开展“天宁爱心常久团圆饭”一起捐活动，募集善款16.7万元，慰问困难家庭、医务人员、优秀志愿者。年内，帮助辖区内3名先天性心脏病患儿和2名白血病患儿申请中国红十字基金会“中央专项彩票公益金大病儿童救助项目”。

【红十字“三献”活动】 2023年，区红十字会在世界急救日、“5·8”世界红十字日、世界献血者日等重要纪念日，组织开展“三献”宣传活动，全年开展“三献”宣传活动50余场，普及2600余人次，登记遗体捐献42例，完成遗体捐献10例。1月，召开成功捐献造血干细胞志愿者座谈会，为捐献志愿者们发放慰问金和慰问品。6月，在南城脚·牡丹里文化创意园广场开展“牡丹盛开，生命绽放”造血干细胞集中宣讲采样活动，造血干细胞采样入库20余人。9月，在文化宫广场开展“大爱相‘髓’，‘救’在身边”世界骨髓捐献者日宣传活动，通过造血干细胞捐献者和志愿者普及捐献知识，为挽救更多的生命贡献红十字力量。

【应急救护培训】 2023年，区红十字会把市“532”发展战略项目——“全民自救互救能力提升工程”作为年度工作重点，打造“救在身边”品牌，组织重点行业、重点人群参加应急救护培训，提高中青年应急救护培训普及率，增强群众应对自然灾害和突发意外事件的自救互救能力。开展应急救护培训进机关、进学校、进企业、进社区、进农村“五进”活动，与区教育局、区总工会联合对学校教职工、有需求的企业员工开展初级救护员和“CPR+AED”专项培训，全年累计开展普及性应急救护培训95场，培训13420人次；举办初级救护员培训班17期，1103人参训并取得证书；举办心肺复苏“CPR+AED”专项培训11期，570人参训并取得证书。开展“博爱泳安”公益活动，与区教育部门联合对区属中小学师生开展防溺水培训13场，参与4000余人次；组织红十字救援队成立暑期防溺水志愿服务队，开展水上救援演练。年内，组织3人参加江苏省红十字会师资培训并获得师资证书，组织2人参加江苏省红十字会救护培训师资复训班。11月，区红十字会代表队在市红十字应急救护技能大赛中获团体二等奖，队员宋正花获个人三等奖。

【红十字博爱家园建设】 2023年，区红十字会推动红十字博爱家园建设，常态化开展“博爱送万家”“博爱送健康”活动，推动红十字精神深入社区治理，助力社区发展。红十字志愿服务队伍开展应急救护、养老照护、人道救助等各类志愿服务活动，全年累计开展志愿服务活动200余场次，受益8000余人次。结合防灾减灾主题，向居民普及防灾减灾、自救互救、逃生避险等知识。常态化开展养老照护志愿服务，为老年人义务理发、量血压，举办养老照护知识培训和健康讲座。实施“益心江南·微心愿”公益项目，面向全区各红十字博爱家园的困难党员、困难群众、老干部和烈士遗属、因公殉职党员干部家属、生活困难的红十字志愿者等征集微心愿，为74户困难家庭发放取暖器、电饭煲、床上用品四件套、食物料理机、智能测血压手环等物品，满足困难家庭微心愿。是年，雕庄街道菱溪社区博爱家园被市红十字会授予“市级红十字志愿服务基地”称号。

（高锦旺）

天宁区关心下一代工作委员会

【概况】 2023年，全区有各级关工委组织340个，其中镇（街道）关工委7个、村（社区）关工委122个、政法系统关工委15个、教育系统关工委66个、民营企业关工委129个、其他机构关工委2个；有“五老”（参加校外教育辅导活动的老干部、老战士、老专家、老教师、老模范）志愿者2713人；有青少年思想道德教育宣讲团8个、青少年法治教育报告团10个、关爱工作站19个。年内，新增郑陆镇澄西抗日民主政府旧址纪念馆、天宁街道青果巷、茶山街道红梅村公共安全体验馆3家青少年成长教育实践基地，全区累计20家。是年，区关工委围绕“老少心向党、奋斗新征程”主题，推动新时代关心下一代工作高质量发展，获评常州市关心下一代工作优秀集体称号及常州市关心下一代工作2023年度贡献奖、常州市关心下一代宣传工作特等奖等奖项。

【“五有五好”基层关工委建设】 2023年，区关工委制定出台《关于开展“五有五好”基层关工委建设三年巩固深化活动的实施意见》，明确活动的目标任务、时间安排及办法措施，推进全区各级关工委“五有五好”（“五有”：有组织、有队伍、有制度、有活动、有效果；“五好”：领导班子建设好、“五好”作用发挥好、制度健全执行好、活动经常效果好、探索创新成果好）建设。年内，戎威远保安服务股份有限公司江苏分公司、江苏神力医用制品有限公司2家民营企业建立企业关工委，常州金蕾特美容美体有限公司、天宁区郑陆舜杰明都大酒店、常州溢达服装有限公司3家民营企业关工委创成常州市“五有五好”关工委，常州美凯龙国际电脑家电装饰城有限公司关工委创成常州市五星级“五有五好”关工委。至年末，全区民营企业关工委累计建成常州市“五有五好”关工委25家、常州市五星级“五有五好”关工委4家。

【关工委爱党爱国主题教育】 2月，区关工委举行“老少心向党、奋斗新征程”主题教育启动仪式，推进“文化塑造未来”铸魂工程“五个一”系列活动（爷爷奶奶一堂课、亲子共读一本书、身边榜样一寻访、励志自强一故事、家风家训一传承）纵深发展。年内，全区8326篇稿件被省关工委办公室、省教育厅关工委、关心下一代周报社联合开展的“我是强国小主人”主题征稿活动采用，占全市征稿量的46.4%，区关工委获评最佳组织奖。博爱小学的《浪花里的歌》、常州市解放路小学的《砥柱廊前立誓言，扬帆云天恰少年》分别获市“老少心向党、奋斗新征程”老少同台演讲活动特等奖、三等奖。区关工委与茶山街道红梅村关工委联合报送的《白扬轩里话成长，老少携手向未来》获省校外教育辅导站优秀活动视频特等奖。

【校外教育辅导站建设】 2023年，全区有79个校外教育辅导站与其附近的中小学结成紧密型“校站结合”点，212名在职教师担任校外教育辅导员。年内，区关工委推进优秀校外教育辅导站建设，郑陆镇黄天荡村校外教育辅导站、茶山街道红梅村校外教育辅导站获评常州市优秀校外教育辅导站；郑陆镇三河口村校外教育辅导站等10家单位获评天宁区2023年优秀校外教育辅导站，区关工委给获评区优秀校外教育辅导站各2万元奖补经费。9月，省关工委苏南片校外教育辅导站培训期间，雕庄街道菱溪社区校外教育辅导站被选作唯一观摩点，接受全省170余名代表参观，获省关工委常务副主任张艳和与会代表好评。

【“五老”工作室建设】 2023年，区关工委发挥“五老”在关心下一代工作中的作用，组建法治报告团、思想道德宣讲团等各类“五老”人才库，全区近5000名“五老”志愿者(其中核心层183人、骨干层651人)为青少年提供心理辅导、生命健康教育、普法宣传等服务，开设学业辅导、兴趣拓展、社会实践、工匠传承等课程，服务青少年成长成才。按照有阵地、有“五老”、有特色要求，开展区级“五老”工作室申报、命名工作，12个工作室被命名为“天宁区‘五老’工作室”。

【青少年法治教育】 2023年，区关工委与区政法系统、教育部门协作，开展“关爱明天、普法先行”青少年法治宣传教育活动，开展法治进学校、进乡村、进社区、进家庭、进企业系列活动，教育引导青少年树立尊法、学法、守法、用法观念，巩固和加强“未成年人零犯罪社区（村）”建设，切实保护青少年合法权益。年内，区关工委联合区司法局依托镇（街道）司法所青少年权益关爱工作站，组织司法所法律工作者、“五老”人员、学校法治副校长及志愿者成立宣讲团队，为青少年提供支持性和成长性法律服务，全年累计受助未成年人2000余人次。区青少年法治教育报告团15名宣讲员开展宣讲73场次，参与青少年1.5万余人次。区法院开展“青‘宁’相约”教育系列活动，针对青少年和群众，到学校、社区开展法治、安全、心理健康等教育讲座20余场，受教育人数4000余人；组织学生、家长20余批次6000余人参观法院和观摩庭审。区检察院“彩虹时空”法治宣讲员54人在检察“开放日”、全国“助残日”、“六一”儿童节、未成年人保护宣传日、法治夏令营等时间节点，走进20所学校、10个社区开展普法宣教51场次，受众万余人次。公安天宁分局围绕“警心护苗”行动计划，组织青少年走进少儿警校、禁毒宣传教育基地，开展案例式法治教育体验；组织警官进学校、社区开展法治宣教90余场，受教育学生6000余名。

【天宁区关工委成立30周年纪念大会召开】 10月25日，区关工委成立30周年纪念大会在天宁科技促进中心召开，市人大常委会党组成员、市关工委主任徐新民，市关工委常务副主任赵忠和到会祝贺，区委书记许小波出席并讲话，区关工委常务副主任朱可菲作题为《三十正青春，奋楫再出发》的工作报告，会议表彰100个优秀集体、109名优秀个人。

（强大琴）

法 治

◆ 栏目编辑　刘志贤

政法委与综治

【概况】 2023年，天宁区政法系统加强社会治理创新，深化平安天宁、法治天宁建设，防风险、保安全、护稳定、促发展、惠民生，全区未发生安保维稳重大影响事件，群众安全感达98.96%，群众对政法队伍的满意度达94.87%。完成区域社会治理现代化试点工作，修订《区域社会治理现代化试点工作天宁实践与探索》全景书，天宁区公共法律服务中心、社会组织孵化基地等9个实地抽查点位均通过省专项验收组验收。天宁区被常州市市域社会治理委员会暨市委平安常州建设领导小组办公室评为深入推进从严管党治警绩效突出辖市区，区政法系统63个集体、426人次获市级以上表彰，区法院获评全省优秀法院、全省法院首批“五好五强”领导班子，区检察院获评全省“五好”基层检察院，区司法局获评省行政执法监督成绩突出集体、省“法援惠民生”成绩突出单位，公安天宁分局获评省公安机关安保维稳工作成绩突出集体、命案积案攻坚行动成绩突出集体，局前街派出所获省公安厅集体二等功。

【平安天宁建设】 2023年，天宁区围绕全区经济社会发展大局，持续深化法治建设，维护社会安全稳定。全年依法批捕犯罪嫌疑人350人，提起公诉1012人，审结刑事案件691件923人。规范政府重大决策对社会稳定风险的评估报告备案工作，完成征地项目等50件风险评估报告备案事项。开展涉稳事件风险联合研判，坚持每周常态研判、重要节点每日研判、重要事项专题研判和实时研判，对领导批示、预警事项、研判发现的突出风险事项，落实“交办—核查—处置—反馈”工作闭环，全年涉稳事件有效处置率100%。推动信访突出问题攻坚化解，开展信访问题源头治理攻坚、突出矛盾“百日会战”、信访突出问题“双月攻坚”、重点领域信访突出问题专项攻坚等行动，全区初次信访件数量同比下降56.15%，降幅全市第一。全年反诈工作实现“四降一升”，电信网络诈骗警情数、经济损失数、50万元以上大额警情数、涉诈“两卡”（手机卡、银行卡）数分别同比下降10.6%、19.7%、29.5%、5.8%，追赃挽损同比上升157.9%，切实维护人民群众合法利益。加强严重精神障碍患者的服务管理，对辖区内严重精神障碍患者开展走访，掌握精神障碍患者的病情动态和日常生活状态，预防精神障碍患者肇事肇祸情况发生，并通过以奖代补方式，给履行监护责任的精神障碍患者监护人发放补贴，补贴资金同比增长40.7%。

【网格化社会治理】 2023年，天宁区全面推进社会治理“一网格一支部一阵地”建设，优化调整原有网格，科学划分微网格，做小做细基层治理单元；至年末，全区有网格943个。强化党建引领网格治理，单独或联合建立网格党支部766个，建立“幸福茶馆，网格微家”等网格党群直通站694个，打造网格化社会治理党建品牌23个，其中“党建引领‘三+’创新治理，共建红荷好‘丰’景”“‘三步’工作法激活网格‘红色动能’，打造悦享幸福清凉”“党建引领‘家事家里说’，绘就基层网格治理好风景”“‘133’党建凝聚‘熟人社区’微力量”4个党建品牌案例获评市网格化社会治理优秀案例。围绕乡村振兴战略、城镇长效综合管理、公共安全监管、警网联动反诈宣传等重点工作，发挥网格“宣传有我、调解有我、巡查有我、服务有我”作用，全年常州市市域社会治理现代化联动指挥平台累计流转处置事项1.7万件，网格员累计

5月25日，网格员（右）上门走访高龄老人　　（区委政法委 供图）

巡查走访37.8万次。其中，围绕老旧小区改造，走访入户3000次，收集意见诉求1600条，调解问题500个；围绕反电信诈骗宣传，走访入户5.6万户，通过真实案例讲解、发放宣传资料等方式，有效遏制诈骗苗头；围绕独居和“空巢”老人、生活困难残疾人、城乡低保对象、特困人员、困境儿童、留守儿童、低保边缘等关注对象，开展社会救助、为老服务等入户走访，累计走访8.7万人次，为群众解难纾困。至年末，开展“最美网格员”、“平安网格”之星（积极分子）等评选，获评市“最美网格员”10人、市“最美微网格联络员”10人、市“平安网格”之星6人、市“平安网格”积极分子8人，获评区“最美网格员”14人、区“最美微网格联络员”14人、区“平安网格”之星10人、区“平安网格”积极分子15人。

（朱晓晨）

法治政府建设

【概况】 2023年，天宁区围绕经济社会发展大局，持续深化法治政府建设，组织召开区委全面依法治区委员会会议、区委全面依法治区委员会办公室（扩大）会议，制定《中共常州市天宁区委全面依法治区委员会2023年工作要点》《常州市天宁区法治化营商环境提升行动计划》《常州市天宁区贯彻落实中央依法治国办市县法治建设工作实地督察反馈意见整改方案》，推动全面依法治区。强化领导干部法治思维和依法行政能力，落实区政府常务会议每月学法制度，全年组织学习《江苏省就业促进条例》《江苏省行政程序条例》等10部法律法规，组织全区60名领导干部前往河南大学开展法治建设能力培训，提高领导干部法治思维和依法行政能力。

【行政规范性文件监督管理】 2023年，区司法局开展行政规范性文件制定和后评估（指行政规范性文件实施后，实施部门根据辖区经济社会发展和社会管理工作的需要，依照标准与程序，对行政规范性文件的内容、实施成效、存在问题等进行客观公正的调查研究及综合评价，形成评价结论并提出相应处理意见和建议）计划项目征集，征集区市场监管局后评估计划项目1项，经评估，将于2024年废止《天宁区个体工商户登记“全域通办”实施办法》。全面清查、整理区政府行政规范性文件9件，其中区政府行政规范性文件8件、部门行政规范性文件1件均继续有效。严格落实区政府行政规范性文件制发程序，对区市场监管局《天宁区区长质量奖管理办法》开展合法性审查。

【行政执法协调与监督】 2023年，区司法局推进区政府重大行政决策事项项目化、目录化管理，跟踪指导常州市焦溪初级中学改扩建项目、“美丽天宁”精管善治三年行动计划、天宁区普惠托育服务三年行动实施方案3个年度项目，依法落实公众参与、专家论证、风险评估、合法性审查、集体讨论决定等法定程序。发挥法律顾问在政府决策中的参谋咨询作用，2名区政府法律顾问在政府常务会议上讲法2次，审查政府合同80份。加强执法人员持证上岗和动态管理，全年发放行政执法证70张、行政执法监督证12张，注销行政执法证23张。开展安全生产、食品药品、劳动监察等重点领域执法案卷和镇（街道）综合执法案卷评查，随机抽查14家执法单位的行政执法案卷54份，被抽查部门的行政执法案卷均为合格，红梅街道“某公司擅自砍伐城市树木行政处罚案”执法案例被评为市镇（街道）综合行政执法典型指导案例。实施涉企包容审慎监管和柔性执法，修订《关于在行政处罚中适用“首违不罚”规定的指导意见》，明确“首违不罚”标准、“首违不罚”执法程序等，梳理天宁区第二批“首违不罚”清单146项，为一线执法人员提供

11月,天宁区行政复议委员会委员首次主持听证会　（区司法局 供图）

保安全、护稳定、促发展，提升公安机关社会治理、平安建设的能力和水平。全年刑事案件立案数同比下降24.5%,现行“命案”“两抢”(抢劫、抢夺）案件破案率保持100%;全年完成移诉1261人，其中侵财移诉351人、经侦移诉101人、涉毒移诉7人、其他移诉816人；全年接处警总量8.18万起，处置违法犯罪警情1.88万起，抓获各类违法犯罪嫌疑人2174人。侦办“707”制假售假案受公安部通令嘉奖,“12·7”专项工作等相关工作获省市领导批示肯定5次，获区委、区政府和市局主要领导批示肯定16次。

明确的执法操作指南；全年在行政处罚案件中执行“首违不罚”1000次，惠及企业400家。启动“首违不罚”问题调研和典型案例征集，征集问题3个、意见建议8条，征集案例经筛选分类汇订成册，指导行政执法机关进一步规范适用“首违不罚”规定。“‘制度+清单’全面推进‘首违不罚’实践”获评市法治惠民实事优秀项目。

【行政复议与行政应诉】 2023年，区政府收到行政复议申请111件，其中受理77件、不予受理25件、受理前撤回3件、移送1件、放弃申请5件，受理件数同比增长15%;审结90件（含上年度结转18件),同比增长67%，其中维持原处置25件、直接纠错15件；制发行政复议意见书9份、建议书1份，办结案件未发生经行政诉讼被改判情况。以区政府为被告的一审行政诉讼案件27件、二审行政诉讼案件3件，制发行政机关负责人出庭应诉督促函95件，行政机关负责人出庭应诉率100%。深化行政争议实质性化解，坚持复议全流程“应调尽调、能调尽调”，经释法明理后申请人撤回复议申请案件19件。“倪某诉常州市天宁区人民政府加装电梯项目确认书案”获评省行政应诉典型案例。

（谭文强）

公　安

【概况】 2023年，公安天宁分局聚焦影响国家安全、社会安定、人民安宁的突出问题，以市公安局“211”行动计划为指引，制定“5+1”工程(“5”指规范化处警“固本”工程、专业化打击“龙头”工程、一体化巡处“增效”工程、专职化案审“支撑”工程、实战化警队“保障”工程,“1”指夯实基层基础“根基”工程）和“十大行动”(安全风险“排雷”行动、打击犯罪“雷霆”行动、治安整治“除患”行动、数据赋能“云端”行动、规范执法“阳光”行动、服务发展“护航”行动、基层党建“铸魂”行动、选育管用“励警”行动、作风整治“铁腕”行动等），构建“市县主战、派出所主防”警务实战体系，防风险、

【刑事案件侦查】 2023年，公安天宁分局保持对各类违法犯罪严打严防高压态势，保障人民群众生命财产安全。依托打击违法犯罪研判中心，配强“打击处理、案件审核、落地抓捕”3支队伍，形成“1+3”全链条专业化打击力量。公安天宁分局刑侦中队负责侦办责任区内电信网络诈骗等涉网新型犯罪、普通涉恶犯罪、系列性传统侵财犯罪等案件，根据上级刑侦部门、分局刑警大队指令，实施案件配侦、调查、落地抓捕等工作，全年侦办公安部交办的“4·12”专案、全省规模最大的组织实施“精神控制”传销犯罪团伙案、“6·15”特大污染环境案、哈尔滨“110”交友诈骗案、“2·22”全省首例非法获取互联网身份令牌数据案等一批大要案件。全年累计抓获在册（已经明确嫌疑人身份）侵财犯罪嫌疑人1141人，侦破在册侵财案件1401起，追回损失1085.5万元，本地接触性侵财案件破案率63.24%，违法犯罪警情、刑事案件发案数同比分别下降8.4%、23.38%，刑事案件破案

率 47.3%，同比上升 14.8%；全年命案零发生，“两抢”、八类（故意杀人、故意伤害致人重伤或死亡、强奸、抢劫、贩卖毒品、放火、爆炸、投毒）、性侵案件破案率均达 100%，创历史新高。公安天宁分局刑警大队被省公安厅评为 2022 年度全省公安机关命案积案攻坚行动成绩突出集体，被市公安局评为全市公安机关系统安保维稳成绩突出集体。

【经济案件侦查】 2023 年，公安天宁分局构建以企业需求为导向的综合服务体系，优化法治营商环境，联合区检察院制定《开展打击侵害企业利益犯罪专项活动实施方案》《天宁区公、检经济犯罪案件办理配合衔接工作》，加大涉企犯罪打防力度，维护全区经济发展秩序。8 月，公安天宁分局成立经济犯罪案件受立案中心，强化经侦案件受立案监督，运用“案件管理中心 + 案管室”工作模式，配备专人巡查监督经济犯罪案件，确保辖区经济案件全量高质高效办理。全年受理经济犯罪案件 57 起，立案 31 起，侦破“4·11”串通招投标案等重大经济犯罪案件 22 起，抓获嫌疑人 131 人，移送起诉 65 人，公诉 35 人，抓获网上逃犯 21 人（其中境外逃犯 11 人），追赃挽损 1849 万元，嫌疑人抓获数、移诉数分别同比增长 16.9%、54.8%。公安天宁分局经侦大队被评为常州市优化营商环境工作先进集体。

【电信网络诈骗打防】 2023 年，公安天宁分局聚力攻坚电信网络诈骗案件，坚持“打、防、管、控、宣”同步推进，构建“党政主导、部门联动、社会协同、全民参与”的全民反诈新格局。区委政法委、公安天宁分局、区检察院、区法院、区委网信办、区教育局、辖区银行等 39 家单位（部门）成立天宁区打击治理电信网络犯罪工作领导小组办公室，协调全区各部门、各行业开展全民反诈。强化打防管控措施，公安天宁分局反诈中心一线民警按照网络诈骗预警劝阻“七必须”（必须及时移交、必须及时止付、必须核查手机、必须宣防到位、必须紧盯过堂、必须二次回访、必须预后倒查）要领，第一时间阻止疑似电诈受骗人转账汇款；反诈中心根据预警处置规范、预警对象反馈情况等要素，用“红橙黄”三色风险评估法评估预警对象（对未意识到被骗、存在继续被诈骗风险、需要立即开展上门劝阻工作预警对象标注为红色；对已经知道被诈骗、但很有可能为挽回损失或其他情形再次相信诈骗分子而陷入骗局、需要保持密切关注的预警对象标注为橙色；对已经知道被骗、不易再次受骗的预警对象标注为黄色），通过对预警对象复查、电话抽查等预警跟进方式，开展预警核实检查，形成工作闭环，相关做法被全市推广；全年劝醒“被深度洗脑”640 人并避免损失 950 万元，开展资金预警（对向诈骗账户转账、但尚未意识到被骗的潜在受害人预警）见面劝阻 4260 人次，并拦截资金 1100 万元，预后被骗率全市最低。开展电信网络反诈“五进”（进机关、进企业、进社区、进学校、进场所）宣防专项行动，入户宣传覆盖 1.5 万人，悬挂、张贴反诈横幅及海报累计 3.5 万条(张)，发放反诈宣传单 12 万张，在全区 354 块公共宣传屏循环播放反诈宣传视频，组织 15.8 万人次观看“全民反诈平安同行”系列反诈视频，群众反诈宣传知晓率 82.9%，居全市前列；9 月，在翠竹公园打造全省首个“义起来反诈”主题公园，设置反诈健康步道、反诈勇为榜、反诈闯关天桥等区域，开设“反诈集市”9 场、主题趣味游戏 16 场，发放原创反诈主题艺术作品 1.1 万件，受众 13 万人次。天宁区全年反

9 月 29 日，全省首个“义起来反诈”主题公园在翠竹公园开园

（公安天宁分局 供图）

诈工作实现“四降一升”，电诈警情数、损失数、50万元以上大额警情数、涉诈“两卡”数分别同比下降10.6%、19.7%、29.5%、5.8%，追赃挽损同比上升157.9%，遏制电信网络诈骗犯罪多发高发态势。区检察院、黑牡丹（集团）股份有限公司等23家单位获评常州市“四无”[无诈机关（单位）、无诈社区、无诈校园、无诈企业]建设优胜单位，获评数量居全市前列。

【社会治安治理】 2023年，公安天宁分局针对治安乱点难点，通过无人机侦查、异地交叉检查等方式，开展巡查129次，发现治安问题256处，均督促整改到位，全年涉娼、涉赌警情同比分别下降15.4%、27.5%。持续推进巡防体制改革，完善常态化巡防工作机制，将全区划分6个综合巡区、15个专属巡区，设置15个巡防查控点，构建全域覆盖、全时响应、立体化、智能化的智慧“大巡防”格局。推进街面警务工作站规范化建设，明确统一标准建设警务工作站，统一规范开展警务工作，统一警务工作站功能职责，11月，九洲玺综合警务工作站按“三统一”要求完成建设；升级全区警务工作站工作运行模式，明确警务工作站“巡逻盘查、接处警、打击犯罪、服务民生、治安治理、宣传教育”6项职能，打造巡特警常态巡、铁骑警攻势巡、群防群治义警助力巡的天宁特色巡防格局；率先在全市实行0时至8时警务工作站全量接处警机制（即由警务站负责全部接处巡区内所有单位的110派警，包括警务站本身和所有派出所），全年累计先期接警7206起，处结率100%，街面侵财警情同比下降47.1%，降幅全市第一，快速反应时间提速28%，实现“发案少、秩序好、社会稳定、群众满意”的社会效果。

（丁昌俊）

【道路交通安全管理】 2023年，常州市公安局交通警察支队天宁大队（以下简称天宁交警大队）为提升城市交通品质，推进城市智慧交通建设，有序更新龙锦路、竹林路、青业路等路口前端感知设备，增设交通视频监控及电子警察，主城区信号灯均实现联网联控；在重点路口设置“智能哨兵”预警系统及“炸街车”（对车辆非法改装，急加速时发动机、排气筒发出巨大声响的车辆）智能采集设备，在青果巷历史文化街区东门交叉路口设置行人过街预警系统，有效提升交通安全监测预警和管控服务能力。通过“龙e处”简易事故处理平台在线快速处理道路交通事故9645起，提高轻微车损事故处理效率。推进农村地区道路交通安全综合治理，升级改造常焦线、朝阳路、舜平路、河横路、焦溪大道等农村道路交通安全设施，增设信号灯33组、路口辅助照明14个、爆闪警示灯12个、警示提示标志304处、减速带56处、护栏4.6千米，施划振荡标线11千米，精细化治理交叉路口14个，省、市挂牌安全隐患道路（常焦线、朝阳路）实现摘牌销号。深化隐患治理，依托交通勤务指挥室、交通路面智慧岗亭，开展交通安全重点隐患车辆路面查缉、源头清零行动，查缉交通安全隐患重点车辆、重点驾驶人（包括失驾、逃犯、网约车和出租车群体等）交通违法行为4950起；依托公安缉查布控系统，查控逾期未报废、未检验车辆交通违法行为3350起，查处酒驾醉驾交通违法行为为837起、电动车违法行为90000余起；联合交通、城管执法力量，加强对货车和工程运输车超限超载、“黑加油车”、变型拖拉机等问题的整治，查处危化品运输车辆交通违法行为59起、公路客车和旅游客车交通违法行为491起，查获“黑加油车”7辆，查处工程运输车不按规定线路及时间行驶、污损遮挡号牌、严重超速超载、闯红灯、非法改装、

3月17日，天宁交警大队在紫荆公园开展交通安全宣传活动

（天宁交警大队 供图）

非法运输渣土等交通违法行为4728起，全年累计纠正处理交通违法行为30.8万起，交通巡回法庭受理道路交通民事案件1031件、刑事案件225件，发生交通事故数量同比下降8.4%，交通事故死亡人数同比下降3.45%，未发生死亡3人以上重特大道路交通事故或危化品事故。

【道路交通秩序治理】 2023年，天宁交警大队开展道路交通秩序治理，分级分类改善道路基础设施，对青洋路与河海路交叉路口、朝阳集市周边道路等14处交通堵点乱点实施一点一策“微改造”，累计滚动排查、整治道路基础安全隐患309处、事故隐患411处、重点隐患9处；清凉小学、怡康小学地下接送中心建成启用，缓解清凉东路段、关河路段学生上下学期间交通拥堵问题；会同区住建局、区城管局等部门，设置九洲新世界外卖车辆专用停放区域及休闲驿站，缓解外卖车辆乱停乱放问题；调整天宁辖区内289处十字路口交通信号灯，优化45处交通信号灯时长，早晚高峰拥堵指数下降15.8%，平均车速提升12.6%。是年，全区新增汽车便民停车场9个、停车泊位1725个，推动10家机关及事业单位停车场1000余个停车泊位免费向市民开放，解决市民群众出行难、停车难问题。开展交通安全“七进”（进农村、进社区、进企业、进学校、进家庭、进机关、进驾校）宣传1085次、线上直播9次，举办“美丽乡村行”交通安全巡回宣讲，强化交通安全理念。依托广播电台、本地论坛、交警“两微一端”（微博、微信、抖音客户端）等平台，发布各类交通安全资讯693条，制作交通安全宣传视频53个，创作锡歌《我来对你说》等交通安全宣传短视频，其中《我来对你说》获江苏公安印记第三届“金盾文艺奖”音乐舞蹈类三等奖。

（江纹静）

3月6日，天宁交警大队在焦溪小学开展小交警护学社会实践活动

（天宁交警大队 供图）

检 察

【概况】 2023年，区检察院全面履行刑事检察、民事检察、行政检察、公益诉讼检察职能，强化法律监督职责，服务经济发展大局。全年办理各类案件2625件，同比上升43.68%，其中刑事案件2052件、民事行政案件308件、公益诉讼案件137件、刑事执行监督和控告申诉等案件128件。依法落实宽严相济刑事政策，对情节轻微且社会危害不大或初犯偶犯等犯罪行为依法不批准逮捕20件27人、不起诉168件218人。优化法治营商环境，制定出台《常州市天宁区人民检察院优化法治化营商环境十项举措》，保障和推动企业依法依规经营和健康长远发展。联合常州经济开发区、无锡市江阴市两地检察机关建立《关于深入推进锡常协同发展建立未成年人检察工作协作机制的意见》，加强跨区域司法协作。依法开展打击侵害民营企业合法权益及企业知识产权犯罪专项行动，起诉11件13人。依法办理全省首例非法获取拼多多等知名购物网站计算机身份认证令牌数据案，起诉1件5人，挽回经济损失500万元。开展企业内部人员侵害企业合法权益犯罪专题调研，提出健全完善规章制度等治理建议4条，加强内部员工管理培训。办理涉案企业违规经营案件8件，推动全市医疗器械行业合法规范经营。持续深化检务公开，公布重大案件信息135件，公开案件程序性信息1653条、法律文书10份，“常州天宁检察”微信公众号、“检察集群网”发布检察动态753条。是年，区检察院获评2023年度全省五好基层检察院、全省检察机关信息工作先进单位，“蔡蔡工作室”获评全国检察机关控告申诉检察部门接待窗口深化开展“为民办实事”实践活动表

现优秀团队，潘某某危险作业案等2起案件获评常州市第三届“服务532发展战略、优化法治营商环境”优秀案例。

【刑事检察】 2023年，区检察院依法打击各类刑事犯罪，依法提起公诉896件1012人，批准逮捕各类刑事案件262件350人，分别同比上升31.77%、117.43%。依法办理故意杀人、抢劫、强奸等暴力犯罪案件13件15人，办理盗窃、诈骗等多发性侵财案件193件199人，办理危险驾驶等类犯罪案件269件270人。纵深推进扫黑除恶斗争，严格落实“九类案件”（指黑恶势力犯罪组织经常实施的聚众斗殴、强迫交易、寻衅滋事、敲诈勒索、非法拘禁、组织卖淫、强迫卖淫、开设赌场、故意毁坏财物九类犯罪案件）警情强制检索报告制度，明确公安机关、检察机关在立案侦查、审查逮捕、审查起诉时对案件涉及的警情进行检索、查证、审查、严判，依法办理公安部督办的恶势力犯罪团伙案，起诉4人。落实《中华人民共和国反电信网络诈骗法》，对电信诈骗保持严惩态势，依法批准逮捕电诈、帮信（帮助信息网络犯罪活动）、掩隐（掩饰隐瞒犯罪所得及犯罪所得收益）犯罪48人，起诉236人。护航金融安全，与区法院制定《常州市天宁区非法集资类犯罪办案指引》，依法起诉非法吸收公众存款、贷款诈骗等犯罪案件6件12人、洗钱犯罪3件3人。聚焦新型毒品治理，依法办理麻醉精神药品类新型毒品犯罪案件3件3人。构建以证据为核心的刑事指控体系，全年提前介入引导侦查案件186件，提出引导侦查意见3000条。联合公安天宁分局清理刑事“挂案”（指立案后长期悬而未决，未能及时结案或撤销的刑事案件）6件，全流程做实“大控方”格局。加强监督立案和侦查活动，监督立、撤案27件，追捕、追诉24人。办理职务犯罪案件10件10人，均已起诉。加强邪教治理，打造“天正·无邪”检察工作品牌，在全省率先制定《关于检察机关办理邪教类犯罪案件公诉人出庭指引》，创新开展“教转帮扶仪式”，相关经验做法获最高检转发。

【民事和行政检察】 2023年，区检察院加强民事、行政审判和执行活动监督，依法向区法院提出监督意见47件，均被区法院采纳。推进行政争议实质性化解工作，运用公开听证、检察建议、释法说理等措施，化解行政争议15件。根据《中华人民共和国民法典》关于“成年人意定监护”规定（指成年人在具备完全民事行为能力时，根据自己意愿确定监护人，并与之签订书面协议，赋予监护人在自己丧失或部分丧失民事行为能力时，对自己人身、财产和其他合法权利进行照顾和管理，代理自己行使民事行为的法律制度），在一起赡养费纠纷民事支持起诉案件中探索试行意定监护制度，推动“事实孤寡”老人与社区签订意定监护协议，相关做法获评全省检察机关典型案例，并获《法治日报》等媒体报道。加强虚假诉讼专项监督，联合区法院、公安天宁分局，建立线索移送、联合查办、结果反馈等合作机制，常态化开展虚假诉讼专项监督，全年监督纠正虚假诉讼案件10件，推动刑事立案侦查4人，协同法院督促被告人履行执行义务7000余万元。为维护市场主体和公民合法权益，打击市场主体提交虚假材料或者采取其他欺诈手段隐瞒重要事实取得市场主体登记、申请注销登记、未按规定办理变更登记等违法行为，联合区行政审批局制定《关于加强协作配合完善市场主体登记治理的实施意见》，依法开展市场主体登记领域行政执法与刑事司法衔接工作。至年末，查办冒用他人身份信息登记案件22件，其中作出撤销决定13件，不予

3月29日，社区工作人员代表（左）意定监护老人向区检察院赠送锦旗
（区检察院 供图）

撤销决定1件，申请撤回诉讼1件，7件移送区人社局、区税务局等相关部门协助调查，相关工作获最高检肯定。加强行刑反向衔接，对决定不起诉的犯罪嫌疑人，依法提出检察意见36条，移交有关主管机关予以行政处罚。

【未成年人检察】 2023年，区检察院严惩侵害未成年人权益违法犯罪行为，以多元履职手段推动社会治理，构筑未成年人司法保护防线。年内，严惩性侵未成年人犯罪，起诉14人，依法办理1起社区工作人员利用职务便利长期、多次性侵未成年人案，提出有期徒刑11年的从严量刑建议，获法院判决支持。坚持宽容不纵容，依法批捕未成年犯罪嫌疑人5人，起诉22人，办理全省首例涉未成年人综合履职（指在履行未成年人刑事、民事、行政、公益诉讼业务类型中的某一类型法律监督职能时，发现其他业务类型线索，开展法律监督并成功办理案件）行政检察监督案。依法对涉嫌犯罪情节轻微且有悔罪表现的未成年犯罪嫌疑人，附条件不起诉（检察机关在审查起诉时，根据犯罪嫌疑人的年龄、性格、情况、犯罪性质和情节、犯罪原因以及犯罪后的悔过表现等，对较轻罪行的犯罪嫌疑人设定一定条件，如果在法定期限内，犯罪嫌疑人履行相关义务，检察机关就作出不起诉决定）15人。落实未成年人保护特殊制度，联合区妇联、区民政局等部门开展家庭教育指导25次，结对帮扶罪错未成年人（指犯罪或犯错的未成年人）9人。净化校园周边环境治理，联合区市场监管局等部门对校园周边75家“盲盒”销售场所开展专项治理，下架不合格“盲盒”产品1000件，

6月2日，区检察院开展“盲盒”治理宣传活动　　（区检察院 供图）

向校园周边经营者发放倡议书1200份，办理全市首例“盲盒”新业态涉未成年人公益诉讼案，维护未成年人群体合法权益，保护未成年人身心健康。

【公益诉讼检察】 2023年，区检察院践行公共利益代表职责，办理公益诉讼案件104件，涉及环境资源保护、食品药品安全、国有财产保护等9个方面，追回损失900万元。落实诉前程序，全年与天宁生态环境局、常州市交通执法支队三大队、医保天宁分局等部门开展诉前磋商22次，制发诉前检察建议15件，采纳率100%，公益受损问题均在诉前解决。建立人大代表建议、政协委员提案与公益诉讼检察建议衔接转化机制，与区人大常委会共同制定《关于建立代表建议与公益诉讼检察建议双向衔接转化工作机制的实施细则（试行）》，与区政协共同制定《关于建立政协提案与公益诉讼检察建议衔接转化工作机制的实施细则》，推进代表建议、政协提案与公益诉讼检察建议双向衔接转化常态化、长效化；年内，代表建议、政协提案转化为公益诉讼案件25件，督促行政机关依法履职，共同推动公益保护问题解决。开展“国资国财”专项保护行动，牵头制定《关于加强医疗保障基金安全协作配合机制建设的实施意见》等5项制度，推动建立民间借贷利息个人所得税、医保基金、低保账户资金等闭环监督长效机制，督促相关部门追回资金300万元。落实《中华人民共和国无障碍环境建设法》，联合市残联调研辖区无障碍环境设施建设情况，发现无障碍标识设置不明显、轮椅坡道设计不合理、无障碍厕所设施关闭等问题，督促整改问题60个，新增无障碍标识、无障碍通道等25处，规范无障碍环境建设，全年办理涉及无障碍环境建设公益诉讼案件9件。建立“生态检察+碳汇”工作机制，联合市自然资源和规划局天宁分局、郑陆镇共建全省首个林业“固碳基地”，采取义务植树、征占用林地异地恢复、生态补偿等方式，在全市首次将“以碳代赔”运用于破坏林地案件，全年依法办理非法排污、非法处置危险废物等污染环境犯罪案件3件14人。

9月2日，区检察院干警实地查看无障碍设施建设情况(区检察院 供图)

开展中高考“静音护考”专项行动，推动区住建局、天宁生态环境局等部门约谈考点周边建筑施工单位40家，督促建筑单位整改施工噪声超标行为为30起。

【数字化推进侦查监督与协作】 2023年，区检察院建立完善基层检警（检察官、警官）侦查监督与协作配合机制，根据“数字化理念、全景化分析”思路，建立“天检翼·侦协助手”平台（以下简称平台）。根据具体案件，平台自动匹配检察官、侦查民警和辩护律师，有效解决侦查监督与协作配合办公室运行过程中检警沟通不透彻、检律互动不顺畅、数据运用不充分等问题，推动检警沟通从以往的随意性、不可溯转变为线上的可视化和规范化，对线上沟通产生的“数据”进行智能化分析，从个案到类案形成统一证据标准，提升个人及整体的办案质效，形成由“单向监督”到“双向协同”新格局。至年末，平台注册检察官、警官、律师244人，线上流转案件800件，线上视讯沟通听取外地律师意见17次，公安机关补充侦查时间平均缩短5天，简易、速裁程序适用率94.71%。5月，平台获国家版权局计算机软件著作权登记证书，入选《法治日报》全国智慧检务创新案例。

【“蔡蔡工作室”成立】 2023年，为深入践行新时代“枫桥经验”，聚焦基层信访化解难、重复信访多等问题，5月，区检察院成立“蔡蔡工作室”，配备员额检察官2名、书记员1名，采用“繁简分流、轻重分离、快慢分道”三分法，聚焦“知情、解忧、纾困、暖心”四个方面，以“信念、法治、责任、阳光、温度”五个维度建立分层递进、衔接配套的纠纷解决体系，全年化解矛盾纠纷836起，信访案件量同比减少47.3%。是年，“蔡蔡工作室”入选全国检察机关控告申诉检察部门接待窗口深化开展“为民办实事”实践活动表现优秀团队，“蔡蔡工作室”工作法获评市平安建设优秀案例。

【行贿人所获不正当利益追缴机制探索】 5月，区检察院落实中央纪委国家监委“受贿行贿一起查”的规定要求，与区纪委监委联合制定《关于开展行贿人所获不正当利益追缴和纠正工作的协作办法》（以下简称《办法》），明确监察机关和检察机关在办理行贿犯罪案件中同步开展不正当利益追缴和纠正，坚持严格依法、应追尽追、相互配合原则，最大程度为国家挽回损失。《办法》界定“行贿人所获不正当利益”的范围，明确监察机关和检察机关的职责分工，构建监察、检察衔接配合机制，精准有力依法惩治行贿犯罪。是年，《江苏省常州市天宁区检察院建立监检协作机制探索追缴行贿人所获不正当利益》被最高检《检察工作简报》刊登推广。

【轻罪溯源治理】 2023年，区检察院为实现轻罪案件从“治罪”到“治理”的转变，研发应用“天检翼·轻罪地图”，在电子地图中标注轻刑犯罪数据，即统计分析全区镇（街道）案件数据，在电子地图上用颜色深浅表示各区域犯罪增减情况，宏观把握全区镇（街道）犯罪活动特点和发案规律；设置检察预警功能，实时预警某个街道某个社区高发犯罪情况，提出犯罪预防和社会治理针对性建议，引导法律监督触角向预防和减少犯罪的社会治理延伸。至年末，推送各类监督线索23件，制发社会治理类检察建议15件，形成调研报告8篇，《天宁区检察院瓶装液化石油气检察建议及回复》获评全省优秀社会治理检察建议及回复，轻罪溯源治理工作获最高检、省、市检察院领导充分肯定。

【“民生晴雨”数字平台创建】 2023年，区检察院为强化基层治理，服务保障民生权益，建成“民生晴雨”数字治理平台（以下简称平台），将

“个案为主、人工审查、单线履职”的个案治理模式转变为“类案为主、数据赋能、融合履职、溯源治理”的类案治理模式，为全省首创融合“轻罪治理”“噪声治理”“小区治理”“未成年人权益保护”功能的数智治理地图。平台内植数据智能分析功能，根据犯罪活动时间、领域、地域等要素生成分析报告，自动推送高频问题，并预警多人投诉、长期投诉问题。年内，依托平台数据分析结果，区检察院联合相关职能部门，发现并研判噪声污染、老旧小区加装电梯引发安全隐患等社会治理问题52个，处置问题43个，向相关职能部门推送不适宜未成年人进入场所线索34条；联合天宁生态环境局、区住建局、区城管局在全省率先制定出台《关于进一步加强天宁区建筑施工工地噪声污染控制管理要求的意见》，联合区民政局在天宁街道成立“彩虹时空·检民‘童’行”联络站，构建“检察＋民政”双引擎未成年人综合保护新格局，办理全省首例涉未成年人行政非诉执行监督案。是年，平台推动社会治理的相关做法被最高检转发推广2次，被省检察院和省生态环境厅转发推广6次，被《法治日报》等国家级媒体宣传推介3次、《新华日报》和省电视台等省级媒体报道14次，接受最高检领导专题调研2次、省检察院领导调研4次。12月，“民生晴雨”数字平台创建项目获评2023年度中国数字治理十佳创新案例、常州市社会治理创新优秀项目一等奖。

（朱　辉）

11月30日，“民生晴雨”数字治理项目参加市2023年度社会治理创新优秀项目评比
（区检察院　供图）

法　院

【概况】　2023年，区法院受理各类案件17900件。其中，新收17115件，同比上升33.9%；结案16837件，同比上升26.9%；结案率94.26%，结收案比为98.59%；法官人均结案400件，法定正常审限内结案率98.19%，上缴诉讼费、罚没收入等非税收入8829.23万元。郑陆人民法庭和兰陵人民法庭全年收案1687件，结案1580件，结案率93.66%。受理各类审判监督案件31件，其中新收29件，审结30件，结案率96.77%。年内，区法院着力构建开放、动态、透明、便民的阳光司法机制，通过区法院微信公众号发布重点工作部署、重大案件进展情况等各类信息500条；自觉接受区人大代表监督，分12批次邀请38名区人大代表旁听法院庭审。是年，区法院获评全省优秀法院、全省法院优化营商环境工作先进集体、全省法院首批“五好五强”领导班子，区司法警察大队被省高院评为全省法院司法警察工作先进集体。

【刑事案件审判】　2023年，区法院坚持依法惩处犯罪与保障人权并重，全年新收各类刑事案件682件，同比下降12.5%；审结694件，同比上升8.3%，判处罪犯923人。是年，在刑事案件审判中，严惩各种渗透颠覆破坏犯罪，审结魏某某等人涉恶案、利用邪教组织破坏法律实施案、偷越国（边）境案等案件8件17人；严惩职务犯罪，审结涉常州轨道交通系统、国资平台等职务犯罪案15件17人，追缴赃款赃物1874.5万元；严惩危害公共安全犯罪，审结危险驾驶罪、交通肇事罪等案件226件227人；依法打击新型网络犯罪，审结帮助信息网络犯罪案、掩饰隐瞒犯罪所得案、买卖身份证案等案件109件278人；公开审理全市首例瓶装液化石油气危险作业案，精准打击私自倒卖、储存、运输液化石油气行为，30名相关行业代表应邀旁听庭审。

【民事案件审判】　2023年，区法院新收各类民事案件11433件，审结11175件，分别同比上升39.56%、30.33%，诉讼标的额50.48亿元。其中，审结教育、医疗、住房等纠

8月12日，常州市锦园生态养老中心有限公司召开第一次债权人会议（区法院 供图）

纷案件127件，实现“案结事了人和”目标；审结劳动争议案件421件，推动劳动争议诉源治理、多元化解机制落实；审结买卖、租赁、担保等合同纠纷案件6386件，坚持平等保护、诚实信用原则；审结所有权确认、占有物返还、财产损害赔偿等各类物权纠纷案件158件。推进“保交楼、稳民生”工作，以“诉前调解+司法确认+示范判决”模式处理“诚远置业”案件，化解商品房预售合同纠纷836起。加强老年人权益保护，完成常州市锦园生态养老中心有限公司等6家主体破产清算工作，创新“养老优先、法定优先、退赔优先”解决路径，维护养老合同债权人合法权益。

【案件执行】 2023年，区法院执结案件5004件，执行到位金额24.49亿元。坚持集中执行常态化，开展夜间执行、假日执行等专项执行行动28次，现场拘传、拘留23人，当场执结案件168件，“小标的·大民生”专项执行直播活动吸引30万人次在线观看。坚持审判执行与社会信用体系建设相融合，发布失信被执行人信息138人次，限制失信被执行人高消费3611人次。重拳打击以各种方式抗拒执行、阻碍执行以及暴力抗法等违法犯罪行为，审结拒不执行判决、裁定案18件，其中12名被告人在案件审理期间主动履行执行义务，执行到位金额近600万元。落实守信激励修复机制，将173名履行义务的被执行人移出“失信黑名单”，屏蔽334条符合信用修复条件的个人和经营主体不守信信息。

【金融案件审判】 2023年，区法院依托金融司法协同中心、常州金融多元解纷中心，建立“一站式”金融纠纷多元化解机制，全年诉前调处金融纠纷6791起，标的额6.41亿元。执行端口前移，在诉前调解环节根据当事人申请作出财产保全裁定，80%的案件作出财产保全裁定后实现自行和解。推进金融案件“繁简分流”，创新实践“纠纷要素提取、材料集中推送、文书一键生成”审理模式，全年审结金融案件2604件，案件平均审结期28天/件，同比缩短22.31%，实现金融纠纷快审快结。是年，区法院立案庭（诉讼服务中心）获评全省法院金融审判工作先进集体。

【全市首份《家庭教育责任告知书》发出】 2023年，区法院审结婚姻家庭案件638件，为360名未成年人落实抚养费4000万元，开展家庭教育240次、涉及480人次。为有效解决离婚父母对未成年子女家庭教育缺失问题，对离婚父母发出全市首份《家庭教育责任告知书》，以“告知书”形式对未成年人父母进行家庭教育指导，阐述家庭教育主体责任、如何正确实施家庭教育以及不依法履行家庭教育责任应当承担的法律后果，教育指导离婚当事人双方关心未成年人身心健康，以“柔性司法”力量督促离婚父母正确履行家庭教育责任，避免离婚后未成年子女家庭教育缺位问题。

（於　露）

司法行政

【概况】 2023年，天宁区有基层司法所7个、公证处1个、律师事务所29家、基层法律服务所6个、人民调解组织机构147个，拥有公证员3人、执业律师388人、基层法律服务工作者38人、专（兼）职人民调解员725人。年内，区司法局深化行政复议体制改革，推进行政复议规范化建设，健全公共法律服务体系，持续扩大法律援助覆盖面，坚持和发展新时代“枫桥”经验，打造“宁好枫桥”品牌，提升群众法治获得感。是年，区司法局获评省行政执法监督成绩突出集体、省“法援惠民生”成绩突出单位、市优化营商环境工作先进集体，天宁公证处获评市绩效突出公证机构，郑陆司法所、兰陵司法所获评市特殊人群服务管理工作成绩突出集体，兰陵街道人民调解委员会被司法部表彰为“全国模范人民调解委员会”。

【普法宣传】 2023年，区司法局持续推进“八五”普法宣传，制定《关于进一步落实普法责任制的实施意见》《关于报送区级机关2023年度普法依法治理工作联动事项的通知》《2023年全区普法依法治理工作要点》，指导督促全区机关单位、镇（街道）制定年度普法计划，明确重点普法任务、重点宣传内容；7月，天宁区“八五”普法工作通过中期评估验收。年内，区司法局联合区法院、区检察院、公安天宁分局、区妇联、区人社局等部门，在郑陆镇举行“宁好枫桥”暨“乡村振兴·法治同行”法治宣传活动，设立“法治集市”，为100人次提供法律咨询服务；联合区市场监管局、区应急管理局等普法成员单位在“12·4”宪法日、“安全生产月”等重要时间节点开展特色普法活动20场，发放普法宣传资料5000份，为650人次提供法律咨询服务。推动法治宣传阵地建设，雕庄街道建设全市首个大运河法治文化主题公园，宣传习近平法治思想和《中华人民共和国宪法》《中华人民共和国民法典》等相关法律知识，将法治元素与沿大运河杜鹃花景观带相融合；兰陵街道打造法治主题社区，工人新村第一社区建成“法治小区”，开设“民情茶座”“法治直播间”，开展法律知识网络直播，引导居民依法参与社区建设、纠纷调解，增强群众学法、用法、守法意识；加强青少年法治宣传阵地建设，联合区关工委在郑陆镇、6个街道建立青少年权益关爱工作站，为青少年提供支持性、成长性法治服务。

【人民调解】 2023年，区司法局组织开展“践行‘枫桥经验’深化‘非诉服务’”专项行动，制定《天宁区深化“非诉服务”打造“宁好枫桥”行动实施方案》，健全调解组织网络，组建天宁区金融纠纷人民调解委员会，新建企业调解组织11家、行业性专业性调解组织1家、商会调解组织1家、新业态调解组织1家。探索小区物业管理纠纷高效化解新路径，组建由政法系统退休人员、律师、物业服务人员等40人组成的物业管理纠纷特邀调解员专家库，镇（街道）司法所指导镇（街道）物业主管部门组建镇（街道）、村（社区）两级物业纠纷人民调解工作室，全区各级人民调解组织全年化解小区物业管理纠纷367起，同比增长76.4%。是年，全区各级人民调解委员会、调解组织接待群众5367批次12650人，排查矛盾纠纷5586次，受理并调解案件4378件，调解成功4376件，调解成功率99.95%，无因调解不当引发“民转刑”案件发生。

【法律援助】 2023年，区法律援助中心受理各类法律援助申请832件，其中刑事案件225件、民事案件607件；法律援助中心窗口接待来访群众1080人次，“12348”法律咨询热线接听来电咨询5522人次，获受援人赠送锦旗6面，被省司法厅评为法援惠民生成绩突出单位。聚焦农民工、老年人、残疾人等特殊群体及基层困难群众法律服务需求，加快基层法律援助联络点建设，新增茶山街道华润社区、雕庄街道清溪村、红梅街道新堂社区、兰陵街道工人新村第二社区、青龙街道新丰苑社区、郑陆镇三河口社区和天宁街道椿桂坊社区7个法律援助联络点，全区累计建有12个法律援助联络点，全年受理法律援助案件5件，提供法律咨询218人次。建立“大中心＋服务室”服务模式，推进法律服务融合共建、错位互补，镇（街道）司法所与公共法律服务中心在全区村（社区）建成63家公共法律

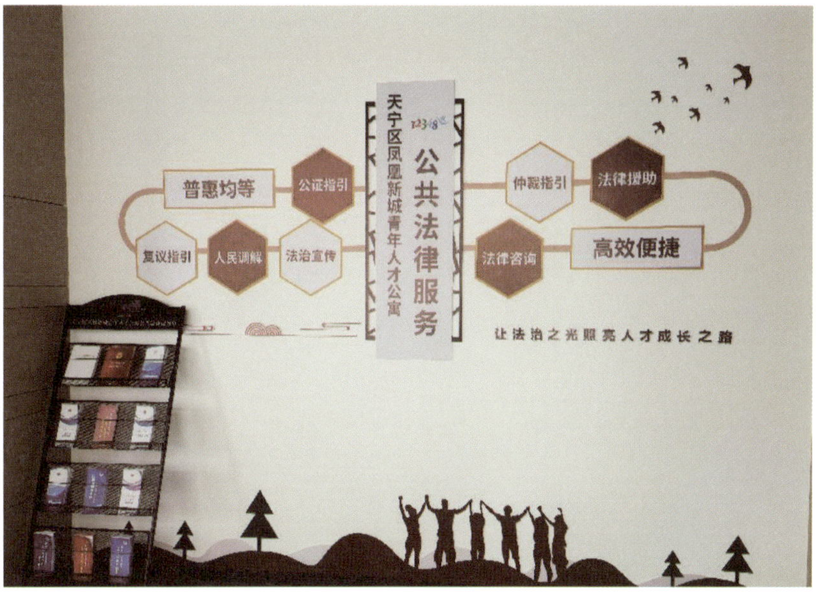

8月，凤凰新城人才公寓公共法律服务室建成　　（区司法局 供图）

服务室，为辖区居民开展法律咨询、法律援助、纠纷调解、公证指引等法律服务300次，服务群众近1000人次。

【社区矫正对象监管】 2023年，天宁区在册社区矫正对象333人，其中缓刑323人、假释1人、暂予监外执行9人；接收安置帮教对象156人，衔接“必接必送”人员17人；对7名暂予监外执行社区矫正对象进行病情诊断，掌握暂予监外执行社区矫正对象身体状况及疾病治疗等情况。全年对社区矫正对象给予训诫12起、警告22起、佩戴电子腕带8起，提请法院撤销缓刑6起；为服刑人员家属提供远程视频会见91场，走访慰问生活困难矫正对象2名；组织社区矫正对象开展集中教育87次，出具社区矫正前调查评估126份，社区矫正对象参加社区服务3872人次，在册社区矫正对象人员无重新违法犯罪发生、无脱管漏管现象、无参与涉黑涉恶案件情况。实施精品教育“音悦人生”项目，特聘由法官、检察官、公安民警、常州大学教师、律师等10人组成的师资团队，采取“音乐＋教育”方法，分层次、精准化帮教社区矫正对象、安置帮教对象、后续照管对象，将柔性音乐与刚性法律教育相结合，有效预防重新犯罪。按照《江苏省刑满释放人员过渡性安置基地建设管理工作规范》要求，规范化建设刑满释放人员过渡性安置基地，建成常州青洋塑业科技有限公司帮扶基地、常州旭荣针织印染有限公司帮扶基地，其中常州青洋塑业科技有限公司帮扶基地被省司法厅确定为安置帮教阳光帮扶基地。

（谭文强）

【郑陆镇戒毒后续照管服务站创成省级贯标示范点】 1月，郑陆镇戒毒后续照管服务站被江苏省戒毒管理局评为2022年省级贯标示范点。2022年，郑陆镇本着“让照管对象个人安定、家属满意、社会认可”的服务宗旨，投资70余万元，提升后续照管服务站基础设施，使其集报到登记、教育培训、戒毒治疗、心理矫正、禁毒科普等功能于一体；加大禁毒法治宣传，全年举办禁毒公益讲座8场、禁毒宣教主题活动24场，发放宣传资料3万余份，参与群众500余人，经验做法《盛夏普法热不停，新式花招送凉爽》被中央广播电视总台国际在线新闻网站报道，自创禁毒微视频《爱生命不“毒”行》获评2022年平安常州“三微”比赛暨优秀政法文化作品征集评选三等奖；与江苏朗旭节能科技有限公司合作建立阳光帮扶基地，共同落实就业帮扶计划，提供就业方向指导，建立就业职能培训，设置临时安置就业岗位，年内照管对象实现自主创业2人、自谋职业16人，就业率达88.9%；细化帮扶救助措施，全年电话跟踪回访照管对象20余次，组织家庭走访10次，召开家属座谈会8次，提供法律咨询帮助10次，化解家庭矛盾纠纷5次，邀请社会心理咨询机构提供心理健康量表测验服务10余次；至年末，全镇累计为19名解除强制隔离戒毒人员提供后续照管服务，照管对象无一人发生危害社会恶性案（事）件，戒治操守保持率保持在94.7%。

（陈　琦）

军事

◆ 栏目编辑　刘志贤

天宁区人民武装部

【概况】 2023年，区人武部深入贯彻习近平强军思想，聚焦练兵备战、应战应急能力提升，推进国防动员准备，加强民兵队伍建设和基层武装工作规范化建设。是年，区人武部以输送高质量兵员为目标，落实征兵全流程跟踪、全时域管控、全要素考评，全年无退兵，“五率”（报名率、上站率、合格率、择优率、退兵率）考评位列全市第二。以基层长效治理、基层武装部星级达标为目标，提档升级基层武装部规范化建设。至年末，镇（街道）人武部均配齐全新办公设备和应急物资器材，郑陆镇人武部被省军区评为基层武装部规范化建设达标先进单位。

【思想政治建设】 2023年，区人武部牢牢把握“学思想、强党性、重实践、建新功”总要求，把理论学习、调查研究、推动发展、检视整改、建章立制等贯通起来，坚持用党的创新理论铸魂育人，干部职工在学习中改造思想、培塑忠诚、强固信仰。针对人武部新进人员多、事多压力大等实际，通过授课辅导、参观调研、座谈讨论、工作交流等方法，开展“思想大讨论、工作大调研、难题大会诊、能力大会战、隐患大排查”活动，提升全体干部职工能力素质。开展“学习强军思想、建功强军事业”教育实践活动，23个活动视频及相关报道被中央广播电视总台国防军事频道、《解放军报》等中央级媒体录用。组织区人武部全体人员、镇（街道）专职人民武装干部开展“迎八一、强党性、促争先”专题教育，参观常州党建与红色文化主题教育馆，在教育实践活动中传承红色基因、凝聚思想共识、激发争先动力。开展“读主席著作、学强军思想，争做王继才式国动先锋”主题实践活动，组织人武部全体干部职工阅读红色书籍、观看红色电影、撰写心得体会、开展党史知识问答等。

7月22日，区委书记许小波（左二）督查基层武装规范化建设
（区人武部　供图）

【练兵备战】 2023年，区人武部聚焦军事斗争准备，把练兵备战作为中心工作，增强军事斗争打赢能力。严格规范战备秩序，开展民兵情报信息员培训，结合节日战备、重大活动等时机，采用不定时、不定点的方式，开展战备拉动5次，抽检值班分队人员到点率、携带装备匹

配率、装备操作熟练度和任务编组等情况，提升人武部战备建设水平。严格按纲施训，落实首长机关基本技能和应急应战业务训练，每月组织军事训练考核并建立“一帮一”结对模式，抓短板强训练，提高指挥员善谋打仗能力。紧扣急时应急、战时应战任务，组织基干民兵分队跨区域联训、分专业轮训，开展练兵比武活动，提升后备力量遂行任务行动能力。是年，天宁区民兵医疗救护分队代表常州参加省军区训练质量抽考，位列全省第四。

【民兵组织整顿】 2023 年，区人武部以实战化军事需求为指引，全面加强应急、支援两类民兵队伍建设。年内，走访调研辖区内涉及机械维修、工程建筑、通信维护、交通物流、无人机等领域的 20 余家重点企业，摸排企业人员、装备等潜力数据，了解掌握应急、支援两类民兵队伍动员潜力。组织专业岗位预编民兵开展无人机操作、网络安全、防化洗消、气象水文、卫生救护、设备操作、机械维修 7 个类别技能培训，并对培训情况实施考核，确保所有基干民兵专业与编制岗位对口。是年，天宁区基干民兵中党员占比 32.97%，专业对口率 90.44%。

【国防教育】 2023 年，区人武部探索国防教育新模式，结合军事日、军营开放日、学生军训、民兵训练等活动，推进国防教育进校园、进社区、进企业，扩大国防教育覆盖面和影响力。9 月，围绕“踔厉奋发强国防、勇毅前行向复兴”主题，开展“全民国防教育月”活动，张贴宣传海报 40 余张，悬挂横幅标语 500 余条，发放宣传手册 3000 余份，走进辖区 2 所中小学校，通过

5 月 29 日，茶山街道组织青少年开展国防教育　　（区人武部 供图）

现场授课、观看视频、互动交流等方式，讲述“国防是什么、国防防什么、国防靠什么、国防应该怎么做”等国防知识，教育引导青少年牢固树立国防观念，自觉履行国防义务。组织辖区普通高中和中职院校学生军训，完成 11 所学校 12903 名学生军训任务。

（于群文）

人民防空

【概况】 2023 年，天宁区着眼军事斗争准备，履行“战时防空、平时服务、应急支援”职责使命，加强人防专业队伍建设，完成年度人防专业队伍整组，组织辖区心理防护专业队员参加全市新型人防专业队伍整组点验，组织辖区人防专业人员开展“准军事化”训练，提升人防专业队伍军事素质和专业技能。推进人防指挥信息化建设，参加全市人防指挥通信系统拉练，完成“苏锡常—2023A”和“苏锡常—2023B”防护区机动指挥通信系统联演联训课目。加强人防工程防护效能监管，建立人防工程维护管理网络化责任体系，确保人防工程科学管理、有效运行。开展人防宣传主题活动，深化学校人防知识教育，营造关注人防、关爱生命的良好氛围。

【人防指挥信息化建设】 2023 年，区发展改革局（区国动办）推进人防指挥信息化建设，完善防空警报体系，完成 5 台警报终端选址安装任务，完成常州市香梅小学、常州市中山路小学等 6 所学校多媒体警报器安装，实现主城区警报信号全覆盖。9 月，完成全省“9·18”防空警报统一试鸣任务，鸣响率 100%。加强区人防基本指挥所日常维护管理和镇（街道）人防指挥所建设，完成省、市级人防基本指挥所各时间节点视频、语音联通任务，确保区人防基本指挥所与省、市级人防基本指挥所机关图像、声音传输及通信畅通无阻。

【人防工程维护管理网络化责任体系】 2023 年，天宁区为保障人防工程良好的使用状态和防护效能，发挥人

民防空工程战备效益、社会效益和经济效益，区发展改革局(区国动办)按照《江苏省人民防空工程维护管理规定》要求，建立由开发区、镇（街道）组成的人防工程维护管理网络化责任体系，建立“谁使用、谁维护”管理制度，对人防工程实行分类管理、定期维护、拆除补建、损坏追责。年内，开发区、镇（街道）督查、指导各自辖区内人防工程的消防、治安、水电、防汛、环境保护等，保障人防工程战备功能不受损。

【人防宣传教育】 2023年，区发展改革局（区国动办）开展人防知识“进机关、进学校、进社区、进企业、进网络”活动，增强群众防空减灾意识和避灾自救能力。7月，联合区教育局、区住建局举办“培育国防意识、强化爱国主义”暑期夏令营，开展急救训练、整训列队、内务整理等活动；9月，结合全省“9·18”警报试鸣活动，到12个社区、2所学校开展人防知识宣传，发放宣传资料3590份；全年为辖区34所中小学校7266名四年级学生和3150名初二学生征订《小学生人防知识读本》《小学生人防知识教学课例集》《人防知识（初中）》，加强全民国防教育。

（黄士丰）

双拥工作

【概况】 2023年，天宁区围绕巩固党政军民团结、促进国防建设和地方经济社会发展，开展具有时代特色、地域特点的双拥活动。年内，完成苏南地区首家地级双拥馆——常州市双拥馆建设，青果巷历史文化街区创成全市首家双拥示范街区，在兰陵北路和中吴大道“工”字形地下通道创建双拥人物长廊，营造“爱我人民、爱我军队”军政军民团结氛围。春节、“八一”期间，通过上门走访、祝福短信、座谈会、茶话会等形式，慰问辖区困难退役军人、参战老兵、军烈属、模范退役军人。以纪念延安双拥运动80周年为契机，选树“兵支书”“兵企业家”“模范拥军人物”等新时代双拥典型，评出省级“模范拥军人物”1名、市级“兵企业家”21名、区级“兵支书”18名。以“传承、创业、奉献、忠诚”为主题，举办4期“老班长”军民共建道德讲堂宣讲活动，弘扬爱党爱国爱军的正能量。组织区双拥协会、区双拥工作领导小组成员单位开展“走边防看亲人”拥军吉林行活动，看望常州籍子弟兵，送去日常生活用品。是年，戎威远有限公司江苏分公司总经理王国根获评江苏省最美拥军人物。

7月17日，区发展改革局（区国动办）开展“培育国防意识、强化爱国主义”暑期夏令营活动（区国动办 供图）

【拥军优属】 2023年，天宁区双拥办联合各双拥成员单位走访驻区部队，听取意见建议，了解困难需求，帮助驻区部队协调解决面临的实际困难和问题。全年累计投入300余万元，升级改造中国人民解放军联勤保障部队第904医院（常州院区）文体活动室、阅览室，改善武警常州支队机动中队生活环境。开展“情系边海防”活动，走访慰问现役军人家庭，发放节日慰问品，为现役立功军人上门送喜报，2次赴常州火车站欢送新兵，鼓励年轻军人履行保家卫国的光荣使命。在纪念抗美援朝胜利70周年之际，开展“情暖老兵，紧跟党走”大走访活动，上门为4名抗美援朝老兵家庭拍摄全家福，联合常州爱尔眼科医院为44位抗美援朝老兵作眼部专项检查。

【拥政爱民】 2023年，天宁区驻区部队支持地方经济社会发展，参与春节禁放烟花爆竹管控、党政机关植树、国庆安保和社会帮扶等活动。是年，驻区部队为区机关部门、街道和常州工学院、建东职业技术学院、常州工程职业技术学院等高校上国防教育课13次，为辖区学校

3000余名师生宣讲国防形势，提高干部群众的国防意识和国防素养。中国人民解放军联勤保障部队第904医院（常州院区）先后开展“礼赞新时代、奋进新征程”“发扬传承雷锋精神，军民共建鱼水情深”“奉献无声，大爱无言”“提升全民科学素质，助力科技自强自立”“促进儿童心理健康，共同守护美好未来”等拥政爱民活动，为居民群众提供健康咨询、急救知识培训、心理健康疏导、医疗巡诊义诊等服务，组织全体官兵和医护人员参加无偿献血活动，参与献血56人，献血13500毫升，践行“民爱军、军爱民”双拥宗旨。

10月27日，常州市首家双拥示范街区——青果巷双拥示范街区举行开街启动仪式
（区退役军人事务局 供图）

【双拥阵地建设】 2023年，天宁区加强双拥阵地建设，形成双拥“一地一特色”全新格局。10月，市退役军人事务局、天宁区政府、雕庄街道办事处共同出资352.8万元，在凤凰新城环岛路建成苏南地区首家地级双拥馆——常州市双拥馆，占地面积540平方米，内设序厅、双拥历史足迹厅、双拥创建历程厅、军地共建拥军厅、退役军人服务站，全面展示市、区两级双拥特色亮点工作和突出成效，唱响“军爱民，民拥军，军民团结一家亲”主旋律。10月，青果巷历史文化街区创成全市首家双拥示范街区，街区内85家惠军商户为现役军人、退役军人和其他优抚对象提供身份优先、服务优质、消费优惠的“三优”服务。8月，兰陵街道在兰陵北路和中吴大道“工”字形地下通道创建双拥人物长廊，以图片形式展示新时代双拥工作市级先进人物朱立凤、王国根等人的事迹。

（叶　怡）

经济管理

◆栏目编辑 张 真

宏观经济运行管理

【概况】 2023年，天宁区落实市委“532”发展战略和区委“3511”工作部署，编制《常州市天宁区2023年国民经济和社会发展计划执行情况与2024年国民经济和社会发展计划报告》《2023年度开发区、镇、街道高质量发展绩效评价考核实施方案》和《2023年度区级机关单位高质量发展绩效评价考核实施方案》，推进区域经济社会高质量发展。印发《天宁区2023年重点项目投资计划》，开展“重大项目攻坚突破年”活动，常州东方侏罗纪旅游度假区项目列入省重大项目。发挥龙头企业引领作用，评选表彰2023年度“创新发展贡献企业”67家，其中重大贡献企业4家、工业星级企业28家、服务业星级企业20家、建筑业星级企业3家、“三大赛道”示范企业12家，发放奖励资金合计509万元。常州市三维高精密测绘仪器工程研究中心、常州市智能图像处理与工业视觉检测工程研究中心、常州市口服固体智能化工艺工程研究中心、常州市新能源汽车充换电设施一体化检测认证工程研究中心、常州市光刻胶用引发剂及树脂工程研究中心5家中心获评市级工程研究中心。全年为企业争取国家、省、市各类扶持资金5816万元，为老旧小区改造争取中央预算内资金24293万元。13个项目完成政府专项债申报和发行，落实债券额度16.27亿元。是年，老工业基地调整改造第三次获国务院真抓实干督查激励，区发展改革局获评全省发展改革系统2023年度综合先进单位。

（张　丽）

【天宁区“十四五”规划中期评估】 6月，区发展改革局印发《天宁区“十四五”规划中期评估实施方案》，按照全面评估和重点评估、自我评估和第三方评估、定性评估和定量评估、专业评估和社会评估4个相结合原则，围绕评估对象和评估重点，通过座谈调研、收集典型案例，清单式梳理41项重点指标和86项重点任务完成情况，形成《〈常州市天宁区国民经济和社会发展第十四个五年规划和二〇三五年远景目标纲要〉实施情况中期评估报告》，经评估，规划纲要4大类41项指标中，全区31项指标完成中期节点进度，9项指标提前完成规划目标。

（杨之欣）

【《天宁区关于推动产业强区若干政策》修订】 2023年，区发展改革局按照“对标先进、突出创新”原则，修订《天宁区关于推动产业强区的若干政策》，聚焦做强做优新能源汽车零部件、第三代半导体、光伏太阳能三大领域，完善“助力高质量发展、强化高标准保障、优化营商环境”三方面内容，优化产业发展生态，激发创新创业活力，持续推进产业强区。其中，在“助力高质量发展”方面，支持企业规模发展、创新发展、开放发展、特色发展；在“强化高标准保障”方面，给予企业数字、土地、资本、人才、管理五大要素保障；在“优化营商环境”方面，为企业提供政务服务、项目服务、法律服务、办税服务、诉讼服务、挂钩服务、生活便利支持，建立稳定、公平、透明、可预期的政策环境，形成项目投入奖励、智能化改造奖励、知识产权奖励、人才支持保障等36条政策。

（杨之欣）

【高质量发展考核】 2023年，天宁区坚持高质量发展总导向，聚焦全区工作重点，结合市对区绩效评价考核指标和重点工作考评指标，新增“智改数转”、高层次人才集聚等6项考核指标和3项考评指标作为区级特色指标，编制《2023年度开发区、镇、街道高质量发展绩效评价考核实施方案》《2023年度区级机关单位高质量发展绩效评价考核实施方案》，明确考核体系、考核内容、计分办法、成果运用等内容，对开发区、镇、街道采用绩效评价指标和重点工作考评指标相结合考核方式，对部门结合市高质量发展指标任务、重点工作目标及管理工作目标实行综合考评方式，高质量发展考核结果纳入全区综合考核评价体系。

【重大项目推进】 2023年，天宁区贯彻落实市“重大项目攻坚突破年”活动部署要求，印发《天宁区2023年重点项目投资计划》，完善重点项目管理系统，编制重大项目管理手册，延伸项目管理链条，落实“日常巡查、周周碰头、月度分析、季度评比”督查机制，组织开展各类项目督查活动8次，召开重大项目推进会6次、重大项目联席会议4次，加大项目推进力度。推进20个省、市重点项目建设，其中省重大项目——常州东方侏罗纪旅游度假区项目年度投资5亿元，完成年度计划的100%；19个市重点项目年度投资31.7亿元，完成年度计划的109%；172个区重点项目年度投资266.4亿元，完成年度投资计划的101.8%。

（朱晓成）

【政府投资项目管理】 2023年，天宁区严格规范政府投资行为，加强对政府投资项目计划管理、决策审批，编印《天宁区政府投资建设项目三年滚动计划》，合理安排年度政府投资，全年列入政府投资计划项目62个，总投资54亿元，年度计划投资22亿元。申报政府专项债项目13个，落实债券额度16.27亿元。按照《常州市天宁区政府投资建设项目管理办法》规定，严控政府投资建设项目审批环节，依托江苏省投资项目在线审批监管平台和常州市工程建设项目平台，规范项目审批流程，简化项目审批程序，健全项目评价机制，保障建设项目科学决策，全年完成181件政府投资项目立项审批。

（陈振杰）

【现代服务业高质量发展】 2023年，天宁区服务业经济总体呈现稳中有进的良好发展态势，全区服务业投入增幅达9.3%，服务业增加值完成726.8亿元，同比增长5.7%，占地区生产总值的74.7%；规模以上服务业营业收入完成194.18亿元，同比增长14.8%。是年，常州东方侏罗纪旅游度假区项目被列入2023年省服务业重大项目；中欧（常州）检验检测认证国际合作产业园、江苏常州人力资源服务产业园和江苏省常州健康养老服务业集聚区在江苏省现代服务业高质量发展“331”（300家省级现代服务业高质量发展领军企业；300家省级现代服务业高质量发展集聚示范区；100家省级两业融合发展标杆引领典型）工程综合评价中获评高质量发展集聚示范区；天宁经济开发区获评两业融合发展标杆引领典型；常州交运金属智慧物流基地获评2023年度省级重点物流基地；常州外事旅游汽车集团有限公司被认定为2023年度市级区域性总部企业，获得市级现代服务业专项发展资金100万元；常州市天宁文旅创意休闲集聚区获评江苏省现代服务业高质量发展“331”工程第三批集聚示范区，获得市、区两级服务业专项配套资金各50万元。至年末，22家服务业企业获评2022年度市级现代服务业星级企业，21家服务业企业获评区级服务业星级企业，10家服务业企业获评区“三新”经济示范企业。

（龚妮娜）

【粮食安全保障】 2023年，区发展改革局加强粮食质量安全风险监测，对应急保供、粮食储备等涉粮企业开展安全库存、统计等检查，牵头组织全区粮食流通保障水平考核，对镇（街道）开展粮食安全责任制考核，增强粮食应急保障能力。开展粮食安全宣传活动，承办常州市2023年世界粮食日和粮食安全宣传周主会场活动，组织粮食科技活动周、世界粮食日等活动10余次，开展文艺演出、知识科普等活动，发放宣传手册3000余本，增强市民爱粮节粮意识。

（钱　琪）

自然资源管理

【天宁区启动第三次全国土壤普查】 2月，按照国务院、省政府、市政府《关于做好第三次全国土壤普查工作的通知》要求，天宁区启动第三次全国土壤普查，成立土壤普查工作领导小组，并组建区土壤普查领导小组办公室（以下简称区土壤普查办），制定《天宁区第三次全国土壤普查实施方案》，明确普查时间为2023年2月至2025年12月，普查对象为天宁区域内耕地、园地、林地、草地等农用地土壤和部分未利用地土壤，普查任务为土壤性状普查、土壤类型普查、土壤立地条件普查、土壤利用情况普查、土壤数据库构建和普查成果汇总，分析40多年来土壤变化趋势及原因，提出防治土壤退化的措施建议。10月25日至11月11日，区土壤普查办根据江苏省土壤普查办公室下发的《江苏省第三次全国土壤普查样点校核优化实施方案》要求，委托第三方专业机构，对全区52个土壤表层开展外业采样，年内完成全部样品的质量监督、检测化验、数据填报及内业数据审核。

（廖云峰）

【土地资源节约集约利用】 2023年，市自然资源和规划局天宁分局编制《天宁区2023年低效用地再开发实施计划》，采取综合整治、更新改造、拆除重建3种方式，推进旧城镇、旧厂矿和旧村庄低效用地再开发，全年完成低效用地再开发163.73公顷，盘活处置批而未供土地47公顷，生态整治腾退6.07公顷。优化全域空间格局，将焦溪、牟家、徐家、董墅、东青5个村作为空间布局优化试点，对其规划耕地和现状耕地实施动态控制调整。加强村镇土地用途管制，对村庄单元内的土地要素列出分级、分类、分时用途清单，推进危污企业清退或增效，合理匹配各村庄单元增存空间。实施全域土地综合整治，推进国土空间资源整合，郑陆镇国土空间全域综合整治项目入选江苏省2023年度国土空间全域综合整治省级示范申报项目名单，整治范围为查家村、舜南村、横沟村，总面积646.67公顷。推进工业园区改造提升专项行动，完成《常州市天宁区产业园用地提质增效三年行动实施方案（2023—2025年）》编制，《常州市天宁区产业园用地整治提升试点方案(2023—2025年)》获省自然资源厅批复，全面提升产业园土地综合承载容量和经济产出水平，实现土地资源更集约、更高效、更可持续的高质量利用；结合产业特征及节地需求，创新探索先租后供地模式，11家关停、拆迁涂料企业整合至郑陆镇3.67公顷绿色涂料集聚区，采用“5+25”年供地模式（指5年租赁期，期满达到投资建设要求后转25年出让的方式），加快推动天宁区涂料产业转型升级。6月，天宁区节约集约用地做法获《人民日报》报道。

【重大项目用地保障】 2023年，市自然资源和规划局天宁分局围绕优化营商环境，创新标准化管理、清单式服务、“方案预审＋部门预联审”等服务举措，全年完成建设工程设计方案审批43件，核发建设工程规划许可证48件，总建筑面积102.69万平方米。年内，完成2个省重点项目、5个市重点项目、25个区重点项目土地供应手续，累计供应土地61宗196.33公顷，出让金总额187.5亿元。其中，工业用地9宗23.53公顷，出让金16878万元；住宅用地13宗67.06公顷，出让金116.46亿元；商业及其他经营性用地4宗5.47公顷，出让金41662万元；划拨用地23宗36.67公顷；协议用地12宗63.53公顷，出让金651809万元。完成《天宁区2023-01号土地征收成片开发片区方案》《天宁区2023-02号土地征收成片开发片区方案》编制，实施总征收土地面积98.8公顷，保障恐龙园东部片区、和平工业园片区和武进不锈工业片区开发。完成土地征收总面积65.33公顷，保障焦溪中学、郑陆中学、舜新家园、虞舜公园、舜山小镇配套道路等项目建设。完成7个重点项目永久使用10.25公顷林地报批、4个开发项目临时使用1.35公顷林地报批。

【土地执法监察】 2023年，市自然资源和规划局天宁分局加大土地执法力度，做细做实日常执法监察，区、镇（街道）、村三级土地执法网格员每月对辖区内所有建制村开展一次全面巡查，对重点线索问题和重点区域开展不定期巡查，巡查次数每周不少于2次、每月不少于8次，巡查情况通过省自然资源违法行为实时智能监管系统全程记录并上报，遏制土地“非农化”（指耕地被用于农业生产以外的生产经营活动），防止耕地“非粮化”（指小麦、水稻、玉米三大主粮以外的种植）。开展违法用地“清零行动”、“动态清零”整改、农村乱占耕地建房补充摸排、“大棚房”问题回潮反弹排查整治等专项行动，完成22宗5.78公顷历史违法用地整改，完成2宗0.13公顷新增违法用地整改。年内，整改2022年省自然资源厅土地例行督察发现的违法用地卫片执法图斑5个，涉及面积2.4公顷；整改2023年省自然资源厅例行督察发现的违法用地卫片执法图斑1个，涉及面积0.37公顷，整改率100%。

【产业用地全生命周期监管机制建立】 2023年，市自然资源和规划局天宁分局以产业用地提质增效为目标，开展产业用地全生命周期管理研究，制定《天宁区产业用地全生命周期监管办法》，建立产业用地“准入—供给—监管—退出”全生命周期管理机制，对产业用地采取《出让（租赁）合同》与《投资发展监管协议》双合同模式，将开发、建设、投入、产出、节能、环保等经济、社会、环境各要素纳入监管协议中，并按照“谁提出、谁监管”原则，系统化、精细化、动态化管理用地主体在用地期限内全过程利用状况，实现对每宗产业用地利用状况实施全过程动态评估和监管，促进工业用地高效集约利用，实现产业用地综合效益最大化。

【产业园用地整治提升方案获省级试点】 7月，《天宁区产业园用地整治提升试点方案（2023—2025年）》（以下简称《试点方案》）获省自然资源厅批复同意，成为江苏省第二批4个试点地区之一。《试点方案》以推动工业用地提质增效为目标，以“布局集中、产业集聚、用地集约”为原则，建立健全政府引导、部门协同、公众参与的工作机制，鼓励土地权利人、集体经济组织等市场主体和社会力量参与改造开发，实现共同开发、利益共享，增强改造开发合力。结合天宁区五大行动（格局优化行动、效率提升行动、价值提升行动、品质提升行动、制度支撑行动）、“危污乱散低”出清提升规划、低效用地再开发专项规划（2021—2025年）、生态产品价值实现等重点工作，推进9个试点园区、479.08公顷产业用地空间布局优化，盘活存量工业用地空间，推进园区土地生态整治，破解天宁区资源要素碎片化难题，优化城乡土地利用结构与布局，促进土地资源节约集约和高效利用，实现城乡统筹协调发展。

【天宁区获评江苏省土地执法先进县（市、区）】 4月，天宁区被省自然资源厅评为2022年度江苏省土地执法先进县（市、区）。2021—2022年，天宁区高度重视耕地保护和自然资源保护，区委、区政府多次专题听取耕地保护督察、土地卫片执法、耕地流出整改等工作推进情况，成立耕地保护工作专班，全力做好督察问题的整改推进，确保全区耕地数量不减少、质量不降低。探索自然资源巡查处置和长效治理一体化、智能化监管机制，建立区、镇（街道）、村三级土地执法网格员体系，构建“横向到边、纵向到底、全覆盖、无缝隙”的自然资源网格化监管网；创新“技防＋人防”的技术手段，综合利用卫星遥感、无人机、视频监控等技术手段，建设“空、天、地”一体化智能感知系统，构建“早发现、早制止、严查处”工作机制，提升执法监管科学性和时效性。加强违法用地整改，联合区城管局、天宁生态环境局、区农业农村局、区检察院等部门，加大违法用地处置力度，对卫片执法、日常巡查、上级例行督查、信访举报等途径收到的违法用地行为督促整改，情节严重的立案查处，情节轻微的以公益劳动代偿方式处置。2023年，天宁区在全省率先完成土地违法违规问题“双零”行动整改，提前完成2022年度耕地保护督察问题省级销号，实现存量违法用地“清零”、新增用地“零违法”目标。

（蒋云峰）

国有资产监督与管理

【概况】 2023年，天宁区有常州天宁建设发展集团有限公司、江苏天宁城市发展集团有限公司2家区管国有企业，集团资产总额分别为571亿元、310亿元。年内，区国资办动态调整权责清单，修订完善《常州市天宁区国资办权责清单（2023年版）》，明确监管事项的审批方式，完善出租事项核准和人员管理备案等事项。坚守不发生重大风险底线，每季度出台融资上限文件，严格控制融资成本和债务增量。

【国企改革】 2023年，天宁区切实履行国企监督管理职能，巩固国企改革三年行动成果，制定出台《区管国有企业年度财务决算审计管理暂行办法》，加强企业财务监督，指导企业完善财务会计制度及内控机制。调整国有资本布局，组织开展战略性重组和专业化整合，重组整合全区人力资源类公司，实现成本缩减、效率提升。联合区纪委监委组织开展国企重点领域突出问题专项治理，通过实地走访、查阅台账、数据筛查等方式，对资产底数、保值增值、日常管理等方面提出要求，推动国有资产规范管理、优化整合，防范国企廉政风险。开展政府投资基金专项整治，从制度设计、基金设立、管理运行等10个方面开展自查自纠和审计督查，督促查出问题的整改落实。拓宽国企业务范围，支持国有企业参与光伏产业、能源供应、智慧停车等经营性项目，增设金融解纷业务，探索开展类金融业务，推动国企转型升级。

【行政事业性国有资产管理】 2023年，天宁区加强行政事业性国有资产管理，依托资产管理云平台开展资产调拨、报废等日常管理，实行资产月报、年报制度，全面掌握全区资产底数。落实国有资产管理情况向同级人大汇报制度，报告行政事业单位资产、国有企业资产和自然资源资产构成及运行情况，针对存在的问题提出具体措施。制定《常州市天宁区盘活行政事业性国有资产工作实施方案》，明确资产清查范围和低效闲置资产标准，通过整合优化、调剂共享、统一监管、合作共建等举措，实现存量资产和新增投入良性循环，全年累计盘活家具、设备等105项资产。制定《常州市天宁区区级行政事业单位公物仓管理实施细则（暂行）》，明确公物仓资产出入标准、操作流程和流转机制，推进资产共享公用和调剂使用，提升资产使用效益。

（盛　丽）

【常州天宁建设发展集团有限公司】常州天宁建设发展集团有限公司（以下简称天建集团）成立于2008年12月25日，注册资本15亿元，是市政府出资并委托区政府管理的市属区管国有企业，主体信用等级AA+，经营范围包括城市片区开发、土地整理、工程施工以及资产管理、工业实体、乡村振兴、教育养老等业务。至2023年年末，天建集团下属子公司36家，其中一级子公司9家、二级子公司21家、三级子公司6家；拥有国有房产314处，总建筑面积105.95万平方米，其中出租68.31万平方米，全年经营性收益6094.08万元；集团资产总额571亿元，净资产201亿元，营业收入28.5亿元，净利润1.95亿元。

2023年，天建集团聚焦城市综合开发运营的战略定位，稳健高效推进重点工作、重大项目建设。年内，完成兰蕙佳园小区、茶溪雅园小区、竹韵茗苑小区累计2000余户安置房交付，翠亭茗居小区完成主体工程验收，大宁佳苑小区（二期）验收工作有序推进，东青馨苑、锦苑小区项目建设稳步实施，草塘雅居小区、斜桥巷小区改造工程全面启动。完善老城厢路网体系，年内新建新民里、新林路、湾塘路等12条道路，完成关河中路、堤顶路修缮和横岸桥改造，新增“口袋公园”、配套景观绿地8个，提升城市宜居环境。持续完善民生实事综合配套，朝阳市集、翠竹市集建成开业，君天文化人才公寓建成投用，凤凰世纪广场、青少年活动中心、丽华社区活动中心竣工验收，工业互联网高新企业数据中心、武澄科技园二期完成主体工程建设。推进“常州之芯”建设，金秋大厦、景宁大厦完成主体工程验收。推进学校新建和改扩建工程，董头村地块配套幼儿园、光华学校（改扩建）、清凉小学（改扩建）、天宁区实验幼儿园4所学校建成投用，教育小镇（幼儿园、小学、中学）、怡康小学（改扩建）完成竣工验收，茶山街道北侧地块配套幼儿园、正衡中学天宁分校、正衡中学总部进入验收程序，常青小学、未来智慧城（幼儿园、小学、初中、共享健身中心）一体化项目完成主体验收。是年，凤凰驿全民健身中心、北环小学项目获评江苏省优质工程，未来智慧城（幼儿园、小学、初中、共享健身中心）一体化项目获评江苏省建筑施工标准化星级工地，清凉小学、工业互联网高新企业数据中心等15个房屋建设工程项目获评常州市优质结构工程奖。萃园建成开园，再现江南古典园林群盛景，获中央广播电视总台《新闻联播》点赞报道。焦溪古镇导入音乐主题书店、国乐传习所、焦溪农产品创意中心等业态资源，建成音乐美学空间。统筹谋划片区开发，出让丁塘港东侧西地块、新堂北路北侧、大明路东侧地块、城堡酒店地块、车检所南侧地块、智荟港周边地块5宗地块，总面积24.4万平方米，成交总金额25.71亿元。探索二级开发合作模式，与常州万方新城房地产开发有限公司共同开发建设清凉寺南侧地块。

（蔡　楠）

【江苏天宁城市发展集团有限公司】江苏天宁城市发展集团有限公司（以下简称天宁城发）成立于2021年12月，注册资本25亿元，是一家以城市开发、城市运营、城市服务、产业投资、金融拓展为主营业务的城市综合运营集团，主体信用等级为AA+。至2023年年末，天宁城发下属25家控股子公司，其中一级子公司4家、二级子公司13家、三级子公司8家；在管资产项目26个，总建筑面积130.47万平方米，出租率84.16%，全年资产经营性收益11133万元；集团资产总额310亿元，净资产133亿元，分别同比增长1.87%、2.08%，营业收入38.6亿元，净利润2.8亿元，资产负债率58%。

2023年，天宁城发在资本市场首次亮相，面向专业投资者非公开发行公司债券5亿元。完成维发电子科技（常州）有限公司等5个项目投资，投资额达9015.35万元。完成常州亚玛顿股份有限公司等5个项目股权退出，退出金额超9000万元。全国首单区域产业供应链数字资产凭证业务落地天宁，完成常州弘联商业保理有限公司首笔再保理业务。完成紫荆公园南侧、东风7号、正行中学南侧3宗地块出让，总面积10.04万平方米，成交总金额19.5亿元。实施22个市政项目及配套工程建设，总投资21亿元，其中福北工业园二期、原青龙中学地块配套道路等12个建设项目竣工交付，新建停车场9个，新增车位2025个，接入停车平台系统车位累计6416个，给永宁雅苑、新城金郡小区436个车位加装新能源充电桩。推进屋顶分布式光伏项目建设，全区累计新建16000平方米屋顶光伏板。天宁城发下属的常州恒泽水业发展有限公司全年供水313.6万立方米，销售收入558万元；常州弘源水务有限公司全年处理污水466万吨，销售收入2265万元。扩大业务经营范围，新增金融解纷业务，天宁城发子公司——江苏城易达科技有限公司全年受理小额金融纠纷案件2832件，涉及金额15711万元。是年，天宁城发在管资产——中欧（常州）检验检测认证国际合作产业园获评江苏省现代服务业高质量发展集聚示范区、江苏省仪器仪表产业园、省级众创空间。

（李宏刚）

财 政

【概况】 2023年，区财政局把握稳中求进工作总基调，贯彻“积极的财政政策加力提效”要求，落实开源节流、挖潜增效、厚植民生、深化改革、防范风险重点工作，保障全区财政平稳运行。是年，全区完成一般公共预算收入49.79亿元，较上年减少2.52亿元，同比下降4.82%。其中，税收收入43.80亿元，同比增长1.53%，税收收入占一般公共预算收入的87.98%。政府性基金预算收入58.24亿元，较上年减少14.75亿元，同比下降20.21%。国有资本经营预算收入7493.39万元，较上年增加4468.14万元，同比增长147.69%。一般公共预算支出48.96亿元，较上年增加1.64亿元，同比增长3.47%，完成调整预算的93.62%。政府性基金预算支出76.61亿元（含上解省支出），较上年（同口径）减少7.56亿元，同比下降8.98%，完成调整预算的84.02%。国有资本经营预算支出7493万元，较上年增加4468万元，同比增长147.7%，完成调整预算的100%。

表10　2023年天宁区财政收入统计表

收入项目	金额（万元）	比2022年增长	收入项目	金额（万元）	比2022年增长
一、一般公共预算收入	497853	-4.82%	耕地占用税	1177	72.10%
（一）税收收入	437991	1.53%	契税	58926	-20.55%
增值税	204694	59.50%	环境保护税	2270	-27.36%
企业所得税(40%)	60439	-4.67%	其他税收收入	4	-90.73%
个人所得税(40%)	30911	9.92%	（二）非税收入	59861	-34.70%
城市维护建设税	24764	11.64%	专项收入	19873	10.82%
房产税	22666	3.68%	行政事业性收费收入	14169	132.56%
印花税	11980	62.47%	罚没收入	5291	-13.31%
城镇土地使用税	9019	-9.71%	国有资源有偿使用收入	20528	-66.65%
土地增值税	11120	-84.57%	二、政府性基金预算收入	582417	-20.21%
车船税	22	39.67%	三、国有资本经营预算收入	7493	147.69%

表11　2023年天宁区财政分项支出统计表

支出项目	金额（万元）	比2022年增长	支出项目	金额（万元）	比2022年增长
一、一般公共预算支出	489570	3.47%	商业服务业等支出	1392	-52.48%
一般公共服务支出	68349	13.70%	金融支出	691	-14.69%
公共安全支出	18756	7.33%	援助其他地区支出	2051	—
教育支出	84582	3.49%	自然资源海洋气象等支出	—	—
资源勘探工业信息等支出	6715	-3.93%	科学技术支出	9330	-7.68%

续表 11

支出项目	金额（万元）	比 2022 年增长	支出项目	金额（万元）	比 2022 年增长
文化旅游体育与传媒支出	2480	-33.80%	灾害防治及应急管理支出	1849	-34.06%
社会保障和就业支出	93354	6.96%	其他支出	15	-99.05%
卫生健康支出	31182	-30.79%	债务还本支出	14740	69.43%
节能环保支出	7163	-4.71%	债务付息支出	3911	18.55%
城乡社区支出	47087	-17.69%	债务发行费用支出	21	-38.24%
农林水支出	18863	5.44%	二、政府性基金预算支出	766063	-8.98%
交通运输支出	4034	3347.86%	三、国有资本经营预算支出	7493	147.70%
住房保障支出	71750	31.77%			

说明：财政分项支出总数不包括国防支出

【财政收支管理】 2023 年，天宁区利用信息技术，跟踪分析房地产业、制造业等重点行业大额税收情况，加强税收征管。抢抓数字经济、新能源产业等政策“窗口期”，向上争取财政资金支持，全年累计向上争取各类转移支付资金 10.77 亿元。加强财政支出管理，树立过“紧日子”思想，制定出台《天宁区区级行政事业单位通用办公设备和办公家具配置标准》，规范区级行政事业单位通用资产的配置管理，降低机关运行成本，部门专项和部门日常公用经费较上年分别压减 10% 和 4%。盘活结转结余资金、专项转移支付结转资金等存量资金，全年盘活存量资金 2.14 亿元，优先用于“三保”（保基本民生、保工资、保运转）及民生重点领域支出。

【财政管理改革】 2023 年，天宁区推动财政管理改革，推广应用江苏省预算管理一体化系统（以下简称一体化系统），启用一体化系统中单位会计核算模块、财政供养信息管理模块和工资发放模板，83 家行政事业单位进入一体化系统管理范围；启用一体化系统中政府采购管理模块，实现采购重要业务数据与省“苏采云”（政府采购一体化平台）系统贯通，推进政府采购全过程系统化管理；推进一体化系统延伸至开发区、镇、街道，形成预算管理闭环。深化预算绩效管理，依托省预算管理一体化系统，开展绩效目标管理和绩效运行监控，上网公示部门 2023 年度绩效目标和 2022 年度绩效评价结果，主动接受社会监督；选取 8 个社会关注度较高的项目开展财政重点绩效评价，涉及项目评价、部门整体评价（部门整体履职情况）、政府购买服务评价、资产管理评价 4 个方面，评价资金超 6000 万元，发现相关问题 26 个，形成问题清单，反馈给受评部门，并将当年绩效评价结果与下一年度的预算安排挂钩，促进重点评价问题及时整改。联合区委组织部、区人社局、区审计局和区总工会常态化开展作风建设情况专项检查，重点检查 11 家单位公务接待规定和津补贴发放制度执行情况，发现存在报销附件不全、手续流程不规范等问题，督促相关单位落实整改。

【财税政策支持区域发展】 2023 年，天宁区贯彻落实上级有关延续、优化、创新的税费优惠政策，延续“符合条件行业研发费用税前加计扣除”政策，优化“小微企业和个体工商户所得税优惠”政策，延续“降低失业和工伤保险费率、残疾人就业保障金优惠”政策，延续“提高 3 岁以下婴幼儿照护、子女教育、赡养老人等个人所得税专项附加扣除”相关政策。落实常州市《关于促进创新发展的若干政策》《关于促进产业高质量发展的若干政策》和天宁区《关于推动产业强区的若干政策》，统筹各类资金支持实施创新驱动发展战略，投入 6437 万元支持企业推进“智改数转”（智能化改造数字化转型），推动工业和信息产业转型升级；投入 4991 万元支持创新主体培育，鼓励企业开展技术攻关，全年净增高新技术企业 94 家；投入 1225 万元支持企业开展内外贸易，助力企业拓展国内外市场；投入 3978 万元支持“龙城英才计划”“双创”等高层次人才引进，落实青年人才双资助政策；运用“创新贷”为 121 户企业发放贷款 9.45 亿元，利用贷款贴息政策帮助企业缓解融资贵问题；完善“园区保”政府担保合作协议，帮助27家企业解决超2.06亿元的融资需求，为59家初创企业发放富民创业担保贷款1600万元。

【基本民生领域财政保障】 2023年，天宁区各类民生事项支出37.12亿元，占全区一般公共预算支出的78%。年内，投入3618万元用于提高城乡低保、特困供养人员、困境儿童和残疾人“两项补贴”等社会保障标准，保障困难群众基本生活需求；投入2616万元用于支持开展“一老一小”健康关爱行动，为2.19万名80周岁及以上老年人购买居家上门服务，新增14家老年助餐点，全区92万人次60周岁及以上老年人享受助餐补贴，新建、改（扩）建8家普惠托育机构，创成省级普惠托育机构3家；投入1.23亿元用于教育小镇中小学、未来智慧城幼儿园等6所学校建设，新增学位2340个，优化教育资源供给；投入3.84亿元用于支持市儿童医院移址新建，建成集医、教、研于一体的区域儿童医学中心。

【城乡协调发展财政投入】 2023年，天宁区投入14.52亿元用于茶山街道、红梅街道、天宁街道、兰陵街道老旧小区改造，改善小区基础设施。投入2732万元用于支持保障性租赁住房建设、安置房建设和既有住宅加装电梯项目，全年改造保障性租赁住房1548套，建成安置房832套，完成既有住宅加装电梯46台。投入1.21亿元用于公共交通运行补贴、城市共享停车场项目、城市道路配套交通设施建设，满足人民群众出行需求。投入1759万元用于支持美丽乡村建设、发展现代农业、落实政策性农业保险和发放涉农惠农补贴。

【绿色安全发展财政投入】 2023年，天宁区投入9418万元用于郑陆镇城镇污水管网覆盖工程、农村生活污水治理、生态安全缓冲区建设、重点区域道路扬尘控制、城乡生活垃圾分类等生态环境项目，持续提升生态环境。争取6200万元债券资金用于红星灯具厂地块、常州冠今化工地块土壤修复、风险管控及填埋固废处置工程等，推动土壤质量全面改善、生态系统良性循环。区管国有企业投入4620万元实施朝阳工业园周边地块环境整治、凤凰岛西路道路两侧及沿河景观提升、舜山山体修复、龙游河综合整治等生态环保修复工程项目，提升居民生活品质，改善区域生态环境，促进地区经济社会发展。

【债务风险管控】 2023年，天宁区加大债务风险管控力度，利用政府债务监管平台，加强政府债务监测，提前统筹资金来源，逐笔落实到期债务处置，年内债务率风险等级维持在黄色区间。全年累计向省财政厅争取债券资金额度17.17亿元，其中一般债券额度0.9亿元、专项债券额度16.27亿元，重点用于支持教育、医疗卫生、城市更新、环保领域等17个项目；争取国债资金1.12亿元，用于支持水利工程建设。加强新增债券管理，从严审核专项债券储备项目，以项目成熟度、前期审批手续完备度作为考量标准，避免“钱等项目”。加快专项债券支出进度，建立健全项目建设进度监测机制，以加快项目推进为抓手，督促债券资金尽快支出。综合运用财政部债券穿透式监管系统，将资金拨付情况、资金支出情况、收益情况等纳入监管范围，对项目建设、资金使用和项目运营开展全方位监管，实现专项债券“借、用、管、还”全流程监管。从严管控国企融资，加强平台类企业经营性债务管理，控制全口径债务规模增幅低于9.5%；执行融资成本上限要求，国有企业新增融资综合成本控制在4.5%以下。

【政府采购管理】 2023年，天宁区全面推进政府采购全流程电子化，鼓励采购双方不见面交易，按照“苏采云”框架协议平台采购政策要求，意向公开、采购公告、采购评审、合同签订、履约验收、监督管理等环节实现全流程电子化。开展政府采购项目和采购代理机构督查，围绕采购文件是否符合国家法律法规及营商环境要求、是否存在妨碍市场主体平等参与政府采购活动的隐性门槛和壁垒等方面，对2家政府采购代理机构和7个政府采购项目实施检查，涉及采购金额898.59万元，通过书面审查和现场督查，发现部分项目存在政府采购合同未及时公示、委托代理协议内容不完善等问题，督促采购代理机构和相关单位完成整改，维护公开、公平、公正的政府采购市场环境。开展政府购买服务实施情况专项整治，排查是否存在政府购买服务履约管理不力、借政府购买服务名义变相用工等，通过自查与抽查，未发现违规违法问题。落实政府采购帮扶帮促政策，推进“832平台”（全国832个国家级贫困地区网络销售平台）及“鲜丰汇平台”农副产品采购工作，“832平台”实际采购脱贫地区农副产品交易总额37.13万元，完成年初计划的123.78%；“鲜丰汇平台”实际采购省内重点帮促地区农副产品交易总额9.37万元，完成年初计划的104.15%。

（盛　丽）

税　务

【概况】 2023年，区税务局围绕服务地方经济高质量发展，发挥税收职能，全年实现税收收入78.07亿元，同比增长11.8%。其中，计入一般公共预算收入的税收43.8亿元，同比增长1.5%。开展高新技术、外贸等企业税源经济分析，报送《从上半年出口数据看天宁外贸形势》等专题报告21篇，为上级和地方党委政府决策提供参考。是年，区税务局获评全国职工书屋示范点等荣誉22项。

【减税降费】 2023年，区税务局持续落实结构性减税降费政策，依托税收大数据实施“政策找人”，主动向符合条件的纳税人推送减税降费政策短信30余万条，完善“免填单”“批处理”等便利措施，推动税费优惠直达快享，全年市场主体享受税费红利13.43亿元，其中留抵退税4.26亿元，助力企业发展。严格把控税费优惠政策落实过程中的风险点，通过江苏省税务局税收大数据管理平台，定期筛查小规模纳税人、特殊群体（脱贫人口、失业半年以上、零就业、家庭享受城市居民最低生活保障家庭劳动年龄内的登记失业人员、毕业年度内高校毕业生）、退役士兵等应享未享和违规享受税费优惠政策的情况，全年核实疑点数据1500余条，对违规享受税费优惠政策的纳税人督促其补缴税款。贯彻党中央、国务院关于促进外贸平稳发展的决策部署，办理出口退（免）税备案类服务事项129户次，核准退税4502户次。

4月23日，区税务局在常州九洲新世界广场开展普法宣传

（区税务局 供图）

【税费征管】 2023年，区税务局按照中共中央办公厅、国务院办公厅《关于进一步深化税收征管改革的意见》要求，落实《2023年全市税务系统深化税收征管改革重点工作任务清单》，推进智慧江苏税务建设、税务执法新体系建设、税务监管新体系建设、税费共治新体系建设。优化调整社保费申报缴纳流程，将用人单位和个人的社会保险费申报缴纳流程调整为缴费人直接自行向税务部门申报缴费。加强税费征管保障，制定《天宁区税费征管保障工作意见》，将税收征管工作融入地方政府网格化社会治理体系，构建税费共管共治新格局；完善征缴争议处理机制，在天宁办税服务厅设立争议处置办公室，及时有效协调解决涉税征缴争议，提升纳税缴费人满意度。全年完成“两税”（个人所得税、企业所得税）征收22.88亿元、“地方十税”（资源税、城镇土地使用税、城市维护建设税、印花税、土地增值税、房产税、车船税、耕地占用税、契税、环境保护税）征收14.19亿元。加强辖区内外市建筑企业税收征管，实施报验登记项目网格化排查及常态化跟踪管理，全年建筑企业预缴税款0.86亿元。加强破产企业税收清算，与区法院合作建立常态化信息共享机制，召开破产企业税收债权保障联席会议2次，解决破产企业债权申报、注销等涉税问题16户次。加强环境保护税征收，与天宁生态环境局联合建立“绿色税收”管理联动工作机制，签署扬尘环保税协作共治合作备忘录，全年征缴环境保护税541.7万元，推动“绿色税收”服务地方经济高质量发展，相关经验做法入选“2023年常州市普法与依法治理创新案例”。

【纳税服务】 2023年，区税务局开展“便民办税春风行动”“春雨润苗”等活动10场，落实“我为群众办实事”部署要求，走访重点企业10余家，帮助企业解决涉税难题5个，听取并协调解决涉税政策、便民办税等意见建议10条，畅通纳税人、缴费人诉求表达和权益保障通道。依托“智优+”纳税服务团队，开设“云课堂”，在线开展税费政策宣讲，受众1万余人次。落实“就近办、网上办、兜底办”便民举措，构建“网上办税为主、自助办税为辅、办税服务厅兜底”的立体化办税格局，推动申报更正、处罚、退税等高频涉税事项全程网上办。是年，天宁办税服务厅被省税务总局命名为全省税务系统首批新时代“枫桥式”办税服务厅。

（储歆怡）

金融监督管理

【概况】 2023年，区地方金融监管局以金融业服务实体经济发展、净化区域金融生态环境为宗旨，在全市率先组建防范和处置非法集资风险监测员、宣讲团队伍，夯实群防群治基础，筑牢金融安全防线；推进常州金融多元解纷中心运行，实现金融领域小额纠纷诉前高效化解；启动数字人民币应用试点，完成常州市首笔地方行政单位数字人民币工资代发，数字人民币应用发展水平在全市高质量发展重点工作考评中位列第一。至年末，天宁区域内有市级银行业金融机构9家、区级银行业金融机构16家、地方金融组织19家，新增天宁区德润农村小额贷款有限公司；有境内外上市企业6家，全区累计“新三板”挂牌企业25家，其中在板企业12家。全年金融业实现增加值107.35亿元，同比增长9.2%，占全区地区生产总值的11.04%，对地区生产总值增长的贡献率为19.4%。是年，区地方金融监管局被评为常州市“四无”建设优胜单位。

（戴琼凯）

【上市企业培育】 2023年，天宁区推进企业股改上市（挂牌）和上市后备企业培育，制定《天宁区企业股改上市攻坚年行动方案》，召开企业上市工作推进会，举办“资本下午茶”系列活动，宣传资本市场注册制改革和北京证券交易所窗口期机遇，常州海图信息科技股份有限公司挂牌“新三板”创新层并报省证监局辅导，江苏先锋智能科技股份有限公司完成股份制改造，14家企业入选市级“龙腾计划”重点后备企业，41家企业入选一般后备企业。鼓励上市企业通过增发、配股或发行债券等形式再融资，全区上市（挂牌）企业实现再融资9.86亿元。落实企业股改上市奖励政策，全年争取并兑付各级上市后备企业奖励资金432万元。

（陈　阳）

【金融业服务实体经济】 10月，天宁区制定出台《2023年度天宁区银行业金融机构支持重点领域贷款评价激励办法》，采用百分制考评各银行业金融机构在服务高质量发展、支持智能制造、助力“3511”发展战略、服务区域经济发展、维护地方金融稳定五方面的资金投放、增量、增速以及服务创新、化解金融风险等举措。组织开展“行长看天宁——金融助力高质量发展”、金融服务“提升营商环境”开发区专题政银企（政府、银行、企业）对接会、金融服务进机关等活动10余场，鼓励和引导金融机构发挥金融服务地方发展的主力军作用。梳理全区产业园区、重点项目、民营企业等领域融资需求清单，帮助近140家企业获得“普惠融”“创新贷”等转贷、政策性贷款11亿元。至年末，全区在江苏省综合金融服务平台注册企业超9900家，累计解决融资超235亿元。

（戴琼凯）

【地方金融组织监管】 2023年，天宁辖区内有地方金融组织19家，其中小额贷款公司4家、融资担保公司2家、典当行9家、融资租赁公司3家、商业保理公司1家。是年，区地方金融监管局加强地方金融组织监管，配合省、市金融监管部门开展年度审计评级、“双随机、一公开”等现场检查，组织第三方机构对辖区内4家未审计的地方金融组织开展现场检查，针对发现的问题出具风险提示函并督促企业整改，促进地方金融组织健康合规发展。联合天宁消防救援大队对全区地方金融组织生产经营场所的消防设施开展现场检查，组织消防演练，严守安全生产底线。

（孙思雯）

【非法金融活动防范】 2023年，为深入贯彻落实国务院《防范和处置非法集资条例》《江苏省地方金融条例》要求，加大对非法金融活动的防范打击力度，天宁区制定出台《天宁区防范和处置非法集资排查整治工作指引（试行）》《天宁区防范非法集资商事登记联动工作机制》《常州市天宁区非法集资举报奖励实施办法（试行）》等文件，通过商事登记管理、部门联动处置、举报奖励等方式，加大对非法集资的源头治理、排查整治和打击处置力度，形成群防群治工作合力。组织“‘金融安全卫士’在身边”专项行动，创新开发防范非法集资“三国杀”卡牌，累计发放300余份；组建以“三官一律”（法官、检察官、警官，律师）人员为主体的宣讲团，成立由网格员、公安干警和金融网点工作人员为主体的风险监测员队伍，全年开展专题宣讲14场、线上线下宣传教育200余次，提升群众金融知识水平与风险识别能力。构建"日常监测＋楼宇清查＋专项排查"工作体系，联合公安、市场监管等部门对13座重点楼宇开展排查，发现并处置非法集资风险4起，兑现举报奖励2起。

（倪金乔）

【金融纠纷调解】 2023年，常州金融多元解纷中心针对银行保险领域的金融借款合同、信用卡、不良债权追偿等纠纷，开展诉前调解、诉调衔接、普法宣传等，化解金融纠纷。至年末，金融多元解纷中心累计受理金融纠纷2856件，通过调解化解458件，涉及金额2322万元。

（孙思雯）

审　计

【概况】 2023年，区审计局完成审计项目13个，其中经济责任审计7个、财政审计2个、专项审计1个、政府投资建设项目审计2个、自然资源资产审计1个，查出问题资金13.75亿元，向区纪委监委移送问题线索6个，提出并被审计单位采纳建议38条，督促被审计单位建章立制9项，挽回经济损失298.30万元，审计报告获区主要领导批示23次。年内，选派9人次参与省审计厅、市审计局统一组织、交叉实施的2023年苏州市吴中区党委及政府主要领导干部自然资源资产离任审计、常州市钟楼区政府投资基金问题核查等审计项目4个。全年报送宣传信息30篇，其中被"学习强国"江苏学习平台采用2篇，被审计署网站采用2篇，被省审计厅网站采用14篇，被市审计局网站及微信公众号采用10篇，被《江苏审计》《常州日报》各采用1篇。是年，天宁区2020—2021年度部分老旧小区改造工程建设管理情况专项审计调查项目获评江苏省审计机关优秀审计项目二等奖和常州市审计机关优秀审计项目一等奖，法院案款审计案例获评省大数据审计案例一等奖，区审计局获评全市审计系统2023年度综合考核第一等次。

【财政预算执行和决算草案审计】 3月7日至5月12日，区审计局围绕财政资源统筹、财政支出政策落实、预算绩效管理、决算草案编制和科技专项资金、产业高质量发展专项资金、应急物资综合储备库相关资金等专项资金管理使用情况，依法开展天宁区2022年度本级预算执行和决算草案审计；经审计，在项目储备库管理、预算绩效信息公开、智能化改造奖励申报程序等方面发现问题6个，提出强化财政预算管理、财政预算执行、重点领域监管等审计建议。3月30日至4月25日，对全区44家一级预算单位和57家二级预算单位开展2022年度部门预算和决算草案审计，重点审计区人社局、区农业农村局、区科技局等7家一级预算单位；经审计，在部门预算编制、政府采购预算执行等方面发现问题4个，提出强化预算编制的科学性和准确性、强化采购预算的约束性等审计建议。

【区政府投资建设项目审计】 5月25日至9月28日，区审计局对常州天宁建设发展集团有限公司和江苏天宁城市发展集团有限公司2019—2022年度实施的建设项目开展专项审计，重点审计2家区管国有公司3年来实施的185个建设项目（概算总投资213亿元），查看合同价10万元以上的934份招投标项目合同（合同金额87亿元），复核市政道路、景观绿化等11个项目的工程结算审核结果（结算金额2.78亿元）；经审计，发现建设项目责任主体在基本建设程序审批及执行、招投标程序执行、项目建设管理、工程价款结算审核等方面存在问题11个，审计查出多计工程款725万元、结算依据不充分工程款198万元，向纪委移送问题线索2条，提出规范建设项目管理、健全内部监督机制、强化中介机构管理等审计建议，形成《强化内部监督，增强区管国有企业工程建设管理水平》调研报告，获区主要领导批示。11月15—30日，区审计局对江苏常州天宁经济开发区管理委员会负责立项的青竹苑幼儿园建设项目实施竣工决算审计，重点审计该项目概算执行、招投标管理和工程结算审核等方面情况；经审计，在政府采购管理、项目建设管理、基本建设财务管理等方面发现存在问题7个，提出规范农民工工资拨付、加强招标采购管理、强化建设决算管理等审计建议。

【领导干部经济责任审计】 2023年，区审计局落实《天宁区区管领导干部经济责任审计工作五年规划（2021—2025年）》要求，对天宁街道、红梅街道、区科技局、区农业农村局、常州天宁建设发展集团有限公司5家单位（部门）的7名领导干部开展经济责任审计，重点关注年度主要经济指标未完成情况、贯彻落实政府过"紧日子"要求、财政财务管理等情况。经审计，在重大经济事项决策、内部审计工作、工程建设项目管理、国有资产管理等方面发现问题55个，提出严格执行决策程序、加强工程管理、强化财务管理等审计意见和建议15条，进一步规范领导干部权力运行，促进领导干部履职尽责。

【自然资源资产审计】 10月9—19日，区审计局按照中共中央办公厅、国务院办公厅《领导干部自然资源资产离任审计规定（试行）》要求，根据《常州市天宁区领导干部自然资源资产离任审计实施办法(试行)》规定，对红梅街道领导干部开展任中审计，重点关注2020—2022年红梅街道范围内自然资源和生态环境保护事项。经审计，在部分河长巡河频次、部分河道环境管理、部分河道水质达标等方面发现问题6个，提出加强环境保护整治、强化工程项目管理等审计建议，督促领导干部切实履行自然资源资产管理和生态环境保护等职责。

【国有资产审计】 3月15日至6月7日，区审计局对全区行政事业单位国有资产基础管理、资产配置、使用和处置等情况开展专项审计调查。经审计，在行政事业性国有资产管理、租金减免政策落实、国有资产报告编制、国有资产管理信息系统等方面发现问题17个，提出加强系统管理、强化责任落实、规范出租管理等审计建议，推动国有资产合法、高效使用。

【内部审计指导监督】 2023年，区审计局制定出台《关于进一步加强区属板块及国有企业内部审计监督的实施意见》，明确内部审计监督的主体、对象、内容和组织保障，发挥内部审计在促进单位规范管理、防范风险、提质增效等方面的作用。年内，指导红梅街道率先在街道层面成立内部审计委员会，全区组织17名内部审计人员参加“以审代训”项目14个，对镇（街道）、区管国有企业等7家单位内部审计监督工作开展现场指导，全年累计实施内部审计项目468个，查出主要问题资金8542.73万元，挽回经济损失50.51万元，调整完善单位内部业务流程13项。是年，天宁区内部审计工作经验获审计署、省审计厅网站推广，内部审计指导监督工作获市审计局表彰，郑陆镇获评2020—2022年度常州市内部审计先进集体。

【审计查出问题整改】 2023年，区审计局全面推进审计、整改一体化工作，对审计发现问题实行建账、促改、督办、销号全周期闭环管理，以3个月、6个月和12个月为时间节点，分项目、分周期跟踪审计整改情况，并对审计发现问题的整改实行“一对一”指导，确保问题整改落实到位。年内，区政府召开2次常务会议、5次专题会议，听取审计发现问题汇报，专题研究部署审计整改工作，定期督办审计整改情况，对上级审计中发现的问题整改实行动态报备督导机制，4个整改期在当年的上级审计中发现的问题均完成整改，整改率100%，挽回经济损失298.3万元。

（孙　薇）

统　计

【概况】 2023年，区统计局加强统计调查、统计分析、统计监督，深化统计服务、预警监测，保障全区经济社会高质量发展。年内，启动第五次全国经济普查，有序推进机构组建、普查试点、“两员”（普查员和普查指导员）选调、划区绘图、单位清查等工作，完成普查阶段性任务。推进“三新”经济统计监测制度改革，依据国家统计局《新产业新业态新商业模式统计分类》标准，开展“三新”经济统计方法研究，测算全区规模以上“三新”经济总量及增加值，为全区“三新”

4月，审计人员现场抽查产业高质量发展专项资金奖补企业申报材料
（区审计局 供图）

9月19日，市、区调查队领导及区领导到华润国际社区实地考察“住户之家”建设情况（区统计局 供图）

经济发展提供数据支撑及决策依据。依法开展统计监督检查，“双随机”检查54家企业指标数据，未发现统计违纪违法行为。持续培育“四上”企业（单位），全年新增各类“四上”企业（单位）273家。

【统计服务】 2023年，区统计局加强统计监测预警，体现智库担当。聚焦经济形势，做好分析研判，每月、每季定期开展经济运行分析，及时了解掌握经济运行中出现的新趋势、新问题、新难点，形成高质量调研分析和工作建议，发挥统计监测预警作用。是年，发布《2022年天宁区国民经济和社会发展统计公报》，编印《统计年鉴（2023）》《天宁统计信息》11期，编印《统计专报》9期，其中2期获区主要领导批示；编写《统计运行情况分析》39篇，其中3篇被省统计网站采用；撰写调研信息24篇，其中2篇被省级采用、10篇被市级采用。

【天宁区启动第五次全国经济普查】 4月，天宁区启动第五次全国经济普查，成立第五次全国经济普查领导小组及办公室，下设综合保障组、方案实施组、业务管理组、投入产出调查组、数据处理组、资料开发组，明确职责分工。6月下旬，选定兰陵街道九洲新世界社区和荡南村为普查先行试点区域，让普查人员了解和掌握普查工作规范和流程要求。根据普查区划要求，全区划分125个普查区、519个普查小区，标绘建筑物11006个，选调“两员”868名。8月18日，全面启动清查工作，累计采集法人及产业活动单位3.7万家、个体经营户5.5万户。

【常州市首个“住户之家”落户天宁】 9月19日，常州市首个国家调查点“住户之家”在茶山街道华润国际社区揭牌成立，为统计部门与记账户之间架起沟通的桥梁，为记账户与辅调员、住户调查业务人员之间搭建交流的平台。华润国际社区的10户家庭作为全市新一轮为期五年的住户调查样本，肩负着“为国记账”的职责使命，记录家庭收入、消费、住房等数据指标，真实、准确反映居民收支水平，为政府科学制定保障和改善民生相关政策提供重要依据。

（高巳婷）

价格管理

【概况】 2023年，天宁区按照省、市价格工作部署要求，突出政策落实、降本减负两大重点，履行价格调控和监管职能，开展日常市场价格检查、巡查，规范收费管理，加强价格监管，全年CPI（消费者物价指数）同比上涨0.4%，实现年度涨幅控制在3%的价格调控目标。是年，受理“12345”政府公共服务平台物价工单191件，办结率和满意率均为100%。

【市场价格调控】 2023年，天宁区根据《常州市价格调控目标责任分解表》要求，将目标责任分解落实到区教育局、区民政局、区财政局、区人社局、区住建局、区农业农村局、区商务局、区退役军人事务局、区市场监管局9个部门，落实价格调控目标。做好市场保供稳价工作，在元旦、春节、中秋、国庆期间，关注和掌握蔬菜供需及价格上涨等情况，保障稳定“菜篮子”工程。

【收费管理】 2023年，天宁区组织开展2022年度收费情况报告及统计工作，辖区内90家行政事业性收费单位和政府定价收费单位报告率100%，行政事业性收费总额37026.79万元。落实《常州市天宁区非营利性民办学校教育收费核定暂行办法》要求，对天宁区旭阳幼儿园、竹林壹号幼儿园、德美复宁思幼儿园、天成幼儿园4家非营利性民办幼儿园开展保教费定价、调价工作。

（王宇飞）

【价格监管】 2023年，区市场监管部门开展涉疫药品和医疗用品稳价保质、旅游行业价格、水电气价格等专项监管执法行动，排查企业80余家，发放、张贴价格提醒单500余份，发现并督促整改价格问题4个，对1家企业加收服务费用行为予以立案调查。委托江苏理工学院商学院开展涉企收费调查评估，对4个工业园区、20家企业开展走访调查，发放调查问卷100余份，形成《天宁区公正竞争调研报告》。开展教育收费专项整治，督促94家学校及教育培训机构开展教育收费自查自纠，联合区教育局对3所学校开展收费检查，对1家幼儿园乱收费行为予以立案调查，责令退费300余万元。

（谢新宝）

市场监督管理

【概况】 2023年，天宁区新增个体工商户9874户，市场主体累计122038户（家）（其中个体工商户83381户、企业38657家）；有食品经营单位9855家、食品生产企业37家；有药品零售企业298家、医疗器械经营企业670家、一类医疗器械生产企业28家。年内，区市场监管部门以“建设现代化市场监管体系、履职为民服务高质量发展”为主线，明确创优提质工作清单、常规工作清单、集体创新力项目清单，高质量推进市场监管各项工作。持续加强特种设备、食品、药品、医疗器械、工业质量等安全监管，全年未发生区域性、行业性、系统性安全监管责任事故。推动“双随机、一公开”监管和信用监管结合，加强侵犯消费者合法权益、虚假广告宣传、计量违法等监管执法，全年处理投诉举报15284件，查处市场监管领域案件834起，罚没入库资金614万元，3起案件入选省、市市场监管局典型案例。持续推动质量强区和省知识产权创建示范（县域）建设，5家企业产品通过“江苏精品”认证，全区新增质量信用AAA级企业1家、AA级企业1家、A级企业13家，新增省长质量奖企业1家、市长质量奖提名奖企业1家，10家企业主导或参与制（修）订国家标准15项，每万人有效发明专利45.25件。是年，区市场监督管理综合行政执法大队获评全省药品安全专项整治工作先进集体，区市场监管局综合监督管理科获评2022年度常州市优化营商环境工作（政策保障）先进集体。

【证照审批服务】 2023年，区市场监管部门办结个体工商户设立、变更、注销登记19742件，办结食品经营许可4086件、食品小作坊登记59件、第三类医疗器械经营许可102件、药品经营许可184件。持续推进“一件事”审批改革，进一步优化线下开药店、开餐饮店、开便利店“一件事”办理流程，依托市市场监管局在江苏政务服务网新推出的开餐饮店、开便利店“一件事”集成套餐服务，完成全市首批全程在线办理开餐饮店、开便利店“一件事”审批，全年线上、线下累计办理开药店、开餐饮店、开便利店“一件事”36件。

（张　剑）

【质量发展与质量安全监管】 2023年，区市场监管部门按照天宁区高质量发展要求，修订《天宁区区长质量奖管理办法》《天宁区区长质量奖评审规则》，制定《天宁区质量管理先进班组管理办法》，调动一线班组及其员工的积极性和创造性，引导激励各类组织加强质量管理和质量品牌建设，培育质量标杆，推动全区经济发展方式转变和质量总体水平提升。是年，常州市华利达服装集团有限公司获省长质量奖，常州远东连杆集团有限公司获市长质量奖提名奖，江苏先锋干燥工程有限公司、常州钜苓铸造有限公司、常州宏业包装材料有限公司获区长质量奖，常州市市政建设工程集团有限公司第一分公司、江苏宇通干燥有限公司新产品研发团队、江苏康进医疗器材有限公司研发团队获区质量管理先进班组，江苏武进不锈股份有限公司、亚东（常州）科技有限公司、创志科技（江苏）股份有限公司、江苏先锋干燥工程有限公司、常州一步干燥设备有限公司5家企业各有1个产品通过“江苏精品”认证，常州一步干燥设备有限公司获AAA级质量信用认定，江苏吉春医用器材有限公司获AA级质量信用认定，常州溢达服装有限公司、常州天援汽车服务有限公司、纳图智能科技（常州）有限公司等13家企业获A级质量信用认定。加强质量监管，督促18家获取工业产品生产许可证企业开展自查，并采用“双随机”方式开展专项检查，实地查看企业生产许可证、生产和检验设施设备、原辅材料、生产过程控制等，重点检查企业基本条件与技术能力是否持续保持获证要求，未发现违法违规行为；对“灶管阀”、儿童和学生用品、电动自行车生产销售单位、防爆电气生产企业开展专项检查，累计检查353家次，对8家存在违法违规行为的企业作出行政处罚。

【标准化建设】 2023年，天宁区10家企业主导或参与制定（修订）国家标准15项，其中江苏武进不锈股份有限公司主导制定国家标准2项，1家企业参与制定行业标准1项，2家企业主导制定团体标准2项，全区企业制定累计380项企业标准并自我声明公开。加强标准化试点项目建设，组织企业申报省级标准化试点项目，常州地铁集团有限公司建设的常州城市轨道交通运营服务标准化试点获批省级标准化试点项目，江苏省检验检测认证产业园管理技术标准创新基地通过中期标准化验收。

表12 2023年天宁区企业主导或参与标准制定（修订）一览表

单位	标准编号	标准名称	主导或参与	制定或修订
常州工业及消费品检验有限公司（原常州进出口工业及消费品检测中心）	GB/T 21617—2023	危险品 固体氧化性试验方法	参与	修订
江苏武进不锈股份有限公司	GB/T 13296—2023	锅炉、热交换器用不锈钢无缝钢管	参与	修订
	GB/T 43107—2023	核电站仪表引压用不锈钢无缝钢管	主导	制定
	GB/T 5310—2023	高压锅炉用无缝钢管	参与	修订
	GB/T 20490—2023	钢管无损检测 无缝和焊接钢管分层缺欠的自动超声检测	参与	修订
	GB/T 42664—2023	钢管无损检测 焊接钢管焊缝纵向和/或横向缺欠的自动超声检测	主导	制定
常州亚玛顿股份有限公司	GB/T 29551—2023	建筑用太阳能光伏夹层玻璃	参与	修订
常州市华立液压润滑设备有限公司	GB/T 42601.1—2023	石油、重化学和天然气工业润滑、轴密封和控制油系统及辅助设备 第1部分：一般要求	参与	制定
	GB/T 42601.3—2023	石油、重化学和天然气工业 润滑、轴密封和控制油系统及辅助设备 第3部分：一般用途的油系统	参与	制定
常州普芝机电有限公司	GB/T 10401—2023	永磁式直流力矩电动机通用技术规范	参与	修订
江苏诚丰新材料股份有限公司	GB/T 10802—2023	通用软质聚氨酯泡沫塑料	参与	修订
伊顿电力设备有限公司	GB/T 1985—2023	高压交流隔离开关和接地开关	参与	修订
西安高压电器研究院常州有限责任公司	GB/T 42321—2023	具有内部电弧类别的3.6～40.5 kV柱上安装金属封闭开关设备的附加要求	参与	制定
中质智通检测技术有限公司	GB/T 43119—2023	自动驾驶封闭测试场地建设技术要求	参与	制定
江苏省仁智园林设计有限公司	GB/T 43155—2023	城市和社区可持续发展 小城镇可持续发展管理与实施指南	参与	制定
常州市晨业经编机械有限公司	SC/T 4018—2023	海水养殖围栏术语、分类与标记	参与	制定
中机寰宇（江苏）智能制造认证检测有限公司	T/CAMETA001006—2023	低速无人驾驶车辆安全技术要求	主导	制定
常州宏业包装材料有限公司	T/JSQA161—2023	抗压瓦楞纸包装箱	主导	制定

（韩枫江）

【公平竞争审查】 2023年，区市场监管部门履行区公平竞争审查联席会议办公室职责，创新公平竞争审查工作机制，成立由区人大常委会法制工作委员会、区人大常委会农业和农村工作委员会、区司法局、区市场监管局相关人员及专职律师、高校专业人员等多方参与的公平竞争审查专职队伍，研究解决制约市场公平竞争发展的难点；制定发布《天宁区公平竞争审查抽查工作办法》《天宁区公平竞争审查抽查举报处理办法》，规范全区公平竞争审查抽查工作，增强公平竞争审查制度刚性约束；委托北京大成（常州）律师事务所对涉及市场主体经济活动的10份网上公开政策文件实施抽查，发现2份文件存在涉嫌违反公平竞争审查标准内容，督促相关部门实施整改；至年末，区公平竞争审查联席会议办公室累计抽查全区政策性措施文件49份，清理、废除影响公平竞争文件4份，纠错改正文件1份，相关做法被《中国市场监管报》报道。建立商业秘密保护信息库，21家企业被纳入信息库并开展相关培训，提升企业商业秘密保护意识。6月，在雕庄街道生命科技产业园首次举行“企业商业秘密保护能力提升服务月”活动，开展线上、线下宣传培训活动2场，参与企业24家，对2家企业进行法律援助，查处侵犯商业秘密案件1起。

（谢新宝）

【消费者权益保护】 2023年，区市场监管部门受理投诉举报15284件，监测电子商务经营者、网站500余个次，清理处置违法信息线索42条，为消费者挽回经济损失230余万元。年内，新增6家在线纠纷处理（ODR）企业，全区累计37家，推动线上快速化解消费纠纷，实现消费维权更加便捷高效。针对家装过程中整屋定制投诉举报激增情况，对整屋定制市场开展专项整治行动，检查整屋定制企业6家，立案2起。为规范“盲盒”市场秩序，切实维护未成年人合法权益，对校园周边“盲盒”销售场所开展专项检查，累计检查“盲盒”销售场所75家，发出责令整改通知书27份。是年，天宁区郑陆镇丰北村、青果巷历史文化街区、常州天宁吾悦广场、中海环宇天地商业街、华润幸福生活街区被评为2023年度常州市放心消费创建先进区域；常州听松楼花园酒店有限公司、英大泰和财产保险股份有限公司常州中心支公司被评为2023年度常州市放心消费创建示范单位；中赛（常州）体育发展有限公司、常州市翊航新材料科技有限公司、常州市横塘河农贸市场有限公司等8家单位被评为2023年度常州市放心消费创建先进单位。

（彭　庆）

【个体工商户发展扶持】 2023年，区市场监管部门贯彻落实国务院新出台的《促进个体工商户发展条例》要求，加强对全区个体工商户发展工作的统筹和支持，建立扶持个体工商户发展联席会议制度，由区市场监管局、区发展改革局、区工信局等12家成员单位按照职责分工，共同协调解决个体工商户发展扶持中的重难点问题。7月，天宁区被省市场监管局确定为全省首批开展个体工商户分型分类精准帮扶试点地区之一，区市场监管局研究制定《常州市天宁区个体工商户分型分类精准帮扶试点工作方案》，对全区41637户实际开展经营活动的个体工商户，根据其成立时间、经营规模、纳税情况、雇员人数等分为“生存型”、“成长型”和“发展型”，在全面落实国家省市既有政策基础上给予有针对性帮扶。对“生存型”个体工商户在创业就业社保补贴、租金补助、政府搭桥产品巡展促销等方面给予帮扶。对“成长型”个体工商户在贷款支持、减税退税、创业担保、灵活就业、社保补贴等方面给予帮扶。对“发展型”个体工商户在专利申请、商标注册、地理标志的便利化服务，以及“个转企”奖励等方面给予帮扶。同时，3种类型的个体工商户中选拔80户个体工商户为2023年天宁区“名、特、优、新”个体工商户，在服务站网建设、集聚街区打造、集群品牌培育、权益保护等8个方面予以扶持。年内，根据《促进个体工商户发展条例》关于“个体工商户变更经营者由‘先注销、后设立’调整为可以直接变更经营者”规定，进一步简化办理手续，降低办事成本，促进个体工商户持续经营，全年累计为181户个体工商户办理变更经营者登记。

（张　剑）

【市场监管领域执法】 2023年，区市场监管部门进一步规范执法行为，提升执法效能，升级天宁区市场监管简案快办系统App，在App内增设未按规定年报、食用农产品抽检不合格、药品违法等五类案件的小金额处罚模块，全年应用天宁区市场监管简案快办系统App办理案件516起。制定出台《天宁区市场监督管理局案源集中管理暂行办法》，遵循属地管辖、权责一致原则，对市场监管中案源的登记、转办、督办、统计、归档等实施全过程管理，进一步规范案源管理，提高执法办案效率。至年末，区市场监管部门查处市场监管领域案件 834 起，罚没入库资金 614 万元。

（陈　嘉）

【市场监管领域“双随机、一公开”监管】 2023 年，区市场监管部门在全市首推“双随机、一公开”监管部门联合检查沟通协作机制，各部门定期通报检查计划、检查对象等情况，对不同“双随机”检查计划中抽取到的相同主体，由各检查部门在同一时间实施联合检查，减少“多头监管”“重复检查”。至年末，区市场监督领域各部门单独开展“双随机、一公开”检查 104 次，检查市场主体 610 户；部门联合开展“双随机、一公开”检查 55 次，检查市场主体 955 户，联合抽查数占比达 61%，检查结果通过国家企业信用信息公示系统公示。发挥信用在监管中的基础性作用，对信用较好、风险较低的市场主体，合理降低抽查比例和频次，减少对其正常生产经营的影响；对违法失信、风险较高的市场主体，适当提高抽查比例和频次，依法依规实行严管与惩戒。

（蒋益珠）

【全市首家企业商业秘密“三维一体”保护体系建设试点单位建成】 2023 年，区市场监管部门从企业商业秘密保护迫切需求出发，按照《常州市市场监管局关于培育建设商业秘密保护示范点指导站的通知》要求，对照培育标准，在人防、技防、法防 3 个层面指导企业加强商业秘密保护体系建设。在人防层面，指导企业全面梳理商业秘密，划分等级建档立案，升级商业秘密资料查阅、借阅登记管理保护系统，落实保密制度，完善保护措施；在技防层面，督促企业建立商业秘密保护机制，安装电子自动加密、自动识别等软件系统；在法防层面，指导企业建立商业秘密受侵害保护流程和商业秘密保护网络联络员制度，第一时间反馈企业商业秘密受侵害情况，确保行政执法及时介入调查处理。10 月 13 日，常州远大新材料科技股份有限公司通过市市场监管局商业秘密“三维一体”保护体系建设验收，成为全市首家试点单位。

（谢新宝）

【计量文化园挂牌成立】 5 月 17 日，计量文化园在兰陵街道工人新村第二社区挂牌成立，为全市首个计量文化社区宣传阵地。计量文化园内设置计量起源、计量瑰宝之度、计量瑰宝之量等 10 个板块，介绍中国古代度量衡器传承发展、现代计量器具使用方法及真伪辨别等内容，是计量文化宣传首次走进社区、贴近居民。

（闻素宏）

知识产权管理

【发明专利】 2023 年，天宁区新增专利授权 3634 件。其中，发明专利授权 692 件，同比增长 35.42%；PCT 专利申请 11 件。至年末，全区累计有效发明专利 3060 件，同比增长 25.77%；每万人有效发明专利 45.25 件，同比增长 24.45%。发明专利主要集中在电力设备、新材料、新能源行业，其中国网江苏省电力公司常州供电公司、常州强力先端电子材料有限公司、常州制药厂有限公司 3 家企业专利数量位列全区前三。

【注册商标】 2023 年，天宁区申请注册商标 3496 件、马德里商标国际注册 37 件，年内新增注册商标 2406 件。至年末，全区累计有效注册商标 22948 件、驰名商标 13 件、地理标志商标 4 件；万企有效注册商标企业数 1013.4 家。

【知识产权保护与运用】 2023 年，天宁区聚焦发明专利创造工作，成立天宁高价值专利培育中心，培育技术创新度高、市场发展前景好、竞争力强的高价值专利，提高天宁区发明专利的质量和数量，提升企业自主创新能力与核心竞争力。年内，启用区级知识产权公共服务平台，成立常州市知识产权保护中心天宁分中心、区法院知识产权巡回审判点、常州市专利行政执法巡回审理庭，为社会公众和创新主体在知识产权创造、运用、保护、管理等各个环节提供专业服务，建成区域化、专业化、特色化、市场化的“一站式”知识产权公共服务体系。加强区域知识产权协同保护，区市场监管局与江阴市市场监管局、常州经济开发区市场监管局建立知识产权跨区域执法协作联动机制，提升打击知识产权侵权违法行为工作效能。是年，创志科技（江苏）股份有限公司被国家知识产权局评为国家知识产权优势企业，常州强力先端电子材料有限公司获中国专利奖银奖，常州四药制药有限公司获中国专利奖优秀奖，常州亚玛顿股份有限公司、常州强力先端电子材料有限公司获江苏专利奖银奖，常州亚玛顿股份有限公司入选省知识产权战略推进计划项目（工业品牌）立项单位，常州强力先端电子材料有限公司入选市高价值专利项目立项单位。

（周　平）

【“一种双肟酯类光引发剂及其制备方法和应用”专利获中国专利银奖】 7月，由常州强力先端电子材料有限公司、常州强力电子新材料股份有限公司联合申请的“一种双肟酯类光引发剂及其制备方法和应用”专利（ZL201410100523.3）被国家知识产权局评为第二十四届中国专利奖银奖。该专利项目通过改变光引发剂母体结构，采用双感光基团进行结构创新，大幅提高光引发剂感光性能，其紫外吸收波长可达到363纳米，满足8K平板显示彩色光刻胶高分辨率和高解像度的需求，所涉及产品通过住友化学工业株式会社、三菱化学株式会社、DIC株式会社、三星SDI等多家光刻胶生产企业的试用并被大量采购。

（陈　琦）

社会信用体系建设

【概况】 2023年，天宁区加强社会信用体系建设组织领导，调整领导小组成员单位，制定《2023年天宁区社会信用体系建设工作要点》，完善社会信用建设推进机制。推进信用惠民试点，作为全省38个县级地区创新信用管理与服务试点地区之一，制定出台《天宁区高质量推进信用惠民试点创新开展信用管理与服务实施方案》，创新运用领导小组办公室+专项工作组模式，统筹推进试点工作。完善信用便企服务，指导355家企业完成信用修复，7名信用管理师完成培训并通过考试。加强政银企对接，组织开展“信易贷”推介活动5场，参与企业1323家，破解中小微企业融资难、融资贵难题，提高信用状况良好中小企业贷款的可获得性。加强政务诚信建设，细化“双公示”（天宁区行政许可和行政处罚信用信息管理）平台对接方案，健全政府守信践诺机制，依法依规作出并履行政务诚信承诺，接受社会监督，提升政府行政效率和公信力。是年，江苏常州人力资源服务产业园信用应用试点、探索全域推行容缺受理审批服务机制分别获评市级“揭榜挂帅”信用应用创新示范案例、优秀案例。

（张　丽）

【信用监管】 2023年，区市场监管部门加强市场主体信用监管，扩大信用监管效应，督促辖区内市场主体在国家企业信用信息公示平台报送年度报告，年报率达97%。开展长期停业未经营（2020年、2021年连续两年未年报且未纳税申报）企业清理工作，通过告知提醒、现场核查、公示公告等，对796家企业作出吊销营业执照行政处罚。依据区市场监管部门和区法院联合出台的《关于加快吊销未注销企业出清，进一步优化营商环境的实施意见》，对100家吊销未注销且不再实际经营企业向法院申请公益强制清算，年内所有公益强制清算案件均完成结案，强化失信联合惩戒。

【信用修复】 2023年，区市场监管部门加强信用修复指导，深入企业宣讲被列入经营异常名录的原因、可能造成的后果、移出的条件及具体实施步骤等内容，提升企业信用意识。联合区信用办对92家失信企业开展教育培训，至年末，累计移出经营异常名录企业545家，提前停止行政处罚公示企业30家。

（蒋益珠）

【个人信用就医】 11月，天宁区在郑陆镇卫生院、红梅街道社区卫生服务中心试点开展个人信用与“互联网+医保”移动支付、家庭医生签约服务相融合的信用就医服务，患者通过自主申请，授权开通“信用就医”和“无感支付”服务，就诊时不用提前充值预交金，挂号、检查、取药免反复排队缴费，离院前一次结算即可。患者诊疗期间发生的个人自付医疗费用，可凭个人信用在60天免息还款期内，通过微信、支付宝、银行卡等完成支付，缓解患者就医支出压力。聚焦老人需求，推出“亲情付”服务，老人可同步享受“先诊后付”服务，诊疗费用由其成年子女承担还款义务。

（周心怡）

【信用惠民示范体验区启动建设】 3月12日，由区市场监管局、区消费者协会主办，区法院、区检察院、区司法局、区信用办、常州盐业、九洲新世界协办的“3·15”国际消费者权益日暨“信用惠民”示范体验区建设启动仪式在九洲新世界广场举行。“信用惠民”示范体验区建设以九洲新世界广场为试点单位，建设期限2年，通过部门合作、政银合作等形式，为商圈内诚信商户构建信用信息应用场景，为诚信商户提供广告位优先获取、外卖平台优先推荐、银行贷款优惠利率、减少监管频次、减少房租等优惠政策，引导、激励商户诚信经营，建成让消费者满意的诚信商圈。

（蒋益珠）

区域协同发展

◆栏目编辑 张 真

锡常协同发展

【概况】 2023年，天宁区推进锡常协同发展，按照“领导小组＋专项工作组”运作模式，建立锡常协同发展先行区建设工作领导小组，成立规划协同、生态协同、交通协同、产业协同、创新协同、文旅协同、配套协同7个专项工作组，与无锡市江阴市、常州经济开发区协同牵头部门对接，细化协同内容，制定协同方案，梳理任务清单，及时研究解决相关问题，加快推进锡常协同发展；推动锡常协同发展先行区建设纳入长三角城市经济协调会2023年度工作计划和苏锡常都市圈2023年度重大推进事项清单，区各责任单位先后与无锡市江阴市、常州经济开发区开展对接交流41次，举办“青力青为，青英同行”“高校学生处处长天宁行”等活动26场，签订政务服务跨域通办、知识产权跨域保护协同协作、未成年人检察工作跨区域协作等协议16份。是年，《天宁与灌云、锡山、惠山、江阴——互为旅游目的地》《天宁区携手常州经开区试点城市长效联合管理》等24篇文章被《新华日报》等市级及以上媒体录用。

（杨之欣）

【锡常政务服务“跨域通办”合作】 3月，为深入推进锡常协同发展，天宁区与无锡市江阴市、常州经济开发区签订《常州市天宁区·无锡市江阴市·常州经开区政务服务“跨域通办”战略合作协议》，合作双方建立双向联络机制，全面梳理并列出23项办事频率高、需求量大、群众获得感强的“跨域通办”事项清单，通过全程网办、异地代收代办、邮政寄递等形式，最大限度满足企业、群众异地办事需求，构建“便民惠企、区域协调”的服务新格局。

（杨晨露）

表13 2023年天宁区·无锡市江阴市·常州经济开发区政务服务“跨域通办”高频事项一览表

序号	责任部门	事项名称
1	人社局	电子社会保障卡申领
2	人社局	社会保障卡申领
3	人社局	技能人员职业资格证书查询、核验
4	人社局	专业技术人员职业资格证书查询、核验
5	人社局	职业技能等级证书查询、核验
6	人社局	社会保险参保缴费记录查询
7	行政审批局	公司设立登记
8	行政审批局	公司变更登记
9	行政审批局	公司注销登记

续表 13

序号	责任部门	事项名称
10	行政审批局	公司备案
11	行政审批局	分公司设立登记
12	行政审批局	分公司变更登记
13	行政审批局	分公司注销登记
14	行政审批局	个人独资企业设立登记
15	行政审批局	个人独资企业变更（备案）登记
16	行政审批局	个人独资企业注销登记
17	行政审批局	个人独资企业分支机构设立登记
18	行政审批局	个人独资企业分支机构变更登记
19	行政审批局	个人独资企业分支机构注销登记
20	医保分局	异地就医备案
21	医保分局	医保电子凭证申领
22	市场监管局	开餐饮店“一件事”
23	市场监管局	开便利店“一件事”

【锡常《知识产权跨区域保护协同协作备忘录》签订】 10月，区市场监管局与江阴市市场监管局、常州经开区市场监管局建立知识产权跨区域执法协作联动机制，签订《知识产权跨区域保护协同协作备忘录》，以机制明确三地知识产权保护工作职责范围，统一案件受理标准，提升打击知识产权侵权违法行为工作效能，加强区域知识产权协同保护。

（周 平）

【锡常试点实施城市长效联合管理】 2023年，天宁区围绕锡常协同发展先行区建设，试点实施锡常城市长效联合管理。11月，天宁区郑陆镇综合行政执法局与无锡市江阴市申港街道综合行政执法局签署城市长效联合管理战略合作协议，推进两地城管系统在党建品牌、党员先锋工作岗、法治宣传、管理信息、联勤联动执法五方面合作共享。同月，天宁区城市管理行政执法大队与常州经开区城市管理行政执法大队围绕区域边界城市管理的难点、痛点开展探讨交流，针对区域边界流动摊贩“游击”摆摊、投诉举报超出管辖范围等管理难题，明确以属地边界为双覆盖管理形式，推行区域执法监管和服务，加大监管力度，优化监管服务，并确定首批试点实施城市联合管理区域。至年末，锡常联合开展党建活动2次、法治宣传1次，开展流动摊点、占道经营、餐饮油污等联合执法7次。

（杨之欣）

东西部支援帮扶协作

【概况】 2023年，天宁区深入贯彻习近平总书记关于东西部扶贫协作和对口支援重要指示精神，深化东西部对口帮扶，加强与陕西省、青海省、新疆维吾尔自治区的帮扶协作，区委常委会会议和区政府常务会议专题研究部署东西部协作合作工作，印发《天宁区2023年度对口支援协作合作工作要点》《天宁区2023年度对口支援协作合作工作任务分工表》，将工作任务细化分解到各成员单位，实行各协作工作清单化管理。年内，天宁区与陕西省安康市旬阳市、青海省果洛藏族自治州玛沁县、新疆维吾尔自治区克孜勒苏柯尔克孜自治州乌恰县党政主要领导开展互访考察交流，签订《天宁区—旬阳市2023年苏陕协作与经济合作工作协议》《天宁区—玛沁县2023年东西部协作协议》《推进基层医疗能力提升工程战略合作协议》等6项协议，进一步加强产业合作、教育支援、医疗协作、劳务对接和人才交流，拓展科技、文化、社会组织等领域的结对帮扶。

（张 真）

4月19日，天宁区向乌恰县捐赠帮扶资金50万元

（区委宣传部 供图）

【东西部经济协作与合作】 2023年，天宁区落实省、市对口支援协作与合作工作会议要求，互惠互利推动合作共赢，建立健全消费帮扶长效机制，鼓励社会力量参与消费帮扶，江苏苏合名优农产品专业合作联社与陕西省安康市旬阳市农业农村局签订《苏陕协作“公司+农户”委托养鹅回购协议》，回收2022年8月由江苏苏合名优农产品专业合作联社免费公益捐赠农户饲养的已达到回收时点的成品鹅；常州亲之民生态农业有限公司、本来生活网与旬阳市乡村振兴局签订《苏陕协作消费帮扶农产品采购协议》，设立旬阳特色农产品专馆（专区、专柜），并通过专馆（专区、专柜）面向社会销售。年内，在天宁科技促进中心三楼举办“浓情端午·消费助农”农产品展销活动，在天宁商都举办“天宁玛沁消费帮扶·青海优品盛夏之夜”特产推介及文化交流活动，进一步拓宽帮扶产品营销渠道，加大消费帮扶力度。

（龚妮娜）

【东西部人才及劳务协作】 2023年，天宁区加强与陕西省安康市旬阳市、青海省果洛藏族自治州玛沁县人才及劳务协作，选派教育、医疗、农业、科技等方面18名技术人员赴旬阳开展技术帮扶，旬阳市选派17名技术人员到天宁区挂职锻炼、交流学习。1月，区人社局组织常州华利达服装集团有限公司和江苏武进不锈股份有限公司参加四川省遂宁市区、遂宁市大英县玉峰镇、南充市西充县“春风行动”暨就业援助月专场招聘会，提供就业岗位656个，发放宣传资料1000余份，达成初步就业意向500人；与南充市营山县、西充县农民工服务中心签订人力资源劳务战略合作协议，扩大天宁区与南充市劳务合作范围。11月，区人社局在青海省果洛藏族自治州玛沁县举办东西部协作“天宁—玛沁”专场招聘会，天宁区15家企业提供83个就业岗位，涵盖制造业、服务业等多个领域，达成初步求职意向106人；组织常州技师学院教职人员赴玛沁县开展美甲培训，吸纳3人到常州就业，实现跨区域劳动力资源优势互补、合作共赢。

（吴欣娴）

【东西部医疗卫生对口帮扶】 2023年，天宁区持续做好与陕西省安康市旬阳市、青海省果洛藏族自治州玛沁县医疗对口帮扶。8月，区卫生健康系统第六批支医小队到旬阳市中医院开展为期2～12个月的医疗卫生对口帮扶，开展口腔、检验、护理等业务；同月，区卫生健康局、市红十字会、常州市第三人民医院、青龙街道社区卫生服务中心和红梅街道社区卫生服务中心的6名医疗专家到玛沁县人民医院开展为期3天的技术交流和教学指导，开展眼科和口腔科义诊，为医护人员讲解“常见风湿疾病的诊断和治疗”知识。是年，天宁区接收旬阳市、玛沁县来常对口交流医务人员16名，其中旬阳市6名、玛沁县10名，分别安排至常州市第二人民医院、常州市妇幼保健医院、常州市中医院及区级基层医疗机构开展为期1～3个月的工作和学习；人民卫生出版社数字医学研发转化基地与玛沁县卫生健康局签订战略合作协议，为玛沁县建立健康大数据和智慧医疗新型健康服务平台，提升基层卫生人员的诊断治疗能力和基层医疗服务水平。

（周心怡）

【青海优品展销中心——天宁玛沁消费帮扶特色展馆揭牌成立】 5月17日，青海优品展销中心——天宁玛沁消费帮扶特色展馆在天宁商都揭牌成立，由常州人瑞生物科技有限公司负责运营，该公司14家门店负责销售青海省果洛藏族自治州玛沁县的有机牦牛制品、羊肉制品、奶制品、特色点心、中藏药制品等，进一步拓宽东西部帮扶产品的销售渠道。该消费帮扶举措被《人民日报》客户端、新华网报道。

（龚妮娜）

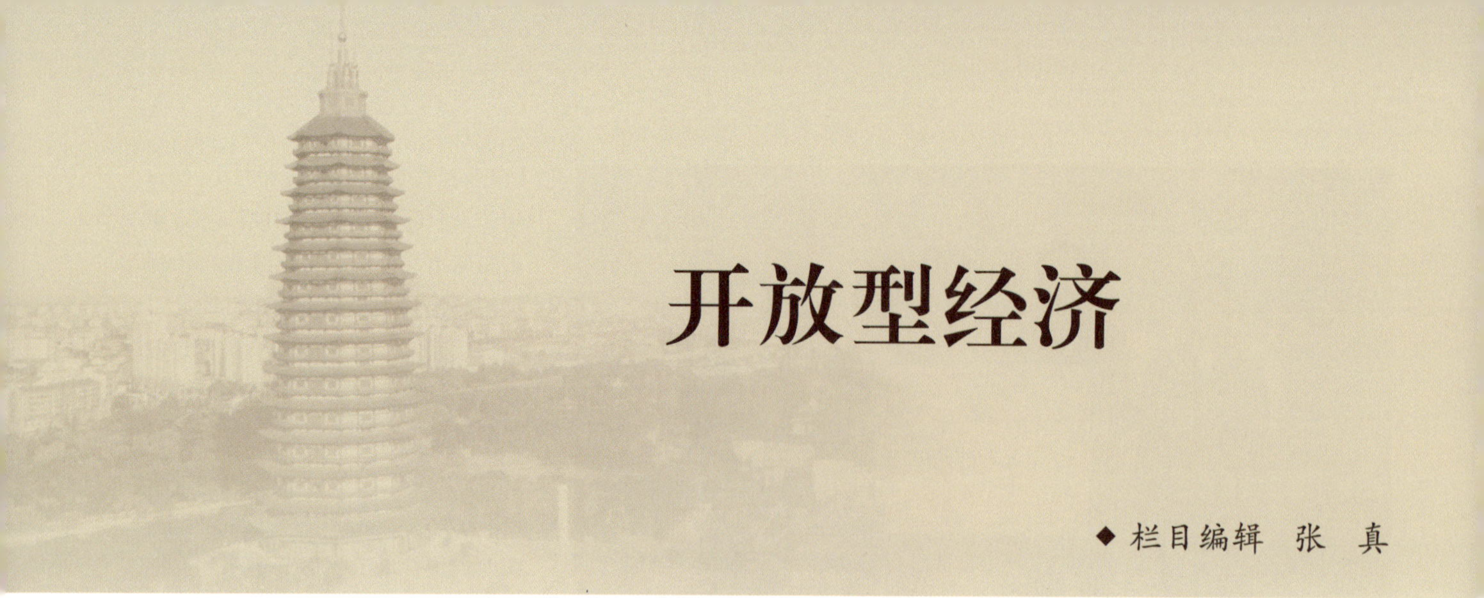

开放型经济

◆栏目编辑　张　真

招商引资

【概况】 2023年，天宁区有外资及港澳台资企业281家。全年新增协议注册外资及港澳台资4670.9万美元，实际到账外资及港澳台资2249万美元。其中，制造业实际到账外资及港澳台资919万美元，占实际到账外资及港澳台资的40.9%；生产性服务业实际到账外资及港澳台资411万美元，占实际到账外资及港澳台资的18.3%；高技术产业实际使用外资及港澳台资100万美元，占全区实际使用外资及港澳台资的4.4%。全年新增外资及港澳台资项目30个（其中新注册项目21个、增资项目9个），新增总投资5816.9万美元，其中新注册项目新增协议注册外资2139.6万美元，增资项目新增协议注册外资2531.3万美元。是年，281家外资及港澳台资企业累计完成销售收入322.3亿元，完成纳税总额17.2亿元，完成进出口总额8.9亿美元，用工人数1.52万人。

表14　2023年天宁区实际到账外资及港澳台资统计表

所属地区	实际到账外资及港澳台资（万美元）	制造业和生产性服务业到账外资及港澳台资（万美元）	制造业和生产性服务业占比	制造业到账外资及港澳台资（万美元）	制造业占比
天宁经济开发区	495	80	16.16%	—	—
郑陆镇	331	331	100.00%	—	—
雕庄街道	1013.5	509.5	50.27%	509.5	50.27%
茶山街道	409.5	409.5	100.00%	409.5	100.00%
红梅街道	—	—	—	—	—
天宁街道	—	—	—	—	—
兰陵街道	—	—	—	—	—

（侯鸣镝）

【国内招商活动】 2023年，天宁区重点组织、参与国内招商活动4次。

2023常台半导体及汽车电子产业发展对接会。2月21日，天宁区经贸代表团赴上海参加2023常台半导体及汽车电子产业发展对接会，天宁经济开发区与上海市台协科创工委签约半导体合作项目，与江苏世民半导体科技有限公司签约世民半导体载具检测设备项目。

上海招商活动。8月17—18日，天宁区经贸代表团参加常州市新能源汽车关键零部件产业“招商季”上海专场活动，代表团先后拜访铱斯电子科技（上海）有限公司、优势金控（上海）资产管理有限公司、中海储能科技（北京）有限公司、中铁十五局集团上海智慧交通科技有限公司、弘正储能（上海）能源科技有限公司、畅的新材料科技（上海）有限公司、上海良工阀门厂有限公司；邀请野村综研（上海）咨询有限公司合伙人、上海普偌迈机电制造有限公司董事长参加常州·上海新能源汽车关键零部件产业合作对接会。

深圳招商活动。11月13—15日，天宁区经贸代表团赴深圳参加“2023常州·深圳开放创新合作交流会”，代表团先后到深圳市倚锋投资管理企业、融冲（深圳）生物医疗科技有限责任公司、深圳市金准生物医学工程有限公司、惠科股份有限公司、动力博石（广东）智能装备有限公司、深圳市腾讯计算机系统有限公司、深圳市华视体育产业生态运营有限公司、深圳市联诚发科技股份有限公司、深圳智态生创科技有限公司、深圳天狼芯半导体有限公司等实地考察；天宁区高新技术产业园与深圳天狼芯半导体有限公司签署大功率半导体封测基地项目框架协议，总投资3亿元。

北京招商活动。11月27—29日，天宁区经贸代表团聚焦新能源、智能制造、网络视听等产业，到北京开展招商活动，先后到中国华电集团有限公司、中国兵器工业集团有限公司、华夏银行股份有限公司、北京国际人力资本集团股份有限公司等企业实地考察，进一步深化央地合作，强化政企协同，在更高层次、更宽领域开展务实合作。

（张　吉）

【境外招商活动】 2023年，天宁区9个经贸招商代表团赴瑞士、奥地利、德国、英国、意大利、日本、韩国等10个国家开展招商引资，先后拜访48家境外企业及机构，洽谈达成合作项目35个。5月26日，在日本大阪举办中日新能源检测交流会，就日本检验检测龙头企业在天宁投资合作开展深入交流。8月24日，在德国斯图加特举办天宁区产业投资说明会，围绕新能源汽车零部件、第三代半导体、太阳能光伏三大赛道展开投资推介。

（袁辰极）

【六大产业集群集聚招商】 2023年，天宁区聚焦检验检测、智能驾驶及汽车零部件、新一代信息技术、工业互联网、网络视听游戏、跨境电商六大产业集群，挖掘产业集群竞争优势，推进产业集群招商。至年末，六大产业集群集聚上下游生态企业519家，纳税销售336.6亿元，入库税收4.19亿元。

检验检测产业集群。2023年，检验检测产业集群新招引企业21家，累计签约入驻企业189家（其中规模以上企业59家、高新技术企业11家、专精特新企业2家）；全年完成销售额155亿元，纳税1.6亿元，分别同比增长3.33%、6.67%。新增国际知名第三方检测机构1家（欧陆检测Eurofins）。是年，中欧（常州）检验检测认证国际合作产业园获评江苏省仪器仪表产业园、江苏省现代服务业高质量发展集聚区。12月，常州检验检测产业园（三期）1号楼竣工交付。

工业互联网产业集群。2023年，工业互联网产业集群新招引数字经济企业24家，累计签约入驻企业164家（其中规模以上企业53家、高新技术企业41家）；全年完成销售额110亿元，纳税1亿元，分别同比增长2.9%、4.8%。是年，推动1家市数字化转型促进中心建设，培育行业特色工业互联网平台2个，云制造先导中心获评江苏省科技企业孵化器。

新一代信息技术产业集群。2023年，新一代信息技术产业集群新招引企业15家（含国家人才创业项目1个），累计签约入驻企业100家（其中规模以上企业66家、高新技术企业16家、潜在独角兽企业2家），拥有有效发明专利108件；全年完成销售额23.59亿元，纳税4324万元，分别同比增长3.5%、65%。是年，新一代信息技术产业集群创成省级退役军人就业创业基地，西安交大长三角新型光电创新中心挂牌运营。

汽车智能零部件产业集群。2023年，汽车智能零部件产业集群新招引新能源汽车传感器类、电控驱动类、智能驾驶系统类企业13家，累计签约入驻企业33家（其中规模以上企业15家、高新技术企业5家），签约入驻率达40.2%；全年完成销售额25亿元，纳税1亿元，分别同比增长12%、410%。

网络视听游戏产业集群。2023年，网络视听游戏产业集群新招引企业40家，累计签约入驻企业17家（其中规模以上企业14家、高新技术企业2家、“新三板”企业1家）；全年完成销售额10亿元，纳税349万元，分别同比增长127%、-12%。是年，网络视听游戏产业集群入选省级重点文化和旅游产业项目，并获评江苏省广播电视与网络视听产业基地。

跨境电商产业集群。2023年，天宁区跨境电商产业园新招引江苏海獭电商科技有限公司、常州市相宇电子商务有限公司、阿里巴巴国际站等企业，累计签约入驻企业30家（其中规模以上企业5家）；全年完成销售额超13亿元，纳税超1400万元，分别同比增长54%、115%；完成海关进出口额6亿元，同比增长50%。

（龚　可）

【重大项目招引】 2023年，天宁区招引项目118个，项目总投资68.7亿元。其中，招引10亿元以上项目2个，招引3亿～10亿元项目5个。

华电渔光互补项目位于郑陆镇黄天荡村、新沟桥村、羌家村、徐家村所在区域，占地面积270万平方米，光伏装机容量150兆瓦，由华电江苏常州新能源有限公司负责集中式光伏发电，江苏九洲诺亚农业科技有限公司负责农业养殖，中国水产科学研究院淡水渔业研究中心、中国水产科学研究院渔业机械仪器研究所、南京农业大学、江苏省渔业技术推广中心负责技术指导，总投资12.9亿元(含外资2000万元)。项目采用“上光下渔”模式，建设标准化蟹塘，塘内打桩建设光伏电站，水面实施养殖，实现土地集约、高效利用。

风电核心部件制造与再制造项目位于郑陆镇舜新南路南侧、舜河西路西侧，占地面积2.66万平方米，建筑面积4万平方米，由上海骋海新能源科技有限公司投资并负责实施，总投资10亿元，其中一期投资4亿元。项目建设风电核心零部件制造中心、产品技术研发中心等，并将常州基地作为上海骋海新能源科技有限公司总部。

富冠达现代智慧物流与先进制造业融合配套项目位于雕庄街道312国道南侧、凤凰南路东侧，占地面积4.32万平方米，建筑面积5.49万平方米，由江苏富冠达科技有限公司投资并负责实施，总投资3.18亿元。项目建设生产车间2栋、辅助用房1栋，配套智能化金属加工设备及数字化仓储物流系统，建成集智能加工、交易结算、物流仓储等功能于一体的生产性服务企业。

核电阀门及新能源阀门研发生产项目位于郑陆镇申浦河西侧、丰收路北侧，占地面积1.33万平方米，建筑面积2万平方米，由上海良工阀门厂控股的常州良顺阀门科技有限公司投资并负责实施，总投资3亿元，建成集研发及生产核电阀门、新能源板块阀门于一体的生产型企业。

智芯高比能长循环储能电池核心材料研发生产项目位于天宁区和平三路北侧、东青路东侧，占地面积3.62万平方米，由江苏智芯新能源装备制造有限公司投资并负责实施，总投资3亿元。规划建设2栋3层厂房和1栋5层研发楼，建设运营中心、实验中心及储能电池核心材料制备中心。

高端医疗装备、储能智能冷却系统项目位于天宁区大明路东侧、和平二路北侧、东青路西侧，占地面积3.33万平方米，建筑面积6万平方米，由江苏智芯新能源装备制造有限公司投资并负责实施，总投资3亿元，其中土地及厂房建设1.5亿元、设备购置1.5亿元。项目前期由江苏鱼跃医疗设备股份有限公司配套生产无油涡旋压缩机，后期生产制氧机整机及储能智能降温系统2个产品。

浩万新能源智能产业基地项目位于中交智荟港南侧QQ010802地块，占地面积3.88万平方米，由常州浩万新能源科技有限公司投资建设，总投资3亿元，其中设备投入约1亿元，基建及装修投入约2亿元，建成智能化、信息化和数字化的电动摩托车整车组装智能积木工厂。

（张　吉）

【贝宁SPIRO与浩万新能源公司签约合作】 6月27—28日，非洲贝宁共和国外交部长奥卢舍甘·阿贾迪·巴卡里、贝宁驻华大使西蒙·阿多韦兰德一行访问天宁区，参观常州浩万新能源科技公司、常州四药制药有限公司等企业，贝宁SPIRO集团公司与浩万新能源科技有限公司签订未来5年10亿美元的合作协议。贝宁SPIRO集团公司业务涵盖交通、能源、商业等领域，市场范围覆盖整个非洲、印度以及中东地区，与贝宁、多哥、卢旺达等非洲多国签署电动摩托车品类独家合作协议，负责当地电动两轮车的士运营。

（袁辰极）

2023年，华电“渔光互补”光伏发电项目开工（区农业农村局 供图）

对外及对港澳台贸易

【概况】 2023年，天宁区完成进出口贸易总额199.7亿元，同比下降7.4%。其中，出口贸易额174亿元，同比下降10.8%；进口贸易额25.7亿元，同比增长25%。全区进出口贸易额排名前100的重点企业累计完成进出口贸易额148.8亿元，占全区进出口贸易总额的75%。其中，进出口贸易额同比增长的企业有52家，同比下降的企业有48家。

表15　2023年天宁区进出口贸易统计表

所属地区	进出口总额（亿元）	占全区比重	增速
天宁经济开发区	49	24.5%	-7.0%
郑陆镇	26.2	13.1%	-3.2%
雕庄街道	17.7	8.9%	-11.7%
茶山街道	32	16.0%	-26.4%
红梅街道	8.1	4.1%	-4.4%
天宁街道	46.4	23.2%	-2.7%
兰陵街道	12.3	6.2%	3.1%

表16　2023年天宁区进出口20强企业一览表

序号	企业名称	序号	企业名称
1	常州对外贸易有限公司	11	江苏康华医疗器材有限公司
2	常州华利达服装集团有限公司	12	江苏虫洞电子商务有限公司
3	常州旭荣针织印染有限公司	13	常州高悦国际贸易有限公司
4	常州东奥服装有限公司	14	常州制药厂有限公司
5	常州市化工轻工材料总公司	15	江苏佳尔科药业集团有限公司
6	常州老三集团进出口有限公司	16	黑牡丹纺织有限公司
7	常州舜灵商贸有限公司	17	江苏武进不锈股份有限公司
8	常州亚玛顿股份有限公司	18	常州光盛能源技术有限公司
9	常州东恒印染有限公司	19	常州强力先端电子材料有限公司
10	常州科腾纺织品有限公司	20	常州市穗满国际贸易有限公司

【7家企业品牌获评2023—2025年度江苏省重点培育和发展的国际知名品牌】 2023年，黑牡丹（集团）股份有限公司的“黑牡丹”品牌、常州华利达服装集团有限公司的“王子甲”品牌、常州亚玛顿股份有限公司的“亞瑪顿”品牌、江苏武进不锈股份有限公司的“WUJIN”品牌、江苏佳尔科药业集团股份有限公司的“JIAERKE及图”品牌、常州制药厂有限公司的“常药”品牌和常州艾贝服饰有限公司的“ABLE JEANS”品牌，获评2023—2025年度江苏省重点培育和发展的国际知名品牌。7家企业品牌均符合2023—2025年度江苏省重点培育和发展的国际知名品牌评选标准规定的资格条件，2022年销售收入超2000万元，持有境内外专利和著作权，在境内外注册商标，获得省级以上科技进步奖，建有省级以上企业技术中心或工程研发中心，企业通过国际通行的管理体系认证，按照国际标准组织生产，开展全球化经营，出口品牌在行业内具有国际知名度。

（袁辰极）

【农产品港澳经贸合作】 8月12—18日，天宁区应泰丰国际（澳门）

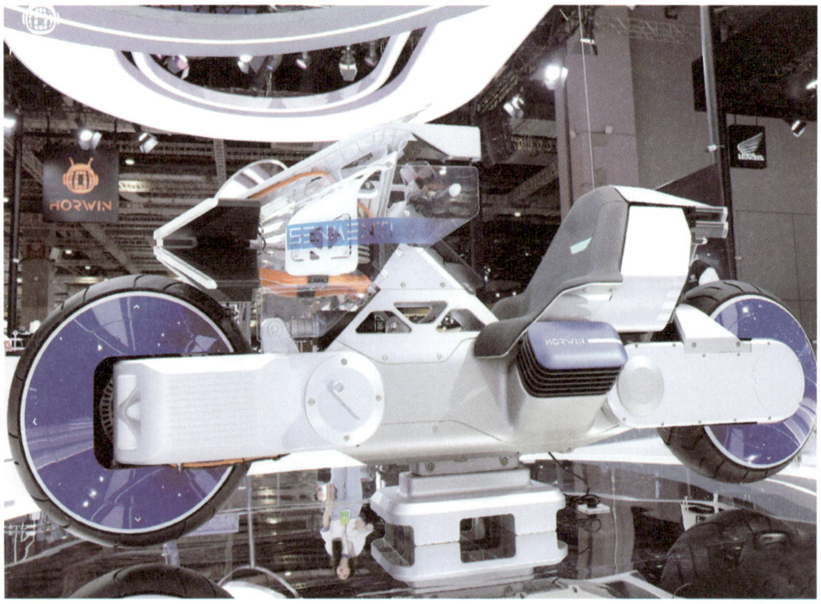

常州浩万新能源科技有限公司生产车间 （区商务局 供图）

有限公司及香港果林有限公司邀请，赴澳门、香港开展农产品推荐及城市产业招商活动，先后考察澳门钱妈妈生鲜大卖场、泰丰国际超市销售翠冠梨情况，拜访泰丰国际（澳门）有限公司总部、澳门兴隆贸易行、香港雅禾地产有限公司和长江实业集团有限公司，就天宁特色农产品进入香港、澳门市场销售达成初步意见。8月16日，在香港喜来登酒店举办焦溪翠冠梨品鉴会，与香港果林有限公司签订翠冠梨销售合同，长江实业集团有限公司、香港果林有限公司等50余位香港客商受邀参加品鉴会。8月17日，江苏园外园食品有限公司的汤团，天宁区农村合作经济组织联合会的翠冠梨、梨膏糖等农副产品首次在香港会展中心举办的国际食品大会展出。

（钱 寅）

对外及对港澳台经济合作

【概况】 2023年，天宁区有5家企业开展对外及对港澳台经济合作，全年对外及对港澳台直接投资3267.10万美元，同比下降32.93%，投资国家及地区为越南、美国、新加坡、英属维尔京群岛和中国香港。全年新增备案对外及对港澳台投资项目8个，协议投资额9601.54万美元，协议投资国家及地区为美国、荷兰、新加坡、越南、印度尼西亚和中国香港。年内，区商务局加强对外及对港澳台投资的引导和服务，走访对外及对港澳台投资意向企业，组织符合条件的企业申报发展专项资金，开展推介合作、座谈交流等活动，联合中国信用出口保险公司常州办事处、常州市对外投资和经济合作协会等机构，为企业到境外投资提供咨询服务。

【服务外包】 2023年，天宁区新增22家注册服务外包企业，全区在商务部业务系统平台注册的服务外包企业累计112家。是年，50家涉及医疗器械研发服务、纺织服装设计研发、互联网营销推广服务、云计算开发及应用服务等服务外包企业在商务部业务系统平台报送服务外包出口数据，全年完成服务外包执行总额7.47亿美元，同比增长87.22%，其中离岸服务外包执行额7.31亿美元，同比增长103.06%。

【常州浩万国际贸易有限公司电动摩托车出口欧美非市场】 2023年，常州浩万国际贸易有限公司新能源摩托车销售至非洲、欧洲、北美洲等地区，销售量累计超1.2万辆，销售额达2.6亿元。该公司主要开发智能底盘电动摩托车和两轮辅助驾驶技术平台，为用户提供全场景智能轻出行解决方案，生产的智能电动摩托车主要销往海外市场。是年，该公司在美国、欧洲、新加坡分别设立浩万美国有限公司、浩万欧洲有限公司、浩万新加坡有限公司，3家境外公司投资额累计超500万美元。

表17 2023年天宁区服务外包执行额统计表

所属区域	服务外包执行额（万美元）	离岸服务外包执行额（万美元）
天宁经济开发区	23618.48	23160.1
郑陆镇	11457.88	11457.88
雕庄街道	12445.08	12445.08
茶山街道	9020	9020

续表 17

所属区域	服务外包执行额（万美元）	离岸服务外包执行额（万美元）
红梅街道	5992.74	4836.33
天宁街道	10163.10	10163.10
兰陵街道	2007	2007

（许斐然）

天宁经济开发区

【概况】 江苏常州天宁经济开发区(以下简称开发区)地处常州市中心城区东北部，是2006年8月经国家发展改革委和江苏省政府批准成立的省级开发区。开发区管委会位于常州市天宁区北塘河东路5号，管辖面积56.01平方千米(含雕庄街道区域面积11平方千米、青龙街道区域面积24.04平方千米、东青片区区域面积20.97平方千米)。开发区交通便捷，区位优越，功能完善，环境优美，紧邻沪蓉高速青龙道口和青洋路高架出入口，距离常州奔牛国际机场30分钟车程。2023年，开发区全社会固定资产投资同比增长3.4%；一般公共预算收入14.6亿元，同比增长6.5%；高新技术产业产值147.6亿元，同比增长11.2%；社会消费品零售总额67亿元，与上年持平；外资实际到账1918万美元。辖区内累计有“四上”企业542家。其中，规模以上工业企业183家，完成产值219.4亿元，同比增长5.2%；规模以上服务业企业100家，营业收入98.9亿元，同比增长11.9%；限额以上批零住餐企业177家，完成销售279.8亿元，同比下降19%；符合资质等级标准建筑业企业45家及房地产企业37家。辖区内有黑牡丹（集团）股份有限公司、常州天晟新材料股份有限公司、常州亚玛顿股份有限公司3家上市公司；有常州海图信息科技股份有限公司、雷利新能源科技（江苏）股份有限公司、常州市翔云智能控制系统股份有限公司等8家“新三板”挂牌企业，有常州诺德电子股份有限公司、常州米德克光电科技有限公司、常州东方伊思达染织有限公司等164家高新技术企业。是年，开发区获评江苏省绿色工业园区、江苏省先进制造业和现代服务业融合发展标杆引领典型综合评价示范区；中欧（常州）检验检测认证国际合作产业园获评江苏省现代服务业高质量发展集聚示范区。

【基础设施建设】 2023年，开发区推进基础设施建设，启动桐家工业园征收拆迁，全年完成征迁面积20万平方米；华阳南路、福阳路、工业大道等11条道路完成修缮，辖区内“五横五纵”(“五横”指舜山路、常焦路、工业大道、新堂北路、青龙西路—武澄西路，“五纵”指大明路、常青北路、232省道、河丰路、省道261）交通路网体系基本成型，教育小镇（幼儿园、小学、中学、青少年活动中心）竣工验收，全年新建人才公寓1250套。

【重点项目】 2023年，开发区围绕新能源汽车零部件、第三代半导体、太阳能光伏等产业，招引项目88个，总投资超80亿元，其中总投资1亿元以上项目10个。年内，列入市重点项目10个，分别是东方侏罗纪旅游度假区项目（省重点项目）、亚芯半导体材料项目、5G科创中心项目、雷尼尔模块式机床功能部件项目、国创未来新能源检测中心项目、亚玛顿光电材料研发智造项目、维发新能源高可靠性高压直流安全器件和模组项目、鑫紫光电半导体芯片模组项目、江苏源普分布式新能源智能装备项目、曼淇威高端医疗装备及储能智能冷却系统研发生产项目。

表18　2023年天宁经济开发区投资1亿元以上项目一览表

序号	项目名称	投资额
1	新能源装备及低碳节能科技总部项目	10亿元
2	智芯高比能长循环储能电池核心材料制备及产业化项目	3亿元
3	左蓝微电子项目	3亿元

续表 18

序号	项目名称	投资额
4	零壹半导体项目	3 亿元
5	高端医疗、智能冷却系统项目	3 亿元
6	江苏源普公司机电液一体化系统及智能制造项目	3 亿元
7	香港锦奏科技电动自行车项目	3000 万美元
8	远瀚总部项目	2 亿元
9	华利达安全气囊基布项目	1.8 亿元
10	中钧动力科技项目	1 亿元

表 19　2023 年天宁经济开发区 10 个市重点项目建设一览表

序号	项目名称	建设内容	实施主体	建设年限	行业	性质	总投资（万元）	完成投资（万元）	级别
1	东方侏罗纪旅游度假区项目（恐龙星球项目）	用地面积 18 公顷，主要建设恐龙星球，包括防灾避险科普体验基地、创艺客厅等，配套建设恐龙人城堡酒店，打造新一代国家级综合旅游度假区	恐龙园文化旅游集团股份有限公司	2022 年 6 月—2026 年	服务业	结转	300000	58300	市级（省级）
2	亚芯半导体材料项目	建筑面积 5.8 万平方米，主要建设研发中心车间、钨板车间、热处理车间、焊接车间及设备用房等，购置包括气相沉积生产线、坯料高压水切割线、真空高温处理生产线、坯料轧制生产线、真空热处理炉等（不涉及危险化学物质及易燃易爆气体生产和存储）	亚芯半导体材料（江苏）有限公司	2020 年 11 月—2023 年 9 月	工业	结转	30000	4150	市级
3	5G 科创中心项目	用地 2.4 万平方米，规划建设研发中心楼、研发生产楼 9.86 万平方米，围绕 5G 产业打造集产业服务、研发实验、测试认证、产品制造于一体的科技孵化器，培育和孵化一批高成长型科创企业	豪栢投资管理有限公司	2021 年 12 月—2024 年	工业	结转	101600	30003	市级

续表 19

序号	项目名称	建设内容	实施主体	建设年限	行业	性质	总投资（万元）	完成投资（万元）	级别
4	雷尼尔模块式机床功能部件项目	建筑面积 52000 平方米，主要建设厂房、办公楼、研发楼及配套设施等，购置精密数控机床、液压校直机、自动化产线、立体加工中心成套设备、测试设备等主辅设备 120 台（套）	上海雷尼尔精密机械有限公司	2021 年 10 月—2023 年 12 月	工业	结转	30000	17200	市级
5	国创未来新能源检测中心项目	租赁江苏曼淇威电气产品有限公司车间 12495 平方米，购置国内首家供电能力达到交流和直流 2.5 兆瓦的进口 10 米法 EMC 暗室 + 进口 EMC 硬件及软件测试系统，具备国内最大检测充电桩能力的 2.5 兆瓦交流和直流电源、27 立方米环境试验箱、防尘防水等大型设备，打造亚洲第一大动态视频检测监控平台和智能实验室管理系统，建成国内首家集防水、淋水加实车充放电测试（最大 1.25 兆瓦）的综合试验区，建设整车 800 伏电压平台、国内首个全面覆盖高压连接器、高压充电枪及整车子部件 DC to DC 交流器和 OBC 检测实验室、CHAO JI 互操一致性大功率协议实验室，形成国内最大的 2.5 兆瓦级的充电桩测试能力，实现充换电设备国标、欧标、美标、日标、超级标准等能力全覆盖	国创未来检测技术(江苏)有限公司	2022 年 1 月—2023 年 12 月	工业	结转	20000	12400	市级

续表 19

序号	项目名称	建设内容	实施主体	建设年限	行业	性质	总投资（万元）	完成投资（万元）	级别
6	亚玛顿光电材料研发智造项目	建筑面积2.29万平方米，利用亚玛顿股份有限公司北厂区土地和厂房，新建研发中心大楼，改建BIPV防眩光镀膜玻璃智能化深加工生产线，开展“BIPV彩膜光伏玻璃”“大尺寸显示器全贴合技术”“显示器用一体化防眩光玻璃”等光电材料技术研发	常州亚玛顿股份有限公司	2022年7月—2023年12月	工业	结转	35000	29000	市级
7	维发新能源高可靠性高压直流安全器件和模组项目	建筑面积1.05万平方米，建设研发中心、车规级实验室、生产车间和立体式仓储，购置大功率电寿命测试设备、环境测试设备、机械震动测试设备、高精密自动化装配设备、自动化充排气设备、高效率性能检测设备、激光焊接设备、自动真空灌胶设备100余台（套），建设15条环氧&陶瓷接触器生产线、6条传感器生产线和2条智能PDU生产线，达产后形成年产充换电、光伏储能、新能源汽车等行业用高可靠性高压直流接触器及新能源传感器1000万套和模组50万件（套）	维发电子科技（常州）有限公司	2023年1月—2024年	工业	新建	30000	6150	市级
8	鑫紫光电半导体芯片模组项目	建筑面积2.43万平方米，购置芯片模组封测生产线3条、智能模组生产线36条，建设高频脉冲节能芯片模组研发中心和生产制造中心。项目达产后预计可形成年产1000万组高频脉冲节能芯片模组的生产能力	江苏固立得精密光电有限公司	2023年1月—2025年	工业	新建	30000	0	市级

续表 19

序号	项目名称	建设内容	实施主体	建设年限	行业	性质	总投资（万元）	完成投资（万元）	级别
9	江苏源普分布式新能源智能装备项目	建筑面积约9万平方米，建设研发中心、生产车间、立体式仓储等配套设施，购置大型激光切制机床ABB焊接机器人、人工智能立体仓库等设备，自行研制发电机模拟机、阀门试验平台等试验设备，项目达产后预计可形成年产冶金液压润滑系统50套、氢油水冷却系统20套、分布式新能源智能装备30套、冶金工业自动化产线10条的生产能力	江苏源普控制设备有限公司	2023年12月—2025年	工业	新建	30000	100	市级
10	曼淇威高端医疗装备及储能智能冷却系统研发生产项目	建筑面积7.1万平方米，购置日本高精度立式加工中心、德国高精度三坐标测量仪、数控车床、高速冲床、风量测试系统等设备200余台（套），建设20余条电机自动化智能生产线、压缩机自动化智能生产线、智能在线检测耐久试验线、储能冷却系统自动装配及检测线，达产后预计可形成年产50万台医用无油涡旋压缩机、10万套储能智能冷却系统的能力	江苏迈高精工技术有限公司	2023年12月—2025年	工业	新建	30000	0	市级

【科技创新】 2023年，开发区推进科技创新，培育新质生产力，全年入选龙城英才计划20个、市领军型创新人才2名，净增发明专利214件，累计拥有授权发明专利803件。是年，常州海图信息科技股份有限公司、坛墨质检科技股份有限公司被工业和信息化部评为国家级专精特新“小巨人”企业，常州亚玛顿股份有限公司被工业和信息化部评为国家级服务型制造示范企业和国家级绿色供应链管理企业，常州旭荣针织印染有限公司被中国针织工业协会评为中国针织行业30强企业，常州常检一诺食品检测中心有限公司被中国商业联合会评为全国商业科技进步奖一等奖。常州诺德电子股份有限公司、常州二更网络科技有限公司、中认国创检测技术（江苏）有限公司等76家企业被认定为高新技术企业，开发区累计拥有高新技术企业164家。江苏怀业信息技术股份有限公司被省科技厅评为省潜在独角兽企业，常州智谷机电科技有限公司、常州市蓝博氢能源科技有限公司、常州海图信息科技股份有限公司、常州仁千电气科技股份有限公司4家企业被省科技厅评为省瞪羚企业，常州裕源灵泰面料科技有限公司、江苏远方动力科技有

限公司、常州曼淇威压力控制技术有限公司3家企业技术中心被省工信厅评为省级企业技术中心，江苏源普控制设备有限公司、常州凯得新材料科技有限公司、伊顿电力设备有限公司等16家企业被省工信厅评为省级专精特新中小企业，常州东方伊思达染织有限公司筒子染色智能车间、伊顿电力设备有限公司VCB断路器智能制造车间、常州旭荣针织印染有限公司高端面料智能加工车间被省工信厅评为省级智能车间，伊顿电力设备有限公司、常州东恒印染有限公司被省工信厅评为省级绿色工厂。

表20 2023年天宁经济开发区新增76家高新技术企业一览表

序号	企业名称	地址	建筑面积（平方米）	产值（万元）
1	江苏汉武智能科技有限公司	天宁区弘仁路2号3号楼	13500	2074
2	常州诺德电子股份有限公司	天宁区弘礼路5号	25000	19383
3	黑牡丹纺织有限公司	天宁区青洋北路47号	36552	72807
4	常州市翔云智能控制系统股份有限公司	天宁区恒生科技园二区14幢2号	800	4099
5	常州米德克光电科技有限公司	天宁区青洋北路1号5-C-2、5-C-3	15000	15320
6	常州东方伊思达染织有限公司	天宁区青洋北路68号	36000	15617
7	常州市优高电子科技有限公司	天宁区青洋北路1号23幢乙单元201室	563	1256
8	常州市佐安电器有限公司	天宁区郑陆镇和平村	12503	21821
9	常州铂林热处理有限公司	天宁区郑陆镇花园村	1025	2302
10	常州海石智能装备有限公司	新北区昆仑路61号	1300	1124
11	江苏路航建设工程有限公司	常州检验检测产业园6号楼701室	362	19416
12	常州力马智能装备科技有限公司	天宁区郑陆镇和平村	800	2562
13	常州荣声纺织科技有限公司	武进经济开发区锦丰路9号	2423	10235
14	雷亿尔精密机械科技（常州）有限公司	天宁区虹阳路9号	432	542
15	常州乾艺智能制造科技有限公司	天宁区青洋北路1号23幢乙单元101室	502	1065
16	常州市常顺医疗科技有限公司	天宁区郑陆镇复兴路3号	231	865
17	江苏迈步信息科技有限公司	天宁区北塘河东路5号天宁智造园	300	3684
18	常州捷希新材料科技有限公司	天宁区创客路28号43幢601室	200	4976
19	常州宇宙星电子制造有限公司	天宁区郑陆镇工业园区	4000	4030
20	常州亚玛顿股份有限公司	天宁区青龙东路639号	32666	343794
21	江苏骠马智能装备股份有限公司	天宁区青龙东路601号	1566	2698
22	常州明杰重工科技股份有限公司	天宁区和电路2号	3000	5425
23	江苏视博云信息技术有限公司	天宁区虹阳路2号	200	1174.58
24	江苏常环环境科技有限公司	天宁区虹阳路2号1号楼	150	995
25	常州柯勒玛智能装备有限公司	常州经济开发区遥观镇长虹东路401号	300	635
26	江苏源普控制设备有限公司	天宁区虹阳路5号	5000	10763

续表 20

序号	企业名称	地址	建筑面积（平方米）	产值（万元）
27	坛墨质检科技股份有限公司	常州检验检测产业园 2 号楼 7 ～ 8 层	2364	23568
28	常州华普塑料容器有限公司	天宁区郑陆镇和平工业园 226 号	8000	10153
29	常州鑫立离子技术有限公司	天宁区郑陆镇青松村	1000	563
30	常州力马干燥科技有限公司	天宁区郑陆镇花园村委周塘桥村 116 号	800	5881
31	常州固堡电子有限公司	天宁区郑陆镇省岸村委省岸里 162 号	1352	4642
32	常州喜莱维纺织科技有限公司	天宁区青洋北路 71 号	632	689
33	江苏龙衡环境科技有限公司	天宁区黑牡丹科技园 5 幢	356	1649
34	江苏应能微电子股份有限公司	天宁区创智路 5 号 4 号楼（8 层、9 层）	2500	15070
35	江苏美丽华电器有限公司	天宁区郑陆镇工业园区（和平村）	806	2501
36	江苏诺米新材料科技有限公司	天宁区郑陆镇东青和平村	1356	2579
37	江苏栋德机械科技有限公司	天宁区郑陆镇花园村委周塘桥 117 号	1548	1578
38	常州文风智能科技有限公司	天宁区虹阳路 7 号	500	658
39	江苏德天智能科技有限公司	新北区长江北路 6 号	800	1256
40	常州二更网络科技有限公司	天宁区竹林北路 256 号科技促进中心 2 号 6 楼	200	2084
41	江苏名扬昱洁机械有限公司	天宁区青洋北路 47 号	256	6618
42	常州市精艺机械制造有限公司	天宁区青龙桐家村	12560	4641
43	常州亿立特新能源科技有限公司	中欧（常州）检验检测认证国际合作产业园 6 号楼 101 室	1250	8239
44	常州邦瑞新材料科技有限公司	天宁区北塘河东路 17 号	500	18967
45	常州月恒仪器仪表有限公司	天宁区郑陆镇和平工业园蓝天路 1 号	500	895
46	江苏博润电气科技有限公司	天宁区河海东路 9 号	1000	1434
47	江苏纬博信息技术有限公司	天宁区青洋北路 11 号	150	986
48	常州赫铭自动化科技有限公司	天宁区虹阳路 7 号	1250	885
49	山河美（常州）环保科技有限公司	天宁区青洋北路 143 号	1235	6885
50	江苏泛腾电子科技有限公司	天宁区青洋北路 11 号宏创大厦 14 楼	800	6897
51	航天云网数据研究院（江苏）有限公司	天宁区竹林北路 256 号	822	6906
52	江苏亿润线缆有限公司	天宁区郑陆镇工业集中区恒安路 10 号	2500	13614
53	常州银杉信息技术有限公司	天宁区河海东路 9 号创业服务中心 303 室	150	892
54	常州智联云物流科技股份有限公司	天宁区虹阳路 2 号常州数字经济产业园 6 楼	400	968
55	江苏网博视界网络科技股份有限公司	天宁区虹阳路 2 号	260	394.92

续表 20

序号	企业名称	地址	建筑面积（平方米）	产值（万元）
56	常州市欧德姆智能机械设备有限公司	天宁区黑牡丹科技园 4 幢 1240 室	256	785
57	常州市罗托克阀门有限公司	天宁区郑陆镇和平村	856	1586
58	常州友卓网络科技有限公司	天宁区虹阳路 2 号	100	985
59	常州曼淇威压力控制技术有限公司	天宁区福阳路 65 号	3326	14721
60	江苏蓝博环保机械有限公司	天宁区郑陆镇和平村	1000	1356
61	常州方隆电子有限公司	天宁区青洋北路 1 号 23 幢丁单元 401 室	400	689
62	常州立骏电子科技有限公司	天宁区青龙街道桐家工业园 67 号	300	852
63	德心智能科技（常州）有限公司	天宁区北塘河东路 17 号	1500	1859
64	中认国创检测技术（江苏）有限公司	中欧（常州）检验检测认证国际合作产业园 6 号楼 101 室	5000	4274
65	常州苏双迈达精密机械有限公司	天宁区虹阳路 2 号	2000	5358
66	常州市创达玻璃有限公司	天宁区郑陆镇恒安路 6-1 号	512	846
67	维发电子科技（常州）有限公司	天宁区北塘河东路 6 号智能零部件产业园 3 幢	15896	3418
68	常州满旺半导体科技有限公司	天宁区青洋北路 11 号	800	2049
69	常州浩全电气科技有限公司	天宁区福阳路 69 号 1 号楼 2 层	1200	5988
70	常州浩万新能源科技有限公司	天宁区创智路 5 号 1 号楼 1～2 层	2500	28659
71	江苏智慧水务研究院有限公司	天宁区虹阳路 2 号	200	296
72	常州金牛奥科工业智能科技有限公司	天宁区郑陆镇和平村	900	1582
73	常州市三润医疗器械科技有限公司	天宁区青洋北路 47 号	2000	566
74	常州常检一诺食品检测中心有限公司	天宁区黑牡丹科技园 29 幢	600	836
75	江苏新礼文化发展有限公司	天宁区恒生科技园 42 幢 2 号	356	2299
76	常州亿惠精密制造有限公司	天宁区华阳南路 19 号	800	1320

【欧陆检测项目落户】 9 月 22 日，欧陆检测项目签约入驻中欧（常州）检验检测认证国际合作产业园，总投资 500 万欧元。欧陆 (Eurofins) 集团创建于 1987 年，总部设在比利时布鲁塞尔，是全球领先的科学分析和检测检验机构、世界 500 强企业，在全世界 30 个国家拥有 150 余个实验室，在食品、制药、环境和消费品行业为客户及政府机构提供全方位的检测认证服务。

【西安交通大学长三角新型光电创新中心项目落户】 1 月，开发区与西安交通大学电信学部、江苏隆宇智慧科技集团有限公司签署共建西安交大长三角新型光电创新中心合作协议。4 月 23 日，区委书记许小波、西安交通大学副校长柴渭为西安交大长三角新型光电创新中心揭牌，双方就产学研合作、人才项目签约。天宁区发挥政策及载体优势，西安交通大学发挥科研优势，企业发挥市场主体优势，三方围绕电子信息科学与技术领域，结合各自发展需求，开展产学研合作，形成政府与企业、高校之间科研信息共享、设备仪器共用、科技合作研发。

【2 家企业获评国家级专精特新“小巨人”企业】 2023 年，常州海图信息科技股份有限公司、坛墨质检科技股份有限公司被工业和信息化部评为国家级专精特新“小巨人”企业，开发区累计 3 家。

常州海图信息科技股份有限公司成立于 2013 年 4 月，是一家专注于数字音视频压缩、存储、解压缩及人工智能研究和解决方案的高新技术企业。该公司深耕数字音视频人工智能技术的开发，先后推出基于海思、瑞芯微等主流 CPU 的编解码器、DVR、NVR、分布式控制等方案；开发智能分析装置、边缘计算盒、基于各种 CPU 平台的核心板，以及基于煤炭、烟花等行业的智能预警平台。2023 年，公司实现销售收入 1.24 亿元，纳税 830 万元。

坛墨质检科技股份有限公司成立于 2018 年，是一家集标准物质与标准样品研发、生产、销售、服务于一体的高新技术企业。作为国内标准物质与标准样品领域的领军企业，拥有中国 CNAS 标准物质与标准样品生产者认可的实验室，通过 ISO 9001:2015 标准物质研发与服务的质量管理体系认证。该公司总部在常州，北京、上海设分公司，拥有近 5 万个自有产品，申报国家级标准物质 500 余项，产品形态包括液体标准物质、固体标准物质、同位素标记标准品、基质类标准物质 / 质控样品 / 能力验证样品、仪器校准 / 检定标准品、高纯化学试剂等，广泛应用于食品、环境和职业卫生等检测领域，并可提供特殊溶剂定制、特殊浓度定制、多组分混标定制、特殊包装定制，所有定制产品均符合 GB、SN、HJ、农业农村部标准。2023 年，公司实现销售收入 2.35 亿元，纳税 4858 万元。

【第三届中国 · 江苏游戏产业高质量发展论坛】 3 月 2 日，由中国音像与数字出版协会、江苏省新闻出版局指导，中国音像与数字出版协会游戏工委、市委宣传部、天宁区政府、凤凰出版传媒集团、咪咕文化科技有限公司主办，天宁经济开发区、咪咕互动娱乐有限公司、现代快报报社承办的第三届中国 · 江苏游戏产业高质量发展论坛在常州环球恐龙城维景国际大酒店举办，区长张凯奇致辞，中国音像与数字出版协会常务副理事长、秘书长敖然与凤凰出版传媒集团党委书记、董事长孙真福分别讲话，咪咕互娱、腾讯游戏、三七互娱、椰岛游戏、友谊时光、米哈游等 600 余名游戏企业代表参会。论坛以重塑与转型、新技术引领游戏“新纪元”为主题，聚焦游戏企业履行社会责任和多元价值创造，围绕“新技术带动新趋势”愿景目标，游戏企业代表分享、倡导在承担“向善、向美、向上”社会责任的同时，以开放、多元、融合的姿态，拥抱游戏产业数字化的新浪潮，推动网络游戏正能量引领。

【第二十六届游交会暨第二届全球运营交易大会】 3 月 2 日，由开发区承办的第二十六届游戏项目交易会暨第二届全球游戏运营交易大会（以下简称游交会）在常州白金汉爵大酒店举行，区委书记许小波致辞，游戏行业 600 余家企业参会。游交会以产业咨询、项目推荐、项目定制、招商引资、企业并购、游戏版权交易为主题，帮助企业解决游戏产业推广、投融资需求，助推数字经济产业的合作共赢。游交会上，揭牌成立游交会创业孵化合作基地，江苏蓝胤网络科技有限公司、常州峥沐文化有限公司、常州万柒网络科技有限公司等 10 家企业签约入驻江苏常州网络视听游戏产业园。

延伸阅读：

中国国际游戏交易会是由中国音像与数字出版协会主办，中国音数协游戏工委承办，面向全球游戏厂商的 B2B 商务对接会议，旨在促进国内外游戏贸易，帮助中小游戏企业拓展市场，提供最直接、最有效的商务对接平台，并为中小型研发团队提供更多在业界展示的机会，无论是融资还是项目代理都能在会上与投资商和运营商直接对接。

（颜华鳞）

都市农业

◆栏目编辑　张　真

综　述

【农业经济】 2023年，天宁区实现农林牧渔业总产值14.09亿元，其中农业产值8.4亿元、林业产值0.08亿元、畜牧业产值0.29亿元、渔业产值4.32亿元、农林牧渔服务业产值1亿元；农林牧渔业（含农林牧渔服务业）增加值7.82亿元。全区耕地面积1933.33公顷，渔业面积664公顷，果品面积506.67公顷，蔬菜面积200公顷。天宁区落实粮食种植面积1273.33公顷，总产量8338吨，分别较上年增长14%、17%；其中水稻面积500公顷，总产量4617吨。年内，区农业农村局在农机安全、农药经营、饲料生产等方面组织开展安全生产专项检查19次，检查单位52家，出动监管人员58人次，发现各类农业安全生产隐患8处，均督促整改到位。实施高素质农民培育，全年举办高素质农民培训19期，参训2254人次。是年，区农业农村局和郑陆镇畜牧兽医站在二花脸猪遗传资源保护和开发工作中成绩突出，获市农业农村局通报表扬。

【高标准农田建设】 2023年，天宁区在武城村、青松村建成高标准农田34.93公顷，主要实施农田基础设施建设，其中建设混凝土管道203米、高密度聚乙烯双壁波纹管1114.84米、U70渠道3001.9米、衬砌渠道937.5米、砖砌渠道382.7米、修葺渠道140.7米、跨渠板19.2平方米、箱涵1座、过路涵53.7米、放水斗门和排水口223座、分水闸和井40座、管道检查井59座，拆除构筑物70.8立方米，改造砂石道路2108.86平方米，修复混凝土道路2248.89平方米，完成土地平整37142平方米，填筑田埂684立方米，项目总投资355万元。

（钱　寅　廖云峰）

【标准化池塘建设】 6月，天宁区投资120万元，对武城村16.53公顷池塘实施标准化改造，建成串并联式植物塘微循环净化系统和“三池两坝”（即沉淀池、曝气池、生态净化池以及夹在这3个池塘中间的2个过滤坝）尾水净化系统，完成补水河道提质增容综合改造，构建闭合式循环水养殖区域，实现养殖尾水循环利用。年内，区农业农村局加强养殖水质监测，对7家单位（常州市湟河生态养蟹专业合作社、常州市天宁区郑陆江玉水产养殖场、常州市白洋桥水产养殖专业合作社、常州市天宁石堰农业开发有限公司、常州市技丰水产良种繁育场、常州市满堂红农业有限公司、常州市天宁区武城村村民委员会）的标准化池塘开展常态化养殖水检测，未发现pH值、高锰酸盐指数、总磷、总氮、悬浮物等指标超标情况。

（钱　寅　张　聪）

【农产品质量监管】 2023年，天宁区加强农产品质量全程监管，落实各级主体责任，区与镇、镇与村层层签订农产品质量安全责任状，郑陆镇农业农村工作局与各农资店、农产品生产经营主体签订农产品质量安全责任状、承诺书。开展农产品质量安全专项整治行动，对农资经营、使用单位开展检查55家次，对常州市食用农产品合格证管理系统入网主体开展检查967家次，完成农产品质量安全快速检测2479批次、农产品质量安全定量检查1087批次，抽检合格率达99%。实施食用农产品合格证网上核查，全区7个农产品质量安全村级服务站运行正常，720家农产品生产经营主体拥有农产品合格证，涉及40个农产品，全年累计有食用农产品合格证90.76万张。

（钱　寅　曹晓燕）

表 21　2023 年天宁区农产品质量安全村级服务站一览表

序号	名称	服务区域
1	常州查家湾生态林果专业合作社	查家村、粮庄桥村
2	常州瑞土瓜果种苗专业合作社	横沟村、牟家村、宁河村、新沟桥村、郑陆农场
3	常州市焦店葡萄专业合作社	焦溪村、省岸村、石堰村
4	常州市满堂红农业有限公司	董墅村、羌家村、施家巷村、徐家村
5	常州市湟河生态养蟹专业合作社	丰北村、三河口村、梧岗村
6	常州市黄天荡螃蟹专业合作社	黄天荡村、三皇庙村
7	常州市翟家果品专业合作社	舜南村、舜北村、翟家村

【动物疫病防疫】 2023 年，天宁区落实“预防为主、防疫优先、应免尽免”原则，组织开展春、秋两季重大动物传染病防疫行动，全年接种高致病性禽流感疫苗 11.01 万羽次、牲畜口蹄疫疫苗 1.07 万头次、猪瘟疫苗 0.89 万头次、高致病性猪蓝耳病疫苗 0.5 万头次、小反刍兽疫疫苗 0.04 万只次、狂犬病疫苗 1.66 万只次、信鸽高致病性禽流感疫苗 2.85 万羽次。加强养殖环节非洲猪瘟排查，全年累计出动 300 余人次，对生猪养殖场（户）开展宣传指导、排查监管；坚持主动监测疫情，全年累计采集养殖环节非洲猪瘟、畜禽养殖环境样品和市场环节监测样品等 415 份，合格率 100%；结合“三灭四消”（“三灭”指灭蚊灭蝇灭鼠，“四消”指日常消毒、重要时点消毒、突击消毒、应急消毒活动）专项行动，严格消毒灭源，对生猪养殖场（户）免费提供消毒药品 1845 千克，累计消毒圈舍、场地、生猪驳载点、动物卫生收集点等场所面积 36.9 万平方米。组织实施动物产地检疫，推进省内无纸化产地检疫出证，采取登门踏圈方式检疫生猪 0.3 万头，全年未有病猪流入市场。至年末，全区有动物医院 31 家、动物诊所 7 家。

（钱　寅　孟　凡）

表 22　2023 年天宁区动物诊疗机构一览表

序号	诊疗机构	类别	所属区域
1	天宁区郑陆有一家宠物医院	动物医院	郑陆镇
2	天宁区雕庄鑫娜宠物医院	动物医院	雕庄街道
3	常州市博雅宠物医院有限责任公司龙湖分公司	动物医院	青龙街道
4	常州市天宁区爱宠堡宠物医院有限公司	动物医院	青龙街道
5	常州河海金健宠物诊疗有限公司天宁分公司	动物医院	青龙街道
6	常州市瑞鹏宠物医院有限公司水晶城分公司	动物医院	青龙街道
7	常州市天宁区晋缘动物医院	动物医院	茶山街道
8	常州赛恩动物诊疗有限公司	动物医院	茶山街道
9	天宁区茶山皇家宠物医院	动物医院	茶山街道
10	常州市瑞鹏宠物医院	动物医院	茶山街道
11	常州弘阳宠物医院有限公司	动物医院	茶山街道
12	常州市王正正宠物医院有限公司	动物医院	茶山街道
13	天宁区茶山灿方宠物诊疗中心	动物医院	茶山街道
14	常州市美多格动物诊疗有限公司华润国际店	动物医院	茶山街道
15	天宁区茶山爱骑玛宠物医院	动物医院	茶山街道
16	天宁区茶山景豪宠物医院	动物医院	茶山街道

续表22

序号	诊疗机构	类别	所属区域
17	常州美多格动物诊疗有限公司飞龙分公司	动物医院	红梅街道
18	天宁区天宁博雅宠物医院	动物医院	红梅街道
19	天宁区红梅转角遇到它翠竹宠物医院	动物医院	红梅街道
20	常州市红一梅动物诊疗有限公司	动物医院	红梅街道
21	常州宝莱屋宠物医院有限公司天宁分公司	动物医院	红梅街道
22	常州市武牧动物医院	动物医院	红梅街道
23	天宁区红梅爱维宠物医院	动物医院	红梅街道
24	天宁区天宁转角遇到它宠物医院	动物医院	红梅街道
25	天宁区红梅妙春宠物医院	动物医院	红梅街道
26	常州天宁安美宠物医院	动物医院	天宁街道
27	常州市天宁区康雨宠物医院	动物医院	天宁街道
28	天宁区兰陵优佳宠物医院	动物医院	兰陵街道
29	天宁区兰陵清晨宠物医院	动物医院	兰陵街道
30	天宁区兰陵京宠宠物医院	动物医院	兰陵街道
31	天宁区兰陵若卜宠物医院	动物医院	兰陵街道
32	天宁区郑陆春晓宠物诊所	动物诊所	郑陆镇
33	天宁区郑陆铭心宠物诊所	动物诊所	郑陆镇
34	天宁区青龙安慕宠物诊所	动物诊所	青龙街道
35	天宁区茶山皮卡丘宠物诊所	动物诊所	茶山街道
36	天宁区茶山萌可宠物诊所	动物诊所	茶山街道
37	天宁区天宁哆唻爱宠物诊所	动物诊所	天宁街道
38	天宁区兰陵瑞泽宠物诊所	动物诊所	兰陵街道

【政策性农业保险】 2023年，天宁区农业保险承保规模稳中有升，水稻、小麦、生猪等20个农产品参加投保，累计发生签单保费692万元，同比增长32.57%，为辖区内6368户农户提供10163万元风险保障。至年末，农业保险发生赔付案件426件，赔款140.76万元，受惠农户426户次。4月，对政策性农业保险承保机构中国人民财产保险股份有限公司常州市分公司2022年度工作开展服务评价，评价等级为优秀。

（李燕茹）

休闲观光农业

【牟家农业旅游观光园】 牟家农业旅游观光园位于郑陆镇牟家村，2006年1月建成投用，占地面积43.33公顷，由牟家村村民委员会投资3500万元建设，建有村史馆、博物馆、农博馆、野外拓展区、垂钓中心等景点，实施企业化运作和规范化管理，先后获评全国农业旅游示范点、江苏省四星级乡村旅游点。其中，村史馆以序、源、领、灵等12个板块，全方位展示牟家村的历史变迁和风土人情；博物馆内设青铜器馆、玉器馆、字画馆3个展厅，累计480余件藏品；农博馆分生产工具和生活用具两大类，馆藏旧农具1000余件；野外拓展区域是个人或团队户外运动和拓展训练的营地；垂钓中心占地面积27000平方米，是垂钓爱好者的乐园。2020年6月，为满足休闲观光需求，由常州天宁建设发展集团有限公司投资500万元，利用观光园内闲置农房，改造成具有民国风情和乡村风韵的半石咖啡馆，承接企事业单位团建、家庭聚会、个人休闲等活动，成为天宁首个乡村网红咖啡体验区。2023年，半石咖啡馆接待游客1.5万人次。

（高振渊　钱　寅）

【“潇洒莲坞”睡莲培育基地】“潇洒莲坞”睡莲培育基地位于青龙街道代管的花园村，2019年4月成立，睡莲栽培面积1200平方米，主要开展微小型睡莲扩繁及销售、新品种杂交选育、水生微景观制作等，由基地负责人兼育种人李潇运营管理。2019—2023年，基地累计有“争奇斗艳”“羽心净”“恋爱糖果”“方仪”“紫珍妮”等睡莲品种100余个，培育的9个睡莲新品种中有5个获国际睡莲与水景园艺协会认可。2023年，基地承担的“小”睡莲育种项目入选乡土特色产业创业项目，并获第六届“农担杯”常州市农村创业大赛综合初创组二等奖；基地培育的中国睡莲“做梦的豆豆”“福”分别获得中国睡莲新品种评比大赛亚军和季军，其中绛红色的中国睡莲“福”是国际睡莲花色的重大突破。

（张　聪）

【伊酷拉精灵农庄】伊酷拉精灵农庄位于天宁区郑陆镇牟家村舜平路10号，由东经一二〇文化旅游发展有限公司投资2800万元建设，常州聚融游乐有限公司运营管理，2019年9月28日建成开园。伊酷拉精灵农庄为沉浸式亲子体验的青少年成长基地，集教育科普、亲子游乐、休闲农业、短时度假等功能于一体，设有迷雾丛林、探险海岛、飞马牧场、神迹草场、落日沙滩、智慧广场、酷拉军营、酷拉大街八大主题项目区，配备近30套无动力设施设备。2019—2023年，该农庄累计接待游客28.7万人次，营业额669万元。

（高振渊）

【丰北村“半耕伴读”小菜园创成市级精美小菜园】12月，由丰北村村民委员会运营管理的“半耕伴读”小菜园被市农业农村局评为市级精美小菜园。该菜园位于郑陆镇丰北村美丽乡村园区“初心学堂”与“传承馆”之间，占地面积1.34万平方米，建有“半耕伴读”菜园区、特色种植区、爱心领养区、游客休息区，为游客提供科普研学、采摘体验等服务，总投资30万元（市财政补助20万元、村级投资10万元）。其中，“半耕伴读”菜园区占地面积1100平方米，主要提供亲子种植体验及研学服务，满足儿童农耕实践需求；特色种植区占地面积5500平方米，提供蔬果采摘服务，与学校、培训机构合作开展农业知识科普活动；爱心领养区占地面积6000平方米，免费为企业和个人提供菜园，由认领者自行种植管理，所种成果自由共享。2023年，小菜园有6600平方米被郑陆镇丰北村居家养老服务站、郑陆残疾人之家服务中心2家机构和10名个人认领，产生收益5000元；与郑陆爱蓓思特教育培训服务中心合作，举办亲子活动12次，参与人数450人。

（陈　琦）

“潇洒莲坞”睡莲培育基地（2023年）　（区农业农村局 供图）

优质农副产品

【翠冠梨种植】2023年，天宁区拥有翠冠梨品牌21个，其中“焦溪翠冠梨”商标获国家地理标志证明商标，“常溪”“查家湾”品牌获评江苏省著名商标。全区翠冠梨种植面积362.73公顷，主要分布在郑陆镇查家村、粮庄桥村、舜北村、翟家村等，年产量13874吨，总产值8324.4万元，其中澳门泰丰国际（集团）有限公司、钱妈妈生鲜蔬果超级市场等港澳企业全年销售焦溪翠冠梨100吨。是年，常州市翟大伟果业有限公司选送的翠冠梨、常州查家湾生态林果专业合作社选送的翠冠梨和常州市天宁区郑陆彩虹农场选送的苏翠1号梨获2023年“人保杯”首届常州市大众水果品鉴推介活动金奖，常州市天宁区郑陆彩虹农场选送的新玉梨获2023年“人保杯”首届常州市大众水果品鉴推介活动银奖。

（钱　寅　曹晓燕）

【葡萄种植】 2023年，天宁区葡萄种植面积140.67公顷，年产量4220吨，总产值3376万元。葡萄品种主要以夏黑、醉金香、阳光玫瑰为主，分布在郑陆镇石堰、省岸等村。是年，常州市翟大伟果业有限公司选送的阳光玫瑰葡萄和常州市甜再来葡萄专业合作社选送的阳光玫瑰葡萄获2023年“人保杯”首届常州市大众水果品鉴推介活动银奖。

（曹晓燕）

2023年,二花脸猪养殖基地　　（区农业农村局 供图）

【二花脸猪养殖管理】 2023年，天宁区有国家级太湖猪（二花脸猪）保护区1个，为全国规模最大的二花脸猪保护区；有市级生猪保供企业1家（常州市舜溪畜牧科技有限公司），有二花脸母猪养殖基地7个（常州市舜溪畜牧科技公司原种场、常州市舜溪畜牧科技公司扩繁场、二花脸猪合作社林中度养殖场、二花脸猪第一基地马云强养殖场、二花脸猪第二基地李志芬养殖场、二花脸猪第三基地陆国金养殖场、二花脸猪合作社钱紫文养殖场），有公猪养殖基地1个(二花脸公猪基地)，有备份公猪场1个（二花脸种公猪备份场），有猪肉加工基地1个（二花脸猪肉加工基地），常州市舜溪畜牧科技有限公司有二花脸猪研究中心、研究生工作站各1个。二花脸猪采用传统养殖模式，具有产仔率高、母性好、耐粗饲、肉质鲜美等优良的种质遗传特性，最多时一头母猪能生产42个猪仔，被国际畜牧界誉为世界猪种产仔之王。年内，保护区在二花脸猪的种质资源保护与开发利用上，采用“五统一”（统一管理、统一驳运、统一销售、统一供精、统一粪污处理）生物安全防控模式进行疫病防控，并委托南京农业大学实施遗传材料冷冻保存，建设二花脸猪文化展厅，加强品牌建设。至年末，全区存栏二花脸猪5003头（其中能繁母猪存栏522头、种公猪存栏29头）、出栏生猪5000头，养殖保持稳定。是年，常州焦溪二花脸猪养殖与文化系统入选江苏省第二批省级重要农业文化遗产名录。

（钱　寅　孟　凡）

表23　2023年天宁区二花脸猪规模养殖场一览表

序号	养殖场	养殖类别	所属区域
1	常州市舜溪畜牧科技公司原种场	猪	郑陆镇
2	常州市舜溪畜牧科技公司扩繁场	猪	郑陆镇
3	二花脸猪合作社林中度养殖场	猪	郑陆镇
4	二花脸猪第一基地马云强养殖场	猪	郑陆镇
5	二花脸猪第二基地李志芬养殖场	猪	郑陆镇
6	二花脸猪第三基地陆国金养殖场	猪	郑陆镇
7	二花脸猪合作社钱紫文养殖场	猪	郑陆镇

【蛋鸡养殖管理】 2023年，天宁区有常州花千谷生态农业观光有限公司1家蛋鸡规模养殖场，是市级蛋鸡生产保供企业，拥有无公害农产品质量认证市级名优鸡蛋“乐百佳溯控无抗蛋”品牌1个，有智能化、自动化鸡舍2幢，依托中粮集团有限公司自动化养殖技术，实现养殖温度、湿度、光照、喂食、引水自动调节，通过使用益生菌、中草药代替抗生素，实现全程绿色生态养殖。至年末，常州花千谷生态农业观光有限公司存栏蛋鸡从上年的4.68万羽增加至10.6万羽，日产蛋量5.5吨，年销售鸡蛋2000吨，年销售额1980万元。

（钱 寅 孟 凡）

【农产品品牌建设】 2023年，天宁区持续打造“1+3+N”［“1”指焦溪翠冠梨区域公用品牌，“3”指焦溪二花脸猪、黄天荡清水蟹、焦溪翠冠梨国家地理标志商标（产品），“N”指绿色优质农产品］品牌体系，在全区推广运用翠冠梨种植技术标准和黄天荡清水蟹、焦溪翠冠梨、焦溪二花脸猪、优质水稻等主要农产品生产技术规程，组织各类农产品参加省、市展销和评比10次，扩大农产品的知名度和影响力。开展绿色优质农产品申报，常州未来横沟新农业发展有限公司大米和常州市花好悦园旅游开发有限公司大米被中国绿色食品发展中心认定为绿色食品A级产品，许可使用绿色食品标志（许可限期为2023年12月28日至2026年12月27日）；江苏园外园食品有限公司黑芝麻汤团和爱巢生物科技（常州）有限公司拓福康翠冠梨冻干被中国绿色食品发展中心认定为绿色食品A级产品，许可使用绿色食品标志（许可限期为2023年12月29日至2026年12月28日）。至年末，天宁区拥有农产品区域公用品牌1个(焦溪翠冠梨)、国家地理标志商标（产品）3个（焦溪二花脸猪、黄天荡清水蟹、焦溪翠冠梨）、绿色优质农产品22个，全区绿色优质农产品占比从2022年的62.42%提升至80.63%。

（钱 寅 徐 广）

【特色鱼种养殖】 2023年，天宁区特色鱼种以鳜鱼、鮰鱼为主，主要由常州市技丰水产良种繁育场养殖。年内，常州市技丰水产良种繁育场参与江苏鳜属鱼类新品系选育项目、江苏省沙塘鳢重点新品种创制项目和江苏省种业振兴揭榜挂帅项目——优质抗逆杂交鳜新品系选育与产业化应用，承担抗病选育种、健康养殖等工作，配合提供饲料和规范用药。是年，常州市技丰水产良种繁育场鳜属鱼类、鮰鱼、翘嘴红鲌、沙塘鳢等特色鱼种年繁育总量达50亿尾，生产鱼种总量185吨。

（钱 寅 张 聪）

2023年，焦溪翠冠梨在澳门泰丰超市销售　（区农业农村局 供图）

表24 2023年天宁区绿色优质农产品一览表

序号	农产品	农业专业合作社（公司）	所属区域
1	葡萄	常州市甜再来葡萄专业合作社	天宁经济开发区（青龙街道）
2	大米	常州市武彩纷成旅游开发有限公司	天宁经济开发区（青龙街道）
3	大米	常州市花好悦园旅游开发有限公司	天宁经济开发区（青龙街道）
4	黑芝麻汤团	江苏园外园食品有限公司	天宁经济开发区（青龙街道）

续表 24

序号	农产品	农业专业合作社（公司）	所属区域
5	翠冠梨	常州市子溢蔬果专业合作社	郑陆镇
6	葡萄	常州市子溢蔬果专业合作社	郑陆镇
7	葡萄	常州市焦店葡萄专业合作社	郑陆镇
8	翠冠梨	常州市金剑蜜梨专业合作社	郑陆镇
9	焦溪翠冠梨	常州市宝华果品专业合作社	郑陆镇
10	翠冠梨	常州市翟家果品专业合作社	郑陆镇
11	焦溪翠冠梨	常州查家湾生态林果专业合作社	郑陆镇
12	葡萄	常州查家湾生态林果专业合作社	郑陆镇
13	翠冠梨	常州伟宇农业专业合作社	郑陆镇
14	焦溪翠冠梨	常州市良农果品专业合作社	郑陆镇
15	大米	常州市金大发稻麦种植农民专业合作社	郑陆镇
16	翠冠梨	常州市丹丹梨农业专业合作社	郑陆镇
17	南瓜	常州瑞土瓜果种苗专业合作社	郑陆镇
18	西瓜	常州瑞土瓜果种苗专业合作社	郑陆镇
19	甜瓜	常州瑞土瓜果种苗专业合作社	郑陆镇
20	翠冠梨	常州市三河口生态农业专业合作社	郑陆镇
21	大米	常州未来横沟新农业发展有限公司	郑陆镇
22	翠冠梨冻干	爱巢生物科技（常州）有限公司	郑陆镇

农业产业化

【概况】 2023 年，天宁区稳步推进农业产业化，通过项目带动、创先评优等形式，助力新型农业经营主体成长，农产品加工企业全年营业收入 41.33 亿元。年内，江苏园外园食品有限公司日产 50 万只速冻面米制品项目被列入市级农业农村发展扶持项目，争取市级财政资金 185 万元。加快“互联网 +”农业发展，天宁区郑陆快乐家庭农场和常州花千谷生态农业观光有限公司创成首批市级数字农业农村基地，以丹丹梨、嘉家链、常常蟹为代表的农产品电商销售额达 3.42 亿元，同比增长 20%。是年，区农业农村局获第六届“农担杯”常州市农村创业大赛组织奖，焦溪二花脸猪肉及预制菜系列、园外园汤团系列入选江苏省“苏韵乡情，百优乡产”推介名单。

【农业农村领域重大项目】 2023 年，天宁区推进 10 个农业农村重大项目建设，计划总投资 17.17 亿元，完成年度投资 10.83 亿元。其中，产业融合项目 4 个（黄天荡清水蟹现代农业产业园、查家湾山水田园局一期、花间府 · 舜山居民宿、九洲舜山飞猪乐园），计划总投资 10.72 亿元，完成年度投资 6.73 亿元；乡村建设项目 6 个（武城村美丽乡村建设、农村人居环境整治提升、郑陆镇农村道路畅通建设、环山河周边景观提升工程、天宁区村庄生活污水治理工程、郑陆镇农民自建区一期工程），计划总投资 6.45 亿元，完成年度投资 4.1 亿元。至年末，7 个农业农村重大项目完成建设，项目投产率 70%。

【农业龙头企业培育】 2023 年，天宁区按照省、市农业产业化龙头企业建设要求，培育重点农业龙头企业，每两年进行一次市、区两级农业产业化龙头企业认定与运行监测管理，组织企业参加各类农产品展销和评比，提升企业知名度和影响力。是年，新增1家区级农业龙头企业——常州亚源生化科技有限公司。至年末，全区拥有江苏科力农业资源有限公司、江苏园外园食品有限公司2家省级农业龙头企业，实现年销售额14479.12万元；拥有常州市满堂红农业有限公司1家市级龙头企业，实现年销售额2373万元；拥有常州市舜溪畜牧科技有限公司、常州花千谷生态农业观光有限公司、常州市技丰水产良种繁育场、常州亚源生化科技有限公司4家区级农业龙头企业，实现年销售额5428万元。

（钱 寅 张 聪）

2023年，九洲舜山飞猪乐园——草莓大棚基地（区农业农村局 供图）

【新型农业经营主体培育】 2023年，天宁区支持新型农业经营主体培育，对区级以上示范家庭农场、示范农民专业合作社开展建设类项目、奖补类项目扶持，对获得省级及以上、市级、区级的示范家庭农场和示范农民专业合作社，区财政分别给予2万元/家、1.5万元/家、1万元/家的政策支持。鼓励并引导新型农业经营主体开展示范创建，天宁区郑陆彩虹家庭农场创成省级示范家庭农场，天宁区郑陆快乐家庭农场、天宁区郑陆联创家庭农场入围“农担农行杯”2023年江苏“百佳家庭农场”寻访发布活动名单；天宁区郑陆陆岳荣家庭农场、天宁区郑陆阳漏湖家庭农场、天宁区郑陆陈德通家庭农场创成市级示范家庭农场，各获2023年中央农业经营主体能力提升专项奖补资金5万元；常州市甜再来葡萄专业合作社创成市级示范农民专业合作社，获2023年中央农业经营主体能力提升专项奖补资金10万元；天宁区郑陆丽铖家庭农场、天宁区郑陆延福家庭农场创成区级示范家庭农场。至年末，全区有各类农民专业合作社49家，其中国家级农民合作社示范社3家、省级农民合作社示范社3家、市级示范农民专业合作社7家、区级示范农民专业合作社4家；有家庭农场63家，其中省级示范家庭农场7家、市级示范家庭农场8家、区级示范家庭农场13家。

（李燕茹 钱 寅）

表25 2023年天宁区农民合作社一览表

序号	农民合作社名称	等级
1	常州查家湾生态林果专业合作社	国家级农民合作社示范社
2	常州市翟家果品专业合作社	国家级农民合作社示范社
3	常州舜溪果品专业合作联社	国家级农民合作社示范社
4	常州市双丰水产养殖专业合作社	省级农民合作社示范社
5	江苏苏合名优农产品专业合作联社	省级农民合作社示范社
6	常州市焦溪二花脸猪专业合作社	省级农民合作社示范社
7	常州市金剑蜜梨专业合作社	市级示范农民专业合作社

续表 25

序号	农民合作社名称	等级
8	常州市苏南土种猪专业合作社	市级示范农民专业合作社
9	常州杰科循环农业服务专业合作社	市级示范农民专业合作社
10	常州市甜再来葡萄专业合作社	市级示范农民专业合作社
11	常州市黄天荡螃蟹专业合作社	市级示范农民专业合作社
12	常州市金大发稻麦种植农民专业合作社	市级示范农民专业合作社
13	常州市湟河生态养蟹专业合作社	市级示范农民专业合作社
14	常州市农富稻麦种植专业合作社	区级示范农民专业合作社
15	常州市焦溪村乐百家蔬果种植专业合作社	区级示范农民专业合作社
16	常州市焦店葡萄专业合作社	区级示范农民专业合作社
17	常州沙泉生态养殖专业合作社	区级示范农民专业合作社
18	常州联融生态农业专业合作社	—
19	常州市子溢蔬果专业合作社	—
20	常州市周氏养蜂专业合作社	—
21	常州市白洋桥水产养殖专业合作社	—
22	常州市武澄湖特种水产专业合作社	—
23	常州振丰果品专业合作社	—
24	常州市巧珍水产养殖专业合作社	—
25	常州鸿林苗木专业合作社	—
26	常州兰友花木专业合作社	—
27	江苏苏合名优农产品专业合作联社芳茂山分社	—
28	常州富春水产专业合作社	—
29	常州百然森农业专业合作社	—
30	常州美乐苗木专业合作社	—
31	常州丰汇花木专业合作社	—
32	常州市宇强林果专业合作社	—
33	常州市水晶葡萄专业合作社	—
34	常州宏顺苗木专业合作社	—
35	常州市明静湖林果种植专业合作社	—
36	常州市查家湾农业服务专业合作联社	—
37	常州伟宇农业专业合作社	—
38	常州市龙兴湖水产专业合作社	—
39	常州市查家湾民宿专业合作社	—

续表 25

序号	农民合作社名称	等级
40	常州市宝华果品专业合作社	—
41	常州瑞土瓜果种苗专业合作社	—
42	常州农绿林果专业合作社	—
43	常州市联农农牧专业合作社联社	—
44	常州市旷盛园艺专业合作社	—
45	常州原野苗木专业合作社	—
46	常州市勤绿蔬菜专业合作社	—
47	常州市三河口生态农业专业合作社	—
48	常州市良农果品专业合作社	—
49	常州市丹丹梨农业专业合作社	—

表 26　2023 年天宁区区级及以上示范家庭农场一览表

序号	家庭农场名称	示范等级
1	天宁区郑陆秀江南家庭农场	省级示范家庭农场
2	天宁区郑陆堵圩塘家庭农场	省级示范家庭农场
3	天宁区郑陆品希家庭农场	省级示范家庭农场
4	天宁区郑陆科收家庭农场	省级示范家庭农场
5	天宁区郑陆联创家庭农场	省级示范家庭农场
6	天宁区郑陆快乐家庭农场	省级示范家庭农场
7	天宁区郑陆彩虹家庭农场	省级示范家庭农场
8	天宁区郑陆嘉珏家庭农场	市级示范家庭农场
9	天宁区郑陆新蟹家庭农场	市级示范家庭农场
10	天宁区郑陆忱江家庭农场	市级示范家庭农场
11	天宁区郑陆龙玉家庭农场	市级示范家庭农场
12	天宁区郑陆梨享田园家庭农场	市级示范家庭农场
13	天宁区郑陆陆岳荣家庭农场	市级示范家庭农场
14	天宁区郑陆陈德通家庭农场	市级示范家庭农场
15	天宁区郑陆阳漏湖家庭农场	市级示范家庭农场
16	天宁区郑陆刘管家家庭农场	区级示范家庭农场
17	天宁区郑陆泽悦园家庭农场	区级示范家庭农场
18	天宁区郑陆卫中家庭农场	区级示范家庭农场

续表 26

序号	家庭农场名称	示范等级
19	天宁区郑陆阿仁家庭农场	区级示范家庭农场
20	天宁区经济开发区岳军家庭农场	区级示范家庭农场
21	天宁区郑陆萱芝园家庭农场	区级示范家庭农场
22	天宁区郑陆姜夏家庭农场	区级示范家庭农场
23	天宁区郑陆陈惠星家庭农场	区级示范家庭农场
24	天宁区郑陆康健家庭农场	区级示范家庭农场
25	天宁区郑陆悦丰家庭农场	区级示范家庭农场
26	天宁区郑陆明伊家庭农场	区级示范家庭农场
27	天宁区郑陆丽铖家庭农场	区级示范家庭农场
28	天宁区郑陆延福家庭农场	区级示范家庭农场

【农业机械化】 2023年，全区农机总动力30262千瓦，农业综合机械化水平达87.1%，拖拉机年审率95.12%，联合收割机检验年审率100%。全年发放农机购置补贴资金15.79万元，补贴农机具14台（套）。全区26个涉农建制村依托天宁区农机安全生产监管平台，对农机安全生产开展实时监管。推广无人机植保技术、精准施肥技术等农机新技术，通过举办现场演示会、发放宣传资料等方式，引导农户应用新技术，提高农业生产的科技含量。是年，郑陆梨享田园家庭农场创成区级林果特色农业生产全程机械化生产示范基地。

（张　真）

【郑陆彩虹家庭农场创成省级家庭农场】 8月，郑陆彩虹家庭农场被省农业农村厅评为2023年省级示范家庭农场。农场位于郑陆良种繁育场，2014年6月注册成立，经营范围为果树、蔬菜种植等，有职工7人，其中5人常年在农场工作，种植翠冠梨4.9公顷。该农场先后投入200万元，改善农场基础设施，引进新技术，实施生态种植循环发展和标准化生产，与深圳百果园实业发展有限公司、江苏杰记农业科技有限公司建立长期合作关系，翠冠梨远销上海、广东、湖南、香港、澳门等地。2020—2022年，农场翠冠梨产量累计365吨，产值217万元。

（陈　琦）

制造业 建筑业

◆栏目编辑 张 真

工业经济运行

【概况】 2023年，天宁区有规模以上工业企业544家，产值超亿元企业（集团）129家。其中，超100亿元企业1家（常州金源铜业有限公司），30亿～100亿元企业3家（江苏武进不锈股份有限公司、常州亚玛顿股份有限公司、常州华利达服装集团有限公司），10亿～30亿元企业4家［常州东奥服装有限公司、常州制药厂有限公司、常州四药制药有限公司、亚东（常州）科技有限公司］，5亿～10亿元企业11家。至年末，全区规模以上工业企业完成产值802.1亿元，同比下降1.15%，产品产销率95.5%；完成纳税销售747.03亿元（不含区外挂靠企业），同比下降2.4%；实现利税53.33亿元，同比增长12.38%；实现利润34.42亿元，同比增长9.33%。是年，雕庄街道规模以上工业总产值254.7亿元，位列镇（街道）第一，同比下降2.93%；郑陆镇规模以上工业总产值236.04亿元，位列镇（街道）第二。从行业分类看，受国际形势和基建领域整体下滑等因素影响，全区纺织服装、生物医药、冶金3个行业分别完成产值123.53亿元、69.15亿元、198.26亿元，同比分别下降5.23%、12.2%、1.16%；机械、新材料、电子、建材4个行业分别完成产值265.6亿元、64.7亿元、27.01亿元、8.01亿元，同比分别增长2.63%、7.68%、5.48%、12.66%。

（朱锦峰）

【工业投入】 2023年，天宁区工业投入同比下降15.9%，工业技改投入同比增长0.4%，技改投入占工业投入的75.8%。江苏武进不锈股份有限公司的多品种不锈钢及镍合金无缝管柔性生产项目被列入省重大工业项目，计划总投资7.7亿元，年计划投资0.73亿元，年内实际完成投资1.6亿元，完成年计划投资的219.18%。全区25个工业项目被列入市“532”发展战略项目清单，计划总投资69.52亿元，年计划投资21.43亿元，年内实际完成投资24.99亿元，完成年计划投资的116.6%。

（王 静）

【规模以上工业企业新增63家】 2023年，天宁区新增规模以上工业企业63家，其中开发区12家、郑陆镇44家、雕庄街道5家、茶山街道2家，累计完成产值25.9亿元，同比增长27.7%；实现利税1.88亿元，同比增长16.8%；实现利润1.11亿元，同比增长9.22%。新增的63家规模以上工业企业中，33家企业产值保持增长态势，其中常州通利能源科技有限公司、江苏界达金属科技有限公司、常州罗尼斯特种导体有限责任公司、常州亿立特新能源科技有限公司、江苏应能微电子股份有限公司5家企业年产值1亿元以上，江苏先导干燥科技有限公司、常州奥憨服饰科技有限公司等10家企业年产值超5000万元。

（朱锦峰）

【工业星级企业】 2023年，天宁区拥有常州市工业星级企业18家。其中，五星企业（入库税收1亿元及以上）4家，四星企业［入库税收5000万元（含）至1亿元以下］3家，三星企业［入库税收3000万元（含）至5000万元以下］11家。

（王郁文）

表 27　2023 年天宁区获评市级工业星级企业一览表

序号	企业名称	星级
1	常州华利达服装集团有限公司	★★★★★
2	上药集团常州药业股份有限公司	★★★★★
3	常州四药制药有限公司	★★★★★
4	江苏武进不锈股份有限公司	★★★★★
5	常州通用自来水有限公司	★★★★
6	常州金源铜业有限公司	★★★★
7	常州老三集团有限公司	★★★★
8	常州中南化工有限公司	★★★
9	创志科技（江苏）股份有限公司	★★★
10	江苏康进医疗器材有限公司	★★★
11	常州旭荣针织印染有限公司	★★★
12	江苏诚丰新材料股份有限公司	★★★
13	常州帝商服饰有限公司	★★★
14	巨凝集团有限公司	★★★
15	伊顿电力设备有限公司	★★★
16	常州亚玛顿股份有限公司	★★★
17	江苏曼淇威电气产品有限公司	★★★
18	常州天晟新材料集团股份有限公司	★★★

工业转型升级

【概况】 2023 年，天宁区加快推动产业转型升级，组织实施智能化改造项目 87 个，为 247 家企业开展免费诊断（通过问诊帮助企业找准智能化改造和数字化转型方向，提升产品研发、智能决策、精益制造和运营管理能力），提供解决方案 450 个。全年新增省级工业互联网标杆工厂 1 家，全区累计 2 家；新增星级上云企业 44 家，全区累计 285 家；新增省级智能制造示范车间 4 家、市级智能制造示范车间 2 家，全区累计有各级智能制造示范车间 59 家（其中省级 14 家、市级 45 家）；新增省级企业技术中心 5 家、市级企业技术中心 7 家，全区累计有各级企业技术中心 53 家（其中国家级 1 家、省级 23 家、市级 29 家）；新增国家级服务型制造示范企业 1 家、省级服务型制造示范企业 3 家、市级服务型制造示范企业 4 家，全区累计有各级服务型制造示范企业 32 家(其中国家级 1 家、省级 8 家、市级 23 家)；新增省级服务型制造示范平台 2 个、市级服务型制造示范平台 3 个，全区累计有各级服务型制造示范平台 14 个(其中省级 4 个、市级 10 个)；新增省级工业设计中心 2 家、市级工业设计中心 16 家，全区累计有各级工业设计中心 40 家（其中省级 9 家、市级 31 家）；新增第五批国家级专精特新“小巨人”企业 7 家、省级专精特新中小企业 38 家、市级专精特新中小企业 50 家，全区累计有各级专精特新企业 180 家（其中国家级 11 家、省级 85 家、市级 84 家）；全区累计获评国家制造业单项冠军 4 家。

（王郁文）

【新增国家级专精特新“小巨人”企业 7 家】 11 月，常州海图信息科技股份有限公司、坛墨质检科技股份有限公司、常州一步干燥设备有限公司、江苏先锋干燥工程有限公司、江苏康进医疗器材有限公司、常州市东南电器电机有限公司、江苏永信医疗科技有限公司 7 家企业被工业和信息化部认定为第五批专精特新“小巨人”企业。获评企业平均拥有发明专利 7 件，制（修）定（订）国家标准、行业标准 33 项，有省级及以上研发机构 7 个，企业平均利润率超过 15%，研发投入占营业收入的 6.1%。2022—2023 年，主营业务收入增长率达 72.1%。至年末，全区累计有国家级专精特新“小巨人”企业 11 家。

【新增省级专精特新中小企业 38 家】 12 月，常州中南化工有限公司、江苏源普控制设备有限公司等 38 家企业被省工信厅认定为省级专精特新中小企业。获评企业集中在新能源、新材料、高端装备及干燥设备、医疗器械、检验检测等特色产业领域。38 家省级专精特新中小企业从事特定细分市场年限平均超 16 年，平均拥有市级以上研发机构 1.5 个，平均拥有发明专利 4.1 件，累计参与制（修）订国家标准、行业标准22项。2022—2023年，主营业务收入平均增幅20.73%，上年度平均研发投入占营业收入的5.33%，主导产品在全国细分市场占有率超10%的企业37家。至年末，全区累计拥有省级专精特新中小企业85家。

表28　2023年天宁区新增38家省级专精特新中小企业一览表

序号	企业名称	序号	企业名称
1	常州中南化工有限公司	20	常州市新高绝缘材料有限公司
2	江苏源普控制设备有限公司	21	常州市一新干燥设备有限公司
3	常州新祺晟高分子科技有限公司	22	江苏唱游数据技术有限公司
4	江苏神力医用制品有限公司	23	常州骏韬矿山设备有限公司
5	常州凯得新材料科技有限公司	24	常州远大新材料科技股份有限公司
6	江苏晖朗电子科技股份有限公司	25	江苏骠马智能装备股份有限公司
7	伊顿电力设备有限公司	26	常州市武进三维电子有限公司
8	常州市佐安电器有限公司	27	常州市益民干燥设备有限公司
9	常州奥比利智能科技有限公司	28	常州市华耀智能科技有限公司
10	常州辉途智能科技有限公司	29	江苏日成橡胶有限公司
11	常州鑫源盛德电子科技有限公司	30	常州市武进苏南制冷设备有限公司
12	江苏宣胜金属科技有限公司	31	江苏先导干燥科技有限公司
13	常州润达铁合金有限公司	32	常州市久成电子设备有限公司
14	常州瑞曦生物科技有限公司	33	常州欧爱欧履带有限公司
15	江苏星星干燥设备有限公司	34	江苏博莱客冷冻科技发展有限公司
16	中认国创检测技术（江苏）有限公司	35	常州市星干干燥设备有限公司
17	常州中电新能电器科技有限公司	36	常州东方伊思达染织有限公司
18	常州威远电工器材有限公司	37	西安高压电器研究院常州有限责任公司
19	常州市益思特干燥设备有限公司	38	常州安克医疗科技有限公司

【新增市级专精特新中小企业50家】9月，江苏宣胜金属科技有限公司、常州市佐安电器有限公司等50家企业被市工信局认定为市级专精特新中小企业。产业涉及新能源、新材料、干燥设备、医疗器械、纺织服装及检验检测等生产服务领域，入选企业平均拥有3.6件发明专利，平均拥有市级以上研发机构1.1个，累计参与制（修）定（订）国家标准、行业标准25项，上年度平均研发投入占营业收入的7.41%，上年度净利润率平均达8.67%，主导产品在全国细分市场占有率超10%的企业42家，在全国细分市场排名前5的企业31家。至年末，全区累计拥有市级专精特新中小企业84家。

表29　2023年天宁区新增50家市级专精特新中小企业一览表

序号	企业名称	序号	企业名称
1	常州中南化工有限公司	3	江苏宣胜金属科技有限公司
2	江苏源普控制设备有限公司	4	常州市佐安电器有限公司

续表 29

序号	企业名称	序号	企业名称
5	常州辉途智能科技有限公司	28	常州骏韬矿山设备有限公司
6	江苏神力医用制品有限公司	29	常州市久成电子设备有限公司
7	常州新祺晟高分子科技有限公司	30	常州贺利氏微创医疗器械有限公司
8	常州润达铁合金有限公司	31	常州万码智能科技有限公司
9	常州凯得新材料科技有限公司	32	江苏先导干燥科技有限公司
10	常州威远电工器材有限公司	33	江苏姚氏环保技术有限公司
11	常州奥比利智能科技有限公司	34	江苏网博视界网络科技股份有限公司
12	西安高压电器研究院常州有限责任公司	35	常州市星干干燥设备有限公司
13	伊顿电力设备有限公司	36	常州宏业包装材料有限公司
14	江苏骠马智能装备股份有限公司	37	常州东方伊思达染织有限公司
15	中认国创检测技术（江苏）有限公司	38	常州市武进苏南制冷设备有限公司
16	常州市新高绝缘材料有限公司	39	江苏江本自控设备有限公司
17	常州满旺半导体科技有限公司	40	常州市海江干燥设备有限公司
18	常州鑫源盛德电子科技有限公司	41	江苏圣曼干燥设备工程有限公司
19	常州远大新材料科技股份有限公司	42	常州市益思特干燥设备有限公司
20	江苏唱游数据技术有限公司	43	常州润凯干燥科技有限公司
21	江苏大恒环境技术有限公司	44	常州市名流干燥设备有限公司
22	常州市华耀智能科技有限公司	45	江苏路航建设工程有限公司
23	江苏星星干燥设备有限公司	46	江苏博莱客冷冻科技发展有限公司
24	常州市一新干燥设备有限公司	47	常州中电新能电器科技有限公司
25	江苏日成橡胶有限公司	48	常州安克医疗科技有限公司
26	常州市益民干燥设备有限公司	49	常州欧爱欧履带有限公司
27	常州市武进三维电子有限公司	50	常州市蓝博氢能源科技有限公司

（刘　惠）

【新增省级企业技术中心 5 家】 2023 年，常州裕源灵泰面料科技有限公司、亚东（常州）科技有限公司、江苏曼淇威电气产品有限公司、江苏远方动力科技有限公司、江苏吉春医用器材有限公司 5 家企业的技术中心被省工信厅认定为省级企业技术中心，创天宁区历年被认定省级企业技术中心数量之最。5 家企业主动培育发展优势和竞争优势，编制企业技术创新规划，开展产业技术研发，创造运用知识产权，建立技术标准体系，凝聚培养创新人才，构建协同创新网络，促进企业技术进步。至年末，全区拥有省级以上企业技术中心 23 家。

【新增市级企业技术中心 7 家】 2023 年，常州浩万新能源科技有限公司、常州海图信息科技股份有限公司、常州曼淇威压力控制技术有限公司、常州中南化工有限公司、常州宏业包装材料有限公司、江苏宣胜金属科技有限公司、常州伟博海泰化妆品有限公司 7 家企业技术中心被市工信局认定为市级企业技术中心。7 家企业均加大创新投入，从组织机构、运行机制、经费投入、人才引进、产学研合作等方面加强企业建设，推动企业转型升级。至年末，全区拥有市级企业技术中心29家。

（崔晋华）

【新增省级示范智能车间4家】 2023年，江苏武进不锈股份有限公司、常州旭荣针织印染有限公司、伊顿电力设备有限公司、常州东方伊思达染织有限公司4家企业智能车间被省工信厅认定为江苏省智能制造示范车间。4家企业生产车间采用先进智能技术和设备，实现智能装备全面应用，生产物料精准配送，生产过程实时管控，生产信息跟踪追溯，能源消耗和安全环保智能管控，企业效益明显提升。至年末，全区累计拥有省级示范智能车间14个。

（王 静）

【2家企业实践经验获市级质量标杆】 2023年，常州制药厂有限公司的《实施精益六西格玛+卓越绩效管理的实践经验》、常州亚玛顿股份有限公司的《首席质量官为主导的“科研+质量”双抓手高效精益管理模式实践经验》被市工信局认定为2023年常州市“质量标杆”。

常州制药厂有限公司成立于1949年，2002年1月完成股份制改造，是国家医药行业的骨干企业，产品涵盖心脑血管、免疫调节、解热镇痛、维生素和抗生素等系列，享有“心脑血管药物专家工厂”盛誉。2019年，公司推行精益六西格玛管理，从领导、战略、资源、顾客与市场、过程管理、测量分析6个维度，系统、综合评定企业质量管理体系，形成“公司至车间、车间至班组、班组至个人”层层考评的立体化、多层次企业精益生产管理体系。2023年，公司完成销售10.57亿元，纳税4991万元。

常州亚玛顿股份有限公司成立于2006年9月，是国内最早研发、生产和应用纳米材料在玻璃上镀制减反射膜和开发国际顶尖的超薄玻璃物理钢化工艺技术与设备的厂商，超薄光伏玻璃连续3年国内外市场占有率第一。2015—2022年，企业通过应用首席质量官为主导的“科研+质量”双抓手高效精益质量管理模式，在领导、产品和服务、顾客与市场、财务、资源、过程有效性等方面取得明显绩效。2023年，公司完成销售收入34.38亿元，纳税1645万元。

（崔晋华）

【2家企业工业设计中心获评省级工业设计中心】 10月，江苏武进不锈股份有限公司、江苏康进医疗器材有限公司2家企业工业设计中心被省工信厅认定为江苏省工业设计中心。至年末，全区累计9家企业工业设计中心获省级工业设计中心认定。

江苏武进不锈股份有限公司成立于2001年，主要致力不锈钢及特种合金无缝管、焊接管和钢制管件产品的研发、设计和制造，是国家高新技术企业，拥有国家企业技术中心、国家博士后科研工作站、国家CNAS认可实验室、江苏工程技术研究中心、江苏省工程中心等技术研发平台，形成年产10万吨不锈钢及特种合金管的产业规模，产品广泛应用于石油、化工、天然气、电力及机械设备制造等领域。公司拥有国家授权专利94件，其中发明专利25件、软件著作权7件，制（修）定（订）国家标准41项、行业标准4项、团体标准9项。企业工业设计中心拥有产品结构设计、机加工工艺设计、包装设计、工装设计等专业设计人员54名，其中博士1人、硕士6人，每年研发经费不低于销售收入的3.6%，其中工业设计费用不低于研发费用的60%。

江苏康进医疗器材有限公司成立于1986年，是一家从事医疗器械研发、生产、销售的国家高新技术企业，产品畅销全国20多个省、市，并远销欧盟、美国、俄罗斯、南美、东南亚、韩国等。公司建有江苏省新型医用非PVC替代材料工程技术研究中心、江苏省企业技术中心、常州市博士后创新实践基地，拥有研发场地2500平方米。公司拥有有效知识产权95件、产品注册证42件，主持制定医药行业标准1项，参与制定团体标准2项，拥有专职研发人员99名，研发费用占销售收入的4%以上。

【16家企业工业设计中心获评市级工业设计中心】 2023年，常州智谷机电科技有限公司、常州佳尔科仿真器材有限公司、常州浩万新能源科技有限公司等16家企业工业设计中心被市工信局认定为常州市工业设计中心。16家企业工业设计中心设计创新能力强，拥有工业设计专业从业人员团队，工业设计成果实现产业化。至年末，全区累计31家企业工业设计中心获市级工业设计中心认定。

表 30　2023 年天宁区新增 16 家市级企业工业设计中心一览表

序号	企业名称	序号	企业名称
1	常州智谷机电科技有限公司	9	常州远大新材料科技股份有限公司
2	常州佳尔科仿真器材有限公司	10	常州诺德电子股份有限公司
3	常州浩万新能源科技有限公司	11	常州中电新能电器科技有限公司
4	江苏源普控制设备有限公司	12	常州钜苓铸造有限公司
5	常州裕源灵泰面料科技有限公司	13	常州市正文印刷有限公司
6	江苏先锋干燥工程有限公司	14	江苏大恒环境技术有限公司
7	江苏宇通干燥工程有限公司	15	江苏永信医疗科技有限公司
8	常州恒诚富士特干燥设备有限公司	16	江苏晖朗电子科技股份有限公司

【5 家企业（平台）获评省级服务型制造示范企业（平台）】 12 月，江苏先锋干燥工程有限公司、江苏源普控制设备有限公司、江苏宇通干燥工程有限公司被省工信厅认定为江苏省服务型制造示范企业；青山绿水（江苏）检验检测有限公司的环境污染物诊断与防治技术服务平台、中认国创检测技术（江苏）有限公司的面向新能源汽车光储充领域的智能一体化检验检测认证平台被省工信厅认定为江苏省服务型制造示范平台。

江苏先锋干燥工程有限公司成立于 1997 年，是一家专业设计研发、生产制造干燥设备的企业。企业深耕新能源电池行业 12 年，主要为电池材料、新能源、新材料、化工、食品、医药、环保等领域，提供集设计研发、系统集成、试验验证、维修保养于一体的干燥设备系统总集成总承包，为客户提供“交钥匙工程”，实现干燥设备从单一产品研发向总集成总承包的跨越。

江苏源普控制设备有限公司成立于 2005 年，致力于智能化液压控制系统的研发创新，是一家专业从事液压润滑系统、大型火力、天然气、核电发电系统配套产品、电气自动化及传动控制系统的研发、生产、销售和服务的高新技术企业。企业借助智能化管理平台和个性化定制服务平台，为客户提供产品方案的设计、制造、现场调试、售后维保等“一站式”服务，构建公司与客户之间高效沟通、协同发展的“产品 + 软件 + 平台 + 服务”集成系统。

江苏宇通干燥工程有限公司成立于 2000 年，致力干燥、混合、制粒、粉碎、浓缩、氮气闭路循环回收溶媒、节能降耗、高效环保、智能控制、一机多功能等方面的开发与研究，业务涉及制药、化工、食品、环保、新材料、新能源等领域。公司通过门户网站为客户提供在线设备选型服务，以及个性化定制设备改造升级、来料试验等服务，成为技术型、精细型引领干燥行业解决方案的服务型制造企业。

青山绿水（江苏）检验检测有限公司成立于 2014 年 3 月，是一家集环保检测技术研究、开发和应用于一体的综合类检测技术服务机构。公司环境污染物诊断与防治技术服务平台为制造业企业提供环境污染物检测和诊断的专业技术服务，公司检测实验室通过 CMA（检验检测机构资质认定）认证，具备 15 个大类、45 个小类、767 个项目的检测能力，并取得中国合格评定国家认可委员会实验室认可证书。

中认国创检测技术（江苏）有限公司成立于 2020 年 10 月，其面向新能源汽车光储充领域的智能一体化检验检测认证平台，致力于新能源汽车光储充及相关行业一体化检测服务，建立通用（检测 + 认证）要求与个性化定制服务需求相结合的运行机制。

（蒋芹侠）

新型纺织服装产业

【概况】 2023 年，天宁区有规模以上纺织服装企业 73 家，实现产值 123.53 亿元，同比下降 5.23%，占全区规模以上工业产值的 15.4%，较上年减少 0.6 个百分点；受全球市场需求减弱和外贸订单减少的影响，纺织服装行业产值增速低于全区工业总产值增幅 4 个百分点。全区有年产值超亿元纺织服装企业 18 家，超 10 亿元企业 2 家，其中常州华利达服装集团有限公司年产值32亿元，常州东奥服装有限公司年产值15.1亿元。

（朱锦峰）

【2家纺织服装企业获评国家级绿色供应链管理企业】 2023年，常州旭荣针织印染有限公司、常州华利达服装集团有限公司被工业和信息化部认定为绿色供应链管理企业。

常州旭荣针织印染有限公司成立于2003年，是一家集面料研发、纺织、染整、营销于一体的制造服务型企业。公司确立绿色环保发展理念，坚持节约能源、降低排放、绿色发展，先后获评国家绿色工厂、国家重点用水企业水效领跑者；引领纺织供应链向永续智能转型，取得国际各种永续认证20余项；建立全球运筹总部，实时掌握全球客户需求；建立研发实验室，生产高科技、高附加值的纺织产品；建立短链供应商网络，提供具有竞争力的销售价格与最佳出货速度，实现生产管理流程高效、智能、永续。2023年，公司实现销售收入8.71亿元，纳税1599万元。

常州华利达服装集团有限公司成立于1989年，是一家集服装与汽车安全气囊研发、生产、加工、销售于一体的跨国集团企业，依托衣映科技云平台操作系统，运用云计算、5G、MEC边缘计算、大数据、AI（人工智能）、RFID（射频识别）、区块链等信息化技术，实现规模化快速协同制造；整合产业链核心制造商，培育本地及周边有潜力的供应商，建立绿色回收体系，搭建供应链绿色信息管理平台，带动上下游企业共同实现绿色发展。

（杨清鑫）

【常州华利达服装集团有限公司获评2项省级荣誉】 2023年，常州华利达服装集团有限公司获省政府“2023年度省长质量奖”，《基于卓越绩效管理的全流程数字化协同质量管控模式》被省工信厅认定为2023年江苏省“质量标杆”。该公司2012年起实施智能化改造、数字化转型，建立行业领先的工业互联网标识解析二级节点应用生态体系，依托“全流程数字化协同质量管控模式”，实施设计、采购、生产和交付等全流程数字化改造，推动运营管理的智改数转，持续提升从纱线到成衣的一体化产品研发能力、以销定产的服装规模化定制能力、又快又好的服装智能制造能力、服装全球一体化制造和供应能力；公司先后通过ISO 9001质量管理体系、ISO 14001环境管理体系、OHSAS 18001职业健康安全管理体系、ISO 50001能源管理体系、TS 16949汽车行业品质管理体系、RDS负责任羽绒标准、GRS全球回收标准、RCS回收声明标准、AAA级两化融合管理体系等。

（崔晋华）

生物医药产业

【概况】 2023年，天宁区生物医药行业有规模以上生物医药企业49家，实现产值69.15亿元，同比下降12.2%，占全区规模以上工业企业总产值的8.6%。行业内有17家企业年产值超亿元，其中常州制药厂有限公司、常州四药制药有限公司年产值超10亿元，江苏佳尔科药业集团股份有限公司、江苏康进医疗器材有限公司、常州兰陵制药有限公司等6家企业年产值超2亿元。

【高端药用辅料植物源胆固醇及其衍生物的研发及产业化项目入选省级关键核心技术攻关项目】 2023年，江苏佳尔科药业集团股份有限公司的高端药用辅料植物源胆固醇及其衍生物的研发及产业化项目入选江苏省关键核心技术（装备）攻关项目。该项目的技术突破，打破注射级胆固醇、人用维生素D3主要依赖进口瓶颈，助力国内mRNA疫苗和mRNA药物上市。江苏佳尔科药业集团股份有限公司是一家专业从事甾体激素类医药原料药及中间体研发、生产和销售的生物医药企业，先后获评高新技术企业、全国守合同重信用企业、江苏省创新型企业、江苏省民营科技企业。2023年，公司实现销售收入3.36亿元，纳税756万元。

（崔晋华）

【常州制药厂有限公司获评国家绿色工厂】 11月，常州制药厂有限公司被工业和信息化部认定为国家绿色工厂。2022—2023年，企业实施绿色节能改造项目，建设光伏电站、优化安装配电系统、空压系统、节能管理系统，改造蒸汽管路、氮气气源管路；实施原材料减少消耗方案，降低叶酸原材料单位消耗、卡托普利锌粉减量化使用，选用先进的清洁生产技术和高效末端治理装备，通过真空系统冷凝改造、母液叶酸回收等节材技术，实现中水回用；实施无害化改造项目，新增危废库废气收集装置，压减合成车间备料和压滤区域有害物质，改造污泥减量设施。2023年，公司实现销售收入10.57亿元，纳税4991万元。

（杨清鑫）

新材料产业

【概况】 2023年，天宁区有规模以上新材料及化工行业企业34家，实现产值64.7亿元，同比增长7.68%；其中9家企业产值超亿元。行业内龙头企业有常州亚玛顿股份有限公司，年产值超34亿元。科威天使环保科技集团股份有限公司、常州中南化工有限公司、常州伟博海泰化妆品有限公司年产值均超4亿元。

【常州亚玛顿股份有限公司获评2项国家级荣誉】 11月，常州亚玛顿股份有限公司被工业和信息化部认定为国家级服务型制造示范企业、绿色供应链管理企业。2021—2023年，该公司注重深度发掘客户多样化需求，提供“一站式”的创新产品和服务，实现由“产品设计制造商”向“解决方案提供商”转型，以客户个性化需求为切入点开展个性化定制服务，从策划、设计、个性化生产到安装施工以及后期的运营维护、客户响应等，为客户开展“总集成总承包＋售后”服务；在绿色技术改造方面，累计投入超1亿元，实现光电玻璃基板生产过程中产品设计、钢化处理、减反射膜涂层喷涂等11个关键工序的绿色化控制，制造技术绿色化率提升至99.4%。三年来，公司的超薄减反增透光伏玻璃在国内市场占有率达80%以上，全球市场占有率达60%以上。2023年，公司实现销售收入34.37亿元，纳税345.24万元。

【常州伟博海泰化妆品有限公司】 常州伟博海泰化妆品有限公司成立于2017年，是一家基于冻干科技，集健康食品与日用化学品开发于一体的研发型企业，先后获评国家高新技术企业、省级和市级专精特新中小企业、常州市智能车间。公司在制药制剂技术研发应用领域，拥有冻干成型独家技术，打破国外技术垄断，研发覆盖美妆、日化、洗护、固体饮料等大健康领域产品；在化妆品领域推出的冻干系列产品有冻干面膜、冻干面膜精华、冻干精华、冻干眼膜等，其中冻干面膜整体市场占有率超过70%。公司拥有有效专利26件，其中发明专利5件、实用新型专利18件。2023年，公司实现销售收入5.17亿元，纳税1299万元。

（朱锦峰）

11月，常州亚玛顿股份有限公司获评国家绿色供应链管理企业

（区委宣传部 供图）

新能源产业

【概况】 2023年，天宁区有新能源企业64家，实现产值167.68亿元，同比增长17%，占全区规模以上工业产值的20.89%；因新能源汽车行业和动力电池产业的快速增长，新能源产业产值增速高于全区工业总产值增幅18个百分点。全区规模以上新能源企业年产值超亿元企业29家，年产值超10亿元企业1家，其中常州亚玛顿股份有限公司年产值34亿元。

【常州市蓝博氢能源科技有限公司】 常州市蓝博氢能源科技有限公司成立于2009年，注册资金8000万元，是一家专注于氢气制取系统的研发、生产与销售的企业。公司在工业和新能源交通领域为客户提供包括电解水制氢设备、甲醇制氢设备、变压吸附提氢设备及对应设备运行所需管理系统平台在内的一体化、一站式氢能源解决方案。2023年，公司实现销售收入4979万元，纳税116万元。

【常州诺德电子股份有限公司】 常州诺德电子股份有限公司成立于2008年，是一家专注于新能源汽车电机、电池和电控连接系统的高新技术企业，省级和市级专精特新中小企业。公司主导产品在小体积、信号传输稳定性能、屏蔽性能等方面填补国内新能源三电连接系统的空白，线束与连接器架构设计突破新能源三电系统载流能力的瓶颈。2023年，公司实现销售收入1.94亿元，纳税641万元。

（朱锦峰）

智能装备制造业

【概况】 2023年，天宁区有规模以上智能装备制造业企业239家，较上年增加36家；实现产值265.6亿元，同比增长2.63%，对规模以上工业总产值增长的贡献率为33.1%。是年，智能装备制造业产值超亿元企业53家，行业内重点企业有江苏曼淇威电气产品有限公司、伊顿电力设备有限公司、常州晶韬太阳能科技有限公司等，龙头企业江苏武进不锈股份有限公司年产值39.5亿元。

【干燥智能装备产业集群获评省级中小企业特色产业集群】 7月，天宁区干燥智能装备产业集群被省工信厅认定为2023年度省级中小企业特色产业集群。郑陆镇在20世纪70年代成立全国第一家干燥设备企业，经过40余年发展，集聚干燥设备上下游重点企业122家，从食品、石化、化工等领域向新能源、生物医药等领域升级，成为全国最大的中小企业干燥智能装备产业集群。集群围绕干燥智能装备产业链，涵盖不锈钢、电子电器件、离心机、压片机、干燥器、干燥智能装备等领域，产业链完整度80%以上。集群拥有1家国家级创新平台、12家省级创新平台以及27家市级创新平台，拥有发明专利259件，其中闪蒸干燥、真空干燥技术达到国际先进水平，具备全球竞争力。

（刘　惠）

【“印染数字化定形机智慧系统应用典型案例”入围2023年度工业和信息化质量提升典型案例】 11月，常州宏大智慧科技有限公司的“印染数字化定形机智慧系统应用典型案例”被工业和信息化部评为2023年度工业和信息化质量提升典型案例。该公司成立于1988年，是国家印染数字化系统技术研发中心、工业和信息化部“两化融合”试点示范企业、中国纺织机械协会印染机械分会会长单位，建有清华大学博士生社会实践基地，长期与中科院、东南大学等院校开展产学研合作，被誉为行业内“印染电气专家”。公司主要从事纺织印染智能化在线检测与生产过程智能信息化管控系统产品的研发与制造，拥有有效发明专利300余件，其中发明专利70余件，作为第一起草单位起草国家标准2项、行业标准1项，作为主要起草单位起草行业标准5项、团体标准2项，产品先后获得中国纺织工业联合会科学技术奖一等奖和专利金奖、国家知识产权局中国专利优秀奖，入选“科创中国”先导技术榜单。2023年，公司实现销售收入6513万元，纳税512万元。

（柯梦娇）

【直推式低频液压冲击环保取样钻机（ZJP-30II）获苏锡常首台（套）重大装备认定】 12月，江苏远方动力科技有限公司生产的直推式低频液压冲击环保取样钻机（ZJP-30II）被苏州市工信局、无锡市工信局、常州市工信局认定为苏锡常首台（套）重大装备。江苏远方动力科技有限公司成立于2007年，是一家隶属于中国煤炭地质总局江苏煤炭地质局的高新技术企业。公司研发生产的直推式低频液压冲击环保取样钻机（ZJP-30II）由履带、底盘、发动机、桅杆、动力头、液压系统、电气系统以及钻具组成，主要用于浅层土壤环境取样调查、地下水观测井建设，也可通过外接装置实现污染治理、旋挖、矿产勘探、岩石原位测试等，是一种先进高效的液压工程设备，满足国内土壤环境调查日益严格的技术要求和业务增长需求。经中国地质学会专家组鉴定，整机达到国际先进水平，产品相关核心技术申请并授权发明专利2件、实用新型专利15件、外观设计1件。

【5家企业装备获常州市首台（套）重大装备认定】 2024年1月，常州市华立液压润滑设备有限公司生产的重型燃气轮机辅助油气装置、常州瑞曦生物科技有限公司的RX-Prep-Ex（15—180kg）型多维多通道预研装置、常州市益思特干燥设备有限公司的DMS型微胶囊化系统、锐志微创医疗科技（常州）有限公司的高频电外科手术系统（RZ-350）、江苏智锐博成能源科技有限公司的PTC加热器组装全自动装配线被市工信局认定为常州市首台（套）重大装备。

常州市华立液压润滑设备有限公司成立于1984年，是一家专业生产润滑成套设备、研发新型工业技术的机械制造服务企业。重型燃气轮机辅助油气装置是燃气轮机必备的辅助系统，公司依据西门子燃气轮需求，在吸收消化进口产品先进技术及先进工艺基础上，自主研发国内首台（套）重型燃气轮机辅助油气装置，该装置技术拥有1项发明专利、2项实用新型专利。

常州瑞曦生物科技有限公司成立于2015年12月，是一家以液相色谱系统开发为核心，集全自动智能化分离纯化装置研究、开发和个性化定制于一体的高新技术企业。RX-Prep-Ex（15—180kg）型多维多通道预研装置采用多维多通道平行制备色谱的全新分离理念，突破中药复杂成分分离制备瓶颈，实现中药复杂成分的高覆盖度、高通量和规模化分离纯化，有效破解中药复杂成分的分离纯化难题，打破欧美等发达国家技术垄断，为分离纯化行业发展提供新技术思路。该产品核心技术拥有2项发明专利、4项实用新型专利。

常州市益思特干燥设备有限公司成立于2006年，致力干燥设备的研制、生产和经营。DMS型微胶囊化系统广泛应用于医药、农药、食品、环保、石油化工、精细化工、基本有机化工等行业，微囊颗粒技术利用天然的或合成的高分子材料，通过化学法、物理法或物理化学法将固体、液体甚至气体等核心物质包囊成直径为1～5000微米具有半透性或密封囊膜的微小囊状物，能够改善物质的物理性质，控制调节释放能力，对敏感物质起到保护作用，减少挥发性物质在食品加工和贮存中的损失。该产品拥有专利52项，其中授权发明专利2项、在申请发明专利2项、实用新型专利48项；拥有计算机软件著作权1项、软件产品证书1项，制定企业标准1项。

锐志微创医疗科技（常州）有限公司成立于2017年，是一家致力先进微创医疗设备及器械的创新性研发与科技生产企业。高频电外科手术系统（RZ-350）是新一代全能电外科操作平台的终极解决方案，通过高度的集成化，将临床电外科可能用到的5～6台设备的功能整合到一台设备上；设备具有18种工作模式、四大功能模块，可满足手术室电外科所有应用需求。该系统拥有核心技术30余项，获发明授权7项，高频电外科手术系统打破国外企业垄断，填补国内产品空白，属于高科技医疗器械。

江苏智锐博成能源科技有限公司成立于2022年，主要从事PTC加热器组装汽车零部件的自动化装配线的“一站式”方案定制。PTC加热器组装全自动装配线主要由一台六自由度工业机器人、快换装置、视觉模块、立体仓库、上料输送单元、安装模块及PLC主控系统等组成，该产品拥有3项发明专利、4项实用新型专利。

（蒋芹侠）

电子产业

【概况】 2023年，天宁区有规模以上电子企业40家，实现产值27亿元，同比增长5.48%，占全区规模以上工业产值的3.4%，电子行业产值增速高于全区工业总产值的6.6%。行业内年产值超亿元企业8家，其中常州强力先端电子材料有限公司年产值4.8亿元，江苏应能微电子股份有限公司年产值1.4亿元。

【江苏怀业信息技术股份有限公司获评省潜在独角兽企业】 11月，经省科技厅评定，江苏怀业信息技术股份有限公司入选苏南国家自主创新示范区潜在独角兽企业。该公司成立于2013年，总部位于常州通信技术产业园，为国家高新技术企业，从事软件和信息技术服务业，拥有视频云交换和无线宽带专网通信2项自主核心技术，主要为法院、公安等政法机关客户提供云端一体视频通信系统解决方案。公司有软件和信息技术研发人员30人，占职工总数的60%，拥有授权发明专利17件、实用新型专利3件、软件著作权167件。2023年，公司完成销售收入1.22亿元，利润615.35万元，纳税14.87万元。

（颜华鳞）

【江苏应能微电子股份有限公司】 江苏应能微电子股份有限公司成立于2012年，是一家致力于功率和模拟集成电路设计、制造和销售的半导体技术公司，获评国家鼓励的重点集成电路设计企业、国家高新技术企业、江苏省功率半导体器件与集成电路工程技术研究中心、江苏省科技企业上市培育入库企业、江苏省首批创新管理知识产权国际标准实施试点企业。公司拥有有效专利123件，其中授权发明专利61件、实用新型专利26件、软件著作权11件、集成电路布图25件。

（朱锦峰）

工业互联网产业

【概况】 2023年，天宁区工业互联网产业有150家生态企业，其中平台服务商17家、解决方案服务商73家、基础设施及智能装备服务商51家、咨询服务商9家；全年实现销售120.74亿元，同比增长2.42%；纳税1.73亿元，同比增长69.6%。区域一体化工业互联网公共服务平台通过工业和信息化部验收，奥比利Hietor智能制造平台入选2023年数字江苏建设优秀实践成果，中机寰宇（江苏）智能制造认证检测有限公司、常州奥比利智能科技有限公司、江苏常码信息技术有限公司、常州找纱科技有限公司4家企业入选市级“智改数转”服务商，航天云网中小企业公共服务平台获评省重点双跨类工业互联网平台。

【新型基础设施建设】 2023年，天宁区加快工业互联网与5G、人工智能、物联网等新型基础设施建设步伐，新建5G基站367个，全区累计2013个，基本实现5G信号全域覆盖。加快标识解析二级节点建设应用，通过标识归集不同系统数据，实现资源共享。年内，华利达纺织服装行业工业互联网标识解析二级节点接入企业777家，标识注册量21.43亿个，解析量11.75亿次；国佳云（综合型）工业互联网标识解析二级节点接入企业1158家，标识注册量2.14亿个，解析量1.17亿次。

（包佳康）

【44家企业通过江苏省星级上云企业认定】 2023年，天宁区44家企业被省工信厅分两批次认定为星级上云企业。其中，常州铂林热处理有限公司、伊顿电力设备有限公司2家企业通过五星上云企业认定；常州艾贝服饰有限公司、常州天晟新材料集团股份有限公司、常州市星干干燥设备有限公司、常州华福环境科技股份有限公司等17家企业通过四星上云企业认定；常州凯特工业机器人有限公司、江苏德天智能科技有限公司、坛墨质检科技股份有限公司、常州乾艺智能制造科技有限公司等25家企业通过三星上云企业认定。

表31　2023年天宁区新增星级上云企业一览表

序号	企业名称	上云星级	序号	企业名称	上云星级
1	常州铂林热处理有限公司	★★★★★	23	常州捷希新材料科技有限公司	★★★
2	伊顿电力设备有限公司	★★★★★	24	江苏晟銮电子科技有限公司	★★★
3	常州华福环境科技股份有限公司	★★★★	25	常州晨虹不锈钢制品有限公司	★★★
4	常州市星干干燥设备有限公司	★★★★	26	江苏先锋干燥工程有限公司	★★★
5	常州市益民干燥设备有限公司	★★★★	27	常州乾艺智能制造科技有限公司	★★★
6	江苏亿润线缆有限公司	★★★★	28	江苏星星干燥设备有限公司	★★★
7	常州恒诚富士特干燥设备有限公司	★★★★	29	江苏圣曼干燥设备工程有限公司	★★★
8	常州市智阳机械设备有限公司	★★★★	30	常州市华耀智能科技有限公司	★★★
9	江苏宇通干燥工程有限公司	★★★★	31	江苏迈步信息科技有限公司	★★★
10	常州市双鹤医用包装科技有限公司	★★★★	32	江苏德天智能科技有限公司	★★★
11	伊顿电力设备有限公司	★★★★	33	江苏源坤电子科技有限公司	★★★
12	常州艾贝服饰有限公司	★★★★	34	坛墨质检科技股份有限公司	★★★
13	常州东恒印染有限公司	★★★★	35	常州瑞珀特贸易有限公司	★★★
14	常州固堡电子有限公司	★★★★	36	常州润诚智能装备科技有限公司	★★★
15	江苏诚丰新材料股份有限公司	★★★★	37	常州欧法进出口有限公司	★★★
16	常州市华耀智能科技有限公司	★★★★	38	常州科益化工有限公司	★★★
17	江苏先锋干燥工程有限公司	★★★★	39	常州市吉科涂塑机械有限公司	★★★
18	常州晨虹不锈钢制品有限公司	★★★★	40	江苏武进延陵涂料有限公司	★★★
19	常州天晟新材料集团股份有限公司	★★★★	41	常州曼淇威压力控制技术有限公司	★★★
20	江苏诚丰新材料股份有限公司	★★★	42	常州领威特信息技术有限公司	★★★
21	常州凯特工业机器人有限公司	★★★	43	常州市化工轻工材料总公司	★★★
22	常州极兔物流有限公司	★★★	44	常州市凯优医疗器械有限公司	★★★

【2 家企业软件产品及解决方案入选省工业软件优秀产品和应用解决方案拟推广名单】 12 月，常州奥比利智能科技有限公司的奥比利智能生产平台生产系统软件、常州辉途智能科技有限公司的智能风机智慧牧场系统入选省工信厅 2023 年度江苏省工业软件优秀产品和应用解决方案拟推广名单。

奥比利智能生产平台生产系统软件是一套与 ERP 生产制造管理全面集成的专业化 MES 系统，具备生产管理、现场管理、过程可视、质量追溯等功能，将生产过程中的人员、机器、原料、方法、环境贯穿一起，解决生产领料、工艺工序、产品开（完）工、工序质检、生产异常发布处理、车间看板以及报表制作等一系列业务流程中出现的问题，提升设备使用和管理效率，减少无效物流与资金占用。该系统推广应用至 3000 余家企业，获得相关知识产权 40 余件。

智能风机智慧牧场系统是一款集风机控制、环境监测、数据分析于一体的智能化产品，采用稀土永磁电机技术，具有噪声小、寿命长、免维护等优点，配合“牛轻松”管理软件使用，在保证通风效果的同时，支持远程控制操作；根据环境参数自动调节风机，设置不同运转策略，实现智能启停、主动识别故障，并进行预警提示，预留喷淋对接接口，轻松实现风水联动功能，达到降低能耗的效果。

延伸阅读：

工业软件指在工业领域辅助进行工业设计、生产、通信、控制的软件，有助于工业企业提质、增效、降本，增强工业产品竞争力，是提升制造业数字化、智能化水平的关键。

【伊顿电力设备有限公司获评省工业互联网标杆工厂】 8 月，伊顿电力设备有限公司被省工信厅认定为工业互联网标杆工厂。伊顿电力工业互联网标杆工厂以伊顿智造 4.0 为核心基础，依托工业互联网平台，综合运用数据采集与集成应用、建模分析与优化等技术，实现制造系统各层级优化，以及产品、工厂资产和商业的全流程优化，完成企业生产模式创新，提升电力产品制造行业智能化、数字化发展水平。

【航天云网中小企业公共服务平台获评省级重点工业互联网平台】 2023 年，航天云网数据研究院（江苏）有限公司中小企业公共服务平台被省工信厅认定为江苏省重点工业互联网平台，为全市唯一。航天云网数据研究院（江苏）有限公司成立于 2017 年 11 月，是中国航天科工集团有限公司和航天云网科技发展有限责任公司在长三角地区布局的国家工业互联网平台，为云制造产业集群生态运营和实施主体，是工业大数据应用技术国家工程实验室在长三角地区的建设应用主体。航天云网江苏公司打造的中小企业公共服务平台，提供涵盖 laaS（基础设施即服务）、PaaS（平台即服务）、SaaS（软件即服务）工业互联网服务的各项功能，适合不同层次、类型、规模的企业需求，支持各种工业设备接入、集成以及应用服务，搭建以工业机理模型为核心，面向业务和设备延伸的平台底层操作系统。

（王 喆）

建筑业

【概况】 2023 年，天宁区资质以上建筑业企业完成建筑业总产值 114.7 亿元，同比增长 17%，其中建筑工程完成产值 107.7 亿元，同比增长 15.1%，占建筑业总产值比重达 93.9%，拉动建筑业总产值增长 14.4 个百分点；安装工程完成产值 6.3 亿元，同比增长 75.7%，占全区建筑业总产值比重 5.5%。全年资质以上建筑业企业签订合同额 226 亿元，同比增长 4%。其中，上年结转合同额 106.2 亿元，同比下降 12.5%，占全部签订合同额的 47%；2023 年新签合同额 119.9 亿元，同比增长 24.7%，占全部签订合同额的 53%。

（章丽华）

【建筑管理】 2023 年，区住建局以安全生产和工程质量为核心，推进安全质量标准化、监督工作规范化、监管过程信息化和施工企业管理差别化，工程质量验收合格率、工程质量投诉处理率均达 100%。至年末，未来智慧城（幼儿园、小学、初级中学）建设工程项目、共享健身中心（学校室内体育馆）建设工程项目、武澄科技港智创园（二期）建设工程施工总承包项目、常青小学建设工程项目、新堂北路南侧 / 庙湾村西路东侧（QL080517）地块施工总承包项目、永武路西侧 / 和平河路南侧（QQ010904-01）地块建设工程项目、季子文化传承交流中心（北区）工程施工总承包项目、新堂北路南侧 / 柳墅路西侧（QL020402-02）地块建设项目、黑牡丹常州科技园（一期）1 号房及辅房工程（园林绿化除外）项目、高精传动部件研发生产项目（1 号车间一、2 号车间二、消防水池及泵房、门卫）、常州新能源汽车体验中心 10 个项目获评 2023 年度常州市优质结构工程奖；武澄科技港智创园（二期）建设工程施工总承包项目、丁塘港西路东侧 / 青龙东路北侧（QL020408）地块施工总承包项目、新堂北路南侧/庙湾村西路东侧（QL080517）地块施工总承包项目、永武路西侧/和平河路南侧（QQ010904-01）地块建设工程4个项目获评2023年度江苏省建筑工程标准化示范工地奖；青龙街道综合治理服务中心建设项目获评2023年度常州市“金龙杯”优质工程奖。

【建筑工程质量与安全监管】 2023年，天宁区有建筑工程受监项目94个，建筑面积163万平方米。其中，新增受监项目31个，建筑面积60万平方米。新增的31个受监项目中，公共建筑项目2个，建筑面积3万平方米；工业项目5个，建筑面积18万平方米；房地产项目4个，建筑面积32万平方米；装修改造项目20个。年内，区住建局加强建筑工程质量和安全监管，开展质量巡查190次、工程实体质量检测33次，发出质量整改通知书105份；开展安全检查147次，发出安全整改通知书132份。严格按工程竣工验收备案条件办理工程竣工验收备案手续，通过竣工验收项目57个，建筑面积79.48万平方米。

（符　俊）

【常嘉建设集团有限公司获评2023年度工程建设诚信典型企业】 11月，常嘉建设集团有限公司被中国施工企业管理协会评为2023年度工程建设诚信典型企业。公司始建于1992年，注册资本21688万元，员工800余人，是一家涵盖工程设计、预制装配、电力施工、开发建设、工程总承包、文旅体育六大业务的工程建设公司，先后获评全国AAA级信用等级、全国“守合同重信用”企业、全国模范职工之家、江苏质量诚信经营服务先进单位。公司打造“诚信”立业标杆，修订完善诚信管理体系制度，搭建内部信用信息共享平台；首创农民工实名制管理制度，农民工工资支付率100%；实施分供商综合信用评价管理，建立“一企一档”信用档案，择优选择信用度高的分供商；规范合同文本，全面履行合同义务，建筑工程合格率、合同履约率均为100%。2023年，公司实现营业收入14.12亿元，纳税2869万元。

（柯梦娇）

商贸服务业

◆ 栏目编辑　张　真

商贸流通

【概况】 2023年，天宁区消费品市场平稳向好，全年社会消费品零售总额467.09亿元，同比增长0.6%，占全市全年消费品零售总额的15.6%。年内，新增限额以上批发零售住宿餐饮企业141家，全区累计1151家；批发零售住宿餐饮销售额2004.96亿元，同比下降3.8%，其中限额以上批发零售住宿餐饮销售额1487.13亿元，同比下降11.3%。

【新消费增长培育】 2023年，区商务局引导全区各商家配合全市嗨购节活动，通过消费折扣、满减、抽奖等促销方式，加大让利幅度；指导全区商业综合体、商场注重首店、首牌的招引，释放高品质首店的"圈粉吸流"和"网红"效应，Tory Burch、乐卡克、茉莉奶白、鸿姐重庆火锅等一批国内外潮流品牌在商业综合体、商场落户开业，带动形成新的消费增长点；引导和帮助企业申报各类扶持政策资金，全年帮助商贸企业申请各类商务发展专项资金累计127.25万元。

（倪紫东）

【住宿餐饮业】 2023年，天宁区完成住宿业营业额6.63亿元，同比增长10.0%。其中，限额以上住宿业企业17家，营业额2.26亿元，同比增长3.8%。全年完成餐饮业营业额58.97亿元，同比下降2%。其中，限额以上餐饮业企业35家，营业额27.21亿元，同比下降12.5%。

（高巳婷）

表32　2023年天宁辖区内限额以上住宿业企业一览表

序号	名称	地点
1	常州宏达大厦有限公司	天宁区和平北路338号
2	常州九洲新世界酒店管理有限公司	天宁区兰陵北路999号
3	常州市慧度酒店管理有限公司	天宁区和平中路388号
4	常州榕港酒店投资管理有限公司	天宁区青龙邻里中心1幢6、7、8层
5	常州大酒店有限公司	天宁区延陵西路53号
6	常州锦宁酒店管理有限公司	天宁区桃林雅景园6-102室
7	常州合家酒店有限公司	天宁区竹林西路51号（北广场客运中心综合办公楼6～8层、1层局部）
8	常州莫泰兰陵酒店管理有限公司	天宁区兰陵北路516号
9	常州乔治亚花园酒店有限公司	天宁区文笔路1号
10	常州锦旅酒店管理有限公司	天宁区晋陵中路586号2幢
11	常州市和平假日大饭店有限公司	天宁区和平北路132号

续表 32

序号	名称	地点
12	常州市明都大饭店管理有限公司	天宁区和平北路 258 号
13	常州天安酒店管理有限公司	天宁区和平北路 135 号
14	常州九洲环宇商务广场管理有限公司	天宁区关河东路 66 号
15	常州市梦海假日大酒店有限公司	天宁区凯旋城 11 幢 201 号
16	常州市天宁区铂涛酒店有限公司	天宁区延陵中路 666 号
17	常州天宁名庭大酒店有限公司	天宁区延陵中路 270 号

表 33　2023 年天宁辖区内限额以上餐饮业企业一览表

序号	名称	地点
1	常州香港老饭店餐饮管理有限公司	天宁区兰陵北路 999 号九洲新世界广场 L2-013
2	常州杰瑛餐饮管理有限公司	天宁区兰陵北路 301 号
3	常州市创牌小情大味餐饮有限公司	天宁区和平中路 405 号
4	常州师源餐饮管理有限公司	天宁区浦前村委驴场头 56-3 号
5	常州饭店有限公司	天宁区劳动中路 41 号
6	常州常瑞宾馆	天宁区晋陵南路 9 号
7	常州市迎桂餐饮有限公司	天宁区博爱路 129 号
8	常州丽华快餐集团有限公司	天宁区局前街 285 号 A 座 9 楼
9	常州裕品煌餐饮管理有限公司	天宁区飞龙东路 288 号
10	常州市明都华永饭店有限公司	天宁区北融里 8 号
11	常州鼎烁餐饮管理有限公司	天宁区飞龙东路 288 号
12	常州欣厨餐饮管理有限公司	天宁区关河中路 16 号
13	常州市九龙半岛娱乐休闲有限公司	天宁区青龙西路 88 号
14	常州市谷轩餐饮管理有限公司	天宁区竹林南路 101 号
15	常州市李耿餐饮管理有限公司	天宁区红菱南村 6 幢
16	江苏文笔山庄集团有限公司	天宁区武青路 146 号
17	常州福记餐饮投资管理有限公司	天宁区晋陵中路 339 号
18	江苏新派餐饮管理集团有限公司	常州检验检测产业园 6 号楼 201 室
19	常州金源七街餐饮有限公司	天宁区城市花园 93 ～ 100 号
20	常州扬子餐饮管理有限公司	天宁区陶家村 86 号
21	常州听松楼花园酒店有限公司	天宁区红梅公园内
22	常州市尧耀餐饮管理有限公司	天宁区飞龙东路 433 号红菱南村 6 栋
23	顺根餐饮管理（常州）有限公司	天宁区竹林西路 19 号 B 座 1401 室
24	常州每客美餐餐饮管理有限公司	天宁区青山湾花园 26-6 号
25	常州肇亿翰餐饮管理有限公司	天宁区华润国际花园 81 幢 10 号

续表 33

序号	名称	地点
26	常州巴奴毛肚火锅有限公司	天宁区天宁吾悦广场 10 幢 4 层 Z16 商铺
27	常州市骏悦餐饮管理有限公司	天宁区天宁吾悦广场 10 幢 5 层 Z22 商铺
28	常州市星畅悦餐饮娱乐有限公司	天宁区天宁吾悦广场 10 幢 4 层 Z19 商铺
29	广福璟源酒店管理常州有限公司	天宁区吊桥路 1-40 号
30	常州禧悦贺婚礼策划有限公司	天宁区和平中路 1 号
31	常州禧诺酒店有限公司	天宁区晋陵中路 562 号 101 ～ 108 室
32	常州开元名都大酒店有限公司	天宁区竹林北路 256 号天宁科技促进中心 3 号楼
33	常州嘉裕堂餐饮管理有限公司	天宁区晋陵中路 562 号 101 ～ 108 室
34	常州李家秀餐饮管理有限公司	天宁区北塘河东路 5 号
35	大娘水饺餐饮集团有限公司	天宁区福阳路 97 号

【批发零售业】 2023 年，天宁区完成批发业销售额 1578.69 亿元，同比下降 4.8%。其中，限额以上批发业企业 822 家，销售额 1357.96 亿元，同比下降 11.7%。全年完成零售业销售额 360.67 亿元，同比增长 0.2%。其中，限额以上零售业企业 198 家，销售额 99.7 亿元，同比下降 5.9%。

（高巳婷）

【大型商场超市】 2023 年，天宁区拥有大型超市 7 家、大型商场 1 家、商业综合体 3 家、家电大卖场 1 家，总营业面积 88.6 万平方米，年销售额 49.72 亿元。

表 34　2023 年天宁辖区内大型商场、超市一览表

序号	名称	地点	业态
1	常州关河大润发商业有限公司永宁店	天宁区永宁北路 18 号	大型超市
2	M 会员商店	天宁区兰陵北路 301 号	大型超市
3	常州关河大润发商业有限公司	天宁区关河东路 58 号	大型超市
4	常州关河大润发商业有限公司天宁分公司	天宁区天鹅湖花园 16 幢	大型超市
5	锦江麦德龙现购自运有限公司常州天宁商场	天宁区龙城大道 1297 号	大型超市
6	易美惠商超综合体天宁店	天宁区竹林南路 101 号	大型超市
7	于发行生鲜全球购商场	天宁区富邦广场	大型超市
8	常州百货大楼股份有限公司	天宁区延陵西路 1-7 号	大型商场
9	常州市九洲新世界资产管理有限公司	天宁区兰陵北路 999 号	综合体
10	常州天宁吾悦商业管理有限公司	天宁区东方西路 11 号天宁吾悦广场 10 幢	综合体
11	常州弘阳商业管理有限公司	天宁区中吴大道 1777 号弘阳上城 1 幢 4 号	综合体
12	常州市五星电器有限公司关河路分公司	天宁区关河路 44 号	家电卖场

（倪紫东）

【商品交易市场】 2023年，天宁区有各类商品交易市场12个，其中专业市场12个（建筑材料市场3个、科技信息品市场1个、生产资料市场4个、生活资料市场4个），农贸市场（菜市场）28个。12个亿元以上商品交易市场全年成交额530.33亿元，其中年成交额1亿元至10亿元以下的商品交易市场6个、10亿元至100亿元以下的商品交易市场4个、超100亿元的商品交易市场2个。

表35 2023年天宁区成交额亿元以上商品交易市场一览表

项目	成交额
市场总数（12个）	—
其中：建筑材料市场（3个）	—
科技信息品市场（1个）	—
生产资料市场（4个）	—
生活资料市场（4个）	—
亿元市场成交额（亿元）	530.33
其中：钢材现货交易市场有限公司（亿元）	199.52
淮都金属城有限公司（亿元）	198.52
万都国际陶瓷装饰置业有限公司（亿元）	74.13
红星装饰城（亿元）	15.57
路桥日用品商城有限公司（亿元）	12.76
德嘉美吉特科技五金城有限公司（亿元）	10.77
九洲投资集团有限公司常州服装城分公司（亿元）	6.94
怡康五金机电市场有限公司（亿元）	4.18
银河湾电脑数码城有限公司（亿元）	3.92
金桥机电五金市场管理有限公司（亿元）	1.57
苏南旧机动车交易市场管理有限公司（亿元）	1.31
朝阳综合市场服务中心（亿元）	1.15

（高已婷）

【成品油市场管理】 2023年，区商务局对辖区内34家加油站（点）开展2022年度成品油零售经营许可证年检，其中17家加油站完成法定代表人变更，2家加油站到期换证。是年，33家加油站通过年检，1家首次领证。

表36 2023年天宁辖区内加油站一览表

序号	名称	地点	经营项目	所属区域
1	江苏沪宁高速公路股份有限公司芳茂山加油站	天宁区郑陆镇花园村	汽油、柴油	开发区
2	常州市东青加油站有限公司	天宁区郑陆镇和平村	汽油、柴油	开发区
3	中国石油天然气股份有限公司江苏常州环城加油站	天宁区郑陆镇施家巷东白洋	汽油、柴油	郑陆镇
4	中国石化销售有限公司江苏常州郑陆加油站	天宁区郑陆镇常郑路45号	汽油、柴油	郑陆镇

续表 36

序号	加油站名称	地点	经营项目	所属区域
5	常州市三河口加油站有限公司	天宁区郑陆镇牟家村	汽油、柴油	郑陆镇
6	常州市武进焦溪加油站有限公司	天宁区郑陆镇省岸村委省岸村	汽油、柴油	郑陆镇
7	常州市亿达加油站有限公司	天宁区郑陆镇丰北村	汽油、柴油	郑陆镇
8	常州市武进焦溪粮庄柴油经营部	天宁区郑陆镇粮庄桥村	柴油	郑陆镇
9	常州市平安加油站有限公司	天宁区郑陆镇焦溪村	汽油、柴油	郑陆镇
10	常州市常荣能源有限公司	天宁区中吴大道 683 号	汽油、柴油	雕庄街道
11	中国石油天然气股份有限公司江苏常州南国加油站	天宁区雕庄 312 国道朝阳段	汽油、柴油	雕庄街道
12	常州市东南开发区达协加油服务有限公司	天宁区劳动东路 500 号	汽油、柴油	雕庄街道
13	中国石化销售有限公司江苏常州青龙加油站	天宁区青龙街道亚新村	汽油、柴油	青龙街道
14	中国石油天然气股份有限公司江苏常州双杰加油站	天宁区竹林北路南侧、华阳西路西侧	汽油、柴油	青龙街道
15	常州市庆丰加油站有限公司	天宁区青洋北路 188 号	汽油、柴油	青龙街道
16	中海油华东销售有限公司常州东方西路加油站	天宁区东方西路 326 号	汽油、柴油	青龙街道
17	常州常顺石油制品有限公司	天宁区北塘河东路 28 号	汽油、柴油	青龙街道
18	常州市弘祺石化有限公司	天宁区洋歧路 6 号	汽油、柴油	青龙街道
19	中油常州加油站管理有限公司劳动路加油站	天宁区劳动中路 536 号	汽油、柴油	茶山街道
20	中国石化销售有限公司江苏常州京杭运河服务区加油站	苏南运河阳湖大桥西常州服务区内	柴油	茶山街道
21	中国石化销售有限公司江苏常州新菱加油站	天宁区采菱路 43 号	汽油、柴油	茶山街道
22	常州市富强石油燃料供应有限公司	天宁区常锡路茶山桥西	汽油、柴油	茶山街道
23	中国石化销售有限公司江苏常州丽华加油站	天宁区丽华路	汽油、柴油	茶山街道
24	常州市南门加油站	天宁区茶山降子桥	汽油、柴油	茶山街道
25	中国石化销售有限公司江苏常州北环加油站	天宁区北环路锦绣花园南侧	汽油、柴油	红梅街道
26	中化道达尔油品有限公司常州第三加油站	天宁区红梅工业园旁	汽油、柴油	红梅街道
27	常州长江石油有限公司	天宁区竹林南路	汽油、柴油	红梅街道
28	江苏省中油泰富石油集团有限公司常州加油站	天宁区桃园路 37 号	汽油、柴油	天宁街道
29	中油常州加油站管理有限公司关河路加油站	天宁区关河东路 2-4 号	汽油、柴油	天宁街道
30	中国石化销售有限公司江苏常州东郊加油站	天宁区常戚路新港路口	汽油、柴油	天宁街道
31	中国石化销售有限公司江苏常州兰陵联营加油站	天宁区常锡路 120 号	汽油、柴油	兰陵街道
32	中国石化销售有限公司江苏常州兰园加油站	天宁区兰陵广场兰陵路西侧	汽油、柴油	兰陵街道
33	常州市常禾加油站有限公司	天宁区和平中路 376 号	汽油、柴油	兰陵街道
34	中国石化销售股份有限公司江苏常州中吴加油站	天宁区中吴大道 1350 号	汽油、柴油	兰陵街道

【单用途预付卡及烟卡管理】 2023年，区商务局加强对单用途商业预付卡及烟卡的监督管理，规范发卡企业行为。年内，区纪委监委、区商务局、区市场监管局对6家大型商场和超市开展单用途商业预付卡联合检查4次，检查内容包括发卡企业的资金存管、服务协议、管控制度、购卡人信息登记、单次单笔发卡金额等，未发现违法违规问题。区商务局与开发区、镇（街道）、区纪委监委、区市场监管局、天宁烟草执法大队联合开展烟卡长效管理“月月查”行动，对171家烟酒店开展烟卡专项检查12次，未发现违法违规问题。

【M会员商店常州店开业】 12月30日，位于天宁区兰陵北路301号的M会员商店常州店开业，是常州主城区首个仓储式会员店，也是继扬州店后开设的全国第二家M会员门店。该会员店总占地面积近4万平方米，分上下两层，其中一楼为商铺，招引服装、餐饮、休闲娱乐等业态入驻，配备800个专属停车位；二楼为M会员超市卖场，经营生鲜、日用品、家电、化妆品、纺织等20个品类，总计200余种商品。该会员店的销售模式为线上和线下相结合，消费模式为会员制，消费者凭会员卡进店消费，会员卡分黑金会员和普通会员2种，其中黑金会员卡年费680元、普通会员卡年费260元。

（倪紫东）

【3家企业品牌获评常州老字号】 4月，常州焦溪古村食品有限公司“轩安居”品牌、常州市企鸟食品有限公司“企鸟”品牌、天宁区兰陵冬神梨膏糖厂“冬神”品牌被市商务局认定为第四批“常州老字号”。其中，常州焦溪古村食品有限公司企业品牌“轩安居”创立于1933年，专营糕团、咸粥、扣肉等产品；常州市企鸟食品有限公司企业品牌“企鸟”创立于1944年，主营冷饮，在冬春季节兼营团子、小笼包等冷冻食品；天宁区兰陵冬神梨膏糖厂企业品牌“东神”创立于1977年，主营梨膏糖、枇杷膏、桂圆膏等产品。至2023年年末，天宁区累计有“江苏老字号”企业品牌3个、“常州老字号”企业品牌5个。

延伸阅读：

“老字号”指历史悠久，拥有世代传承的产品、技艺或服务，具有鲜明的中华民族传统文化背景和深厚的文化底蕴，取得社会广泛认同，形成良好信誉的品牌。2011年，常州市启动“常州老字号”认定工作，明确申报“常州老字号”的企业，须拥有商标所有权或使用权，品牌创立45年及以上。至2023年年末，天宁区申报4批次“常州老字号”，获评“常州老字号”企业品牌5个。

（张丹青）

【3个社区获评全市首批“一刻钟便民生活圈”】 2023年，兰陵街道九洲新世界社区、青龙街道横塘社区和红梅街道金百花园社区获评常州市第一批“一刻钟便民生活圈”。3家社区以社区居民为服务对象，以步行15分钟为服务半径，均配备便利店、综合超市、农贸市场、便民维修点、家政服务、快递服务、药店、学校、医疗、公共厕所等基本保障类业态，满足社区居民一日三餐、生活必需品、家庭生活服务等基本消费需求；配备新式书店、运动健身房、银行网点、养老服务站、托育站点、保健养生、教育培训、蛋糕茶艺、酒店住宿等品质提升类业态，满足社区居民休闲、健康、社交、娱乐、购物等个性化、多样化消费需求，呈现布局合理、业态齐全、功能完善、服务优质的特点。

（张丹青）

【商贸领域投诉调解】 2023年，区商务局针对消费者关注的预付费卡退卡退费、加油站油卡储值和二手电子产品回收等问题，与“12345”政府服务便民热线平台配合，合力调解商贸流通领域投诉。是年，调解处理商贸流通领域来电来访1743次，约谈3家企业，调解成功率100%，切实维护消费者合法权益。

（倪紫东）

楼宇经济

【概况】 2023年，天宁区主城区5个街道（雕庄街道、茶山街道、红梅街道、天宁街道、兰陵街道）有重点楼宇（园区）104座，其中办公楼宇84座、商业载体14座、产业园区6个，总建筑面积230.59万平方米，入驻面积172.92万平方米，入驻企业7147家，入驻率75%。是年，104座楼宇（园区）入驻企业的业态以批发零售、商贸服务等贸易流通类为主，设计咨询、信息技术服务等为辅，全年实现入库税收8.4亿元，单位面积产出500元/平方米。

【楼宇经济推介活动】 10月20日，天宁区举办“全球新视野，天宁新突破”2023年楼宇经济推介活动，主要推介辖区内特色楼宇载体及相关产业，邀请医疗、养老服务、跨境电商及外贸等行业300位客商参会。推介活动中，长三角跨境电商产业平台、瀚景口腔医院、晋陵文旅、消防安全体验中心、兰陵茂等10个项目签约入驻报业大厦、九洲环宇大厦、万都广场等相关商务楼宇，涵盖跨境新零售、电商产业平台、主题文旅、医疗康养、新能源、商业配套等行业领域，涉及总投资2.7亿元。

（谈　薇）

【红梅街道试点商务楼宇联席招商机制】 2023年，红梅街道辖区内有商务楼宇18座，总建筑面积52.37万平方米，累计入驻企业1011家，入驻率85.79%，全年实现税收1.3亿元。年内，聚焦天宁时代广场重点楼宇，试点实施联席招商机制，由街道分管领导、招商专员、楼宇负责人、招商人员等组成联合招商小组，定期沟通项目信息、企业招商情况，研判项目质地；开展入驻产业业态引导，鼓励招引金融服务、电子商务、文化创意等现代服务业企业入驻；街道与楼宇管理方共同接待或拜访重点意向客商，提供政务服务、政策支持等，助力项目落地；关注天宁时代广场小产权业主招租管理情况，引导分散产权集中统一管理，提升楼宇入驻产业业态品质。是年，引进常州庞源机械工程有限公司等5家企业入驻天宁时代广场，实现税收20余万元。

（洪　佳）

【兰陵街道盘活楼宇空间载体】 2023年，兰陵街道为解决闲置、老旧楼宇载体业态不齐全、空间功能滞后等问题，通过招引优质企业入驻、实施提升改造等方式，促进辖区老旧楼宇载体功能完善、产业更新、环境提升。年内，推动7个总建筑面积9万平方米的老旧楼宇载体转型升级，其中大润发兰陵店由香港上市公司高鑫零售有限公司投资改造为M会员店，化工研究所大楼由常州新研叁叁捌孵化器管理有限公司投资改造为新研338数字文化产业园，九洲数码城招引常州蔚然汽车销售服务有限公司入驻改造为蔚来汽车交付中心，天宁汽车城由常州穿山甲企业管理有限公司改造为文化科技产业园，创牌饭店由常州优遇企业管理有限公司投资改造为智慧商业研究院，烟草大楼（常州农业大楼南侧院落）由常州嘉荟商业管理有限公司提升改造为兰陵萃人才公寓，兰陵农贸市场由常州元华商业管理有限公司提升改造为“兰陵茂”农贸市场。是年，街道辖区内25座楼宇累计入驻企业5853家，入库税收2.06亿元，同比增长10%。其中，常州市化工研究所有限公司、常州天宁同衫科创园纳税分别同比增长64.2%、49%。

（梁　文）

商务服务

【人力资源服务】 2023年，区人社局实施精细化人力资源服务，在天宁人才大厦建立全市首家人力资源共享服务中心，设置15个综合服务窗口，提供求职招聘、人才寻访、职业培训、人才政策咨询、社会保障等人力资源服务，全年为企业及求职者提供人力资源服务超3000人次。依托天宁人才大厦“三厅两平台一空间”五大服务平台，举办“前‘兔’似锦·悦启未来”2023年天宁区新春招聘洽谈会、“天生爱才·职邀宁来”新能源专场精英人才招聘会等活动68场，参与企业1208家次，发布岗位2.1万个，达成初步就职意向2980人次。江苏常州人力资源服务产业园试点开展“信用+人力资源服务业集聚区”建设，对入驻机构实施信用等级监管，首批进入信用库企业86家，其中AAA级13家、AA级9家、A级7家、A级以下57家，人力资源服务产业园信用应用试点被市信用办评为2023年度常州市“揭榜挂帅”信用应用创新优秀案例。是年，江苏常州人力资源服务产业园引进人力资源服务机构12家，累计入驻企业90家，全年为企业及求职者提供人力资源服务超10万人次。

（王晓光）

【会计服务】 2023年，天宁区进一步深化会计行业“放管服”改革，以“统一平台、统一标准、分批对接、信息共享”为原则，推进代理记账企业执业许可行政审批，提升会计行业政务服务效能，全年完成26家代理记账企业执业许可审批，完成95家代理记账企业年度备案。加强代理记账行业监管，区财政局配合市财政局跨部门联合开展代理记账企业“双随机、一公开”抽检，按比例随机抽检1家代理记账企业，未发现违规问题。区财政局联合区市场监管局、区税务局对10家代理记账企业开展联合专项检查，重点检查代理记账企业的设立、运行和代理记账业务开展情况，均未发现违规问题。组织代理记账企业参加“心服务·新精彩——常州市首届代理记账行业财税知识竞技大赛”，组织辖区内企业参加财政部高层次财会人才素质提升工程岗位能力培训、上市公司资产减值会计专题线上培训、企业数据处资源相关会计处理暂行规定线上培训，提升企业财务人员业务水平。推介代理记账企业入驻“江苏省中介网上超市”平台，促进涉审中介服务规范管理，建设公开公平公正透明的中介服务市场环境。

（盛 丽）

【律师服务】 2023年，区司法局落实司法部“乡村振兴·法治同行”活动要求，结合省委政法委政法惠民实事工作部署，组织全区122个村（社区）开展“村（居）法律顾问万场讲法”活动，围绕乡村振兴、妇女儿童权益保护、民法典知识、乡村法律明白人培育等方面，开展驻村法治讲座500余场。年内，新增新动力创业中心、中欧（常州）检验检测认证国际合作产业园、恒生科技园3家园区公共法律服务室，遴选上海博和汉商（常州）律师事务所、江苏常武律师事务所、北京大成（常州）律师事务所12位律师组成园区法律服务团，为园区企业提供法律咨询、法治讲座、法治体检等服务，解答涉企法律问题260条，查找法律风险242个，提出意见建议205条。规范律师行业行为，围绕律师事务所内部管理、日常执业、案件办理、办案卷宗等方面，对辖区内28家律师事务所开展实地检查及网上巡查，查出并督促整改意见100余条。推动公职律师队伍建设，指导区纪委监委、区人社局、区城管局、区网格中心、区总工会等机关部门（单位）设立公职律师机构，全年新增公职律师机构4家、公职律师22名，全区累计有公职律师机构9家、公职律师32名。

【公证服务】 2023年，天宁公证处优化服务企业方式，建立企业公证顾问机制，推出企业公证预约服务、上门服务、在线申办“一站式”服务，全年为常州天合光能有限公司、江南农村商业银行、常州赛乐医疗技术有限公司等企业开通优先办理、缩短办证期限绿色通道，为企业代写委托、声明等公证法律文书90份。完善公证便民服务举措，主动为当事人核查调取材料126件，为残疾人、行动不便的老年人提供上门、特事特办、急事急办等服务，全年提供上门公证服务23次，为5位困难群众减免公证业务收费。推行远程公证服务，提供更加便捷高效的公证渠道，在郑陆司法所、雕庄司法所服务大厅安装远程公证一体机。9月，办理全市首例乡镇服务点远程视频公证。是年，天宁公证处办理各类公证业务2121件，其中国内公证1593件（含涉港公证2件）、涉外类公证528件。

（谭文强）

检验检测认证服务

【中欧（常州）检验检测认证国际合作产业园被认定为江苏省仪器仪表产业园】 中欧（常州）检验检测认证国际合作产业园位于天宁经济开发区，东至华阳路，南至龙锦路，西至青洋路高架，北至青龙东路，总建筑面积约183万平方米，累计签约入驻企业189家，其中规模以上企业59家、高新技术企业11家，全年完成销售额155亿元，同比增长10%；纳税1.6亿元，同比增长5%。12月，该产业园被省市场监督管理局认定为江苏省仪器仪表产业园。仪器仪表产业园作为中欧产业园的配套园区，通过引进先进的生产技术和研发制造平台，利用互联网、物联网构建新型产业链条，引导仪器仪表企业在生产、创新、市场拓展等方面协同发展，打造集约共享的经营业态和商业模式，为全市仪器仪表产业的集聚和集约发展提供明晰路径。

（颜华鳞）

【全市首家区域医学检验中心建成投用】 10月26日，位于中欧（常州）检验检测认证国际合作产业园的天宁区区域医学检验中心建成投用，为全市首家区域医学检验中心，由郑陆镇卫生院、焦溪卫生院等8家政府办基层医疗卫生机构与常州兰卫医学检验公司合作共建，占地面积2688平方米。中心建有病理、血液、细胞分子遗传、微生物、理化分析、生化及免疫等实验室，承接全区基层医疗卫生机构临床及体检等检验任务，实现检验报告快捷出具、检验结果一站式可查，提升全区基层医疗卫生机构医学检验和诊疗服务能力。

（周心怡）

【常州纺检检验有限公司被认定为省技术先进型服务企业】 12月，常州纺检检验有限公司被省科技厅、省商务厅、省财政厅、省税务局和省发展改革委认定为技术先进型服务企业。常州纺检检验有限公司成立于2013年，主要从事纺织品材料质量、性能、安全性等检验、测试和认证。2023年，公司技术性服务业务收入2579.54万元，占总收入的98.66%；离岸服务外包业务收入1078.66万元，占总收入的41.26%。

（王 晶）

农贸市场建设

【概况】 2023年，天宁区推进农贸市场建设，制定出台《天宁区农贸市场综合管理体制优化提升实施意见》，计划于2023—2025年对全区28个农贸市场实施提档升级改造，雕庄菜场、龙景农贸市场、兰陵农贸市场于年内完成提升改造，朝阳市集、翠竹市集建成投用。

（张　弦）

【翠竹市集建成开业】 7月，位于新堂路与庙湾西路交界处的翠竹市集建成开业，建筑面积2000平方米，内部布局为“小餐饮+农贸市场”模式。一楼为美食餐饮区，经营麻糕、面馆、奶茶等各类美食，有小餐饮商户21户；二楼为农贸市场，涵盖肉禽、水产、卤菜、净菜等7大类，有摊位93个。翠竹市集引进上海先进菜场运营理念，整合邻里中心和菜场功能，创新传统农贸市场的运营机制，运用淘菜猫智慧零售云平台，每个摊位配备智慧电子秤，菜价和交易数据实时显示，商品结算时可打印追溯信息小票，实现市场价格透明化、食品安全可追溯的目标，保障消费者权益。

（洪　佳）

【兰陵农贸市场完成提升改造】 12月25日，完成提升改造的兰陵农贸市场对外试营业，更名为“兰陵茂”农贸市场，三层建筑，面积8343平方米，设置178个摊位。其中，一楼为卤菜区、水果区，二楼为肉类区、鱼类区、蔬菜区、南北杂货区和生面区，三楼为休闲娱乐区，引入体育运动、儿童教育、餐饮等业态，打造成集食、购、教、体、闲于一体的高品质生活邻里中心。农贸市场位于天宁区清凉西路与兰陵北路交界处，始建于2013年，因设施陈旧、业态单一，无法满足居民消费需求，2023年7月，兰陵街道采取“市场主体投入+政府政策支持+属地服务落实”的方式实施提升改造，由常州元华商业管理有限公司建设，整治市场外围停车场，合理规划停车位置，出新市场房屋外立面，改造市场内部环境，配置空调、新风系统、电梯、集中排烟净化系统等设施设备，总投资3100万元。

（梁　文）

3月，朝阳市集建成开业　　（区委宣传部 供图）

【朝阳市集建成开业】 朝阳菜场始建于1983年，因硬件设施陈旧老化，于3月关停，搬迁至劳动中路与采菱支路交叉口（龙运天城小区东北角）运营，并更名为“朝阳市集”，总投资1400万元。该市集为1幢三层建筑，占地面积2600平方米，总建筑面积6000平方米。其中，一楼为水产、荤菜、卤菜区域，设置56个摊位；二楼为蔬菜、豆制品、南北货区域，设置101个摊位；三层为办公区域。市集内部在保持原菜场菜品新鲜、菜价实惠的同时，配备排水排风设施和全自动清扫机，设立“朝阳驿站”便民小屋、朝阳市集新时代文明实践站，配套60个机动车停车位和200个非机动车停车位，满足周边小区居民群众日常生活需求。

（柯梦娇）

养老服务

【概况】 2023年，天宁区优化养老服务内容，提升养老服务水平，强化“互联网+”在养老领域的应用，升级区级智慧养老服务平台3.0版软件系统，及时采集和监管家庭养老照护床位信息，老年人通过刷脸即可在助餐点用餐，推动科技与助餐、家庭养老照护床位等服务场景融合。全年累计为21802名80周岁及以上高龄老人发放尊老金1483.51万元。

【居家养老】 2023年，天宁区完善养老保障体系，为2.19万名80周岁以上老年人提供居家上门援助服务，实现80周岁及以上老年人居家上门服务全覆盖，为400户困难、高龄老年人家庭提供“一户一案”

居家适老化改造，为300户“空巢”、独居、生活困难老年人家庭安装智能紧急呼叫装置，新建茶山街道丽华一村、雕庄街道竹韵茗居2个社区居家养老服务站，提升改造红梅街道红梅东村社区居家养老服务站，新增社区老年助餐配送点14个，新增全龄段社区共享食堂3家，提升改造郑陆镇丰北村、董墅村、粮庄桥村3家示范性农村互助睦邻点，举办失能（失智）老年人家庭成员培训班，100人参训，提升家庭成员对失能老人的照护技能。

【医养结合】 2023年，天宁辖区内有医养结合机构17家，其中常州市德安医院、常州市仁慈医院、常州安信颐和康复医院、常州市爱心护理院为市卫生健康委管理机构，雕庄街道社区卫生服务中心、红梅街道社区卫生服务中心、丽华爱心护理院、玖恒护理院、同泰爱心护理院、祥福爱心护理院、兆丰爱心护理院、和平爱心护理院、锦苑爱心护理院、红日家园老年公寓医务室、快乐老年公寓医务室、金鼎护养中心医务室、康乐颐养家园医务室为区卫生健康局管理机构，17家医养结合机构累计养老床位数4162张，其中护理型床位3568张。是年，和平老年公寓被评定为3级养老机构，玖恒爱心护养院、牟家村颐养园被评定为2级养老机构，康乐颐养家园被评定为1级养老机构。

（钱轶栋　周心怡）

【老年健康服务体系建设】 2023年，天宁区优化安宁疗护服务，郑陆镇卫生院增设宁馨病房（安宁疗护病房），为临终老人提供规范治疗+安宁疗护特色服务。开展养老机构医疗卫生服务专项检查，加强辖区医养结合信息系统监测管理，选派11名医养结合机构护理员参加市级培训，提高护理员队伍的职业技能水平，满足多层次、专业化的养老服务需求。深化“康益行”医养融合项目，完成2万余名老年人常见病（糖尿病、高血压等慢性病，以及骨质疏松、前列腺肿瘤、胃肠道疾病等易发病）健康筛查，为2180名老年人提供专病精准筛查、分类评估、“点单式”医疗服务。8月，协办常州市老年认知障碍筛查与干预试点项目启动仪式，在天宁街道五角场社区和兰陵街道乾盛兰庭社区开展老年人认知障碍（老年痴呆）筛查与干预试点，完成筛查1006人。开展老年友善医疗机构优秀单位创建，焦溪卫生院、兰陵街道社区卫生服务中心、红梅街道北环社区卫生服务中心创成江苏省老年友善医疗机构优秀单位。

（周心怡）

【家庭养老照护床位试点】 2023年，天宁区依托具备照护能力的养老机构和居家养老服务组织，通过定制化养老服务，开展新一轮“类机构”（在居家环境中提供与传统养老机构类似的照护服务功能）照护功能的家庭养老床位试点建设。年内，试点建设的家庭养老床位采用专业化、人本化、智能化服务方式，借助专业化健康管理护理团队，依托智能终端设备与运营平台，为有需求的高龄、轻度失能老年人提供居家照护照料、康复护理、陪诊转介等服务。至年末，新增试点运行家庭养老照护床位150张。

【老年助餐探索社区食堂新模式】 2023年，天宁区坚持为民办实事，将老年助餐服务纳入“15分钟养老服务圈”，探索“社区食堂”新型老年人助餐模式，通过自建运营、依托社会第三方力量共建、委托社会组织承接、社会餐饮企业运行等方式，打造面向全年龄层的社区嵌入式“共享食堂”门店；区民政局制定出台《天宁区老年助餐工作指南（试行）》，指导助餐工作的日常运

12月，茶山街道“茶饭小馆”社区食堂龙游·丽厨房开业运营

（茶山街道　供图）

营、管理。至年末，天宁区新增“茶饭小馆”“添宁食堂”“三和益家”3家全龄段社区共享食堂，累计投入建设资金300万元，日均供餐3000份左右，其中老年人用餐比例达80%以上。

【养老机构消防安全标准化管理达标创建全覆盖】 2023年，区民政局继续推进养老机构消防安全标准化管理达标创建工作，组织全区养老机构开展消防安全培训、消防演练等，提升消防安全管理水平；配合消防部门和第三方专业机构，通过查阅台账、现场查验等方式，对12家养老机构消防安全标准化管理实施初审和复审，针对考评中发现的消防安全隐患问题，12家养老机构全面落实整改，规范消防安全管理，改造安全设施设备，均通过达标验收。至年末，全区22家养老机构完成消防安全标准化管理达标创建。

【天宁区获评全省首批示范性居家社区养老服务网络地区】 10月，天宁区获评全省首批示范性居家社区养老服务网络地区。2021—2023年，天宁区按照《天宁区“十四五”养老服务规划》目标要求，立足“养老与医疗、事业与产业、传统模式与新兴模式”相融合的养老服务特色，运用互联网、大数据、物联网和云计算等理念和现代技术，依托数据管理和分析，推动实施“互联网+居家养老服务”新模式。该模式建立“线上+线下”一体化、点线面相结合的运行机制，构建“1+N”[“1”代表1个智慧健康养老系统；“N”代表智慧养老系统覆盖至镇（街道）、村（社区）内“N”个一级、二级站点] 智慧社区居家养老服务体系，利用智能化设施设备和信息终端，延伸自助健康管理、便民利民、代购等服务功能，打造“15分钟养老服务圈”，提升养老服务普惠度。

（钱轶栋）

托育服务

【概况】 2023年，天宁辖区内有3岁以下婴幼儿照护服务机构62家，其中托育机构29家（含普惠托育机构12家）、幼儿园延伸托班33家，提供托位2622个。年内，新建2家普惠托育机构，分别是铂雅花园托育中心、工人新村社区托育中心。5月，区级托育综合服务中心在红梅街道铂雅花园托育中心挂牌成立，成为全市首家集技能培训、课题研发、业务指导、监督监管、托育服务于一体的区级托育综合服务中心。至年末，天宁区建成省级托育服务实训基地1家，创成国家级“向日葵亲子小屋”项目点2个、省级普惠托育机构2家、省级示范性托育机构（社区点）3家，为全区0～3岁婴幼儿提供普惠托育服务。

【婴幼儿照护入户指导】 2023年，天宁区率先在全市开展婴幼儿照护入户指导服务，雕庄街道、茶山街道和红梅街道作为先行试点，成立由社区工作人员、社区医务工作者和机构专业保教人员组成的入户指导小组，为238户有需求的3岁以下婴幼儿家庭提供科学养育知识宣教、亲子互动指导、婴幼儿生长发育评估等入户指导服务；全年发放普惠托育服务免费体验券1000张，辖区内3岁以下婴幼儿家庭凭券可到辖区普惠托育机构免费体验1～5天托育服务。

【“1+N”社区托育服务模式创建】 2023年，为扩大普惠托育服务半径，为辖区居民提供形式多样、普惠可及的托育服务，天宁区以雕庄街道为试点，探索打造“1+N”（即1个普惠托育机构+N个社区普惠托育点）社区托育服务新模式，推动托

5月，天宁区托育服务指导中心投用 （区卫生健康局 供图）

育服务资源下沉社区，让居民切实享受到政府提供的普惠婴幼儿照护服务。年内，雕庄街道依托凤凰新城托育中心，利用社区配套或闲置用房资源，分别在中海铂悦小区、水岸社区、菱溪社区、采菱社区设立4个社区托育点，为社区0～3岁婴幼儿提供全日托、半日托、临时托、计时托等普惠托育服务，全年累计开展公益性社区亲子活动28场。

（周心怡）

【2个托育中心创成国家级“向日葵亲子小屋”项目点】 10月，凤凰新城托育中心、阳光龙庭社区托育中心被中国计划生育协会确定为国家级“向日葵亲子小屋”项目点。

凤凰新城托育中心位于天宁区中吴大道960号，室内面积200余平方米，内设感统训练室、托育教室、家长课堂、母婴室，户外活动场地面积360平方米，由凤凰新城托育中心1名有经验的幼教人员作为“小屋辅导员”，负责小屋的日常运营及活动开展。年内，“向日葵亲子小屋”开展亲子活动45场次、家长课堂15场次，帮助3岁以下婴幼儿家庭建立正确的亲子交流方式，掌握婴幼儿照护保健知识；举办主题讲座“发现孩子的天赋”2场、跳蚤市场活动1场，开展科学育儿知识进家庭活动，为有需求的90户家庭提供3岁以下婴幼儿科学养育知识宣教、亲子互动指导、婴幼儿生长发育评估等，累计入户服务180余次。

阳光龙庭社区托育中心位于天宁区北塘河路32号，3月1日试运营，建筑面积880平方米，设置多功能音体室、核心运动教室、敞开式图书吧、烘焙教室等专用活动室，配备专职专业教师13名，为3岁以下婴幼儿提供全日托、半日托、计时托和临时托照护服务，由斯倍猜丁壳儿童运动成长中心负责运营。托育中心依托“向日葵亲子小屋”国家级项目，开展“科学育儿社区行”活动，为社区婴幼儿家庭开展健康养护、教育专线等专题讲座、咨询服务，推动科学育儿知识进社区、进家庭，提升家庭照护婴幼儿能力，促进婴幼儿健康成长。至年末，阳光龙庭社区托育中心累计为226名婴幼儿提供托育服务。

（李　歆　刘昊煜）

【铂雅花园托育中心获评江苏省示范性托育机构】 12月，铂雅花园托育中心被省卫生健康委评为江苏省示范性托育机构。该托育中心位于红梅街道铂雅花园小区4幢-1号，9月挂牌成立，总投资480万元，占地面积2126平方米，室内建筑面积1807平方米，户外面积400平方米，绿化面积285平方米。托育中心为三层建筑，其中第一、第二层为街道级托育中心，内设感统训练室、托育教室、亲子教室、多功能厅等，提供80个托位，为红梅街道辖区内0～3岁婴幼儿提供全日托、半日托、计时托和临时托服务；第三层为区级托育综合服务中心，承担全区0～3岁婴幼儿照护服务的技能培训、课题研发、业务指导、监督监管、托育服务等工作。

（洪　佳）

电子商务

【概况】 2023年，天宁区有电子商务企业517家，实现网络零售额106亿元，同比增长10%以上，其中实物商品网络零售额99亿元。

【跨境电商产业园】 2023年，天宁区跨境电商产业园招引江苏海獭电商科技有限公司、常州市相宇电子商务有限公司、阿里巴巴国际站等优质项目落户，园区累计入驻企业30家；全年实现跨境电商平台交易额50亿元，其中完成开票销售超13亿元、纳税超1400万元，分别同比增长54%、115%；完成海关进出口额6亿元，同比增长50%。是年，园区重点企业江苏虫洞电子商务有限公司完成进出口2.7亿元、常州德格装饰材料有限公司完成进出口7473万元、常州市启星辰商贸有限公司完成进出口4567万元、常州海尚进出口有限公司完成进出口1820万元、常州新绎美贸易有限公司完成进出口1056万元，同比分别增长29%、32%、46%、213%、35%。

（袁辰极）

【跨境电商产业扶持政策出台】 2023年，天宁区进一步推动总部型、龙头型跨境电商企业集聚创新发展，制定出台《2023年天宁区跨境电商产业扶持政策》，针对新招引的跨境电商企业和存量企业，着眼培育产业生态及引导数据回流，从人才培育、高企培育、参与展会等方面予以扶持，鼓励外贸企业发展新业态。

（谈　薇）

金融业

◆栏目编辑 张 真

银 行

【中国工商银行股份有限公司常州天宁支行】 2023年，工商银行常州天宁支行下辖11家营业网点，拥有25台智能柜员机、25台自助存取款设备，146名在职员工。是年，支行以服务区域经济发展为要务，加大对青龙街道龙城大道片区城市更新、弘辉加速器产业园等天宁区重点产业项目的支持力度。至年末，支行各项存款时点余额158.48亿元，较年初增加26.87亿元；各项贷款余额123.67亿元，较年初增加25.85亿元。

（王子烨）

【中国农业银行股份有限公司常州天宁支行】 2023年，农业银行常州天宁支行下辖18家营业网点，拥有45台自助存取款设备，272名在职员工。是年，支行投放项目贷款41.99亿元，较上年增加14.05亿元，运用苏服贷、苏贸贷、科技e贷等产品实现普惠放贷6亿元，全年人民币法人实体贷款连续两年创历史新高。持续助力智慧城市发展，支持重点企业建设智慧厂区，配合常州大学为新生激活社保卡。组织反诈宣传进社区、进校园、进企业等活动40余次，堵截金融风险事件68起，金额超100万元。全年新增个人有效客户4.64万户、有效社保卡3.68万张、数字人民币账户3.97万户、信用卡有效客户4711户。至年末，支行各项存款时点余额252.7亿元，较年初增加23.57亿元；各项贷款余额192.32亿元，较年初增加30.81亿元。

（李文露）

【中国银行股份有限公司常州天宁支行】 2023年，中国银行常州天宁支行下辖10家营业网点、10家自助银行，拥有11台自助存取款设备，147名在职员工。是年，支行代销保险9145万元、基金54373万元，开立个人数字人民币账户11423户、对公数字人民币账户1132户，新增借记卡客户25538户、信用卡客户1254户；普惠金融贷款余额25.78亿元，较年初增加8.4亿元；对公人民币贷款时点增加19.35亿元，个人住房贷款投放8.67亿元。至年末，支行各项存款时点余额96.84亿元，较年初增加4.79亿元；各项贷款时点余额149.09亿元，较年初增加18.95亿元。

（尹红芳）

【中国建设银行股份有限公司常州天宁支行】 2023年，建设银行常州天宁支行下辖13家营业网点，拥有40台自助存取款设备，156名在职员工。是年，支行代销保险2.5亿元、基金1.24亿元、实物黄金157千克；信用卡客户净增3398户，信用卡商户拓展821户，信用卡分期交易额2.62亿元；新增普惠客户468户、个人客户2273户；个人数字人民币注册32649户，对公数字人民币注册2713户；个人金融全量资金日均141.34亿元，个人住房贷款发放4.8亿元，个人消费贷款新增0.35亿元。至年末，支行各项存款时点余额149.88亿元，较年初增加28.88亿元；各项贷款余额124.63亿元，较年初增加24亿元。

（徐红霞）

【交通银行股份有限公司常州天宁支行】 2023年，交通银行常州天宁支行下辖3家营业网点、3家自助银行，拥有15台自助存取款设备，51名在职员工。至年末，支行各项存款时点余额49.07亿元，各项贷款余额21.62亿元，普惠贷款余额4.97亿元。

（何益舟）

【中信银行股份有限公司常州天宁支行】 2023年，中信银行常州天宁支行下辖1家营业网点，拥有2台自助存取款设备，18名在职员工。至年末，支行投放普惠贷款1.8亿元，较年初增加0.6亿元；各项存款时点余额24亿元，较年初减少2.47亿元；各项贷款余额73.11亿元，较年初减少2.2亿元。

（周　珣）

【光大银行股份有限公司常州天宁支行】 2023年，光大银行常州天宁支行拥有1台智能柜员机、2台自助存取款设备，14名在职员工。至年末，支行各项存款时点余额19.58亿元，较年初增加2.26亿元。各项贷款余额27.47亿元，较年初增加3.31亿元；其中普惠贷款余额2.13亿元，较年初增加0.89亿元；制造业授信贷款余额3.63亿元，较年初增加1.65亿元。

（薛嘉春）

【华夏银行股份有限公司常州天宁支行】 2023年，华夏银行常州天宁支行下辖1家营业网点，拥有1台智能柜员机、1台自助存取款设备，16名在职员工。至年末，支行对公存款时点余额5.6亿元，较年初减少7亿元；个人存款时点余额6.2亿元，较年初增加0.97亿元。公司贷款余额6.8亿元，较年初减少1.3亿元；普惠贷款余额1.78亿元，较年初增加0.48亿元；个人贷款余额10.49亿元，较年初减少1.9亿元。

（卞　宁）

【平安银行股份有限公司常州天宁支行】 2023年，平安银行常州天宁支行下辖1家营业网点，拥有1台自助存取款设备，10名在职员工。至年末，支行各项存款时点余额7.22亿元，较年初增加2.2亿元。

（吉　婧）

【招商银行股份有限公司常州天宁支行】 2023年，招商银行常州天宁支行下辖2家营业网点，拥有2台智能柜员机、4台自助存取款设备，14名在职员工。至年末，支行各项存款时点余额18.59亿元，各项贷款余额11.41亿元。

（金　晨）

【兴业银行股份有限公司常州天宁支行】 2023年，兴业银行常州天宁支行下辖1家营业网点，拥有4台自助存取款设备，24名在职员工。是年，支行重点扶持小微企业，支持地方实体经济发展，为民营企业提供融资2.26亿元，较年初增加1.45亿元；支持个体经营户及小微企业经营，投放经营贷款1.16亿元；支持居民安居及改善住房需求，投放按揭购房贷款1.25亿元。至年末，支行各项存款时点余额24亿元，较年初增加6.42亿元；各项贷款余额15.3亿元，较年初增加1.6亿元。

（夏　军）

【民生银行股份有限公司常州天宁支行】 2023年，民生银行常州天宁支行下辖1家营业网点、2家社区支行，拥有6台自助存取款设备，22名在职员工。是年，支行累计投放国企银团贷款10.35亿元，通过易创e贷等重点产品新增获批民营企业授信贷款3.63亿元。至年末，支行各项存款时点余额26.95亿元，各项贷款余额54.15亿元。

（应惠佳）

【南京银行股份有限公司常州天宁支行】 2023年，南京银行常州天宁支行下辖1家营业网点，拥有2台智能柜员机、2台自助存取款设备，23名在职员工。至年末，支行各项存款时点余额34.35亿元，较年初增加6.04亿元；各项贷款余额12.81亿元，较年初增加1.44亿元。

（程玉蓉）

【江苏银行股份有限公司常州天宁支行】 2023年，江苏银行常州天宁支行下辖5家营业网点、5家自助银行，拥有10台自助存取款设备，80名在职员工。是年，支行支持实体制造业发展，制造业贷款新增投放6.23亿元，科技型企业贷款新增投放9.71亿元。聚焦产业绿色节能发展，绿色清洁能源贷款新增投放5463万元。全面支持普惠小微企业扩面增量，普惠小微贷款新增2.05亿元，特色产品经营随e贷余额新增0.58亿元。扶持高质量科创型企业16户，新增贷款余额4499万元；投放苏质贷产品12户，新增贷款9900万元。至年末，支行各项存款时点余额77.79亿元，较年初增加13.9亿元；各项贷款余额92.79亿元，与年初持平。

（王　鹰）

【江南农村商业银行股份有限公司常州天宁支行】 2023年，江南农村商业银行常州天宁支行下辖19家营业网点、11家自助银行，拥有92台自助存取款设备，204名在职员工。至年末，支行各项存款时点余额349.68亿元，较年初增加46.91亿元，同比增长15.49%；日均存款339.97亿元，较年初增加72.2亿元，同比增长26.96%；各项贷款余额194.52亿元，较年初增加40.73亿元，同比增长26.49%；日均贷款185.04亿元，较年初增加41.6亿元，同比增长29%。

（章　柯）

【中国邮储银行股份有限公司常州天宁支行】 2023年，邮储银行常州天宁支行下辖2家营业网点、2家自助银行，拥有5台自助存取款设备，23名在职员工。至年末，支行各项存款时点余额3.43亿元；各项贷款余额7.83亿元，较年初增加2.59亿元。

（王　橙）

地方其他非银行金融组织

【典当行业】 2023年，天宁辖区内有典当公司9家，经营范围为动产质押典当业务、财产权利质押典当业务、房地产（外省、自治区、直辖市的房地产或者未取得商品房预售许可证的在建工程除外）抵押典当业务、限额内绝当物品的变卖、鉴定评估及咨询服务、商务部依法批准的其他典当业务。是年，9家典当公司实现典当总额10.66亿元，年末典当余额1.68亿元。

【融资担保】 2023年，天宁辖区内有融资担保公司2家，经营范围为融资性担保业务：贷款担保、票据承兑担保、贸易融资担保、项目融资担保、信用证担保。其他业务：诉讼保全担保、投标担保、预付款担保、工程履约担保、尾付款如约偿付担保等履约担保业务；与担保业务有关的融资咨询、财务顾问等中介服务；以自有资金进行投资；保险兼业代理；借贷咨询服务、债务融资咨询、信息咨询、商务信息咨询、企业管理咨询；信贷技术服务、技术应用成果输出、技术服务、技术转让、技术开发；受托对贷款逾期客户提醒、通知、追偿等服务。至年末，2家融资担保公司累计为4184位客户提供担保资金5.8亿元，年末在保责任余额6.33亿元。

【融资租赁】 2023年，天宁辖区内有融资租赁公司3家，经营范围为融资租赁业务、向国内外购买租赁财产、租赁财产的残值处理及维修、租赁交易咨询和担保，以及从事与主营业务相关的商业保理业务。至年末，3家融资租赁公司累计直接租赁资产467.4万元，售后回租资产37.06万元。

【小额贷款】 2023年，天宁辖区内有小额贷款公司4家，全年累计放贷4.96亿元，年末贷款余额2.03亿元。

（孙思雯）

【商业保理】 2023年，天宁辖区内有1家商业保理公司，为常州弘联商业保理有限公司，经营范围为商业保理业务、供应链管理服务、国内贸易代理，以自有资金从事投资活动。至年末，公司保理融资1554.13万元，保理融资余额1454.13万元。

（严智君）

表37　2023年天宁辖区内典当公司一览表

单位：万元

公司名称	注册地址	注册资本	动产典当业务	财产权利典当业务	抵押贷款典当业务	典当总额	年末典当余额
常州德润典当有限公司	天宁区蔷薇家园12-109号	4000	—	—	—	63599	4521.5
常州许氏典当有限责任公司	天宁区关河中路38号	1000	1040	—	—	1055	552
常州宝祥典当行有限公司	天宁区延陵西路23号投资广场	13970	3292	—	—	15086	4144
常州德裕典当有限公司	天宁区罗汉路8号(常州图书馆对面)	1000	4.22	—	—	564.22	229.72
江苏信悦典当有限公司	天宁区东坡雅居2-13号	3000	—	220	—	18101.6	1695.3
常州金丰泰典当有限公司	天宁区延陵西路68号	3200	1346.92	—	—	1346.92	1013.61
江苏中南典当有限公司	天宁区水清木华园9号	3000	497.52	—	—	4709.52	2983.43
常州银信典当有限公司	天宁区凯旋城商铺12-1号	1500	689.64	—	495	1184.64	1345.58
南通融通典当有限公司常州分公司	天宁区金百商业广场8-108号	500	942.3	—	—	942.3	340.4

表 38　2023 年天宁辖区内融资担保公司一览表

单位：万元

公司名称	注册地址	注册资本	担保户数（家）	担保金额	年末在保责任余额
易商新程（江苏）融资担保有限公司	天宁区黑牡丹科技园 28 幢	5000	667	8158.98	7838.24
平安普惠融资担保有限公司常州分公司	天宁区和平中路 388 号 1-2 幢 1902 室	—	3517	49815	55445

表 39　2023 年天宁辖区内融资租赁公司一览表

公司名称	注册地址	注册资本	直接租赁资产	售后回租资产
江苏捷信融资租赁有限公司	天宁区劳动西路 21 号 1801 室	2 亿元	183 万元	—
世和融资租赁（江苏）有限公司	天宁区恒生科技园二区 21 幢 2 号楼	1 亿港元	—	—
车联天下融资租赁（江苏）有限公司	天宁区恒生科技园二区 21 幢 2 号楼	1 亿港元	284.4 万元	37.06 万元

表 40　2023 年天宁辖区内小额贷款公司一览表

单位：万元

公司名称	注册地址	注册资本	经营范围	放贷总额	贷款余额
常州市天宁区百盛农村小额贷款有限公司	天宁区凤凰路 9 号	24000	为面向“三农”发放贷款，提供融资性担保	4749	4524
常州市弘祺科技小额贷款有限公司	天宁区竹林北路 256 号天宁科技促进中心 9 楼 932 室	10000	为面向科技型中小微企业发放贷款、创业投资、提供融资性担保、开展金融机构业务代理，以及经监管部门批准的其他业务	31298.9	—
江苏月星互联网科技小额贷款有限公司	天宁区河海东路 11 号（天宁区文化创意产业园二号楼 108 室）	20000	为面向股东电子商务平台的客户和上下游企业发放贷款、开展创业投资、提供融资性担保、代理金融机构业务及经省政府金融办批准的其他业务	8922.3	11100
常州市天宁区德润农村小额贷款有限公司	天宁区蔷薇家园小区 12-108 号	5000	为小额贷款业务、股权投资	4677	4677

（孙思雯）

房地产业

◆ 栏目编辑　张　真

土地市场

【概况】 2023年，天宁区土地市场整体平稳，全年出让成交产业类商业服务用地、经营性住宅用地17宗，出让土地总面积725111平方米，出让土地金额119.01亿元。其中，产业类商业服务用地4宗，土地面积54890平方米，出让金额3.48亿元；经营性住宅用地13宗，土地面积670221平方米，出让金额115.53亿元。

【环山河西侧、舜南河北侧地块出让】 2月21日，郑陆镇环山河西侧、舜南河北侧地块由市自然资源和规划局公开出让。该地块北起村道，南至春早北路，西起村道，东至环山河，用地性质为二类居住用地，1.0＜容积率≤1.4，建筑密度≤40%，绿地率≥30%，出让面积59272平方米，出让起拍价2.92亿元，住宅楼面起拍价3519元/平方米，被常州南广场建设发展有限公司以2.92亿元竞得，成交平均楼面价3519元/平方米。

【东风7号地块出让】 11月8日，青龙街道东风7号地块由市自然资源和规划局公开出让。该地块北起章东路，南至章家路，西起丽华北路，东至宗家塘路，用地性质为二类居住用地，1.0＜容积率≤1.6，建筑密度≤30%，绿地率≥35%，出让面积42492平方米，出让起拍价8.98亿元，住宅楼面起拍价13208元/平方米，被常州弘儒房地产开发有限公司以8.98亿元竞得，成交平均楼面价13208元/平方米。

【和平三路北侧、丁塘港东侧地块出让】 11月13日，天宁经济开发区和平三路北侧、丁塘港东侧地块由市自然资源和规划局公开出让。该地块北起丁东一路，南至和平三路，西起丁塘港，东至丁东二路，用地性质为二类居住用地，1.0＜容积率≤2.2，建筑密度≤25%，绿地率≥35%，出让面积49012平方米，出让起拍价8.14亿元，住宅楼面起拍价7549元/平方米，被常州运河南岸置业有限公司以8.14亿元竞得，成交平均楼面价7549元/平方米。

【常州市第三人民医院西地块出让】 12月16日，常州市第三人民医院西地块由市自然资源和规划局公开出让。该地块北起中吴大道，南至夏凉路，西起八家村路，东至清南路，用地性质为商住混合用地，1.0＜容积率≤2.2，建筑密度≤35%，绿地率≥30%，出让面积41335平方米，出让起拍价8.77亿元，住宅楼面起拍价9644元/平方米，被常州晋陵山河置业有限公司以8.77亿元竞得，成交平均楼面价9644元/平方米。

【新堂北路北侧、大明路东侧地块出让】 12月16日，天宁经济开发区新堂北路北侧、大明路东侧地块由市自然资源和规划局公开出让。该地块北起和平三路，南至新堂北路，西起大明路，东至东青路，用地性质为二类居住用地，1.0＜容积率≤2.2，建筑密度≤22%，绿地率≥35%，出让面积107574平方米，出让起拍价16.2亿元，住宅楼面起拍价6845元/平方米，被常州东南经济开发有限公司以16.2亿元竞得，成交平均楼面价6845元/平方米。

【正行中学南侧地块出让】 12月21日，青龙街道正行中学南侧地块由市自然资源和规划局公开出让。该地块北起青龙西路，南至横塘河西路，西起后曹沟，东至后曹路，用地性质为二类居住用地，1.0＜容积率≤1.5，建筑密度≤30%，绿地率≥35%，出让面积51618平方米，出让起拍价9.25亿元，住宅楼面起拍价11952元/平方米，被常州弘儒房地产开发有限公司以10.17亿元竞得，成交平均楼面价13135元/平方米，溢价率0.99%。

【青龙2-2-3地块出让】 12月21日，青龙街道青龙2-2-3地块由市自然资源和规划局公开出让。该地块北起紫林路，南至横塘浜，西起业丰路，东至横塘浜，用地性质为二类居住用地，1.0＜容积率≤1.2，建筑密度≤30%，绿地率≥35%，出让面积49566平方米，出让起拍价8.92亿元，被常州元宏置业有限公司以9.02亿元竞得，溢价率1.12%。

【青龙2-4-1地块出让】 12月21日，青龙街道青龙2-4-1地块由市自然资源和规划局公开出让。该地块北起龙锦路，南至龙城大道，西起青龙西路，东至城锦路，用地性质为二类居住用地，1.0＜容积率≤1.4，建筑密度≤30%，绿地率≥35%，出让面积47341平方米，出让起拍价8.3亿元，被常州元宏置业有限公司以8.4亿元竞得，溢价率1.2%。

【青龙2-4-2地块出让】 12月21日，青龙街道青龙2-4-2地块由市自然资源和规划局公开出让。该地块北起城锦路，南至横塘河西路，西起龙城大道，东至龙锦路，用地性质为二类居住用地，1.0＜容积率≤1.3，建筑密度≤30%，绿地率≥35%，出让面积49959平方米，出让起拍价8.78亿元，被常州元宏置业有限公司以8.9亿元竞得，溢价率1.14%。

【青龙3—4地块出让】 12月21日，青龙街道青龙3-4地块由市自然资源和规划局公开出让。该地块北起龙城大道，南至湾塘路，西起横塘河西路，东至三里南路，用地性质为二类居住用地，1.0＜容积率≤1.4，建筑密度≤30%，绿地率≥35%，出让面积69810平方米，出让起拍价13亿元，被常州市城市建设（集团）有限公司以13.1亿元竞得，溢价率0.77%。

【原北环中学地块出让】 12月21日，红梅街道原北环中学地块由市自然资源和规划局公开出让。该地块北起聚景路，南至竹林西路，西起规划地块，东至明珠路，用地性质为二类居住用地，1.0＜容积率≤1.2，建筑密度≤30%，绿地率≥35%，出让面积16914平方米，出让起拍价2.80亿元，被常州交投置业有限公司以2.85亿元竞得，溢价率1.79%。

【原常州广源热电有限公司周边地块4出让】 12月21日，青龙街道原常州广源热电有限公司周边地块4由市自然资源和规划局公开出让。该地块北起广阳路，南至龙城大道，西起横塘河东路，东至规划地块，用地性质为二类居住用地，1.0＜容积率≤1.5，建筑密度≤30%，绿地率≥35%，出让面积55814平方米，出让起拍价1.105亿元，被常州交投置业有限公司以11.15亿元竞得，溢价率0.9%。

【采菱安置房东侧地块出让】 12月21日，雕庄街道采菱安置房东侧地块由市自然资源和规划局公开出让。该地块北起中吴大道，南至规划道路，西起规划道路，东至凤凰路，用地性质为二类居住用地，1.0＜容积率≤2.0，建筑密度≤30%，绿地率≥35%，出让面积29514平方米，出让起拍价6.88亿元，被常州交投置业有限公司以6.93亿元竞得，溢价率0.73%。

（蒋云峰）

房地产开发

【概况】 2023年，天宁区房地产开发建设规模保持平稳，全年完成房地产开发投资205.7亿元，同比增长26%，占全区固定资产投资总额的64.2%，较上年提升10.7%。完成商品房销售面积100.1万平方米，同比增长4.9%；实现商品房销售额108.8亿元，同比下降10.5%；商品房新开工面积121万平方米，同比下降11.2%；商品房待售面积110.7万平方米，同比增长41.7%。至年末，全区在建在售楼盘25个，新开舜园春早花苑、雲起雅院2个楼盘。

【舜园春早花苑】 位于郑陆镇查家湾环山河北侧、新沟河东侧，项目用地面积69203平方米，总建筑面积153650平方米，其中住宅建筑面积88026平方米，容积率1.46，由常州九洲舜山小镇建设有限公司开发建设，规划建设10幢精装住宅、21幢毛坯叠墅。2018年4月被常州九洲舜山小镇建设有限公司以3.17亿元拍得，楼面地价4580.73元/平方米。2023年11月首次开盘，推出6幢238套房源，户型面积93～145平方米，备案均价19235元/平方米。至年末，成交25套，成交面积2669.53平方米，成交均价14380元/平方米。

【雲起雅院】 位于和平中路西侧、清凉西路北侧，项目用地面积21432平方米，总建筑面积71104.3平方米，其中住宅建筑面积48311.4平方米，容积率2.3，由常州东南经济开发有限公司开发建设，规划建设5幢精装住宅、1幢毛坯住宅。2021年11月被常州东南经济开发有限公司以6.89亿元拍得，楼面地价14300元/平方米。2023年12月22日首次开盘，推出2幢119套房源，户型面积118～143平方米，备案均价29553元/平方米。至年末，成交4套，成交面积526.82平方米，成交均价25492元/平方米。

（符　俊）

房地产销售

【概况】 2023年，天宁区房地产市场需求减少，商品房成交量大幅缩减，新建商品住宅房成交均价波动式下行，商品房供应创历史新低，新建商品住房可售库存去化周期处在历史最高位。

【商品房上市】 2023年，天宁区商品房上市75.93万平方米，同比下降16.21%。从月度走势看，上市量集中在2月、6月、12月，月度上市量均维持在11万平方米以上，其中2月为上市峰值，达13.21万平方米。全区商品住宅房上市24.35万平方米，同比下降39.25%；从月度走势看，上市量集中在4月、5月、12月，月度上市量均维持在4万平方米以上，其中12月为上市峰值，达4.29万平方米。

【商品住宅房成交】 2023年，天宁区商品住宅房成交26.28万平方米，同比下降16%。从月度走势看，商品住宅房成交量位列前三的分别为3月4.56万平方米、2月2.45万平方米、4月2.42万平方米，累计成交面积占总量的35.88%；从成交面积结构看，90～144平方米房源为成交主力，成交套数占比66%；从成交项目看，景玥雅苑、央庭雅苑、华润国际花园为主力成交项目，成交量最高的楼盘是景玥雅苑，成交面积达3.67万平方米。

【成交价趋势】 2023年，天宁区新建商品房成交均价13406元/平方米，同比下降11.11%；月度成交均价位列前三的分别为3月20313元/平方米、4月16886元/平方米、1月16510元/平方米。新建商品住宅房成交均价21337元/平方米，同比下降5.77%；月度成交均价位列前三的分别为5月23561元/平方米、4月22366元/平方米、1月22102元/平方米。

【商品房库存量】至2023年年末，天宁区商品房累计可售余量为304.54万平方米，环比上升2.61%，同比上升8.22%；其中商品住宅房累计可售余量为61.7万平方米，环比上升1.9%，同比下降1.69%。按照前12个月的月均销售速度，商品房累计可售余量的去化周期约为67.24个月，商品住宅房累计可售余量的去化周期约为28.17个月。

【二手房市场】 2023年，天宁区二手房交易面积65.39万平方米，同比上升32.46%；成交均价12360元/平方米，同比下降0.51%；成交金额80.83亿元，同比上升31.78%。其中，二手房住房交易面积57.3万平方米，同比上升34%；成交均价13156元/平方米，同比下降2.32%；成交金额75.38亿元，同比上升30.89%。

（符　俊）

房地产市场监管

【概况】 2023年，天宁区加强市场监测与分析，督促已售逾期难交付项目竣工交付，加强商品房预售资金监管，促进房地产市场平稳健康发展。至年末，发放商品房预售许可证28张、现售备案证10张，办理合同数据修改90件、合同备案注销190件，完成天樾澜庭、舜园春早花苑、雲起雅院等15个标准样板房制作与备案。

【房地产风险防控】 2023年，天宁区加强房地产项目风险处置，防范化解房地产领域风险隐患。年内，加强锦凤合鸣花园、宸悦花园、云翌花园、龙运天城雅园、礼著雅苑、競业园、桃花院7个住宅小区项目的封闭管理，通过定向支付方式释放预售资金11.5亿元，优先保障项目工程建设运营。至年末，全区25个在建在售房地产住宅项目未出现停工、烂尾、强制停贷问题。

【商品房预售管理】 2023年，区住建局多举措规范商品房销售行为，全年开展商品房预售项目风险评估28件，发放预售许可证28张，发放现售备案证10张。加强商品房销售现场管理，要求房地产开发企业须在销售现场集中公示企业工商营业执照、房地产开发资质证书、建设用地规划许可证、国有土地使用权证或不动产权证书、建设工程规划许可证、建筑工程施工许可证、售楼说明书、商品房预售许可证等相关信息；要求房地产开发企业在申请商品房预售许可前，提交《房地产开发企业规范销售承诺书》。加强成品住房备案管理，至年末，全区15个住宅小区开发项目完成交付标准样板房的制作与备案。

【房屋安全审定】 2023年，区住建局开展自建房安全百日攻坚专项整治行动，全年排查自建房46347幢，建筑面积1513.72万平方米，发现存在安全隐患自建房33幢，其中32幢采取动迁、围挡、加固等措施实施整治，1幢暂停使用。开展住宅装饰装修设计方案审定，全年受理并办结住宅装饰装修方案结构安全审定1830户，受理并办结住宅装饰装修信访投诉335件，发放涉嫌违规装修告知函79份。

（符　俊）

物业管理

【概况】 2023年，天宁辖区内有住宅小区368个，在册物业企业378家，其中住宅物业企业113家，物业服务总面积3811.88万平方米；354个住宅小区接入“阳光物业”平台，居民通过平台可享受缴费、报修、咨询等服务。加强物业行业党建工作指导，推动业主委员会、物业管理委员会和物业服务企业融入社区治理。全区组建物业服务企业党组织15个，依托业委会成立党组织11个，培育党建引领物业管理服务省级示范点3个。

【住宅小区物业管理】 2023年，天宁区新筹建业主委员会11个、物业管理委员会25个，全区累计有业主委员会32个、物业管理委员会65个。是年，天宁区持续推进老旧小区物业市场化管理，至年末，清凉新村A片区、清凉新村B片区、清凉新村C片区、劳动新村南100～132幢、浦北新村5个老小区实施市场化物业管理。雕庄街道中海铂悦花园（住宅）、红梅街道金泽家园（住宅）、常州市政务服务中心（公共）、天宁街道青果巷历史文化街区（公共）4个项目通过省级示范物业管理项目验收。按照住宅小区长效管理考核办法，对全区105个住宅小区实施考核，发现小区环境管理和安全隐患等方面问题215个，督促整改196个，整改率91%。

（符　俊）

【北环南村小区试点“信托制”物业服务模式】 北环南村小区建于20世纪90年代，建筑面积30万平方米，有32幢居民楼、109个单元，常住人口3400人左右。自2017年起，小区物业管理由常州市广浩物业管理服务有限公司负责，小区部分业主认为该物业公司进驻手续不完善、占用公共收益、服务质量低，要求2023年2月合同到期后更换物业公司。6月，红梅街道以北环南村小区为试点，率先在全省推行“信托制”物业服务模式，以小区业主大会为委托人、物业服务企业为受托人、业主为受益人，将业主缴纳的物业费、小区公共收益定义为业主的共同财产，设立信托基金，物业企业按照约定的比例获取服务报酬，剩余基金全部用于小区事务，建立业主信任物业企业、物业企业忠诚业主的新型信任体系。北环南村实施“信托制”物业管理后，小区环境得到明显改善，物业管理矛盾投诉量下降40%，居民满意度、物业缴费率、物业服务品质均实现有效提升，先后被新华网、常州电视台、《常州日报》等媒体报道。

（洪　佳）

【住宅专项维修资金管理】 2023年，天宁区加强住宅专项维修资金受理、审核管理，全年累计受理2735位业主申请使用维修资金报修项目1630个，其中现场查勘维修项目2743个；准许使用维修资金维修项目1499个；结算审核项目824个，下发结算划转通知书884件。

【既有住宅加装电梯】 2023年，区住建局按照《天宁区既有住宅加装电梯实施细则》《天宁区既有住宅加装电梯资金补贴及管线迁移费用等财政资金使用管理办法》要求，推进既有住宅加装电梯工作。是年，天安河滨花园、同济花园、翠竹新村北区等60个老旧小区及次新小区申请加装电梯103台，年内交付使用46台，加装电梯申请量和交付使用量均为全市第一；发放加装电梯补贴955万元、管线迁移补贴197.16万元。

（符　俊）

交通·水利

◆ 栏目编辑　高振渊

交通项目建设

【概况】 2023年，天宁区完成13条道路的大修工程，启动12条城市道路建设，新建城市道路桥梁7座，累计完成投资1.76亿元。焦溪大道建成通车，全长8342米，新建公路桥梁7座、箱涵1座，完成投资4.92亿元。启动美丽街区建设，完成唐家湾路、北太平桥路、中山路、鹤园弄、药王庙弄5条道路两侧道板改造15000平方米。常州首个公交专用“光储充”一体化综合能源站——红梅公交中心站充电站建成投用。至年末，天宁辖区内城市道路里程180千米，面积577万平方米；公路里程216.34千米，其中省道公路里程6.67千米、农村公路里程209.67千米（县道41.08千米、乡道56.91千米、村道111.68千米）。

（符　俊　谢　涛）

【城市道路建设】 2023年，天宁区继续推进城市道路建设，完成章东路、宗家塘路、横塘浜路、茶福路、茶陵路、茶清路、兰陵路—南典路、南典路、茶香路、茶荟路、汇川路、宁东路和关河中路大修工程，启动青洋高架北延、龙汇路、龙荫路等12条道路建设，全年新增城市道路里程3.66千米、面积6.4万平方米，全区累计城市道路243条，里程180千米，面积577万平方米。

（符　俊）

【焦溪大道建成通车】 2月，焦溪大道建成通车，全长8342米，路基断面宽30米（含4条3.75米宽的行车道、2条3米宽的非机动车道、2条3米宽的人行道以及中间绿化带），为双向四车道的一级公路，全路段设计时速80千米，总投资4.92亿元。焦溪大道起点为常焦线与工业大道交叉处，向东沿线与寺墩路、S232线、河横路、S261线等道路互通，终点为常焦线与焦溪古镇溪河路交叉处，是郑陆镇东西向出行的主通道。焦溪大道建成通车后，郑陆镇居民从焦溪大道到常州主城区、G42线、青洋路高架的车程时间仅需10分钟，既有效缓解郑陆主干道路（常焦线）通行压力，又极大缩短居民出行时间。

（陈　琦）

【公交候车亭建设】 2023年，天宁区推进公交候车亭建设，新建晋陵中路北行小营前路桥市场站点、竹林北路东行天宁区行政服务中心站

6月，天宁区横塘浜路（后曹路—横塘河西路）建成通车
（区委宣传部 供图）

点、锦绣路东行常州市政务服务中心站点等12座公交候车亭，改造提升武青北路北行红梅公园、关河中路西行怡康花园、晋陵中路北行新天地花苑等26座公交候车亭，总投资80万元。

【城市道路及公路养护】 2023年，区住建局根据《天宁区城市道路及公路养护管理考核办法》，对天宁辖区内的城市道路、公路开展现场考核24次，发现并督促整改问题81个；组织执法人员不定期开展巡查，发现并派单相关街道处置道路环境问题5300条，维修路面和人行道板1.2万平方米。严格道路挖掘许可证办理程序，全年核发道路挖掘许可证92张，供电开挖备案20项。

【铁路沿线环境整治】 2023年，天宁区加强铁路沿线环境整治，全年开展巡查300余次，出动检查人员900余人次，清理防尘网、塑料薄膜、广告幕布等轻飘浮物650处，清除偷倒建筑垃圾场所45处，拆除影响铁路安全运行的违章建筑500余平方米。

（符　俊）

交通运输管理

【概况】 2023年，天宁区有道路客运企业7家，营运车辆748辆；道路危险货物运输企业13家，营运车辆790辆；出租车企业8家，营运车辆1426辆；网约车平台公司15家，营运车辆3016辆；普货运输企业1700余家；机动车驾驶员培训机构7家，教学车辆484辆；机动车维修企业175家，其中一类企业18家、二类企业36家、三类企业121家；汽车综合性能检测站4家。是年，天宁区承办市2023年危险货物道路运输事故应急救援演练，常州市交通执法支队三大队获评2023年度全市交通运输行业先进集体，常州市交通执法支队三大队参与的《寒潮来袭，江浙沪多地积极应对寒潮保障交通出行和“菜篮子”供应》新闻在中央电视台2套财经频道播出。

【交通运输行政执法监管】 2023年，市交通执法支队三大队实施“一体化+智慧执法+信用监管”执法模式，利用5G布控球、无人机、AR眼镜等科技装备，对出租车、网约车、旅游包车、班线客车、普通货运运输车辆、危险品运输车辆、机动车维修企业、机动车驾驶员培训机构等领域开展执法检查，累计检查各类道路运输车辆4205辆次，立案查处各类违法案件415起。“五一”、中秋、国庆等重大节假日前，联合市文化执法支队三大队、区文体旅局在沪蓉高速青龙道口收费站开展旅游包车专项整治行动，查处客运包车未持有效包车客运标志牌进行经营等违法违规行为5起。年内，联合天宁生态环境局开展机动车维修企业危废处理专项整治行动，立案查处机动车维修经营者未按规定建立机动车维修档案并实行档案电子化管理、未及时上传维修电子数据记录至国家有关汽车维修电子健康档案系统等违法违规行为6起。

【驾培机构专项整治】 2023年，市交通执法支队三大队对辖区7家驾培机构开展专项整治行动，现场检查教学日志、教练员档案、教学用车等情况，立案查处教练员不规范使用培训设施设备、为不属于受聘机构招收人员提供机动车培训经营服务、驾驶操作培训时教练员不随车等违法违规行为9起。

【出租车和网约车专项整治】 2023年，市交通执法支队三大队联合天宁交警大队开展常州火车站地区出租车、网约车违法停车、非法营运专项整治行动，查处未取得“网络预约出租汽车运输证”擅自从事或者变相从事网约车经营活动、网约车驾驶员途中甩客或者故意绕道行驶，以及出租汽车驾驶员拒载/议价/途中甩客或者故意绕道行驶、出租汽车驾驶员在机场、火车站、汽车客运站、港口、公共交通枢纽等客流集散地不服从调度私自揽客等违法违规行为225起。是年，《醉酒驾驶非法营运网约车案》《擅自采伐护路林案》获评2023年度全市交通运输系统“以案释法”精品案例，其中《醉酒驾驶非法营运网约车案》获评全市2023年度“以案释法”优秀典型案例。

【交通运输联合执法机制建立】 2023年，为有力打击天宁辖区内交通运输行业违法违规行为，维护货运市场、客运市场运营秩序，市交通执法支队三大队与区委组织部、区住建局（交通运输局）、天宁生态环境局、区应急管理局、天宁交警大队、区文体旅局、区检察院等部门建立联合执法机制，与天宁交警大队、区文体旅局、市文化执法支队三大队签订《联合执法协议书》，与天宁生态环境执法局签订《联动协作机制协议书》，使辖区道路运输、旅游包车、机动车维修等领域的联合执法从“口头邀约”转为“书面协定”。全年通过联合执法查处指使、强令车辆驾驶人违法超限运输货物等各类违法违规行为29起，实现“一方吹哨，多方应哨”联勤联动的联合监管。

【交通路域环境专项整治】 2023年，市交通执法支队三大队对辖区内国省干线公路、农村公路开展日常巡查，出动执法人员172人次、执法车辆84辆次，巡查公路里程559.86千米，查处路政违法违规行为，确保路域环境执法成效。结合市“四沿”（高速公路沿线、普通公路沿线、航道沿线、铁路沿线）环境综合整治行动，对路域环境开展专项巡查，清理S232线天宁段摆摊设点、垃圾倾倒等场所6处，联合区住建部门责令公路“非标”（公路标志以外的其他标志）设置单位拆除“非标”25块。加强对涉路施工监管及违法违规案件查处，开展涉路施工许可监管5件、备案监管2件，立案查处各类涉路违法案件5起，其中《擅自采伐护路林案》为全市首例采伐护路林路政案件。

【交通运输超限超载专项整治】 2023年，天宁区开展货运源头超限超载专项治理，配合区住建局、属地街道每月开展2次重点货运源头企业监管，做好大件货物运输现场勘验，全年累计接收大件货物运输勘验派单58件（含跨省申请24件），其中办结11件、待办1件、终止或撤销申请46件；全年未发现常州交运集团有限公司中村物流中心、常州钢材现货交易市场有限公司、常州淮都金属城有限公司3家重点货运源头单位超限超载现象。年内，市交通执法支队三大队联合天宁交警大队、市交通运输综合行政执法支队九大队开展“护春运”公路运输超限超载专项治理行动，立案查处公路运输超限超载案件16起。

【“两客一危”企业安全监管】 2023年，天宁区有“两客一危”（从事旅游的包车、三类以上班线客车和运输危险化学品的专用车辆）企业20家，营运车辆1538辆。是年，市交通执法支队三大队对“两客一危”企业开展“双随机”检查194家次、专项检查42家次、入企检查113家次，开具责令整改通知书8份，整改问题隐患26项；通报动态监管平台警报问题138次，整改问题隐患105项。春节、国庆等重大节假日前，对“两客一危”从业人员开展安全监管专题培训，要求企业主要负责人落实安全生产责任制和监控人员24小时在岗制度，及时发现并消除安全隐患。

1月6日，市交通执法支队三大队在S232线天宁区郑陆段开展护春运治超执法专项检查（市交通执法支队三大队 供图）

【火车站周边客运市场专项整治】 2023年，为把常州火车站建成“通达、便捷、精美”的客运交通枢纽，市交通执法支队三大队联合市公安局交通治安分局、场站管理公司对常州火车站及周边地区客运市场开展专项整治，累计出动执法人员824人次，巡逻137次，检查网约车、出租车等各类车辆752辆，驱赶疑似出租车、班线客车拉客“黄牛”168人次，教育整顿出租车、班线客车拉客85人次，立案查处网约车、出租车运营中违法违规行为102起；全年受理出租车、网约车、“黑车”等各类投诉443件，立案查处出租车驾驶员拒载、议价、途中甩客或故意绕道行驶等违法违规行为4起。

（谢　涛）

物　流

【概况】 2023年，天宁区有规模以上（年营业收入1000万元以上、年末从业人员50人及以上）交通运输、仓储和邮政业企业28家，全年实现营业收入29.8亿元，其中有重点物流企业2家，分别是常州联运有限公司、常州交运集团有限公司。是年，常州交运金属智慧物流基地获评2023年度省级重点物流基地，采菱港（苏南运河—人民东路桥段）提升为五级短支航道，并新增规划码头岸线，满足万都金属智慧物流园物流需求。

（章丽华）

【万都金属智慧物流园】 万都金属智慧物流园位于天宁区凤凰南路285号，占地面积17.19万平方米，建有1栋商务办公楼、1个现货交易中心和1个仓储物流中心，总投资8.5亿元，由常州淮都金属城有限公司投资建设。6月，该物流园建成投用，采用“互联网+”钢贸新模式，依托欧冶云商电子交易平台，打造OMS（订单管理系统）、WMS（仓库管理系统）、WCS（仓储控制系统）、TMS（物流运输系统）四大系统，通过系统集成、平台整合，配以GPS监控、GIS地理服务、ASP租赁、RFID射频扫描等技术，使人、车、物从入园到离开全程数字登记、网络查询、数据库管理，实现物流园加工、存储、配送全程精细化管理。至2023年年末，市场成交额137亿元，纳税7020万元。

（李　歆）

【车联天下物流集团有限公司被授予江苏“交通运输企业25强”称号】 5月，车联天下物流集团有限公司被省交通运输厅评为2022年度江苏“交通运输企业25强”。该公司位于天宁区虹阳路2号，占地面积3000平方米，2016年12月成立，注册资本18186万元，是一家“互联网+物流”综合性集团企业，是国内第一批取得交通运输部“无车承运”试点资格企业，也是国内第一家获得“网络货运”牌照的公司。公司搭建覆盖国内重型卡车80%市场、700万台重型卡车的数据库，有效记载卡车及司机的行为数据，初步实现“车货匹配”的滴滴模式，与50余个城市、30余个地方政府平台公司建立战略合作，共建属地公共物流信息服务网络，为400余家央企、3000余家制造类企业和2000余家中小微物流公司提供工业降本增效、物流云交易服务和供应链金融服务，先后获评中国最具智慧物流杰出企业、中国物流行业科技创新企业、2020年度全国先进物流企业等。至2023年年末，公司完成销售1.1亿元，纳税42万元。

（颜华鳞）

6月，万都金属智慧物流园建成投用　（区委宣传部　供图）

水　利

【概况】 2023年，天宁区以完善水利规划、加快水利建设、加强水资源管理、强化水土保持监管、提升防汛应急能力、改善城乡水环境为基点，推进城乡水利一体化发展。年内，启动实施劣V类支流支浜排水管网改造工程和高标准农田建设配套水系改造工程项目，实施农村河道轮浚工程，二十一米河整治工程完成30%，郑陆镇焦溪中心河、永胜河、丰收河完成清淤6.6万立方米，畅通河网水系，提升河道引排能力。年内，组织区水利系统404人次开展水政巡查，处理5起水事举报和3起水事违法行为，封堵非法取水井2口；完成北塘河河道市区联合巡查，出动船只3艘、人员20余人次，巡查河道50千米，清理非法设置地笼28条。

（徐　震　钱　寅）

【水土保持监管】 2023年，天宁区加强水土保持（自然因素和人为活动造成水土流失）监管，畅通报批流程，全年完成生产建设项目水土保持方案审批39件，接受水土保持设施建设单位自主验收备案34件，完成整改2022年度部级卫星遥感疑似违法违规项目10个、省级卫星遥感疑似违法违规项目17个，核查认定部省级水土保持遥感监管疑似违法违规扰动图斑（水土保持开发建设扰动区域形成的影像图）28个，发现并查处违法违规项目4个，均下达限期整改通知书。

【水利工程建设】 2023年，天宁区推进消除劣V类支流支浜整治、易淹易涝地区整治、泵闸站改造、堤防加固除险和水系沟通工程建设，计划总投资3.44亿元。年内，改造横塘浜、家西河、梧岗河、省岸河等41条汇水分区内排水管网河道，整治劣V类支流支浜，全年累计排查41条河道的1970个沿河排水口，涉及132家单位（小区69个、企业38家、机关事业单位25家）、管线900千米，发现雨污混流排口222个、上游混接点717个、破损管道140千米，完成41条劣V类支流支浜河道水质检测、底泥检测和河道测绘工作以及“一河一策”整治方案编制；12月，永武河、北环新村内河、丁横河和翠竹新村内河完成控源截污整治，省岸河、横塘浜清淤工程启动。完成横沟村、粮庄桥村等灌溉排水工程、尾水生态净化工程。完成茶山巷、浦前张家村易淹易涝片区整治工程、西河岸坡整治工程、丁塘港岸坡坍塌抢险工程、北塘河武城段挡墙修复工程，完成横塘西圩泵站病险（渗漏、坝基沉降、溢洪道病害、堆石体稳定性不良等）加固工程并通过验收，启动实施青龙街道水系沟通及泵站维修工程，启动天宁街道解放村委焦家村泵站提升改造工程方案编制。

（钱 寅 徐 震）

4月12日，郑陆镇机器河完成消劣整治 （区委宣传部 供图）

【水利工程管理】 2023年，天宁区强化水利领域安全管理，聚焦在建工地、泵闸站水利设施等重点工程安全环节，组织区水利系统101人次开展安全生产检查，检查工程77处，查出并督促整改安全生产隐患154处；加强骨干河道和圩区堤防查险，组织338人排查中小河流、区域性骨干河道和圩区堤防16处，查出并督促整改河道和堤防隐患2处；加强水利设施管护和工程质量监管，全年受理1项水利工程质量监管和安全监管，组织30人次开展巡查，发出检查意见10份，提出加强工程质量管理意见与建议20条，确保水利工程质量合格、运行安全。

（钱 寅 徐 震）

【天宁区幸福河湖建设】 2023年，天宁区推进全域幸福河湖建设，深化河长制体制机制，突出问题导向、目标导向、成效导向，从制度建设、任务落实、河长履职、河道管护、幸福河湖、水质评价、社会监督等方面开展河长制工作绩效和履职绩效评价，推进河长制从“见行动”到“见成效”。强化幸福河湖建设源头治水、系统治水、联动治水、阳光治水，郑陆镇施家巷村、梧岗村创成年度首批市级小微水体优秀片区，郑陆镇机器河、兰陵街道串心河创成年度首批市级示范幸福河湖，郑陆镇芦浦港和时岸河、雕庄街道南通济河、青龙街道丁横河/青峰浜/张家浜/青思港/桐家泵站内河、茶山街道刘塘浜和三宝浜、红梅街道北环新村内河、天宁街道关河创成区级幸福河湖，联合武进区、钟楼区完成苏南运河、白荡河区级幸福河湖建设，完成郑陆镇三皇庙村塾村的前村大塘子和下村东边河、宁河村委泥河桥村的转墩河/俞家码头河/杨家码头河、茶山街道勤丰村委朱家村民小组池塘（东）6处小微水体整治，完成芦蒲港、丰收河累计6.3千米农村生态河道建设，示范生态河道占辖区内生态河道的51.4%。强化河道长效管护，建立“政府河长+第三方+天眼”的全方位河道巡查体系，每季度开展无人机巡河和河道管护明察暗访，全年各级河长累计巡河7910次，发现和整改各类涉河问题728个；开展水葫芦联保共治专项行动，打捞处置水葫芦3139吨。结合锡常协同发展先行区建设，与无锡市江阴市、常州经济开发区对31条跨界河道建立联防联控机制，全年开展联合巡河11次，实现重点断面水质监测共享、公益诉讼会签、幸福河湖联合申报。

（钱 寅 张 鑫）

城乡融合发展

◆栏目编辑　高振渊

国家级城乡融合发展改革试验区建设

参见《专文·天宁区城乡融合发展改革》。

城乡规划

【概况】2023年，天宁区围绕“十四五”规划及“3511”发展战略，结合“三区三线”要求，加大城乡发展规划力度，开展街道精细化治理白皮书编制、村庄单元规划编制和镇村布局规划编制，推动天宁区经济社会高质量发展。

【《2023年度常州市天宁区预支空间规模指标落地上图方案》编制完成】2023年，天宁区遵循国土空间规划“三区三线”（“三区”指城镇空间、农业空间、生态空间，“三线”指对应划定的城镇开发边界、永久基本农田保护红线、生态保护红线）要求，发挥规划引领、管控作用，结合经济、社会发展现状，完成《2023年度常州市天宁区预支空间规模指标落地上图方案》（以下简称《方案》）编制，4月获省自然资源厅批复。《方案》围绕天宁区“十四五”规划及“3511”发展战略，遵循严格的耕地保护和节约用地制度，加大存量用地挖潜盘活力度，化零为整破解碎片化用地问题；进一步统筹优化建设用地布局，优先保障辖区内基础设施、民生工程需求，为大明路、朝阳路等重要交通道路设施建设，为未来智慧城小学和季子幼儿园等基础教育设施建设补足空间指标，推动土地利用方式转变和质量提升。

【《街道精细化治理白皮书》编制完成】2023年，天宁区贯彻落实中央关于推进社会治理现代化要求，打造现代化城乡治理样板，市自然资源和规划局天宁分局会同各街道开展《街道精细化治理白皮书》编制。3—11月，市自然资源和规划局天宁分局分别对6个街道开展集中摸排调研，累计发放调查问卷约10000份，召开座谈会15次，调查了解各街道经济社会发展设想、居民发展诉求、近期工作重点和面临的实际困难，找准各街道自身定位及发展目标，提出资产盘活、空间提质、民生改善、社会共治4条发展路径，分底线、重点、亮点3种类型，形成年度实施、近期项目、发展议题3个渐进式行动项目库，形成空间与时间两个维度的街道精细化治理白皮书。同时，针对存量规划涉及市场主体、权属主体、市民等多元主体利益诉求，提出需要上级支持的政策工具包，包含国有资产激活机制、老旧地块改造提升配套政策、闲置收储用地临时利用机制、“微商铺”业态用途管制特别许可、街道自有用房商用机制、工业用地全生命周期管理机制等13个方向，强化政策扶持与创新。11月，《街道精细化治理白皮书》完成编制并公开发布。

【4个村庄单元规划编制完成】2023年，市自然资源和规划局天宁分局完成郑陆镇“三皇庙村—丰北村”“查家—焦溪片区”“徐家—董墅片区”“羌家—黄天荡”单元规划编制。4个村庄单元规划根据国土空间规划的传导要求，通过“蓝图+空间管控+乡村振兴”，提前谋划国土空间架构下村庄去留、相关要素供给、产业发展引导等体系性问题，在村庄单元内形成分级、分类、分时的用途管制清单和图则，构建国土空间格局下镇村体系，架构村庄单元发展蓝图，促进农林空间、建设空间优化和综合价值提升。

【专项规划编制】 2023年，天宁区围绕乡村振兴战略，结合“三区三线”划定成果，对镇村布局规划实施动态更新，进一步明确村庄分类、布局和一般村发展方向。是年，新(修)编董墅村、查家村、三河口村、黄天荡村村庄规划并报省自然资源厅备案，启动三皇庙村、武城村村庄规划编制。

（蒋云峰）

城市更新

【概况】 2023年，天宁区有序推进斜桥巷、潘家村片区旧城改造，完成征收拆迁70.88万平方米。推进红庙头地块棚户区改造，完成610套棚户区安置房建设。持续推进53个老旧小区改造，累计改造907幢、35682户，建筑面积332.21万平方米，总投资17.3亿元，其中获得上级资金补助3.58亿元（含中央预算内资金2.43亿元）、地方政府专项债券资金10.92亿元。2020—2023年，全区累计完成126个老旧小区改造。推进电动自行车充电设施建设，全年投入1600万元，完成74个住宅小区电动自行车充电设施建设，新增充电端口7000个。12月，斜桥巷老旧小区改造项目入选江苏省实施城市更新行动工作领导小组公布的2023年度全省城市更新试点项目名单。

（符　俊）

【房屋征收拆迁】 2023年，区征收办全年实施征收拆迁项目53个，其中新开征收拆迁项目24个，结转未完成项目29个；累计征收拆迁房屋692户、面积70.88万平方米。其中，住宅556户、面积15.04万平方米，非住宅136户、面积55.84万平方米。年内，启动实施国有土地上房屋征收项目5个，其中兰陵小学北侧A地块、红庙头地块民房、丰臣南郡东侧地块、常州市第三人民医院周边地块（二期）4个项目完成签约，累计征收房屋485户、面积10.66万平方米。启动实施集体土地上房屋拆迁项目12个，其中郑陆镇东恒村/杜家村/刘维桥民房搬迁、横沟吴土戾民房搬迁、牟家智能制造装备产业园、舜新家园三期地块（一期）、粮庄高压杆线民房搬迁、三皇庙村委东寺湾房屋搬迁和青龙街道桐家老工业园提升改造7个项目完成签约，累计拆迁房屋312户、面积24.19万平方米。完成三里地块、常州昆帝纺织有限公司地块、友谊鞋厂地块、黑牡丹（集团）股份有限公司地块、阳湖纺织及周边地块、常州市秦涛物资有限公司地块、原市妇幼保健院地块（晋陵康复医院改扩建工程）7个地块土地整理。全年完成12个结转项目清结，累计清结49户、面积16.40万平方米；完成阳湖纺织地块2户非住宅收购、前浪浜西侧地块1户非住宅收购。首次利用天宁区房屋征收（拆迁）工作平台，完成郑陆镇、青龙街道1024户集体土地被拆迁户1703套新房分配，配合兰陵街道做好浦北新村456户大板房住户置换兰蕙家园小区新房交付。是年，区征收办在常州市国有土地上房屋征收与补偿工作考核中列第一等次。

（杨　菁）

【老旧小区改造】 2023年，天宁区围绕小区环境、居住安全、物业管理、文化氛围、日常服务等方面，完成53个老旧小区改造，总投资17.3亿元。53个老旧小区改造分5批次立项。

第一批次为红梅街道的锦绣南园（含省建司宿舍）、建材新村、坛园、红菱南村、锦绣东苑、润德半岛、红梅公寓、翠竹新村北区、故园里小区、故园里宿舍、北环新村、散居楼（北环路63幢、63-1幢，北环新村114幢、115幢、160幢，红梅新村83-1幢至83-7幢，飞龙路439-1号），累计14个小区、312幢、12548户，建筑面积123.42万平方米，

2023年，翠竹新村北区小区完成改造　（区委宣传部 供图）

立项总投资59399.48万元。

第二批次为天宁街道的丽景花园、县北新村、兆丰花苑（5-12幢、14-37幢）、东印宿舍（1-1幢、1-2幢、1-10幢）、兆丰花苑社区散居楼（高家弄89-91幢航运宿舍楼、郑家场红砖楼、曹家弄教工宿舍楼）、青果巷社区散居楼（赵家弄、荆溪村、楼上楼）、椿桂坊社区散居楼（桃园路13号、物资大楼3～5幢）、牡丹公寓、兴隆巷、大圩沟34号，累计10个小区、116幢、4079户，建筑面积49.67万平方米，立项总投资19603.04万元。

第三批次为兰陵街道的兰陵公寓、浦北新村散居楼、浦南新村东区、浦南新村西区、劳动新村南、浦南南村、浦北新村、光华公寓及光华路15号1幢及2幢散居楼、劳动中路散居楼、天安河滨花园，累计10个小区、201幢、7443户，建筑面积69.72万平方米，立项总投资33612.65万元。

第四批次为茶山街道丽华片区的富强蒋家村（能源厂宿舍）、清凉东村、丽华三村（东）、丽华南开小区（安居小区、航运宿舍）、勤丰新村（25～28号）、丽华二村、富强新村、常锡路106号（氯建协会公房）、王家新村、光华路88号大厦，累计10个小区、195幢、8711户，建筑面积67.16万平方米，立项总投资31103.32万元。

第五批次为茶山街道朝阳片区郊政宿舍、朝阳安居小区108号1～8幢、朝阳四村北区、东仓桥1～6幢、朝阳一村1～24幢、朝阳二村（劳动中路5-1幢教工宿舍）、劳动中路散居楼，累计7个小区、83幢、2901户，建筑面积22.24万平方米，立项总投资12693.33万元。

（符　俊）

【美丽街区建设】 2023年，天宁区以道路设施、店招店牌、外墙立面、街区小景、停车位、绿化为提升改造重点，推进美丽街区建设。是年，重点对晋陵路以东、关河路以南、和平路以西、延陵路以北累计9.2万平方米的老城厢中心区域实施改造，完成唐家湾路、北太平桥路、中山路、鹤园弄、药王庙弄5条道路两侧道板改造15000平方米，规范迎春步行街、唐家湾路、北太平桥路沿街店面招牌1600平方米，提升北太平桥路、中山路2个游园景观1150平方米，改造博爱小学、中山路小学周边2处人文墙，增加420个非机动车停车位，累计投资5500万元。

（张　燕）

公用事业

【水电气供应】 天宁区作为常州市中心城区，水电气供应纳入常州市集中、统一管理。2023年，全区自来水水质综合合格率、管网压力合格率、主要供水设备完好率、管网抢修及时率均为100%。天宁区主城区天然气消费量9319万立方米，其中工业用气3317万立方米、商业用气1235万立方米、城乡居民用户用气4767万立方米。天宁区全社会用电量为40.46亿千瓦时，其中工业用电量为18.02亿千瓦时，分别同比增长4.62%、13.2%。

【污水处理】 2023年，天宁区城市生活污水集中处理率84%；农村生活污水平均日处理量为5076万吨，集中处理率81.5%，农村生活污水处理设施正常运行率99.35%。按照《江苏省城镇污水处理提质增效精准攻坚“333”行动方案》要求，天宁区开展以“三消除、三整治、三提升”为主要内容的城镇污水处理提质增效精准攻坚“333”行动，建立和完善城乡污水收集处理一体化机制，对城乡污水处理实行统一规划、统一建设、统一推进、统一运行维护、统一监管，雕庄街道、青龙街道、茶山街道、红梅街道完成9.5平方千米污水处理提质增效示范达标区建设。年内，推进污水处理设施建设，郑陆镇新建4.68千米生活污水管网和1个一体化泵站，三皇庙村、武城村2个建制村完成生活污水处理设施建设，至年末，农村生活污水处理设施覆盖279个自然村。配合完成市级农村生活污水治理设施监控平台建设，区域20吨及以上农村生活污水治理设施安装独立电表和出口流量计，确保污水治理设施正常运行。推进城市雨污分流排水设施建设，配套市政道路新建2.38千米生活污水管网。推进工业园区配套专业化污水处理项目建设，郑陆污水处理有限公司一期工业污水处理项目及尾水湿地工程完成主体工程建设，二期生活污水提标改造工程完成70%。郑陆镇启动“一镇一策”系统化污水收集处理整治方案编制，武澄工业园三级防控体系方案完成编制，提升园区处理突发水污染事件的环境应急能力；《丰收河突发水污染事件应急处置方案》完成编制，构建丰收河突发水污染事件应急防范体系。

（符　俊　顾文杰）

【园林绿化】 2023年，天宁区持续加强园林绿地建设，占地面积4.6万平方米的萃园建成开园，景仁公园、中吴大道南侧兰陵北路东侧、和平中路西侧夏雷路南侧、汤家头、火车站南广场南侧5个“口袋公园”

完成建设，金融商务区秋广场立体绿化广场建成，焦溪大道、舜山路花漾道路、中吴大道月季路3条绿化精品路完成建设，关河路、紫林路、唐家湾路等15条林荫路完成改造提升，全区累计新建、改（扩）建园林绿地25万平方米，总投资2.5亿元。4月，启动公园绿地开放共享试点，第一批试点开放的公园和绿地有7处，分别是红梅公园草坪，紫荆公园草坪，蔷薇公园林下空间、空闲地，横塘河湿地公园林下空间、空闲地，环岛路绿地（青洋大桥—徐窑渡桥）草坪、林下空间、广场，前浪浜滨河绿地水域，紫荆公园北侧地块（东至东经120路，南至竹林北路，西至龙沧路，北至新堂北路）空闲地。是年，景仁公园被列为江苏省政府民生实事之一——“乐享园林”活力空间建设项目，在常州市民生实事项目“你呼我应”大点赞和优秀典型案例推选活动中获“百姓口碑奖”称号。

（张　燕）

城市管理

【概况】 2023年，天宁区着力打造现代化城乡治理样板，制定出台《关于进一步加强天宁区城市管理工作的意见》《常州市天宁区城市管理精管善治三年行动计划（2023—2025年）》，强化城市管理领域重难点问题的执法监督，开展背街小巷、渣土运输、店招广告、餐厨废弃物、“僵尸车”等专项整治，加强乱张贴、乱停放、乱设摊等妨碍市容市貌现象的管控，推进城乡垃圾分类和美丽街区建设，打造“天宁智理”城管基层治理平台，实现市、区、街道三级城市管理数据互联互通，促进城市管理各类问题高效流转处置。是年，区城管局被评为常州市优化营商环境工作（“放管服”改革）先进集体，区城管执法大队被评为2022年度全省巩固深化城管执法队伍“强基础、转作风、树形象”专项行动表现突出单位，区环卫处经验做法《多措并举，让环卫职工之家更美好》入选中国城市环境卫生协会环卫作业运营专业委员会组织的“2023年度关爱环卫工人实践案例”。

【城市管理行政执法】 2023年，区城管局针对城市管理领域重难点问题加强行政执法，全年行政处罚案件立案3681起，其中市容环境类案件3387起、园林绿化类案件236起、环境保护类案件56起、住房和城乡建设类案件2起，有效结案3648起；案件中适用简易程序2466起、一般程序441起、首违不罚774起。年内，开展住宅小区环境综合整治、“非标车”“黑渣土车”“僵尸车”专项整治、遮挡二层窗户店招安全隐患排查整治等各类整治行动600余次，整治店招广告183处、非机动车不规范停放4471起，清理乱张贴乱涂写792处、“僵尸车”288辆，处理餐厨垃圾混装问题24起，责令整改噪声扰民行为306起、固体废物非法倾倒问题13处，立案查处渣土运输违法违规行为129起、物业服务企业违法违规行为119起。建立完善“首违不罚”清单动态调整机制，根据新修订的《江苏省城市市容和环境卫生管理条例》，调整、细化首批“首违不罚”事项清单内容，新增7项“首违不罚”事项。

【城市长效综合管理】 2023年，区城管局进一步完善城市长效综合管理机制，强化城市长效综合管理评价考核，落实“每日巡查、每周督查、每月通报、季度点评”制度，对局领导、党员干部和“阳光城管”青年干部突击队督查巡查中发现的市容环境、街面秩序、园林绿化等方面问题，督促有关单位（部门）立行立改。推进城市长效综合管理重难点问题整治，重点整治富强新村、申达花苑小区等14个区域环境秩序，挂牌督办金百国际广场、坛街、花语馨苑小区、采菱公寓、凤凰南路5个区域店外经营、杂物乱堆放、

12月，区城管行政执法大队队员在天宁吾悦广场商圈开展《江苏省城市市容和管理条例》等法律法规宣传　　（区城管局 供图）

环境秩序差等问题，至年末，19个区域均完成环境秩序整治并通过验收。是年，区城市综合管理服务平台累计收到各类案卷53360件，其中“12345”政务服务热线转派案卷14821件、各级考评案卷38539件（其中市考评案卷731件、市巡查案卷2366件、区考评案卷35442件），案卷处置率100%。是年，天宁区在2023年度常州市城市长效综合管理考核中位列全市第二。

【市容市貌管理】 2023年，区城管局对市容市貌实行智能化管理，对竹林南路、劳动西路、博爱路等36条道路，以及兰陵农贸市场、竹林农贸市场周边1800余户商家安装智能探头并联网，实时收集乱张贴、乱停放、乱设摊等有碍市容信息2210条，通知并督促商家按“门前三包”要求自行处置，处置率89%。规范城市管理事项申请许可，全年受理市容类申请69件，许可67件（其中受理试点主题集市申请35件，许可35件；受理临时占用道路以及其他公共场地摆摊经营申请29件，许可27件；受理大型户外广告申请5件，许可5件）；受理建筑垃圾处置类申请132件，许可128件；受理绿化类申请41件，许可41件。优化非机动车停车位设置，在常州市博爱小学北门周边设置趣味非机动车停车位300个，在第一人民医院北门设置非机动车智能充电车位120个。是年，青果巷历史文化街区入选2022年度全省城市户外广告和店招标牌设施设置“特色街区”典型案例。

【机动车停车管理】 2023年，天宁区新增工业互联网科创中心和君天人才公寓2个停车场，新增停车泊位1718个，全区累计有停车场205个、停车泊位45200个，其中168个停车场、12228个停车泊位接入“智慧停车”平台。停车场实行计时收费，83个停车场执行政府定价或政府指导价，明确“新能源车辆免费停车2小时”，全区各公园绿地停车场均可免费停车2小时，其他性质停车场免费停车时长根据市场定价。6月1日起，全区10家机关及事业单位停车场的1000余个车位，在周末和法定节假日期间免费向社会开放，进一步缓解群众出行停车难问题。

【公厕升级改造】 2023年，天宁区持续推进公厕新建和改（扩）建，萃园内新建3座公厕，小营前新建1个便捷驿站，为凤凰公园、红梅新村等20座公厕的第三卫生间添置母婴设施，关河路便捷驿站、季子公园北门公厕、龙游河公厕创成国家旅游公厕，关河路便捷驿站、桃园绿地公厕获评常州“最美公厕”。推进“公厕联盟”扩面工作，新增20家企事业单位、经营性商家加入“公厕联盟”，免费对外开放内部厕所。

延伸阅读：

便捷驿站是集公厕与服务于一体的便民场所，内部设置公厕区域和共享空间区域。其中，公厕区域设立常用卫生间、第三卫生间、24小时卫生间，配备普通坐便器、低位坐便器、低位小便器、低位洗手盆、托婴板、儿童安全座椅、助力扶手等人性化设施，并运用高科技智能化技术实现环保节能，如使用“人到灯亮”“人走灯灭”的灯光探测感应系统，采用负压系统对如厕时产生的异味杀菌除臭并通过新风系统保持室内空气清新，厕位安装环保节水型气水混合冲装置，节水量可达60%以上；共享空间区域配备免费Wi-Fi、直饮热水机、微波炉、急救小药箱、充电器、自动售卖机、共享雨伞，以及一些书籍、报刊，给环卫工人、外卖小哥等户外劳动者提供“渴可喝水、热可乘凉、冷可取暖、累可休息、伤可急救”的暖心歇脚之地。

（张　燕）

乡村振兴

【概况】 2023年，天宁区贯彻落实乡村振兴战略要求，制定出台《2023年度天宁区乡村振兴扶持政策》，重点扶持现代农业发展、美丽乡村建设、水利水资源发展，明确支持农业品牌培育、农业企业壮大发展、生态农业发展、美丽乡村建设等19项工作的扶持方向和标准，加快推进天宁农业农村现代化。年内，天宁区推进美丽乡村建设，舜山小镇建设稳步推进，乡村MALL、学农营地主体工程完工，康养板块实体样板房建成开放；牟家村全域旅游试点运营，雕塑小镇建成开放，伊酷拉农庄、半石咖啡、公子居民宿等产业项目运营取得突破；丰北村实现农文旅融合发展，“蜗牛时光”都市慢生活乐园建成开放，皮划艇基地、特种水产基地等融合业态初步成型。加强农村人居环境整治，完善农村基础设施建设，完成300户现代化宜居农房建设，横沟村地块（一期）32户现代化宜居农房集中开工建设。是年，郑陆镇入围2023年江苏省乡村振兴示范乡镇创建名单，郑陆镇牟家村入围2023年江苏省乡村振兴示范村创建名单，牟家村《“小积分”

撬动“大治理”,激活乡村治理“新引擎”》经验做法成为第三批全省乡村治理典型案例，郑陆镇石堰自然村获评第十二批次江苏省特色田园乡村，郑陆镇丰北村蔡岐自然村被认定为第六批江苏省传统村落。

（李燕茹　符　俊）

【农业农村现代化示范片区建设启动】 2023年，天宁区启动农业农村现代化示范片区（以下简称示范片区）建设。天宁区农业农村现代化示范片区（郑陆镇片区）东至天宁区与无锡市江阴市交界处，南至申浦路，西至新沟河和舜新路（朝阳路），北至移山河、发富路，示范片区面积8.42平方千米，耕地面积190.33公顷，其中永久基本农田162公顷。11月，示范片区整治更新总体规划完成编制并经市级确认，以横沟村、舜南村、查家村、粮庄桥村为单位，规划“一区一镇两基地”（“一区”指天宁高新区核心区，“一镇”指舜山小镇，“两基地”指100公顷焦溪翠冠梨产业基地和140公顷粮食产业基地），推动耕地、林地布局优化，构建生态价值交易机制；优化镇村布局，探索横沟村现代化宜居农房（农民集中自建区）建设模式、粮庄桥村农房微更新改造模式的宅基地改革试点；加强一二三产融合发展，一产发展规模农业，建设焦溪翠冠梨产业基地和粮食产业基地，二产引导工业企业向天宁高新区核心区、粮庄桥村北部片区的工业园区集聚，三产统筹查家村美丽乡村、牟家村美丽乡村、舜山小镇、焦溪古镇旅游资源，推进区域文旅联动，并规划新建舜中路、舜平路、舜河西路，重建防洪排涝体系。至年末，启动横沟村现代化宜居农房、舜河西路、天宁高新区河道及驳岸环境整治工程、舜山季子小镇4个项目建设，总投资24.42亿元。

（李燕茹）

【村级“三资”管理】 2023年，天宁区加强农村集体资产管理，印发《区政府关于进一步加强农村集体经营性资产资源管理的通知》，巩固农村集体产权制度改革成果，完善新型农村集体经营机制，激发农村集体经济发展新动能，促进村级集体经济发展。至年末，全区65个村集体经营性收入均在100万元以上（其中经营性收入超千万元的村13个），集体总收入4.18亿元，向集体经济组织成员分红超亿元；65个农村集体经济组织资产总额52.5亿元，其中集体经济组织资产总额超亿元的村16个。加强和完善农村“三资”监管，对农村集体经营性资产实行全方位、全天候动态监管，全区65个农村集体经济组织全年完成在线支付15783笔、5.99亿元，均未发现异常；农村产权（农户承包土地经营权、集体林地经营权）交易成交项目758个、金额1.76亿元，分别同比增长170%、607%，郑陆镇农村产权交易量和交易总额均列全市第一。

（常　峰）

【农村宅基地审批管理】 2023年，区农业农村局编撰《天宁区农村宅基地审批管理政策问答》，结合天宁区实际，从农村宅基地的基本概念、资格界定、申请审批、宅基地流转、宅基地退出、宅基地监督管理6个方面汇总66条政策问答，并收录与宅基地相关的法律法规以及国家、省、市、区文件，发放至农村住户，宣传农村宅基地审批管理政策。7月，郑陆镇被确定为天宁区闲置宅基地及闲置住宅线上交易工作试点镇。至年末，天宁区有宅基地25301户、325.6公顷，闲置宅基地969宗、7.88公顷，启动宅基地审批33宗、0.42公顷，完成闲置住宅交易2件。

（李燕茹）

【农村人居环境整治】 2023年，天宁区围绕打造宜居宜业和美乡村目标，高质量提升农村人居环境，开展农村“厕所革命”，新（改）建农村公厕14座，户厕粪污接管处理率和资源化利用率保持100%。开展农村生活污水治理，按照生态环境部“每个自然村内60%以上农户、每个行政村内60%以上自然村完成生活污水处理或资源化利用”要求，三皇庙村、武城村2个建制村完成生活污水处理设施建设，至年末，农村生活污水处理设施覆盖279个自然村，全区农村生活污水治理率达90%。开展村庄垃圾集中攻坚整治，全年累计清理农村陈年生活垃圾、建筑垃圾、白色垃圾、河岸垃圾等3.57万立方米；提升长效管护水平，开展农村人居环境暗访测评4次，发现并督促整改村庄环境问题11929处。是年，天宁区农村人居环境长效管理考核位列全市第二，《天宁区建强“三个体系”推进农村人居环境长效管护》经验做法获江苏省乡村振兴局宣传推广，郑陆镇牟家村、施家巷村获评省级生态宜居美丽示范村，郑陆镇石堰自然村创成省级特色田园乡村，郑陆镇查家村、施家巷村、牟家村、丰北村、黄天荡村、石堰村和青龙街道代管的东青村获评市级农村人居环境长效管理“红榜村”。

（蒋蓁蓁　钱　寅）

【石堰自然村获评第十二批次江苏省特色田园乡村】 10月，经江苏省特色田园乡村建设工作联席会议验收，石堰自然村获评第十二批次江苏省特色田园乡村。石堰自然村隶属天宁区郑陆镇石堰建制村，位于常州市东南部，东连无锡市江阴市月城镇，南接常州市经济开发区横山桥镇，北靠长江，总面积2.52平方千米(含耕地面积0.96平方千米)，住户703户，人口2558人。是年，石堰自然村立足林果文化，推动一二三产融合，培育特色水果、特种水产，打造“宜学、宜业、宜游、宜居”的现代化宜居村庄；通过治水清淤、铺排栈道、绿化种植等举措，改善和保护当地生态环境，实现家家户户接通天然气、用上自来水；采取“1+3+N”（1支村“两委”干部队伍+3支志愿服务队伍+全体村民）管理模式，实行全民参与的乡村治理模式，为百姓打造一个共治、共管、共享的生态宜居新家园。

（符　俊）

【武城村获评常州市美丽乡村】 2023年，武城村获评常州市美丽乡村，获市级奖补资金140万元。该村总面积5.07平方千米，有28个村民小组、12个自然村，总户数1219户，常住人口3036人，下设4个党支部，在册党员197人。2022—2023年，武城村以“乡韵武城”党建品牌为引领，聚焦“农业强、农村美、农民富”发展目标，实施特色产业、人居环境、公共服务三大提标工程，建成高标准农田38.47公顷，池塘标准化改造16.53公顷，重点发展水稻种植及芡实、龙虾、清水蟹种养，其中“五丈河”牌大米取得“绿色食品A级认证”，村委会投资的全资公司常州市武彩纷成旅游开发有限公司于2023年11月获得“江苏省绿色食品‘五有’规范化建设典型单位”称号，《产业发展多元化乡村振兴动能足》入选常州市农村集体经济发展案例。推进人居环境整治，累计投入1700余万元，实施环境提升、土地整理等工程，农村生活污水治理率、农村生活垃圾分类设施建成率、农村户厕粪污无害化处理率均达100%，先后获评江苏省美丽家园省级示范点、江苏省农民体育健身活动基地、常州市级小微水体河长制示范村、天宁区人居环境先进村。2023年，全村集体收入1159万元，其中经营性收入760万元。

（刘吴煜　蒋蓁蓁）

【郑陆镇2个村庄创成省级生态宜居美丽示范村】 4月，郑陆镇牟家村、施家巷村被省委农村工作领导小组评为2022年度江苏省生态宜居美丽乡村示范。

牟家村位于郑陆镇中部，全村总面积2.1平方千米，户籍人口2179人，常住人口5125人，村集体经济收入1192万元。2021—2022年，牟家村以美丽乡村建设为重点，加大资金投入，完善基础设施建设，改善生态环境，投资2000余万元，完成主干道沥青铺设及绿化、亮化工程等；投资350万元，开挖、疏浚生态景观河；投资180万元，建设农桥、排涝站和高标准公厕，提升全村生态环境。推动农文旅项目建设融合发展，与东经一二〇文化旅游发展有限公司、星力旅游（常州）管理公司联手打造集民宿民居、高效农业、户外拓展、旅游经济于一体的美丽乡村，伊酷拉精灵农庄、公子居精品客栈、牟家集市等农文旅项目落地建成，实现美丽乡村与产业乡村同步发展。

施家巷村位于郑陆镇中心集镇区，全村总面积3.12平方千米，户籍人口2880人，常住人口3673人，村集体经济收入1151万元。2021—2022年，施家巷村以生态宜居环境建设为核心，通过开设道德讲堂、张贴宣传海报、发放《致村民一封信》等方式，开展文明户评选、美丽庭院创建，提升村民文化素养；投入专项资金约220万元，用于修路、绿化维护、补植、路灯维修等为民服务项目，完成沥青（水泥）路面铺设入户工程，建成道路9.3千米，修缮农村道路2.3千米，改造无障碍公共服务设施12处，整治河塘12条，新建污水处理设施5座，新（改）建公厕11座，完成自来水“户户通”工程和生活污水管网接户工程，实现自来水入户率100%，全村生活污水规范排放、集中处理。

（陈　琦）

生态建设

◆ 栏目编辑　潘劼飞

综　述

【新一轮太湖综合治理】 2023年，天宁区按照江苏省新一轮太湖综合治理现场推进会要求，推进新一轮太湖综合治理专项行动，完成“1+7”方案编制（1个总体方案:《天宁区推进新一轮太湖综合治理专项行动方案》，7个专项行动方案:《天宁区涉磷企业整治专项行动方案》《农业农村环境整治专项行动方案》《污水收集处理能力提升专项行动方案》《河道综合治理专项行动方案》《有机废弃物处理利用专项行动方案》《水资源配置能力提升专项行动方案》《现代化治理能力提升专项行动方案》），明确新一轮太湖综合治理的原则要求、内容举措和组织保障等，为精准推进太湖治理工作提供依据和保障。根据省、市太湖水污染防治办公室《太湖主要入湖河流及上游关联骨干河流水质达标提升工作方案》《关于组织编制太湖主要入湖河流及上游骨干河流达标提升方案的函》要求，入湖河流及上游关联骨干河流编制“一河一策”方案，天宁区涉及河流为苏南运河常州段（13.31千米）、三山港天宁段（7.99千米），年内完成《太湖主要入湖河流及上游关联骨干河流水质达标提升方案》编制，推动太湖水质生态向好向优。加大入河（湖）排污口整治力度，制定《太湖流域入河排污口排查整治专项行动实施方案》，明确入河（湖）排污口整治目标任务、措施办法和组织保障，全年完成35个入河（湖）排污口整治，整治率100%。加强涉磷企业磷排放整治，完成57家涉磷企业磷排放整治验收，全区总磷排放量削减率达17.37%。加强河道综合治理，完成北环新村内河等9条支浜消除劣V类水质整治，完成郑陆镇焦溪中心河、永胜河、丰收河河道轮浚工程，清淤土方6.6万立方米，完成郑陆镇芦蒲港、丰收河累计6.3千米农村生态河道建设。加强有机废弃物处理利用，天宁辖区内重点水域的水生植物打捞率100%，垃圾分类收集与处理（四分类）设施覆盖率90%以上，生活垃圾无害化处理率100%，厨余（餐厨）垃圾综合利用率90%，园林废弃物综合利用率95%。

【国家生态文明建设示范区创建】 2023年，天宁区巩固省级生态文明建设示范区创建成果，推动国家生态文明建设示范区创建。年内，召开生态文明建设暨创建国家生态文明建设示范区动员会，按照《国家生态文明建设示范区创建规程》要求，明确创建工作重点、时间节点、年度计划，完成《天宁区国家生态文明建设示范区规划(2023—2030年)》初稿编制，提出新时期天宁区生态文明建设的目标及生态制度、生态安全、生态空间、生态经济、生态生活和生态文明六大体系的建设任务。推动发展方式绿色转型，实施江苏佳尔科药业有限公司大气整治提升项目，减少VOCs（挥发性有机物）排放量14.4吨，并通过“绿色税收”联动机制实现大气专项整治工程所得税退税98.7万元。推进生态绿城建设，完成萃园、景仁公园、教育小镇地块公用绿化配套工程、龙锦路东侧地块公用绿化工程、汤家头安置房配套绿化工程、蒋家头周边地块景观提升工程、中吴大道南侧兰陵北路东侧地块景观提升工程、和平中路西侧夏雷路南侧地块景观提升工程、横塘浜南侧绿化景观提升工程，全区新增绿地面积16.33公顷。常州市青龙实验小学启动国际生态学校创建；常州市虹景小学获生态环境部2022年（第十一批）国际生态学校项目绿旗认证，为天宁区首家获绿旗认证学校；郑陆镇查家村创成省级生态文明建设示范村，董墅村、石堰村创成市级生态文明建设示范村，改善和提升天宁城乡生态环境质量。

（喻圣焙）

生态环境质量

【大气环境质量】 2023年，天宁区$PM_{2.5}$平均浓度35微克/立方米，连续三年达到《环境空气质量标准》二级标准；空气质量优良天数282天，优良率78.1%。1—12月，降尘浓度2.3吨/平方千米·月，达到“不高于2.3吨/平方千米·月”的年度目标。

（章烨卓）

【水环境质量】 2023年，天宁区省“水十条”考核断面（北塘河青洋桥断面、新沟河粮庄桥断面）水质稳定达Ⅱ类，优Ⅱ类水质比例达100%，超额完成常州市“十四五”地表水质考核“优Ⅱ类比例达50%”的目标，为2023年常州市唯一省考断面水质全部达到地表水Ⅱ类标准的辖区。三山港石堰桥、北塘河石捻桥等9个市考断面水质优Ⅲ类比例达100%。

（顾文杰）

生态修复

【天宁区建成全省首个固碳基地】 2023年，天宁区贯彻落实习近平生态文明思想，响应国家“碳达峰”“碳中和”重大战略部署，坚定不移走生态优先、绿色低碳的高质量发展道路，探索建立全省首个固碳基地。固碳基地（一期）位于郑陆镇新沟河以西沿线，总长2300米，面积22公顷。年内，完成位于舜新路北侧的固碳基地（一期）先行启动区建设，面积约2.27公顷，由市自然资源和规划局天宁分局、区检察院、郑陆镇共同打造，引入碳汇修复理念，运用碳汇方式解决生态修复难题，为破坏生态环境的违法行为提供生态补偿、生态代偿的实施路径，实现生态修复目标。经评估，固碳基地（一期）先行启动区固碳量由零提升至35吨/年，可为全区生态环境损害提供8个代偿补植区及25个公益代偿岗位。

延伸阅读：

固碳是指增加除大气之外的碳库碳含量的措施，包括物理固碳和生物固碳。物理固碳是将二氧化碳长期储存在开采过的油气井、煤层和深海里。生物固碳是将无机碳即大气中的二氧化碳转化为有机碳即碳水化合物，固定在植物体内或土壤中。常见的固碳方法有两种：光合作用，如各种绿色植物和光合自养微生物（如蓝藻等）；化能合成作用，如硝化细菌利用氧化氨合成有机物等。

【天宁区生态产品价值实现典型案例入选自然资源部第四批典型案例】 9月，《江苏省常州市郑陆镇整理资源发展生态产业促进生态产品价值实现案例》入选自然资源部办公厅印发的《生态产品价值实现典型案例》（第四批）。2023年，天宁区遵循规划引领，编制生态产品价值实现专项规划，优化郑陆镇生产、生活、生态空间布局，通过“乡村用途管制、全域综合整治、产业园提质增效”三大行动，解决空间“碎片化”问题；推进工业进园区，建设连片高标准农田，以矿山修复、廊道搭建、河流疏浚重构生态体系，把特色文化资源注入生态产业和环境敏感型产业，引进一二三产融合发展项目，实现农文旅协同发展目标；创新“附带生态管养协议”供地模式，将酒店项目周边土地生态管养责任纳入土地供应条件，竞得人须对管养范围内用地实施生态管养，并通过土地流转方式获得特许经营权，在管养地块内适度开发经营，降低政府生态投入及维护成本，提升优质生态产品供给能力。

（蒋云峰）

自然资源保护

【耕地保护】 2023年，天宁区深化“田（林）长制”制度体系建设，形成以《天宁区田（林）长制实施方案》为引领，6项配套制度为辅助的“1+6”田（林）长制工作体系。年内，完成30个田（林）长标识牌设置，内容包括耕地与林地示意图、面积、田（林）长联系人、相关政策规定和监督举报电话等。实施新一轮城乡建设用地增减挂钩专项规划编制，涉及拆旧用地规模18.69公顷、建新用地规模8.77公顷，选取郑陆镇横沟村片区8.26公顷水田作为永久基本农田储备区；6月，2022年增减挂钩复垦项目和郑陆镇耕地“进出平衡”“耕地转进”项目通过常州市自然资源和规划局组织的耕地质量等别评定专家论证。开展2022年度耕地资源质量分类更新和耕地资源质量分类监测，完成6个监测样点布设，耕地资源质量分类报告和技术报告等通过省自然资源厅质检并上报自然资源部。

（蒋云峰）

【林业资源保护】 2023年，天宁区新增造林面积3.33公顷，建设省级

2023 年，天宁区完成 30 个田（林）长制公示牌设置
（市自然资源和规划局天宁分局 供图）

绿美村庄 1 个，为查家村唐家自然村和谢家自然村。年内，市自然资源和规划局天宁分局与区检察院联合出台《关于建立“生态检察 + 碳汇”工作机制的意见》，与天宁生态环境局联合出台全省首个《关于破坏生物多样性违法犯罪行为线索举报奖励办法》，营造全民参与、全民保护林地资源的良好氛围。推进建设项目使用林地报批，全年完成常州市文杰炉料有限公司、创智天地南侧工业地块、太湖东路、舜新家园、汤家头配套地块、舜河西路、常州源普液压设备有限公司 7 个重点项目永久使用 10.25 公顷林地报批，完成环山河北侧 / 新沟河东侧（ZL050305-01）地块项目（办公用房、施工便道和堆场）、季子文化传承交流中心项目、季子文化传承基地（乡村 MALL）项目、环山河北侧 / 新沟河东侧 (ZL050305-01) 地块项目 4 个开发项目临时使用 1.35 公顷林地报批，完成石堰山东山护林站、舜过山森林步道、舜过山蓄水池 / 泵站 / 护林房 / 语音播报站 3 个直接为林业生产服务项目使用 0.12 公顷林地报批。编制《2023 年天宁区森林、草原、湿地调查监测工作实施方案》，加强林草湿（森林、草原、湿地）调查监测、重点公益林监测、沙化监测、林业碳汇计量监测，掌握林草湿资源年度变化情况，为科学开展林业资源保护修复、监督管理、科学利用提供决策依据。开展森林、湿地生态系统外来入侵物种普查，发现外来入侵物种 9 种，当年未采取防治措施。开展美国白蛾、松材线虫病日常监测和松材线虫病疫情秋季普查，未发现白蛾、松材线虫病害，保护森林资源和生态安全。

（蒋云峰）

【水资源保护】 2023 年，全区用水总量 0.89 亿立方米，其中地下水用水总量 12.83 万立方米，地下水位控制率 100%，节水评价工作开展率 100%，计划用水率 100%，水资源管理信息系统在线率 100%，非农业取用水量在线监测率 100%，取水工程规范化建设率 100%。推行节水科学化管理，对农田灌溉用水（水浇地、菜田）、林牧渔畜用水（果树、畜禽、水产）、建筑业用水、城乡环境补水等 8 项具有各行业代表性的典型用水样本开展调查与测算，科学掌握全区水资源开发利用基本情况，为节约用水科学管理打好基础。推行工业节水精细化管理，针对天宁区纺织、印染等用水大户居多情况，加强节水监管，对常州东方伊思达染织有限公司、常州裕源灵泰面料科技有限公司等 14 家企业开展水平衡测试，对常州铁锚焊接材料有限公司、常州嘉博染织有限公司开展用水审计，常州东方伊思达染织有限公司半缸水染色节水技术改造系统项目、光大水务（常州）有限公司综合节水系统改造项目被评为市级节水技改项目。推行生活节水常态化管理，落实用水定额标准，与区市场监管局联合开展生活用水器具销售场所专项检查，全区机关事业单位、新建居民小区、各类公共场所节水型器具更换使用率 100%。借助“世界水日”“中国水周”契机，开展社区节水宣传、问卷调查、集中参观等活动 6 次，累计向群众发放节水宣传品 10000 余份。推行节水载体化管理，加强企业、机关、学校等节水载体建设，通过载体建设带动节水管理常态化、长效化，常州旭荣针织印染有限公司获评国家级水效领跑者，常州市紫云小学、常州市三河口小学、常州市北环小学创成省级节水型学校，常州市北环幼儿园创成全市首家节水型幼儿园，常州力拓塑胶有限公司、常州市白云生物科技有限公司、常州悦康医疗器材有限公司、常州阳湖东南印染有限公司、常州东新华福纺织印染有限公司创成市级节水型企业，郑陆镇梧岗村委陈巷村、郑陆镇施家巷村委河南河东村创成市级节水型村庄，郑陆镇横沟村横沟上、后马岸灌区创成市级节水型灌区，农田灌溉水有效利用系数达0.8604。是年，青果巷排水系统遗址入选江苏省第二批省级水利遗产名录。

（郭 潇 钱 寅）

【湿地资源保护】2023年，天宁区坚持“科学规划、保护优先、合理利用、可持续发展”原则，完成《天宁区10个湿地保护小区建设方案》编制，拟建设丁塘河、京杭大运河、北塘河、新沟河、采菱港、草塘浜、横塘河、江南运河、隆兴浜和芦荡河10个湿地保护区域，以湿地保护区域范围内的河流湿地为保护主体，运用法律、行政、技术手段，建立完善的保护管理体系，保护好湿地水源、水质及珍稀濒危水禽栖息地。组织开展“保护修复湿地，建设美丽天宁”第27个“世界湿地日”主题宣传活动，通过发放相关宣传资料、组织“随手拍”摄影比赛等形式，营造保护修复湿地的良好氛围。至年末，天宁区拥有横塘河湿地公园、丁塘河湿地公园、蔷薇公园、紫荆公园等湿地公园，自然湿地保护率达67%。

（蒋云峰）

2月2日，天宁区在横塘河湿地公园开展“保护修复湿地，建设美丽天宁”主题宣传活动 （市自然资源和规划局天宁分局 供图）

节能减排

【“绿色税收”金融政策出台】2023年，天宁区率先在全市制定出台“绿色税收”金融政策，通过税制助推企业绿色转型。1月，区税务局、天宁生态环境局签署《关于助力企业绿色转型发展、深化绿色税制管理联动工作机制协议》，明确企业开展脱硫脱硝除尘排放治理及改造、有机废气收集净化、恶臭气体治理、工业废水处理、土壤与地下水污染修复、生态环境监测等4大类10小项绿色技术改造，按规定可享受企业所得税“三免三减半”政策［自该项目取得第一笔生产经营收入(包括试营业）所属纳税年度起，第一年至第三年免征企业所得税，第四年至第六年减半征收企业所得税］。年内，常州老三集团有限公司、江苏佳尔科药业集团股份有限公司获生态治理项目“绿色所得税”减免（退税）110万元。

（周寒飞）

【工业节能减排】2023年，天宁区单位地区生产总值能耗同比下降6.1%，降至0.1437吨标煤/万元，其中规模以上工业企业能耗下降3.9%。全区规模以上工业企业能耗总量32.07万吨标煤，能耗2000吨以上标煤企业28家，累计能耗22.11万吨标煤，占全区规模以上工业企业能耗总量的68.9%。是年，全区有重点用能企业9家，企业综合能耗消费量13.85万吨标煤，同比增长2.44%，能耗数据均与省重点用能单位能耗在线监测系统对接。常州金源铜业有限公司开展自愿性清洁生产，常州坚正橡塑制品有限公司、黑牡丹集团股份有限公司、常州市武进苏南制冷设备有限公司、常州宏业包装材料有限公司开展能源审计。是年，常州金源铜业有限公司、常州东恒印染有限公司、江苏康进医疗器材有限公司、伊顿电力设备有限公司被省工信厅认定为第四批省级绿色工厂。

（杨清鑫）

【公共机构节能管理】2023年，区机关事务管理中心推动公共机构节能管理，提高能源利用效率，完成天宁科技促进中心5号楼356.42平方米、常州市第二十四中学天宁分校527.1平方米屋顶分布式光伏发电系统建设，采购新能源汽车4辆，其中2辆公务用轿车、2辆执法执勤用车，指导区检察院通过国家级节约型机关创建，指导天宁街道完成省级公共机构节能降碳示范单位复核。是年，区机关事务管理中心获评2023年度江苏省公共机构节能低碳示范单位。

（钟　丹）

【天宁经济开发区获评省级绿色工业园区】 12月，天宁经济开发区被省工信厅评为省级绿色工业园区。2022—2023年，开发区通过节约资源能源、降低原材料消耗、减少污染排放、加强污染防治等举措，实现环境效益与经济效益协同推进。开发区25个园区坚持融合、集成、创新发展思路，抢抓新工业、新能源、新基建、新动能机遇，聚焦“三新”经济，加快推进产业数字化转型、智能化改造，园区工业增加值占地区生产总值的比重超过50%，省级以上绿色制造企业占工业企业总数的5%以上。持续淘汰低端落后产能，推进印染企业关闭、搬迁和升级改造，两年来完成常州卓信纺织有限公司、常州联华毛纺织有限公司、常州市森利染织有限公司等20家纺织印染企业拆迁腾退工作。推动能源利用清洁低碳化，依托天宁区屋顶分布式光伏开发试点工程建设，推广应用“光伏＋充电桩”“光伏＋路灯”“光伏＋建筑”等新技术、新装备。

（颜华鳞）

【天宁吾悦广场获评江苏省绿色商场】 12月，天宁吾悦广场被省商务厅评为江苏省绿色商场。天宁吾悦广场位于天宁区东方西路11号，紧邻常州地铁二号线紫云站，2019年10月开业，经营面积12万平方米。2023年，天宁吾悦广场成立绿色商场迎检工作小组，全体员工树立环保、健康、安全理念，制定各类设备设施分类管理制度，建立能源和环境管理体系，落实节能减排和废弃物回收措施，淘汰落后高耗能设备，选用先进高效节能节水设备，配备能源计量器具，加强能耗水耗管理；倡导绿色环保消费，开展绿色产品销售，提供可自然降解的环保购物袋，倡导减塑行动和无纸化线上服务，营造顾客、商户和员工共同促进绿色消费，践行低碳环保，推动绿色发展的良好氛围。

（倪紫东）

【剑桥澜湾小区获评省级节水型居民小区】 8月，剑桥澜湾小区获评2022年度省级节水型居民小区。剑桥澜湾小区为华润国际社区下辖小区，东至龙游南路，南临河滨东路，西依中吴府小区，北靠夏雷路，小区占地面积18.5万平方米，建筑面积20.8万平方米，有住户828户，常住居民3655人。2022年，该小区对标江苏省节水型居民小区考评标准，全面推进节水型小区创建，引导居民群众树立节水节能绿色环保生活理念，小区11处公共用水设施均安装节水器具及计量表，物业绿化浇灌采用雾喷浇灌；社区和物业人员不定期入户查看居民用水器具问题，巡查公共用水点设施设备情况，及时发现、反馈和整改“跑、冒、滴、漏”情况，并设立浪费用水举报电话，防止和避免浪费用水现象发生。至2022年年末，小区内每户家庭均安装用水计量表，家庭节水器具普及率达100%，人均日用水量0.15立方米，达到江苏省节水型居民小区定量考核标准（≤150升/人·日）。

（柯梦娇）

【3所学校获评省“节水型学校”】 12月，常州市紫云小学、常州市北环小学、常州市三河口小学被省水利厅、省教育厅、省机关事务管理局评定为省级节水型学校。至年末，全区有省级节水型学校12所。

2023年，紫云小学通过召开节水动员会、制作节水宣传专栏、分发《节水倡议书》、开展征文比赛、编辑“节水知识手抄报”等方式，宣传节水知识，增强师生节水意识；通过改造教学楼、食堂供水管网和使用节水型洁具、阀门，并安排专人负责定时、定点巡视检查供水设施，杜绝管道漏水；结合学科特点，渗透节水教育，人人养成节水习惯；开展“水润世界”“水绿校园”“水美生活”3个维度的研究性学习，培育具有未来公民素养的环保代言人。

2023年，北环小学强化节水制度建设，制定《节约用水管理制度》《用水设施定期检修制度》《节水岗位责任制》；配备节水管理人员，定期检查用水器具，做好用水记录，杜绝“跑、冒、滴”等浪费现象发生；制作张贴节水标识，在电子屏滚动播放节水相关内容，组织教职工节水培训，开展有关节水征文、手抄报、演讲等活动，增强全校师生节水意识；建立雨水生态循环利用系统，走出校园节能节水的创新之路。

2023年，三河口小学以创建省节水型学校为起点，深入推进学校节能减排，完善落实各项节水制度，强化节水宣传教育，设置节水课堂，开展节水活动，加强节水设施的维护、改造和检查，将节水理念融入校园文化，把爱水、护水、节水的意识根植于心，引导师生从点滴小事做起，共护碧水蓝天。

（徐　敏）

污染防治

【概况】 2023年，天宁区完成污染防治攻坚战7大类、485项任务。

年内，根据常州市《2023年生态文明建设考核办法》，印发《2023年天宁区生态文明建设工作方案》，列出7大类、485项污染防治任务，其中加快推动绿色低碳发展方面的任务22项、深入打好蓝天保卫战方面的任务189项、深入打好碧水保卫战方面的任务83项、深入打好净土保卫战方面的任务139项、加快生态环境保护与修复方面的任务15项、提升治理能力现代化水平方面的任务23项、切实解决好突出生态环境问题14项；下发《区相关职能部门2023年生态文明建设目标责任书》，明确各部门工作任务、目标要求及完成时限；全年组织召开各类专题会、推进会、现场督察20余次，部署推进水、大气、土壤及固废等污染防治工作，加强“危污乱散低”综合治理和环境质量的监测监控，加大环境违法行为的查处力度，探索建立老旧小区改造扬尘整治共治共管机制，试点实施在建工地噪声民事公益诉讼生态环境损害“四方磋商”机制，率先在全市制定出台“绿色税收”金融政策，建立生态环境损害赔偿教育基地，全面完成生态文明建设各项目标任务。

（喻圣焙）

【大气污染防治】 2023年，天宁区深入推进VOCs污染治理，全年完成VOCs综合治理项目10项、VOCs无组织排放治理项目15项，17家VOCs重点监管企业完成“一企一策”整治。推进低VOCs含量清洁原料替代，6家重点家具制造企业完成清洁原料替代整治，核查17家重点企业、50家包装印刷企业清洁原料替代情况。深化工业园及产业集群污染气体排放整治，对4个涉及污染气体排放的企业集群177家企业开展大气污染整治措施落实情况“回头看”，各企业整治措施均落实到位。推进生活源污染治理，对辖区内160家餐饮企业油烟管道实施季节性清洗，对380家餐饮单位油烟净化治理设施运维情况开展“回头看”，确保油烟净化治理设施正常运行。

（章烨卓）

【水污染防治】 2023年，天宁区强化省“水十条”考核断面水体质量达标整治，加强支流支浜水质管控，结合老小区整治推进雨污分流改造，全年完成53个老小区雨污水管网敷设119623米；开展排涝泵站拦蓄污水整治，定期对青洋桥断面关联的10条支浜开展监测，对监测结果为劣Ⅴ类河道，督促属地街道整治。开展涉磷行业整治，建立涉磷企业“磷账本”“磷清单”制度，纳入清单化动态管理；重点涉磷企业按照《中华人民共和国水污染防治法》、江苏省太湖流域涉磷企业规范化整治工作要求，在污水排放口（接管口）安装自动监测设备，9家重点涉磷企业安装总磷在线监测仪、流量计和视频监控等设施，53家涉磷企业完成规范化整治，全区累计208家涉磷企业完成整治，总磷排放量削减率达17.37%，超出省下达目标任务（总磷排放量削减率达9%以上）的93%。推进支流支浜整治专项行动，统筹开展全区41条支流支浜溯源排查及整治，整治工程可行性研究报告、项目建议书、初步设计由区发展改革局批复，全区41条支流支浜水质消除劣Ⅴ类项目进入勘察设计阶段，完成“一河一策”方案编制。联合钟楼区、江苏常州经济开发区开展京杭大运河省级美丽河湖创建，年内完成自查报告并提交省生态环境厅。

（顾文杰）

【土壤污染防治】 2023年，天宁区落实企业土壤污染防治主体责任，20家土壤重点监管企业完成环境风险隐患排查和厂区土壤、地下水自行监测。天宁生态环境局对4家土壤重点监管企业实施周边土壤及地下水状况监督监测。推进污染地块风险管控和治理修复，原常州市冠今化工有限公司地块污染土壤修复与风险管控项目完成主体工程建设，常州市东方化工有限公司厂区地块完成场地环境修复工程。开展关闭搬迁遗留地块和详查超标地块（指初步采样调查后需要开展详细调查的地块）土壤污染状况调查，年内完成10个地块土壤污染状况调查。开展土壤环境状况审核，出具地块划拨、出让、续期前土壤环境状况意见征询函复函42份。

（章烨卓）

【辐射污染防治】 2023年，天宁生态环境局按照市生态环境局《关于2023年全市核与辐射环境管理工作要点的通知》要求，开展辐射安全现场抽查，抽查辖区内42家企业辐射安全风险隐患情况，督促企业严格落实辐射安全与防护措施。完成47家单位辐射许可证审批（其中首次领证17家、重新领证6家、变更延续14家、注销10家），核发许可证37家。完成3家企业输变电项目的现场核查，确保辖区内输变电项目的电磁辐射环境质量满足国家标准。11月，开展辐射事故应急演练、桌面推演，提升应对辐射事故的预防、预警和应急处置能力。

（糜　萍）

【固体废物监管】 2023年，天宁区推进“无废城市”（从城市管理的角度，有效利用固体废物，降低固体废物产生，解决历史堆存固体废物，保证良性循环）建设，建立“无废城市”建设评价考核指标体系及台账清单，完成各类“无废细胞”建设评价指标收集，并通过区无废专项工作组初步审查。开展危险废物（以下简称危废）网上申报、转移、审批、应急处置等规范化管理，全年审核631家企业危废管理计划，审批5家企业跨省转移危废，应急处置1家企业危废，累计转移处置危废30714.91吨，其中省内转移22916.54吨、跨省转移7798.37吨，应急处置转移1.2吨；通过江苏省危险废物全生命周期监控系统监测企业危废转移情况，督促产废单位减少危废库存量。组织开展危废专项执法检查，完成全部重点源（由于污染物排放量大或对环境影响大而被列为重点监控对象的污染发生源）和10家一般源（一般污染发生源）单位的检查评估，合格率达100%。指导辖区内产废单位学习《一般工业固体废物全过程规范化管理手册》，将一般工业固体废物纳入江苏省固体废物管理信息系统，实现危险废物和一般工业固体废物一体化管理。

（糜　萍）

【“危污乱散低”综合治理】 2023年，天宁区持续推进电镀行业、涂料行业、铸造行业、干燥行业以及重点工业片区“危污乱散低”综合治理，累计投入治理资金7.98亿元。其中，电镀行业实施关停拆迁，投入整治资金0.11亿元；涂料行业优化产业结构和区域布局，投入整治资金0.2亿元；铸造行业淘汰落后工艺设备，投入整治资金0.32亿元；干燥行业优化产业结构和区域布局，投入整治资金3.33亿元；重点工业片区（集中区）发展高端生物医药科技产业，打造高端智能装备制造园区及高新区的配套园区，优化空间布局和公共服务配套，改善建设用地碎片化现象，投入整治资金4.02亿元。是年，郑陆镇横沟村、舜南村、查家村全域国土综合整治完成年度目标，100户民房、4家企业完成签约、腾空；天宁区绿色涂料集聚区项目（一期）通过专家环保论证，天宁高新技术产业开发区（先行区）区域规划环境影响评价完成行政审查。

（韩　斌）

【扬尘整治】 2023年，天宁区实施扬尘污染精细化治理，建立工地、裸地和港口码头扬尘管控责任人制度，对28个在建项目实施扬尘在线监测，加强扬尘污染防治信息化管理，通过“人工巡查+自动监控”压实主体责任。区住建局加强建设项目区管工地扬尘防治，严格落实建筑工地“六个百分百”（施工工地周边100%围挡、物料堆放100%覆盖、出入车辆100%冲洗、施工现场地面100%硬化、土方施工100%湿法作业、渣土车辆100%密闭运输）管理要求，全年检查辖区工地433次，签发扬尘管控整改通知书29份，约谈扬尘管控不到位项目建设单位3个，向市建设行政执法支队移交扬尘管控执法案件3件。

（蒋　峰　符　俊）

【农业面源污染治理】 2023年，天宁区持续开展化肥农药用量零增长行动，推行种养结合、粪肥还田等工艺，采用诱捕器、杀虫灯等高效植保药械，全年推广应用黄板22170张、蓝板1500张、诱捕器1000套、太阳能杀虫灯1台（套），性信息素缓释喷射装置6台（套），促进科学施肥用药。开展废旧农膜和农药包装废弃物回收，全区15个农业“两废”（废旧农膜、农药包装废弃物）回收点和1个农药包装废弃物收集贮存点运行正常，全年回收废旧农膜57.97吨、农药包装废弃物8.76吨，回收率、处理率分别达96.15%、100%，回收监测评价良好以上等级率达90%以上。加大秸秆综合利用，全年完成秸秆还田580.93公顷，综合利用主要农作物秸秆4749吨，利用率97.28%。

（廖云峰　钱　寅）

表41　2023年天宁区农药包装废弃物、废旧农膜回收点一览表

序号	回收网点	地址
1	天宁区郑陆怀清农资经营部	郑陆镇邮电西路
2	天宁区郑陆群娣农资经营部	郑陆镇农贸市场28号
3	天宁区郑陆建妹农资经营部	郑陆镇羌家村羌家头20号
4	天宁区郑陆娜娜农资经营部	郑陆镇三皇庙村委熟村

续表 41

序号	回收网点	地址
5	天宁区郑陆雪琴农资经营部	郑陆镇宁河村
6	天宁区郑陆小陆农资经营部	郑陆镇新沟桥村
7	天宁区郑陆尧产农资经营部	郑陆镇丰北村委丰北村第四村民小组
8	天宁区郑陆建本农资经营部	郑陆镇省岸村第九村民小组
9	天宁区郑陆刚刚农资经营部	郑陆镇焦溪舜溪中路 8 号
10	天宁区郑陆国亚经营服务部	郑陆镇焦溪舜溪中路
11	天宁区郑陆蓉亚农资经营部	郑陆镇焦溪南大街
12	天宁区郑陆东成农资经营部	郑陆镇舜北村
13	天宁区郑陆绿叶农资经营部	郑陆镇舜北村委八队
14	天宁区郑陆捌佰农资经营部	郑陆镇翟家村
15	天宁区经济开发区福宁农资经营部	青龙街道青松村委船底湾

【生活垃圾分类处理】 2023 年，区城管局制定出台《2023 年天宁区城乡生活垃圾分类工作实施方案》，把生活垃圾分类纳入城市长效综合管理、全国文明城市建设和农村人居环境整治中，推进生活垃圾回收和再利用，减少对环境的影响，全区生活垃圾无害化处理率 100%。年内，推进餐厨废弃物收运管理，青竹苑、青果南苑等 20 个小区试点家庭厨余垃圾集中收运，全年收运厨余垃圾 52 吨；开展建筑垃圾分类回收，全年有效利用和处理建筑垃圾 33400 吨；开展低价值废玻璃回收，全年回收和处理废玻璃 3445.39 吨。推进垃圾分类达标小区建设，292 个小区均设置垃圾“四分类”（可回收物、有害垃圾、厨余垃圾、其他垃圾）设施，82 个小区创成垃圾分类达标小区，郑陆镇牟家村完成市级垃圾分类达标村提标改造。3 月，天宁区获评常州市 2022 年度生活垃圾分类优秀区。

（张　燕）

环境监管

【环境监测监控】 2023 年，天宁区围绕空气质量、水环境质量、土壤重点监管单位、农村生活污水、污染源、应急事件 6 个方面开展环境监测，提供监测数据 5000 余个、报表 20 余份，出具报告 120 余份；开展地表水水质调查监测，累计监测水断面 600 余个，提供监测数据 3500 余个、报表 30 余份。保障 7 个镇（街道）空气自动监测站运行维护，确保站点与生态环境部门联网率不低于 96%，安排专人每天审核自动监测数据，累计审核数据 7104 个，数据有效率达 96%。开展在用柴油车等各类机动车尾气监督抽测，区生态环境部门、交警部门、常州环保科技开发推广中心对区域内重点道路机动车、物流园区机动车及非道路移动机械尾气开展联合抽查抽测，累计抽测柴油车 450 辆、非道路移动机械 113 辆，出具检测报告 663 份；开展机动车尾气遥感监测 641721 辆次，汽油车、柴油车有效监测结果分别为 209548 辆次、218119 辆次。开展污染超标排放监控预警，通过省级固定污染源在线监控系统将企业超标排污情况提供给执法部门现场核查，全年累计预警企业污染超标信息 749 条，涉及超标企业 26 家，办理江苏省生态环境监控中心下发的问题线索 27 件。

（毛　晶）

【环境准入管理】 2023 年，天宁区办理环境准入行政审批事项 653 件，其中建设项目环境影响评价文件审批 38 件，核发建筑工地夜间施工许可证 55 件，指导企业完成登记表网上备案 560 件。强化“两高”（高耗能、高排放）项目源头管控，全区无违规审批或未批先建“两高”项目。做好重点项目环境影响评价审批服务，全区 140 个省、市、区重点项目中，122 个项目完成审批，18 个项目按序时进度推进。助推企业绿色转型，15 家强制性清洁生产企业完成中期评估。常州制药厂有限公司、常州强力先端电子材料有限公司、亚东（常州）科技有限公司和常州船用电缆有限责任公司4家企业获评江苏省2023年度绿色发展领军企业。

（刘　田）

【环境违法行为查处】 2023年，天宁生态环境局结合“双随机”检查、VOCs专项行动、生态环境部臭氧监督帮扶、“两治一提升”（开展治理噪声、异味污染专项行动，进一步提升人民群众获得感）、太湖安全度夏等专项行动开展执法检查，全年累计检查企业990家次，出动执法人员1980人次，发现环境问题254个，予以立案处理50件，下达行政处罚决定书43份，处罚金额569.48万元。其中，移送公安机关予以行政拘留13件，移送司法机关处理5件，对企业处以限产停产4件，对企业处以查封扣押9件。

（张晓芬）

【环境信访调处】 2023年，天宁生态环境局累计受理环境信访211件，信访处理率、结案率均为100%。其中反映三产类信访28件，占总数的13%；反映工业企业类信访61件，占总数的29%；反映河道水质类信访8件，占总数的4%；反映工地噪声类信访2件，占总数的1%；反映空气质量类信访102件，占总数的48%；反映其他问题类信访10件，占总数的5%。天宁生态环境局加强中央生态环保督察（以下简称“央督”）信访件、江苏省生态环保督察（以下简称“省督”）信访件办理，办结“央督”交办件10件，阶段性办结2件；办结“省督”交办件22件，阶段性办结1件。同时，推行环境信访有奖举报制度，受理涉噪声举报1件、“危污乱散低”整治举报1件，累计奖励举报人1000元。

（周寒飞）

【在建工地噪声民事公益诉讼生态环境损害“四方磋商”机制试点】 2023年，天宁区针对在建工地因工程工艺、工期进度等开展夜间施工，对周边居民生活造成不良影响，主体工程结束后噪声污染问题虽已不存在，但造成的环境公益损害如何弥补的民事公益诉讼难点，探索生态公益损害赔偿新路径，对在建工地夜间施工噪声试行民事公益诉讼诉前生态公益损害磋商机制。9月，天宁生态环境局、区检察院、茶山街道办事处、华润置地（常州）有限公司签订生态环境领域民事公益诉讼“四方磋商”协议，约定企业以种植树木防止噪声，将噪声污染防治纳入企业培训体系，定期投放生态类公益广告，无偿开展生态环境知识宣传及普法活动，与项目周边学校开展生态环境保护共建活动，共同参与生态环境保护。

（田　波）

【天宁区首个生态环境损害赔偿教育基地】 12月，天宁区首个生态环境损害赔偿教育基地建成投用，融党建引领、法治警示、环保宣教、生物多样性科普交流等功能于一体。该基地位于郑陆镇丰北村的龙城红色服务吧内，面积80平方米，利用生态环境损害赔偿金分两期建设，内设生态环境损害赔偿宣传板块，结合典型案例开展生态环境法治普法宣传；并设置丰北村鸟类生物多样性观测站，安装高清双光谱球机，实时获取监测点位水鸟活动信息并传输至天宁区在线鸟类生物多样性监测平台，为制定并实施生物及其栖息地保护恢复方案提供数据支撑。

（田　波）

12月，天宁区生态环境损害赔偿教育基地建成投用　　（天宁生态环境局 供图）

科学技术

◆栏目编辑　高振渊

综　述

2023年，天宁区以“532”发展战略为方向，推进科技项目建设，围绕新能源汽车零部件、第三代半导体、太阳能光伏三大产业开展科技招商活动20余次，5个项目入选常州市重大技术需求“揭榜挂帅”科技攻关项目，常州金襄新材料科技有限公司获评全国创新创业大赛优秀企业，2个项目在第十一届“创业江苏”科技创业大赛中获三等奖，4个项目在“华罗庚杯”常州市创新创业大赛中获奖。推进科技交流与合作，组织企业参加第二届省产学研大会，维发电子科技（常州）有限公司与清华大学合作的95瓷与金属材料（无氧铜、可伐合金）连接工艺开发项目在会上签约；推动4家企业与江苏省产业技术研究院合作成立企业联合创新中心，天宁区与湖南大学、西安交通大学、西安工程大学等高校院所开展产学研洽谈，签订产学研合同132项，解决技术需求132项。推进科技创新创业平台建设，加速推进武澄科创园二期、常州市工业互联网高新企业数据中心、5G科创中心、中欧（常州）检验检测认证国际合作产业园三期、云制造先导中心科创综合体暨人才综合体、西安交大长三角光电创新中心等市重点项目建设，全年新增省级科技企业孵化器1家、省级众创空间2家、市级众创空间2家、省级工程技术研究中心4家、市级工程技术研究中心20家、区级工程技术研究中心78家。强化科创企业培育，落实《天宁区创新主体培育倍增行动计划（2022—2025年）》，挖掘优质中小企业资源，加强政策引导与跟踪服务，加快培育创新型企业集群，全年新增高新技术企业198家、科技型中小企业402家、省级潜在独角兽企业1家、省级瞪羚企业4家，全区高新技术企业全年完成工业产值375.3亿元，占规模以上工业总产值的46.8%。

（王　晶）

科技项目

【概况】 2023年，天宁区组织申报省、市科技计划项目49项，其中省级项目12项、市级项目37项。立项项目15项，其中省级立项2项（农业项目1项、省成果转化项目1项），获科技经费1080万元；市级立项13项（社会发展项目3项、应用基础研究项目2项、领军型创新人才项目3项、引进外国人才专项项目1项、科技成果转化培育项目3项、重点研发计划1项），累计获科技经费138万元。5个项目获常州市重大技术需求“揭榜挂帅”科技攻关项目立项，获项目经费214万元。

【“高性能智能集成接口保护芯片研发及产业化”项目获省科技成果转化专项资金】 9月，江苏应能微电子股份有限公司承担的“高性能智能集成接口保护芯片研发及产业化”项目获省科技成果转化专项资金1000万元。该项目的高性能智能集成接口保护芯片目标产品，为具有超低电容、高抗浪涌电流能力及低钳位电压的智能接口保护芯片，具有响应速度快（<50ns）、超低寄生电容（<0.2pF）、抗浪涌功率密度高（>3A/0.1pF）、钳位电压稳定、可靠性强等优势。

【“水果冻干+压差膨化节能提质干燥技术与一体化装备研发”项目获省现代农业——重点及面上项目专项资金】 10月，江苏博莱克冷冻科技发展有限公司承担的“水果冻干＋压差膨化节能提质干燥技术与一体化装备研发”项目获江苏省现代农业——重点及面上项目资金80万元。该项目运用非热预处理技术形成水分迁移通道，加快冻干频率，明晰压差膨化替代解析干燥对半结合水和结合水脱除效率，探究冻干升华阶段骨架形成对压差膨化产品质地影响，构建孔隙结构质地变化模型，并研创一体化多功能干燥设备。

【5个项目入选市“揭榜挂帅”项目】2023年，“车规级电源管理芯片设计及封装关键技术研发”项目、“煤烟道气CCUS（碳捕集、利用与封存）核心材料的制备和应用技术”项目、“深海脐带缆用超级双相不锈钢改性及盘管加工技术”项目、“95瓷与金属材料（无氧铜、可伐合金）连接工艺开发”项目、“新能源汽车系列化无油涡旋压缩机研制及产业化应用”项目入选常州市重大技术需求“揭榜挂帅”科技攻关项目，累计获得首期市级支持资金214万元。

“车规级电源管理芯片设计及封装关键技术研发”项目，由江苏应能微电子股份有限公司承担，属于新材料领域项目，获首期市级支持资金50万元。该项目旨在研究一款宽输入、高稳定性的面向车规级应用的低压差线性稳压器（LDO）芯片，在确保其性能符合车规级标准(ACQ-100)前提下，对其输入范围、稳定性、电源抑制比、静态电流、启动速度以及面积（成本）等重要参数进行优化取舍，得出综合最优解；基于LDO的车规级应用需求，进一步为其设计温度保护、电流保护等辅助电路，提升安全属性。

“煤烟道气CCUS（碳捕集、利用与封存）核心材料的制备和应用技术”项目，由常州中南化工有限公司承担，属于新材料领域项目，获首期市级支持资金45万元。该项目主要研发新型固胺材料，优化载体形态和功能组分结构，创新材料制备技术，提高材料的二氧化碳饱和吸附容量，使制备的固胺材料具备较高的工业化应用价值；强化功能组分与载体间的结合力，提高固胺材料耐水性和热稳定性，改善工况适应性和循环使用性；制备硬度适中、颗粒均匀、粒度合理的固胺吸附材料，满足固定床或流动床工艺设计基本要求。

“深海脐带缆用超级双相不锈钢改性及盘管加工技术”项目，由江苏武进不锈股份有限公司承担，属于新材料领域项目，获首期市级支持资金45万元。该项目主要针对深海脐带缆用超级双相不锈钢管强度性能与延伸率再增加15%～20%开展研发，深海脐带缆用超级双相不锈钢管是开发海洋油气资源的深海水下系统的关键部件，必须具有高耐腐蚀、高压、高强韧性等性能要求。

“95瓷与金属材料（无氧铜、可伐合金）连接工艺开发”项目，由维发电子科技（常州）有限公司承担，属于新材料领域项目，获首期市级支持资金24万元。该项目主要研发氧化铝陶瓷在新能源领域（汽车、光伏储能、充换电等）的应用，开发适合产业化的金属与陶瓷焊接材料、焊接设备和相关制备工艺；氧化铝陶瓷具有高强度、高硬度、耐高温、抗腐蚀、耐磨以及优良的绝缘性能等特点，可用于电池密封连接、直流熔断器壳体、直流继电器壳体、动力电池盖板等关键产品。

“新能源汽车系列化无油涡旋压缩机研制及产业化应用”项目，由江苏曼淇威电气产品有限公司承担，属于新能源领域项目，获首期市级支持资金50万元。该项目主要研制无油涡旋压缩机和产业化应用，无油涡旋压缩机作为热泵、空调、制冷设备的核心部件，逐步应用于医疗装备、机械制造、新能源汽车等相关领域。

（王　晶）

科技平台

【概况】2023年，天宁区深入实施创新驱动发展战略，加强科技创新平台建设，筹建大连理工大学江苏研究院天宁创新中心。是年，新增省级科技企业孵化器1家，全区累计有国家级科技企业孵化器3家、省级科技企业孵化器7家、市级科技企业孵化器4家；新增省级众创空间2家、市级众创空间2家，全区累计有国家级众创空间1家、省级众创空间9家、市级众创空间9家；新增省级工程技术研究中心4家、市级工程技术研究中心20家、区级工程技术研究中心78家，全区累计有省级工程技术研究中心30家、市级工程技术研究中心121家、区级工程技术研究中心111家；全区累计有省级科技企业加速器1家、市级科技企业加速器5家；新增省产研院企业联合创新中心4家，全区累计9家。

【工业互联网科创中心孵化器被认定为省级科技企业孵化器】12月20日，常州市工业互联网科创中心孵化器被省科技厅认定为江苏省科技企业孵化器。该孵化器于2019年10月投入运营，设立孵化基金500万元，拥有可自主支配孵化场地面积1.33万平方米，专业孵化服务人员6名，为新材料、先进制造、医疗器械、电子信息、文化创意等行业的科技型企业提供孵化服务。至2023年年末，在孵企业16家，累计毕业企业9家。

【2家众创空间获省级认定】 中欧（常州）检验检测国际合作产业园众创空间、星云众创空间获评2023年度省级众创空间。

中欧（常州）检验检测国际合作产业园众创空间由常州弘阔信息科技发展有限公司运营，2021年成立，拥有场地面积900平方米、创业工位45个，有4名专职服务人员，为入驻创业团队和企业提供融资、创业、技术指导等服务。至2023年年末，众创空间为入驻创业团队和企业累计提供80万元创业种子资金，开展创新创业、创业教育培训等活动37场次，为创业者提供人才招聘、常规物业等基础服务，以及市场营销、财税咨询、知识产权咨询、创业辅导、投融资等专业化创新创业服务。2024年1月，被省科技厅认定为省级众创空间。

星云众创空间由常州思然文化科技有限公司负责运营，2022年成立，拥有场地面积2800平方米、创业工位40个，有6名以上专兼职服务人员，为入驻创业团队和企业提供融资、创业、技术指导等服务。至2023年年末，星云众创空间为入驻创业团队和企业累计提供240万元创业种子资金，开展大学生创业培训、龙城英才申报培训、知识产权指导、高新技术企业申报指导等活动16场次，为创业者提供低成本、全要素、全服务的开放式创业空间。2024年1月，被省科技厅认定为省级众创空间。

【2家众创空间获市级认定】 10月，亚芯科创园众创空间、青柠国际人才众创空间被市科技局认定为市级众创空间。2家众创空间均拥有900平方米左右的运营空间，其中亚芯科创园众创空间拥有办公场地面积900平方米、创业工位48个，青柠国际人才众创空间拥有办公场地面积910平方米、创业工位60个；2家众创空间均拥有3名以上专兼职服务人员，为入驻创业团队和企业提供融资服务；2家众创空间为入驻创业团队和企业累计提供500万元创业种子资金，开展创业沙龙、路演、创业大赛、创业教育培训等活动13场次，为创业者提供技术创新、信息咨询、科技中介、金融对接、成果转化等服务。至2023年年末，亚芯科创园众创空间入驻创业团队或企业15家，青柠国际人才众创空间入驻创业团队或企业11家。

【4家企业工程技术研究中心获评省级工程技术研究中心】 9月，江苏省矿山安全生产视觉智能检测工程技术研究中心、江苏省新能源汽车三电系统连接器及线束工程技术中心、江苏省新能源汽车电池材料智能化干燥成套装备工程技术研究中心、江苏省光伏连接系统工程技术研究中心被省科技厅认定为江苏省工程技术研究中心。

江苏省矿山安全生产视觉智能检测工程技术研究中心归属常州海图信息科技股份有限公司，主要为矿山安全应急和危化品等领域提供视觉信息感知及智能处理、工业安全监测与预警等AI识别核心装置及成套装备的研制，拥有专职研发人员34人，有授权的国家专利27件（其中发明专利21件、软件著作权2件）。2023年，该研究中心投入研发经费1096万元。

江苏省新能源汽车三电系统连接器及线束工程技术中心归属常州诺德电子股份有限公司，主要从事新能源汽车三电系统、汽车以太网连接、工业及数据中心PDU等产品研发，拥有各类工程专业技术人员35名，有授权的国家专利5件（其中发明专利4件）。2023年，该研究中心投入研发经费865.06万元。

江苏省新能源汽车电池材料智能化干燥成套装备工程技术研究中心归属常州一步干燥设备有限公司，主要从事干燥、制粒、混合、粉碎、焙烧等成套设备的研发，拥有各类技术人员25名，有授权的国家专利9件（其中发明专利2件）。2023年，该研究中心投入研发经费1270.41万元。

江苏省光伏连接系统工程技术研究中心归属江苏晖朗电子科技股份有限公司，主要从事光伏和储能连接解决方案的研发，拥有各类工程专业技术人员20名，有授权的国家专利2件。2023年，该研究中心投入研发经费1300万元。

【20家企业工程技术研究中心获评市级工程技术研究中心】 2023年，天宁区20家企业工程技术研究中心获评市级工程技术研究中心，全区累计121家。

表 42 2023 年天宁区新增常州市工程技术研究中心一览表

序号	名称	承担单位	所属区域
1	常州市高分子医用包装材料工程技术研究中心	常州市飞利达医用制品有限公司	天宁经济开发区
2	常州市智能驾驶重载线控底盘工程技术研究中心	一览科技（常州）有限公司	天宁经济开发区
3	常州市新能源汽车专用绕组线检测仪器工程技术研究中心	常州威远电工器材有限公司	天宁经济开发区
4	常州市节能型磷酸铁回转焙烧窑工程技术研究中心	江苏健达干燥工程有限公司	天宁经济开发区
5	常州市新能源智能出行工程技术研究中心	常州浩万新能源科技有限公司	天宁经济开发区
6	常州市智能化防爆视频监控工程技术研究中心	常州市佐安电器有限公司	天宁经济开发区
7	常州市空调干燥过滤器工程技术研究中心	常州市武进苏南制冷设备有限公司	天宁经济开发区
8	常州市液压自动化控制系统工程技术研究中心	江苏源普控制设备有限公司	郑陆镇
9	常州市微创穿刺工程技术研究中心	常州市环康医疗器械有限公司	郑陆镇
10	常州市高速离心喷雾干燥工程技术研究中心	常州市海江干燥设备有限公司	郑陆镇
11	常州市高性能终端显示支架工程技术研究中心	常州嘉瑞电器有限公司	郑陆镇
12	常州市医用高分子材料工程技术研究中心	常州市双马医疗器材有限公司	郑陆镇
13	常州市喷雾干燥机工程技术研究中心	江苏先导干燥科技有限公司	郑陆镇
14	常州市矿用电动闸阀工程技术研究中心	常州贝斯特控制设备有限公司	郑陆镇
15	常州市环保涂料工程技术研究中心	常州宝润涂料有限公司	郑陆镇
16	常州市柔性线路板工程技术研究中心	常州宇宙星电子制造有限公司	郑陆镇
17	常州市海绵城市设计工程技术研究中心	常州市市政工程设计研究院有限公司	郑陆镇
18	常州市高性能危化品钢提桶工程技术研究中心	常州菲莫斯桶业有限公司	郑陆镇
19	常州市“三废”综合处理与能源综合利用系统工程技术研究中心	江苏大恒环境技术有限公司	雕庄街道
20	常州市节能减排干燥装备工程技术研究中心	常州市豪迈干燥工程有限公司	天宁街道

【天宁区新增 4 家企业联合创新中心】 9 月，江苏康进医疗器材有限公司、江苏佳尔科药业集团股份有限公司、常州市华立液压润滑设备有限公司、常州制药厂有限公司分别与江苏省产业技术研究院（以下简称省产研院）合作成立企业联合创新中心（以下简称联创中心），省产研院为 4 家联创中心分别提供 50 万元建设运行经费，4 家企业分别为联创中心提供 100 万元建设运行经费。联创中心实行主任负责制，主任由 4 家公司各自选派，报省产研院备案；联创中心依托公司研发创新能力和省产研院各类创新资源，联合开展技术研发、人才培养等，推动公司及产业链上下游企业与外部创新资源合作，提升公司及产业链上下游企业竞争力。至 2023 年年末，常州制药厂联创中心为常州制药厂有限公司培养博士后 3 名。

（王 晶）

科技创新创业

【概况】 2023年，天宁区全面落实《天宁区创新主体培育倍增行动计划（2022—2025年）》，挖掘优质中小企业资源，加强政策引导与跟踪服务，完善科技型企业信息库，推进企业创新创业。是年，全区完成高新技术产业产值375.3亿元，占规模以上工业总产值的46.8%。根据市、区财政1∶1匹配奖励资金要求，兑现2022年高新技术企业奖励、双创载体星级评定项目资金、研发投入创新主体奖励资金累计3705万元。

【常州金襄新材料科技有限公司获评全国创新创业大赛“优秀企业”】 11月，常州金襄新材料科技有限公司在第十二届中国创新创业大赛中获评优秀企业。常州金襄新材料科技有限公司创建于2020年9月，主要从事计算机、通信和其他电子设备制造，拥有授权的国家发明专利4件。公司自主研发的微米纳米银包铜粉材料替代纯银粉，可提高粉体在浆料中接触面积，降低电池栅线电阻率，降低50%以上成本，并可大幅度降低进口银粉及同类产品采购量。2023年，光伏异质结电池低温浆料用关键材料多面球体银包铜粉体产业化项目在“创业江苏”科技创业大赛、“华罗庚杯”常州市创新创业大赛均获三等奖。

【新一代光储逆变器项目获省科技创业大赛三等奖】 9月，由肖华锋、纪德志、杨志、肖飞团队承担的新一代光储逆变器项目在第十一届“创业江苏”科技创业大赛中获三等奖。新一代光储逆变器对原光储逆变器产品进行高频、高功率密度化，并结合磁集成、模块化技术革新，实现新一代光储逆变器产品低成本和小型化，产品适用于分布式光伏发电、储能和5G基站供电等多应用场景。新一代光储逆变器项目的“零开关损耗逆变器拓扑”“功率解耦有源缓冲”“超薄PCB型交流滤波电感设计”等核心技术均为自主原创，具备国际领先水平，在“华罗庚杯”常州市创新创业大赛中获一等奖。

9月，常州金襄新材料科技有限公司获省科技创业大赛三等奖

（区委宣传部 供图）

【2个项目获市创新创业大赛二等奖】 7月，“谷氨酸废水综合利用开发固体水溶肥及产业化”项目、“超高压高分子内胆碳纤维缠绕高压储氢气瓶引领者”项目在“华罗庚杯”常州市创新创业大赛中获二等奖。

“谷氨酸废水综合利用开发固体水溶肥及产业化”项目由赵前飞、章国烈、高定桃组成的团队承担。项目对谷氨酸废水进行新工艺处理，依次进行四效浓缩、水不溶物分离、真空浓缩结晶分离、结晶干燥得到氨基酸酚，添加一定比例的促长素、抗结块物料和其他营养料，形成固体水溶肥，该水溶肥能够改善土壤环境，促进植物健康生长，保障食品质量安全。

“超高压高分子内胆碳纤维缠绕高压储氢气瓶引领者”项目由张笑闻、陈国清、张国平组成的团队承担。该项目采用航天运载火箭储氢气瓶的先进材料驱动创新结构设计理念，创新开发超高压高分子内胆碳纤维缠绕高压储氢气瓶，应用于机场特种车辆、保温车、城市客车、燃料电池低入口城市客车等商用车。

（王　晶）

科创企业

【概况】 2023年，天宁区新增高新技术企业198家，累计416家；新增科技型中小企业402家；新增省级潜在独角兽企业1家，累计5家；新增市级种子独角兽企业28家，累计28家；新增省级瞪羚企业4家，累计4家；新增市级瞪羚企业24家，累计68家；新增常州市高新技术产品210件。

【高新技术企业增至416家】 2023年，天宁区组织272家企业开展高新技术企业申报和到期重新申报，198家企业被认定为高新技术企业，其中首次认定104家、重新申报认定94家，全区累计高新技术企业416家，占全市高新技术企业总数的9.56%。416家高新技术企业涵盖新材料、生物与新医药、先进制造与自动化、电子信息、资源环境、高新技术服务等领域，全年投入研发经费20.35亿元，完成工业产值360.3亿元，占规模以上高新技术产业产值的96%，实现销售收入373.68亿元，利润25.84亿元。

表43 2023年天宁区新增（含到期重新申报）高新技术企业一览表

序号	企业名称	所属区域	备注
1	常州乾艺智能制造科技有限公司	天宁经济开发区	首次认定
2	常州市常顺医疗科技有限公司	天宁经济开发区	首次认定
3	常州荣声纺织科技有限公司	天宁经济开发区	首次认定
4	江苏迈步信息科技有限公司	天宁经济开发区	首次认定
5	雷亿尔精密机械科技（常州）有限公司	天宁经济开发区	首次认定
6	常州二更网络科技有限公司	天宁经济开发区	首次认定
7	常州亿立特新能源科技有限公司	天宁经济开发区	首次认定
8	常州市精艺机械制造有限公司	天宁经济开发区	首次认定
9	常州文风智能科技有限公司	天宁经济开发区	首次认定
10	常州月恒仪器仪表有限公司	天宁经济开发区	首次认定
11	常州邦瑞新材料科技有限公司	天宁经济开发区	首次认定
12	江苏名扬昱洁机械有限公司	天宁经济开发区	首次认定
13	江苏德天智能科技有限公司	天宁经济开发区	首次认定
14	江苏栋德机械科技有限公司	天宁经济开发区	首次认定
15	江苏纬博信息技术有限公司	天宁经济开发区	首次认定
16	中认国创检测技术（江苏）有限公司	天宁经济开发区	首次认定
17	常州友卓网络科技有限公司	天宁经济开发区	首次认定
18	常州市创达玻璃有限公司	天宁经济开发区	首次认定
19	常州市欧德姆智能机械设备有限公司	天宁经济开发区	首次认定
20	常州市罗托克阀门有限公司	天宁经济开发区	首次认定
21	常州方隆电子有限公司	天宁经济开发区	首次认定
22	常州浩万新能源科技有限公司	天宁经济开发区	首次认定
23	常州浩全电气科技有限公司	天宁经济开发区	首次认定
24	常州满旺半导体科技有限公司	天宁经济开发区	首次认定
25	常州苏双迈达精密机械有限公司	天宁经济开发区	首次认定
26	常州金牛奥科工业智能科技有限公司	天宁经济开发区	首次认定
27	德心智能科技（常州）有限公司	天宁经济开发区	首次认定

续表 43

序号	企业名称	所属区域	备注
28	江苏智慧水务研究院有限公司	天宁经济开发区	首次认定
29	江苏蓝博环保机械有限公司	天宁经济开发区	首次认定
30	维发电子科技（常州）有限公司	天宁经济开发区	首次认定
31	常州市三润医疗器械科技有限公司	天宁经济开发区	首次认定
32	常州常检一诺食品检测中心有限公司	天宁经济开发区	首次认定
33	江苏新礼文化发展有限公司	天宁经济开发区	首次认定
34	常州立骏电子科技有限公司	天宁经济开发区	首次认定
35	常州亿惠精密制造有限公司	天宁经济开发区	首次认定
36	常州嘉瑞电器有限公司	郑陆镇	首次认定
37	常州市尔邦干燥设备有限公司	郑陆镇	首次认定
38	常州市明珠干燥设备有限公司	郑陆镇	首次认定
39	常州市正元干燥工程有限公司	郑陆镇	首次认定
40	常州市海江干燥设备有限公司	郑陆镇	首次认定
41	常州市翊航新材料科技有限公司	郑陆镇	首次认定
42	常州市迅隆电器有限公司	郑陆镇	首次认定
43	常州市银杰包装有限公司	郑陆镇	首次认定
44	常州市龙吟塑业有限公司	郑陆镇	首次认定
45	常州贝斯特控制设备有限公司	郑陆镇	首次认定
46	江苏优特安智能科技有限公司	郑陆镇	首次认定
47	科森传动设备常州有限公司	郑陆镇	首次认定
48	常州全知电器设备有限公司	郑陆镇	首次认定
49	常州嘉博艺电子有限公司	郑陆镇	首次认定
50	常州市万喜机械有限公司	郑陆镇	首次认定
51	常州市东腾金属热处理有限公司	郑陆镇	首次认定
52	常州市优博干燥工程有限公司	郑陆镇	首次认定
53	常州市创佳干燥科技有限公司	郑陆镇	首次认定
54	常州市恒诚环保科技有限公司	郑陆镇	首次认定
55	常州市新型干燥设备有限公司	郑陆镇	首次认定
56	常州市熠高驱动科技有限公司	郑陆镇	首次认定
57	常州市瑞铭机械有限公司	郑陆镇	首次认定
58	常州市苏力干燥设备有限公司	郑陆镇	首次认定
59	常州泛能包装有限公司	郑陆镇	首次认定
60	常州苏正干燥设备有限公司	郑陆镇	首次认定

续表 43

序号	企业名称	所属区域	备注
61	江苏大江干燥设备有限公司	郑陆镇	首次认定
62	爱巢生物科技(常州)有限公司	郑陆镇	首次认定
63	鸿谦仪表(常州)有限公司	郑陆镇	首次认定
64	常州市武进盛源化工有限公司	郑陆镇	首次认定
65	常州市中通干燥设备有限公司	郑陆镇	首次认定
66	常州市佳善干燥设备有限公司	郑陆镇	首次认定
67	常州市坚力橡胶有限公司	郑陆镇	首次认定
68	常州市奥普德塑业有限公司	郑陆镇	首次认定
69	常州市德能干燥设备有限公司	郑陆镇	首次认定
70	常州市成博工程技术有限公司	郑陆镇	首次认定
71	常州市旭日包装有限公司	郑陆镇	首次认定
72	常州市苏南环保设备有限公司	郑陆镇	首次认定
73	常州市迅驰干燥设备有限公司	郑陆镇	首次认定
74	常州汇能线圈制造有限公司	郑陆镇	首次认定
75	常州江泰复合材料科技有限公司	郑陆镇	首次认定
76	常州源光节能科技有限公司	郑陆镇	首次认定
77	常州百联科技有限公司	郑陆镇	首次认定
78	江苏浩金环保工程有限公司	郑陆镇	首次认定
79	常州隆利医疗科技有限公司	郑陆镇	首次认定
80	常州京林医疗器械有限公司	郑陆镇	首次认定
81	常州华欧涂装工程有限公司	郑陆镇	首次认定
82	常州市富顺机械有限公司	郑陆镇	首次认定
83	江苏麦迪威尔医疗器械有限公司	郑陆镇	首次认定
84	常州市文杰炉料有限公司	郑陆镇	首次认定
85	常州市格雷特化工工程有限公司	郑陆镇	首次认定
86	常州市武进红东电子有限公司	郑陆镇	首次认定
87	常州市益球中亚干燥设备有限公司	郑陆镇	首次认定
88	常州晨虹不锈钢制品有限公司	郑陆镇	首次认定
89	常州龙灏医疗科技有限公司	郑陆镇	首次认定
90	江苏尚金干燥科技有限公司	郑陆镇	首次认定
91	江苏穹宇机械科技有限公司	郑陆镇	首次认定
92	常州亿米基电站辅机有限公司	郑陆镇	首次认定
93	常州帝祥机械有限公司	郑陆镇	首次认定

续表 43

序号	企业名称	所属区域	备注
94	常州山峰化工有限公司	雕庄街道	首次认定
95	常州派普塑业科技有限公司	雕庄街道	首次认定
96	普偌迈机电制造（常州）有限公司	雕庄街道	首次认定
97	江苏行迹信息科技有限公司	雕庄街道	首次认定
98	江苏锦丰业汽车新材料科技有限公司	雕庄街道	首次认定
99	常州市杰霞塑料包装有限公司	雕庄街道	首次认定
100	常州伟韬智能科技有限公司	茶山街道	首次认定
101	常州纳尔森机电有限公司	茶山街道	首次认定
102	常州新吉大矿用设备制造有限公司	红梅街道	首次认定
103	江苏诚印科技有限公司	红梅街道	首次认定
104	科铄信息科技常州有限公司	兰陵街道	首次认定
105	常州东方伊思达染织有限公司	天宁经济开发区	重新申报认定
106	常州力马智能装备科技有限公司	天宁经济开发区	重新申报认定
107	常州宇宙星电子制造有限公司	天宁经济开发区	重新申报认定
108	常州市优高电子科技有限公司	天宁经济开发区	重新申报认定
109	常州市佐安电器有限公司	天宁经济开发区	重新申报认定
110	常州市翔云智能控制系统股份有限公司	天宁经济开发区	重新申报认定
111	常州捷希新材料科技有限公司	天宁经济开发区	重新申报认定
112	常州海石智能装备有限公司	天宁经济开发区	重新申报认定
113	常州米德克光电科技有限公司	天宁经济开发区	重新申报认定
114	常州诺德电子股份有限公司	天宁经济开发区	重新申报认定
115	常州铂林热处理有限公司	天宁经济开发区	重新申报认定
116	江苏路航建设工程有限公司	天宁经济开发区	重新申报认定
117	黑牡丹纺织有限公司	天宁经济开发区	重新申报认定
118	坛墨质检科技股份有限公司	天宁经济开发区	重新申报认定
119	常州亚玛顿股份有限公司	天宁经济开发区	重新申报认定
120	常州力马干燥科技有限公司	天宁经济开发区	重新申报认定
121	常州华普塑料容器有限公司	天宁经济开发区	重新申报认定
122	常州喜莱维纺织科技有限公司	天宁经济开发区	重新申报认定
123	常州固堡电子有限公司	天宁经济开发区	重新申报认定
124	常州明杰重工科技股份有限公司	天宁经济开发区	重新申报认定
125	常州鑫立离子技术有限公司	天宁经济开发区	重新申报认定
126	江苏博润电气科技有限公司	天宁经济开发区	重新申报认定

续表 43

序号	企业名称	所属区域	备注
127	江苏常环环境科技有限公司	天宁经济开发区	重新申报认定
128	江苏应能微电子股份有限公司	天宁经济开发区	重新申报认定
129	江苏源普控制设备有限公司	天宁经济开发区	重新申报认定
130	江苏美丽华电器有限公司	天宁经济开发区	重新申报认定
131	江苏视博云信息技术有限公司	天宁经济开发区	重新申报认定
132	江苏诺米新材料科技有限公司	天宁经济开发区	重新申报认定
133	江苏骠马智能装备股份有限公司	天宁经济开发区	重新申报认定
134	江苏龙衡环境科技有限公司	天宁经济开发区	重新申报认定
135	江苏汉武智能科技有限公司	天宁经济开发区	重新申报认定
136	常州柯勒玛智能装备有限公司	天宁经济开发区	重新申报认定
137	山河美（常州）环保科技有限公司	天宁经济开发区	重新申报认定
138	常州市赫铭自动化科技有限公司	天宁经济开发区	重新申报认定
139	常州智联云数字科技股份有限公司	天宁经济开发区	重新申报认定
140	常州曼淇威压力控制技术有限公司	天宁经济开发区	重新申报认定
141	常州银杉信息技术有限公司	天宁经济开发区	重新申报认定
142	江苏亿润线缆有限公司	天宁经济开发区	重新申报认定
143	江苏泛腾电子科技有限公司	天宁经济开发区	重新申报认定
144	江苏网博视界网络科技股份有限公司	天宁经济开发区	重新申报认定
145	航天云网数据研究院（江苏）有限公司	天宁经济开发区	重新申报认定
146	常州东皓电气有限公司	郑陆镇	重新申报认定
147	常州佳成干燥设备有限公司	郑陆镇	重新申报认定
148	常州品正干燥设备有限公司	郑陆镇	重新申报认定
149	常州富鸿达电子有限公司	郑陆镇	重新申报认定
150	常州市九洲彩色印务有限公司	郑陆镇	重新申报认定
151	常州市双鹤医用包装科技有限公司	郑陆镇	重新申报认定
152	常州市名流干燥设备有限公司	郑陆镇	重新申报认定
153	常州市智阳机械设备有限公司	郑陆镇	重新申报认定
154	常州市榆轩环境设备有限公司	郑陆镇	重新申报认定
155	常州市豪迈干燥工程有限公司	郑陆镇	重新申报认定
156	常州海特赐仁传动科技有限公司	郑陆镇	重新申报认定
157	常州润达铁合金有限公司	郑陆镇	重新申报认定
158	江苏先导干燥科技有限公司	郑陆镇	重新申报认定
159	江苏武进不锈股份有限公司	郑陆镇	重新申报认定

续表 43

序号	企业名称	所属区域	备注
160	江苏江本自控设备有限公司	郑陆镇	重新申报认定
161	燕加隆机械科技（江苏）有限公司	郑陆镇	重新申报认定
162	常州坚正橡塑制品有限公司	郑陆镇	重新申报认定
163	常州宏业包装材料有限公司	郑陆镇	重新申报认定
164	常州市一新干燥设备有限公司	郑陆镇	重新申报认定
165	常州市信宝电源设备有限公司	郑陆镇	重新申报认定
166	常州市力源恒机械有限公司	郑陆镇	重新申报认定
167	常州市双佳电器有限公司	郑陆镇	重新申报认定
168	常州市宁河新材料科技有限公司	郑陆镇	重新申报认定
169	常州市晨涛医疗器械有限公司	郑陆镇	重新申报认定
170	常州市武进三维电子有限公司	郑陆镇	重新申报认定
171	常州海辰装饰材料有限公司	郑陆镇	重新申报认定
172	江苏佳尔科药业集团股份有限公司	郑陆镇	重新申报认定
173	江苏日成橡胶有限公司	郑陆镇	重新申报认定
174	常州吉斯佰恩新材料科技有限公司	郑陆镇	重新申报认定
175	常州市嘉昶机械有限公司	郑陆镇	重新申报认定
176	常州市悦腾机械有限公司	郑陆镇	重新申报认定
177	常州市长江干燥设备有限公司	郑陆镇	重新申报认定
178	常州永邦干燥机械有限公司	郑陆镇	重新申报认定
179	江苏科源阀门制造有限公司	郑陆镇	重新申报认定
180	冠奕达防爆电器有限公司	雕庄街道	重新申报认定
181	常州市林克制衣有限公司	雕庄街道	重新申报认定
182	常州齐丰机械电子有限公司	雕庄街道	重新申报认定
183	江苏常编集成科技有限公司	雕庄街道	重新申报认定
184	创志科技（江苏）股份有限公司	雕庄街道	重新申报认定
185	常州制药厂有限公司	雕庄街道	重新申报认定
186	常州市恒纶纺织有限公司	雕庄街道	重新申报认定
187	常州瑞曦生物科技有限公司	雕庄街道	重新申报认定
188	常州兰陵制药有限公司	雕庄街道	重新申报认定
189	常州华福环境科技股份有限公司	雕庄街道	重新申报认定
190	常州四药制药有限公司	茶山街道	重新申报认定
191	常州美源亚麻纺织有限公司	茶山街道	重新申报认定
192	江苏盛奥华环保科技有限公司	茶山街道	重新申报认定

续表 43

序号	企业名称	所属区域	备注
193	常州市规划设计院	红梅街道	重新申报认定
194	常州市新瑞得仪器有限公司	天宁街道	重新申报认定
195	常州庞云网络科技有限公司	天宁街道	重新申报认定
196	常州金姆健康科技有限公司	天宁街道	重新申报认定
197	江苏筑原建筑设计有限公司	天宁街道	重新申报认定
198	江苏冠成智能科技有限公司	兰陵街道	重新申报认定

【独角兽企业】 2023年，天宁区坚持强化企业科技创新主体地位，提升企业自主创新能力，对成立不超过10年、估值超过10亿美元，且发展速度快、蕴含较大投资机遇的非上市企业，加快培育为独角兽企业。是年，江苏怀业信息技术股份有限公司入选苏南国家自主创新示范区潜在独角兽企业，常州辉途智能科技有限公司、常州市恒诚环保科技有限公司、纳图智能科技(常州)有限公司等28家企业入选常州市种子独角兽企业。

表44　2023年天宁区新增常州市种子独角兽企业一览表

序号	企业名称	所属区域
1	常州辉途智能科技有限公司	天宁经济开发区
2	常州荣声纺织科技有限公司	天宁经济开发区
3	常州韦斯佰瑞电子科技有限公司	天宁经济开发区
4	维发电子科技（常州）有限公司	天宁经济开发区
5	常州森美特微电子有限公司	天宁经济开发区
6	常州亿立特新能源科技有限公司	天宁经济开发区
7	维慕曦生物科技（常州）有限公司	天宁经济开发区
8	一览科技（常州）有限公司	天宁经济开发区
9	常州邦瑞新材料科技有限公司	天宁经济开发区
10	中认国创检测技术（江苏）有限公司	天宁经济开发区
11	常州奥比利智能科技有限公司	天宁经济开发区
12	江苏晟銮电子科技有限公司	天宁经济开发区
13	常州铂林热处理有限公司	天宁经济开发区
14	常州市瑞德信息科技有限公司	天宁经济开发区
15	江苏霍利森电子科技有限公司	天宁经济开发区
16	江苏名扬昱洁机械有限公司	天宁经济开发区
17	常州领威特信息技术有限公司	天宁经济开发区
18	江苏上能同创电气有限公司	天宁经济开发区
19	常州市恒诚环保科技有限公司	郑陆镇

续表 44

序号	企业名称	所属区域
20	科森传动设备常州有限公司	郑陆镇
21	常州市成博工程技术有限公司	郑陆镇
22	江苏圣曼科技工程有限公司	郑陆镇
23	常州泛能包装有限公司	郑陆镇
24	常州隆利医疗科技有限公司	郑陆镇
25	纳图智能科技（常州）有限公司	雕庄街道
26	常州罗尼斯特种导体有限责任公司	雕庄街道
27	江苏虫洞电商科技有限公司	兰陵街道
28	江苏千瓦科技有限公司	兰陵街道

【瞪羚企业】 2023 年，天宁区以“科技是第一生产力、人才是第一资源、创新是第一动力”为发展理念，发挥高成长性科技企业对区域经济发展和产业集聚的引领带动作用。是年，常州智谷机电科技有限公司、常州海图信息科技股份有限公司、常州仁千电气科技股份有限公司、常州市蓝博氢能源科技有限公司 4 家企业获评省级瞪羚企业，常州璟上电子有限公司、常州市海江干燥设备有限公司、常州锦喜钛业科技有限公司等 24 家企业获评市级瞪羚企业。

常州智谷机电科技有限公司成立于 2013 年，为国家高新技术企业，主要从事服装行业、家纺行业、汽车行业、箱包行业等领域机械自动化缝制设备的研发和个性化定制，拥有授权的国家专利 151 件，其中发明专利 11 件、实用新型专利 120 件。2023 年，公司投入科研经费 548.3 万元，占销售收入的 4.52%，完成产值 12274.4 万元。

常州海图信息科技股份有限公司成立于 2013 年，为国家高新技术企业，主要从事数字音视频压缩、存储、解压缩及人工智能研究和解决方案，为安全应急、能源、交通、教育等领域提供视觉信息感知及智能处理、流媒体视讯、工业安全诊断与预警等整套软硬件解决方案，拥有授权的国家专利 39 件，其中发明专利 14 件、软件著作权 18 件。2023 年，公司投入科研经费 1096.1 万元，占销售收入的 7.83%，完成产值 12893 万元。

常州仁千电气科技股份有限公司成立于 2013 年，为国家高新技术企业，主要从事通信器件、通信终端、通信系统等高科技产品的研发与生产，拥有授权的国家专利 36 件，其中发明专利 13 件、软件著作权 1 件。2023 年，公司投入科研经费 360.3 万元，占销售收入的 9.26%，完成产值 3889.01 万元。

常州市蓝博氢能源科技有限公司成立于 2009 年，为国家高新技术企业，主要从事氢气制取系统的研发、生产与销售，并在工业领域及新能源领域提供包括甲醇制氢设备、电解水制氢设备、变压吸附提氢设备运行所需管理系统平台在内的一体化、“一站式”氢能源解决方案，拥有各类氢气制取系统的全流程自主知识产权和各项专利 20 余件。2023 年，公司投入科研经费 293.75 万元，占销售收入的 6.12%，完成产值 4797.31 万元。

表 45　2023 年天宁区新增市级瞪羚企业一览表

序号	企业名称	所属区域
1	常州璟上电子有限公司	天宁经济开发区
2	江苏名扬昱洁机械有限公司	天宁经济开发区
3	常州市威博称重设备系统有限公司	天宁经济开发区
4	江苏泛腾电子科技有限公司	天宁经济开发区

续表 45

序号	企业名称	所属区域
5	常州中电新能电器科技有限公司	天宁经济开发区
6	江苏上能同创电气有限公司	天宁经济开发区
7	江苏艾斯卓智能系统有限公司	天宁经济开发区
8	江苏灵动飞扬科技有限公司	天宁经济开发区
9	常州荣声纺织科技有限公司	天宁经济开发区
10	江苏晖朗电子科技股份有限公司	天宁经济开发区
11	常州伟博海泰化妆品有限公司	天宁经济开发区
12	常州市海江干燥设备有限公司	郑陆镇
13	科威天使环保科技集团股份有限公司	郑陆镇
14	常州隆利医疗科技有限公司	郑陆镇
15	常州市榆轩环境设备有限公司	郑陆镇
16	常州市加豪制冷设备有限公司	郑陆镇
17	常州锐德医疗科技有限公司	郑陆镇
18	常州悦耀电气有限公司	郑陆镇
19	常州天马粉体科技有限公司	郑陆镇
20	常州市华耀智能科技有限公司	郑陆镇
21	常州市冠通新材料科技有限公司	郑陆镇
22	江苏圣曼干燥设备工程有限公司	郑陆镇
23	常州市凯优医疗器械有限公司	郑陆镇
24	常州锦喜钛业科技有限公司	雕庄街道

【科技型中小企业新增402家】 2023年，天宁区统筹实施科技型中小企业育新苗、强内功、促提升、聚人才、惠政策五大行动，培育壮大科技型中小企业主体规模，提升科技型中小企业创新能力，激发科技型中小企业创新创业创造活力，推进科技型中小企业培育，全区中小企业全年累计投入科研经费86164.62万元，新增科技人员940名。区科技局按照科技型中小企业认定标准，组织434家企业申报科技型中小企业，其中402家企业被省科技厅认定为科技型中小企业。至年末，新增的402家科技型中小企业全年完成主营业务收入1253154.6万元，实现利润总额79356.18万元。

（王　晶）

教 育

◆ 栏目编辑 谈燕媛

综 述

【学校资源布点与设施建设】 2023年，天宁区围绕打造“常有优学”教育名片，持续实施高质量发展“8610”（八大举措、六大工程、十大项目）工作计划，将教育资源供给作为重中之重，加大学校基础设施建设力度。是年，常州市天宁区竹林壹号幼儿园、常州市清凉小学、常州市光华学校建成投用，常州市天宁区实验幼儿园分园、常州市天宁区舜新幼儿园、茶山街道北侧地块幼儿园、常州市怡康小学完成建设，新增学位2340个。天宁区季子幼儿园、常州市常青小学2个建设项目有序推进。常州市第二实验小学老校区改扩建项目、常州市焦溪初级中学改扩建项目等3个项目办理前期建设手续。

（史科成）

【教育教学品牌建设】 2023年，天宁区围绕教育高质量发展目标，在中青年师资队伍培养、智慧教育样板区培育、党的建设研究和思政一体化建设项目方面推进教育教学品牌建设。3月，按照《教育部办公厅关于实施新时代中小学名师名校（园）长培养计划（2022—2025年）的通知》要求，启动“教育实践家”培育项目，运用理论研修、驻校研修、示范带学、课题研究、成果展示等方式，通过蓄能提升期、提速发展期、凝练辐射期3个阶段，用3年时间，培养基础教育领域有高尚道德力、卓越领导力、精深专业力、前瞻科研力和广泛影响力的中青年师资队伍。5月，天宁区获评江苏省智慧教育样板区培育区域，通过开展“新理念行动”“新基建行动”“新教学行动”“新素养行动”及网络安全行动，提升智慧教育水平，赋能区域教育高质量发展。6月，天宁区在全市率先开展大中小学思政课一体化共同体建设，“关心为核：天宁区指向主人翁意识培育的思政课一体化建设”项目入选江苏省大中小学思政课一体化建设示范项目，常州市博爱小学、常州市凤凰新城实验小学获评常州市思政育人特色学校，8名教师分别参加全国、省、市中小学思政教师基本功、评优课展评，均获一等奖，常州市华润小学何燕、常州市实验初中天宁分校钱铮入选教育部全国中小学思政课教师教学基本功展示交流活动典型经验名单，常州市第二实验小学邵沪杰获评常州市特级教师后备人才，14所学校

9月，常州市清凉小学建成投用 （区教育局 供图）

获常州市中小学法治教育实践活动案例评比一等奖。9月，天宁区委教育工委启动“百千万”（百名宣讲员进校园、千名党员争先锋、万名少儿传薪火）初心育宁星课堂党建品牌建设，打造“1+N”（“1”指初心育宁寄园主题文化馆，“N”指分馆）初心育宁星课堂主题教育阵地和“百千万”行动，构建以学校为主体、以片区为共同体的协同育人机制，邀请不同领域的先进人物进校园宣讲，传承天宁星课堂的教育力量，形成“一片区一主题”的校内校外全链条思政育人模式；发挥党员教师作用，形成“一片区一群团”的公益课堂服务模式；引导全区7万余名少年儿童听党话、跟党走，形成“一片区一特色”的党团队共建模式，“‘百千万’初心育宁星课堂——新时代党建引领铸魂育人的区域实践研究”被列为2023年度江苏省教育系统党的建设研究立项课题。

（虞新伟）

表46　2023年天宁区参加省、市中小学思政教师基本功、评优课展评获奖人员一览表

获奖类别	获奖人员
江苏省小学道德与法治教师基本功展评一等奖	何　燕
江苏省初中道德与法治教师基本功展评一等奖	钱　铮
常州市小学道德与法治教师基本功竞赛一等奖	沙　可　张茹珺
常州市首届课程思政教学基本功技能竞赛（小学数学）一等奖	刘颖婷
常州市首届课程思政教学基本功技能竞赛（小学语文）一等奖	纵瑞怡
常州市首届课程思政教学基本功技能竞赛（初中历史）一等奖	朱　清
常州市首届课程思政教学基本功技能竞赛（初中生物）一等奖	於琳雅

【教学改革实验项目】2023年，天宁区持续推进教学改革实验项目研究，雕庄中心幼儿园“基于健康核心经验下单元式运动游戏”项目（后更名为“基于关键经验下的运动游戏单元实践研究”）、常州市第二实验小学“基于数字画像的学生综合素质评价研究”项目、常州市博爱小学“学习社区：高质量育人的创新实践”项目、常州市香梅小学“学习中心视角下‘慧学作业’的实践探索”项目、常州市浦前中心小学“传统文化传承创新导向下的跨学科主题学习研究”项目被市教育局确定为市基础教育学校品质提升建设项目暨前瞻性教学改革实验项目。常州市清凉小学“人工智能赋能作业设计与管理变革的实践创新”项目，被立项为江苏省义务教育课程与教学改革内涵建设项目暨前瞻性教学改革实验项目。该项目通过人工智能技术，使用无感沉淀理念，在不改变师生纸笔习惯下，利用智能硬件终端实现作业数据的高效采集，帮助师生及时发现和解决问题，提升作业管理效能，切实减轻学生过重的作业负担。

（宋晓屏）

【教育科研】2023年，天宁区继续以省规划课题“数据赋能课堂教学评价的实证研究”和省基础教育前瞻性教学改革重大实验项目“区域联动推进学科育人的新教学实验”为抓手，有序推进教育科研工作。年内，组织学校申报省教育科学规划2023年度课题8个、江苏省教学研究第15期课题8个、常州市教育科学“十四五”规划第二批备案课题56个、天宁区教科研课题76个，开展新课程培训、项目专题性研讨、大单元教学研究、课例研究、教学观摩研讨、优质课评比、青年教师基本功比赛、教科研基地校活动、省市区规划课题及教研课题结题、课题组长培训会、名师工作室研究课、联校教研等教科研活动200余场，推进教师发展工作室、新教师集中培训等项目，全年累计培训教师3万余人次，全面提升教师专业发展水平。是年，天宁区创成国家级科学教育实验区；“‘交互式探究性’数字化课堂教学范式”和“农村幼儿园创意手指游戏体系建设的20年实践探索”获国家级教学成果奖基础教育类二等奖；在第六批常州市教科研基地终结性评选中，常州市华润小学、常州市龙锦小学获评优秀并进入第七批常州市教科研基地研究，常州市东青实验学校、常州市第二十四中学天宁分校、常州市兰陵小学等6所学校被评定为合格。教师队伍人才辈出，57人次评为常州市五级梯队人才，其中特级教师后备人才4人、教学能手21人、教学新秀32人；56人次获得省、

市教育教学类表彰奖励，其中常州市龙锦小学老师纵瑞怡在江苏省第二十三届青年教师小学语文课堂观摩暨优课评选活动中获特等奖第一名，并获最高奖“李吉林语文教学奖”；16 人次分别获评常州市特级、高级、骨干、龙城十佳班主任。

表 47　2023 年天宁区获得省、市教育教学类表彰奖励教师名单一览表

获奖类别	获奖人员
江苏省基础教育学科教学基本功竞赛一等奖	钱　铮　吴文洁　姚晶晶　葛　恬　何　燕
江苏省基础教育学科教学基本功竞赛二等奖	何佳玲　孙　华　杨云澄　邵　丹　王惟一
江苏省基础教育学科教学评优课比赛一等奖	周　晶　王　洁　纵瑞怡　黄　妍　高　妍　顾泓雯　刘颖婷
江苏省基础教育学科教学评优课比赛二等奖	刘　艳　吴洪菲
常州市基础教育学科教学基本功竞赛一等奖	於琳雅　朱　清　吴　凯　蒋　雯　周　玥　刘颖婷　杨云澄　周　昀　高卫超　谈梦霞　沈　昱　宣梦婷　周雪梦　朱　虹　居爱君　沙　可　张茹珺　杨梦媛　纵瑞怡
常州市基础教育学科教学基本功竞赛二等奖	储　瑾　戴罗胜　程晓晓　曾亚昕　奚嘉敏
常州市基础教育学科教学评优课比赛一等奖	徐志强　杨梦媛　史嘉妮　刘　艳　周　晶　王　洁　张　金　高　妍　周　昀
常州市基础教育学科教学评优课比赛二等奖	曹　湘　顾泓雯　季奕雯　王梦如

表 48　2023 年天宁区获评市五级梯队教师名单一览表

梯队类别	获评人员
常州市特级教师后备人才	孙　敏　许　吁　季焕庆　邵沪杰
常州市教学能手	吴华丹　何佳玲　计　妍　刘颖婷　王姹萍　戚云子　朱　玥　金　赟　顾春烂　张云飞　杨丹慧　李云舒　李文娟　苏惠平　周　昀　倪立伟　巢　果　杨　柳　薛玲琳　陈　涛　华　翀
常州市教坛新秀	徐志强　蒋　军　郑智伟　王　曦　何　恬　沈　梦　王艺丹　朱　虹　夏　芳　张雨寒　崔昺瑢　李成祥　周海梅　苏　婕　何婧怡　王凤昌　戴罗胜　刘宁洁　王圣洁　李旻轩　杨云澄　王　杰　吕　杨　姚　婧　胡　帆　邹梦尧　汤　琦　刘　萌　姜婧茹　张佳祺　栾林玉　张　超

表 49　2023 年天宁区获评市特级、高级、骨干、龙城十佳班主任名单一览表

称号	获评人员
龙城十佳班主任	姚　枫　杨继云
常州市特级班主任	戴飞英
常州市高级班主任	刘　芬　徐晶晶　吴丽华
常州市骨干班主任	肖　萍　陈　芸　杨　丹　李　霞　周　叶　沈　洁　邵佳丽　梅海燕　孙　莉　沈亚南

（史柏良）

【校园安全】 2023 年，区教育局贯彻落实省政府《关于加强中小学幼儿园安全风险防控体系建设的实施意见》，推进校园安全保卫工作。全区校园封闭化管理 100%，一键式紧急报警、视频监控系统与属地公

安部门联网率100%，专职保安员及安防器械配备率100%，校门口硬质防冲撞设施设置率100%。是年，常州市红梅实验小学、天宁区海华幼儿园、天宁区东坡幼儿园创成常州市平安校园，全区累计有省级平安校园21家、市级平安校园58家，市级以上平安校园占比达91.9%。加强学校食品安全管理，对辖区学校食品安全管理开展拉网式排查5次，发现并督促整改问题23个，3所学校获评第六批天宁区学校食堂“五常”（常分类、常整理、常清洁、常检查、常自律）管理示范单位。

（徐　敏）

学前教育

【概况】 2023年，天宁区有幼儿园54所，其中省、市级优质幼儿园48所（含年内新增1所省优质幼儿园、2所市优质幼儿园），普惠性幼儿园覆盖率97.77%；在园幼儿16437人，其中省、市优质幼儿园在园幼儿16077人，占在园幼儿总数的97.81%；全区保教人员2072人，其中专任教师1427人，在省、市教育活动和案例评比中获奖教师10人次。年内，《天宁区学前教育高品质发展三年行动计划(2024—2026年)》完成编制与集中论证，新增市“幼小科学衔接”优质校4所（全区累计8所），6所幼儿园拥有省、市课程游戏化项目，新增31个区级课程游戏化项目。

（施亚芳）

表50　2023年天宁区参加省、市教育活动和案例评比获奖教师名单一览表

获奖类别	获奖人员	所属单位
江苏省幼儿园优质教育活动二等奖	郭其杭	天宁区紫云幼儿园
常州市幼儿园优质教育活动一等奖	郭其杭	天宁区紫云幼儿园
常州市幼儿园优质教育活动二等奖	陆亚伟	常州市机关幼儿园
	王梦如	天宁区清凉新村幼儿园
常州市“基于儿童经验的幼儿园班本化课程案例展评”一等奖	邵　冰　青白玥	天宁区广化幼儿园
常州市“基于儿童经验的幼儿园班本化课程案例展评”二等奖	武　冰　王梦如	天宁区清凉新村幼儿园
	陈丽君　黄丹宁	常州市红溪实验幼儿园

【天宁区获评国家级学前教育普及普惠区】 2023年，天宁区按照国家级学前教育普及普惠区创建方案要求，建立学前教育领导小组和学前教育联席会议制度，细化任务，分步实施，有序推进学前教育普及普惠区创建。年内，精准解读、科学分析普及普惠指标，按普及普惠指标要求核查、填报学生生源等数据，落实招生计划。至年末，全区班额达标（小班25人、中班30人、大班35人）的班级数占比85%以上。分步推进优质园创建，邀请专家实施专项培训，形成自评报告，落实区域帮扶，至年末，天宁区天成幼儿园创成省优质幼儿园，天宁区海华幼儿园、天宁区阳光幼儿园创成市优质幼儿园，天宁区德美复宁思幼儿园接受省优质幼儿园创建现场评估，天宁区翠竹幼儿园、天宁区天隆和记黄埔幼儿园、天宁区华润鸣乔幼儿园接受省优质幼儿园复审现场评估。深入开展幼儿园内涵建设，分层落实幼儿园新三年发展规划论证，推进主动发展项目研究，有序开放项目研究成果现场，天宁区推进课程游戏化项目实施情况被省级专家组评定为优秀等级，31个区级主动发展项目完成立项并开题论证。2024年1月，天宁区被教育部确定为国家级学前教育普及普惠区。

（施亚芳）

【天宁区推进托幼一体化建设】 2023年，天宁区鼓励和支持有条件的幼儿园开设托班，推进托幼一体化建设。年内，辖区内有条件的幼儿园均设置满足托育要求的盥洗区、游戏区、活动区、餐饮区和午睡区，购置符合托班幼儿身高的桌椅柜床，提供多元化的益智、科学、生活、美工、扮演、音乐等游戏材料。天宁区加大保教人员培训力度，提升保教人员综合素养和育婴技能，全区提供托育服务的园所中有65%的保教人员拥有育婴师证。依据0～3岁婴幼儿身心发展规律和特点设置游戏课程，坚持保育为主、保教结合，满足婴幼儿照护服务需求。至年末，30所幼儿园开设托班36个，提供托位720个。

（施亚芳）

【3 所幼儿园获评省、市优质幼儿园】 2023 年，天宁区天成幼儿园创成江苏省优质幼儿园，天宁区海华幼儿园、天宁区阳光幼儿园创成常州市优质幼儿园。

天成幼儿园秉承“爱与成长”办园理念，以科学规范为准绳，以开拓创新为根本，以全面发展为目标，实施精细化管理，优化师资队伍，科学合理组织和安排幼儿一日活动，将游戏化理念渗透到课程设计和实施中，优化保教质量。

海华幼儿园践行“亲自然、顺性为、和乐美”办园理念，以培养乐智乐心儿童为目标，以项目为抓手，推进课程游戏化的园本化实践，创设共生环境，打造发展平台，赋能教师团队建设，打造特色鲜明、质量领先、美誉度高的优质化园所。

阳光幼儿园坚持“一切为了孩子、为了孩子的一切”办园宗旨，以关怀、接纳、尊重的态度与幼儿交往，顺应自然，尊崇天性，耐心倾听，努力理解幼儿的想法与感受，支持鼓励幼儿大胆探索与表达，让教育回归生活，把快乐送给孩子。

（施亚芳）

【4 所学校（幼儿园）获评市“幼小科学衔接”优质校】 2023 年，常州市第二实验小学、常州市华润小学、天宁区红梅中心幼儿园、天宁区华润幼儿园获评市“幼小科学衔接”优质校（幼儿园）。

第二实验小学秉持“让生命像新竹一样拔节”的教育理念，遵循儿童身心成长规律，建构适切有序的幼儿园与小学（以下简称幼小）衔接课程，寻找幼小平稳过渡的有效途径，实施缓坡度、降难度、慢速度、提温度的入学适应教育，打造幼小科学衔接的教育新样态。

华润小学构建课程轮、家园轮、园校轮的“三轮”驱动模式，助力幼小科学衔接。课程轮，以“好习惯巧养成”为切入点，构建课程体系驱动习惯培养；家园轮，编制《幼儿好习惯培养追踪手册》，以家园合作驱动家长尽到责任；园校轮，建立联合教研机制，以园校联动驱动幼小双向衔接。

红梅中心幼儿园建立以课程中心组、家园共育项目组、课题研究组、工作室联动研究组为核心的幼小衔接研究团队，以一日活动互融、节点活动贯穿、班本活动创生为抓手，构建幼小衔接成长课程；构建“三个支架”（组建家园共育讲师团，打造“红幼直播间”，创推“父母公益学堂”），为家园共育幼小衔接赋能；以区级立项课题“指向幼小衔接的家园共育活动实践研究”为方向，协同省、市级相关项目研究，建构幼小衔接共赢生长圈。

华润幼儿园秉承宋庆龄“把最宝贵的东西给予儿童”教育理念，坚持幼儿为本，在幼儿的小班时期调整作息时间，实现逐步过渡；注重园校联动，畅通幼儿园与小学的全方位交流渠道，组建研究共同体，共同架构幼小衔接课程，通过不同视角探索幼小教育的衔接点和衔接措施，让幼小衔接落在实处。

（施亚芳）

6 月，海华幼儿园获评常州市优质幼儿园　　（区教育局 供图）

【课程游戏化区域推进】 3 月，天宁区通过江苏省课程游戏化区域推进项目的专家现场视导，在“管理与保障水平”方面获优秀等次，在“游戏化实施水平”方面获良好等次。项目实施期间，天宁区从全面提升、均衡发展角度，通过行政推动、科研引领、专家支持、示范联动机制，全面推进幼儿园课程游戏化项目。对照《江苏省课程游戏化第一步支架》《江苏省课程游戏化第二步支架》实施要求进行自我剖析，对老城区幼儿园、乡镇农村幼儿园开展专项视导，发放“课程游戏化理念与实践”和“民办幼儿园教师队伍”调查问卷，组织业务负责人召开课程园本化建设座谈会，罗列不同体制、类别、地域园所的问题清单，并对清单中的共性问题，通过教育观念重塑、办园条件提升、自主游戏攻坚、内涵项目培育、园本课程优化“五大行动”，提升幼儿园课程游戏化建设水平；针对城乡之间、公民办之间的差异性，组建民办园教师联盟、乡村教师培育站、金种子教师成长营，实施分层引导、因园制宜，通过专家引领、进阶阅读、观察分析，重塑教师的儿童观和课程观；组建老城区幼儿园环境改造联盟，启动连续的“画语解读”专项系列研讨，开展区域游戏观评活动，优化幼儿园游戏环境；编制区级蓝本课程，搭建课程审议共同体，开展课程展评活动，实现课程转型。

（施亚芳　刘　艳）

【竹林壹号幼儿园开园】 9月，位于天宁区红梅街道竹亭路1号的竹林壹号幼儿园建成投用，为普惠性民办幼儿园，占地面积9450平方米，建筑面积12101平方米，绿化面积2953平方米，办学规模为18个班，可容纳幼儿540人，由常州天隆建设实业有限公司投资7121万元建设。该幼儿园隶属和记黄埔幼儿园教育集团，实行一体化办园模式，秉承“亲自然、顺天性、和乐美”的集团办园理念，注重“三和”建设（建和合园所管理、创和乐课程体系、塑和美教师团队），打造理念前瞻、管理科学、内涵丰富的现代化、高品质园所。

（蒋丽君）

义务教育

【概况】 2023年，天宁区有小学33所、初中5所、九年一贯制学校2所，在校学生55226人，全区小学适龄儿童入学率和小学义务教育年巩固率均为100%，初中义务教育年巩固率和初中毕业生升学率均为100%。年内，区教育局从学校教育理念、课程改革、师生发展、学校治理、内涵品质、办学影响6个方面持续推进中小学主动发展。年内，天宁区获评国家级义务教育优质均衡发展区，2个项目获评国家级基础教育教学成果奖，2个体育案例获评全国小学体育活力校园“优秀案例100”，《新时代区域中小学教师发展性评价改革实践探索》案例被江苏省教育厅评为教育评价改革十大典型案例，常州市清凉小学“人工智能赋能作业设计与管理变革的实践创新”项目被立项为江苏省义务教育课程与教学改革内涵建设项目暨前瞻性教学改革实验项目，5个项目获评常州市中小学生品格提升工程建设项目，常州市龙锦小学被评为全国北斗科普基地（2022—2024年），常州市局前街小学获评省艺术特色学校，常州市第二实验小学和常州市青龙实验小学获评市科学教育特色学校，常州市清凉小学和常州市东坡小学获评市新优质学校，常州市正衡中学和常州市凤凰新城实验小学获评市“墨香校园”，常州市香梅小学获评市绿色学校，3个项目获评新优质学校高品质项目，5所小学开展新一轮三年主动发展规划论证。

（殷彩萍）

【天宁区获评国家级义务教育优质均衡发展区】 10月，天宁区接受教育部教育督导局组织实施的现场评估，获评常州市首批国家级义务教育优质均衡发展区。“十四五”期间，天宁区把加快义务教育优质均衡发展作为建设教育强区的第一战略，始终坚持教育问题优先解决、教育资金优先安排、教育建设优先推进；立足新时代教育教学需要，持续推动“8610”教育发展工程，厚植办学内涵，提高优质均衡发展水平；持续深化集团化办学，实现中小学集团化办学全覆盖，促进全区学校整体办学水平全面提升；“新基础”“全课程”“新教学”等一批理念先进、实践有效、成果丰硕的教育品牌项目在天宁扎根、推广，江苏省前瞻性重大改革项目“互联网+时代课堂教学范式研究”获基

9月，竹林壹号幼儿园建成投用　　（区教育局 供图）

10 月 18 日，天宁区接受教育部教育督导局实施的国家级义务教育优质均衡发展区现场评估　（区教育局 供图）

础教育国家级教学成果奖，“新时代区域中小学教师发展性评价改革实践探索”“基于‘数字画像’的学生综合素质评价研究”被列入江苏省教育评价改革试点项目；通过优才计划、公开招聘等方式招聘高层次教育人才，创新实施“教育实践家”培养项目，推进进阶式师资队伍“333”（3 支队伍、3 个层级、3 年培养计划）培养工程，设立人才专项保障资金激励教师成长；建立“四位一体”的中小学生心理健康教育服务体系，中小学心理健康课开设率、心理咨询室配置率均为 100%；推进大中小学思政课一体化共同体建设，启动“关心为核”的思政育人项目，构筑“大思政”育人新格局；利用良好的信息化教育基础，聚焦课堂教学，以转变学生学习方式为核心，前瞻性推进以“趣味编程”“3D 打印设计”为特色的区域创客教育发展，将创客教育融入国家课程，形成“校校有项目、生生会创造”的格局；以区政府教育督导委员会为框架，完善责任督学常规、专项、综合“三督导”工作体系，创新实施自我督导工作机制；落实“双减”政策，健全“家校社”协同育人机制，聚焦关爱留守儿童和贫困家庭，构建教育关爱新生态。

（殷彩萍　江　华）

【基础教育内涵建设】 5 月，常州市东坡小学“东坡文化涵育‘达观’品格的实践”项目、常州市凤凰新城实验小学“梧桐学苑：自强少年家校社共育行动”项目、常州市青龙实验小学“青籽园：‘菁苗少年’品格涵育行动”项目、常州市虹景小学“双向融合：儿童悦纳品格培育的虹景实践”项目、常州市正衡中学天宁分校“涵育正衡少年积极心理的家校社协同润心实践”项目被市教育局确定为 2023 年常州市中小学生品格提升工程建设项目。11 月，常州市郑陆实验学校“核心问题统领课堂教学改进的校本行动”项目、常州市凤凰新城实验小学“梧桐书苑：小学全学科阅读的实践探索”项目、常州市红梅实验小学“儿童情境式美育的实践研究”项目被确定为常州市基础教育内涵建设高品质项目。

（丁勤芝）

【教育课程与教学改革】 2023 年，天宁区推进义务教育课程与教学改革，4 所学校的校本课程案例获评国家中小学校本课程典型案例，常州市解放路小学举行全国小学数字化学习课例展示交流活动，2 个体育案例获评 2023 年（第六届）全国小学体育活力校园“优秀案例 100”，常州市博爱小学“学习社区视域下儿童学习组织的创新实践”项目被立项为 2023 年度江苏省基础教育前瞻性教学改革实验项目。

3 月，常州市局前街小学“儿童成长节律”校本课程、常州市解放路小学创意生活校本课程、常州市龙锦小学“勤俭创享”食育校本课程、常州市青龙实验小学科技种植校本育人课程案例获评国家中小学校本课程典型案例。

5 月 11—12 日，全国小学数字化学习课例展示交流活动在常州市解放路小学举行，全国 31 所学校展示 40 节数字化学习研讨课，旨在探索教学数字化转型形势下教学方式、教学评价变革，促进教育高质量发展。

7 月，常州市局前街小学技巧啦啦操案例、常州市雕庄中心小学校园足球文化案例获评 2023 年（第六届）全国小学体育活力校园“优秀案例 100”。

8 月，常州市博爱小学“学习社区视域下儿童学习组织的创新实践”项目被立项为 2023 年度江苏省基础教育前瞻性教学改革实验项目一类重大项目（面向基层的教学改革与实践探索项目）。学校立足“为未来而教”理念，打造集阅读、体验、实践、探究于一体的全时空、场景式、立体化学习社区，构建序列化学习课程，开展特色化学生活动，探索综合性、丰富性、选择性学习内容，形成班级式、自主式、共育式儿童学习组织，创新自主性、过程性、增值性评价模式，促进评价走向过程化、可视化和多元化，推动学生全面发展。

（虞新伟　陈慧霖　宋晓屏　姜涛红）

【艺体特色教育】 2023年，天宁区加大艺术体育教育力度，推进体育“5621”［每个县（市、区）至少推动5个运动项目，每个项目至少布局6所小学、2所初中、1所高中，推动县域学校体育优势、特色项目建设］布点建设，博爱小学与常州市体育运动学校签约成为“市队校办”项目排球训练基地，全区“市队校办”学校增至8所。5月，天宁区举办首届青少年体育节，举行跆拳道、羽毛球、排球、足球、乒乓球、武术等8场赛事活动，28所学校代表队、近1000人参加。4—11月，组织1400人次学生参加常州市第十六届运动会，在篮球、排球、足球、乒乓球、羽毛球、游泳等10余个项目中获91块金牌。5月，组织14所学校参加常州市中小学合唱比赛，5所学校获特等奖，8所学校获一等奖，北郊小学获市戏剧比赛总分第一并获得参加江苏省戏剧比赛资格。

（殷彩萍）

【特色学校建设】 2023年，常州市龙锦小学被评为全国北斗科普基地（2022—2024年），常州市局前街小学获评省中小学艺术教育特色学校，常州市第二实验小学、常州市青龙实验小学获评市科学教育特色学校。

2月，龙锦小学被中国卫星导航系统管理办公室学术交流中心评为全国北斗科普基地（2022—2024年）。学校坚持“锦志、成学、立人”办学理念，致力科学普及教育与特色打造，依托学校建设的龙霄少年科学院，以“航天航空、北斗导航”为主题，以“学校＋社区＋社会组织”为阵地，开展天文科普周、“中国航天日”联动活动、“全国科普日”主题活动、航天员进校园活动等，结合课后服务开展“科创月”主题活动，邀请中国工程院院士、长征系列总设计师龙乐豪，中国首批航天员、航天员教练吴杰、赵传东到学校与学生互动，讲述星辰大海的故事。2021—2023年，龙锦小学获全国软件与信息技术大赛一等奖3人次、二等奖1人次；组织学生参加省级金钥匙科技竞赛、省青少年科技创新大赛、省少科院优秀科学建议评选等科技竞赛，获省特等奖2人次、省一等奖65人次、省二等奖31人次、省三等奖22人次；学生申请发明专利3项，其中获授权外观设计专利1项、实用新型专利2项。

7月，局前街小学获评江苏省中小学艺术教育特色学校。学校秉持“教育即生命关怀”办学理念，设置艺术实践专用教室，配备艺术活动器材，优化现代化艺术教育活动设施，营造优雅的文化氛围和浓厚的艺术气息；学校建筑群融入历史文化元素，创新空间设计，形成“厅馆廊角台”沉浸式文化书院；探索课堂教学与实践活动相结合、艺术日常活动与校园文化相结合、校内美育活动与校外传统文化相融合的全方位美育模式，开展丰富多彩的文化艺术活动，提升学生文化艺术素养。

10月，常州市第二实验小学、常州市青龙实验小学获评2023年常州市科学教育特色学校。常州市第二实验小学以儿童成长为中心，打造“一院、一廊、一馆、一场”科学空间，实现触手皆课程、交互即学习、生活即创造；架构“动手”“动脑”系列个性化科学探索课程，开设多个科技类社团，举办科技节、新竹少年科学院等“十个一”系列活动，搭建爱科学、学科学、讲科学、用科学的舞台，激发学生对科学的兴趣，感悟科学的深

9月17日，常州市龙锦小学承办常州市“全国科普日”主场活动，龙乐豪院士（前中）参加活动　（区教育局 供图）

奥。青龙实验小学是江苏省第一批科技特色学校，依托省级课题《农村小学基于科技种植的主题式学习研究》开展科技教育，培养学生的创新精神与动手实践能力，根据学校自然、文化等因素设置科技教育课程，开发以创造力培育为突破口和生长点的主题实践活动基地，创设物化环境，营造浓厚的科技教育氛围。

（虞新伟　李　澜　李　钰）

【新优质学校建设】 12月，常州市教育系统评估专家组围绕课程改革、课堂教学、师资队伍、学校管理等方面，通过随堂听课、现场访谈、查阅学科备课及学科作业、观摩课间活动、考察社团活动和课后服务情况等方式，对常州市清凉小学、常州市东坡小学义务教育“新优质学校”建设开展评估。经评估，2所学校获评常州市义务教育“新优质学校”。

清凉小学以“自由生态成就最佳发展”为办学理念，提出“悦纳自己，欣赏他人”校训，引领学校文化建设，建立和谐校园关系；从儿童立场出发，从教师视角思考，激活师生主体意识，彰显师生潜能，还师生自由，引师生创造，让师生成为最好的自己；注重儿童学习空间、学习社区打造，建设富有清凉特质的生态课程体系，把勤奋、责任、创新和共享明确为清凉小学培养目标的内核；在强化课程育人、文化育人、实践育人、管理育人、协同育人的同时，基于少年儿童立场，更重视活动育人，用活动建构高品质的校园生活，引领学生主动发展，成长为自由创造的“生态人”。

东坡小学将党建和学校中心工作创新融合，深化党员日常管理，发挥党员示范、服务作用，以书记项目为依托，加强东坡文化研究；以“学承东坡，道臻至善”办学理念和“像东坡一样”校训助推管理模式革新，深化全员参与，强化自我督导，优化评价机制，引领教师成为更优秀的东坡人；融合“东坡”文化内涵，探索建构“达·观”课程体系，做亮做强书法特色，坚持需求导向和育人导向，推进“双减”工作落地落细；以市级前瞻性项目“‘东坡文化’视角下小学‘自然课堂建构”为引领，聚焦课堂变革，以课题研究、学科研修激发内力和活力，构建金字塔式教师研训梯队，形成全方位研训机制，促进教师专业发展；推动东坡书院建设，遵循学生品格养成的基本规律，通过活动实践涵养东坡学子“达·观”品格。

（丁勤芝）

12月6日，常州市东坡小学接受2023年常州市“新优质学校”建设现场评估验收　（区教育局 供图）

【常州市虹景小学获国际生态学校项目绿旗认证】 3月，虹景小学通过第十一批国际生态学校项目绿旗认证，为全区首家。国际生态学校项目是面向青少年最大的环境教育项目，也是国际环境教育基金会首次在中国启动的全球性环境与可持续发展教育项目，旨在提高学校师生对环境和可持续发展问题的意识与实践能力。虹景小学重视绿色生态教育，以“解锁花木密码，争做生态使者”为主题，校内组建养花能手智囊团、科创团，以及由园林专家、社区园艺师和家长组成的“多维式团队”；优化校园环境，让学生参与打造校园“植物研究所”和教室“微型植物园”，设置花儿景观、劳动实践、自然探究、生态堆肥四类区域，改善花木生长环境；利用周边翠竹公园、紫荆公园、横塘河湿地公园的资源，构建集学校、家庭、社区于一体的“生态学习共同体”；鼓励学生走进社区，宣传花木养护知识，播撒生态文明种子。学校先后获评江苏省绿色学校、常州市生态文明示范学校、常州市月季学校、常州市园林式单位。

（陶叶旦）

【学生心理健康关爱】 2023 年，天宁区关注学生心理健康发展，开展“天润宁心”学生关爱行动，制定出台《天宁区关爱青少年健康成长三年行动方案（2023—2025 年）》，构建全员、全过程、全方位的学校、家庭、社会协同育人新格局；建立以健康教育、监测预警、咨询服务、干预处置为主体的中小学生心理健康教育服务体系，形成中小学生心理健康服务“天宁模式”；常态化推进省前瞻性项目“指向儿童人格发展的家校共育区域推进研究”，探索家校共育视角下小学生积极心理品质的培养策略；推进心理健康教师培养工程，开展分类专项培训，为每所学校培养 2 名以上具备心理健康咨询资质的骨干教师，落实全体教师心理健康教育职责；完善心理预警干预，优化社会心理服务，加强家庭教育指导服务，为中小学生营造健康成长环境。

（殷彩萍）

【首届“天宁大先生”评选】 8 月，天宁区开展首届“天宁大先生”评选活动，以个人或团队的“代表作”（育人、教学、教科研、带徒弟、交流、社团、课后服务等某一方面的突出事迹或成绩）为评选依据，全区学校（幼儿园）25 个团队、48 名教师参选。经评选，常州市郑陆实验学校博雅“双导师团”、常州市博爱小学学习社区项目研究团队、常州市朝阳新村第二小学音乐教研组、天宁区田径教练团队，以及常州市局前街小学李伟平、常州市解放路小学蒋琳、常州市北郊小学管雪沨、常州市天宁区雕庄中心幼儿园蒋惠娟、常州市焦溪初级中学马玲云、常州市正衡中学吴琦、常州市清凉小学唐克枫、常州市第二实验小学朱江月、常州市天宁区丽华第三幼儿园谢琦芳当选为首届“天宁大先生”。9 月，在天宁区第 39 个教师节庆祝活动上，为获评“天宁大先生”的 4 个团队、9 位个人颁奖，并开展“天宁大先生”先进事迹进校园宣讲活动，激励广大教师成长为立德树人的“大先生”。

（胡　陶）

9 月 8 日，天宁区庆祝第 39 个教师节暨首届“天宁大先生”颁奖典礼

（区教育局 供图）

【香梅小学举行建校 10 周年大会】 11 月 22 日，香梅小学举办“10 刻·准备着”建校 10 周年暨办学阶段性成果汇报会，市、区各级领导以及长期关心支持香梅小学发展的社会各界、退休教师、师生代表出席。香梅小学于 2013 年招生，为常州市解放路小学教育集团成员校，与解放路小学实施一体化（实行办学理念、管理机制、师资配备、课程设置、考核评价五统一）办学；2019 年，香梅小学实行独立建制。学校坚守“让每一个儿童都向上生长”的办学理念，以“求真、向善、至美”为校训，致力于将学生培养为创造未来世界的“励志向上者”，将教师打造成面向未来的“终身学习者”。10 周年大会通过“启航新程”“课堂展示”“游园集会”3 个环节，展示丰富的、生长着的学校生活新样态。

（杨　奕）

【华润小学举行建校 10 周年大会】 12 月 22 日，华润小学举行“十年芳华，润泽生命”建校 10 周年高质量办学发展大会，市、区各级领导、专家及关心支持学校发展的各界人士和师生代表出席。华润小学创办于 2013 年，为常州市局前街小学教育集团成员校，与局前街小学实施一体化办学。2019 年，学校实行独立建制，基于学校实际提炼“润泽生命，乐享童年”办学特色和“润德励学”校训，明确“明志、乐学、力行”的学风和“秉正、善教、拓新”的教风，致力培养正气、志气、朝气、锐气的“四有”润娃和大我、大智、大气、大爱的“华润大先生”。10 周年大会以“传承创新，提灯引路”“砥砺奋斗，弦歌不辍”“精进臻善，未来可期”3 个篇章，通过沙龙、歌舞、社团串烧等形式，展示学校的办学成果和精神文化。

（蒋燕萍）

【正衡中学开展“笃行·致远”教师培养项目】 2023年，正衡中学全面实施“笃行·致远”教师培养项目，围绕“452”教师发展目标（“4”指市名班主任、市名教师工作室、市五级梯队、教师职称评定4个领域，“5”指教师基本功比赛、教师评优课比赛、市区级公开课、组内教师课题、论文发表或获奖5个项目，“2”指班主任、教育教学2项工作），通过不同纬度推动教师主动发展，培养师德高尚、学有专长、魅力独特、自成体系的教师队伍。年内，学校针对不同教龄的教师群体开展有针对性的培训提升，对新教师群体，加强教学工作的管理和监督，细化教学常规，采用“备课—听课—再备课”“模拟课堂—推门听课—正式上课”的教学研讨模式，促进新教师拔节生长；对青年教师群体，把市级前瞻性项目、市级品格提升工程、省级教学基地、省级课题等资源作为研究目标和平台，开展青年教师成长营系列活动，推动青年教师成长；对中青年教师，组织专业笔试、主题演讲、板书设计、模拟课堂、教学设计、班会设计等比赛，由学科带头人、资深教师传授教育教学经验，帮助中青年教师实现专业提升；对资深教师，每学期初开设骨干教师示范课，发挥资深教师示范带头作用，促进教育教学经验与时俱进。至年末，正衡中学教师获江苏省初中化学优质课评比活动一等奖1人、江苏省初中历史优质课一等奖1人、江苏省中小学班主任基本功竞赛二等奖1人、江苏省道德与法治优质课评比二等奖1人、江苏省初高中美术学科青年教师教学基本功比赛二等奖1人；获常州市各学科教学基本功比赛、优质课评比一等奖8人次；被评为常州市五级梯队人才11人，其中学科带头人3人、骨干教师4人、教学能手2人、教坛新秀2人；被评为区级学科带头人1人，被评为区级骨干教师6人。

（刘 晟）

【中学选介】

常州市第二十四中学天宁分校 创办于1958年，原名武进县青龙初级中学，1968年增设高中，1988年更名为常州市青龙中学，2009年，根据市政府教育规划停办高中，成为全日制初中，2013年6月更名为常州市第二十四中学天宁分校。2015年，天宁区投资1.68亿元在天宁区新竹路9号重建校园，学校占地面积49240平方米，校舍建筑面积43952平方米。至2023年年末，学校有41个班级、2140名学生；有教职工151人，其中专任教师148人，高级教师36人，一级教师54人，取得教育硕士学位32人，市、区五级梯队教师62人。学校秉承“一切为了学生健康成长”办学宗旨和“人文情怀，和悦育人”办学理念，以“和”为校训，形成“崇德尚学，励志笃行”的校风、“求真求美，勤思乐学”的学风和“学高身正，睿智敏行”的教风，深入推进“和悦课程”变革，构建“和雅德育”育人体系，组建“四有和美教师”队伍，培育新时代“和雅学子”，建设区域高品质学校。学校先后获评全国青少年足球特色学校、江苏省青少年科技教育先进学校、江苏省软式排球培训基地、江苏省绿色学校、江苏省智慧校园、常州市依法治校示范学校、常州市平安校园、常州市教科研基地、常州市教育装备管理应用示范学校、常州市思政育人特色学校、常州市艺术教育特色学校、常州市深化学校体育改革试验学校、常州市校园足球试点校、常州市新优质学校、常州市主动发展示范校、常州市集团办学先进集体。

（冯海燕）

常州市正衡中学天宁分校 创办于1956年，原名常州市第九初级中学，1958年区划调整，学校更名为武进县丁堰初级中学，属武进县教育局管理；1959年又划归常州市教育局，恢复常州市第九初级中学；1964年划归武进县教育局管理，更名为武进县雕庄初级中学；1974年复归常州市，定名为常州市雕庄中学；2013年，与常州市正衡中学实行集团化办学，更名为常州市正衡中学天宁分校。学校位于天宁区中吴大道765号，占地面积18980平方米，建筑面积5404平方米。至2023年年末，学校有21个教学班、969名学生；有教职工81名，其中专任教师77人，中小学高级教师占14%，市、区五级梯队骨干教师占24%。学校坚持“办负责任的教育”办学理念，以培养“未来家国建设者”为育人目标，立足全人教育观和“中国学生发展核心素养”的18个基本要点，构建优质课程，组建优秀育人队伍，建设优良的育人环境，营造充满生机和活力的校园氛围。学校先后获评全国中小学图书馆先进集体、江苏省实施教育现代化工程示范初中、江苏省平安校园、江苏省健康促进学校、常州市前瞻性教学改革项目立项校，常州市中小学生品格提升工程立项校，常州市文明单位标兵、常州市首批语言规范示范学校、常州市绿色学校、天宁区劳动教育示范校、天宁区首批家长特色学校。

（冯晓明）

常州市实验初级中学天宁分校　创办于1956年，原名常州市第八初级中学，1959年划归武进县，百日左右又划归常州；1960年，增设高中部，改名常州市第八中学；2009年，根据市政府教育规划停办高中，成为全日制初中；2011年，学校与常州市实验初级中学组建常州市实验初中教育集团，更名为常州市实验初级中学天宁分校；2013年，与常州市实验初级中学实行集团化办学。学校位于天宁区中吴大道1220号，占地面积20667平方米，建筑面积17410平方米。至2023年年末，学校有13个班级、586名学生；有教职工69人，其中专任教师68人，专任教师中硕士研究生学历5人、本科学历63人，中高级教师54人，市、区五级梯队教师21人。学校以水文化为核心，以“海纳百川，办百姓家门口的好学校”为愿景，以“水滴石穿”的精神为引领，以上善若水的品质为抓手，全面优化育人环境，使校园成为师生向往和留恋的精神家园和幸福乐园。学校先后获评全国教育科研先进单位、江苏省平安校园、常州市优质初中、常州市依法治校先进单位、常州市文明单位标兵、常州市德育先进学校、常州市书法特色学校、常州市体育特色学校、常州市心理健康合格学校、常州市绿色学校、常州市防震减灾示范学校、常州市融合教育优质资源中心、天宁区特殊需要儿童支持中心。

（钱　铮）

特殊教育

【概况】 2023年，天宁区为全面统筹规划特殊教育的发展提升，制定出台《天宁区特殊教育发展提升三年行动计划（2023—2025年）》，提高特殊需求学生教育普及程度，规范特殊教育管理机制，提升特殊教育内涵发展水平，建设特殊教育专业化师资队伍，构建特殊教育高质量育人体系，并依托常州市光华学校推进融合教育研究。3月，光华学校成立希沃白板首家官方特殊教育资源课件免费专区，为全国培智教师提供优质课件资源，157个课件半年下载量超15万次。10月，接受国家级义务教育优质均衡发展区实地督导，辽宁、福建、广西、江苏4个省、20余个特教单位、800余人到光华学校参观学习、跟岗培训。12月，光华学校启动数字孪生校园建设，学校进入智能化管理时代。是年，3个省级特殊教育发展项目接受省级专家组视导，获评两优一良；前瞻性一类培育项目“生活适应三百课的实践研究”结项，并立项为常州市教学成果培育项目；江苏省“十三五”规划2020年度课题“区域特殊需求儿童远程直播课程的实践研究”结题，并作为江苏省规划精品课题。

（霍莉萍）

【3个省级特殊教育发展工程项目接受省级视导】 12月25日，“江苏省智力障碍儿童教育研究基地”“特殊教育学校专业能力提升”“江苏省融合教育示范区”3个项目接受省级专家组视导。南京特殊教育师范学院副院长许巧仙、省特殊教育指导中心特聘研究员储昌楼、南京市玄武区特殊教育学校校长朱丽玲、苏州市星惠学校校长陈茜组成的专家组，通过查阅3个项目的过程性材料、访谈教师，现场调研博爱小学、和记黄埔幼儿园2所融合教育资源中心校，一致认为天宁区高度重视特殊教育发展，光华学校作为江苏省智障教育资源中心、江苏省智力障碍儿童研究基地、天宁区特殊教育指导中心，不断提升专业能力建设，发挥示范引领作用，推动融合教育自上而下全方位、多维度高效开展，经专家组审定，“江苏省智力障碍儿童教育研究基地”“特殊教育学校专业能力提升”2个项目获评优秀等次，“江苏省融合教育示范区”获评良好等级。

（霍莉萍）

【4所学校获评市优质融合教育资源中心】 2023年，天宁区青龙中心幼儿园、天宁区雕庄中心幼儿园、常州市博爱小学、常州市实验初级中学天宁分校获评市优质融合教育资源中心。

青龙中心幼儿园践行“让每一个不一样都一样精彩”的融合教育理念，建立融合教育领导体系，开发多元化融合教育系列课程，设立专门的融合资源教室，打造立体化融合教育场所，提升教师特殊教育能力，满足不同特殊需求儿童发展需求，确保融合教育深入推进。

雕庄中心幼儿园以“顺木之天、康宁而学”为办园理念，以“让每个孩子健康而快乐成长，让每位教师幸福并专业发展”为办园目标，秉承“所有空间都可能成为资源教室”的共融理念，打造“1+X”（“1”指融合资源教室，“X”指丰富的专用室、游戏化的区域环境、生态的户外环境、多元的公共环境等）立体化融合资源中心，为特殊需求儿童提供专业服务，共享教育资源，让每一个特殊需求儿童享受公平而有质量的教育。

博爱小学秉持“博学·仁爱”校训，践行“行知天下事，涵养博爱心”办学精神，尊重学生多样差异，激发学生潜能，推进普惠教育与特殊教育融合；加强家校沟通，为特殊需求儿童整合学习空间和学习资源，给予更多的人文关怀；加强差别化教育，充实教育力量，提炼融合教育实践范式，吸引更多社会力量关注融合教育，协同合作育人。

实验初级中学天宁分校以学校“水”文化浸润心田之意，依托学校德育润泽课程，为学生发展赋予更多动力和能量，打造“1+N”（“1”指以资源教室为主要辅导基地，“N”指以器械康复校医室、心理辅导室、社团辅导室为辐射教室）润德家园，让融合教育像阳光一样普照每个特殊需求孩子，让他们更好地认识自我，使其心理和人格得到健康发展。

（霍莉萍）

社会教育

【概况】 2023年，天宁区有区老年大学1所、区老年大学分校7所、区社区培训学院1所、镇（街道）社区教育中心7个、居（村）民学校128家。是年，天宁区社区培训学院“数字化行动，共建老年幸福生活”项目入选省社区教育特色品牌建设项目；“文化赋能，幸福社区”馆校合作项目入选省社区教育、老年教育特色品牌培育项目；“‘幸福微学堂’智慧助老学习共同体”获评江苏省首批社区教育共同体；区教育局、红梅街道社区教育中心获评全省社会教育宣传报道2022年度先进集体。

（邱沁玥）

11月10日，区社区培训学院组织开展使用“常州行”App智慧助老课程进社区活动　　（区教育局 供图）

【1个项目入选省社区教育特色品牌建设项目】 10月，天宁区社区培训学院“数字化行动，共建老年幸福生活”项目被省教育厅立项为社区教育特色品牌建设项目。2023年，区社区培训学院结合市级智慧助老项目“乐龄‘智’学，畅享‘e’生活”，为天宁辖区内的社区居民提供学习菜单，并根据居民实际情况和不同需求，开展线下实操课程教学40次，每次不少于30人参训，全年累计受益人数超1000人次；在“天宁社区教育”微信公众号开设“幸福微学堂”专栏，推送19期微课，为老年人推送智慧应用、智慧通信、智慧支付、智慧出行、智慧生活、智慧就医、智慧学习、智慧娱乐等内容，全年累计浏览量6115人次，增强老年人运用数字化的能力和水平，提升老年人生活幸福指数。

（邱沁玥）

【“智慧助老学习共同体”获评省级首批社区教育共同体】 7月，区社区培训学院与智慧助老志愿联盟以及镇（街道）相关成员单位共同申报的“‘幸福微学堂’智慧助老学习共同体”获评江苏省首批“智慧助老”类社区教育共同体。“智慧助老学习共同体”项目立足天宁区“智慧助老”现状，深化学习共同体成员单位资源共建共享，发挥教师、志愿者团队在数字化运用方面的优势，编制适宜老年人学习运用的“智慧助老”教材，设置老年人易学易懂易操作的课程，构建线上、线下相结合的智慧助老模式，采用分层教学的智慧助老方法，使“不让老年人掉队”成为终身教育数字化转型的价值追求，带动越来越多的老年人学会运用智能手机，乐享数字化生活带来的便利。

（邱沁玥）

焦溪古镇保护申遗

◆ 栏目编辑　谈燕媛

综　述

【焦溪古镇溯源】 焦溪古镇位于常州市天宁区郑陆镇东北部，东、北、南三面与无锡市江阴市接壤，西距常州市中心 20 余千米。2014 年，被列入第六批中国历史文化名村，入选第三批中国传统村落名录。

焦溪自唐五代时期形成村落起，距今有 1000 余年历史，其形成与长江、运河、太湖水利航运和芙蓉圩的开发有关，此处三面环山、河网密布，东倚鹤山，北枕舜过山，南望石堰山（芳茂山），舜河依山而行，龙溪河穿村而过。据明万历年间《毗陵高山志》记载，相传 4200 多年前，舜帝巡历至古延陵的高山（舜过山），开河耕种，教化村民，至今留有舜田、舜井等遗迹。春秋后期，吴国公子季札为避王位，躬耕焦溪吴下里。隋唐时期，陆龟蒙、魏璞等名士追慕圣贤，隐居于此。明朝初年，开国皇帝朱元璋的好友焦丙在此开办私塾，民众感其恩德，称其馆塾为焦塾，后又称“焦垫”或“焦店”。至清末，此地店铺林立，为祈免于火灾，取“水能克火”之意，遂改名“焦溪”。

焦溪建置多变，秦代属延陵县，汉代属毗陵县，唐代属晋陵县，南宋属晋陵县大宁乡，元末明初属武进县大宁乡，清雍正年间属阳湖县大宁乡，民国期间属武进县大宁乡。新中国成立后先后属武进县五区、焦溪区、横山区管辖。2007 年，焦溪镇撤销镇级建置，改为焦溪村，并入郑陆镇；2015 年 6 月，焦溪随郑陆镇由武进区划归天宁区。

焦溪古镇依河而建、因河而兴。焦溪先民巧用附近鹤山黄石建造房屋，形成“黄石半墙”建筑风格，呈现南地北风的独特风貌。穿村而过的龙溪河为江南运河原始段落之一，自古为南北水路要道，南北货物在此交会，带来焦溪商贸兴盛，明清时河道两边出现“棉纺、蒲包、木业、苗猪”等贸易市场，至民国时期有商店 200 余家，典当铺、粮行、木行、药铺、绸布店等百年老字号达 30 余家，成为常州东门外最大的商贸集散地，逐渐形成三河、六街、九桥、十八弄的市镇格局，至今仍可见 30 余处古码头遗迹。焦溪商业的兴盛和繁华，也引来江匪、盗寇的骚扰劫掠，智慧的焦溪先民在每一条街道两端、入街的弄堂口、码头处设置可关锁的圈门，白天打开，晚上关闭，形成独特的“府外关城”城防构造。

焦溪古镇　　（焦溪古镇保护发展有限公司 供图）

焦溪自古有诗书育人、耕读传家的优良传统。清代初年，一代博学鸿儒是仲明在舜山开设舜山学所，教授弟子。清咸丰年间，进士承越创办鹤峰书院，教授世族弟子。清同治八年（1869年），承越协助其子承楚香创办菊花诗社，文人兴会，名士咏菊，盛况空前。明清两代，焦溪12个宗族的家谱中记录诗词作品1000余首。如今焦溪仍存有舜溪诗社，焦溪初级中学将传承诗歌文化作为教育特色。

【焦溪古镇管理机制调整】 12月，天宁区根据焦溪古镇申遗保护进展情况，调整古镇管理机制，撤销古镇申遗工作指挥部，建立“区申遗工作领导小组+郑陆镇政府+焦溪古镇保护发展中心+焦溪古镇保护发展有限公司”四级管理架构，全面推进和落实古镇申遗保护与利用工作。区申遗工作领导小组（以下简称领导小组）负责研究确定古镇申遗保护相关规划、目标定位以及中短期行动计划，研究确定焦溪古镇各项重点工作的整体推进思路和年度目标任务，加强与省、市、区相关部门协调沟通，解决古镇申遗保护、政策配套、资金保障、片区发展等重大问题；郑陆镇政府作为古镇管理主体，负责统筹推进落实领导小组确定的保护规划和行动计划，负责《常州市焦溪古镇保护条例》的贯彻实施，编制片区规划、行动计划、管理策划等方案，负责古镇及周边地区房屋收购拆迁、市政工程实施、环境治理、业态管理、群众矛盾化解等工作；焦溪古镇保护发展中心由郑陆镇政府代为管理，落实古镇保护发展各项具体工作和日常综合管理，牵头协调推进焦溪古镇各类工程项目建设，维护焦溪古镇整体环境氛围，加强环境整治、河道治理、店外出摊、业态管控等工作；焦溪古镇保护发展有限公司负责焦溪古镇古建类工程建设，加强古镇资产管理、物业管理、业态招商及日常运营，以及古建及市政工程现场施工管理，实行实体化运行。

【焦溪古镇保护发展四年行动计划(2023—2026年)完成编制】 12月，《世界遗产预备项目——江南水乡古镇焦溪保护发展四年行动计划(2023—2026年)》(以下简称《四年行动计划》)由东南大学建筑设计研究院完成编制，并经区申遗工作领导小组审议通过。《四年行动计划》围绕古镇申遗保护工作，持续推进东街东下塘和老新街强家弄街巷修缮整治，推进进士厅片区、核心区边线项目(焦丙墓纪念公园、先生桥—青龙桥片区、文化大院、朝阳庵—汽配厂片区、古镇西街门户、古镇东口、溪南草堂、城隍非遗市集、焦溪中学旧址、三元桥东片区)、市政道路与管线建设；提出整合郑陆文旅景观资源，发展旅游和康养产业，打造舜河历史生态景观轴和历史文化景观轴，串接舜山、石堰山，串联焦塾、舜山书院、研学中心、申遗展示馆等古镇文化节点；改造胡家场、菜市场、影剧院片区，形成新的水乡居住形态示范地、新生活中心、焦溪世界遗产论坛，建设古镇南入口和以舜山书院为精神核心的滨河望山度假酒店，打造主客共享、共生共建的新模式。

【焦溪古镇加入江南水乡古镇联合申遗序列】 2月16日，焦溪古镇在苏州黎里召开的江南水乡古镇联合申遗推进大会上，被中国文化遗产研究院（以下简称文研院）和江南水乡古镇联合申遗办公室（以下简称联合申遗办）列入江南水乡古镇联合申报世界文化遗产序列。文研院和联合申遗办肯定焦溪古镇具备江南水乡古镇共性的遗产价值和载体特征，认为焦溪古镇是江南文化地理上“五府一州”之常州府的代表，是水乡水文区划中太湖下游常州十四渎流域的代表，是古镇商贸网络中江南棉布业重要节点和与之配套的蒲包业中心，其加入可提升“江南水乡古镇”申遗预备名单的完整性和代表性。

（张　静）

古镇保护修缮

【概况】 2023年，天宁区持续推进焦溪古镇保护修缮，制定出台《焦溪古镇民房自主修缮审批暂行办法》，完成南下塘15号及周边、南街16号及周边、西河头路12-1号、南下塘70号4处重点院落的修缮整治，完成西街、中街、西河头3条历史街巷风貌提升工程，完成焦溪大道入口广场景观建设，有序推进南溪小河、西街街河景观工程建设。

【《焦溪古镇民房自主修缮审批暂行办法》试行】 2023年，为更好地保护历史风貌，展示焦溪古镇文化，焦溪古镇申遗工作指挥部根据《常州市历史文化名城保护条例》《常州市焦溪古镇保护条例》，在满足原有产权人需求基础上，结合《焦溪古镇民居建筑修缮、整治技术导则》，制定出台《焦溪古镇民房自主修缮审批暂行办法（试行）》，明确民居建筑修缮整治的原则要求、操作流程和实施办法，规定修缮过程中各环节的责任人及其职责，解决焦溪古镇民居老旧建筑破损严重、景观风貌有所破坏且缺乏统一指引等问题。

【4处重点院落完成修缮整治】 2023年，南下塘15号及周边、南街16号及周边、南下塘70号、西河头路12-1号4处重点院落完成修缮整治，累计投资1310万元。

南下塘15号及周边院落修缮工程由常熟古建园林股份有限公司承建，修缮南下塘15号及周边13号、14号、16号4栋房屋的第一、第三进，葺补4栋房屋的第二、第四进，累计修缮建筑面积476平方米，总投资340万元。2月启动修缮，拆除第一进立柱、墙体，建筑主体重新砌筑混凝土，保留黄石墙及原木梁，安装给水排水及电气设施；对第三进屋面揭顶，重新铺设青瓦并增加防水层，一层地面重新铺设青砖，二层地板、木门窗复原，更换局部屋架木构件，安装给水、排水及电气设施；拆除葺补第二、第四进，建筑主体重新砌筑混凝土，安装给水排水及电气设施。6月通过竣工验收。

南街16号及周边修缮整治工程由常州天一仿古园林装潢有限公司承建，修缮南街16号的1号、2号、5号、6号建筑，拆除葺补7号建筑，累计修缮整治建筑面积522平方米，总投资330万元。2月启动修缮整治，修缮1号、2号、5号、6号建筑，拆除屋面，重做防水层、结合层及小青瓦面屋脊，拆除并重做门窗、楼面格栅及木地板，拆除瓷砖地坪，铺设方砖或青砖地坪，拆除砖砌隔墙，重做木板壁，墙面恢复纸筋灰，7号葺补建筑为新建。5月通过竣工验收。

南下塘70号修缮整治工程由天合建设集团有限公司承建，修缮南下塘70号6栋建筑，累计修缮建筑面积417平方米，总投资340万元。10月启动修缮，拆除3号建筑主体、4号第二进建筑主体，以及1号、2号、5号、6号原建筑混凝土柱基及条基，葺补1号、2号、3号、4号第二进，5号、6号安装给水排水及电气设施。年内工程主体完工。

西河头路12-1号修缮整治工程由绿艺建设集团有限公司承建，修缮西河头路12-1号的3栋房屋建筑，累计修缮建筑面积265平方米，总投资300万元。10月启动修缮，拆除3号建筑屋面、门窗、混凝土地坪，重做屋面防水层、结合层及小青瓦屋面屋脊，铺设方砖地坪，重做木门窗，外墙粉刷纸筋灰，内墙粉刷涂料，1号、2号葺补建筑为新建。年内工程主体完工。

6月，南下塘15号及周边院落修缮工程通过竣工验收

（焦溪古镇保护发展有限公司 供图）

【3条历史街巷完成风貌整治】 2023年，西街、中街、西河头3条历史街巷完成风貌整治，总投资847万元。

西街红星路沿街修缮整治工程由天合建设集团有限公司承建，修缮红星路沿街区段路（红星路21号、23号、25号、27号），拆除葺补红星路1号、2号、3号、4号房屋建筑，累计修缮建筑面积498平方米，总投资320万元。2月启动修缮，拆除红星路1号、2号、3号、4号房屋原建筑混凝土柱基及条基，建筑面积79平方米；葺补红星路1号、2号、3号、4号房屋混凝土基础及建筑主体，安装给水排水及电气设施，建筑面积419平方米。5月通过竣工验收。

中街1～3区建筑风貌提升工程由苏州思成古建园林工程有限公司承建，整治提升中街1～3区12栋房屋建筑、1个钱币馆，累计修缮建筑面积689.45平方米，总投资395万元。2月启动整治提升，修缮中街1区的1号、3号、11号房屋建筑，更换腐朽木构件、上架木结构，地面铺装传统小青砖，修补砌体墙，修复屋面，修补木装饰构件；对中街1区5号、6号、7号、8号的建筑立面，以及中街2区6号、7号的建筑立面重新粉刷纸筋灰；拆除葺补中街1区10号、12号建筑以及中街2区2号建筑，恢复老码头遗址，葺补河廊；完成3区钱币馆基础施工、注浆加固、外墙结构框架加固。6月通过竣工验收。

西河头王家巷沿街段修缮整治工程由常州天一仿古园林装潢有限公司承建，修缮王家巷A、B、C、E、G号建筑，拆除葺补D、F号建筑，累计修缮建筑面积1049平方米，总投资265万元。2月启动修缮整治，修缮王家巷A、B、C、E、G号建筑，拆除屋面、门窗、瓷砖地坪、楼面，重做屋面防水层、结合层及小青瓦屋面屋脊，恢复木门窗，铺设方砖或青砖地坪、楼面格栅及木地板，墙面粉刷纸筋灰；新建D、F号建筑。6月通过竣工验收。

西河头汪家弄沿街段修缮整治工程由绿艺建设集团有限公司承建，修缮汪家弄沿街段13号建筑，拆除葺补8号、10号、11号、12号建筑，累计修缮整治建筑面积318.89平方米，总投资262万元。2月启动修缮整治，13号建筑因产权纠纷，作甩项处理，新建8号、11号、12号建筑，葺补10号建筑，重新铺装屋面防水层、结合层及小青瓦屋面、屋脊，新做宫式木门窗、砖细漏窗，外墙粉刷纸筋灰。5月通过竣工验收。

【南溪小河、西街街河景观工程建设】2023年，焦溪古镇南溪小河、西街街河景观铺装工程和亮化工程启动建设，总投资2267万元。3月5日，启动景观铺装工程，由盐城市市政建设集团有限公司承建，完成地面铺装2300余平方米、驳岸装饰3000平方米，安装不锈钢隐形井盖100套，购置景观石约5吨，陈设陶罐约30组，总投资1752万元。5月10日，启动景观亮化工程，由福建艺景生态集团有限公司承建，安装投光灯、路灯、矮柱灯、水岸灯等760余套，总投资515万元。

10月，焦溪大道入口景观工程建设基本完成

（焦溪古镇保护发展有限公司 供图）

【焦溪大道入口景观工程建设】6月29日，焦溪大道入口景观工程启动建设，由江苏广亚建设集团有限公司承建，涉及土石方、驳岸、园林、铺装、绿化、给排水、管线等工程，总投资1045万元。年内，完成土石方12391.66立方米、地面铺装1178.62平方米，平整场地4644.91平方米，驳岸425.17米，敷设给排水管160.97米，管线预埋1896.4米，完成八角亭、黄石廊架、桥、园路等园林建设，种植果岭草、粉花绣线菊、金森女贞等植物。

（张　静）

古镇文化研究

【概况】2023年，焦溪古镇保护发展中心组织专家学者挖掘焦溪古镇的地域文化，开展江南水乡古镇史料的整理研究，出版发行《焦店老家》《典籍中的焦溪》系列丛书，丰富古镇历史人文价值。

【《焦店老家》丛书出版发行】3月，《焦店老家》丛书由江苏人民出版社出版发行，分《焦店望族》《焦店名人》《焦店老宅》《焦店往事》4册，总计95万字，由常州工学院人文学院院长谢燕红领衔的学术团队深入研究相关方志、家谱、传记、日记、书信、回忆录、诗词等，历经2年实地采访、资料收集整理编撰而成。该丛书以焦溪古镇乡村社会的现代化发展为基本历史线索，通过家族、人物、宅第、事件4个维度，全景式展现焦溪古镇的历史发展与社会风貌。其中，《焦店望族》叙述焦溪13个家族的迁徙故事、家风故事、祠堂故事、宗谱故事、族人以及他们与焦溪有关的故事；《焦店名人》讲述焦溪46位名人励志成长、社会贡献、行业领军、地方事务参与等故事；《焦店老宅》描述焦溪保存较完备的老建筑的地理位置、建筑特点、建造缘由，以及房子里发生的故事等；《焦店往事》介绍焦溪古镇的历史钩沉、峥嵘记忆、老街旧闻、民间逸事等。

【《典籍中的焦溪》出版发行】 10月，《典籍中的焦溪》由中国书籍出版社出版发行，由常州市大运河文化带建设研究院的专家团队，以常州、武进、江阴的古地方志为主要史料，参考“经史子集”四库文献中涉及常州的文集与家谱，历时2年实地采访、资料收集整理编纂而成。全书设古镇之图、诸山、诸水、地物、赋役、军防、人物、诗文、物产与工商业、杂记10个篇章，总字数60万字。其中，“古镇之图”篇章收录与焦溪相关的地图30幅；“诸山”“诸水”篇章讲述以舜山为首的焦山、秦望山等山，以长江、芙蓉湖、黄天荡、舜河为首的诸河及其水利开发；“地物”篇章记录焦溪地区的村落、书院、公益设施、寺观祠庙、桥梁等地理实体；“赋役”篇章反映古焦溪地区承担的田赋徭役；“军防”篇章描述古焦溪地区的驻军及战事波及；“人物”篇章讲述古焦溪地区涌现的进士、举人、隐士、僧道、术士、义士、寿星等，以及吴姓、是姓、顾姓、翟姓、承姓、奚姓等望族人士；“诗文”篇章反映与焦溪有关的古诗文；“物产与工商业”篇章反映焦溪地区物产，以蒲包、纺织、丝绸为代表的手工业，以布业、木业为代表的商贸行业；“杂记”篇章收录焦溪当地的风俗、自然灾变、逸闻逸事。

（张　静）

古镇活化利用

【概况】 2023年，天宁区突出焦溪古镇原生态保护，以“主客共享社区型古镇”为定位，推进业态布局策划设置，江苏大运远见文旅公司受邀在焦溪古镇试点业态布局，围绕“乐”的文化主题，分别与音乐人、植物家、设计师、艺术家合作打造小镇音乐课堂、生态课堂、建筑课堂、美学课堂，并在年内试运营。

【江河好物新国货创新中心试运营】 10月，江河好物新国货创新中心在焦溪古镇南街韩家大院试点运营，内设焦溪翠冠梨及周边风物产品的专营点、焦溪扣肉等本土风物售卖点、新国货零售集合点等，总面积266.7平方米。该创新中心第一季推出“扣肉一碗”“舜山雀”“龙溪酿”“咖啡七首”“中国人的T”等与焦溪文化、长江运河文化相关的国货新文创产品，助力地方传统老字号产业优化，保护传承县域乡镇特色文明记忆。

【耳看·音乐酒馆试运营】 10月，耳看·音乐酒馆在焦溪古镇南下塘小是家院试运营，内设焦溪特色小吃区、饮品制作区、沉浸式小院茶歇区，总面积155.4平方米。该音乐酒馆是焦溪建筑文化生活体验空间，游客们在此可以沉浸式体验焦溪江南水乡慢生活，品尝焦溪特色美食、轻餐、小院茶酒。

【光明行·音乐美学中心试运营】 11月，光明行·音乐美学中心在焦溪古镇承弼故居试运营，内设焦溪展厅、音乐美学书吧、水韵江南雅间、咖啡饮品、文化沙龙活动等区域，总面积1385.7平方米。该中心以刘天华的《光明行》为文化源点，将音乐、建筑、美学、历史、未来等主题书籍与古典唱片、音乐文创、咖啡饮品、人文活动、音乐讲座实现多元融合，打造属于焦溪古镇的音乐美学空间，成为焦溪的文化艺术客厅。

【万物生长·生态艺术商店试运营】 10月，万物生长·生态艺术商店在焦溪古镇南下塘114～115号试运营，内设焦溪地貌山水文化沙盘、苔藓等植物零售展示区、解压植物DIY区、生态艺术研学空间，总面积294.3平方米，打造具有焦溪人文特色的植物零售超市。游客们不仅可以购买焦溪特有的植物盆栽与种子，开展万物生长研学，还可了解焦溪地理环境和人文历史。

（张　静）

10月，万物生长·生态艺术商店试运营

（焦溪古镇保护发展有限公司 供图）

文化旅游

◆ 栏目编辑　谈燕媛

大运河文化带建设

【概况】 天宁作为常州中心城区，千年大运河穿城而过，运河文化源远流长。2023 年，天宁区深入贯彻落实习近平总书记关于大运河文化带建设的重要指示精神，遵循“整合与开发并重，传承与创新同步”的方针，打造古今交融、源远流长的“十里”运河文化带。11 月，天宁区与新北区、钟楼区、经开区共同组建常州大运河新时代文明实践带建设联盟，沿大运河的天宁街道、茶山街道、兰陵街道同步组建“大运河文明实践带志愿服务队伍”，更好地助力大运河新时代文明实践带建设。

（章丽华）

【大运河新时代文明实践带建设联盟成立】 11 月，天宁区新时代文明实践中心与大运河沿线的新北区、钟楼区、经开区的新时代文明实践中心共同组建常州大运河新时代文明实践带建设联盟，4 个区共同承担保护、传承和利用好运河文化职责，让大运河文化在新时代文明实践中绽放光芒。年内，天宁区围绕大运河主题，开展“运河之声”道德讲堂、“运河微书房”、青果思享会之运河名士讲座、“运河卫士”志愿服务、“运河光影，天宁印象”摄影展、“运河寻迹·诗意江南”书画展等实践活动。其中，“运河寻迹·诗意江南”书画展在雕庄街道新时代文明实践所举办，展出本土画家创作的山水画、花鸟画、人物画等画作 48 件，展现江南地区的旖旎风光和人文历史，讴歌运河儿女踔厉奋发、笃行不怠的精神风貌，描绘新时代大运河天宁段人民生活的美好画卷。

（吴　晔）

【大运河法治文化主题公园获评第十批“省级法治文化建设示范点”】 12 月，大运河法治文化主题公园获评第十批“省级法治文化建设示范点”。该公园位于天宁区凤凰岛北路与友谊路交会处北段，占地面积超 2000 平方米，内设悠扬法蕴、锦绣法酝、幸福法韵 3 个功能区，总投资 100 万元。其中，悠扬法蕴功能区以大运河文化浸润下的法治底蕴为主线，展现大运河悠久历史、习近平法治思想等内容，设置主题导视、法治为基、运河大事记、习语领航 4 个节点；锦绣法酝功能区以民法典景观为起点，结合水文化主题，为群众打造自然舒适的普法空间，设置典亮人生、锦绣运河、法酝之家 3 个节点；幸福法韵功能区结合杜鹃花展 IP 形象设置打卡点，把打卡装饰与露营草坪结合，突出法治文化主题，设置柳韵新风、水韵长廊、法治打卡 3 个节点。2023 年，雕庄街道在大运河法治文化主题公园组织大型普法活动 4 场，发放普法宣传折页，设置普法展板，现场接受法律咨询，参与群众近 1 万人次。

（李　歆）

青果巷历史文化街区

【概况】 青果巷历史文化街区位于常州市天宁区和平北路与麻巷交会处附近西北，始建于明万历年间，紧邻世界文化遗产京杭大运河最古老段——常州南市河，东至和平路，西至晋陵路，南至东下塘，北至古村巷，是常州市区自明清以来保存最为完好、最负盛名的古街巷，有着“江南名士第一巷”的美誉。2013 年 2 月，青果巷历史文化街区修缮保护工作启动，规划面积 12.6 万平方米，其中核心保护区 8.2 万平方米，规划范围内有 11 处文物保护单位、17 处历史建筑，遗存古井 10 余口，还有连片的江南民居。

2019 年 4 月，青果巷历史文化街区一期约 3 万平方米对外开放，依托原有街巷肌理，立足江南明清建筑风貌，形成“1+7+N”（“1”指青果巷文化记忆馆，“7”指史良故居、周有光图书馆、唐荆川纪念馆、常州盟史馆、赵元任故居、刘国钧纪念馆、红色青果馆，“N”指散落的展览布点）街区博物馆群落，复原古街巷风貌。街区一期集聚常州传统餐饮、原创服饰、河景民宿、清新书咖、文创集市等业态，有商铺 50 余家。

2022 年 9 月，青果巷历史文化街区二期约 7.4 万平方米对外开放，采用立体街巷、空中庭院等创新设计，融“曲直巷、宽窄弄、深浅径、大小园、遐迩院”等建筑形态及景观特色于一体，在“1+7+N”街区博物馆群落布局基础上，建设 14 处随处博物馆（碑刻、木雕、旧家具、文房四宝、老门牌、餐饮用品、灯具、老票证、小人书、旧家电等博物馆）。街区二期拥有“印记、艺趣、风尚、雅韵、栖居”五大主题业态，有商铺 120 家。

2019 年，青果巷历史文化街区获评首批省级高品位步行街培育街区、江苏省最美运河地标、省级餐饮质量安全示范街（区）；2020 年，入选全省首批夜间文旅消费集聚区建设单位；2022 年，被文化和旅游部确定为第二批国家级夜间文化和旅游消费集聚区，获评第一批江苏省示范步行街；2023 年，被文化和旅游部确定为第二批国家级旅游休闲街区。

（周雪茹）

【青果巷历史文化街区获评第二批国家级旅游休闲街区】 2 月 27 日，青果巷历史文化街区被文化和旅游部确定为第二批国家级旅游休闲街区。该街区呈梳篦状沿南市河展开，呈现“水陆双丁字交错”格局，历经 2500 余年，依旧保留着“河抱古城、城河相依”的江南传统民居风貌。作为常州“532”战略中的重大文旅项目，青果巷经过 10 余年的修缮保护和提升改造，实现历史文化资源和旅游资源的有机融合，一期街区以多元化文化展示形式为载体，将古典风貌与时尚体验有机融合，辅以都市时尚休闲业态，还原、丰富、重塑常州老城厢“雅集慢生活”文化消费场景；二期街区以休闲体验为主，融非遗传承、精品书店等功能于一体，营造城市生活美学新风尚。至年末，街区入驻店铺近 200 家，吸引游客近 2000 万人次，营业收入 23381.22 万元。

（缪帛冶）

青果巷历史文化街区　　（区委宣传部 供图）

【周洁茹文学工作室揭牌】 6 月 12 日，周洁茹文学工作室在青果巷历史文化街区 98 号揭牌成立。周洁茹，女，1976 年出生于常州市，其小说《文雅》于 1996 年获萌芽新人小说奖，1999 年成为常州市文联专业作家，2000 年成为中国作家协会会员，后旅居美国加州、纽约及中国香港，2018 年任《香港文学》总编辑，2023 年被聘为浙江传媒学院驻校作家，至 2023 年年末，著有长篇小说《小妖的网》《中国娃娃》等作品。周洁茹文学工作室立足常州，采取创作、研究、阅读三轨并行方式，发掘文学创作资源，发挥传帮带作用，培育文学新人；组织常州作家开展各项活动，创作有温度、有筋骨、接地气的文学精品，反映常州地域文化、时代风貌、人民形象、人物故事。

（缪帛冶）

【青果巷历史文化街区照明设计获评第十八届“中照照明奖”设计类一等奖】 2023 年，青果巷历史文化街区照明设计项目获中国照明学会第十八届“中照照明奖”设计类一等奖。青果巷历史文化街区照明设计采用与环境相结合的照明方式，以周边绿化、座椅、扶手、屋檐为载体，以人的感受为出发点，运用视频投影灯和图案灯，利用光对游人视线的合理引导，向史而新，步移景异，呈现新旧融合、时尚与传统交织的光影效果，展现“江南名士第一巷”的风雅娴静、古韵书香，塑造东方园林美感。

延伸阅读：

“中照照明奖”由中国照明学会于2005年设立，经科学技术部批准、国家科学技术奖励工作办公室登记的中国照明领域唯一奖项。该奖项每年评选一次，是国内照明领域的最高奖项，代表城市照明发展的最高成就。

（缪帛治）

9月26日，天宁区在凤凰新城举办优秀传统文化展示周启动暨萃园点亮仪式　　（区文体旅局 供图）

公共文化

【概况】 2023年，天宁区加强群众文化阵地建设，区、镇（街道）、村（社区）三级公共文化服务网络逐步完善，全区有1个区级文化馆、1个区级图书馆，有7个镇（街道）文化馆分馆、8个镇（街道）图书馆，有124个村（社区）基层文化服务中心；全区累计馆藏图书60万册，订阅报纸期刊150余种。深化“锦绣天宁”文化惠民品牌建设，持续推进“书香天宁”建设，开展“新时代乡村阅读季”、暑期返乡大学生阅读推广等公益阅读活动，深化“青果思享会”等阅读活动品牌建设。全年举办文化艺术大联展和天宁文化艺术节等各类文艺活动1000余场次，230万人次参与。创作文艺类原创作品15件，其中广场舞《快乐乒乓》，合唱《追寻》《春来了》，小品《最后的贡献》，书法作品《快雨堂题跋数则》《陶渊明诗数首》《七律长征》6件文艺作品获第二届常州市公共文化“青果奖”，3家单位入选江苏省“最美公共文化空间”打造对象名单。

【文化惠民系列活动】 2023年，天宁区依托区文化馆、区图书馆等文化阵地，举办群众书画作品展、广场舞大赛、音乐诗会等文艺活动12场、惠民巡演19场、送戏下乡160场，丰富群众精神文化生活；开展社会教育公益活动150余场，举办公益培训班36期、540课时，参训超8000人次。年内，区图书馆新增纸质图书9000册，增添复兴文学书架、红色书架、本地文献书架等特色书架，引进1台电子书借阅机和20台墨水屏电子书阅读器，让读者在家门口享受高质量的文化生活。

【优秀传统文化展示周活动】 9月26日，天宁区在凤凰新城举办优秀传统文化展示周启动暨萃园点亮仪式，市委常委、宣传部部长陈志良，市政府副市长蒋鹏举，区四套班子领导参加活动。展示周期间，开展萃园国风、运河风雅、城厢古韵、遇见名仕、文化探源、拾忆民趣六大系列文化活动。其中，在萃园开展“诗赴毗陵”中秋诗词会、《洛原草堂图》拓印展、“寻非遗·品国潮”国风文创市集、诗情茶艺“宋式点茶”体验等“萃园国风”系列活动，领略历史与潮流交相辉映、源古流新；在大运河畔开展“千年运河，百年初心”运河游船会、“运河寻迹，诗意江南”书画展、中秋晚会等“运河风雅”系列活动，感悟锦绣天宁浸润千年、历久弥新的古香古色；在青果巷历史文化街区开展“古风国韵”北京民族乐团首秀、国潮演艺秀、青果物华集、宝塔灯光秀等“城厢古韵”系列活动，共同感受老城厢烟火人间的流光溢彩；在天宁街道开展东坡游园会、第三届赵元任艺术节、红色教育实践活动等“遇见名仕”系列活动，一起感悟名人文化、红色文化在天宁的血脉赓续，代代相传；在郑陆镇开展寺墩“文明起源”研学、鹤峰书院阅读时光等“文化探源”活动，体验传统文化艺术，邂逅时光美好；在天宁全域范围内开展精品戏曲惠民巡演、各类民俗民趣活动，让非遗、戏曲、老电影、民俗走进乡村、走进社区，让优秀传统文化进入寻常百姓家。

（吴芳敏）

文化场馆

【常州市革命烈士陵园】 常州市革命烈士陵园位于天宁区兰陵北路315号，占地面积6.42万平方米，建筑面积1.5万平方米，绿化覆盖率约80%，建有革命烈士纪念碑、“常州三杰”群雕、常州革命烈士纪念馆、常州革命史纪念馆、“三杰”厅、烈士纪念堂、廉政教育馆、诗抄碑廊、人生格言墙等，先后被民政部评为全国爱国主义教育基地、全国烈士纪念建筑物管理工作先进单位、全国民政系统行风建设示范单位、全国文明优抚事业单位。

1975年10月，常州市革命委员会批准在南郊公墓筹建常州市烈士陵园，以更好传承“常州三杰”精神，缅怀为革命胜利、民族复兴、社会进步壮烈牺牲的4000余名常州英烈。1981年，常州市政府批准烈士陵园建设总体规划。1986年，烈士陵园先后建成革命烈士纪念碑、烈士纪念堂、烈士事迹陈列馆三大主体纪念建筑物，成为社会各界悼念革命英烈、感悟先辈初心、传承红色基因、赓续革命薪火的重要基地。陵园的建设，得到党中央和老一辈无产阶级革命家的关注，陆定一、李鹏、张爱萍先后为陵园大门、烈士纪念堂、烈士事迹陈列馆题写园名、匾额。1996年，常州市革命烈士陵园被国务院批准为全国重点烈士纪念建筑物保护单位。2005年，被中宣部命名为全国爱国主义教育示范基地。2019年，被评为国家AAA级旅游景区，年接待游客20余万人次。

烈士陵园以“褒扬烈士、教育群众”为宗旨，推进红色文化资源整体性传播，突出“常州三杰”品牌特色，通过红色微视频展播、沉浸式参观体验等形式，融爱国、党建教育于主题团日、主题党日、廉政教育活动中。结合重大事件、重点主题、重要节点，开展形式多样的褒扬教育活动，培育形成“少年先锋岗”“常州三杰道德讲堂”“百万青少年走进爱国主义教育基地”等活动品牌。

（谈燕媛）

【张太雷纪念馆】 张太雷（1898—1927年），是中国共产党早期的重要领导人之一，中国共产主义青年团的创始人之一和青年运动卓越领导人，是“常州三杰”之一。张太雷纪念馆位于天宁区清凉路子和里3号，是全国唯一缅怀、纪念、宣传、研究张太雷事迹与精神的专业纪念馆，是全国、省、市爱国主义教育示范基地。1987年建成开馆，2006年被国务院命名为第六批全国重点文物保护单位，2011年被命名为共青团中央青运史档案馆、江苏青少年研究教育基地。2018年6月17日张太雷诞辰120周年纪念日重装开放。该馆建筑面积近2000平方米，由张太雷故居、张太雷生平事迹展览两部分组成，通过油画和实物、照片等珍贵史料展现张太雷革命、光辉的一生；故居西首为共青团史陈列室，反映共青团英勇奋斗的光辉历程，是大、中、小学校开展团课教育的基地，属全国首创。开馆至2023年，接待来自全国各地和海外参观者300余万人次，先后出版《张太雷年谱》《张太雷传》《回忆张太雷》等20余本书籍，为拍摄《一封家书》《常州三杰》《国家记忆》《山河岁月》提供场所和业务指导，与常州大学、常州市朝阳中学、常州市兰陵小学等30余所大中小学校签订共建协议，设立“太雷学社”“太雷团支部”“太雷班”，定期不定期开展各项教育学习活动。

（谈燕媛）

【恽代英纪念馆】 恽代英（1895—1931年），是中国共产党早期的重要领导人之一，中国青年运动著名领袖，无产阶级革命家、理论家和宣传家，是“常州三杰”之一。恽代英纪念馆位于天宁区晋陵中路500号，是常州最为全面系统收藏、陈列、宣传、研究恽代英生平业绩和思想精神的人物纪念馆，2015年8月12日恽代英诞辰120周年纪念日建成开放，先后获评江苏省优秀社会实践基地、江苏省党史教育基地、常州市社科普及示范基地。该馆占地面积738平方米，建筑面积544平方米，内设4个展厅，分为“炼就少年英才”“华夏播撒火种”“建功国民革命”“擎旗武装斗争”“豪情长留天地”五大板块，展陈恽代英生平业绩和思想精神。纪念馆先后举办纪念恽代英诞辰120周年、125周年活动，纪念恽代英就义85周年、90周年活动和《恽代英》画册出版座谈会，协助拍摄《常州三杰》《永远的青年》《永远的恽代英》等电视剧、纪录片、专题片，以及中央广播电视总台《我有传家宝》等宣传节目。恽代英纪念馆依托常州三杰纪念馆，与瞿秋白纪念馆、张太雷纪念馆三馆联动，成为常州市加强爱国主义教育、革命传统教育和党员干部理想信念教育的实践课堂，成为赓续“常州三杰”红色基因、宣传常州文化底蕴、展示常州地域特色的重要名片，开馆至2023年，接待人数达25万余人次。

（谈燕媛）

【常州党建与红色文化主题教育馆】常州党建与红色文化主题教育馆(以下简称红馆）位于雕庄街道凤凰新城环岛北路，是常武地区第一次支部书记培训班旧址，常州市首个中共县委——武进县委第一次会议会址。2019年9月建成开馆，馆内设置序厅、展厅、长厅三部分，总建筑面积14000平方米。其中，序厅——红馆雕塑群，建筑面积约8000平方米，由红坊、红门、红窗、红墙、红柱、红梁和希望之门7座红色文化雕塑景观组成；展厅——“中共常州地区百年党建史料馆”主展厅，建筑面积500平方米，主体建筑由原“红庙”移建而来，为两进五开间单檐硬山式房屋，匾额上“常州红馆”4个字为瞿秋白行书集字，内设革命史厅、组织史厅、初心课堂等；长厅——“新时代号”长廊，位于古运河边，长约40米，以“党徽闪耀新时代”为主题，分党内教育正风气、龙城先锋做表率、固本强基展风采三部分。2023年，红馆接待国家、省、市、区2058家单位、7.5万名党员群众，开展省市区级各类活动50余场，参加人数逾万人。

延伸阅读：

1927年9月，中国共产党在常武地区的第一个县委——中共武进县委在雕庄顾家塘成立；同年11月，在雕庄红庙举办常州第一次支部书记培训班；随后，县委领导开展的一系列“抗租、抗税、抗捐”斗争，成为全国秋收起义的一部分。天宁区在红庙移建保护过程中，认为红庙是中国共产党领导常州人民开展工农革命光辉的起点，2018年，启动筹建“中共常州地区百年党建史料馆”暨常州党建与红色文化主题教育馆。

（谈燕媛）

【澄西抗日民主政府旧址纪念馆】澄西抗日民主政府旧址纪念馆位于天宁区郑陆镇翟家村委东吴下桥25号，占地面积385平方米，建筑面积313.5平方米。旧址原为竹林庵庵堂，始建于民国早期，建筑坐北朝南，硬山形制，砖木结构，前后二进，设东、西厢房，是常州市重点文物保护单位，入选第一批江苏省革命文物名录（不可移动革命文物)。2021年,郑陆镇投入400万元，在不改变文物原状、保留文物建筑形态基础上，对旧址实施保护修缮。2022年2月，澄西抗日民主政府旧址纪念馆完成布展并对外开放，以“澄西荣光”为展陈主题,内设序厅、历史展厅、场景展区、文创空间4个展示空间，通过“反侵略，救中国——成立前夜”“开辟根据地，成立民主政府”“同仇敌忾，奋起反抗，点燃澄西抗日烽火”“坚守理想信念，不怕流血牺牲，澄西英烈忠魂永驻”4块内容、5处仿真还原场景及100余件展品，以视频、多媒体导览、互动体验方式再现澄西人民浴血奋战的光辉历史。同年，纪念馆入选常州市党员教育实境课堂。2023年，接待参观人员360余人次。

延伸阅读：

澄西抗日民主政府成立于1941年1月，原称江阴县政府，1941年3月改称澄西县政府，下设民运科、军事科、司法科、财经科、文教科5个科室，办公地点设在焦溪镇吴下桥竹林庵。1941年12月，江阴申港据点的日军奔袭吴下桥“扫荡”，直扑竹林庵，县委成员分别转移，恽玉堂等部分工作人员壮烈牺牲。之后澄西县抗日民主政府继续发展群众武装，坚持武装抗日斗争。

（陈　琦）

【常州市工人文化宫重装开放】8月15日，常州市工人文化宫重装开放。工人文化宫建于1957年，位于天宁区延陵西路2号，占地面积17732.77平方米，是常州市中心职工文化标志性建筑。2020年9月，市总工会启动工人文化宫大会堂及辅房建筑修缮和环境整治工程，在保留原有建筑风格基础上，大会堂顶面、墙面采用异性GRG板材，以适度的现代感体现老城厢更新，2023年3月完成竣工验收。改造后的工人文化宫内设主楼（大剧场)、文庙大成殿、科教楼3个区域，其中主楼设1个可容纳700余人的大会堂、5个影厅，主楼东侧为职工之家，西侧为劳模之家，通过书法、绘画、摄影或实物展示职工生产生活风采；文庙大成殿为传统文化、国学文化宣传推广阵地，可举办道德讲堂、国学课堂等活动；科教楼为职工惠民课程学习阵地，内设职工教育培训、体育运动、戏剧书画、文创体验和技能培训等空间。重装后的工人文化宫建有网上文化宫服务平台，与智慧工会平台对接，设置线上预约、报名、评价等功能，拓展网络视听、移动多媒体、动漫游戏等领域，更好地为职工群众服务。

延伸阅读：

文庙大成殿位于常州市工人文化宫内，始建于宋咸淳元年（1265年)，原为清代武进、阳湖两县文庙、学宫，昔呈“西庙东宫”之格局，占地面积2570平方米，是省级重点文物保护单位。今留存的大成殿为清同治六年（1867年）重建，殿为单檐歇山顶，面阔五间，庄重古朴；殿前为大成门三间，硬山顶木结构，壁间嵌有重修文庙石碑三块，大成门前泮池、石桥遗迹保存完好。

（缪帛冶）

【天宁区图书馆创成国家一级图书馆】 11月，天宁区图书馆在第七次全国县级以上公共图书馆评估定级中，被文化和旅游部评定为一级图书馆。区图书馆位于天宁区丽华北路199号安信颐和公寓1号楼2～4层，面积近3000平方米，设阅览座位近400个，馆藏纸质图书10万余册、电子图书7万余册、电子期刊200种，订阅期刊杂志110余种、报纸40余种，文献资源可实现在常州市图书馆、各区县图书馆、秋白书苑图书馆、镇（街道）图书馆通借通还。馆内设有自助借还机4台、自助图书消毒柜1台、电子书借阅机1台以及兼具上网和检索功能的台式电脑12台、电子书阅读本20台，全馆覆盖免费Wi-Fi，为民众提供高品质的公共文化服务。

延伸阅读：

全国县级以上公共图书馆评估定级工作原则上每四年开展一次，评审标准涉及服务效能、业务能力、保障条件三大板块，评价标准包括藏书量、设施设备、服务项目、管理水平、信息化水平等方面。其中，“一级馆”代表图书馆的最高标准。

【天宁区文化馆】 天宁区文化馆位于天宁区翠虹路88号，1966年成立，建筑面积1930平方米，融文体活动、艺术展览、图书阅览、舞蹈排练、培训中心、少儿活动、文艺创作等功能于一体，设有免费开放的文化活动室10个，为国家一级文化馆。区文化馆以文化惠民为核心，建有20余支特色文化团队，打造“乐韵天宁”“天宁之夏”等群众文化品牌，每年举办各类公益培训班30期、420余班次，策划展览、讲座、大型群众文化活动30余场次，受惠群众2万余人次。履行非物质文化遗产保护的职能职责，做好非遗项目和项目代表性传承人的挖掘、整理和申报，建立完备的国家、省、市、区四级非遗名录体系。2023年，15件原创文艺作品在市级比赛获奖，辅导基层创作各类文艺作品200余件。

【3家“秋白书苑”建成投用】 2023年，秋白书苑紫荆公园馆、秋白书苑罗汉路馆、秋白书苑翠竹公园馆建成开馆。至年末，全区累计有秋白书苑6家。

秋白书苑紫荆公园馆位于天宁区紫荆公园内，北京时间基准线东经120°经线穿馆而过，4月建成开馆。该馆由常州市图书馆、天宁区纪委监委、青龙街道办事处、紫荆公园合作共建，建筑面积700平方米，内设图书借阅区、展览区、多功能报告厅等区域，馆内藏书2000余册，配备智能化自助借还设备，提供图书借阅、文艺演出、学术交流、培训讲座等服务。2023年，紫荆公园馆组织开展“七夕乞巧乐，弘扬民族风”、水仙花雕刻、精品文学赏析等活动10余场。

秋白书苑罗汉路馆位于和平北路35号，8月建成开馆，是常州首家以苏东坡文化为主题的秋白书苑。该馆由常州市图书馆、江苏晋陵文旅发展集团有限公司合作建设，建筑面积1549平方米，内设“东坡雅集”专区、苏东坡文化主题文创区、多媒体艺术空间等区域，汇集东坡常州后人苏慎、苏东等赠送的《毗陵苏轼祖谱》在内的近千册东坡文化书籍和原创系列“学轼茶”，馆内藏书16000余册，配置100余张

10月，秋白书苑翠竹公园馆建成开馆　　（区文体旅局 供图）

阅览座席，除可借阅图书，还可举办室外游学、阅读沙龙等文化活动。2023年，罗汉路馆组织开展酹江月实验话剧、月下电影、天台BBQ、空中普拉提、“芯·无界”纤维艺术展、“器宇江南”文化器物展、“时间的蔷薇”张国荣纪念展（音乐篇）等活动30余场。

秋白书苑翠竹公园馆位于天宁区翠虹路1号翠竹公园内，10月建成开馆。该馆由常州市图书馆、天宁区委宣传部、常州蕴程文化传媒有限公司（赐味·新中式美学茶）合作共建，建筑面积500平方米，内设图书借阅区、多功能厅、“赐味”新中式茶饮区等区域，馆内藏书5000余册，配备智能化自助借还设备，与常州市图书馆和各公共图书馆实现通借通还。2023年，翠竹公园馆组织开展以“人生为何不快乐，只因未读苏东坡”为主题的读书会、露台赏荷、秋天摄影展、如何零基础打造家庭花园、财富流沙盘、诗歌朗诵、非遗手工等活动20余场。

（吴芳敏）

【常州纺织博物馆】 常州纺织博物馆位于天宁区劳动中路北侧、大运河古运河段南侧的中华纺织博览园内，依托原大成三厂纺织车间改造而成，建筑面积6000余平方米，馆藏展品2000余件。2021年11月建成开馆，以“经纬艺术·时空之旅”为主题，内设文化空间（常设展馆）、艺术空间（临展馆）、教育空间（文创馆）3个展区，通过实物、图文、场景互动等形式，展示从纤维到纱线、面料到服装、流行生活到产业应用，以及各民族服饰等内容，反映红星照耀百年纺织到科技进步文明演变的历程。2023年，纺织博物馆开展主题活动10余场，接待群众4000余人次。

（柯梦娇）

【常州桑麻名人馆】 常州桑麻名人馆位于天宁区劳动中路北侧、大运河古运河段南侧的中华纺织博览园内，为纪念桑麻基金会创始人、著名爱国爱港爱乡企业家楷模查济民先生而设，建筑面积1285平方米。2021年12月开馆，设置多功能厅、查济民生平展厅等区域，其中多功能厅主要用于举办民营企业家讲坛及常州市桑麻教育基金会临展，查济民生平展厅采用图文展示、影片播放、场景复原等方式，融入桑麻、运河、江南元素，讲述“不愧浮生号济民”的事迹和“两大基金会”的故事，通过“五心”（初心、决心、信心、爱心、恒心）串联起查济民一生的爱国之心。2023年，桑麻名人馆接待参观团队30余组，服务群众1500余人次。

（柯梦娇）

【村史馆】 至2023年年末，天宁辖区内有2个村史馆，分别为新丰苑社区村史馆、牟家村村史馆。

新丰苑社区村史馆位于天宁区业丰路9号新丰苑小区内，2013年5月建成投用，布展面积70平方米。村史馆围绕“和文化”核心主题，设置“和”之渊源、“和”韵悠长、“和”贤陆简、“和”耀新丰4个区域，讲述新丰村、勤业村原各自然村的村史传说、发展历程及民风民俗，以及明代乡贤、学者陆简的故事，并展示村史文化研究会在撤村建居过程中抢救保护的原自然村珍贵的历史文物资料，其中包括1958年《杨棋村现状图》，鱼鳞方册，社区书画节《百和图》，百余张股票及粮票，《龙皋文稿》影印件，以及《毛氏宗谱》《常州市郊区志》《青龙乡志》等。

牟家村村史馆位于常州市牟家农业旅游观光园内，2012年5月建成开馆，布展面积300平方米。村史馆以图文、沙盘、实物场景等方式，通过源（牟家溯源）、领（班子建设）、灵（人杰地灵）、变（经济沿革）、建（和谐村镇建设）、新（现代农业）、愿（牟家愿景）7个主线板块，以及业（牟家工业）、话（牟家故事）、誉（载荣负誉）、仆（历任领导）、爱（领导关怀）5个辅线板块，展现20世纪70年代到21世纪初，牟家村的人文溯源、建制沿革、发展进程和光辉历程，发挥“以史鉴今、资政育人”作用。2014年，村史馆获评常州市爱国主义教育基地。2023年，村史馆接待省委宣传部、青海省果洛州玛沁县党政代表团、陕西省安康市旬阳市党政代表团、张家港市永联村团队等134批单位，累计参观人数约12000人。

（章丽华　陈　琦）

【校史馆】 至2023年年末，天宁区有常州市局前街小学、常州市华润小学、常州市清凉小学3个校史馆，其中华润小学、清凉小学2个校史馆于2023年建成开馆。

局前街小学校史馆于2002年建校百年之际建成开馆，位于学校仲则楼五楼，面积95平方米，设置“龙城明珠，百年璀璨”“生机勃勃，春色满园”“放眼未来，再创辉煌”3个部分，展示局前街小学百年校史，彰显办学特色和文化底蕴。其中，第一部分“龙城明珠，百年璀璨”，主要展示学校自龙城书院以来的历史沿革；第二部分

"生机勃勃，春色满园"展示百年来在各级领导关怀下所形成的学校管理、教师梯队发展；第三部分"放眼未来，再创辉煌"展示学校所获荣誉、杰出校友风采及学生成长。2023年，校史馆接待全国各地30余个代表团近千人参观学习。

清凉小学校史馆于2023年9月建成开馆，位于学校清蕴楼1楼，面积115平方米，以"共同书写一部'活'着的校史"为主题，设置大事记、藏宝阁、教师风采、课程地图、学校荣誉、毕业照墙等模块，承载清凉师生拔节生长的生命印记，呈现学校的文化脉络。年内，校史馆接待校内外参观人数约800人。

华润小学校史馆于2023年12月建成开馆，位于学校行政楼1楼，面积392平方米，展示华润小学的创立背景、历史沿革，发展历程、办学成果，以及学校的教育理念、校园文化、师生风采，是一所集教育、文化、历史于一体的综合性展馆。年内，接待校内外参观人数约700人。

（虞新伟）

【3家单位入选省"最美公共文化空间"打造对象名单】 4月，秋白书苑天宁吾悦馆、秋白书苑运河·明德馆、泰和·幸福里入选江苏省文化和旅游厅公布的2023年度江苏省"最美公共文化空间"打造对象名单。

秋白书苑天宁吾悦馆位于天宁区东方西路与名山路交会处天宁吾悦广场负一层，2021年12月建成开馆，是常州首家入驻城市综合体的"秋白书苑"。场馆建筑面积860平方米，内设阅读共享、主题阅读展示、活动共享、休闲饮品、图书文创文具销售、新时代文明实践基地（商业体红色驿站）等区域，馆内藏书7000余册，配备智能化自助借还设备，设有图书借阅区、少儿阅读区、文化活动区、文创用品区、书画绘作区、手工陶艺体验区等功能区域。2023年，天宁吾悦馆围绕"书香"育人的阅读文化，开展"七彩书签"图书公益阅读、"悦"读整本书、非遗文化龙城传书印等阅读活动。

秋白书苑运河·明德馆位于天宁区晋陵中路451号，2022年1月建成开馆，是全市首家青少年主题秋白书苑。场馆建筑面积280平方米，内设成人休闲阅览区、儿童绘本阅读区、亲子阅读自习隔间、咖啡饮品水吧区、文具用品销售区和多功能活动空间，馆内藏书1万余册，其中青少年读物超7000册，配备智能化自助借还设备，提供图书借阅、阅读推广、传统文化宣讲、心理健康等服务。2023年，明德馆开展母亲节"我的第一本手工书"DIY活动、"童期声"儿童诗歌朗诵会、绘本亲子共读等活动。

泰和·幸福里位于天宁区中吴大道960号，2021年3月建成投用，建筑面积1500平方米，内设悦享康养站、幸福律动站、共享空间站、政务服务站4个区域，提供便民、文教、社团、休闲、体育、康养六大服务，是集退管服务站、春晖俱乐部、泰和居家养老服务站、居民文化活动中心于一体的综合性服务阵地。2023年，泰和·幸福里举办文化惠民活动约100场次，惠及群众1万余人次。

（吴芳敏）

文化遗产保护

【概况】 2023年，天宁区有市级以上重点文物保护单位82处，占全市各类文物保护单位的23%；其中全国重点文物保护单位6处、省级重点文物保护单位21处、市级重点文物保护单位55处。是年，寺墩遗址在"考古中国"重大项目进展发布会上公开发布，寺墩遗址公园被列入省级考古遗址公园立项项目，史良故居入选第三批江苏省革命文物名录。开展非遗项目资料及非遗项目代表性传承人挖掘、整理、申报和评审，6个项目入选省级非物质文化遗产代表性项目，其中兰陵民间吉祥图案、戈裕良叠石（山）技艺入选省级非物质文化遗产代表性项目，剪纸（常州剪纸）、焦溪糍团制作技艺、焦溪油酥饼制作技艺、郑陆脚踏糕制作技艺入选省级非物质文化遗产代表性项目名录扩展项目。天宁区郑陆钰锋糕点坊、常州市焦溪二花脸猪专业合作社、常州琪嘉文化传播有限公司、常州集味九香食品有限公司、常州市三顺得食品有限公司入选第一批区级非遗工坊。至2023年年末，天宁区有国家级非遗项目2个、省级非遗项目11个、市级非遗项目25个、区级非遗项目36个，形成完备的国家、省、市、区级非遗名录体系。

表 51　2023 年天宁区省级及以上重点文物保护单位一览表

全国重点（6 个）

序号	文物保护单位	公布日期	时代	地址	区域
1	京杭大运河	2006.5.25	春秋	西至与丹阳交界的荷园里，东至与无锡交界的直湖港	天宁区
2	瞿秋白故居—秋白诞生地、城西瞿氏宗祠	1996.11.20	清	青果巷 82 ～ 84 号	天宁街道
3	近园	2013.3.5	清	常州宾馆内	天宁街道
4	张太雷旧居	2006.5.25	1918—1925 年	天宁区和平中路子和里 3 号	茶山街道
5	寺墩遗址	2019.10.7	新石器时代	郑陆镇三皇庙村	郑陆镇
6	常州唐氏民宅	2019.10.7	明弘治至正德年间（1488—1521 年）	青果巷历史文化街区（含贞和堂、礼和堂）	天宁街道

省级重点（21 个）

<table>
<tr><th>序号</th><th colspan="2">文物保护单位</th><th>公布日期</th><th>时代</th><th>地址</th><th>区域</th></tr>
<tr><td rowspan="4">7</td><td rowspan="4">焦溪古桥群</td><td>咸安桥</td><td rowspan="4">2019.3.21</td><td>清乾隆、咸丰</td><td>郑陆镇焦溪老街</td><td rowspan="4">郑陆镇</td></tr>
<tr><td>三元桥</td><td>清乾隆</td><td>郑陆镇焦溪老街</td></tr>
<tr><td>青龙桥</td><td>清道光</td><td>郑陆镇焦溪老街</td></tr>
<tr><td>中市桥</td><td>清咸丰</td><td>郑陆镇焦溪老街</td></tr>
<tr><td>8</td><td colspan="2">唐荆川宅</td><td>1982.3.25</td><td>明弘治至正德年间（1488—1521 年）</td><td>常州市青果巷历史文化街区（含筠星堂、松健堂和八桂堂）</td><td>天宁街道</td></tr>
<tr><td>9</td><td colspan="2">护王府遗址</td><td>1982.3.25</td><td>太平天国</td><td>天宁区局前街 187 号</td><td>天宁街道</td></tr>
<tr><td>10</td><td colspan="2">赵元任故居</td><td>2006.6.5</td><td>清光绪十八年（1892 年）</td><td>青果巷历史文化街区 16 弄</td><td>天宁街道</td></tr>
<tr><td>11</td><td colspan="2">常武戏楼群—阳湖县城隍庙戏楼</td><td>2006.6.5</td><td>清</td><td>天宁区和平南路与青果巷交会处的原新坊桥小学内</td><td>天宁街道</td></tr>
<tr><td>12</td><td colspan="2">新坊桥</td><td>2011.12.19</td><td>元</td><td>天宁区和平南路中段东侧、与麻巷交会处</td><td>天宁街道</td></tr>
<tr><td>13</td><td colspan="2">前北岸明代楠木厅</td><td>1982.3.25</td><td>明</td><td>天宁街道前北岸西首</td><td>天宁街道</td></tr>
<tr><td>14</td><td colspan="2">吕宫府</td><td>2011.12.19</td><td>清</td><td>天宁街道前后北岸历史文化街区前北岸 64 号</td><td>天宁街道</td></tr>
<tr><td>15</td><td colspan="2">管干贞故居</td><td>1995.4.19</td><td>明</td><td>天宁街道延陵西路前北岸 27 ～ 28 号</td><td>天宁街道</td></tr>
<tr><td>16</td><td colspan="2">天宁寺</td><td>1982.3.25</td><td>清末</td><td>天宁街道罗汉路 1 号</td><td>天宁街道</td></tr>
<tr><td>17</td><td colspan="2">常州文庙大成殿</td><td>2011.12.19</td><td>清</td><td>常州工人文化宫内</td><td>天宁街道</td></tr>
<tr><td>18</td><td colspan="2">武进医院病房大楼旧址</td><td>2011.12.19</td><td>1933 年</td><td>市第一人民医院 8 号楼</td><td>天宁街道</td></tr>
<tr><td>19</td><td colspan="2">太平兴国石经幢</td><td>1995.4.19</td><td>宋</td><td>天宁街道舣舟亭社区延陵中路太平桥东侧 200 米处</td><td>天宁街道</td></tr>
<tr><td>20</td><td colspan="2">恽鸿仪宅</td><td>2011.12.19</td><td>清</td><td>天宁街道青果巷社区雪洞巷 12 号</td><td>天宁街道</td></tr>
<tr><td>21</td><td colspan="2">吕思勉宅</td><td>2011.12.19</td><td>清</td><td>天宁街道十子街 8 ～ 10 号</td><td>天宁街道</td></tr>
<tr><td>22</td><td colspan="2">临清会馆</td><td>2011.12.19</td><td>1921 年</td><td>天宁区青山路 156 号</td><td>天宁街道</td></tr>
</table>

续表 51

序号	文物保护单位	公布日期	时代	地址	区域
23	史良故居	2019.3.21	清末	天宁区和平南路 143 号	天宁街道
24	文笔塔	2019.3.21	始建于南朝萧齐，清光绪重建	红梅公园内	天宁街道
25	红梅阁	2019.3.21	始建于元，清末重建	红梅公园内	天宁街道
26	清凉寺	1982.3.25	清康熙年间（1662—1722 年）	天宁区和平中路 488 号	兰陵街道
27	大成三厂旧址	2011.12.19	民国	茶山街道红梅村委采菱路 78 号	茶山街道

【寺墩遗址在“考古中国”重大项目进展发布会上公开发布】 11 月 29 日，国家文物局发布“考古中国”重大项目考古重要进展，寺墩遗址为全省唯一入选项目。寺墩遗址是一处以新石器时代崧泽文化、良渚文化遗存为主体的中心聚落遗址，距今约 4500 至 5500 年。2023 年，南京博物院对寺墩遗址完成 500 平方米的考古发掘，发现墓葬区、干栏式建筑、水井等遗存，出土大量陶器、玉器、石器等珍贵文物，反映太湖地区史前社会复杂化的形成、发展，并最终迈向早期国家形态的过程。12 月，寺墩遗址公园被省文旅厅、省文物局列入第一批江苏省考古遗址公园立项项目。

【史良故居入选第三批江苏省革命文物名录】 12 月 19 日，史良故居入选省文化和旅游厅、省文物局公布的江苏省第三批革命文物名录（不可移动革命文物），全区累计有省级革命文物 7 处。史良故居坐落于青果巷历史文化街区东侧，坐西朝东，硬山造平房三进，内设史良生平展、常州法学名家堂和法治文化廊。史良（1900—1985 年），法学家、抗日救国“七君子”之一，曾任中华人民共和国司法部第一任部长、全国政协副主席、全国人大常委会副委员长、民盟中央主席，是杰出的爱国民主战士、中国妇女运动著名领袖之一、新中国人民司法工作的开拓者和司法行政工作奠基人，毛泽东赞誉她为“女中豪杰”。

（任涵恬）

史良故居 （区文体旅局 供图）

【天宁区新增 3 个省级非物质文化遗产代表性项目名录扩展项目】 11 月，经省文化和旅游厅评定，焦溪糍团制作技艺、焦溪油酥饼制作技艺、郑陆脚踏糕制作技艺入选第五批省级非物质文化遗产代表性项目名录扩展项目。

焦溪糍团自清末民国初期形成特有的配方和制作技艺，主料为优质地产糯米，馅料有芝麻馅、赤豆馅、红糖馅等甜馅料，也有菜、肉馅等咸馅料；制作技艺不同于其他地区的糍粑、糯米制品，其表面米粒完整、粒粒晶莹，外形坚挺不软塌，皮薄馅多，一口咬下去，米香混着芝麻香在口中溢开，美味至极，也可将其放入油锅煎至两面金黄，颗颗金黄的新米粒配着拌有白糖的芝麻吃亦别有风味。2021 年 4 月，焦溪糍团制作技艺被列入常州市非物质文化遗产项目。

焦溪油酥饼是焦溪地区家家户户都会制作的一道点心。据焦溪老一辈人回忆，油酥饼的制作有 120 余年历史，饼皮是面粉做的，加入菜油、豆油和水调和成面团，馅心是刚收的新鲜芝麻，炒熟后放入石臼捣碎，加入白糖；每个约鸭蛋大的面团包好芝麻馅心后，轻轻压扁成厚约半厘米、直径15厘米左右的圆状，放入锅中正反面烙熟即可。刚做完的油酥饼黄澄澄、圆溜溜的，外皮酥脆，但酥而不散、油而不腻，出锅后趁热一口咬下去，只觉油酥饼皮和芝麻的香味满口萦绕。

郑陆脚踏糕也叫年糕，因制作时需要用脚踩踏，故得此名。“糕”谐音“高”，过年吃脚踏糕被赋予“年年高”“一年高一年”等吉祥之意，因此每当春节前夕，郑陆各家各户都要吃年糕，以表达对新年美好生活的愿景。制作脚踏糕十分费力，大致分为5个步骤：浸米、磨粉、上蒸、踩糕、抽糕，其中最有特色的是脚踏步骤（踩糕），将熟米粉倒在摊开的棉布上，包起来，盖上稻草盖，一人站在糕坯上反复踩踏，使米糕均匀有韧性，成结实块状，然后反过来扣在台上，趁热用线将整块的糕格成4大块，待完全冷却后用刀切成长约30厘米、宽约6厘米的长方形糕块即完成制作。脚踏糕亦可用南瓜、核桃、紫薯、麦青、血糯米、黑米、老红糖等为原料，以满足不同人群口味。

（陈　琦）

大众传媒

【《常州日报·锦绣天宁》专版】 2023年，《常州日报·锦绣天宁》专版围绕区委、区政府的重点工作，开设“抢逐新赛道、跑出加速度”“民营企业新力量”等专栏，全面展现经济高质量发展、科技自立自强、乡村全面振兴、实现共同富裕等方面的天宁样板和天宁经验，全年累计出版52期，刊发稿件1000余篇，其中，被《人民日报》、中央广播电视总台网等媒体刊登录用稿件100余篇。是年，《天宁数字人》《天宁干劲满格》2个版面获评“1+13省市党报优秀版面”，为辖市区唯一。

【常州广播电视台天宁融媒体记者站】 常州广播电视台天宁融媒体记者站成立于2019年4月，有3名记者，主要全面宣传、展现天宁区重要政务活动、重大项目进展、经济发展动能、社会治理经验、精神文明典型等工作。2023年，天宁融媒体记者站累计播发新闻报道360篇，其中被中央电视台《新闻联播》、《新闻直播间》、中央广播电视总台《财经》等频道播出《感受中秋传统文化共享美好生活》《江苏常州两万吨级高性能不锈钢无缝管项目投产》等有关天宁经济发展、工业产业、民生方面的新闻报道20篇，被江苏广播电视台《江苏新时空》《新闻360》《正午江苏》栏目播出《常州：越夜越精彩，多彩市集掀起“赶集潮”》《常州天宁：率先启动0～3岁婴幼儿入户指导试点》等新闻报道50篇，被常州电视台《常州新闻》《联播常州》栏目播出《锦绣天宁：数实融合浪潮奔涌转型升级以“智”取胜》《锦绣天宁：聚“链”成群蓄“能”成势，助力“新能源之都”建设》等新闻报道290篇。以大型新闻行动为抓手，通过vlog、短视频、H5、MG动画等形式，推出《牢记嘱托感恩奋进》《能·见》《“一带一路”十年逐梦》等50个专题报道，发掘锦绣天宁建设中的“小故事”。依托常州广播电视台指挥调度平台，实现选题、采制人员和发布端口的远程统筹，在“常州发布”视频号发布《“反诈”新郎》《老菜场换新颜，把智能和安心放进群众的菜篮子里》等短视频30条，向“常州发布”微信公众号推送《常州的菜场，“卷”起来了！》《天宁：践行“两山”理念，精绘生态文明工笔画》等稿件40篇，彰显主流媒体影响力与辐射力。

（吴　晔）

【红色青果电台】 红色青果电台成立于2019年9月，由天宁街道以购买社会服务的方式引入网络电台“引力社”，在青果巷历史文化街区、天宁街道党群服务中心、常州龙城红色驿站等设立实体录播室，以声为媒，推动党员教育资源与新媒体有机融合。红色青果电台以喜马拉雅平台为主要载体，开设《常州话小课堂》《常州名人那些事》《红色青果电台》《英雄读书会》《毗陵杂谈》《天宁青年榜样说》《书香政协》《天工·领新匠新风采》等栏目，围绕党内主题教育、优秀党员（党组织）事迹宣传、读书体会分享、地方民俗方言等主题，邀请党课名师、专家学者、先锋党员等人物走进直播间，采用交流访谈、红色诵读等形式，讲述历史文化、红色故事、党员典型以及青年所思所想等内容，弘扬主旋律、传播正能量。2021年，红色青果电台获评全市基层党建优秀案例，成为党员群众学习、交流的重要阵地。2023年，红色青果电台以每周1～2期的频率录播127期；2020—2023年，累计录播389期。

（缪帛冶）

【网络媒体】 2023年，天宁影响力较大的主流网络媒体平台主要有“锦绣天宁”微信公众号、“锦绣天宁”视频号。其中，“锦绣天宁”微信公众号围绕天宁区经济发展、城市建设、民生幸福、人文风情等方面，全年推送信息1000余条，阅读量超720万人次，其中100余条被《常州日报》和“常州发布”“中吴网”“常州网”等媒体转载，该公众号位居常州辖市区政务微信排行榜第一方阵；“锦绣天宁”视频号全年播发视频50条，年播放量超360万次，《这一抱救我一命》《萃园初雪》获5万人次转发点赞。

（吴　晔）

地方志工作

【概况】 2023年，区地方志办公室推进地方志编修、地情资源开发、方志文化宣传推介，发挥史志资政、存史、育人作用。12月，《天宁年鉴（2023）》由中共党史出版社出版发行，全书设33个类目、167个分目，包含961个条目、63张表格、130幅随文插图，总字数75万字。是年，《天宁年鉴（2022）》获评2022年度全省综合年鉴质量评定二等奖。

【街道（村）志编纂工作推进】 2023年，区地方志办公室根据《天宁区关于实施镇（街道）村志编纂文化工程的通知》要求，有序推进全区镇（街道）、村志的编修，指导相关街道、村做好《青龙街道志》《雕庄街道志》《黄天荡村志》《三皇庙村志》资料收集、初稿编写等工作，指导兰陵街道完成《兰陵街道志》篇目大纲修改及资料收集工作，组织各街道、郑陆镇相关村赴溧阳市、苏州吴中区交流学习志书编纂工作的做法和经验，进一步提升志书编纂质量。

【《天宁风景名胜图志》编印】 1月，区地方志办以天宁区自然景点和人文景观为主体，以彩色手绘形式和志式百科表述，编印台历版《天宁风景名胜图志》，展现红梅公园、天宁禅寺、青果巷、焦溪古镇等52处风景名胜，图文并茂呈现全区历史文化面貌。

（陈　晨）

档案管理

【概况】 2023年，区档案馆接收各类文书档案1496件、专业档案2530卷646件，馆藏档案累计折合13万卷；至12月31日，馆藏档案全部搬迁上架至常州市弘汇路26号新档案馆库房。是年，区档案馆启动机关团体企事业单位档案工作检查评价，8家单位获评江苏省规范档案室，11家单位获评江苏省合格档案室。6月，开展“奋进新征程·兰台谱新篇”国际档案日主题宣传活动，与市档案馆、新北区档案馆、钟楼区档案馆在青龙苑北区社区开展民生档案、家庭档案、城建档案、手机查档等宣传咨询活动，普及《中华人民共和国档案法》及档案知识。

【档案资料征集接收】 2023年，区档案馆接收房屋维修资金使用档案2434卷、人防工程档案70卷、会计档案26卷、出生医学证明档案646件；接收常州天宁建设发展集团有限公司移交的萃园珍贵书画手稿60幅，丰富档案馆馆藏结构。开展征集进馆档案的整理，分类整理吴文化研究会会长薛焕炳捐赠的有关吴文化研究的期刊杂志16册、图书126册、古旧地图2497张，逐一编号上架。

【档案利用服务】 2023年，区档案馆依托江苏省政务服务网、长三角档案查询一体化、“我的常州”手机App等平台，持续完善与外省、市档案馆互查互助机制，为在外地工作的常州人或在常州工作的外地人提供便捷的档案查询服务，实现民生档案跨省跨市就近查、异地查，同城跨馆查、即时出证。全年接待线上查档369人次、线下查档1710人次，提供档案信息2580件，接收政府公开文件307件，为征地拆迁、落实政策、调解纠纷、核实工龄、户口迁移等方面提供佐证。

12月，区档案馆接收常州天宁建设发展集团有限公司移交的萃园60幅珍贵书画手稿
（区档案馆 供图）

【档案指导监督】 2023年，区档案馆组织区机关部门、事业单位、村（社区）近200人开展档案收集、整理、销毁等方面的实用操作培训，重点对常州天宁建设发展集团有限公司、江苏天宁城市发展集团有限公司、常州市博爱小学、常州市解放路小学、北塘河基督教堂等单位开展档案专项指导，根据单位工作性质、职能分工及科室设置情况，规范文件材料归档范围，科学设置档案分类方案，建立健全档案管理制度。

（陈　晨）

文旅产业

【概况】 2023年，天宁区域内有国家A级以上旅游景区6个，其中国家AAAA级旅游景区2个、国家AAA级旅游景区2个、国家AA级旅游景区2个；有旅行社50家；有星级酒店5家，其中四星级酒店2家（常州九洲环宇大酒店、常州明都大饭店）、三星级酒店3家（常州常瑞宾馆、常州椿庭大酒店、常州舜杰明都大酒店）；有国家级夜间文旅消费集聚区1家（青果巷夜间文旅消费集聚区）、国家级旅游休闲街区1家（青果巷历史文化街区）、省级工业旅游区2家（黑牡丹科技园、长三角工业互联网旅游体验区）、省级乡村旅游重点村2家（牟家村、丰北村）、市级乡村旅游重点村1家（查家村）；有等级旅游厕所51座。是年，青果巷历史文化街区入选第二批国家级旅游休闲街区名单，芳茂山恐龙主题服务区入选首批国家级交通运输与旅游融合发展典型案例，郑陆镇丰北村创成2023年度江苏省乡村旅游重点村，郑陆镇查家村创成第四批常州市乡村旅游重点村。

表52　2023年天宁区获评国家A级以上旅游景区一览表

序号	单位名称	级别	地址	区域
1	红梅公园	国家AAAA级旅游景区	丹青路28号	天宁区天宁街道
2	天宁禅寺/天宁宝塔	国家AAAA级旅游景区	罗汉路1号	天宁区天宁街道
3	常州三杰纪念馆	国家AAA级旅游景区	张太雷纪念馆（清凉路子和里3号） 恽代英纪念馆（晋陵中路500号） 瞿秋白纪念馆（延陵西路188号）	天宁区茶山街道 天宁区天宁街道 钟楼区荷花池街道
4	常州革命烈士纪念地	国家AAA级旅游景区	兰陵北路315号	天宁区兰陵街道
5	东坡公园	国家AA级旅游景区	延陵东路水门桥堍	天宁区天宁街道
6	戈小兴中外烟标烟具博物馆	国家AA级旅游景区	双塔步行街92号	天宁区天宁街道

（周雪茹）

【文化产业高质量发展】 2023年，天宁区探索文化产业高质量发展模式，举办第三届中国·江苏游戏产业高质量发展论坛、第二十六届游交会暨第二届全球游戏运营交易大会，倡导游戏企业在承担“向善、向美、向上”社会责任的同时，以开放、多元、融合的姿态，推动网络游戏实现正能量引领。加大对游戏产业扶持培育力度，至年末，全区集聚优质网络游戏企业42家，全年累计营业收入突破20亿元，全区文化产业增加值（单位生产过程创造的新增价值）同比增长21%。是年，江苏恐龙园赞奇影业有限公司、江苏晋陵文旅发展集团有限公司、江苏蓝胤网络科技有限公司3家公司获2023年度市级文化产业引导补助资金，总计130万元；环球恐龙城东方侏罗纪旅游度假区项目入选2023年度长三角文化及相关产业重大项目。

（吴　晔）

【天宁区重点文旅项目建设】 2023年，天宁区有四大类、17个重点文旅项目（工作）被列入常州市“532”发展战略重点项目“建设文化繁荣、旅游兴旺的现代化常州”板块，其中环球恐龙城东方侏罗纪旅游度假区项目入选2023年省重大项目、省重点文化和旅游产业项目，常州焦溪长江国家文化公园项目入选2023年省重点文化和旅游产业项目。17个项目总投资209.49亿元，年计划投资25.19亿元，年内实际投资33.2亿元，完成年度计划的131.8%；争取各类扶持资金389.8万元。是年，萃园建成开放，乔司影视基地、中赛水上运动文化中心建成投运，环球恐龙城东方侏罗纪旅游度假区、季子文商旅农综合体——舜山康养小镇、焦溪古镇申遗保护等建设项目有序推进。

表 53　2023 年天宁区列入常州市“532”发展战略重点文旅项目（工作）一览表

序号	工程名称	重点项目（工作）	工作进度
1	大运河—老城厢文旅提升工程	大运河文化旅游长廊	完成近园、恽代英纪念馆片区改造方案设计
2		青果巷历史文化街区三期	开展青果巷片区更新改造及约园开放规划研究，形成规划研究成果
3		前后北岸历史文化街区整治提升	完成街区整体改造方案设计
4		塔寺园一体化	完成天宁寺大雄宝殿修缮及山门改造方案报批，启动改造素斋馆，完成红梅公园游客集散中心方案设计
5		购物中心片区改造	金秋大厦地块项目主体建筑完工，启动购物中心改造提升及中联大厦地块项目土建工程
6		纺织博览园	建成桑麻名人馆、纺织博物馆
7		环岛路运河文化公园（杜鹃花小镇）	萃园建成开放，中赛水上运动体育文化中心、乔司影业基地建成投运，开工建设凤凰驿运河荟秀文旅商业中心
8		南港片区改造	完成南港片区更新规划，完成南港码头、工会干校、工人疗养院、潘家村、桃园二村更新改造方案设计
9	旅游度假区提档升级工程	环球恐龙城东方侏罗纪旅游度假区	完成“恐龙星球”配套设施建设，启动建设主体建筑
10	文旅产品融合创新工程	季子文商旅农综合体——舜山康养小镇	建成投运西尧沟湿地文化园、百果园自然农学院，完成季子文化传承中心、万怡酒店、学农营地主体建设
11		万象城文旅休闲街区	完成主体建筑
12		格乐利雅文旅休闲街区	建成投运
13		焦溪古镇申遗保护	完成西街街河、南溪小河景观铺装及相关入口景观等基础设施建设，完成新疏浚河道沿线区域风貌提升及相关院落修缮，完成相关业态节点植入
14		高端品牌酒店培育	希尔顿惠庭酒店完成施工图设计，完成文笔山庄装修改造项目，舜杰明都大酒店完成提档升级
15		现代文创产业发展	天宁华火互娱数字休闲产业园建筑主体竣工，苏南智城招引文旅企业 20 家
16	文旅品牌塑造传播工程	寺墩遗址公园	完成遗址保护规划设计
17		国家文旅融合发展示范区建设	开发“常州文化圈”服务平台

（周雪茹）

【A35·红盒子城市艺文生活空间开业】 8 月 19 日，A35·红盒子城市艺文生活空间开业，由常州大运河集团有限公司改造建设，总投资 8000 万元。2021 年 9 月，原常州市图书馆启动实施提升改造；2023 年 4 月，完成竣工验收，取名 A35·红盒子。“A”指“ART”（艺术）、“AT”（位于）之意，“35”指建筑本体位于和平北路 35 号，“红盒子”指复古红砖的建筑外观，如同一只红盒子。A35·红盒子城市艺文生活空间，集美育浸润、书香阅读、生活雅集、时尚潮玩、轻食餐饮于一体，总建筑面积 12621.24 平方米，包括地下一层、地上五层。其中，一至三层以商业业态为主，布局各类“网红”店、主题餐饮、文创集合区、私教工作室等业态，建筑面积 8133.15 平方米；四层为艺术空间，设有艺术展、时尚沙龙及半开放式的影音空间，建筑面积1744.79平方米；五层为常州唯一一家以“东坡文化”为主题的“秋白书苑”，建筑面积1549平方米，室外露台设置阅读客厅、自习空间、茶饮雅集等，活动面积628平方米；地下一层为设备层。

延伸阅读：

常州市图书馆于清光绪三十年（1904年）在铁市巷内开办，是有确切史料依据的我国最早的图书馆之一。清宣统元年（1909年）十二月，五楹图书馆楼屋于双桂坊延陵季子祠基地落成，为两层10间楼房，建筑面积576平方米，常州图书馆迁入，并更名为武进县商会图书馆。1933—1953年，图书馆先后更名为“武进县立图书馆”“常州市立图书馆”“江苏省常州市图书馆”。1955年，迁入崇法寺（常州人民公园内）新馆舍，建筑面积1511.65平方米。1957年，定名为常州市图书馆。1971年，在崇法寺旧址新建图书大楼，建筑面积1735.59平方米。1991年12月，在和平北路与罗汉路交会处东南侧重建图书馆，占地面积7300平方米，建筑面积1.2万平方米（2005年增建办公用房1000平方米）；1995年12月建成投用，馆址为常州市和平北路35号，拥有报刊书籍超200万册，珍藏一定数量的绝本、孤本，是全国古籍保护重点单位。2020年6月，图书馆迁入常州市锦绣路2号文化广场8号楼。

（缪帛冶）

【萃园建成开园】 9月26日，天宁区在凤凰新城举行优秀传统文化展示周启动暨萃园开园仪式，市委常委、宣传部部长陈志良，副市长蒋鹏举，区四套班子领导，以及萃园总设计师、居民代表等出席开园仪式，现场发布优秀传统文化展示周活动安排。萃园位于常州城东老运河与采菱港交汇处，东临凤凰路，南沿劳动东路，占地面积45329平方米，由常州凤凰新城建设发展有限公司承建，总投资1.6亿元。2021年7月，天宁区萃取常州明清至民国时期曾存在的归乐园、石园、洛原草堂、菱溪草堂和寄园5座园林精华，启动建设兼具现代审美与古风神韵的古典园林群；2023年1月竣工验收，取“五园荟秀，萃取古典园林之美”之意，命名为萃园。园内以轩、榭、亭、廊、坊、台、桥等园林要素布局，设置“洛原春晓、菱溪荷香、归乐秋韵、寄园梅影、云岫飞瀑、峰势三台、九峰揽翠、西岭穿月”八大主题景观，配置匾额、楹联、碑文、壁画等书画作品，成为大运河沿线的亮丽风景。

延伸阅读：

经资料考证和考古发掘，发现常州城东老运河南岸、采菱港东侧，明清至民国时期曾存在5座著名的私家园林——归乐园、石园、洛原草堂、菱溪草堂和寄园。归乐园是明孝宗弘治年间刑部尚书白昂修筑，建有高大的六柱牌坊和亭台楼阁，规模宏大，地广数百亩，是常州东门一处园林胜地；石园为白昂的三个儿子白埈、白圻、白坊所建；洛原草堂为白昂之孙白悦所建；菱溪草堂为清代康熙年间常州人邵龙文所修建，园中因有著名诗人邵长蘅题写的《菱溪草堂记》而闻名于世；寄园为清代举人钱向杲所建，他儿子为“江南大儒”之称的清末进士、教育家钱振锽。

（李　歆）

【丰北村创成省级乡村旅游重点村】 8月，郑陆镇丰北村被省文化和旅游厅、省发展改革委评为2023年度江苏省乡村旅游重点村，优先享有项目建设、品牌打造、市场推广和信贷支持等相关政策，并择优推荐参加全国乡村旅游重点村名录遴选。丰北村位于郑陆镇东南部，十里黄家浜穿村而过，全村总面积3.85平方千米，水域面积占35%以上。该村通过“党支部＋合作社＋龙头企业＋农户”发展模式，开发老高的鱼庄、美丽荷塘、蜗牛时光度假村等站点，打造莲藕、芡实、斑鳜、菱角、清水蟹“丰北五宝”特色品牌，发展垂钓中心、露营基地、生态采摘、赛艇俱乐部等项目，形成融农业生产、农产品销售、休闲旅游、科普教育于一体的农业休闲旅游线路。2023年，全村实现年收入230万元，游客20万人次，村民人均年收入约4万元。

【芳茂山恐龙主题服务区入选首批国家级交通运输与旅游融合发展典型案例】 10月7日，芳茂山恐龙主题服务区入选由文化和旅游部、交通运输部、国家铁路局、中国民航局、国家邮政局、国铁集团共同评定的第一批交通运输与旅游融合发展典型案例。芳茂山恐龙主题服务区位于沪蓉高速公路（G42）江苏段，地处天宁区郑陆镇，占地面积约10万平方米。服务区依托常州中华恐龙园，在满足传统服务区如厕、加油、购物等基本功能基础上，围绕“梦回侏罗纪、乐享芳茂山”，将恐龙主题文化、恐龙文旅产品融入饮食、购物、娱乐等各种经营业态，打造体验式主题服务区，开启“交通＋旅游”的运营模式。

【长三角县域文旅协会联盟成立】 7月14日，天宁区文化旅游协会与上海市长宁区、浙江省建德市、合肥市庐江县、六安市金寨县、连云港市灌云县、无锡市江阴市六地文化旅游协会签约，成立长三角县域文化旅游协会合作联盟，合力宣传长三角文化旅游特色，携手开拓客源市场，扩大长三角旅游的影响力和吸引力。

（周雪茹）

文旅市场管理

【新闻出版领域规范管理】 2023年，天宁区规范新闻出版（版权）发行行业管理，完善与信用、风险挂钩的“双随机、一公开”监管机制，全年完成印刷企业年检133家，核验出版物经营单位148家，对信誉良好、依法经营企业实施免检制度，优化企业发展的营商环境。开展新闻出版领域重大事故安全隐患排查整治行动，全年开展集中检查6次、抽查12次，未发现重大事故安全隐患。

（吴　晔）

【文化艺术类校外培训机构监管】 2023年，天宁辖区内有文化艺术类校外培训机构251家。年内，区文体旅局优化文化艺术类校外培训机构审批管理，在江苏省政务服务平台认领“文化艺术类非学科类校外培训机构审批”事项，制定出台《天宁区文化艺术类非学科类校外培训机构审核登记指南》《天宁区文化艺术类非学科类校外培训机构申请须知》等文件，使文化艺术类校外培训机构审批工作更加便捷高效。至年末，完成30家文化艺术类校外培训机构资质审核。引导辖区内文化艺术类校外培训机构开设预收费资金监管账户，纳入“全国校外教育培训监管与服务综合平台”，加强对培训预收费资金的全流程监管。常态化开展文化艺术类校外培训机构安全检查，发现并督促整改安全隐患6处；与公安部门联合开展文化艺术类校外培训机构从业人员调查摸排，发现并劝退2名问题人员，进一步规范文化艺术类校外培训机构经营行为。

【剧本娱乐经营场所专项整治】 2023年，天宁辖区内有备案的剧本杀、密室逃脱等剧本娱乐场所9家，其中7家剧本杀娱乐场所正常营业、2家停业。是年，区文体旅局引导剧本娱乐经营场所开展平台备案，落实剧本内容自审，加强行业管理；组织剧本娱乐经营场所对照《剧本娱乐经营场所消防安全指南(试行)》开展自查自改，确保场所消防安全；联合区城管局、区应急管理局、区行政审批局、区市场监管局、公安天宁分局、天宁消防救援大队等部门，推动剧本娱乐经营场所审批+监管“一件事”改革，制定出台《常州市天宁区剧本娱乐经营场所审管“一件事”改革实施方案》《常州市天宁区剧本娱乐经营场所审管“一件事”实施办法（试行）》等文件，明确住建、城管、应急、市场监管、公安、消防等部门前置剧本娱乐经营场所的监管职责，夯实剧本娱乐经营场所安全基础。

【文体旅经营场所安全生产检查】 2023年，天宁辖区内有文化、体育和旅游行业单位590余家，其中文化类行业单位351家、体育类行业单位111家、旅游类行业单位50家、市级及以上重点文物保护单位82处。年内，区文体旅局协同天宁消防救援大队、区市场监管局、区应急管理局等部门，通过明察暗访、随机抽查、“回头看”检查、交叉检查等方式，对辖区内景区景点、星级宾馆、网吧、歌舞娱乐场所等重点文体旅经营场所，开展“生命至上，隐患必除”消防安全专项行动、重大事故隐患专项排查整治行动，累计开展安全生产专项检查32次，出动检查组45个、检查人员126人次，检查文化和旅游企业360家次，发现并督促整改安全隐患40处，全年未发生安全责任事故。

（路　洁　吴芳敏）

天宁区郑陆镇丰北村水域景观　　（区文体旅局 供图）

体 育

◆栏目编辑 谈燕媛

体育设施

【概况】 2023年，天宁区深入贯彻体育强国、全民健身国家战略，把体育融入全区经济社会发展大局中谋划推动，优化全区公共体育设施布局与建设。至年末，全区拥有区级全民健身中心1个、镇(街道)全民健身中心9个、水上运动中心1个、社区体育公园20个、社会足球场地15个、全民健身路径点863个、健身器材6836件，人均体育场地面积5.26平方米，"城市社区10分钟体育健身圈"覆盖率100%。

【公共体育设施建设】 2023年，天宁区持续推进公共体育设施建设，完成紫荆体育公园改建并交付使用，完成北塘河湿地公园2000米健身步道建设，持续更新健身路径点571个。提升健身设施信息化管理水平，全区健身器材相关信息均被纳入省全民健身设施管理维护信息平台，居民群众通过扫描健身器材上的保修二维码，对损坏的健身器材实现精准、便捷报修。

【中赛凤凰新城水上运动中心建成投用】 4月23日，位于凤凰新城大运河畔的中赛凤凰新城水上运动中心建成投用。水上运动中心由中赛（常州）体育发展有限公司投资建设，总投资1000万元，为天宁区打造的大运河水上运动品牌，以专业教练员、场地、设备为基础，以运河文化底蕴为载体，运用"运河+农文体旅"模式，集专业赛艇培训、文旅研学、大运河公益活动于一体，让更多人领略水上运动的文化与风采。该水上运动中心室内面积约400平方米，设置水上运动文化展示区、陆上赛艇训练区、体能训练区、会员休息区、运动产品展示区；在京杭运河三号桥东侧，建有水上运动码头1座，约240平方米，购置赛艇10艘、皮划艇5艘、龙舟2条。至年末，水上运动中心组织赛艇训练30余次，开展龙舟团建活动4次。

（路　洁）

群众体育

【概况】 2023年，天宁区有区级体育社会组织13个、健身场馆77家、体育类校外培训机构62家，有各级社会体育指导员3021人，其中国家级8人、一级52人、二级238人、三级2723人，每万人拥有社会体育指导员45名，国民体质合格率为93.3%，经常参加体育锻炼人数占常

4月23日，中赛凤凰新城水上运动中心建成投用　（区文体旅局 供图）

住人口数的40.2%。年内，举办三级社会体育指导员培训班，68名参训人员均获得三级社会体育指导员证书，组织20名一线社会体育指导员参加市级以上技能培训，新增一级社会体育指导员5人、二级社会体育指导员18人。

【天宁区第二届全民健身运动会举行】 10月29日，天宁区第二届全民健身运动会开幕式在常州市第二十四中学天宁分校举行，聘请2015年游泳世锦赛冠军、2014年南京青奥会冠军、仁川亚运会游泳冠军常州籍运动员沈铎为天宁全民健身推广大使，开发区、镇（街道）、区机关部门、区管国有企业总计16支代表队、600名运动员代表、1000名群众代表参加开幕式。运动会设置17个比赛项目，其中足球、篮球、羽毛球、乒乓球、台球、冰壶球6个比赛项目设置团体和个人奖项，其余运动项目为群众性参与项目，不进行比赛名次认定。

（路　洁）

竞技体育

【概况】 2023年，天宁辖区内有126个体育俱乐部，拥有俱乐部成员47430名。是年，全区在足球、篮球、乒乓球、健美操、柔道、武术、游泳、射击、轮滑冰球和击剑10个比赛项目中均获优异成绩。其中，足球项目中，常州市雕庄中心小学足球队获首届南京都市圈青少年足球比赛男子组第二名、常州市第十六届运动会青少年部足球比赛男子乙组第一名，常州市东青实验学校女足队获常州市第十六届运动会青少年部足球比赛小学女子甲组第一名和小学女子乙组第二名、江苏省女子U12锦标赛季军、江苏省女子U11锦标赛第五名。篮球项目上，常州市局前街小学篮球队分获常州市第十六届运动会青少年部篮球比赛小学男子甲组和乙组第一名，常州市第二实验小学女子篮球队获江苏省小篮球比赛女子组冠军、常州市篮球比赛女子乙组冠军，常州市正衡中学获育苗杯女子篮球第一名。乒乓球项目中，常州市兰陵小学乒乓球队获常州市第十六届运动会乒乓球比赛（小学组）团体总分第一、江苏省乒乓球冠军赛9岁组女子单打第一、江苏省第八届小学生乒乓球锦标赛男子丙组团体第一，获江苏省青少年乒乓球锦标赛12岁男子和女子组团体第一，获中国乒协国青和国少集训队第四期9岁组女子单打第一、国少集训队全国总决赛9岁组女子单打第一，获江苏省青少年传统校和俱乐部乒乓球U系列比赛9岁组女子团体和单打第一。排球项目中，常州市博爱小学排球队获常州市第十六届运动会青少年部排球联赛男子组、女子组第四名。轮滑冰球项目中，常州市香梅小学获常州市第十六届运动会轮滑冰球团体第二名。武术项目上，常州市焦溪初级中学获江苏省青少年武术（套路）锦标赛第一套规定棍术、刀术以及棍术刀术全能第四名。健美操项目中，常州市局前街小学获常州市第十六届青少年部健美操比赛(小学组)比赛团体第一名，常州市正衡中学获常州市第十六届青少年部健美操比赛（中学组）比赛团体第二名。柔道项目上，常州市第二实验小学柔道队获常州市柔道比赛团体总分第一名和金牌总数第一名。射击项目上，常州市北环小学射击队获常州市第十六届运动会青少年部射击比赛小学甲组团体总分第一名，常州市解放路小学获全国中小学生射击联赛二等奖，常州市局前街小学、常州市解放路小学、常州市北环小学、常州市龙锦小学参加首届“中国中小学生射击联赛”获2金、3银、5铜。击剑项目上，常州市解放路小学获常州市中小学生校园击剑联赛U6男重第

11月19日，局前街小学唐涵琳参加首届“中国中小学生射击联赛”获10米光电步手枪项目女子组金牌　（区教育局 供图）

一名、第二名，以及U8男重第三名、U8女重第二名。游泳项目上，常州市解放路小学游泳队获常州市第十六届青少年部游泳比赛团体第二名。

（宋晓屏）

【首届青少年体育节举办】 5月10日，天宁区“跃动天宁·奔向未来”首届青少年体育节在紫云小学开幕，28所学校代表队参加开幕式，区长张凯奇宣布体育节开幕，并敲响开幕鼓。体育节秉持“五育并举”育人理念，以“1+4+6+8+N”模式开展，即1个开幕式，4位天宁体育名师风采展示，6所学校体育特色展示，8位体育特聘教练技能展示，N个赛事活动（包括校园足球联赛，跆拳道、羽毛球锦标赛等8个赛事活动），历时一个半月。在8场赛事活动中，常州市凤凰新城实验小学获跆拳道锦标赛团体第一名，常州市解放路小学获首届小学生羽毛球比赛团体总分第一，常州市博爱小学获春季排球联赛第一，常州市华润小学获小学生校园足球比赛第一，常州市兰陵小学获小学生乒乓球锦标赛团体总分第一，常州市三河口小学获武术（套路）比赛团体第一，常州市局前街小学获小学生春季田径运动会总分第一，常州市龙锦小学获亲子运动会之“爸爸妈妈跟我去运动”团体第一。

（宋晓屏）

【4所学校获全国首届中小学射击联赛2金3银5铜】 11月19日，由中国中学生体育协会主办的首届“中国中小学生射击联赛”在山东省临沂市青少年示范性综合实践基地举行。常州市北环小学射击教练王中群带领常州市局前街小学、常州市解放路小学、常州市北环小学、常州市龙锦小学的16名射击队员参加10米光电步手枪项目比赛，获2金、3银、5铜。其中，北环小学于昊民、局前街小学唐涵琳分获男子、女子组金牌，北环小学豆志龙、解放路小学言旺涛、龙锦小学张铭轩分获男子组银牌，北环小学3人、局前街小学2人分获男子、女子组铜牌。

（牟文娟）

5月10日，天宁区“跃动天宁·奔向未来”首届青少年体育节在紫云小学开幕

（区教育局 供图）

【东青实验学校女子足球队获市第十六届运动会青少年部足球比赛小学女子甲组冠军】 7月20—24日，常州市第十六届运动会青少年部足球联赛（小学及初中女子组）在常州工学院辽河路校区举行，来自各辖市区中小学的55支球队、近900名足球运动员参赛，常州市东青实验学校女子足球队参加甲组比赛，决赛以4∶2战胜马杭小学，获市第十六届运动会青少年部足球比赛小学女子甲组冠军。2023年，东青实验学校先后获常州市校园足球示范学校评比一等奖、常州市中学“大课间”体育活动方案展评二等奖、常州市阳光体育夏令营优秀营地三等奖，课题“‘学、练、赛、评’模式在校园足球中的运用研究”列为常州市教育科学“十四五”规划课题并通过中期评估。

（赵煜斌）

体育产业

【概况】 2023年，天宁区以省级体育消费试点城市建设为契机，推进体育产业全新发展、协调发展、绿色发展、开放发展、共享发展，初步形成涵盖体育综合体、体育装备产业园、体育服装、体育用品制造、体育休闲等多类别的综合型体育产业发展路径。8月，红梅街道社区卫生服务中心开设运动健康指导门诊，全区累计有2家社区卫生服务中心开设运动健康指导门诊。10月，丰北蜗牛时光度假村体育休闲旅游场景被省体育局评为2023年江苏省体育消费场景典型案例。

【体育健身场所管理】 2023年，天宁区有公共健身场馆10家、健身馆（含瑜伽馆、游泳馆等）67家。年内，区文体旅局与镇（街道）协助市体育局对体育健身场所开展检查，重点对游泳等高危体育项目开展监管，发现应急疏散指示标志损坏、消防设施阻挡、灭火器过期、消防通道不通畅等问题12条，均督促相关健身场所完成整改。

【红梅街道社区卫生服务中心开设运动健康指导门诊】 8月，由市体育局牵头，区卫生健康局、区文体旅局合作共建，在红梅街道社区卫生服务中心开设运动健康指导门诊。运动健康指导门诊主要针对超重肥胖、2型糖尿病和血脂异常3种慢性病人群实施运动干预，通过医疗及运动专家的专业体质检测、身体技能评估等方式，为慢病患者“量身定制”运动方案，开展运动监测，帮助慢病患者养成科学合理的生活习惯和锻炼习惯，预防慢性病发生发展。

（路　洁）

【丰北蜗牛时光度假村体育休闲旅游场景被评为江苏省体育消费场景典型案例】 10月，丰北蜗牛时光度假村体育休闲旅游场景被省体育局评为2023年江苏省体育消费场景典型案例。该度假村位于丰北村南王自然村内，占地面积13.33万平方米，其中水域面积10.67万平方米，由常州广信置业发展有限公司投资985万元建设。度假村内有13座独栋花园式民宿，有500平方米多功能大厅、5000平方米户外花园式草坪，有华东地区单线最长的365米丛林穿越拓展游乐设施，具备特色民宿、会议接待、户外婚礼、露营烧烤、企业团建、科普研学等功能。2022—2023年，度假村采取“美丽乡村＋水上运动＋田园活动”的运营模式，融潮流运动、特色农业、休闲度假、教育科普于一体，举办“水上嘉年华”皮划艇比赛、亲子跑步接力赛、泼水大赛等活动，与武进区横山桥中心小学、常州市龙锦小学等学校合作，开展稻田研学、土窑鸡和青团制作等活动，让游客感受蜗牛时光“水乡慢生活”独特韵味。两年来，累计接待游客7.5万人次，带动附近村民就业33人，累计收入175万元，先后获评常州市放心消费创建先进单位、常州市赛艇运动协会副会长单位。

（陈　琦）

2023年，丰北蜗牛时光度假村夜景　（沈　炜　摄）

体育市场管理

【体育类校外培训机构监管】 2023年，天宁辖区内有体育类校外培训机构62家。是年，区文体旅局根据市教育局、市科技局、市民政局、市文广旅局等部门联合印发的《关于加快推进面向中小学生校外培训机构分类管理工作的通知》要求，承接市级机关下放的体育类校外培训机构审批职能。至年末，区文体旅局完成25家体育类校外培训机构资质及安全审查，引导辖区内体育类校外培训机构开设预收费资金监管账户，纳入全国校外教育培训监管与服务综合平台，实现培训预收费资金全流程监管；鼓励体育类校外培训机构为教练员和参训学员购买人身意外伤害保险，保障教练员和参训学员安全；联合教育部门，向广大学生家长宣传非学科类校外培训机构设置和管理要求，引导学生家长选择优质培训机构。

【高危体育项目许可事项监管】 8月1日，按照市体育局《关于高危险性体育项目行政许可权限下放的通知》要求，区文体旅局承接高危险性体育项目行政许可审批权限。8—9月，区文体旅局对天宁辖区内高危险性体育项目开展全面摸排，建立名录库，并结合季节特点，加强对游泳场馆安全监管，要求各游泳场馆建立安全管理制度，完善应急处理机制，加强救生员培训管理和游泳者安全宣传教育。至年末，天宁辖区内有游泳类高危险性体育项目经营单位24家。

（路　洁）

卫生健康

◆ 栏目编辑　高振渊

综　述

【区属医疗卫生机构与医疗卫生技术人员】 2023年，天宁区有区管医疗卫生机构279家，其中区级公共卫生服务机构2家〔区疾病预防控制中心（区卫生监督所）、区妇幼保健和计划生育服务中心〕、镇卫生院2家（郑陆镇卫生院、焦溪卫生院）、社区卫生服务中心7家（雕庄、青龙、茶山、红梅、天宁、兰陵、北环）、社区卫生服务站27家、村卫生室18家、门诊部81家、个体诊所103家、企事业单位医务室（卫生站）29家、民营医院2家（常州常济中西医结合医院、常州美莱医疗美容医院）、护理院7家。全区有政府办基层医疗机构8家（郑陆镇卫生院，焦溪卫生院，雕庄、青龙、茶山、红梅、天宁、兰陵6家街道社区卫生服务中心），其中郑陆镇卫生院为二级医院。全区有卫生技术人员2894人，其中执业医师（含执业助理医师）1001人、注册护士813人，政府办基层医疗卫生机构有执业医师（含执业助理医师）357人、执业护士318人。

表54　2023年天宁区镇卫生院、社区卫生服务中心基本情况一览表

医疗机构名称	性质	地址	负责人	编制床位数
郑陆镇卫生院	政府办	天宁区郑陆镇常郑路87号	孟兴旺	270张
郑陆镇焦溪卫生院	政府办	天宁区郑陆镇焦溪怡心路16号、天宁区郑陆镇三河口三河路200号	郑荣亚	60张
雕庄街道社区卫生服务中心	政府办	天宁区劳动东路626号	许　锐	150张
青龙街道社区卫生服务中心	政府办	天宁区竹林北路220号	姚宇光（1—3月） 朱健鹰（4—12月）	150张
茶山街道社区卫生服务中心	政府办	天宁区茶山街道清凉新村135-1号、光华路208-1号	叶秋琴	—
红梅街道社区卫生服务中心	政府办	天宁区竹林南路20号、天宁区健身北路688-1号、天宁区北环新村48幢西	徐定南	114张
天宁街道社区卫生服务中心	政府办	天宁区天宁街道武青北路19号	陈小伟	—
兰陵街道社区卫生服务中心	政府办	天宁区兰陵街道水岸人家商铺1-3、2-2号、新世界花园31-1幢	戴金大	—
红梅街道北环社区卫生服务中心	非政府办	天宁区奥韵家园商铺1～8、10、12、15、17号，2-1号，金百国际花园12幢	孙泰陵	—

表55 2023年天宁区社区（村）卫生服务站基本情况一览表

医疗机构名称	性质	地址	负责人
雕庄街道采菱社区卫生服务站	政府办	天宁区采菱公寓62-104号	钱艳华
雕庄街道朝阳花园社区卫生服务站	政府办	天宁区朝阳花园社区内	朱东亮
青龙街道青龙苑社区卫生服务站	政府办	天宁区青龙苑二期商品房93幢14-17号	张凌云
青龙街道紫云苑社区卫生服务站	政府办	天宁区紫云苑9-1号	石旭峰
青龙街道景秀世家社区卫生服务站	政府办	天宁区景秀世家1-27号	张凌云
红梅街道红梅东村社区卫生服务站	政府办	天宁区红梅东村文化站楼下西一室4-5号	瞿志钢
红梅街道红梅西村社区卫生服务站	政府办	天宁区红梅西村58-1号	董　文
红梅街道九龙雅苑社区卫生服务站	政府办	天宁区九龙雅苑小区2-1号	吴义胜
红梅街道北环南村社区卫生服务站	非政府办	天宁区尚东花园商铺96号	阎蕴君
红梅街道翠竹新村社区卫生服务站	非政府办	天宁区翠竹新村62号	谢沧波
红梅街道锦绣社区卫生服务站	非政府办	天宁区嘉盛苑1-11号	吴亚彦
红梅街道香缇湾社区卫生服务站	非政府办	天宁区香缇湾花园8-9号、10号、11号、12号	尹　永
茶山街道丽华一村社区卫生服务站	非政府办	天宁区丽华一村菜场内	费志娟
茶山街道丽华二村社区卫生服务站	非政府办	天宁区丽华二村虹园内一楼、四楼	谈锦明
茶山街道朝阳一村社区卫生服务站	非政府办	天宁区丽华路14号朝阳贸易市场一、二楼	赵雅静
茶山街道朝阳三村社区卫生服务站	非政府办	天宁区朝阳三村88幢旁	林　芸
茶山街道清凉新村社区卫生服务站	非政府办	天宁区清凉东路新城金郡16号商铺	章文华
茶山街道常春村社区卫生服务站	非政府办	天宁区同济花园商铺1-3号、1-4号	杨军农
兰陵街道劳动新村社区卫生服务站	非政府办	天宁区劳动中路52-5、7、9、11号	曹秉悟
兰陵街道劳动新村第二社区卫生服务站	非政府办	天宁区光华路260号	张仁棣
兰陵街道浦南南村社区卫生服务站	非政府办	天宁区浦南南村8幢底层	王连昌
兰陵街道世纪华城社区卫生服务站	非政府办	天宁区世纪华城12-1号至12-6号	李　军
天宁街道青果巷社区卫生服务站	非政府办	天宁区青果南苑3幢102号	孟建茹
天宁街道兆丰花苑社区卫生服务站	非政府办	天宁区延陵中路346-6号	谢维健
天宁街道舣舟亭社区卫生服务站	非政府办	天宁区元丰巷27号	刘　斌
天宁街道青山路社区卫生服务站	非政府办	天宁区青山湾9-10号	吴亚彦
天宁街道怡康花园社区卫生服务站	非政府办	天宁区怡康机电广场1号楼121号商铺	蒋超群

【基层医疗卫生机构基础设施建设】 2023年，天宁区调整、优化各级各类医疗卫生机构规模、布局，增添医疗设施设备，累计投资3.35亿元。郑陆镇卫生院改扩建项目竣工并投入使用，雕庄街道社区卫生服务中心异地新建综合楼主体工程完工；郑陆镇卫生院新增磁共振、直接数字化X射线摄影系统（DR）、胃肠镜及内镜等大型医疗器械设备；8家政府办基层医疗机构配置门诊综合自助机18台，患者就医可通过门诊综合自助机实现自助挂号、缴费、打印电子票据及检验报告，开通医保账户、微信、支付宝等支付方式，政府办基层医疗机构门诊自助服务实现全覆盖，全年门诊自助服务15万余人次。是年，全区医疗用房建筑面积19万余平方米，编制床位1194张，实际开放床位896张；全区基层医疗机构总诊疗3229274人次，门急诊3101311人次，住院7146人，出院7026人，区属医疗机构床位使用率64.83%，医疗收入

10月15日，郑陆镇卫生院完成改扩建并投用　（区卫生健康局 供图）

13.21亿元，其中政府举办的基层医疗机构医疗收入4.5亿元。

【基层医疗卫生信息化建设】2023年，区卫生健康局启动区域卫生健康信息化二期建设，将区卫生健康信息专网宽带升级至1000兆，建立天宁卫生健康私有云计算服务，并根据国家信息安全等级保护三级认证要求，配置网络安全设备。对照市医疗卫生数据互联互通标准，梳理区域卫生健康系统平台存量数据，实现医疗卫生数据标准统一、传输网络统一、采集技术统一、质量控制统一，区域卫生健康系统平台与常州市卫生健康信息平台、市级医院医疗卫生数据互联互通，全年上传市平台数据3000余万条，提高基层医疗卫生单位诊疗水平，方便群众就医。建成区域医学检验中心，改善基层医疗机构信息化硬件水平，提升医疗机构诊疗水平。推进区域健康信息平台、门诊电子病历、预约挂号缴费平台、住院病案管理等信息系统建设，方便病人就医，提高医疗单位管理水平。与医保天宁分局合作，对基层医疗信息系统实施改造，建立区级线上预约挂号、移动支付系统，并与医保结算系统全面对接，群众就医可通过常州市医保小程序实现挂号、缴费一键办理，患者就诊时“免排队、免接触、免现金、秒结算”。年内，在郑陆镇卫生院试点运行门诊预约就诊新模式，解决群众在基层医疗机构挂号和诊间缴费难的诊疗流程堵点。

【基本公共卫生服务】2023年，天宁区以0～6岁儿童、孕产妇、老年人、慢性疾病患者等人群为重点，推进家庭医生工作室建设，年内新建家庭医生工作室5个，累计56个。全年家庭医生签约居民28万余人，签约率42.39%；重点人群（糖尿病、高血压等慢性病患者、0～6岁儿童、老年人、孕产妇、重型精神病患者等）签约19万余人，签约率80.78%，其中“点单式”签约人数占重点人群签约人数的20%以上。规范开展国家基本公共卫生服务，按天宁区67.48万名常住人口核算，落实人均不低于98元的12大类基本公共卫生服务和其他公共卫生服务项目资金总计6726万元。至年末，全区累计建立居民电子健康档案62万余份，建档率92.97%；适龄儿童免疫规划疫苗常规接种率保持在90%以上；孕妇早孕建册3287人，建册率94.37%；产妇产后访视3200人，访视率97.35%；管理高血压患者73433人、糖尿病患者25039人，规范化管理率分别为69.90%、69.38%；管理严重精神障碍患者2996人，规范化管理率98.00%；65岁及以上老年人健康体检79281人，健康管理率76.49%；65岁及以上老年人中医药健康管理人群覆盖率超过75%，0～36个月儿童中医药健康管理人群覆盖率超过77%。

延伸阅读：

国家12大类基本公共卫生服务项目从2009年开始实施，政府针对城乡居民存在的主要健康问题，以儿童、孕产妇、老年人、慢性疾病、严重精神障碍、肺结核患者为重点人群，面向全体居民免费提供最基本的公共卫生服务，提高居民的健康水平和生活质量，降低疾病发生率和死亡率，促进社会和谐与进步。12大类基本公共卫生服务项目包括：居民健康档案管理，即为辖区内常住居民免费建立统一、规范的居民健康档案，并及时更新健康信息内容；健康教育，即宣传普及公民健康素养基本知识及技能，提供免费健康教育咨询服务，发放健康教育宣传资料，举办健康知识讲座等；预防接种，即为辖区内适龄儿童免费接种国家免疫规划疫苗，如乙肝疫苗、卡介苗等，并提供二类自费疫苗接种服务；儿童健康管理，即为0～6岁儿童免费建立儿童保健手册，提供生长发育评估、体格检查、辅助检查、健康指导等服务；孕产妇健康管理，即为孕13周前及孕产妇免费建立母子保健手册，进行产前检查和产后访视，提供孕期健康教育等；老年人健康管理，即对辖区内65周岁及以上老年人进行健康管理，每年提供1次免费健康体检服务；慢性病患者健康管理，即对35岁以上人群进行门诊首诊测血压，对确诊原发性高血压和2型糖尿病患者进行登记管理和定期随访；严重精神障碍患者管理，即为严重精神障碍患者提供健康管理服务，包括定期随访和健康指导；肺结核患者健康管理，即为肺结核患者提供健康管理服务，包括发现、报告、治疗和随访等；中医药健康管理，即为0~36个月的常住儿童提供中医药健康管理服务，包括饮食起居、穴位保健等；传染病及突发公共卫生事件报告和处理，即发现传染病疫情或突发公共卫生事件时，及时报告、处理和控制；卫生计生监督协管，即协助开展卫生计生监督协管工作，包括信息收集、报告和协助处理公共卫生事件等。

【卫生健康政务服务】 2023年，区政务服务中心卫生健康服务窗口办理政务服务事项65项，其中行政许可29项、行政给付8项、行政确认3项、行政奖励15项、行政裁决1项、其他政务服务9项。全年累计办件4222件，其中医师执业证913件、护士执业证1055件、医疗机构执业许可证361件、公共场所卫生许可证707件、放射诊疗许可证116件、职业病危害申报审核483件、新型农村合作医疗保险419件、老年优待证168件，其中245件服务事项开展现场勘查；全年接受各类咨询9000余件。

（周心怡）

疾病预防与控制

【传染病防控】 2023年，天宁区传染病诊疗机构网络正常运行率和及时报告率均为100%。天宁辖区医疗机构报告传染病15385例，其中住址在天宁区的传染病报告6933例；无甲类传染病报告，乙类传染病报告2354例，丙类传染病报告4029例，其他传染性疾病550例，甲乙类传染病发病率346.3/10万人次，同比上升359.27%。肠道门诊登记就诊腹泻病人2032例，对腹泻病人中的霍乱疑似病人、重点人群实施检测624例，均为阴性。开展重点人群肺结核筛查93080人，发现肺结核可疑症状89人，管理肺结核病人124人。开展血吸虫中间宿主——钉螺调查546343平方米，完成常住人口血吸虫病血液检查1200人次、流动人口血液检查200人次，结果均为阴性。新增艾滋病感染者和病人40例，在管艾滋病感染者和病人489人，符合治疗标准开展抗病毒治疗471人，治疗率96.32%，阴性配偶检测率100%（33/33人次）。开展医疗机构VCT（艾滋病自愿咨询监测）和PITC（医疗卫生机构主动提供的HIV检测咨询服务）、65岁以上老年人HIV（人类免疫缺陷病毒）检测早期发现工作，累计检测40.38万人次，占常住人口的60.38%，确诊阳性2人，均纳入HIV患者管理。

【水痘疫苗接种纳入儿童免疫规划】 2023年，省政府将“水痘减毒活疫苗接种纳入儿童免疫规划”作为13类55件民生实事之一，明确将2017年1月1日以后出生的儿童纳入江苏省儿童预防接种信息系统管理，要求自2023年1月1日起为6周岁以下适龄儿童免费接种水痘疫苗，其中满1周岁时接种第1剂次、满4周岁时接种第2剂次，两剂次接种须在7周岁内完成。年内，区卫生健康局联合区教育局，通过海报传单、健康讲座、微信公众号等途径，依托托幼（育）机构，对儿童家长开展水痘疫苗接种程序、剂量、接种禁忌症等宣传教育；根据全区6周岁以下儿童需要接种水痘疫苗任务要求，细化每季度接种目

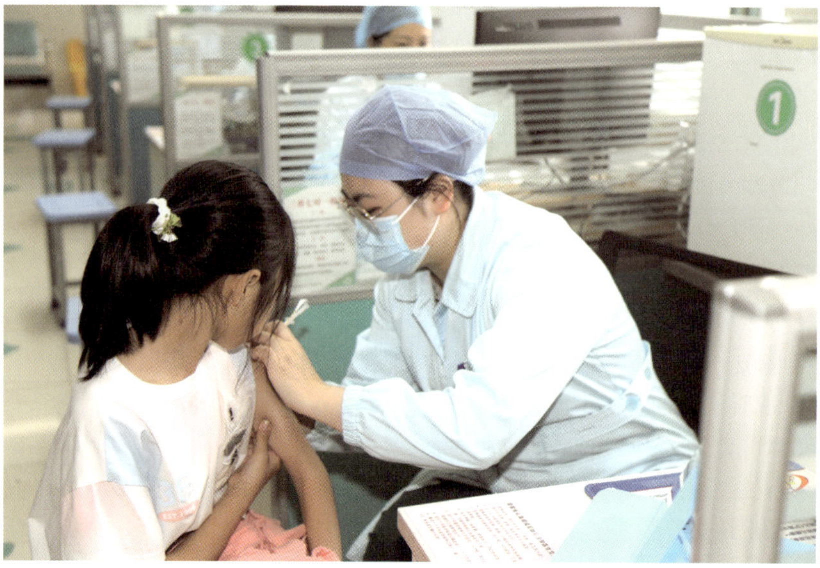

5月7日，区疾控中心为适龄女生免费接种HPV疫苗 （区卫生健康局 供图）

标任务，并把水痘疫苗接种任务分解至郑陆镇卫生院、焦溪卫生院等9家基层医疗机构预防接种门诊，区疾病预防控制中心每月跟踪疫苗接种情况，全程保障接种技术安全和数据监测。至年末，全区累计完成水痘疫苗接种16755剂次。

【严重精神障碍患者规范管理】2023年，天宁区开展严重精神障碍患者规范管理，形成常州市德安医院负责患者诊疗与技术指导、区疾病预防控制中心负责业务管理、各基层医疗机构负责患者健康管理的“三位一体”全程健康管理模式。常州市德安医院选派专业精神科医生每月到各基层医疗机构驻点1天，指导各基层医疗机构开展严重精神障碍患者健康管理，并参与家庭医生签约服务；区疾病预防控制中心根据解放军联勤保障部队第九〇四医院（常州院区）和常州市德安医院定期反馈的门诊及出院名单，核实患者信息，并建立档案开展随访管理；基层医疗机构在常州市德安医院专业精神科医生指导下，对严重精神障碍患者开展上门摸排、面访、体检等健康管理。是年，天宁区在册管理严重精神障碍患者2996人，患病报告率4.44‰。

（周心怡）

公共卫生监督

【概况】2023年，区卫生监督所严格各类卫生许可证办理，全年新办公共场所卫生许可证369件、变更32件、延续219件，供水单位卫生许可证新办1件，放射诊疗许可证新办7件、变更18件、校验63件，开展放射诊疗建设项目职业病危害预评价12件，核发建设项目职业病防护设施竣工验收合格证18件。全年对医疗美容乱象、“放心游”游泳场所、医疗机构等开展专项检查21次，累计监督检查7000余户次，发现针灸诊疗服务人员未取得医师资格、医疗废物外包装标签内容不全等问题260条，发出卫生监督意见书260份，行政处罚99起，累计罚没金额79.82万元，申请法院强制执行1起，移送公安机关处理2起。完成国家、省卫生监督“双随机”抽查401家（其中国家“双随机”抽查342家、省“双随机”抽查59家），监督抽检83家，发现公共场所卫生检验检测报告过期、对需要复查的劳动者未按照职业健康检查机构的时间要求复查等问题38条，立案处理23家，约谈整改2家，首违不罚13家。基层医疗卫生机构卫生监督协管员全年累计完成协管巡查公共场所卫生1.2万余次，上报无证无照线索410余条，均移送镇（街道）综合执法局处置。

6月12日，区卫生健康局举办2023年度职业病防治工作培训班
（区卫生健康局 供图）

【职业病防治】2023年，区卫生监督所对102家用人单位开展职业病防治培训，对15例尘肺病开展随访调查，对113家企业开展职业卫生情况督查，开具卫生监督意见书113份，立案查处违反职业病防治相关法律法规企业6家，罚款8.7万元。启动“践行3511战略、助推企业上市”职业卫生规范化管理，对6家上市后备企业、新能源企业，上门了解企业在职业病防治方面存在问题和薄弱环节，给予“一企一策”指导服务，帮助企业解决职业卫生问题57条。开展职业健康领域省级挂牌督办用人单位专项督查，督促5家用人单位对需进一步体检的劳动者及时安排复查。是年，“某公司未按照规定组织职业健康检查案”获评2022年度全市卫生健康行政执法“十大优秀案例”。

【职业卫生分类监督执法】2023年，区卫生监督所开展职业卫生分类监督执法，在化工、建材等职业病危害严重的424家用人单位开展职业卫生分类监督执法试点。组织被列入“双随机”抽查的210家用人单位负责人、职业卫生管理人员开展《用人单位职业病危害风险分级办法》《用人单位职业卫生管理自查方法》《用人单位职业病危害综合风险评估方法》等内容培训2次，点对点指导用人单位掌握“江苏省用人单位职业病危害综合风险评估系统”使用方法；组织210家用人单位依托“江苏省用人单位职业病危害综合风险评估系统”，对照职业卫生分类评定标准和办法，开展职业病危害综合风险自查与评估，同步建立职业卫生分类监督执法基础档案；经自查与评估，186家有职业病危害的用人单位向区卫生监督部门申报评估职业病分类结果，累计完成申报并通过评估职业病分类审核130余家，其中甲类（风险最低）81家、乙类（风险一般）35家、丙类（风险最高）14家，并针对不同等级的用人单位开展不同抽查比例和频次的职业卫生监督执法。

【区卫生监督所获评省卫生监督机构创新发展先进单位】 12月，区卫生监督所获评2023年全省卫生监督机构创新发展先进单位。2023年，区卫生监督所完善区、镇（街道）、村（社区）三级卫生监督和信息监测网络，在基层医疗卫生机构创新试点成立卫生监督分中心（以下简称分中心）9个。分中心由各基层医疗卫生机构分管领导担任主任，配备日常工作人员1名和卫生监督协管员2名。区卫生监督所监督协管员下沉至各分中心，实行卫生监督执法现场带教，开展执法业务培训和业务交流，增强各分中心的业务能力和水平。在政务服务窗口创新开展并联审批、美容美发“一件事”套餐和“一城通办”服务，全年受理办结各类行政许可600余件，其中公共场所541件、饮用水1件、放射诊疗73件，审批时限由原来7个工作日压缩至1个工作日，提前审批率100%，窗口工作人员3次获评区政务服务中心“服务之星”。推行包容审慎监管和柔性执法，落实“首违不罚”制度，全年通过“首违不罚”程序发出不予行政处罚决定书17份。实施住宿、沐浴、美容美发和游泳四大行业卫生量化分级管理，推行行政处罚信息和信用修复“两书同达”，引导30余家信用主体主动纠正失信行为，及时修复信用。在口腔诊疗机构、住宿行业等重点监管领域探索“互联网+”非现场监管，线上处理智能监管系统预警信息29条，实现风险预警早防范，推动执法监管智能化、精准化。

（周心怡）

妇幼保健

【概况】 2023年，天宁区签发出生医学证明5646份，当年新生儿出生首次签发率97.9%，办理“新生儿出生一件事”（提供办理出生医学证明、预防接种证、户口簿、社保、医保等服务）304件。全区活产婴儿3287人，新生儿疾病筛查率99.67%，乙肝表面抗原阳性产妇所生活产儿免费注射乙肝免疫球蛋白率100%；孕产妇早孕建册率94.37%，产前筛查率98.89%，产后访视率97.35%，孕产妇系统管理率95.71%，属地各医疗机构孕期及住院分娩产妇艾滋病、梅毒、乙肝检测率均为100%；0～6岁儿童健康管理30342人，儿童健康管理率99.02%；0～6岁儿童眼保健和视力检查覆盖率98.95%，在园儿童视力建档率100%。全年开展适龄妇女“两癌”（宫颈癌、乳腺癌）筛查44629人，查出宫颈低级别病变108例、高级别病变49例、浸润癌2例，早诊率96.23%，宫颈癌前病变及宫颈癌治疗率100%；查出乳腺原位癌1例、浸润性导管癌10例，早诊率83.33%，乳腺癌前病变及乳腺癌治疗率100%。年内，区妇幼保健计划生育服务中心对辖区内4家市级医疗机构、2家卫生院、7家社区卫生服务中心、43家社区卫生服务站（卫生室）、4家民营医疗机构开展妇幼健康质量督查指导385次。

【生育全程基本医疗保健服务】 2023年，天宁区加强妇幼健康服务，持续推进孕前保健、孕期保健、新生儿管理等贯穿生育全过程医疗保健服务。实施生殖健康“好孕行动”民生实事项目，天宁区婚前医学检查率94.37%，为户籍在天宁区的310名有需求的妇女免费开展卵泡监测667次，为自愿申请的12人减免辅助生殖技术费用10万元，为524对计划受孕夫妇免费开展孕前优生健康检查，为1028名孕前和孕早期妇女免费发放叶酸，为1891名孕妇免费开展唐氏筛查，避免新生儿畸形和缺陷。开展孕产期抑郁症筛查，区妇保计生中心联合市妇幼保健院、辖区9家医疗卫生服务机构，为3581名孕妇开展抑郁症筛查，查出抑郁症阳性263人，转诊至市妇幼保健院治疗133人。规范全区高危孕产妇风险评估制度，对高危孕产妇实施绿色（低风险）、黄色（一般风险）、橙色（较高风险）、红色（高风险）、紫色（传染性疾病）分级分类管理，为高危孕产妇提供专案管理和转诊服务，评估等级橙色及以上管理率100%；组织开展辖区危重症孕产妇综合救治演练，年内成功救治23例危重症孕产妇。规范新生儿安全风险评估与管理，落实高危儿筛查、转诊、分级分类管理制度，辖区各分娩机构新生儿安全风险筛查100%，筛查高危儿A类812人、B类274人，管理率100%，转诊率95%，高危儿漏筛率≤5%。

【托幼（育）机构卫生保健管理】 2023年，天宁区辖内有托幼、托育机构83所，其中托幼机构50所（卫生保健等级示范园25所、一类园6所、合格园19所）、托育机构33所；托幼（育）机构在册儿童17108名，配备符合国家规定的保健人员239名，其中专职保健人员71名。年内，区妇保计生中心对托幼（育）机构开展现场督查及业务指导120余次，对辖区50所托幼机构、33所托育机构保健工作人员开展规范化培训和技能竞赛，举办2023年度托幼（育）机构保健人员复训班及新保育员岗前培训各1次，参训528人次（复训225人次、岗前培训303人次），联合区教育局综合评估22家托幼机构卫生保健质量，合格率100%。是年，完成2500名托幼（育）机构教职工体检，2家托幼机构、14家托育机构通过新设立的托幼（育）机构招生前卫生评价。

（周心怡）

爱国卫生

【概况】 2023年，天宁区以国家卫生城镇巩固、健康城市建设为重点，深入开展爱国卫生运动和健康促进工作，组织开展“一月一主题”健康教育主题宣传活动，累计开展健康讲座381场次、公众健康咨询活动243场次，发放健康教育资料7万余份，受益群众11万余人次；利用“健康天宁”微信公众号发布各类健康信息8篇，累计阅读量5万余人次。是年，郑陆镇焦溪村、郑陆镇三河口社区、茶山街道丽华一村社区创成省级健康村（社区）。

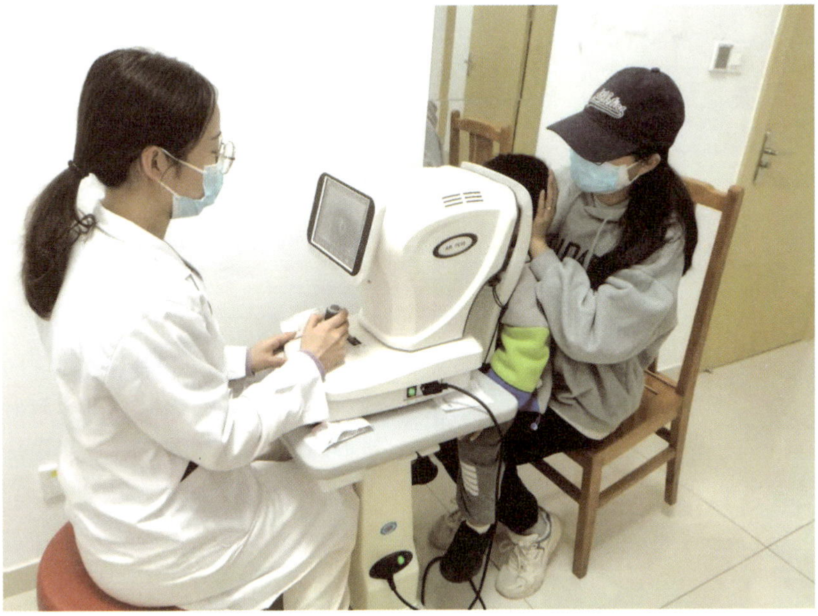

2023年，区妇计中心与常州市第三人民医院建立眼视光医联体合作

（区卫生健康局 供图）

【国家卫生城市复审】 2023年，天宁区巩固国家卫生城镇建设成果，制定《天宁区2023—2024年国家卫生城市复审迎检工作实施方案》《天宁区国家卫生城市复审专项督查工作方案》，成立区、镇两级卫生城镇复审迎检领导小组，组建健康教育、市容卫生、生态环境等8个工作专班，定期召开全区国家卫生城市复审迎检会议和培训会议，开展健康教育与健康促进、市容环境卫生整治、环境保护等专项行动，围绕城镇（村）接合部、背街小巷、农贸市场周边等区域，加大环境整治和健康宣教力度，累计开展城乡环境卫生集中整治230余次，整改各类市容环境卫生问题600余条。9月，天宁区完成国家卫生城市现场复审任务。

【区卫生健康局获评省爱国卫生运动70周年先进集体】 2月，区卫生健康局获评江苏省爱国卫生运动70周年表现突出集体。2018—2023年，区卫生健康局实施“将健康融入所有政策”策略，以国家卫生城镇创建、健康江苏建设为重点，深入开展爱国卫生运动和健康促进工作，开展卫生镇、村创建，郑陆镇创成国家卫生镇，农村无害化户厕完成率保持100%。加强控烟指导和监管，红梅街道社区卫生服务中心建成全国首批国家级基层戒烟门诊。推进国家级健康促进区建设，打造“健康小屋自助化、家庭医生签约智能化、健康产业集聚化、健康教育专业化”等“健康天宁”模式，结合城市长效管理、健康适老化社区改造、健康养老服务业核心区绿化改造等工程，增设健康步道、健身器材、科普长廊、健康测试工具等健康元素，将健康融入各项建设工程中，扩大健康创建覆盖面，2018年通过国家级健康促进区验收，2019年以全省第三名成绩通过健康江苏示范点评估。至2023年年末，全区累计建成省级健康镇（街道）7个、健康村11个、健康社区40个、健康家庭320户、健康促进学校25所、健康促进医院7家、健康促进机关7个、健康促进企业4家、健康主题公园9个、健康小屋43个、健康步道35条。

（周心怡）

中医中药

【概况】 2023年，天宁区继续推进中医药服务建设，全区54家基层医疗卫生机构（2家卫生院、7家社区卫生服务中心、27家社区服务站、18家村卫生室）均提供中医药诊疗服务。全面开展社区名中医工程建设，年内新增7个市名中医工作室基层工作站（卞廷松名中医工作室基层工作站、张斌霞名中医工作室基层工作站、葛信国名中医工作室基层工作站、蒋涛名中医工作室基层工作站、张建明名中医工作室基层工作站、徐刚名中医工作室基层工作站、徐银芳名中医工作室基层工作站），发挥市名中医和孟河医派名中医工作室的辐射和引领作用，增强天宁区基层医疗机构中医药服务能力和水平。10月，红梅街道社区卫生服务中心中医馆创成五级中医馆，茶山街道社区卫生服务中心中医馆、郑陆镇焦溪卫生院中医馆经市卫生健康委评审达到四级中医馆标准。

【中医药服务拓展】 2023年，天宁区以普及中医药预防保健知识和满足群众在食疗、药补、健身等方面的需求为重点，开展中医药科普宣传，各基层医疗卫生机构先后举办“中医药宣传月”、“冬季膏方节”、中医药特色体验等活动59场次，走进校园开展中医药科普19场次，发放宣传资料1500余份，惠及1800余人。

2023年，兰陵街道社区卫生服务中心中医馆 （区卫生健康局 供图）

【红梅街道社区卫生服务中心中医馆创成五级中医馆】 10月，红梅街道社区卫生服务中心中医馆被省中医药管理局评定为五级中医馆。该中医馆占地面积750平方米，下设中医科、中医专家诊室、针灸推拿科、针伤骨科、疼痛科、肛肠科、烫伤科、疮疡修复科、中药房等科室，配备颈腰椎牵引床、中频脉冲仪、电针仪、红外治疗仪、中医定向透药治疗仪等诊疗设备，开展针刺、推拿、拔罐、灸类、牵引、中频脉冲、中医定向透药、中药饮片等10类20项中医适宜技术诊疗，全年门诊量34818人次。

（周心怡）

医政医疗

【概况】 2023年，区卫生健康局实施“改善就医感受、提升患者体验”主题行动，因地制宜推出“错时工作制、送药预约制、节假日不打烊”等9项便民措施，持续提升患者看病就医体验，提高患者满意度。是年，兰陵街道社区卫生服务中心创成全国首批慢性病规范化管理中心，青龙街道社区卫生服务中心通过省级基层糖尿病筛查点评审，郑陆镇卫生院与常州市中医医院开展髋关节置换手术，红梅街道社区卫生服务中心首开乳腺肿物微创切除术。

【医疗联合体建设】 2023年，天宁区基层医疗卫生机构与常州市级医疗机构开展多形式合作，8家政府举办的基层医疗机构与市三级医院建立专科共建型、紧密型医联体22个，开展医联体合作项目45项。常州市第一人民医院、第二人民医院、德安医院等三甲医院定期安排专家到基层医联体共建单位开设专病门诊，围绕疑难手术、临床教学、专科建设、技术创新转化等方面开展传帮带。至年末，全区8家专科共建型医联体累计向市级医疗机构上转病人16643人次，市级医疗机构向辖区内基层医疗机构下转病人153人次。

【医疗卫生综合管理】 2023年，区卫生健康局加强医疗卫生综合监管，依托医疗质量控制小组开展医疗质量核心制度落实情况督导，专项督导限制类医疗技术审批情况，发现限制类医疗技术备案人员调整不及时备案、超范围开展限制性医疗技术等问题7条，均督促落实整改。根据《常州市打击医疗违法行为专项整治工作方案》要求，开展打击医疗违法行为专项整治，全年累计立案查处各类医疗违法案件37件，其中一般程序案件28件，累计罚没金额61.02万元，处罚医疗机构14家。加强医师队伍监管，对因未按规定填写病历资料、未按执业地点执业等行为立案处理9人，根据首违不罚原则，对4名医师不予行政处罚，对5名医师罚款60265元。

【医学继续教育】 2023年，天宁区选派1名乡镇卫生院院长参加全省基层医疗卫生机构院长提高班培训，2名街道社区卫生服务中心副主任（乡镇卫生院副院长）参加全省医疗卫生机构中心主任（院长）培训班，1名全科医生参加全省运动处方师培训，选派2名骨干全科医生到常州市第一人民医院参加康复医师培训，全区862名卫技人员参加继续教育学习，继续教育学分达标率100%。

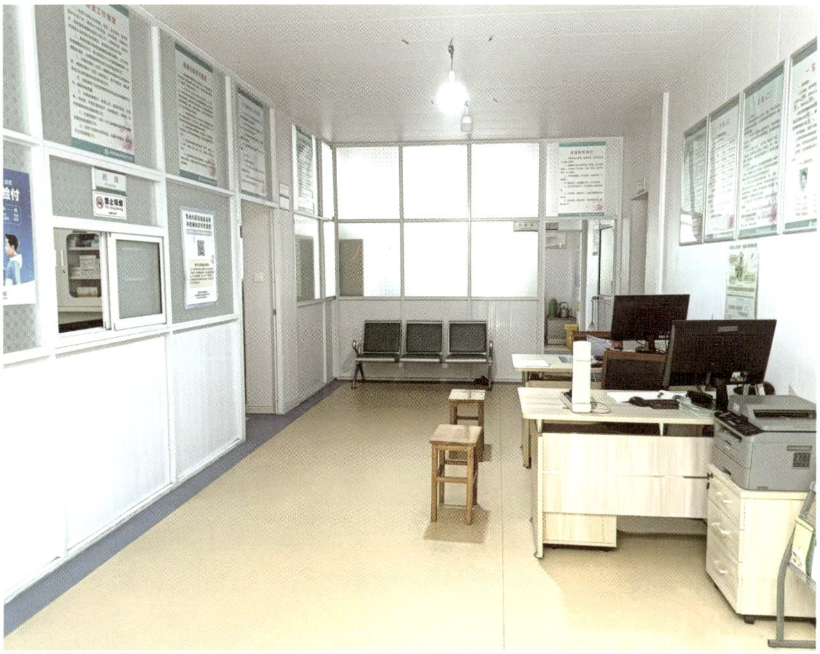

2023年，黄天荡村卫生室创成甲级村卫生室　（区卫生健康局 供图）

【村卫生室标准化建设】 2023年，天宁区根据《江苏省村卫生室服务能力建设标准（2021版）》要求，加强村卫生室规范化建设。年内，区卫生健康局制定《关于进一步推动村卫生室提档升级的工作方案（2023—2025年）》，按基本标准和推荐标准2个档次实施提档升级，明确提档升级的村卫生室业务用房设置、面积、医疗设备配置、医护人员配备和村卫生室管理等要求，规定村卫生室人财物由卫生院实施一体化管理，村卫生室所有药品和耗材由卫生院统一配送；对村卫生室继续实行基本公共卫生、一般诊疗费等资金补偿政策，保障村卫生室正常运行和持续发展；推动村卫生室服务信息化，人口信息、电子病历、电子健康档案和公共卫生信息互联互通共享，提升家庭医生签约和乡村医疗卫生服务数字化、智能化水平。至年末，全区18个村卫生室完成升级改造，其中东青村卫生室、黄天荡村卫生室、三河口村卫生室、花园村卫生室、石堰村卫生室、新沟村卫生室、宁河村卫生室、丰北村卫生室达到甲级村卫生室基本标准；施家巷村卫生室、舜北村卫生室、梧岗村卫生室、三皇庙村卫生室、羌家村卫生室、粮庄桥村卫生室、牟家村卫生室、武城村卫生室达到甲级村卫生室推荐标准。

（周心怡）

收入与分配

◆ 栏目编辑　谈燕媛

就业创业

【概况】 2023年，天宁区继续落实就业优先策略和积极就业政策，推进各项就业创业工作，全年举办“天宁区民营企业专场招聘会”“天宁区‘百人百企’服务活动网络招聘会”等各类招聘会68场，其中现场招聘会52场、网络招聘会16场，1208家企业提供岗位2.1万余个，吸引1万余名求职者，达成初步意向2980人。至年末，全区新增城镇就业16100人、失业人员再就业15423人、城乡就业困难人员再就业3075人，城镇登记失业率3%以内；扶持成功创业1788人，实现创业带动就业9586人。是年，江苏常州人力资源服务产业园全年新增入驻人力资源服务机构12家，实现产值超15亿元，税收超5000万元，年服务10万人次，获评江苏省现代服务业高质量发展集聚示范区；江苏武进不锈股份有限公司高虹、常州旭荣针织印染有限公司左凯杰、国网江苏省电力有限公司常州供电分公司方锐获评“天宁工匠”。

（万楚钰）

【就业创业扶持】 2023年，天宁区持续落实减负、稳岗、扩就业等政策，审核通过不裁员或少裁员企业补助4011.26万元的稳岗补贴，助力企业纾困发展。支持自主创业，组织创业培训348人，组织15家企业参加“创响江苏”创业创新大赛，向59家企业发放富民创业担保贷款及各类创业补贴1627万元，向7家企业发放创业租金补贴4.52万元，向20家企业发放一次性创业补贴14.9万元，向4家企业发放创业带动就业奖励5.3万元。扶持对口支援地区就业工作，天宁区与四川省南充市营山县、西充县农民工服务中心签订人力资源劳务战略合作协议，促进双方人才交流、人力资源合作，拓展跨区域就业平台。

（吴欣娴）

【就业困难群体再就业】 2023年，天宁区通过政策援助、岗位援助方式，帮助就业困难群体再就业，全年援助困难群体就业3075人。实施政策援助，为39家企业发放用人单位吸纳就业困难人员社保补贴27.29万元，为6家企业发放公益性岗位社保补贴255.34万元，为6033名

8月12日，天宁街道椿桂坊社区举办“好就业，就好业”微型招聘会
（区人社局 供图）

灵活就业人员发放社保补贴3267.05万元。实施岗位援助，全年举办爱心助残、退役士兵、大龄帮困等专场招聘会18场，达成就业意向795人；开发安置就业困难人员公益性岗位605个，帮助605名就业困难人员再就业。

（吴欣娴）

【大学生就业创业】 2023年，天宁区通过实名登记、岗位推荐、就业见习、创业指导和就业援助等措施，帮助高校毕业生实现就业创业。年内，全区新建青年就业见习基地40家，提供就业见习岗位1233个，安置就业见习人员379人；举办高校毕业生专场招聘会17场，209家单位提供就业岗位2798个，初步达成意向231人；至年末，全区实名制登记高校毕业生777人，实现就业737人，就业率94.85%。支持大学生自主创业，向40家企业发放大学生创业者社保补贴37.49万元。实行“区—街道—社区”三级联动的创业项目培育模式，组织高校毕业生等青年创业者参加省、市优秀创业项目评选和“创响江苏”大赛。推进“龙城青年大学生创业”三年行动计划，对16个获评2022年省、市大学生优秀创业项目开展跟踪服务和实地回访服务。

（吴欣娴）

【职业技能培训】 2023年，天宁区继续实施市、区、镇（街道）、村（社区）四级联动就业技能培训模式，推动职业技能培训进企业、进乡村、进社区，累计对7016人开展补贴性职业技能培训。其中，就业技能培训633人，创业培训348人，企业职工等级证书取证培训2000人，企业职工合格证培训3835人，“校企”联合培训企业新型学徒150人。全年受理初级专业技术职称申报1200人次，获得初级专业技术职称640人；受理中级专业技术职称申报150人次。

（吴欣娴）

7月23日，兰陵街道工人新村第一社区“家门口”就业服务站学员交流虎头鞋制作心得
（区人社局 供图）

【“家门口”就业服务站建设】 2023年，区人社局在兰陵街道工人新村第一社区、红梅街道翠竹南区社区、天宁街道椿桂坊社区建立3家标准化“家门口”就业服务站，实现就业、创业、咨询、登记、培训“一站式”服务目标。兰陵街道工人新村第一社区“家门口”就业服务站设立“奋斗者驿站”，成立“红模方”志愿者服务队，为辖区外卖骑手、快递小哥等新业态就业群体以及周边15分钟路程内的低收入人口、残疾人、长期失业人员等困难群体提供就业帮扶；依托“虎头鞋”社会公益性组织，对困难群体开展虎头鞋制作培训，提高其就业创业能力和收入水平。红梅街道翠竹南区社区“家门口”就业服务站设置“一站式”就业服务窗口，为辖区内高校毕业生、残疾人、失业登记人员等重点就业群体提供岗位推荐、技能培训、就业帮扶、心理疏导等服务。天宁街道椿桂坊社区“家门口”就业服务站利用龙城红色驿站·龙城先锋骑士党群服务中心，设置“365”零工帮扶点，为外卖骑手、快递小哥等新业态就业群体提供全年无间断车辆充换电、休整就餐、维权咨询等服务；利用社区便民服务中心设立“582·就在身边”服务站，为辖区内就业困难群体提供就业咨询、帮办代办、技能培训等个性化就业帮扶。至年末，3家“家门口”就业服务站累计帮扶低收入人口、残疾人、特困职工家庭成员、零就业家庭成员、登记失业1年以上的长期失业人员五类困难群体就业320人。

（吴欣娴）

居民收入与消费

【城镇居民人均可支配收入增长4.7%】 2023年，天宁区城镇居民人均可支配收入71763.7元，比上年增加

3221.48 元，同比增长 4.7%。其中工资性收入 44609.8 元，同比增长 5.2%；经营性收入 9135.2 元，同比增长 2%；财产性收入 6612.4 元，同比增长 4%；转移性收入 11226.3 元，同比增长 5.5%。

【城镇居民人均生活消费支出增长 6.7%】 2023 年，天宁区城镇居民人均消费支出 42743.1 元，比上年增加 2665.18 元，同比增长 6.7%。其中，食品烟酒支出 11346.2 元，同比增长 6.7%；衣着支出 2909.1 元，同比增长 6.2%；居住支出 8271.6 元，同比增长 0.2%；生活用品及服务支出 2795.1 元，同比增长 5.8%；交通和通信支出 6101.6 元，同比增长 4.3%；教育文化娱乐支出 6974.5 元，同比增长 16%；医疗保健支出 2842.7 元，同比增长 9.7%；其他用品和服务支出 1502.3 元，同比增长 10.3%。

（高巳婷）

劳动监察与仲裁

【概况】 2023 年，天宁区持续深化“根治欠薪提升巩固年”工作质效，畅通农民工维权“绿色通道”，通过快速立案、快速调解、快速结案，打造共治、共建、共享的和谐劳动关系新模式。规范和优化企业劳动用工指导及服务，加强企业工资收入分配宏观指导，对 100 家企业开展薪酬调查，对 9 家企业开展人工成本监测，健全企业职工工资正常增长机制。是年，区人社部门累计受理、处置涉及劳资矛盾、劳务纠纷等各类投诉、举报案件 1629 件。收到工伤案件申请 1701 件，受理 1697 件，作出工伤认定决定 1563 件，视同工伤决定 12 件，终止工伤认定决定 66 件，不予认定 17 件，完成工伤康复 39 人次；受理劳动争议案件 1654 件，立案 1302 件，结案 1244 件，其中裁决结案 496 件、调解结案 505 件、撤诉结案 243 件，按期结案率 100%。

（万楚钰）

6 月 15 日，区劳动人事争议仲裁院在天宁人才大厦开庭

（区人社局 供图）

【劳动保障监察执法】 2023 年，区人社部门加强劳动者权益保护，累计受理线上线下投诉、举报案件 1629 件，其中作出行政处理 35 件、作出行政处罚 40 件，罚金 63.2 万元；对存在劳动保障违法行为的单位下达责令限期改正指令 246 件，向区法院申请强制执行 19 件；办结全国根治欠薪线索反映平台案件线索 985 件，接办“12345”政府公共服务热线转办件 2336 件。加大劳动保障违法行为联合惩戒力度，通报劳动保障重大违法行为 10 件，列入拖欠农民工工资失信联合惩戒对象名单 7 件。年内，联合镇（街道）调解组织或调解员协调处置拖欠农民工工资案件 652 件，为 538 名农民工追讨欠薪 600 余万元。联合区市场监管局对劳动密集型企业、快递运输行业开展执法检查 3 次，督促劳动法律法规落实不到位的单位立查立改。联合常州市劳动监察支队、区市场监管局开展清理整顿人力资源市场秩序专项执法行动，检查人力资源服务机构 61 家，针对执法中发现的未及时足额支付工资报酬、未给职工办理社会保险登记等问题，督促企业在规定期限内完成整改。推进包容审慎监管和柔性执法，对 4 项初次违法且危害后果轻微的事项纳入首违不罚清单，优化营商环境。

（丁靖乾）

【劳动争议调解仲裁】 2023 年，区人社局受理劳动争议案件 1654 件，立案 1302 件，结案 1244 件，按期结案率 100%。在规模以上企业调解组织全覆盖基础上，推动新建单位、中小企业调解组织建设，全年新建企业劳动争议调解组织 3 个，聘用劳动争议调解员 6 人；新建镇（街道）劳动争议调解组织 7 个，聘用劳动争议调解员 14 人。至年末，基层调解组织累计预防化解劳动纠纷 316 件。

（刘希瑜）

【保障农民工工资支付】 2023 年，区劳动保障监察大队与区委政法委、区法院、区检察院等 9 个部门建立天宁区治理欠薪联动工作机制，保障全区劳动关系领域整体安全。年内，依托派出所、街道、企业工会等开展各类劳动调解 170 余次，化解大和玖越、桃花院子等工程项目欠薪矛盾 110 余件次。与公安天宁分局、区住建局等部门成立联合工作组，赴河北省廊坊市、浙江省绍兴市等地开展异地追欠工作，化解荣盛天翌、万科新都会等项目的群体欠薪矛盾，解决一批涉及人员多、欠薪数目大、追欠难度高的难点问题。与区住建局、区司法局、区总工会、公安天宁分局对 12 个在建工程项目联合开展实地检查，发现未按时足额拨付人工费用、未全员实名制考勤等问题 20 余个，均督促完成整改。与司法机关联动，加大对拒不支付劳动报酬罪的打击力度，向公安机关移送涉嫌拒不支付劳动报酬罪线索 6 件。保障农民工工资支付，推进农民工工资保证金收缴，36 个区级建设项目累计缴纳保证金 1264.89 万元，实现应缴尽缴；加大对在建工程项目农民工工资支付督导力度，12 个市级项目实现不欠薪，16 个区级项目实现月结月清；打击拖欠农民工工资违法行为，为 3270 名农民工追回劳动报酬 6777 万元。

（丁靖乾）

【“小板凳”巡回仲裁庭设立】 2023 年，区人社局针对商业综合体门店、小微企业等大纠纷较少、小纠纷不断的特点，探索实施“上门”仲裁办案机制，设立“小板凳”巡回仲裁庭。6 月，在天宁吾悦广场首次举办“巡回仲裁零距离，上门办事解烦忧”调解庭审，为群众提供便利的维权服务。6—12 月，先后在恒生科技园、江苏常州人力资源服务产业园、红星美凯龙国际家居广场、中欧（常州）检验检测认证国际合作产业园等园区(广场)开展“小板凳”巡回仲裁庭审理 10 余次，邀请个体老板、小企业主、企业员工、居民群众现场观摩。该做法既可减轻当事人诉累，又把案件处理过程变为普及劳动法律法规的前沿阵地，提高企业依法管理和员工理性维权意识，提升调解仲裁工作的社会影响力和公信力。

（刘希瑜）

社会保险

【概况】 2023 年，区人社局坚持稳中求进工作总基调，落实社会保险任务指标，全区企业养老保险累计参保 17.6 万人，城乡居民基本养老保险累计参保 0.82 万人，区机关事业单位养老保险累计参保 0.54 万人，基本医疗保险累计参保 41.13 万人，失业保险累计参保 17.88 万人，工伤保险累计参保 18.1 万人，生育保险累计参保 15.48 万人，长期护理保险累计参保 41.13 万人。2 月，区社保中心联合青龙街道在横塘社区探索建立全区首个“暖心居保”服务示范点，利用社区闲置核酸采样小屋，设立“社保直通车”办理点位，以“周末不打烊”服务模式，解决辖区内居民社保缴费上班没空办、下班没处办问题。

（汤赟玥）

【社会保险征缴扩面】 2023 年，天宁区按照全民覆盖、统筹城乡、公平统一、安全规范、可持续的多层次社会保障体系要求，加强扩面分析研判和精准管理，成立“社保扩面提质”专班，通过短信提醒、上门服务、实地核查、依法处置等方式推进全民参保。联合镇（街道）对企事业单位常态化开展用工参保核查，累计核查企业 1407 家，为精准扩面奠定工作基础。对参保人数存疑的 836 家企业开展专项核查，增加参保 347 人。是年，天宁区新

4 月 21 日，区社保中心在凤凰公园开展以社保业务“就近办”为主题的宣传活动 （区人社局 供图）

增参保7321人。

（汤赟玥）

【企业养老保险】 2023年，全区企业养老保险参保单位1.85万户，参保职工17.6万人，新增参保职工0.72万人。全区企业职工基本养老保险基金收入33亿元，完成市年度指标的100%。

（汤赟玥）

【城乡居民养老保险】 2023年，全区城乡居民养老保险参保0.82万人。1月1日起，城乡居民基础养老金发放标准由405元/月提高至450元/月，惠及全区2.21万名领取基础养老金的城乡居民。调整养老年龄段被征地农民养老保障待遇，由每人每月1020元增至每人每月1100元。12月，根据市政府办公室《关于开展城乡居民养老保险集体补助工作的实施意见》要求，区社保中心制定出台《天宁区城乡居民养老保险集体补助工作的实施意见》，要求有条件的村（社区）股份经济合作社对当年参加城乡居民基本养老保险缴费的本经济组织内成员给予一定数额的缴费补助。至年末，有条件的村集体经济组织累计完成2989名城乡居民养老保险参保缴费集体补助，补助金额29.89万元。

（汤赟玥）

【机关事业单位养老保险】 2023年，区机关事业单位养老保险参保单位184家，参保0.54万人，领取养老保险金退休人员0.41万人。加强机关事业单位人员职业年金征缴，全年向省社保中心缴纳职业年金6222.43万元。完成2022年度机关事业单位“中人”（2014年10月1日以后退休且参加2014年10月1日机关事业养老保险改革人员）待遇核定122人，完成率100%。

（汤赟玥）

【工伤保险】 2023年，天宁区工伤保险参保18.1万人，其中单险种参保1735人（非全日制人员991人、超龄劳动者446人、实习生298人）。参保费用根据行业类别不同，实施不同的基准费率，一类至八类工种的参保费分别根据职工工资总额的0.2%、0.4%、0.7%、0.9%、1.1%、1.3%、1.6%、1.9%缴纳，保险费率根据用人单位在浮动周期内工伤保险支缴率和工伤发生率等因素实行浮动管理，原则上每两年调整一次。

（汤赟玥）

【失业保险】 2023年，天宁区为提高失业人员生活保障水平，体现失业保险民生底线作用，根据市人社局、市财政局《关于调整全市失业保险金发放最低标准的通知》要求，从7月起，市区失业保险金发放最低标准由1500元/月提高至1530元/月。是年，天宁区失业保险参保17.88万人，比上年增加0.29万人，领取失业保险金29953人次、失业补助金3364人次，全年累计发放失业保险金6213.82万元、失业补助金196.76万元。

（吴欣娴）

【基本医疗保险】 2023年，天宁辖区内基本医疗保险累计参保41.13万人，其中职工基本医疗保险累计参保27.82万人、城乡居民基本医疗保险累计参保13.31万人。全面落实职工医保门诊共济政策，职工医保门诊统筹起付标准分别从每人每年1200元降至退休人员每人每年400元、在职人员每人每年600元；支付限额在职人员由每人每年4000元提升至9000元，退休人员由每人每年5000元提升至10000元，增强医保统筹基金共济保障作用。年内，新开通门诊统筹支付定点药店217家、门诊医疗机构10家，全区由医保基金统筹支付门诊费用累计3.4亿元，减轻人民群众医疗门诊负担。是年，天宁区职工医保、居民医保政策范围内住院费用报销比率分别为89.11%、78.31%，分别高出省目标数4.11个百分点、8.31个百分点。

【生育保险】 2023年，天宁区生育保险累计参保15.48万人。为进一步提升职工生育保险待遇水平，助力国家人口发展计划，优化职工生育保险待遇限制性条件，用人单位及其职工依法参加生育保险并按时足额缴纳生育保险费，可按规定享受生育保险待遇，剖宫产及多胞胎每多生育一个均增加15天生育津贴，生育一次性营养补助标准由2470元上调至2635元。参加居民医保但未交纳生育保险的参保人员，其产前检查费纳入医保基金门诊统筹支付。

【长期护理保险】 2023年，天宁区为充分保障未成年人权益，对不满18周岁的长护险参保人员的失能评估，采取《国家长期护理失能等级评估标准》与未成年人失能相关疾病确认相结合的评估方式，由常州市特定评估专家库中的医学专家进行综合评估。自2022年4月至2023年年末，医保天宁分局累计受理辖区内参保人员长期护理待遇申请3860人，经评估，中度失能1527人，重度失能1700人，累计3227人次可享受长护险待遇；受理长护险服务机构准入申请43

家，其中居家上门服务机构 8 家、养老机构 14 家、医疗机构 18 家、评估机构 2 家、辅助器具租赁服务机构 1 家。

（薛 翔）

社会救助

【概况】2023 年，天宁区累计为 2268 名城乡低保对象、低保边缘对象、临时救助对象、困境儿童、城乡特困人员发放救助金 2418.79 万元、发放“两节”（春节、元旦）补贴 84.51 万元，确保困难群众应救尽救；向 3813 名残疾人发放“两项补贴”（困难残疾人生活补贴和重度残疾人护理补贴）2284.11 万元。加强低保对象动态管理，开展困难家庭经济状况复核认定，全年办理低保停保 203 户 232 人，停发保障金 19.82 万元；调整低保家庭 314 户，调减金额 1.14 万元。加强慈善救助，常州市慈善总会天宁区分会全年筹集慈善资金 48.55 万元，发放各类慈善救助金 80.83 万元，至年末，全区慈善资金总额达 3415.31 万元。年内，向全区困难群众发放食用油、大米等慈善物资 2865 份，价值 46.53 万元；慈善助孤助残 144 人 43.2 万元，其中助孤救助 7 人 2.1 万元，助残救助 137 人 41.1 万元；向青海省果洛藏族自治州玛沁县捐赠慈善救助资金 2 万元。

【低保对象扩围】2023 年，天宁区严格执行各项社会救助政策，按照保基本、兜底线、救急难、可持续的总体思路，调查摸排辖区内重病、重度残疾、低保边缘家庭等救助对象情况，全面落实社会救助扩围增效工作。至年末，低保人数由上年的 1509 人增加至 1526 人，增加 17 人，实现困难群众“应保尽保”“应救尽救”。

【救助标准提高】7 月，天宁区城乡居民最低生活保障标准由每人每月 1000 元提高至每人每月 1020 元，五类残疾人的“两项补贴”同步按比例提标至每人每月 204 元、255 元、357 元、612 元和 1020 元，农村特困人员基本生活标准由每人每月 1300 元提高至每人每月 1326 元。适度提高临时救助标准，扩大临时救助对象范围，为遭遇突发事件、意外伤害、重大疾病或其他特殊原因导致基本生活陷入困境家庭的 222 人次发放临时救助金 48.31 万元。

【慈善工作站实现全覆盖】2023 年，天宁区加大市级慈善阵地建设力度，推动镇（街道）、村（社区）建立慈善工作站和慈善互助基金，9 月，天宁区 1 个镇、6 个街道、122 个村（社区）均建立慈善工作站，在全市率先实现慈善工作站全覆盖。年内，各慈善工作站通过腾讯“99 公益日”“慈善一日捐”等活动开展资金募集，累计募集慈善资金 1193.06 万元；结合群众所需所盼所急开展困难群体帮扶，全年完成慈善项目 42 项，支出慈善资金 397.65 万元。至年末，雕庄街道菱溪社区慈善工作站、雕庄街道清溪社区慈善工作站、天宁街道斜桥巷社区慈善工作站、茶山街道丽华村慈善工作站、郑陆镇慈善工作站被评为 2023 年“常善家园”优胜慈善工作站。

【“党建＋社会救助”示范点建设】2023 年，天宁区持续推进“党建＋社会救助”示范点建设，以党建引领统筹推进分层分类社会救助体系建设，全面提升社会救助管理服务水平。茶山街道打造“暖暖茶”救助服务品牌，建立“党建＋网格”“点单＋定制”“物质＋服务”等救助模式，为社区救助对象提供人文关怀、心理疏导、资源链接、能力提升、社会融入等救助服务；雕庄街道打造“益起来——倾力‘救’‘助’幸福”品牌，实施初心救助、智慧救助、精准救助、阳光救助，为社区救助对象提供预约办理、上门服务、

4 月 28 日，天宁区在雕庄街道凤凰新城举行慈善工作站授牌仪式

（区民政局 供图）

帮办代办等救助服务；茶山街道清凉新村第二社区打造“三靠＋三做”工作品牌，通过广泛宣传、群众参与、政策培训，做好社会救助的常规工作、特色工作和创新工作，打造高效优质贴心的社会救助服务体系；天宁街道五角场社区以党建品牌“心星相印·悦享五角”为引领，开展“红网先锋行动”活动，建立“1+N”工作模式，党支部书记、楼栋组长、网格长和在职年轻党员定期走访，及时掌握困难人群需求，主动发现需救助人员，打通社会精准救助“最后一米”。至年末，雕庄街道、茶山街道、茶山街道清凉新村第二社区、天宁街道五角场社区创成市级“党建＋社会救助”示范点，各示范点依托智慧大救助平台，实时监控分析救助项目、救助对象、救助资金、居民反馈、业务推送、部门办理、警示预警等指标，为政策优化和制度设计提供数据支撑和决策参考，提升区域救助、养老、关爱儿童、助残、慈善等工作的服务质效，全年累计处理线上救助问题237件。

（姜　玮）

社会福利

【未成年人关爱保护】 2023年，区民政局加强未成年人关爱保护，依托各街道未成年人保护工作站，开展校园欺凌防治、心理健康辅导、安全教育等关爱儿童活动356场，受益儿童7000余人次，促进未成年人健康发展。深化困境儿童“四色管理”机制（根据困境儿童监护、生理、行为等指标特征，以红、黄、蓝、绿四色评估困境儿童风险等级，并给予相应等级的保护与服务）建设，为378名困境儿童制定“一人一档一案一策”，确保困境儿童生存、发展及安全权益得到有效保障。指导雕庄街道、茶山街道、天宁街道加强未成年人保护工作站（儿童关爱之家）基础设施和内涵建设，其中天宁街道未成年人保护工作站设置心理咨询室、图书阅览区、手工技能区等服务空间，探索“五社联动”模式，发挥“儿童督导员＋儿童主任＋社会组织＋志愿团队”的综合组织优势，与街道社工站、通济桥社区共同发起“益童成长”儿童关爱项目，坚持“四益关爱＋专业赋能”服务模式，为困境儿童群体的健康成长、人格培养、能力提升等提供支持与帮助。至年末，天宁街道创成省级标准化儿童关爱之家，全区累计3家。

6月9日，区民政局与区检察院在天宁街道未成年人保护工作站揭牌成立“彩虹时空·检民‘童’行”联络站　　（区民政局 供图）

【省级示范未成年人保护工作站共建共创机制建立】 6月，区民政局与区检察院在天宁街道未成年人保护工作站揭牌成立“彩虹时空·检民‘童’行”联络站。该联络站以创建省级示范未成年人保护工作站为目标，坚持最有利于未成年人原则，以检察机关法律监督为基点，以民政部门行政职能和基层网络优势为辐射点，加强政府保护和检察保护合作联动，深化未成年人保护工作；依托各街道未成年人保护站和区检察院彩虹时空“6H”［Help（帮助）、Heart（爱心）、Harmony（和谐）、Home（家庭）、Health（健康）、Heal（治愈）］计划，把检察司法保护主动融入家庭保护、学校保护、社会保护、网络保护、政府保护，构建“检察＋民政”双引擎未成年人综合保护新格局，促进基层未成年人保护制度进一步完善。

【精神障碍社区康复】 2023年，天宁辖区内有青龙街道、茶山街道、红梅街道、天宁街道、兰陵街道5家德康驿站，其中青龙街道、茶山街道、红梅街道、兰陵街道4家德康驿站为省级康复站点。5家站点均建立“医院＋社区＋家庭”联合康复模式，依托街道居家养老服务中心、综合文化服务中心、残疾人之家等服务阵地，借助常州市德安医院专业技术支持，联合辖区内各村委和社区，因地制宜开展精神障碍社区康复服务，帮助精神障碍患者逐渐融入和回归正常的社会生活。至年末，5个站点累计服务精神障碍患者1305人，上门走访4123人次，组织开展各项活动74场次，长期到站点接受服务的精神障碍患者100余人。

【3家德康驿站获评省级精神障碍社区康复服务示范点】 3月，青龙街道德康驿站、茶山街道德康驿站、红梅街道德康驿站获评省级精神障碍社区康复服务示范点。青龙街道德康驿站通过中药调理、康复训练、健康管理、日常生活能力训练、社交技能训练，以及“曼陀罗绘画治疗”、非遗手工“扎染”等方式，为康复学员提供个性化治疗服务，帮助5名精神障碍患者恢复正常生活。茶山街道德康驿站为精神康复人员打造德康农场，通过种植菌菇、果蔬等，对服务对象进行农疗技能训练，锻炼其行为能力，增强其职业技能，促进康复人员学会人际沟通，加强团队合作。红梅街道德康驿站为精神障碍患者开展心理辅导康复治疗，对需要个案介入的服务对象及其家庭开展一对一个案辅导，全年累计为20位服务对象及家庭开展个案辅导40次、康复活动21场。至年末，3家站点为785名精神障碍患者提供居家上门服务，累计服务2355人次。

（姜　玮）

5月15日，青龙德康驿站开展精神障碍康复活动　（区民政局 供图）

医疗保障

【概况】 2023年，医保天宁分局坚持稳中求进工作总基调，聚焦医保高质量发展和群众满意度两方面，加强医保精细化管理，提升医保公共服务效能，完成村（社区）医保公共服务站点全覆盖建设，全面落实职工医保门诊共济政策，规范医保基金和定点医药机构管理，深化医保支付方式改革，全区医疗保障事业发展持续向上向好。

（庄先华）

【医保服务效能提升】 2023年，天宁区持续推进“15分钟医保服务圈”建设，2家省级示范点、5家市级示范点在服务环境、形象、质效等方面对标对表，常态化开展单位参保登记、职工参保登记等13项业务，实现医保公共服务“就近办”“便捷办”。全面推进村（社区）医保服务网格化管理模式，全区122个村（社区）均建立医保服务站点，就近为群众提供医保参保、医保信息查询、政策咨询等服务。组织区、街道49位医保经办人员开展“精业务、提素养、优服务”竞赛，提高医保经办人员综合素质和业务能力。是年，区医保服务窗口累计办理企业职工参保、医保基数变更、基本医疗保险参保信息查询等医保业务约4.6万件，办结率100%；接听电话咨询2.3万余次，办理网上异地就医申请、门诊慢性病待遇复核等网络业务近2万件。

（薛　翔）

【医保基金监管】 2023年，医保天宁分局通过全覆盖检查、专项检查、交叉检查和智能监管系统审核等方式，累计巡查394家医药机构，对64家“两定”机构（定点医疗机构和定点零售药店）违规行为实施约谈，对256家医药机构违规行为予以责令改正，对75家医药机构违规行为按照协议处理，对6家医药机构违规行为予以行政立案，追回医保基金98.07万元（其中自查自纠47.98万元），处违约金12.46万元，行政罚款2.42万元。年内，医保天宁分局组织辖区内367家定点医药机构参加医保业务知识测试，到红梅街道林园村、茶山街道新城逸境园社区、郑陆镇舜北村开展医保基金安全宣传，营造全社会共同维护医保基金安全良好氛围。

（许　林）

【医疗救助】 2023年，天宁区累计对符合医疗救助政策（救助对象包括特困人员、最低生活保障对象、困境儿童、符合条件的享受国家抚

10月26日，天宁区在区党群服务中心举办医保经办人员“精业务、提素养、优服务”竞赛活动 （医保天宁分局 供图）

恤补助的优抚对象、享受民政部门定期定量生活补助的20世纪60年代精减退职职工、低保边缘家庭成员、支出型困难家庭中的大重病患者、具有当地户籍的临时救助对象中的大重病患者、特困职工家庭成员、无固定收入重残人员，以及市政府规定的其他特殊困难人员）的3927名人员实施医疗救助，其中符合政策范围内的特困人员、困境儿童中的孤儿和事实无人抚养儿童救助率提高至100%，其他救助对象的救助率达80%。9月，医保天宁分局与区民政局、区退役军人事务局对接，开展2024年医疗救助对象上报工作，全区累计上报医疗救助对象2109人，实现困难群众全部纳入医疗救助。

（许　林）

【医保支付方式改革】 2023年，天宁区推进DRG（疾病诊断分组）付费改革，继续扩大DRG付费覆盖面，14家符合条件的区管一级医疗机构纳入DRG付费；2021—2023年，全区21家区管医疗机构实现DRG付费，提前完成国家和省医保局三年行动计划目标，实现医疗机构、病组（不同临床诊断归入同一结算类别）、入组（可以进入病组进行结算的临床诊断病例）结算率、医保基金4个“全覆盖”（DRG付费覆盖所有住院医疗机构、病组覆盖所有医院诊断、病组中的所有病案可以结算、医保基金覆盖统筹基金和大病救助基金）。6月起，医保基金实行新的门诊结算办法，对四类机构（三级、二级、一级及以下医疗机构以及零售药店）采取每月固定结付、年度分类清算模式，形成医保支付住院、门诊费用的闭环管理，提高医保基金使用效益。

（薛　翔）

【药品耗材集中采购】 2023年，天宁区持续推进药品耗材常态化集中采购，全年组织辖区内27家定点医疗机构参加国家第八批集中带量采购、国家集中带量采购延续、省第四批集中带量采购，累计涉及45个品种、81个品规；组织辖区内9家定点医疗机构完成全国中成药联盟集中采购，涉及9个品种、11个品规；组织辖区内16家口腔医疗机构参加省级口腔种植体系统集中带量采购。

（许　林）

【定点医药机构规范管理】 2023年，天宁区有“两定”医药机构403家，其中定点医疗机构146家、定点零售药店257家。年内，持续优化“两定”医药机构规范管理，医保中心与“两定”机构依托医疗保障信息平台和“我的常州”App电子签章系统，推进医保协议签署，全年签署网签协议的“两定”机构达99%以上。加强对辖区369家“两定”医药机构2022年度医保协议执行情况实施综合考核，评定为AA级18家、A级81家、B级265家、C级6家、E级5家；其中对评定为AA级、A级的“两定”医药机构采取返还预留金、减少预留金比例等措施，对评定为E级的“两定”医药机构采取扣除预留金、解除医保协议等举措。推动医保编码在二级及以下146家定点医疗机构的医生工作站、药品耗材进销存、结算清单等系统中使用，全区134家定点医疗机构完成系统配置并使用，使用率93.88%，高于省目标13.88个百分点，进一步加强医保基金的统计及监管。

（薛　翔）

【青龙街道便民服务中心获评“15分钟医保服务圈”省级示范点】 5月，青龙街道便民服务中心被省医疗保障局评为2022年度“15分钟医保服务圈”省级示范点。青龙街道便民服务中心位于天宁区河海东路9号街道办事处一楼，按照“15分钟医保服务圈”建设要求，便民服务中心增设医保综合服务窗口3个，设置A、B服务岗，医保经办政务服务事项增至9大类23项，其中年内新增基本医疗报销异地就医备案、基本医疗保险参保人员医疗费用手工（零星）报销、生育保险待遇核准支付、医疗救助对象待遇核准支付等事项，提供延时办、周末办、容缺受理等服务，组织社区保障协理员上门为居民提供医保参保、续保等咨询服务，打通医保便民服务“最后一公里”。

（刘昊煜）

住房保障

【概况】 2023年，天宁区加强保障性安居工程建设，棚户区住房改造新开工1126套，交付使用610套；改造保障性租赁住房1548套，建成安置房832套。加大人才公寓建设力度，全年累计建设、改造和筹集人才公寓11390套。推进老旧小区改造、公房维修等工程，全年完成53个老旧小区改造，总投资17.3亿元，惠及居民3.6万户；完成108个公房零星项目维修，累计投入维修资金30.7万元。是年，累计收缴公房租金78.51万元，办理公房承租人变更手续3户，公房出售7户。

【人才公寓建设】 2023年，天宁区继续实施人才强区战略，优化人才创新创业发展环境，按照《天宁区人才公寓建设和管理办法（试行）》要求，发挥住房在吸引和聚集人才方面的作用。4月，红梅街道“青梅住久”人才公寓建成投用，该公寓整合提升晋陵路沿线的凯里亚德、如家精选plus3.0、锦江之星3家酒店380套房间，房间套内净面积28～100平方米，月租金4000～8000元、2000～4000元、2000元以下3种价位，满足不同经济状况人才的个性化需求。2021—2023年，全区累计建设、改造和筹集人才公寓11390套，其中智核广场人才公寓、兰陵萃人才公寓、紫星人才公寓等9714套公寓房通过区人才公寓建设管理工作领导小组初评。是年，6家人才公寓获星级评定，其中青柠人才公寓获评四星级，申达人才公寓、紫星人才公寓（乡村振兴学院）、兰陵·集人才公寓、凤凰青年人才公寓、青韵人才公寓获评三星级。

【棚户区安置房建设】 2023年，天宁区在青龙苑（六期）地块、丽华北路西侧/关河东路北侧地块、新堂北路南侧/庙湾村西路东侧地块建设棚户区安置房，全年新开工建设安置房1126套，交付使用610套，其中丽华北路西侧、关河东路北侧地块交付使用530套安置房，新堂北路南侧、庙湾村西路东侧地块交付使用80套安置房。

【住房租赁及补贴分配】 2023年，天宁区新增公共租赁住房326户，完成公共租赁住房年审4263户，取消50户不符合公共住房租赁条件人员的保障资格，实现“应保尽保、应退尽退”。根据《常州市政府关于完善住房保障政策的实施意见》，为符合条件的930名大学生发放住房租金补贴415.28万元。

（符　俊）

2023年，紫星人才公寓（乡村振兴学院）获评三星级人才公寓

（区住建局 供图）

社会事务

◆ 栏目编辑　谈燕媛

人口家庭

【概况】 2023 年，天宁区办理结婚登记 3621 对，离婚登记 1215 对，婚姻登记合格率 100%。全区户籍育龄妇女 152327 人，其中已婚育龄妇女 114561 人。持“独生子女父母光荣证”退休兑现一次性奖励对象 4949 人。是年，天宁区创成中国计生协优生优育指导中心 1 个、市级生育关怀基地 1 家。

【人口状况】 2023 年，全区户籍人口 48.66 万人，比上年增加 0.05 万人，同比增长 0.1%；其中男性 23.37 万人，同比下降 0.21%；女性 25.29 万人，同比增长 0.4%。全年出生 2314 人，人口出生率 4.76‰；全年死亡 4789 人，死亡率 9.84‰。人口自然增长率 -5.09‰。

【新家庭健康项目】 2023 年，天宁区继续实施中国计生协“新市民健康行动”项目，以红梅街道翠竹南区社区为项目点，发挥社区及计生协志愿者资源优势，开展“健康有礼”新市民健康素养问卷调查，举办“健康监测惠社区”“亲子红色研学”、新市民健康行动项目成果展等活动 30 余场次，助力新市民更好、更快地融入新生活。10 月，天宁区托育综合服务中心通过“中国计生协优生优育指导中心”项目申报，面向全区待孕夫妇、“孕妈”开展优生优育指导、亲子活动、“孕妈”沙龙活动，传播优生优育知识。

（周心怡）

【婚姻登记处搬迁新址】 6 月，天宁区婚姻登记处由光华路 11 号搬迁至武青北路 19 号新丰大厦 8 楼，建筑面积近 1000 平方米，内设等候区、填表台、登记窗口、颁证区等，增设心理辅导室，每周一由专业心理辅导师针对婚姻、家庭提供心理辅导和调解服务。

【殡葬领域专项整治】 7—11 月，天宁区开展殡葬领域专项整治，成立殡葬改革和管理工作联席会议专班，制定《天宁区巩固和深化“活人墓”等突出问题整治规范行动方案》，健全殡葬管理组织协调和工作运行机制，把“活人墓”治理与“住宅式”墓地、豪华墓地、殡葬业价格秩序等整治相结合，遏制“活人墓”、“住宅式”墓地、豪华墓地增量，妥善化解硬化大墓存量，整肃殡葬服务市场秩序，促进殡葬行业健康发展。至年末，未发现公墓外修建“活人墓”、公墓内销售“活人墓”或超标准新建豪华墓。

（姜　玮）

社区建设

【概况】 2023 年，天宁区完善社工队伍配备，招聘社区专职工作者 56 人；落实社工薪酬增长机制，社区工作者月基础工资从 4500 元增加至 4650 元。推进“益起来”社区共享花园、“邻聚力”议事小院等 5 个“最美城乡社区公共空间”微改造项目，激发居民参与公共空间更新改造的积极性。推动“五社联动”（指社区、社会组织、社会工作专业人才、社区志愿者、社会慈善资源的联动）实践创新，立足家门口议事、参与式空间运营等共治实践，与高校、社工机构合作启动“社区主理人”项目，开展全科社工业务技能竞赛、社工领军人才培训、社工周系列活动，引导“五社”主体联动共创。是年，天宁区“完善家门口议事体系，重塑社区治理共同体”获评江苏基层社会治理创新成果奖；天宁街道小东门桥社区“以新换‘心’，幸福感在家门口再升级”项目、青龙街道青龙苑北区社区“‘邻聚力·议

9月13日，雕庄街道清溪村举办共享花园参与式营造实践议事会
（区民政局 供图）

事小院’空间改造”项目、茶山街道清凉新村第二社区“古树新亭焕新，打造公共‘微空间’”项目获评全市最美城乡社区公共空间微改造项目；青龙街道阳光龙庭社区“‘轻龄正当时’——赋能轻龄老人参与社区治理新路径”、茶山街道清凉新村第二社区“共创空间主理人，共同营造美好社区”获评全市优秀基层治理创新典型案例；雕庄街道清溪村“‘益起来’，让美好发生”、红梅街道北环新村社区“‘议’声花开，焕彩北环”获评全市优秀社区服务品牌；雕庄街道水岸社区、茶山街道清凉新村第二社区、红梅街道新堂社区、兰陵街道上城社区创成市级“全科社工”服务优秀窗口；青龙街道青竹苑社区、茶山街道清凉新村第二社区、红梅街道红梅西村社区、天宁街道五角场社区获评常州市平安法治和谐示范点。

【全省“五社联动”机制创新试点】2023年，天宁区、雕庄街道被省民政厅确定为全省“五社联动”机制创新试点，试点工作为期2年。年内，开展“社区主理人”创新探索，与华东理工大学社会工作系专家团队、上海公益社工师事务所合作，遴选培育首批社工主理人、社群主理人和居民主理人总计32名，作为“社区主理人”带头人；借力高校专家学者的资源优势，建立督导包联机制，即以高校专家学者为督导，通过实地调研、访谈交流、“线上+线下”、“团体+小组”方式，分组为“社区主理人”提供团体和个别督导服务，提升“社区主理人”素质能力。12月7日，天宁区承办全市“五社联动”机制创新试点工作推进会暨“社区主理人”体系发布活动，以“社区主理人”为原型拍摄微电影《我的家园我主理》，以项目化引领“社区主理人”深耕社区特色，打造“共享花园”“空间主理人”“焦溪故事馆”等品牌项目，形成天宁区“社区主理人”治理体系。是年，“社区主理人”相关经验做法被《江苏民政》《现代快报》等省级媒体报道。

【社工领军人才培训】2023年，天宁区举办为期半年的社工领军人才培训，以20名社会工作专业知识和实务能力水平较强的社工“领头雁”为培训对象，以社工领军人才的专业素养、治理能力为培训架构，邀请清华大学、华东理工大学等高校的专家学者和资深社工授课，通过专家讲座、主题工作坊、督导领学、外出参访、小组活动等“理论+实践”课程，打造社工领军人才引领示范项目10个，提升社工领军人才理论素养和实践能力，带动提升全区社工人才队伍水平。至年末，2人入选天宁区社工领军人才。

【社会工作服务站建设】2023年，天宁区按照“有场地、有人员、有功能、有制度、有活动、有资金”的规范化要求，推进基层社会工作服务站建设。年内，区民政局通过实地调研、现场督导，指导镇（街道）社工站提升硬件设施，发挥枢纽功能，持续扩大城乡社区社工室覆盖面；探索社会工作服务督导体系构建，以“线上+线下+社群+督导”形式，开展“薪火计划”“菁彩社创”“茶言悦社”等成长型培训项目，提升基层社工服务能力，并依托各类合作项目，引进社会工作高端人才2人，引育2家专业社工机构。至年末，全区有社会工作专业人才1349人，1人获评省最美社工，20人获评区最美社工，3人入选常州市助理社工督导培养计划；10个项目获评区公益创投十佳优秀项目，10个项目获评区社工站优秀项目，雕庄街道社工站“公益5号”志愿服务项目获评全省优秀志愿服务项目，雕庄街道社工站、青龙街道社工站、红梅街道社工站、天宁街道社工站获评常州市社会工作服务站示范点，青龙街道阳光龙庭社区芝麻社会服务协会获评常州市优秀社会工作机构。

（郑　晨）

社会组织管理

【概况】 2023年，天宁区有登记在册社会组织484家，其中社会团体282家、民办非企业单位201家、基金会1家；424家社会组织完成年度检查，经审定，合格等次的社会组织405家，基本合格等次的社会组织5家，不合格等次的社会组织14家。开展社会组织“双随机”检查，实地检查社会组织30家，向9家社会组织提出整改建议。开展“邻里守望心向党”主题实践活动，举办公益课堂516场，开展公益服务1167场，受益群众近10万人。是年，天宁区美益家社工服务中心“让协商民主之花在基层绽放”获评江苏省社区社会组织高质量发展案例，红梅街道商会获评江苏省“四好”商会，天宁区菜市场商会、天宁街道商会获评常州市优化营商环境工作先进集体。

【社会组织公益创投】 2023年，天宁区举办第五届社会组织公益创投大赛，设置为老服务、扶贫济困、助残助孤、青少年服务、妇女儿童服务、社会组织服务、志愿服务、专业社会工作服务、社区营造9个重点扶持领域，总扶持资金100万元，全区60家社会组织报名参赛。区社会组织发展中心从公益性、广泛性、创新性、示范性、专业性5个方面综合考评，“益起来，让美好发生”——雕庄街道社会工作服务站品牌建设项目、“里仁为美，亲仁善邻”——社区楼道文化营造、“成长路上不孤单”——困境儿童关爱赋能计划等22个项目入围并获得扶持资金。至年末，第五届社会组织公益创投项目累计开展公益服务近550场次，服务居民2.1万余人次。

【社会组织等级评估】 2023年，天宁区开展区属社会组织等级评估，根据社会组织不同类型（社会团体、社会服务机构、基金会）分类实施，从党建工作、基础条件、内部治理、工作绩效和社会评价5个方面综合考察参评社会组织。区社会组织发展中心承办区级社会组织等级评估工作，并组织参评社会组织开展培训。经评估，15家社会组织获评AAAA级，7家社会组织获评AAA级，16家社会组织获评AA级，6家社会组织获评A级。至年末，全区累计有AAAAA级社会组织1家、AAAA级社会组织44家、AAA级社会组织64家、AA级社会组织73家、A级社会组织85家。

（朱　敏）

3月24日，天宁区举办“推进‘五社联动’，关爱‘一小一老’”社会工作主题宣传活动　（区民政局　供图）

地名管理

【概况】 2023年，区民政局会同区住建局、区农业农村局、区文体旅局、区地方志办开展本级地名文化遗产评定工作，评出专名时间较长、文化内涵丰富、有重要传承价值、知名度较高的街、路、巷11个，分别是博爱路、浦前镇老街、椿桂坊、晋陵中路、离宫路、前后北岸、青果巷、桃园路、洗米弄、延陵中路、周线巷；评出古桥4座，分别是乌衣桥、小东门桥、新坊桥、元丰桥。其中青果巷、乌衣桥、新坊桥被列入省级地名文化遗产名录。8月，天宁区分别与无锡市江阴市、常州市新北区开展市、区界线联检以及平安边界创建工作，定期检查和维护本区的市级界桩。

【天宁区3个地名入选省级地名文化遗产名单】 11月，青果巷、乌衣桥、新坊桥被列入2023年度省级地名文化遗产名单，其中青果巷被列入街、路、巷（里、弄、坊）地名，乌衣桥、新坊桥被列入古桥梁地名。2023年，天宁区根据《江苏省地名文化遗产评定办法（试行）》，组织开展第二批省、市、县三级地名文化遗产评定申报，以街、路、巷（里、弄、坊）和古桥梁二类地名为评定范围，通过查阅资料、实地调查、资料考证、座谈论证等方法开展评估，向市民政局申报15个社会公认度高、具有重要传承保护价值的地名文化遗产。7月，区民政局从12个入选市级地名文化遗产名单中，遴选青果巷、乌衣桥、新坊桥向省民政厅申报，3个地名均被列入省级地名文化遗产名单。

（姜　玮）

老龄事务

【概况】 2023年，天宁区实施积极的应对人口老龄化战略，以构建养老、孝老、敬老政策体系和社会环境为目标，开展精神关爱，扩大“安康关爱行动”老年人意外伤害保险覆盖面，加强老年人运用智能技术专项普及培训，推进老年友好社会建设，老年人获得感、幸福感、安全感不断增强。至年末，天宁街道舣舟亭社区创成省级老年友好型社区，全区累计创成国家级老年友好型社区2个、省级老年友好型社区2个；雕庄街道菱溪社区通过全省“敬老文明号”评审；青龙街道阳光龙庭小区居民吴留凤获评常州市第八届“十佳孝星”；天宁街道舣舟亭社区居民蒋少伟获评常州市第七届“十佳老有所为人物”。

【户籍老年人口】 2023年，天宁区60周岁以上的户籍老年人口144070人，占户籍总人口的29.61%，较上年增长1.54%。其中，60～64周岁36266人，65～69周岁36432人，70～79周岁49683人，80～89周岁18342人，90～99周岁3287人，100周岁以上60人。

【“智慧助老”行动】 2023年，区卫生健康局继续实施老年人运用智能技术专项普及培训工程，依托区老年大学、老干部活动中心、居家养老服务中心、社区综合服务中心等阵地，针对微信聊天、预约挂号、健康扫码、手机支付、网约车出行等功能运用，开设基础性、适宜性课程，全年举办培训280余次，服务8386人次，帮助老年人解决日常生活中遇到的智能技术难题。

【老年关爱活动】 2023年，天宁区持续扩大“安康关爱行动”老年人意外伤害保险覆盖面，累计13.14万名老年人参保，参保率96.54%。优化老年人志愿服务，开展关心关爱老年人志愿服务活动212场、“惠民生，常益行”社区公益活动3场，选派红梅街道合唱团代表常州市参加江苏省老年合唱节，推荐郑陆镇老年太极团代表常州市参加江苏省老年太极展演活动，在青龙街道彩虹城社区、红梅街道北环新村社区、兰陵街道国泰名都社区开展老年人心理关爱项目，完成调查问卷3460份。“敬老月”期间，累计开展各类慰问和敬老活动108次，慰问老年人2910人，发放重阳糕、鲜花等慰问品10171件，价值132.8万余元。

（周心怡）

退役军人事务

【概况】 2023年，区退役军人事务局以“让退役军人获得感成色更足”为主线，持续深化退役军人服务保障体系建设，推进退役军人移交安置、就业创业、优待抚恤、拥军褒扬、权益维护等工作落实，移交安置完成率100%，实现就业创业76人，全年线上、线下累计办理退役军人“一件事”服务142件。是年，区退役军人事务局获评省退役军人就业创业先进单位，“退役无忧”工作品牌获评江苏省退役军人工作创新创优活动优胜项目，戎威远保安服务股份有限公司江苏分公司、常州和鑫保安服务有限公司获评省优秀“戎耀之家”，常州退役军人创业园获评第一批江苏省高水平退役军人就业创业园地、第三批江苏省退役军人就业创业示范基地，青龙街道办事处副主任、退役军人服务站站长房宁娟获评全国退役军人服务中心（站）百名优秀主任（站长）。

【退役军人服务保障体系建设】 2023年，区退役军人事务局加强镇（街道）退役军人服务保障体系建设，制定《天宁区镇（街道）退役军人服务保障水平考核细则》，明确镇（街道）“一站、一队、一基地”（党委领导和政府主导的退役军人服务站、退役军人志愿者服务队、退役军人教育基地）“三位一体”创建流程、评分标准和量化指标，年内，1个镇、6个街道均完成退役军人“三位一体”组织体系建设。发挥镇（街道）党群服务中心和退役军人服务功能叠加优势，创建“戎·驿站”服务品牌，打造集政策宣传、红色教育、信息交流、教育培训于一体的退役军人党建阵地。依托江苏省退役军人事务综合管理平台的军人退役“一件事”专栏，为退役军人提供入伍、服役、退役、就业、优待等27项公共服务事项，全年区退役军人服务中心、镇（街道）退役军人服务站办理退役军人“一件事”服务事项75件。打造“戎·宁聚”志愿服务品牌，组织退役军人志愿者开展政策宣传、走访慰问、帮扶解困、爱心助农等社会公益活动，茶山街道成立全市首支“红山茶·木兰”退役女兵志愿者服务队，参与征兵政策宣讲、老旧小区改造、社会矛盾化解等志愿服务工作。至年末，全区有退役军人志愿者服务队245支，退役军人志愿者2693名，累计开展志愿服务活动2900余场。

【退役军人就业创业】 2023年，天宁区采用“线上+线下”相结合的培训方式，对自主就业退役士兵开展适应性培训、职业技能培训、个性化培训。76名退役士兵取得适应性培训合格证，1名退役士兵取得健身教练技能等级证书，3名退役士兵取得小型汽车驾照，3名退役士兵分别取得民用无人驾驶航空器操控员执照、民用无人机驾驶员合格证、自媒体短视频创作与运营资格证。年内，做好由政府安排工作的退役士官待安置期间服务管理、转业军官和随军家属就业安置工作，为自主就业退役士兵及随军家属举办2次就业专场招聘会，91家企业提供就业岗位1350个，达成就业意向88人；为退役士兵办理报到接收、党组织关系转移、预备役登记、户口落户等相关手续，开展谈心交心和集体座谈，讲解安置政策和有关要求，开展心理疏导和思想引领。

【退役军人抚恤优待政策落实】 2023年，区退役军人事务局为辖区退役军人发放各类优待抚恤金、生活补助金近2000万元，为17名重点优抚对象发放一次性丧葬补助66.02万元，为128名重点优抚对象报销医药费41.28万元，核发义务兵家庭优待金、现役军人立功奖励金1700余万元，“两节”（春节、建军节）期间为120名重点优抚对象及困难退役军人发放慰问金9.6万元、补助慰问金36.96万元，组织17名重点优抚对象赴省荣军医院进行为期6天的短期疗养。推进退役军人和各类优抚对象优待证办理，全区122个村（社区）退役军人服务站完成退役军人和其他优抚对象建档立卡，为退役军人和其他优抚对象办理优待证，完成率98.54%。为保障优抚资金发放规范、高效，区退役军人事务局开发优抚对象信息查询系统，实时监管优抚对象补贴、津贴、经济补助金等资金发放情况，杜绝各类错发、漏发、截留、挪作他用等违规情况发生。

【“退役无忧”2.0品牌升级】 2023年，区退役军人事务局在“退役无忧”工作品牌1.0版本基础上，构建以高新产业园为平台、退役军人就业创业协会为载体、社会公益组织为补充的保障服务体系，为退役军人在住房保障、就业创业培训、就业帮扶、创业激励等方面提供服务。其中，住房保障方面，入住申达人才公寓的退役军人不仅可享受《常州市关于促进创新发展的若干政策》中的优待条件，还可依据其服役年限、立功受奖等情况给予最高20%的租金优惠；在申达人才公寓成立退伍老兵驿站，设置书吧、健身房、24小时无人超市、会议室、党建室、多功能厅等，营造“尊军、崇军、荣军”浓厚氛围。就业创业培训方面，联合常州市乡村振兴学院对退役军人开展适应性培训，解读创业优待政策，分析就业创业形势，指导就业创业方向，鼓励退役军人投身乡村振兴建设；根据郑陆镇产业特色和企业需求，开展农业培育、工匠技能、文旅宣传等职业技能培训，提升退役军人就业创业能力。就业帮扶方面，依托天宁区就业创业导师团，为就业困难退役军人提供专业化、个性化就业指导；在镇（街道）、村（社区）工作人员招录时，实行同等条件下退役军人优先录取政策；依托天宁区退役军人企业家“双拥”联盟、天宁区退役军人就业创业协会，开展区域性、定向性线上线下“双向选择”招聘会4场，达成就业意向72人。创业激励方面，依托天宁科创智谷产业园、武澄科技企业孵化器产业园和季子众创空间产业园，为符合产业发展的军创孵化企业搭建平台和载体；在凤凰新城青年人才公寓设立军创企业服务专窗，为军创企业提供政策解读、创业指导等服务；联合税务部门、金融机构，落实税费减免、创业贷款扶持、创业优惠补贴等政策，为退役军人创业提供政策支撑。

（叶　怡）

民族宗教事务

【民族工作】 2023年，天宁区有常住少数民族38个、2754人，占常住人口的0.56%。其中回族、苗族、壮族、蒙古族、满族、土家族6个少数民族人口均超100人，回族人口最多，有968人；外来流动少数民族人口4900人。全年向756名符合条件的少数民族群众发放清真食品补贴13.58万元。全区有悬挂民族宗教事务委员会颁发的清真标志牌的饮食网点10处，清真餐饮网点100余家。是年，天宁区围绕“铸牢中华民族共同体意识”主线，通过区委常委会、各级理论学习中心组学习等方式，引导全区党政领导干部学习贯彻上级民族工作会议精神，扎实做好民族团结进步各项工作。为促进各族群众到常州就业和互嵌式发展，6月，天宁区成立“石榴红”企业联盟，常州华利达服装集团有限公司等7家联盟企业根据用工需求，通过线上招聘、直播带岗、技能培训、职业指导等多元化形式，向内蒙古自治区、宁夏回族自治区、新疆维吾尔自治区、西藏自治区、广西壮族自治区、贵州省、云南省和青海省发布就业岗位；与青海省果洛藏族自治州玛沁县民族宗教事务局建立劳务对接机制，搭建“红石榴就业行动”抖音直播平台，开展专题岗位推介会，吸纳更多各族群众到常州就业。

【宗教工作】 至2023年年末，全区有依法登记的宗教活动场所11处，其中佛教活动场所7处，天主教活动场所1处，基督教活动场所3处。年内，区民族宗教事务局持续开展“三爱、四史、五认同”教育活动，邀请市民宗局局长杨光解读宗教政策、武进区委党校副校长李素英宣讲中共二十大精神，强化宗教界人士的政治共识和思想认同。加强宗教活动场所安全生产检查，开展宗教活动场所安全检查，未发现重大安全隐患。11月，结合“消防宣传月”活动，组织镇（街道）统战委员、民宗助理、宗教活动场所负责人，在郑陆焦溪舜山南禅寺开展消防知识培训、林区防火要点讲解、消防实操演练等活动，提升宗教场所本质安全水平。

（汪　垚）

社会矛盾纠纷预防与化解

【概况】 2023年，区信访局贯彻落实《信访工作条例》，学习和发扬新时代“枫桥经验”，以人民为中心、以源头预防为重心、以解决问题为核心，开展信访突出问题攻坚化解巩固提升年、信访突出问题“双月攻坚”、重点领域信访突出问题专项攻坚等专项行动，全年累计接待信访群众142人次，化解信访突出问题49件，信访件报结率100%。是年，天宁区被评为市信访工作考核先进地区。

【“信访突出问题攻坚化解巩固提升年”行动】 2023年，区信访局为加强信访矛盾源头治理，依法及时就地解决信访问题，制定《“信访突出问题攻坚化解巩固提升年”行动方案》，全面排查梳理信访积案，落实“1+N+1”（“1”指区级包案领导，“N”指职能部门包案领导、街道社区工作人员及信访人亲戚圈、朋友圈和社会圈，“1”指信访局挂钩联系工作人员）专班工作责任制，坚持领导接访下访，定期组织督查督办，推进信访积案化解。是年，区信访工作联席会议办公室（以下简称区信联办）组织召开区信访工作联席会议8次，区委常委会、区政府常务会议听取信访工作汇报5次，区委区政府主要领导对信访工作作出指示批示91件次，区领导化解信访积案17件，其中8件3年以上信访积案实现停访息诉。

【领导接访下访】 2023年，区信联办印发《关于深入开展信访问题源头治理三年攻坚行动的实施方案（2023—2025年）》，贯彻落实初信初访、首接首办责任制，规范接访下访程序，做到简易事项马上办、一般事项快速办、疑难事项督交办，实现信访事项办理时限平均缩短5天、初信初访件同比下降56.15%的目标，信访人对责任单位（职能部门）满意率100%，初信初访降幅考评及责任单位满意率均为全市第一；网上信访一次性化解率98.08%，化解率考评居全市第二。年内，结合“大督查大接访大调研”活动，把“接访变下访”，区党政领导干部围绕房地产、金融、涉法涉诉以及民生领域等信访问题，每月至少到基层定点接访一次，推动信访问题及时就地化解。年内，解决老旧小区改造、新能源汽车加装充电桩等24个民生难题。

（徐　涛）

应急管理

◆ 栏目编辑　潘劼飞

综　述

【基层应急管理体系建设】 2023年，天宁区推进基层应急管理体系建设，制定《天宁区加强基层应急管理和消防安全体系建设的意见》，完善基层应急管理和消防安全的组织体系、责任体系、救援体系和保障体系。其中，组织体系要求镇（街道）整合组建应急管理和消防安全委员会，将综合行政执法局更名为综合行政执法和安全生产监督管理局，村（社区）成立应急管理和消防安全工作小组；责任体系明确镇（街道）担负应急管理和消防安全属地责任，建立完善定期会商、分析研判、隐患查处移送、联合督查、巡查考核等工作制度；救援体系要求镇（街道）重点做好生产安全事故、防汛抗旱、地震、火灾事故、公共卫生事件、食品安全事件等应急预案的编制，指导村(社区)编印职责清晰、操作性强的“多案合一”应急手册，加强应急指挥信息共享、应急救援物资储备、基层应急救援队伍建设；保障体系要求加强基层应急管理和消防安全工作的资金保障，完善基层应急管理和消防安全人员工伤、人身意外伤害保险和抚恤制度，对在应急管理工作中成绩突出的集体和个人予以褒奖。

【2家公共安全体验馆建成投用】 2023年，天宁辖区内2家公共安全教育体验馆建成投用，全区累计5家。7月，茶山街道红梅村公共安全体验馆建成投用，该馆位于红梅村新时代文明实践站2楼，室内设置序厅、公共安全、自然灾害、交通安全、应急救援、家庭安全6个展厅，面积300平方米；室外设置1处户外体验区，面积200平方米，以“一老一小”为主要受众群体，普及与日常生活息息相关的公共安全知识。12月，天宁经济开发区公共安全体验馆建成投用，该馆位于北塘河东路5号开发区管委会内，采用“安全教育培训＋安全文化展示＋公共安全知识普及＋多功能互动式体验项目”的展示方式，为辖区内企业和居民群众普及防震减灾、消防安全、交通安全等公共安全知识。

（王　婷）

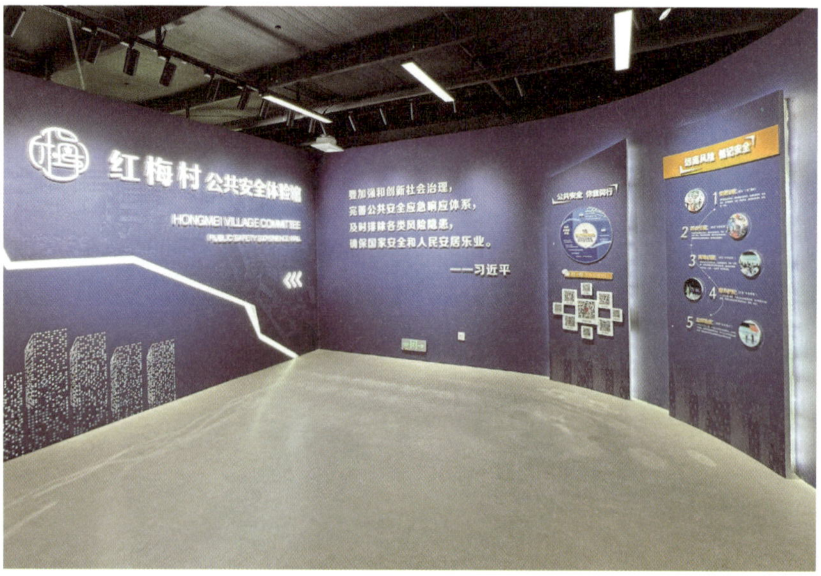

7月，茶山街道红梅村公共安全体验馆建成投用

（区应急管理局 供图）

防灾减灾

【概况】 2023年，天宁区根据《自然灾害救助条例》《自然灾害情况调查统计制度》《常州市天宁区自然灾害救助应急预案》等法规和文件要求，制定《常州市天宁区自然灾害会商制度》，建立自然灾害调度会商、定期会商和应急会商工作机制，提升全区自然灾害综合监测预警能力，为政府有效应对自然灾害提供科学决策依据；加强部门间灾害信息和数据的互通共享，区应急管理局与区农业农村局建立防汛防旱防台风联动机制，与天宁消防救援大队建立警情共享机制，与市自然资源和规划局天宁分局建立森林防灭火和地质灾害防治联动机制，联合开展自然灾害综合防治。落实24小时专人值班和领导带班制度，加强气象等灾害信息预警。严格落实森林防灭火要求，森林智能检测预警覆盖率和林区散坟集中焚化覆盖率分别达到85%、80%以上。利用“5·12”全国防灾减灾日、“国际减灾日”等节点，开展防灾减灾科普宣传活动，举办地震灾害救援应急综合演练，加强灾害信息员培训，提升全社会安全意识和应急处置能力。

（王　婷）

【地质灾害防治】 2023年，市自然资源和规划局天宁分局开展地质灾害隐患点排查，年内未新增地质灾害隐患点；对原有7处地质灾害隐患点（滑坡1处、崩塌6处）开展治理，舜过山花千谷地质灾害隐患点完成治理与生态修复，并通过省级专家验收。推进地质灾害隐患点自动监测全覆盖工作，区内各地质灾害隐患点建立实时监测监控制度，配备监测仪器设备，建成监测数据智能采集、及时发送和自动分析监测预警系统，实现24小时不间断监测、分析地质灾害隐患点变化，为临灾响应决策提供数据支撑。开展地面沉降专业化监测，对区内46个监测点开展巡查踏看、监测数据汇总分析，未发现明显沉降现象。

3月29日，市自然资源和规划局天宁分局联合区应急管理局、区民政局、郑陆镇政府开展森林防灭火实操培训和应急演练

（市自然资源和规划局天宁分局　供图）

【森林防火】 2023年，天宁区加强森林防灭火工作，强化火源管理、应急准备、值班值守，森林防火责任层层分解落实到个人、山头和地块。推进森林防火基础设施建设，完成石堰山东山护林站建设。开展森林火灾风险普查，完成《天宁区森林火灾评估与区划成果报告》并通过省级专家评审。开展森林防灭火实操培训和应急演练，市自然资源和规划局天宁分局应急突击队、郑陆消防中队及镇村护林队等9支队伍40余人参加演练，提升处置森林火灾的综合能力和应急反应能力。加强森林防火宣传，在春节、清明、“五一”等重要节假日期间发送森林防火安全宣传短信60万余条。

（蒋云峰）

【防汛工作】 2023年，天宁区汛情总体平稳，汛期（5—9月）降水量较常年同期偏多。汛前，区水利局重点检查河道堤防、水利工程、涉水工程等度汛准备情况，完成5处防汛隐患整改，提高防汛应急保障能力。汛期，区水利局加强防汛物资储备和专业抢险队伍建设，设置综合性防汛仓库1座（位于雕庄街道），储备编织袋20万只、膨胀堵漏袋1.05万只、土工布4800平方米、彩条布1.56万平方米、桩木15立方米、竹排500只、排水管190米、电缆2800米、降压控制柜20只、潜水泵15台、离心泵15台（电动离心泵10台、柴动离心泵5台）、橡皮舟5条；组建一支20人的专业抢险队伍，做好防汛抗灾准备。梅雨期（6月17日—7月23日）非典型性特征明显，梅雨期持续37天，梅期偏长12天（常年25天），平均梅雨量444.6毫米，较常年偏多

57.6%，梅雨期降水呈过程性、间歇性等特点。7月28日，受第5号台风“杜苏芮”环流影响，天宁区大部分镇（街道）出现陆上7～8级、水面8～9级的阵风，雨量中到大雨局部暴雨，部分地区出现雷暴大风、短时强降水等强对流天气。7月28日17时起，全区启动防御台风Ⅳ级应急响应；7月30日9时30分起，解除全区防御台风Ⅳ级应急响应。汛期，天宁区高温天数与常年较接近，高温强度属显著偏高，区水利工程重点保障农业灌溉用水，累计投入运行灌溉泵站51座，运行2620台时，引水274.83万立方米。是年，天宁区未发生重大险情、灾情，未出现人员因灾伤亡情况。

（钱　寅　徐　震）

【镇（街道）综合应急救援队伍建设】 2023年，区应急管理局按照市政府《关于加强基层综合应急救援队伍和基层应急预案体系建设的通知》要求，整合镇（街道）公安干警、基层民警、综合执法人员、医务人员、物业管理人员、保安人员等有救援经验人员，新组建基层综合应急救援队伍5支，全区累计7支，实现镇（街道）综合应急救援队伍全覆盖。市、区两级应急管理部门对镇（街道）综合应急救援队伍实施统一调度和业务指导，明确队伍建设、制度建设、基础设施装备、业务培训和应急演练等方面具体要求，并针对水域较多区域、森林防火重点区域和危化品企业较多区域，分类细化设施装备清单，为镇（街道）综合应急救援队伍建设和管理提供指导标准。4月，《中国应急管理报》以《应急预案“应编尽编”，镇街队伍力争全覆盖》为题报道雕庄街道综合应急救援队伍试点建设情况。11月，市、区应急管理局组织天宁区7支基层综合应急救援队伍进行演练和考核，均达到考核要求。

【第一次全国自然灾害综合风险普查结果审定】 6月，江苏省第一次全国自然灾害综合风险普查领导小组办公室（以下简称省普查办）在汇总天宁区上报的自然灾害综合风险普查数据后，形成《常州市天宁区自然灾害综合风险评估与区划技术报告（初稿）》。6月下旬，省普查办组织专家组至天宁区召开自然灾害综合风险评估与区划成果技术报告完善工作会议，从报告的编制背景、数据来源、技术方法、编制流程、成果应用及省、市、县三级成果衔接等方面，开展讨论交流、解读修改。11月，省普查办印发《常州市天宁区自然灾害综合风险评估与区划技术报告（待审稿）》（以下简称《报告》）。12月，天宁区第一次全国自然灾害综合风险普查领导小组办公室组织有关部门技术类和管理类专家从完整性、规范性、合理性等方面对《报告》进行审定，专家组认为《报告》提供的普查成果内容完整、数据来源可靠、图件编制规范、结论建议合理，对天宁区自然灾害综合风险水平作出评价，一致同意通过审定。

（王　婷）

安全生产监督管理

【概况】 2023年，天宁区加强安全生产行政许可类和其他权力事项行政审批，全年累计受理化工（医药）企业应急预案备案214件，核发危化品经营许可证167件、烟花爆竹零售许可13件、三类易制毒备案证明25件，评价报告备案23件，化工生产企业主要负责人安全生产履职情况报告备案35件，重大危险源定期运行情况报告备案2件，化工企业关闭处置方案备案1件。加强安全生产监督管理，把安全生产工作纳入综合考核，运用警示、约谈、提示等方式加大督促指导力度。年内，7个区级督导组深入基层检查企业和单位74家，发现问题隐患321个，完成整改319个，2个问题隐患按序时进度推进整改；省、市安全生产督导组反馈天宁辖区企业和单位问题隐患153个，完成整改150个，3个问题隐患按序时进度推进整改。至年末，全区发生生产安全责任事故4起，死亡3人，分别同比下降20%、25%，未发生较大以上生产安全事故。

【安全生产行政执法】 2023年，区应急管理局按照《江苏省应急管理综合行政执法队伍规范化建设标准》要求，加强区应急管理综合行政执法大队规范化建设，采用“办公+公共安全体验”相结合方式，在天宁经济开发区公共安全体验馆内设置区应急管理综合行政执法大队办公场所，设立办公室、询问室、装备室、档案室、会议室等，保障行政执法业务工作开展。年内，区应急管理综合行政执法大队开展“金盾护安”系列执法行动，对中小型工业企业和劳动密集型工业企业“生命通道”、有限空间作业、危险场所动火作业、外租外包项目等开展执法检查，全年累计检查企业316家次，开具执法文书2361份，发现问题隐患1374条，其中重大隐患30条，实施事前处罚立案76起，办理既处罚生产经营单位又处罚企业负责人的“一案双罚”案件57起，行政处罚金额198万元。12月，区应急管

12 月 1 日，天宁区应急管理执法技能竞赛实操比武现场

（区应急管理局 供图）

理局、区总工会联合举办应急管理执法技能竞赛，开发区、镇（街道）及区应急管理局 27 名选手参赛，通过理论测试、实操比武等环节，评出团体一、二、三等奖各 1 个、个人一等奖 1 个。

【重大隐患专项排查整治】 2023 年，天宁区召开全区安全生产会议 4 次，区政府常务会议专题听取全区重大事故隐患专项排查整治行动安排情况汇报，部署推进“两个年”（基础建设强化推进年、重点行业领域安全生产风险专项整治巩固提升年）行动和重大事故隐患专项治理、燃气安全专项整治等工作，防范化解重大安全风险隐患。5 月，区安委会制定印发《全区重大事故隐患专项排查整治行动工作方案》，区应急管理局联合区住建局、天宁消防救援大队、常州市交通运输综合行政执法支队三大队等单位，对危化品、交通运输、工贸、建筑施工、消防、燃气等领域开展重大事故隐患专项排查，通过专项执法、“双随机”检查等方式，累计检查各类单位 2709 家次，发现问题隐患 5732 个，年内完成整改 4906 个，其中 144 个重大事故隐患均完成整改；曝光、约谈、联合惩戒企业 11 家，公布典型执法案例 31 个，行政处罚金额 272.08 万元。

【重点领域安全生产专项整治】 2023 年，天宁区对危化品企业、金属冶炼企业等重点领域开展安全生产专项整治。4 月，根据《江苏省危险化学品生产使用企业老旧装置安全风险防控专项整治工作实施方案》要求，区应急管理局对危化品企业老旧装置实施更新改造，采取听取汇报、查阅台账、现场检查等方式，梳理排查 3 家企业在役生产装置，摸清设备设施设计使用年限、实际运行时间、运行状况、安全风险等情况，对需更新改造的 7 套老旧装置开展辨识评估论证，指导企业建立“一装置一策”方案、老旧装置台账，并录入江苏省危险化学品行政许可与安全监管系统，督促企业落实风险管控措施，确保安全风险可管可控。至年末，3 家企业完成 3 套老旧装置更新改造并通过现场核查验收。5—10 月，区应急管理局邀请专家对全区 48 家金属冶炼企业开展全覆盖指导服务，发现问题隐患 730 条、重大隐患 62 条，制定“一企一策”整改方案，督促企业落实风险管控措施。至年末，48 家金属冶炼企业均完成问题隐患整改。

【工贸行业企业外包项目安全监管】 2023 年，天宁区规范工贸行业企业外包项目安全管理，印发《天宁区工贸行业企业外包项目安全管理指导意见》，明确外包项目范围、发包单位职责、承包单位职责、外包报备流程和内容，建立承包单位“黑名单”管理制度，引导企业规范开展外包项目管理；在常州市应急管理信息系统创新开发外包项目报备模块，内置外包项目发包单位、承包单位自查表，解决部分单位在企业外包项目安全管理中存在“不会查、查什么、怎么查”问题；组织专家及第三方机构围绕外包项目范围和定义、管理要素和流程、关键环节、承包方安全管理通则四方面，编制《工矿商贸企业外包项目安全管理指导手册》，规范承包方及外包项目安全管理流程，指导企业全面加强外包项目安全生产监督管理。年内，区应急管理局组织开展工贸行业企业外包项目安全管理专项整治，检查企业在市应急管理信息系统外包项目模块中的报备情况，督促 352 家次企业完成报备或测试；对照“工贸企业外包项目检查表”，区、镇（街道）、村三级联合对 40 家企业开展专项检查，发现问题隐患 121 个，均督促完成整改。

（王　婷）

【生态环境领域安全生产】 2023 年，天宁生态环境局与区应急管理局、天宁消防救援大队建立联动联勤机制，共同研究解决生态环境和消防救援处置联动的重点难点问题，及时排查并采取有效措施消除各类隐患，提升处置突发环境事件的应对能力。年内，联合常州市交通执法支队三大队对机动车维修行业、港口企业、危化品运输单位等实施“联合检查+交叉检查+延伸检查”，定期排查危化品运输等涉及环境风险隐患问题。全年开展联合执法12批次，检查企业103家次，出动执法人员206人次，依法查处执法中发现的违法行为，并督促相关企业或单位限期整改。

（张　程）

【燃气安全专项整治】 2023年，天宁区根据全国、省、市关于开展燃气安全专项整治要求，突出餐饮企业等人员密集场所燃气安全管理和瓶装液化气全链条安全管理，聚焦企业经营、生产充装、输送配送、用户使用、燃气具生产流通使用等环节，全面排查整治燃气安全风险隐患，制定《常州市天宁区燃气安全专项整治实施方案》，成立燃气安全专项整治工作专班，全年累计检查企事业单位3376家次，发现并督促整改安全隐患141个，整改率100%；督促使用管道燃气和瓶装液化气的餐饮企业落实燃气使用安全主体责任，要求餐饮企业从业人员每天检查“灶管阀”等关键部位，落实“人走阀关”要求。至年末，全区所有瓶装燃气餐饮用户均上墙公示供气合同、公示牌、告知书、自查表，老化橡胶软管全部完成更换。推进燃气安全专项整治信息录入和燃气泄漏安全保护装置安装，全年录入国家燃气安全专项整治信息系统相关企业2367家，为1943家餐饮企业等人员密集型场所安装燃气泄漏安全保护装置，切实保障人民群众生命财产安全。

（符　俊）

【特种设备安全监管】 2023年，天宁辖区内有在用特种设备19272台，压力管道90.72千米。年内，区市场监管部门办理特种设备开工告知1673台(套)，审批登记2782台(套)，组织专家现场评审11家特种设备生产和气体充装企业许可证换发，督促4家存在安全隐患单位完成整改；全年监督检查特种设备生产单位23家、使用单位230家，发现安全隐患180个，均督促完成整改。开展化工企业特种设备安全隐患排查整治“百日攻坚”行动，对25家相关企业开展排查，并委托第三方机构对部分重点企业开展专业风险隐患评估，查出并督促整改安全隐患18个。加强对气瓶充装单位、检验检测机构、移动式压力容器充装单位的督查，排查并督促11家企业整改安全隐患12个；联合燃气主管部门推进瓶装燃气追溯系统建设，推广“阳光充装”机制，完成常州市液化气有限公司东源站“阳光充装”工程建设。开展15年以上老旧电梯安全评估，全年完成7个小区、156台电梯的安全评估。结合“特种设备企业主体责任推进年”活动，组织开展特种设备安全大讲堂、“百团进百万企业千万员工”安全宣讲宣教活动，落实企业主体责任，强化安全意识，提升特种设备安全管理水平。加强特种设备安全监管，推广电梯“保险+服务”新模式，推动“一网统管”相关场景建设，应用常州市气瓶质量安全追溯系统、电梯信息化系统等数智化手段，提升监管效能。

【食品安全监管】 2023年，区市场监管部门规范网络餐饮经营行为，定期公示网络餐饮“红黑榜”，发挥警示教育作用，督促入网餐饮单位自觉自律规范。开展“随机查餐厅、直播进后厨”活动，全年对15家餐厅开展直播检查，发现问题均督促整改到位。推进“安心菜场”提档升级，翠竹市集、朝阳市集被认定为“安心菜场”，全区13家“安心菜场”累计完成55687批次高风险食用农产品重金属、农药残留、兽药残留、非法添加物等项目的快速检测，阳性农产品闭环处置率100%。围绕重点领域、重点品种、重点项目开展食品安全抽样检验，全年完成4690批次食品监督抽检，其中对正常经营的学校食堂、养老机构食堂、食品小作坊、食品生产企业的食品安全实现抽样检验全覆盖。推进“阳光餐饮”建设，学校食堂和养老机构食堂均实现“阳光餐饮”，全区累计有“阳光餐饮”单位2600家。开展市级餐饮质量安全示范街区、示范店建设，全年建成市级餐饮质量安全示范街区7条、示范店600家，提升全区餐饮质量。

【药品医疗器械及化妆品安全监管】 2023年，区市场监管部门累计检查药品医疗器械经营企业、医疗机构、疫苗接种点、疾控中心等单位652家，发现问题88个，均督促完成闭环整改。联合公安天宁分局禁毒大队、区检察院对辖区内医疗机构和药店开展麻醉精神药品经营使用情况检查，未发现违法违规行为。开展药品安全抽样检查，抽检药品105批次，评价药品不良反应报告694例。加大药品网络销售督查力度，定期梳理在江苏省药监局药品网络销售备案和报告平台备案信息，动态掌握药品网络销售备案更新情况，并通过投诉举报、网络监测、日常监管等渠道，对疑似未取得药品经营资质或资质不合规的药品网络销售活动加大排查处置力度，辖区内药店网络销售报告提交率100%，全年立案处置违法线索2条。应用常州市市场监管业务云平台，对医疗器械生产经营企业划分4个监管等级，根据其监管等级确定监管频次及监管措施，实现精准监管，提升监管效率。持续开展化妆品安全监管，以儿童化妆品、特殊化妆品为重点，排查整治母婴用品专卖店、美容美发场所等重点场所，严厉打击化妆品非法添加及使用禁用原料、超范围或超限量使用限用原料等行为，全年检查化妆品经营使用单位102家，立案查处9起；收集化妆品不良反应报告134份，并通过国家化妆品不良反应检测中心系统上报。

（高琳琳）

6月15日，天宁区在郑陆镇季子公园举行2023年“安全宣传咨询日”活动

（区应急管理局 供图）

【加油站和商业场所安全生产管理】2023年，区商务局根据全区加油站和商业场所安全生产工作的总体部署，落实安全责任，强化防范措施，组织开展“周周查”行动，对271家商贸企业累计开展安全检查60次，发现并督促整改安全隐患587处。根据《省商务局厅加油站安全检查指引100条》要求，对全区35家加油站开展专项检查，督促存在安全隐患的企业完成整改，并形成整改报告。

（倪紫东）

【安全生产达标企业创建】2023年，天宁区按照《常州市天宁区安全生产达标企业创建方案》要求，持续推进安全生产达标企业创建，利用工作群、推进会等宣传安全生产标准化创建要求、创建流程及进度安排，发放《工业企业安全生产达标创建指南》，并结合天宁区纺织企业面广量大的产业特色，组织专家现场指导与核查，编制纺织企业安全生产标准化指导手册，确保企业安全生产标准化创建工作依法依规推进。至年末，创成安全生产三级标准化企业53家、安全生产标杆企业10家。

【安全生产宣传教育】2023年，区应急管理局开展安全生产宣讲、咨询、自救互救技能培训、“两员培训”（企业主要负责人、安全管理人员培训）等活动250余场，覆盖14000余人次。推动全区32家危化品企业建立举报奖励制度，为1人次发放区级安全生产举报奖励0.3万元。6月15日，在郑陆镇季子公园举办2023年“安全宣传咨询日”活动，以“人人讲安全、个个会应急”为主题，举行企业负责人“五带头”（带头研究组织本企业重大事故隐患排查整治；带头落实全员安全生产岗位责任，发挥管理团队和专家作用；带头组织对动火等危险作业开展排查整治；带头组织对外包外租等生产经营活动开展排查整治；带头组织开展事故应急救援演练活动）宣誓仪式，表演《安全365隐患随手拍》情景剧、《平安是福》舞蹈等节目，30家安委会成员单位就人民群众关注的安全热点问题开展现场讲解和答疑，发放安全宣传资料15000余份，宣传安全生产和应急救援知识，提升全社会安全意识和避险逃生能力。

（王 婷）

消防救援

【概况】2023年，天宁消防救援大队牢固树立“人民至上、生命至上”理念，履行灭火救援、隐患治理、宣传教育等职责，优化基层消防安全体系建设，提升消防救援综合能力，开展“生命至上，隐患必除”消防安全专项行动、消防安全“五查五治理”（查责任落实、查消防设施、查充电隐患、查消防通道、查安全堵点；开展消防体制机制、住宅小区、商超楼宇、“九小场所”和工业企业消防专项治理）行动，保持火灾隐患整治高压态势，确保消防安全形势持续平稳向好。是年，天宁消防救援大队被共青团江苏省委评为省级青年文明号、被市政府评为实施“532”发展战略，推动高质量发展（安全发展）先进集体。

【消防安全体系建设】 2023 年，天宁区按照“党政同责、一岗双责、齐抓共管、失职追责”要求，完善消防体系建设。年内，区委、区政府研究重大消防安全问题 4 次，区党政主要领导、分管领导带队开展消防安全检查 15 次，区消防安全委员会全年召开协调会议 10 次，天宁消防救援大队走访全区 45 个建制村和 82 个社区，完成国务院安全生产和消防工作考核巡查迎检工作，全年印发《消防工作专报》12 期，下发《工作建议函》16 份，形成区级消防形势报告 1 份和镇（街道）级形势报告 6 份。加强镇（街道）消防安全体系建设，制定出台《天宁区加强基层应急管理和消防安全体系建设的意见》，完善基层应急管理和消防安全的组织体系、责任体系、救援体系和保障体系，构建有班子、有机制、有预案、有队伍、有物资的“五有”基层公共安全管理模式。是年，7 个消防管理服务所全年检查单位 5717 家，督促整改问题隐患 2330 处，推动 3000 余家“九小场所”（指小学校或幼儿园、小医院、小商店、小餐饮场所、小旅馆、小歌舞娱乐场所、小网吧、小美容洗浴场所、小生产加工企业）配备专兼职消防安全员，增强“九小场所”人员的消防安全意识和应急处理能力，提高“九小场所”本质安全水平。

【消防设施建设】 2023 年，天宁消防救援大队加强消防基础设施建设，强化战勤保障，区、镇（街道）党委政府投入运行经费 1400 余万元、装备建设专项经费 800 万元，购置远程供水泵组消防车 1 辆、泡沫主战车 1 辆、随车器材一批。推进基层消防营房建设，启动建设青龙消防救援站，东南消防救援站重建训练塔，郑陆专职消防救援队提升改造训练场地（跑道）和训练塔，天宁消防救援大队添置综合破拆模拟设施、真火训练设施，实战化训练场地逐步成型。年内，区政府投资 2000 万元，督促推进 7 个高层小区建设电动自行车地面充电棚 450 个、智能充电装置 7027 个。

【灭火救援】 2023 年，天宁消防救援大队接警 1458 起，出警 1458 起，出动指战员 12554 人次、消防车 2441 辆次，扑救各类火灾 449 起，火灾起数较上年下降 29.95%，处置灾害事故 367 起，实施社会救助 630 起、其他 12 起，抢救、疏散被困人员 47 人，抢救财产总价值 1841 万元，保护财产价值 7143 万元。年内，处置“1·5”世纪华城地下车库火灾、“1·12”江苏武进不锈股份有限公司车间火灾、“3·4”常州东昊固废处置有限公司棉纺织仓库火灾、“11·15”兰陵桥新能源汽车火灾等灾害事故，完成抢险救援任务。

【消防安全隐患治理】 2023 年，天宁消防救援大队加强消防安全隐患排查治理。2 月，开展居民住宅小区消防安全提升工程，围绕小区消防安全“生命通道”、电动自行车管理、消防设施等存在的安全隐患实施重点整治。3 月，联合公安天宁分局、区工信局、区住建局、区市场监管局等部门，对电动自行车的生产、流通、改装、停放、充电以及电池强制报废、回收利用等环节开展检查 20 次，约谈电动自行车生产销售网点 30 家，严禁销售不合格产品，严禁违规改造电动自行车，在 30 个住宅小区安装电动自行车集中充电装置 300 余套，防范电动自

10 月，天宁消防救援大队开展防盗门破拆专项训练
（天宁消防救援大队 供图）

行车火灾事故发生。4月，开展“生命至上，隐患必除”消防安全专项行动，对大型商业综合体、商场市场、宾馆饭店、劳动密集型企业等21类重点场所，开展为期2年的专项整治，重点整治通道不畅、违规动火、设施损坏、管理不力等10类情形。区消委会各成员单位全年检查工业企业263家、商超楼宇36家、医养结合场所22家，拆除涉及消防安全违章搭建8.5万平方米，督促商超楼宇整改消防隐患57处，督促医养结合场所整改消防隐患124处。是年，天宁消防救援大队检查机关、团体、企事业单位累计1665家，督促整改火灾隐患1431处，下发责令改正通知书895份、行政处罚决定书91份、临时查封决定书20份，责令“三停”（停止施工、停止使用、停产停业）单位12家，对常州铭瑞都物业有限公司（世纪华城小区）、常州怡康五金机电市场有限公司、常州嘉亿新型材料科技有限公司、常州伟博海泰生物科技有限公司4家重大火灾隐患单位挂牌督办，年内均完成整改并销案。

【消防救援综合能力提升】 2023年，天宁消防救援大队以提升实战能力为目标，强化专业队伍建设，组织消防队员深入新能源新材料企业、冷库等地开展研学研训活动13次，开展内攻搜救、紧急撤离、紧急救助、警戒侦查及绳索救援、防盗门破拆、高层和远距离供水等专项训练50余次，在大型商业综合体、超高层楼宇、老旧住宅、人员密集场所等开展全要素拉动演练12次，修订完善预案200余份，挖掘现有装备、车辆、器材潜力，制定各类战勤保障应急预案，提升重大灾害应急救援技能和实战能力。依托东南消防救援站建立战勤保障分队，为全区灭火救援提供战勤保障。

8月14日，天宁消防救援大队在红梅公园开展“天天为宁·平安一夏”夏季消防安全宣传活动 （天宁消防救援大队 供图）

【消防宣传教育】 2023年，天宁消防救援大队开展消防宣传进社区、进学校、进企业、进农村、进家庭活动，提升全民消防安全素质。2月，全区首家消防主题影厅在弘阳广场万达影城建成投用，通过影厅入口处的消防主题墙、座椅上的消防标语、电影放映前播放消防安全宣传片等形式，把影厅打造成消防安全综合教育场馆。8月8—20日，联合各街道开展“天天为宁·平安一夏”消防夏令营活动5批次，招募7～12岁适龄青少年200名，体验2天1晚消防员生活，宣传消防安全知识。11月，联合街道、学校、企事业单位开展119消防宣传月系列活动，联合雕庄街道举办“九小场所”消防安全管理现场会，联合局前街小学开展“消防在‘童’心·安全在‘童’行”主题宣传活动，在竹林路消防站组织队站开放日活动，在中信银行常州分行开展消防安全培训，营造消防安全群防群治氛围。12月，在东南消防救援站举办微型消防站业务技能比武竞赛，辖区重点单位和社区14支队伍、95名队员参赛，雕庄街道、茶山街道、郑陆镇代表队分获前三名。是年，凤凰新城安全城市消防主题公园被评为第二批省级应急消防科普教育基地。

（徐 哲）

镇·街道

◆ 栏目编辑　田建华

郑陆镇

【概况】 郑陆镇地处天宁区东部，东邻江阴市南闸街道，南连武进区横山桥镇，西接武进区潞城街道与天宁区青龙街道，北与江阴市临港新城接壤。镇政府位于天宁区郑陆镇镇南路19号，行政区域面积88.93平方千米，下辖21个建制村、3个社区。至2023年年末，户籍人口68278人，常住人口93127人。郑陆镇是常州市九大中心镇之一，由原焦溪、三河口、郑陆和东青4个镇合并而成，扼常州东门要道，交通便捷，东邻沪蓉高速公路横山桥道口，西邻常州青洋路高架道口，京沪高速铁路、沪蓉高速公路、232省道穿境而过。郑陆镇是苏南乡镇工业发源地之一，是中国干燥设备之乡、高分子医疗器械之乡，省级不锈钢管优质产品示范基地。境内有以新石器时代崧泽文化和良渚文化为代表的全国重点文物保护单位寺墩遗址，有以中华道德始祖舜帝和距今约2500年前的常州人文始祖季札为代表的圣贤文化，有以高晓声为代表的现代名人文化，有列入中国历史文化名村名录的焦溪古村文化，有以黄天荡清水蟹、二花脸猪、焦溪羊肉、葡萄、翠冠梨等名特农产品为代表的美食文化。是年，郑陆镇获评江苏省乡村振兴示范乡镇、全省冬训工作示范乡镇；黄天荡村获评第五批省级生态文明建设示范村，施家巷村、牟家村获评江苏省生态宜居美丽示范乡村，丰北村获评江苏省乡村旅游重点村，三河口社区文体广场获评江苏最美乡村健身公园（广场）。

表56　2023年郑陆镇村（社区）基本情况一览表

村（社区）	户数（户）	户籍人口（人）	集体经济收入（万元）	党组织书记	村（居）委会主任	村（居）委会地址
石堰村	707	2231	723	朱加林		天宁区郑陆镇石堰村石堰自然村461号
焦溪村	1093	3400	1368	刘元兴		天宁区郑陆镇焦溪村常焦路焦溪路段18号
省岸村	685	2336	623	高永伟		天宁区郑陆镇省岸村省岸里5号
横沟村	1023	3456	830	翟才军		天宁区郑陆镇横沟村沈家自然村28号
舜南村	755	2481	715	陈文伟		天宁区郑陆镇舜南村陈家自然村10号
查家村	560	2124	700	顾相才		天宁区郑陆镇查家村曹家湾1号
粮庄桥村	672	2218	639	魏　国		天宁区郑陆镇粮庄桥村魏家自然村58号
舜北村	1003	3338	647	汪卫峰		天宁区郑陆镇舜北村塘铁桥120-1号
翟家村	584	2017	362	吴　钧		天宁区郑陆镇翟家村朝阳路东

续表 56

村（社区）	户数（户）	户籍人口（人）	集体经济收入（万元）	党组织书记	村（居）委会主任	村（居）委会地址
三河口村	1285	3768	754	夏伟东		天宁区郑陆镇三河口村东姚自然村 498 号
丰北村	988	3041	701	刘　宇		天宁区郑陆镇丰北村谈墅自然村 280 号
梧岗村	900	2794	1107	孙　波		天宁区郑陆镇河丰路 19 号
牟家村	650	2149	1109	牟云龙		天宁区郑陆镇牟家村 169 号
新沟桥村	1114	3521	623	徐亚红		天宁区郑陆镇新沟桥村徐家自然村 112 号
宁河村	1234	3546	1116	刘洪林		天宁区郑陆镇常河路 382 号
徐家村	821	2764	238	韩霄鸿		天宁区郑陆镇常郑路 50-8 号
董墅村	775	2482	771	陆奇峰		天宁区郑陆镇常郑路 137 号
施家巷村	949	2880	1151	范燕峰		天宁区郑陆镇施家巷村 100 号
三皇庙村	1799	5632	1191	江金南		天宁区郑陆镇三皇庙村宗家头 28 号
黄天荡村	1277	3936	1198	沈建清		天宁区郑陆镇黄天荡村承家自然村 105 号
羌家村	1361	4071	360	程静华		天宁区郑陆镇羌家村北巷 106 号
焦溪社区	529	1026	—	李文峰		天宁区郑陆镇焦溪舜溪中路 16 号
三河口社区	416	710	—	徐文国		天宁区郑陆镇牟家村 164 号
郑陆社区	899	2075	—	冯国庆		天宁区郑陆镇邮电东路 2 号

说明：2022 年 1 月，东青村、和平村、武城村、青松村、花园村 5 个建制村和东青社区纳入青龙街道统一管理

【经济发展】 2023 年，郑陆镇全社会固定资产投资 38.16 亿元，同比增长 12.6%；全口径财政收入 16.51 亿元，同比增长 41.35%；一般公共预算收入 9.48 亿元，同比增长 27.99%。郑陆镇以工业经济为主导，形成以不锈钢管、高分子医疗器械、干燥设备、环保新能源为支柱的工业产业体系，有“四上”企业 327 家，其中规模以上工业企业 254 家，完成产值 236.04 亿元，同比下降 4.13%；规模以上服务业企业 4 家，完成营业收入 1.03 亿元，同比增长 13.8%；限额以上批零住餐企业 45 家，完成销售 31.2 亿元，同比下降 18.7%；资质等级建筑业企业 19 家及房地产企业 5 家。社会消费品零售总额 6.1 亿元，同比增长 1.1%。实际利用外资 331 万美元，进出口总额完成 26.3 亿元，同比下降 3.2%。新增高新技术企业 92 家，累计 188 家；新增省级专精特新中小企业 19 家，累计 34 家；新增市级专精特新中小企业 26 家，累计 36 家；新增省星级上云企业 19 家，累计 96 家；新增“两化融合”贯标企业 2 家，累计 52 家；新增省级研发机构 8 家，累计 37 家；新增“龙城英才”创业类项目 10 个；新增发明专利 257 件，累计 726 件，每万人发明专利拥有量 82 件。加强 45 个市、区重点项目建设，总投资 125.54 亿元，年内实际完成投资 69.07 亿元，14 个项目实现当年开工、当年竣工。是年，常州一步干燥设备有限公司、江苏先锋干燥工程有限公司、江苏康进医疗器材有限公司获评国家级专精特新“小巨人”企业，干燥智能装备产业集群创成省级中小企业特色产业集群，江苏康进医疗器材有限公司创成省级绿色工厂。常州市天宁高新技术产业开发区（郑陆镇人民政府）与大连理工江苏研究院合作，成立天宁创新中心和江苏开尔文干燥科学技术研究院。完成查家村片区、省岸村片区、中心河路等 13 个重点地块拆迁任务，签约民房 276 户、企业 70 家，拆迁面积 24.4 万平方米。保障粮食生产，完成粮食作物种植面积 1025 公顷，同比增长 14.8%。培育新型农业经营主体，新增注册登记家庭农场 3 家，郑陆彩虹家庭农场创成省级家庭农场，丰北村“半耕伴读”小菜园创成市级精美小菜园。

【社会事业】 2023 年，郑陆镇新增城镇就业 2141 人、失业人员再就业

2051人、就业困难人员再就业307人；创设城乡公益性岗位安置困难人员80人，为125名离校未就业高校毕业生提供实名制就业服务；发布3500个岗位招聘信息，开展各类职业技能培训980人；为400人办理就业困难社保补贴申请，为140名失业人员办理失业金补贴申请，为503人办理被征地农民进社保手续。落实社会保险任务指标，新增参保企业119家，年末享受城乡居民养老待遇15120人，城乡居民基本养老保险基础养老金标准提高至450元/月，被征地农民养老年龄段保养金水平调整至1100元/月。落实民生保障和补助救助政策，为150户低保家庭180人累计发放生活保障金182.8万元，为28户低保边缘家庭33人累计发放生活保障金5.04万元，为621名残疾人累计发放“两项补贴”495.97万元，为39名城乡特困人员（原城市“三无”人员、农村“五保”人员）累计发放救助供养经费77.55万元，为13户困难家庭14人累计发放临时救助金6.42万元，为129户因病致贫家庭发放慈善救助金42.2万元，为23名困境儿童累计发放基本生活补助金34.9万元，向1名困难家庭在读大学生发放慈善助学救助金0.6万元。完善养老保障体系，为2903名80周岁及以上老年人累计发放尊老金193.27万元，为2609名政府援助服务对象提供价值301.08万元的居家养老援助服务，为21661名60周岁及以上老年人购买安康关爱险，为53户困难老年人家庭实施适老化改造。优化为老服务，天宁区锦园生态养老中心、天宁区牟家村颐养院2家养老机构累计拥有养老床位752张，每千名老年人拥有养老床位34张；梧岗村、董墅村、焦溪社区等19个村（社区）开设35个老年人助餐服务点，郑陆社区“红枫助餐厅”为民服务被中央广播电视总台三台《中国之声》栏目专题报道。落实住房保障救助，8户居民家庭享受公共租赁住房实物配租，10户居民家庭享受公共租赁住房租金补贴6.53万元。落实“双拥”工作，为364名优抚对象发放春节慰问金14.56万元，其中为60周岁及以上农村籍退役士兵发放春节慰问金12万元，为企业退休“两参”（参战、参核）人员发放春节、建军节慰问金近2万元。加强公共卫生服务，郑陆镇卫生院、焦溪卫生院与常州市第一人民医院、常州市第三人民医院、常州市中医医院加强医联体合作，提高专科医疗服务能力；定期开展健康义诊及各类讲座活动，为4153名育龄妇女免费开展“两癌”筛查，为3.5万名居民办理城乡居民基本医疗保险，为281对户籍人口育龄夫妻、79对流动人口育龄夫妻办理生育服务联系单。郑陆镇卫生院全年建立居民健康档案51421份，建档率91.49%；为28826名居民、18599名重点人群提供家庭医生签约服务，签约率分别为51.29%、81.18%。焦溪卫生院全年建立居民健康档案55333份，建档率91.1%；为26402名居民、21187名重点人群提供家庭医生签约服务，签约率分别为43.46%、81.49%。推进教育事业建设，通过管理互通、师资培训、研训互动、资源共享等方面深度融合，提升郑陆实验学校与局前街小学合作办学水平；2023年在建的季子幼儿园与常州市机关幼儿园达成合作办学协议。推进文旅事业发展，开展新春系列活动、戏曲大家唱、四季村晚等120余场文化惠民活动，纪实文学作品《好风过郑陆》获评市“五个一工程”奖，舜韵艺术团获评市文化科技卫生“三下乡”活动优秀团队，焦溪糍团、焦溪油酥饼、郑陆脚踏糕制作技艺项目入选省级非物质文化遗产代表性项目名录扩展项目。

2023年，蜗牛时光度假村增添稻田体验亲子活动特色项目

（王超政 摄）

【社会治理】 2023年，郑陆镇划分网格81个，其中综合网格64个（下设微网格385个）、专属网格17个；

依托市域社会治理现代化联动指挥平台（网格业务平台）累计上报事项4772件、巡查走访记录68366条；1名网格员获评市最美网格员，2名网格员获评区最美网格员，3名网格员获评市“平安网格”之星（积极分子）；通过第三方机构对网格内居民随机民意抽查，21个建制村、3个社区群众满意率为89.5%。促进矛盾纠纷化解，全年累计受理江苏阳光信访平台信访件87件，其中来信15件、来访59件、网上投诉13件，及时受理率、按期办结率、群众满意率均为100%；受理“12345”政府公共服务平台工单2311件，省工单办理满意率100%，市工单办理满意率97.84%；全年处理调解矛盾纠纷430件，其中郑陆镇人民调解委员会处理15件、村（社区）人民调解委员会处理107件、驻辖区派出所人民调解工作室处理308件，调处率100%，调处成功率97%；处理拖欠农民工工资矛盾纠纷20起，涉及金额约1500万元。自觉接受人大、政协监督，依法办理区、镇两级人大代表建议19件、区政协委员提案11件。加强政务服务体系建设，全年受理并办结各类审批和服务事项62700件，接受咨询81891件；推行延时服务、上门服务、预约服务、邮政寄递服务等特色服务，全年办理帮办代办事项5170件；“办不成事”反映窗口受理反映事项106件，3个“畅通办”便民服务点累计办件360件；定期更新梳理政务服务大厅进驻服务事项，镇进驻服务事项331项(其中公共服务事项16项)，村（社区）进驻服务事项87项（其中公共服务事项12项）。加强消防安全隐患整治，围绕危化品、冶金工贸、城镇燃气等重点领域，开展安全生产检查200余次，整改问题隐患超2000条；排摸餐饮、企业食堂等352家燃气用户（单位），整治小区车库违规使用液化气16户，排查企业50家，督促整改隐患82处；提升舜平路、河横路、焦溪大道等农村道路交通安全设施，整改基础安全隐患309处、事故隐患411处；摸排1000余家商户门头招牌，发现103家商户门头招牌存在不规范设置及安全隐患，现场发放《行政指导意见书》，拆除各类违规门店招牌110处、遮挡二层通道32处。加强“两违”（违法建设和违法用地）管理，全年通过群众举报、上级交办、巡查发现违建54起，拆除29处，利用卫片图斑整治11起约3万平方米。加强全域环境专项治理，在三河口、宁河、黄天荡等村域新建13座农村公厕，推广垃圾密闭式清运，不定期检查生活垃圾混装工业垃圾情况，全镇850家企业与有资质的固体废物处置企业签订协议，杜绝固体废物混入生活垃圾现象。举办第35个爱国卫生月专场活动，按季度召开村（社区）书记督查点评会，做好督查迎检工作。优化全镇营商环境，常州市武进焦溪加油站有限公司开采地下水案符合首违不罚条件，作出不予处罚决定，予以批评教育；创新轻微不罚新模式，通过宣教先行、自主承诺、观看普法视频等方式，对首次轻微违法事项予以宣教处理。

【基层党建】 2023年，郑陆镇党委下属党组织214个，其中党委12个、党总支16个、党支部186个；党员3695名，年内发展预备党员47名，其中“两新”组织发展预备党员28名。年内，围绕习近平新时代中国特色社会主义思想和中共二十大精神，强化理论学习，镇党委理论学习中心组全年组织开展集体学习12次、交流研讨8次；各基层党组织采取专家授课、个人自学等方式，分层分类开展学习教育培训、基层宣传宣讲、理论研究阐释1278次；郑陆镇新时代文明实践所全年开展理论宣讲、道德讲堂、移风易俗等文明实践活动1000余场。是年，郑陆镇新时代文明实践所获评市级优秀实践所，“‘郑’说理响”理论宣讲队获评市优秀理论宣讲队，郑陆镇代表队获市“学习达人”挑战赛团体亚军，焦溪村、施家巷村获评市“五星级”村党组织，丰北村获评市级党建引领“双百”攻坚行动擂台赛二等奖。加强党风廉政建设，围绕作风效能建设开展明察暗访13次，下发《作风建设专项通报》1期，查处群众身边腐败和不正之风1人，查处享乐主义奢靡之风5人；全年党纪立案22件，给予党内警告处分70人，开除党籍1人，制发纪律检查建议4份。加强新闻宣传，“大美郑陆”微信公众号、视频号全年分别推送信息503篇、视频38条，其中被“锦绣天宁”微信公众号录用信息58篇，被“学习强国”江苏学习平台录用信息27篇；郑陆镇主导制作的微视频《常州“上新”》获评2022—2023年度全市“我是冬训主持人”优秀视频作品。

【重点项目建设】 2023年，郑陆镇有市、区两级重点项目45个，总投资125.54亿元，年内实际完成投资69.07亿元。其中，年产200吨太阳能光伏模压板等14个项目实现当年开工、当年竣工，总投资4.5亿元。

表 57　2023 年郑陆镇重点项目建设一览表

序号	项目名称	建设内容	实施主体	建设年限	行业性质	总投资（万元）	完成投资（万元）	项目级别
1	凯成精密声学网纱研发生产项目	用地面积 3.87 万平方米，总建筑面积 6 万平方米，新建 3 栋车间，购置整经机、苏尔寿织机、检验机、分切机、等离子处理机、热定型机、研发及检测设备等，形成年产 400 万平方米精密单丝网纱的生产能力	常州市凯成新材料有限公司	2022 年 2 月—2023 年 12 月	工业	30000	30000	市级区级
2	武进不锈年产 2 万吨高端装备用高性能不锈钢无缝管项目	用地面积 7.13 万平方米，总建筑面积为 5.2 万平方米，购置高速冷轧管机组、冷轧机组、矫直机组、辊底式固熔炉、弯管机、切割机、联合探伤机、内 / 外抛光机、直 / 弯管水压机等，实现年产 2 万吨高端装备用高性能不锈钢无缝管生产能力	江苏武进不锈股份有限公司	2022 年 5 月—2023 年 10 月	工业	46836	42691	市级区级
3	界达轻量化零部件研发生产项目	用地面积 4.53 万平方米，建筑面积 5.7 万平方米，建设生产车间和研发大楼，建设 10 余条数控智能生产线，购置配套设备 200 余台（套），达产后年产零部件 500 万件（套）	江苏界达金属科技有限公司	2022 年 10 月—2024 年	工业	50000	34812	市级区级
4	盛天精密传动零部件项目	用地面积 3.66 万平方米，总建筑面积 45000 平方米，建设综合智造中心、研发中心等。购置 50 余台用于新品开发测试和样品制作的日本和德国进口的数控车床、双主轴车床、安川机械臂等先进设备，引进 40 条自动化生产线和 5 组自动仓库，达产后可形成年产精密传动零部件 1500 万件	常州盛天传动科技有限公司	2022 年 10 月—2024 年	工业	30500	21046	市级区级
5	季子文化传承交流中心项目	用地面积 4.67 万平方米，总建筑面积 5.5 万平方米，建设集文化传承交流、劳动实践教育、研学拓展及酒店住宿餐饮于一体的综合文旅项目	常州九洲农文旅发展有限公司	2022 年 11 月—2024 年	服务业	56000	41397	市级区级
6	佳尔科仿真伪装装备研发生产项目	用地面积 3.13 万平方米，总建筑面积 4.3 万平方米，建设办公及生产基地、研发中心等，达产后可形成年产高精度伪装装备 2000 套、智能方舱 2000 套的生产能力	常州佳尔科仿真器材有限公司	2023 年 8 月—2025 年	工业	30000	6701	市级区级

续表 57

序号	项目名称	建设内容	实施主体	建设年限	行业性质	总投资（万元）	完成投资（万元）	项目级别
7	焦溪古镇保护与利用工程（二期）项目	对焦溪古镇划定的9.57万平方米遗产区进行历史文化遗存保护与整治，对缓冲区41.50万平方米进行文化旅游开发，建设内容主要包括房屋整理、基础设施改造、配套设施提升等	郑陆镇	2020年9月—2025年	服务业	126512	54493	区级
8	郑陆镇卫生院改扩建工程项目	用地面积2.07万平方米，总建筑面积4.7万平方米，新建1幢综合楼、1幢食堂、1幢1层垃圾房以及1幢污水处理站等	郑陆镇	2021年3月—2023年11月	社会事业	33000	33000	区级
9	大宁佳苑（二期）项目	用地面积3.93万平方米，总建筑面积13.1万平方米，建设9幢住宅、商业、公建配套等	常州市东南经济开发有限公司	2021年4月—2023年12月	房地产	71000	37755	区级
10	公园礼著（季子路北侧大宁路西侧地块）项目	用地面积3.67万平方米，总建筑面积6.5万平方米，建设住宅16幢，商业、公建配套及小区变、开闭所等	常州龙辰置业有限公司	2021年6月—2023年12月	房地产	71000	56691	区级
11	工业互联网高新企业数据中心项目	用地面积1.55万平方米，总建筑面积4万平方米，其中地上建筑面积3万平方米，地下建筑面积1万平方米，建设高新企业工业互联网企业数据中心、成熟度评估平台	江苏舜宁投资建设有限公司	2021年9月—2024年	服务业	35400	35400	区级
12	舜山春早(一期）项目	用地面积6.87万平方米，总建筑面积7万平方米，其中商业规划面积2万平方米、住宅面积5万平方米，建设54栋住宅、商业及小区变	常州九洲农文旅发展有限公司	2021年12月—2024年	房地产	120000	55011	区级
13	季子文化传承基地（乡村MALL）项目	用地面积2.76万平方米，总建筑面积3.7万平方米，建设创意村落街区、乡村创业基地、乡村文化园、度假酒店等	常州九洲农文旅发展有限公司	2021年12月—2023年12月	服务业	50000	50000	区级
14	舜新幼儿园项目	用地面积1.07万平方米，总建筑面积1.1万平方米，建设1幢幼儿园综合楼，配套建设地下室，办学规模15班	郑陆镇	2022年3月—2023年12月	社会事业	6729	6729	区级
15	环科新型材料生产项目	用地面积3.47万平方米，总建筑面积4.7万平方米，建设3栋车间及门卫室	常州市环科投资有限公司	2022年3月—2023年12月	工业	21000	21000	区级
16	天宁高新区河道及驳岸环境整治项目	对团结河、陈巷河、丰收河、焦溪中心河、永胜河等河道进行清淤、河道驳岸、绿化整治	中交高新（常州）城市开发建设有限公司	2022年6月—2023年12月	基础设施	15000	10017	区级

续表 57

序号	项目名称	建设内容	实施主体	建设年限	行业性质	总投资（万元）	完成投资（万元）	项目级别
17	武澄科技港智创园二期项目	用地面积 2.3 万平方米，总建筑面积 4.6 万平方米，主要建设 3 幢厂房、变电所及门卫室，同步实施环境绿化、道路及水、电、气等综合配套设施	常州武澄科技创业服务有限公司	2022 年 8 月—2023 年 12 月	工业	18500	18500	区级
18	河横路、舜平路整治提升工程项目	对河横路（工业大道—舜山路）段进行道路改造、桥梁改造、管线改造、附属改造（含道路照明、交通设施、智能交通和景观绿化等）	中交高新（常州）城市开发建设有限公司	2022 年 10 月—2023 年 12 月	基础设施	10000	10000	区级
19	钜苓铸造高端铸件改造项目	用地面积 1.05 万平方米，新建车间 1.5 万平方米，改造铸造消失模、树脂砂生产线，同步实施绿化、道路及水、电等综合配套设施	常州钜苓铸造有限公司	2022 年 12 月—2023 年 12 月	工业	8000	8000	区级
20	舜平路（朝阳路—舜河西路）项目	道路总长约 2046 米，规划为城市支路，一般路段红线宽度为 16 米，同步建设桥梁 2 座	中交高新（常州）城市开发建设有限公司	2023 年 5 月—2024 年	基础设施	6335	5000	区级
21	舜中路（朝阳路—舜河西路）项目	道路总长约 1580 米，规划为城市次干路，一般路段红线宽度为 24 米，同步建设桥梁 2 座	中交高新（常州）城市开发建设有限公司	2023 年 5 月—2024 年	基础设施	8650	7411	区级
22	中心河路（舜山路—工业大道）项目	道路总长约 3740 米，规划为城市次干路，一般路段红线宽度为 24 米，同步建设桥梁 3 座	中交高新（常州）城市开发建设有限公司	2023 年 5 月—2024 年	基础设施	22610	11669	区级
23	季子幼儿园项目	用地面积 9487 平方米，建筑面积约 7600 平方米，主要建设 1 幢幼儿园综合楼，配套建设地下室，办学规模 15 班	郑陆镇	2023 年 6 月—2025 年	社会事业	7000	2377	区级
24	双马医疗新建车间项目	用地面积 1 万平方米，总建筑面积 2.5 万平方米，建设十万级净化车间，形成年产一次性注射器 500 万支，输液器 50 万支的生产能力	常州市双马医疗器械有限公司	2023 年 6 月—2024 年	工业	8000	8000	区级

续表 57

序号	项目名称	建设内容	实施主体	建设年限	行业性质	总投资（万元）	完成投资（万元）	项目级别
25	中交智荟港天宁高新智能制造中心（一期）项目	用地面积 28134 平方米，总建筑面积 40550.61 平方米，其中地上建筑面积 39747.28 平方米，地下建筑面积 803.33 平方米，计容建筑面积 57200.08 平方米。同步实施道路绿化等其他设施。基建完工后，引进加工中心、组装线等，形成年产 2 万套健康检测仪器、5000 套医疗器械、5000 套检测类仪器仪表以及各类高端装备 5 万套的生产能力	中荟港（常州）智能科技有限公司	2023 年 6 月—2024 年	工业	21200	10848	区级
26	强力提高光刻胶引发剂生产能力的技术改造项目	利用自有厂房，购置反应釜 6 台、三合一设备 2 台、环保设备 1 套等设备，形成年产 30 吨光刻胶引发剂的生产能力	常州强力先端电子材料有限公司	2023 年 6 月—2023 年 12 月	工业	3000	3000	区级
27	中交智荟港天宁高新智能制造中心（二期）项目	规划总用地面积 39618 平方米，新建 9 幢标准厂房，总建筑面积 50246.14 平方米，其中地上建筑面积 50246.14 平方米，计容建筑面积 79908.63 平方米，同步实施道路绿化等其他设施。基建完工后，引进加工中心、组装线等，形成年产 3 万套健康检测仪器、5000 套检测类仪器仪表、7000 套医疗器械以及各类高端装备 5 万套的生产能力	中荟港（常州）智能科技有限公司	2023 年 6 月—2024 年	工业	29800	10765	区级
28	季子公园南侧安置房项目	用地面积 4.69 万平方米，总建筑面积 13.8 万平方米，主要建设 11 幢住宅，并同步实施配套商业、小区变、绿化、外场管线等综合配套设施	常州东南经济开发有限公司	2023 年 6 月—2026 年	房地产	83000	2000	区级
29	提高船用配套特种设备生产能力的技术改造项目	租用常州市天宁区郑陆镇武澄科创园 3 号厂房 1850 平方米，购置数控锯床 2 台、抛丸机 1 台、数控车床 30 台、数控磨床 2 台、立式加工中心 18 台等设备，形成年产 5000 只配套阀门、装置类产品	常州耐普德新能源科技有限公司	2023 年 7 月—2023 年 12 月	工业	3000	3000	区级

续表 57

序号	项目名称	建设内容	实施主体	建设年限	行业性质	总投资（万元）	完成投资（万元）	项目级别
30	舜新家园2-1期项目	用地面积5.98万平方米，建筑面积16.6万平方米，建设15栋住宅。配套建设小区变、活动场地、物业用房等	中交高新（常州）城市开发建设有限公司	2023年11月—2025年	房地产	85000	7000	区级
31	舜新家园2-2期项目	用地面积6.04万平方米，建筑面积17.5万平方米，建设15栋住宅，配套建设小区变、活动场地、物业用房等	中交高新（常州）城市开发建设有限公司	2023年7月—2025年	房地产	85000	5000	区级
32	郑陆污水厂工业污水处理扩建项目	主要包括污水处理厂工程，污水处理厂设备购置和附属配套管网工程，建设规模为5000立方米/天	中国光大水务有限公司	2023年1月—2024年	工业	14336	11181	区级
33	年产200吨太阳能光伏模压板项目	租赁常州市东方塑料机械厂厂房800平方米，外购原材料聚偏氟乙烯颗粒，购置2台框架式平板热压机、1台框架式平板冷压机，形成年产200吨光伏用模压板的生产能力	常州市冠通新材料科技有限公司	2023年6月—2023年12月	工业	3000	3000	区级重点储备
34	年产储能电电池配件2000吨及年组装新能源配套电机3万套项目	租赁位于郑陆镇武澄工业园2栋1层A101的闲置厂房1244平方米，外购原材料PP塑料粒子、PE塑料粒子、色母粒、圆钢、铝压铸件、转子、定子、壳体等，购置双螺杆片材生产线设备2台，注塑机8台，破碎机3台、加工中心5台、搅拌机2台、环保设备1台等设备，形成年产储能电池配件2000吨及年组装新能源配套电机3万套的生产能力项目	常州安极能源科技有限公司	2023年6月—2023年12月	工业	3000	3000	区级重点储备
35	提高轻质保温装饰一体化板生产能力的技术改造项目	购置匀质板复合面层设备2台，表面处理设备2台等设备，形成年产30万平方轻质保温装饰一体化板的生产能力	江苏朗旭节能科技有限公司	2023年6月—2023年12月	工业	3000	3000	区级重点储备
36	年产200万件新能源汽车电池外壳项目	租赁常州武澄科技创业服务有限公司1号厂房1楼2820平方米，外购原材料铝型材，购置加工中心40台、冲床6台、钻床6台、数控弯管机2台、超声波清洗机1套等设备，形成年产200万件新能源汽车电池外壳的生产能力	常州市卓益精密铝制品有限公司	2023年7月—2023年12月	工业	3000	3000	区级重点储备

续表 57

序号	项目名称	建设内容	实施主体	建设年限	行业性质	总投资（万元）	完成投资（万元）	项目级别
37	高端装备用钢管生产水平的技术改造项目	利用自有厂房，淘汰羌家村厂区原有设备：冷拔机6台，冷轧机6台，切割机2台，退火炉1台，酸洗线1条。购置高速全自动冷轧机6台，全自动链式冷拔机2台，穿孔生产线1条，切割机2台等设备，形成年产3000吨高端装备用不锈钢管生产能力	常州腾飞特材科技有限公司	2023年7月—2023年12月	工业	3000	3000	区级重点储备
38	一次性使用注射器、尿袋等医疗器械项目	租赁常州瑞泰工具有限公司的闲置厂房2955.34平方米，外购原材料PP、PVC、PE塑料粒子、色母料等，购置注塑机25台，拉管机6台，吸塑包装机10台等设备共计118台（套），形成年产一次性使用注射器3亿只、一次性扩阴器1500万只、一次性使用氧气面罩1000万只、尿袋1000万只、一次性使用输液器6000万只、一次性胰岛素笔针1亿只、一次性牙科针1亿只、一次性牙科吸管1亿只的生产能力	颐景健康科技（江苏）有限公司	2023年7月—2023年12月	工业	3000	3000	区级重点储备
39	源之多高端装备用特异型配套件生产项目	租赁江苏恒宽钢结构工程有限公司厂房面积4536平方米，购置多型号智能连续式热处理设备3台、多型号多轴智能切割机3台、智能自动焊机等辅助设备20余台（套），建设3条智能数控生产线，形成年产20000吨的高端装备用特异型配套件的生产能力	江苏源之多实业发展有限公司	2023年7月—2023年12月	工业	3000	3000	区级重点储备
40	年产5000吨硅胶板项目	外购原材料固态硅胶，购置成型机50台、挤出机15台、注射机15台、捏合机1台、辊压机8台、烘箱8台、切条机8台、研磨机1台、真空机2台、热接机2台、接头机1台、冲孔机7台、线切割机3台、CNC加工中心6台、万能磨刀机2台、磨床3台、喷砂机1台、高速穿孔机3台、钻床7台、氩弧焊机1台、除尘式砂轮机2台、火花机5台、空压机5台、冷却水循环机1台、环保配套设备5套等设备，形成年产1200吨硅胶制品、500套模具、200吨机械零部件的生产能力	艾德利（常州）新材料有限公司	2023年7月—2023年12月	工业	3000	3000	区级重点储备

续表 57

序号	项目名称	建设内容	实施主体	建设年限	行业性质	总投资（万元）	完成投资（万元）	项目级别
41	高铝制品生产能力的技术改造项目	利用原厂地块及厂房，淘汰固定式熔炼炉，购置倾动式熔炼炉、均质炉、铝液二次回收系统、自动切割机等设备36台（套），项目建成后，铝循环利用，产品升级，产能不变	江苏烁源新材料科技有限公司	2023年7月—2023年12月	工业	3000	3000	区级重点储备
42	能量方舟碳化硅衬底材料装备生产项目	用原厂地块及厂房，淘汰固定式熔炼炉，购置倾动式熔炼炉、均质炉、铝液二次回收系统、自动切割机等设备36台（套），项目建成后，原有产能不变、总能耗不变、单位能耗下降	常州能量方舟新材料有限公司	2023年7月—2023年12月	工业	6000	6000	区级重点储备
43	鑫润丰东年热处理12000吨轴承滚子项目	利用自有厂房，购置保护气氛辊棒式炉热处理生产线3条等设备，项目建成后将形成年热处理轴承滚子12000吨的生产能力	常州鑫润丰东热处理工程有限公司	2023年7月—2023年12月	工业	3000	3000	区级重点储备
44	年处理5万吨工业固废项目	租赁常州致杰新材料科技有限公司房屋2454平方米，收集一般工业固废，包含废旧纺织品、废皮革制品边角料、废板材、废纸、废橡胶制品、废塑料制品、废包装、废玻璃、废钢铁、废有色金属等金属及非金属废料（不包含危险品）。购置破碎机2台、压块机1台、打包机1台等设备，形成年收集、破碎、分拣及转运5万吨一般工业固废的能力	常州舜为环境科技有限公司	2023年10月—2023年12月	工业	3000	3000	区级重点储备
45	佳尔科药业高端甾体类及其衍生物原料药项目	利用原有土地约2200平方米，新建2栋车间和2栋辅助房，总建筑面积7480.78平方米，同步实施道路绿化设施。购置搪玻璃反应釜48台（套），不锈钢反应釜43台（套），光化学反应器68台（套），储罐117台（套），冷凝器138台（套），磁力泵46台（套），隔膜泵40台（套），过滤器22台（套），离心机10台（套），干燥机18台（套），其他设备81台（套）。形成年产10吨胆固醇、5吨睾酮、3吨环戊丙酸睾酮、1吨丙酸睾酮、3吨地屈孕酮和2吨维生素D3的生产能力	江苏佳尔科药业集团股份有限公司	2023年12月—2025年	工业	10000	1000	区级重点储备

【郑陆镇3家企业获评国家级专精特新"小巨人"企业】 7月，常州一步干燥设备有限公司、江苏先锋干燥工程有限公司、江苏康进医疗器材有限公司被工信部认定为第五批国家级专精特新"小巨人"企业。

常州一步干燥设备有限公司成立于1995年，是集研发、设计、制造、销售、服务于一体的干燥技术整体供应商，先后获评江苏省民营科技企业、全国商业科技进步奖一等奖。公司占地面积6.5万平方米，建筑面积3.8万平方米，产业涵盖医药、化工、新能源、新材料、环保、食品等领域，产品出口美国、日本、意大利等80余个国家和地区；拥有省级企业技术中心、江苏省新能源汽车电池材料智能化干燥成套装备工程技术研究中心，主导起草《中药浸膏喷雾干燥器》国家标准1项，独家起草《药用直线振动流化床干燥机》等行业标准5项，开发研制的高速离心式喷雾干燥机为国内首创，填补中药干燥工艺装备技术领域短板，实现德国基伊埃集团ASEPTIC-SD喷雾干燥机产品进口替代。2023年，公司实现销售收入2.18亿元，纳税1135万元。

江苏先锋干燥工程有限公司成立于1997年，是一家致力于干燥设备研发、生产与销售的企业，先后获评江苏省民营科技企业、中国干燥设备十强企业。公司占地面积13万余平方米，有重型机械车间6万余平方米，产品出口美国、巴西、法国等20余个国家和地区，拥有1个研发孵化中心和1个省级干燥工程实验中心，主导起草《沸腾制粒机》《喷雾冷却制粒机》《旋流式制粒包衣干燥机》《夹套圆筒刮板干燥机》等行业标准，自主研发的雾化器自动测振技术填补国外雾化器转速低、成品颗粒粒度大的短板，专门用于磷酸铁锂电池材料的干燥。2023年，公司实现销售收入2.9亿元，纳税1000余万元。

江苏康进医疗器材有限公司成立于1986年9月，是国内集医疗器械科研、生产、销售、服务于一体的高分子医疗器械知名企业，先后获评国家示范医疗器械企业、高新技术企业、江苏省医疗器械诚信优秀企业、资信AAA级企业。公司占地面积5.6万平方米，有十万级净化车间2万平方米，万级净化车间2000平方米，主营业务涵盖肠内肠外营养输注系列（全EVA材质）、常规护理输注系列、内镜微创诊疗系列、生物医药器材四大领域，形成年产各类一次性医疗器材5亿支的生产能力；拥有江苏省新型医用非PVC替代材料工程技术研究中心、江苏省技术中心、博士后工作站，研究领域涉及营养、护理、微创等系列医疗器械非PVC替代材料，研发的细胞冻存袋为国产首家获CDE备案（B20220000200）产品，生产的避光静脉营养输液袋可替代美国百特医疗用品有限公司静脉营养输液袋；主导起草行业标准1项（《一次性使用静脉营养输液袋》）；参与起草团体标准2项（《一次性使用无菌血袋微粒污染测定光阻法》《一次性使用无菌注射器微粒污染测定光阻法》）。2023年，公司实现销售收入32540.46万元，纳税2606万元。

【郑陆镇新增高新技术企业92家】 2023年，经省科技厅、省财政厅、省税务局认定，报全国高新技术认定管理工作领导小组备案，92家企业为高新技术企业，郑陆镇累计高新技术企业188家。

【郑陆镇新增19家省级专精特新中小企业】 2023年，郑陆镇新增19家省级专精特新中小企业，全镇累计省级专精特新中小企业34家。

【郑陆镇新增19家省星级上云企业】 2023年，郑陆镇新增省星级上云企业19家，其中省四星上云企业10家、省三星上云企业9家，全镇累计省星级上云企业96家。

表58 2023年郑陆镇新增92家高新技术企业一览表

序号	企业名称	地址	建筑面积（平方米）	产值（万元）
1	常州市武进盛源化工有限公司	天宁区郑陆镇丰北村谈墅自然村281号	9153	3428
2	常州吉斯佰恩新材料科技有限公司	天宁区郑陆镇董墅村常郑路135号	3467	2223
3	常州市中通干燥设备有限公司	天宁区郑陆镇发富南路1号	600	358
4	常州市佳善干燥设备有限公司	天宁区郑陆镇姚荡里发富路移山桥	1200	1199

续表 58

序号	企业名称	地址	建筑面积（平方米）	产值（万元）
5	常州市嘉昶机械有限公司	天宁区郑陆镇梧岗村河丰路 18 号	6213	2269
6	常州市坚力橡胶有限公司	天宁区郑陆工业园区	3000	2269
7	常州市奥普德塑业有限公司	天宁区郑陆镇梧岗村中心大道以北及溪河西路	1500	2059
8	常州市德能干燥设备有限公司	天宁区郑陆镇粮庄桥村	1800	5353
9	常州市悦腾机械有限公司	天宁区郑陆镇牟家村 178 号	2000	2100
10	常州市成博工程技术有限公司	天宁区郑陆镇粮庄桥村姚塘自然村 55	1500	2213
11	常州市旭日包装有限公司	天宁区郑陆镇东青村宋塘自然村 41 号	1000	541
12	常州市苏南环保设备有限公司	天宁区郑陆镇镇南路 15 号	1800	382
13	常州市迅驰干燥设备有限公司	天宁区郑陆镇常河路 569 号	1000	410
14	常州市长江干燥设备有限公司	天宁区郑陆镇北沙河路 68 号	18820	3266
15	常州永邦干燥机械有限公司	天宁区郑陆镇丰北村惠民堂 128 号	9967	15228
16	常州汇能线圈制造有限公司	天宁区郑陆镇粮庄桥村	2500	8459
17	常州江泰复合材料科技有限公司	天宁区郑陆镇羌家头 16 号	1500	303
18	常州源光节能科技有限公司	天宁区郑陆镇舜山路 67 号	1000	441
19	常州百联科技有限公司	天宁区郑陆镇焦溪村	1000	1119
20	江苏浩金环保工程有限公司	天宁区郑陆镇施家巷 78 号	2000	1096
21	江苏科源阀门制造有限公司	天宁区郑陆镇溪河西路 3 号	13333	7465
22	常州隆利医疗科技有限公司	天宁区郑陆镇梧岗村	3200	2509
23	常州京林医疗器械有限公司	天宁区郑陆镇常河路 508 号	28060	13130
24	常州华欧涂装工程有限公司	天宁区郑陆镇三皇庙村后村自然村	2000	2042
25	常州市富顺机械有限公司	天宁区郑陆镇潘家桥	800	496
26	江苏麦迪威尔医疗器械有限公司	天宁区郑陆镇舜南村	9593	6344
27	常州市文杰炉料有限公司	天宁区郑陆镇翟家村	12180	55013
28	常州市格雷特化工工程有限公司	天宁区郑陆镇焦溪南街	3000	4138
29	常州市武进红东电子有限公司	天宁区郑陆镇河丰路 62 号	800	431
30	常州市益球中亚干燥设备有限公司	天宁区郑陆镇粮庄桥村西对面	1000	1136
31	常州晨虹不锈钢制品有限公司	天宁区郑陆镇焦溪武澄工业园区	10873	9885
32	常州龙灏医疗科技有限公司	天宁区郑陆镇舜山路 67 号	2000	2339
33	江苏尚金干燥科技有限公司	天宁区郑陆镇焦溪村沈家自然村 18 号	1000	1166
34	江苏穹宇机械科技有限公司	天宁区郑陆镇查家村	800	423

续表 58

序号	企业名称	地址	建筑面积（平方米）	产值（万元）
35	常州亿米基电站辅机有限公司	天宁区郑陆镇梧岗村中心大道以北及溪河西路	1500	1853
36	常州帝祥机械有限公司	天宁区郑陆镇舜南村	600	335
37	常州东皓电气有限公司	天宁区郑陆镇武澄科技创业园 2 号楼一楼	1500	3596
38	常州佳成干燥设备有限公司	天宁区郑陆镇河丰路 2 号	1000	1719
39	常州品正干燥设备有限公司	天宁区郑陆镇焦溪工业集中区	1200	1893
40	常州嘉瑞电器有限公司	天宁区三河口牟家村申平路 2 号	32000	6661
41	常州富鸿达电子有限公司	天宁区郑陆镇工业大道北	4873	4010
42	常州市九洲彩色印务有限公司	天宁区郑陆镇石堰村 451 号	10200	7250
43	常州市双鹤医用包装科技有限公司	天宁区郑陆镇梧岗村	8600	6392
44	常州市名流干燥设备有限公司	天宁区郑陆镇常郑路 78 号	1500	1021
45	常州市尔邦干燥设备有限公司	天宁区郑陆镇梧岗村中心大道以北及溪河西路	1000	1233
46	常州市明珠干燥设备有限公司	天宁区郑陆镇施家巷村	800	1420
47	常州市智阳机械设备有限公司	天宁区郑陆镇羌家村西街自然村	1500	1768
48	常州市榆轩环境设备有限公司	天宁区郑陆镇丰北村人民路 129 号	5600	4496
49	常州市正元干燥工程有限公司	天宁区郑陆镇梧岗村中心大道以北及溪河西路	1000	1545
50	常州市海江干燥设备有限公司	天宁区郑陆镇横沟村杜家自然村 33 号	10340	4841
51	常州市翊航新材料科技有限公司	天宁区郑陆镇溪河路 2 号	1000	1116
52	常州市豪迈干燥工程有限公司	天宁区郑陆镇河丰路 218 号	4980	2709
53	常州市迅隆电器有限公司	天宁区郑陆镇施家巷村	1500	1546
54	常州市银杰包装有限公司	天宁区郑陆镇东姚村 707 号	5100	5120
55	常州市龙吟塑业有限公司	天宁区郑陆镇镇南路 15 号	1000	1240
56	常州海特赐仁传动科技有限公司	天宁区郑陆镇华明休闲中心东 20 米	2733	1850
57	常州润达铁合金有限公司	天宁区郑陆镇东姚村 713 号	17220	23937
58	常州贝斯特控制设备有限公司	天宁区郑陆镇丰北村河横路	19333	7277
59	江苏优特安智能科技有限公司	天宁区郑陆镇丰北村河横路	1000	1204
60	江苏先导干燥科技有限公司	天宁区郑陆镇常焦 17 号	5000	8868
61	江苏武进不锈股份有限公司	天宁区郑陆镇工业园区	379996	394770
62	江苏江本自控设备有限公司	天宁区郑陆镇镇南路 15 号	2000	1299
63	燕加隆机械科技（江苏）有限公司	天宁区郑陆镇姚荡里发富路移山桥	2000	2264

续表 58

序号	企业名称	地址	建筑面积（平方米）	产值（万元）
64	科森传动设备常州有限公司	天宁区郑陆镇舜南村	1500	2929
65	常州全知电器设备有限公司	天宁区郑陆镇梧岗村中心大道以北及溪河西路	1000	781
66	常州嘉博艺电子有限公司	天宁区郑陆镇黄天荡村	800	964
67	常州坚正橡塑制品有限公司	天宁区郑陆镇丰北村人民路 129 号	13333	10969
68	常州宏业包装材料有限公司	天宁区郑陆镇华明休闲中心南 300 米	23333	14802
69	常州市一新干燥设备有限公司	天宁区郑陆镇宁河村	11267	3083
70	常州市万喜机械有限公司	天宁区郑陆镇粮庄桥村	1000	960
71	常州市东腾金属热处理有限公司	天宁区郑陆镇施家巷东白洋村 109 号	1500	2046
72	常州市优博干燥工程有限公司	天宁区郑陆镇焦溪村	1500	2080
73	常州市信宝电源设备有限公司	天宁区郑陆镇三河口村常河路 1 号	1500	1780
74	常州市创佳干燥科技有限公司	天宁区郑陆镇施家巷村镇南路 5 号	400	131
75	常州市力源恒机械有限公司	天宁区郑陆镇上塘 377 号	4000	5957
76	常州市双佳电器有限公司	天宁区郑陆镇黄天荡村东古自然村	9820	6374
77	常州市宁河新材料科技有限公司	天宁区郑陆镇宁河村	2287	2710
78	常州市恒诚环保科技有限公司	天宁区郑陆镇焦溪村陆家自然村 121 号	1500	1856
79	常州市新型干燥设备有限公司	天宁区郑陆镇查家村孙公桥	800	455
80	常州市晨涛医疗器械有限公司	天宁区郑陆镇东姚村 715 号	1000	605
81	常州市武进三维电子有限公司	天宁区郑陆镇胡庄头	6667	8034
82	常州市熠高驱动科技有限公司	天宁区郑陆镇舜山路 67 号	800	1066
83	常州市瑞铭机械有限公司	天宁区郑陆镇舜溪北路 5 号	900	2870
84	常州市苏力干燥设备有限公司	天宁区郑陆镇新沟桥村	1000	1223
85	常州泛能包装有限公司	天宁区郑陆镇黄天荡村	1500	4200
86	常州海辰装饰材料有限公司	天宁区郑陆镇常河路 557 号	14413	3846
87	常州苏正干燥设备有限公司	天宁区郑陆镇省岸村朱家桥 67 号	500	280
88	江苏佳尔科药业集团股份有限公司	天宁区郑陆镇三皇庙村	106666	37015
89	江苏大江干燥设备有限公司	天宁区郑陆镇塘铁桥 120-1 号	23213	7314
90	江苏日成橡胶有限公司	天宁区郑陆镇梅家村 32 号	17266	4233
91	爱巢生物科技(常州)有限公司	天宁区郑陆镇溪河西路 9 号	500	400
92	鸿谦仪表(常州)有限公司	天宁区郑陆镇东青村白茅张家头 3 号	800	1157

表 59　2023 年郑陆镇新增 19 家省级专精特新中小企业一览表

序号	企业名称	地址	建筑面积（平方米）	产值（万元）
1	常州中南化工有限公司	天宁区郑陆工业集中区	27333	43491
2	江苏神力医用制品有限公司	天宁区常郑路 20 号	18827	10100
3	江苏宣胜金属科技有限公司	天宁区郑陆镇梧岗村冯家尖 505 号	71074	16246
4	常州润达铁合金有限公司	天宁区郑陆镇东姚村 713 号	17220	23937
5	江苏星星干燥设备有限公司	天宁区郑陆镇焦溪村	3114	2081
6	常州市益思特干燥设备有限公司	天宁区焦溪工业园区	3000	1679
7	常州市一新干燥设备有限公司	天宁区郑陆镇宁河村	11267	3083
8	常州骏韬矿山设备有限公司	天宁区郑陆镇粮庄桥村	1533	3449
9	常州远大新材料科技股份有限公司	天宁区郑陆镇黄天荡村白洋桥 191-1 号	20667	5300
10	常州市武进三维电子有限公司	天宁区郑陆镇三皇庙村	6667	8034
11	常州市益民干燥设备有限公司	天宁区郑陆镇焦溪工业园区	16667	7600
12	常州市华耀智能科技有限公司	天宁区郑陆镇三河口西姚村 166 号	2000	7926
13	江苏日成橡胶有限公司	天宁区郑陆镇梅家村 33 号	17267	4233
14	常州市武进苏南制冷设备有限公司	天宁区郑陆镇梧岗村中心大道北溪河西路	13127	36902
15	江苏先导干燥科技有限公司	天宁区郑陆镇常焦线 17 号	20000	8868
16	常州欧爱欧履带有限公司	天宁区郑陆镇黄天荡村 380 号	29440	9013
17	江苏博莱客冷冻科技发展有限公司	天宁区郑陆镇三皇庙村 232-3 号	8125	2825
18	常州市星干干燥设备有限公司	天宁区郑陆镇焦溪工业园区	13333	4767
19	常州安克医疗科技有限公司	天宁区郑陆镇常郑路 56 号	2900	3478

表 60　2023 年郑陆镇新增 19 家省星级上云企业一览表

序号	企业名称	上云星级
1	常州市星干干燥设备有限公司	★★★★
2	常州市益民干燥设备有限公司	★★★★
3	常州恒诚富士特干燥设备有限公司	★★★★
4	常州市智阳机械设备有限公司	★★★★
5	江苏宇通干燥工程有限公司	★★★★
6	常州市双鹤医用包装科技有限公司	★★★★
7	常州晨虹不锈钢制品有限公司	★★★★
8	江苏诚丰新材料股份有限公司	★★★★
9	江苏先锋干燥工程有限公司	★★★★

续表 60

序号	企业名称	上云星级
10	常州市华耀智能科技有限公司	★★★★
11	江苏诚丰新材料股份有限公司	★★★
12	常州晨虹不锈钢制品有限公司	★★★
13	江苏先锋干燥工程有限公司	★★★
14	江苏星星干燥设备有限公司	★★★
15	江苏圣曼干燥设备有限公司	★★★
16	常州市华耀智能科技有限公司	★★★
17	常州市凯优医疗器械有限公司	★★★
18	常州市吉科涂塑机械有限公司	★★★
19	江苏武进延陵涂料有限公司	★★★

【郑陆镇便民服务中心设置全市首个“一卡通”自助制卡点】 3月，全市首个“一卡通”自助制卡点在郑陆镇便民服务中心24小时自助服务区投入使用。该制卡点拥有社保卡自助制卡机1台，集触摸屏、身份证识别、二维码制卡等操作模块于一体，市民只需携带身份证原件，即可查询社保卡信息、申领（补换）社保卡、激活社保卡等业务，市民通过自助制卡机即可当场完成申领（补换）社保卡业务办理，较以前需到窗口排队办理且等待1～2周后方可领取新卡相比，办事效率明显提升，真正实现便民惠民目标。至2023年年末，市民通过自助制卡机新办、补办社保卡900余张。

【蔡岐村被确定为第六批江苏省传统村落】 2月，丰北村蔡岐自然村被省住建厅认定为第六批江苏省传统村落。蔡岐自然村位于丰北村东部，面积8.5万平方米，其中水域面积占总面积的50%；户籍人口789人，常住人口1019人。村内“水龙局”建筑遗存建于20世纪60年代，占村落建筑基底面积的30%，每年农历二月十八，村民自发组织“水龙节”民俗活动；水龙局东侧有棵百年银杏树，依然根深叶茂；村民至今保留毛靴筒（用芦花和稻秸秆制作的草鞋）等传统手工制作技艺。

延伸阅读：

“水龙”是古代农村人工操作的消防器材，主要用于高空灭火。“水龙”主体部分是椭圆形木桶，桶的外部有三道铁圈箍着，桶的底部固定在一个非常厚实的长方形木格上，桶内上下有两块木板与桶边连接，木板中间有根坚实的粗横木，两边各有一个铜制活塞，活塞与木杠相连，木柱旁边有个出水口，当水桶盛满水时，木杠两头的人一上一下揿压，活塞杆上下运动，揿压频率越快，水压越大，水枪射出的水越远，最远射程可达二十米。丰北“水龙”为清朝光绪年间购置，一米长的铜制水枪中间手把处有一块正方形印痕，依稀可见“光绪”字样，为当时较先进的灭火器具。

【牟家村开展乡风文明积分制试点】 2023年，牟家村为加强乡风文明建设，改善人居环境，试点实施乡风文明积分制，全村12个自然村、600余农户参与。年内，牟家村制定出台《牟家村“乡风文明”积分制管理实施办法》《牟家村网格（村民小组）公共环境积分制考核实施办法》《牟家村小区物业管理服务考核实施办法》，围绕村内公共环境、小区物业管理服务和村民私人区域（村民房前屋后生活区域）等开展考核，设立基础分为100分的考核标准，并增设“美丽牟家我行动”扣分项和“文明牟家我带头”加分项；建立“小程序＋管理后台＋大数据看板”乡风文明智慧管理平台，每月由第三方机构走村串巷“随手拍”垃圾分类不规范、杂物乱堆放等问题，对房前屋后、公共区域等人居环境实行积分制考评，并在村委会公示栏、牟家村微信公众号、文明牟家小程序等平台公示文明积分情况，考评结果与年终福利挂钩，对排名前5%的村户授予“文明标兵户”称号。至年末，评出32户“文明标兵户”，并发放福利奖金，督促村民自觉践行文明风尚，提升乡村治理效能。12月，《“小积分”撬动“大治理”激活乡村治理新引擎》入选第三批全省乡村治理典型案例。

（陈　琦）

雕庄街道

【概况】 雕庄街道地处天宁区东南部，东连常州经济开发区，南接武进区，西至采菱港、与茶山街道勤丰村隔水相望，北靠老京杭大运河、与丁堰街道为邻。街道办事处位于天宁区中吴大道700号，行政区域面积11平方千米，下辖4个社区、3个建制村。至2023年年末，户籍人口16458人，常住人口41552人。街道区位优势明显，交通便捷，中吴大道、劳动东路、大明路、青洋路高架穿境而过。辖区内拥有国家级非物质文化遗产留青竹刻，有全市唯一以杜鹃花为主题的凤凰公园，有常州市正衡中学（新校区）、常州市凤凰新城实验小学、常州市儿童医院等教育医疗资源。街道经济以工业、商贸服务业为主导，形成高端装备制造、纺织服装、生物医药、现代物流四大支柱产业。是年，雕庄街道老工业基地调整改造工作第三次获得国务院办公厅真抓实干督查激励表扬，街道获评江苏省节能低碳示范单位和能效领跑者，街道行政审批局获评江苏省“五社联动”机制创新试点单位；菱溪社区获评全国文明实践巾帼志愿阳光站，其“党建引领红领巾赋能社区治理新模式”获评全国先进典型社区案例；街道居家养老服务中心获评第四届江苏省“敬老文明号”，大运河法治文化主题公园获评第十批“省级法治文化建设示范点”。

表61　2023年雕庄街道社区（村）基本情况一览表

社区（村）	户数（户）	户籍人口（人）	集体经济收入（万元）	党组织书记	居（村）委会主任	居（村）委会地址
朝阳花园社区	804	1987	—	高晓燕		天宁区离宫东路66号
菱溪社区	2227	3177	—	汤亚平		天宁区菱溪名居10幢1楼大厅
采菱社区	1440	3600	—	李　强		天宁区采菱公寓62-104号
水岸社区	3160	4570	—	张毅超		天宁区花语馨苑商铺13-1号
团结村	200	504	257	顾继峰		天宁区团结南路23号
清溪村	629	1843	156	汤娟凤		天宁区清溪人家5-10号
朝阳村	257	777	270.2	姚志帼		天宁区离宫路52号

【经济发展】 2023年，雕庄街道完成全社会固定资产投资49.2亿元，同比增长0.2%；一般公共财政预算收入6.27亿元，同比增长9.27%。辖区内有“四上”企业486家，其中规模以上工业企业71家，完成产值254.7亿元；规模以上服务业企业19家，营业收入13.6亿元，同比增长30%；限额以上批零住餐企业381家，年内新增26家，完成销售503.9亿元，同比下降12%；资质等级建筑业企业7家及房地产企业8家。社会消费品零售总额23.3亿元，同比增长3.1%。进出口总额完成17.69亿元，同比下降11.7%；实际到账外资1013.5万美元，同比下降55.9%。新增高新技术企业10家，累计34家；新增发明专利33件，累计228件。街道有市重点项目2个、区重点项目16个，实际完成投资48.1亿元，同比增长16%。全年完成征收（收购）民房3户、企业18家，累计建筑面积14.53万平方米。是年，常州制药厂有限公司获评全国绿色工厂，常州华利达服装集团有限公司获评国家绿色供应链管理企业，亚东（常州）科技有限公司技术中心获评2023年省级企业技术中心，常州金源铜业有限公司获评2023年江苏省绿色工厂，常州威远电工器材有限公司、常州市久成电子设备有限公司、常州瑞曦生物科技有限公司被省工信厅评为江苏省专精特新中小企业。

【社会事业】2023年，雕庄街道新增城镇就业1868人、失业人员再就业1789人、就业困难人员再就业268人；创设城乡公益性岗位安置困难人员70人，为46名离校未就业高校毕业生提供实名制就业服务；为68人办理就业困难社保补贴申请，为314名失地农民（年老社员）累计发放生活补贴192.3万元；城乡居民基本养老保险基础养老金标准提高至450元/月，被征地农民养老年龄段保养金水平调整至1100元/月。社会救助（帮扶）保障到位，为9户低保家庭10人累计发放救助金12.85万元，为2户低保边缘家庭2人累计发放生活保障金0.36万元，为145名残疾人累计发放“两项补贴”70.48万元，为16名困境儿童累计发放基本生活补助金23.21万元，为3户困难家庭发放临时救助金0.8万元。完善养老保障体系，为637名80周岁及以上老年人累计发放尊老金41.53万元，为663名政府援助服务对象提供价值61.23万元居家养老援助服务，为4310名60周岁及以上老年人办理安康关爱险；建立“街道+社区+居家养老服务站运营单位+志愿者+助餐单位”五方协同机制，5个社区（村）均建有居家养老服务站，设立8个社区老年助餐点，日均助餐125份，惠及140余名老年人。落实住房保障救助，34户居民家庭享受公共租赁住房实物配租，34户居民家庭享受公共租赁住房租金补贴20.7万元。加强双拥工作，为各类优抚对象发放优抚金24.76万元、报销医疗费2.79万元，为9名重点优抚对象开展免费体检，为企业“两参”人员发放慰问金2.88万元；春节、建军节期间慰问优抚对象家庭130户，发放慰问金6.5万元。提高公共卫生服务能力，全年建立居民健康档案34389份，建档率89.96%；为16861名居民、6235名重点人群提供家庭医生签约服务，签约率分别为44.39%、92.64%；为1628位育龄妇女免费开展“两癌”筛查，为1167名居民办理城乡居民基本医疗保险，为125对户籍人口育龄夫妻、88对流动人口育龄夫妻办理生育服务联系单。关心爱护下一代，举办凤凰有约·花开新城——雕庄街道“老少心向党·奋斗新征程”主题活动，1000人次参加；开展“宝妈赋能”“萌宝初成长”等特色品牌活动20场，为婴幼儿家庭开展专题讲座、咨询服务、入户指导等，300余人参加；采菱社区、菱溪社区、水岸社区3家社区托育点建成启用。开展群众性文体活动，举办综合类文艺专场8场、戏曲类专场2场、萌宝时装秀1场、大型滑稽剧1场，新增1千米健身步道，更新健身路径点119个，街道辖区内累计有60套500余个全民健身路径点。是年，雕庄街道关工委、常州老三集团有限公司关工委获评2023年常州市关心下一代工作优秀集体，雕庄街道社会工作服务站建成全市首批社会工作服务站示范点，获区级公益创投扶持资金8万元。

【社会治理】2023年，雕庄街道划分网格62个，其中综合网格50个（下设微网格276个）、专属网格12个；依托常州市市域社会治理现代化联动指挥平台（网格业务平台）累计上报事项982件、巡查走访记录17426条，通过第三方机构对网格内居民随机民意抽查，4个社区、3个建制村群众满意率为88.5%。加强矛盾纠纷源头治理，全年累计受理江苏阳光信访平台信访件42件，其中来信9件、来访23件、网上投诉10件，及时受理率、按期办结率、群众满意率均为100%；受理“12345”政府公共服务平台工单1543件，省工单办理满意率100%，市工单办理满意率97.97%；处理调解矛盾纠纷273件，其中街道社会矛盾纠纷调处服务中心处理112件、社区（村）人民调解委员会处理63件、驻辖区派出所人民调解工作室处理98件，调处率和调处成功率均为100%。加强政务服务管理，街道便民服务中心全年受理各类审批和服务事项7795件，办结7795件，接受咨询8272件；定期更新梳理政务服务大厅进驻服务事项，街道进驻服务事项156项(其中公共服务事项16项)，社区（村）进驻公共服务事项12项。加强治安整治，全年辖区派出所接处警4739起，集中清查60次，查处违法犯罪94人，发现并督促整改隐患345处。加强特殊人群管理，街道辖区内严重精神病患者168名，社区矫正人员23名，安置帮教人员22名，无一人脱管失控。开展法治宣传，组织法治宣传活动24次，发放宣传资料3000余份，接受法律咨询50余人次。开展消防安全专项巡查检查，辖区内高层建筑实现巡查全覆盖，全年累计检查小区、企业46家，发现并督促整改隐患53处；组织消防安全宣教活动，通过“公益五号”民政志愿服务项目活动、“社区天天乐”活动、微信公众号等载体普及全民应急知识，张贴宣传海报750余张，发放宣传手册3300余本，组织微型消防站工作人员开展集中培训、应急演练各1次，社区（村）微型消防站年内处置初期火灾3起；开展电动车上楼、楼道堆放杂物、消防车通道堵塞等问题专项整治行动，实现由堵到疏、由人治到自治的转变，被《中国应急管理报》报道。加强生态环境保护与治理，组织开展涉VOCs企业整治，全街道有涉VOCs企业17家，完成整治6家，关停取缔8家，停产1家；在第二轮省生态环境保护例行督察期间，街道累计收到污染防治综合监管平台环保投诉线索12条，未发生因处置不及时导致投诉人向省督查组投诉举报情况。提升城市管理水平，依托常州市“智慧城管”平台，建立“雕庄智理”系统，把社区（村）、市场化单位“龙湖大管家”（保洁公司和绿化养护单位）等责任主体纳入系统，设置城管队员巡查问题上报账号54个、城管责任主体问题处置账号28个，全年发现问题11362个，处置问题11056个，结案率97.3%，有效解决工作中效率低、统计难、无法溯源等问题。

【基层党建】 2023年，雕庄街道党工委下属党组织95个，其中党委8个、党总支5个、党支部82个，党员1812名，年内发展预备党员34名。开展学习贯彻习近平新时代中国特色社会主义思想主题教育，组织宣讲30余场次，发放学习资料7000余册，为500名老年党员送学上门。是年，雕庄老工业基地改造、“凤凰新城十年涅槃精彩蝶变”典型案例、常州华利达服装集团有限公司“平凡人党建”案例作为正面典型案例接受市、区解剖式调研，常州华利达服装集团有限公司作为常州唯一代表参加全省第二批主题教育工作推进会。开展党建共建活动，街道党工委与市儿童医院党委建立党建联盟，共同开展“同心启新程，如愿向未来”主题快闪活动，被《人民日报》客户端报道。以“初心映山红，幸福环岛路”为主题，串联乔司影视基地、中赛水上文化运动中心等7个点位，开展沉浸式、体验式、互动式党建文化节活动。提升党建引领基层治理水平，“初心映山红，凤凰涅槃生——党建引领凤凰新城十年转型的实践探索”入选第六届全国基层党建创新典型案例优秀案例。水岸社区探索“政府引导+社会运作+多元参与”模式，建立“青年党员议事厅”机制，打造党建引领城市社区生活共同体的“青春样板”，创新做法被《人民日报》客户端江苏频道录用报道。菱溪社区在全市率先探索党建引领红领巾赋能社区治理新模式，入选“全国先进典型社区案例”，获评全国文明实践巾帼志愿阳光站、全省基层党组织书记实训基地。各社区（村）开展“党员回归社区”行动，300余名机关党员协助社区（村）抓党建抓服务抓治理。加强作风建设，发挥基层党组织战斗堡垒作用，全年完成5大类20件民生实事。根据区委第三巡察组反馈的6方面问题，制定21条整改措施并逐一整改到位。建设天宁区首个青年党员干部主题教育馆——青廉馆，组织开展“廉洁护青春·逐梦新征程”青年党员干部廉政教育主题活动，全年接待各级单位参观学习40余批次。制发作风问题通报，责令作风整顿单位1个、整改部门1个，问责1人，批评教育1人。加强新闻宣传，雕庄街道“风起东南”微信公众号全年推送各类信息373条，其中被省级以上媒体录用报道100余篇，“‘诗赴毗陵’2023中秋诗词会”被中央广播电视总台《新闻联播》栏目报道，《常州雕庄：老工业基地的文明跃升》专题报道被新华社网站录用，全网阅读量超200万人次。

【江苏永信医疗科技有限公司获评国家级专精特新“小巨人”企业】 7月，江苏永信医疗科技有限公司被工业和信息化部评为国家级专精特新“小巨人”企业。该公司成立于2002年，是一家为医院提供人工智能及大数据信息管理等多种解决方案的国家高新技术企业，致力于智能化、数字化洁净手术部研发及产业化，业务覆盖洁净数字化手术部、重症监护病房、中心供应室和净化病房、感染病房（负压病房）、百级层流病房等医疗转向系统配套设备等领域，为400余家医院承建3000余间高标准洁净手术部、ICU病房、层流病房等项目，分别在江苏省、上海市、深圳市、山东省、安徽省、江西省等地设有制造基地及销售网点。2023年，公司实现销售收入30600万元，纳税1524万元。

【常州市第十六届社区邻里节暨第六届杜鹃花展举办】 4月15日，常州市第十六届社区邻里节暨第六届杜鹃花展在凤凰公园开幕，展出70余个品种、20余万株杜鹃花，并首次在花海中引入集市露营、赛艇竞技、非遗手作、半岛音乐节等潮流业态。花展为期3周，举办3场主题活动，其中第一周主题活动——“幸福凤凰岛·花漾/young邻里节·乐享半岛”，以亲子互动、科学体验、非遗手作、传统美食为主题的帐篷

4月15日，雕庄街道举办常州市第十六届社区邻里节暨第六届杜鹃花展 （雕庄街道 供图）

市集，丰富周边社区居民的邻里文化生活，展示凤凰新城的幸福宜居生活状态；第二周主题活动——“幸福凤凰岛·花漾/young创躁营·活力半岛”，围绕产城融合活动，将本土创客品牌、新能源车企品牌展示与户外露营相结合，展示自然与活力的凤凰新城；第三周主题活动——“幸福凤凰岛·花漾/young青年力·燃动半岛”，以“映山红”党建IP为核心，结合红色集市等活动，将凤凰新城当地的人文特色与红色文化相融合，为广大市民提供多元丰富的“五一”假期体验。

【雕庄街道便民服务中心开设“潮汐窗口”】 2月，雕庄街道针对阶段性高频业务、临时性人流增加等情况，在街道便民服务中心开设“潮汐窗口”，在人流高峰时段为企业和群众提供全科业务办理，保障政务服务质效。至年末，“潮汐窗口”办理各类政务服务事项60余件，提供咨询服务100余次，减少服务对象等候时间。

【采菱港东侧驳岸（老运河—劳动路）修复加固工程完工】 5月，采菱港东侧驳岸修复加固工程完工，总投资322万元，由江苏兴水建设工程有限公司负责施工。采菱港位于雕庄街道劳动东路与青龙路交叉口西北侧，全长320米，与京杭大运河相通，因其东侧浆砌块石驳岸墙体表面风化，砂浆剥落，局部墙体被掏空，压顶破损，河道堤防存在安全隐患。2月，雕庄街道启动驳岸修复加固工程，通过开挖驳岸墙体前方土方、施打管桩、浇筑水下混凝土、浇筑贴面混凝土和压顶混凝土、布置（设置）锚定块等，实施驳岸修复加固，恢复采菱港驳岸原有风貌，增强河道防洪除涝能力，保障市民和游客游览安全。

（李 歆）

青龙街道

【概况】 青龙街道位于天宁区东北部，东邻郑陆镇和武进区潞城街道，南接天宁街道，西与红梅街道相连，北至江阴市璜土镇。青龙街道办事处位于天宁区河海东路9号，辖9个社区、4个社区工作站，行政区域面积24.04平方千米；代管郑陆镇花园村、东青村、和平村、青松村、武城村5个建制村和东青社区（以下简称东青片区），该区域面积20.97平方千米。至2023年年末，青龙街道户籍人口54714人，常住人口103262人；东青片区户籍人口17248人，常住人口29681人。街道区位优势明显，交通便捷，沪蓉高速公路青龙道口、青洋路高架北延段均位于街道辖区，常州地铁2号线在辖区设三角场站（原常青站）、紫云站。境内生态环境优良，东经120°线穿境而过，市区最大的湿地公园横塘河湿地公园和以市花月季花为主题的紫荆公园坐落境内。拥有全市首家紧密型医联体常州市第二人民医院天宁分院，汇聚常州市第二十四中学天宁分校、常州市龙锦小学、常州市第二实验小学、常州市机关幼儿园等优质教育资源，天宁科技促进中心（天宁区行政中心）亦坐落于境内。是年，街道获评全省冬训工作示范街道，横塘社区获评全国学雷锋志愿服务“最佳志愿服务社区”、被团中央确定为“社区青春行动”第二批实施社区，阳光龙庭社区获评江苏省民主法治示范社区，武城村获评2023年常州市美丽乡村。

表 62　2023 年青龙街道社区（工作站）、村基本情况一览表

社区（工作站）、村	户数（户）	户籍人口（人）	集体经济收入（万元）	党组织书记	居（村）委会主任、站长	居（村）委会地址
青龙苑南区社区	1687	3807	1441.5	徐　凯		天宁区青龙苑南区 18 栋
青龙苑北区社区	1465	4176	476.5	朱明波		天宁区青龙苑北区社区 B-17 号
紫云苑社区	2188	4488	354	钱卫荣		天宁区紫云苑小区 9-1 号
新丰苑社区	1511	2945	314.99	陆建国		天宁区青龙街道新丰苑社区服务中心
青竹苑社区	1858	5807	822.63	张建勋		天宁区新堂北路青竹苑社区 16-1 号
彩虹城社区	4693	6918	—	王云霞		天宁区彩虹城 2 幢乙单元 2 楼
阳光龙庭社区	5720	7079	—	姚志燕		天宁区阳光龙庭商铺 105 号
横塘社区	9319	9311	—	顾　波		天宁区香溢紫郡 36-1-302 室
龙湖郦城社区	3272	3992	—	叶　丹		天宁区龙湖郦城南区 32-1 商铺
福成北塘社区工作站	870	1753	567.52	吴　展	—	天宁区青龙苑 7 期商铺 175-16 号
东风社区工作站	2034	1216	2036.96	曹志刚	—	天宁区润泽东方尚院 4-11 商铺
常青社区工作站	372	1107	1790	曹国兴	—	天宁区青龙西路 76 号
三里亚新社区工作站	605	2115	644	李文琪	—	天宁区青龙街道青竹苑 C 区商铺 16-11 号
东青社区	617	1164	—	蒋凯东		天宁区长青苑西区 19-1 号
花园村	1036	3021	324.07	黄洪清		天宁区花园村委刘家头 168 号
东青村	1071	3685	503.33	潘镇安		天宁区东青村戚家弄 6 号
和平村	1265	3953	647.3	周良华		天宁区常州三里电机有限公司店面房
青松村	760	2389	566	陈建伟		天宁区青松村委船底湾 66 号
武城村	1219	3036	1866.52	江小明		天宁区武城村胡家头 36 号

【农业经济】2023 年，青龙街道代管的东青片区 5 个建制村（花园村、东青村、和平村、青松村、武城村）粮食种植总面积 263.4 公顷，新增高标准农田 34.93 公顷，累计 48.26 公顷；完成 126.3 公顷水稻、37.1 公顷小麦、68.1 公顷油菜、30.1 公顷水产和果品农业保险投保工作。提升农业科技水平，武城村联合南京农业大学万建民院士科研团队及吴新颖教授开展农作物育种、施肥技术交流和新品种推广。是年，花园村睡莲基地负责人李潇培育的 3 个睡莲杂交新品种获国际认证证书，1 家农民专业合作社创成市级农民专业合作社。

【社会事业】2023 年，青龙街道新增城镇就业 2141 人、失业人员再就业 2051 人、就业困难人员再就业 307 人；开发高质量青年就业见

习岗位180个，为115名离校未就业高校毕业生提供实名制就业服务；实施职业技能提升行动，开展就业技能培训1500人。落实社会保险任务指标，新增参保企业36家，年末享受城乡居民养老待遇3753人，城乡居民基本养老保险基础养老金标准提高至450元/月，被征地农民养老年龄段保养金水平调整至1100元/月。社会救助（帮扶）保障到位，为61户低保家庭84人累计发放生活保障金86.7万元，为38户低保边缘家庭51人累计发放生活保障金6.9万元，为507名残疾人发放“两项补贴”400.4万元，为56名各类困难儿童投保关爱保险，为40名困境儿童累计发放基本生活补助金61.8万元，为7名集中供养的城乡特困人员累计发放救助供养经费13.9万元，为17户困难家庭35人累计发放临时救助金4.7万元。完善养老保障体系，为2161名80周岁及以上老年人累计发放尊老金140.31万元，为2198名政府援助服务对象提供价值203.17万元的居家养老援助服务，为15240名60周岁及以上老年人购买安康关爱险，为30户困难老年人家庭实施适老化改造。优化为老服务，15个社区（村）均建有居家养老服务站，设立6个社区老年助餐点，月均助餐13000余份，惠及4500余名老年人。落实住房保障救助，3户居民家庭享受公共租赁住房实物配租，2户居民家庭享受公共租赁住房租金补贴1.12万元。有序推进征收安置，完成征收拆迁建筑面积194298平方米，其中2户民房建筑面积585平方米、40家企业厂房建筑面积193713平方米，支付企业拆迁补偿款4.1亿元；试点开展东青片区安置房回购，回购安置房389套，回购资金34221万元；创新采用电子化抽签分房模式，东青嘉园小区、金正花园小区1666套安置房实行电子化抽签分房安置；启动11个小区13686套安置房产权证办理，青龙苑七期、青龙苑南区、青竹苑B、青竹苑C、新丰苑、景秀世家安置小区不动产证完成登记，办理安置房居民产权证5102套。加强双拥工作，全年为各类优抚对象发放抚恤补助，走访重点优抚对象560人次，发放价值37.48万元慰问品及慰问金，给60周岁及以上农村籍退役士兵发放春节慰问金5.16万元，给企业退休“两参”人员发放春节、建军节慰问金2.02万元。提高公共卫生服务水平，全年建立居民健康档案91667份，建档率92%；为48024名居民、25887名重点人群提供家庭医生签约服务，签约率分别为48%、87.5%；为1877名居民办理城镇基本医疗保险，为2718位适龄妇女免费开展“两癌”筛查，为327对户籍人口育龄夫妻、192对流动人口育龄夫妻办理生育服务联系单；投资121.48万元，建设紫云苑社区综合性智慧养老服务中心，推进医养融合，增强社区养老服务功能；武城村、花园村卫生室完成提档升级。开展文体活动，全年举办“写春联送祝福”“运动健康知识讲座”“青龙街道农民阅读节活动”等主题活动，开展优秀团队进社区文艺演出、送戏下乡等活动，参与居民群众8200人次；承办天宁区国民体质监测活动，参加天宁区第二届全民健身运动会乒乓球及羽毛球比赛、2023年“行走大运河”活动等，参与居民群众1000余人次；普查辖区内体育场地面积55万平方米，更换体育健身器材41套168件。

【社会治理】 2023年，青龙街道划分网格144个，其中综合网格119个（下设微网格556个）、专属网格25个；依托常州市市域社会治理现代化联动指挥平台（网格业务平台）累计上报事项1919件、巡查走访记录49800条；3名网格员获评市级“最美网格员”、4名网格员获评区级“最美网格员”、2名网格员获评市“平安网格”之星（积极分子）；通过第三方机构对网格内居民随机民意抽查，青龙街道管理的5个建制村、10个社区、4个工作站群众满意率为89.4%。加强矛盾源头治理，青龙街道（包括东青片区）数字信访平台全年累计受理信访件1052件，其中来信18件、来访305件、网上投诉729件，及时受理率、按期办结率、群众满意率均为100%；受理“12345”政府公共服务平台工单4271件，省工单办理满意率94.3%，市工单办理满意率96.75%；全年处理调解矛盾纠纷503件，其中社区（村）调解委员会处理12件、驻辖区派出所人民调解工作室处理491件，调处率100%，调处成功率96%，青龙街道获评常州市金牌劳动争议调解组织。提升政务服务水平，街道便民服务中心全年受理各类审批和服务事项66718件，办结63842件，接受咨询153964件；2个“畅通办”便民服务点累计办件175件；推行延时服务、上门服务、预约服务、邮政寄递服务等特色服务，全年办理“帮办代办”事项3773件；设立“办不成事”反映窗口，受理反映事项5件；定期更新梳理政务服务大厅进驻服务事项，街道进驻服务事项158项（其中公共服务事项16项），社区（村）进驻服务事项158项（其中公共服务事项12项），街道便民服务中心获评常州市优化营商环境工作“放管服”改革先进集体。预防养老诈骗违法犯罪行为，开展养老反诈宣传活动732场，悬挂横幅300条，发放宣传册31000余册，为老年群体下载安装国家反诈App，服务老年人23000余人次，提升全民反诈意识。推进生态环境治理，完成18家涉磷企业规范化整治，核查141家活性炭吸附处理工艺企业，完成6件2022年省级环保督察信访交办件整改，完成5件2023年省级环保督察信访交办件整改，完成3件2022年中央环保督察信访件区级销号。推进乡村环境整治，开展村庄清洁行动和农村生活污水治理，东青村获评常州市人居环境整治“红榜村”。加强城市长效管理，开展市容专项整治90余次，查处、教育、整改流动摊贩占道经营行为17390起，整治非机动车乱停放行为8880起，拖移乱停放非机动车辆65辆；拆除各类违章建筑16处、150平方米，开展渣土运输车专项整治90余次，查处夜间施工行为6起，查处抛撒滴漏污染道路行为1起，查处随意倾倒建筑垃圾行为20起，查处未经核准擅自处置建筑垃圾行为5起。加强安置小区管理，投入1000余万元对小区外墙、中心大道及环境绿化等实施提升改造，对小区物业管理开展监督考评20余次，处理涉及物业管理矛盾纠纷68起。落实安全生产责任，对127个高层小区开展消防用水专项排查，督促10个高层小区完成消防风险隐患整改；排查“九小场所”消防安全615家次，发现安全隐患78处，督促当场整改62处、限期整改16处。

【基层党建】 2023年，青龙街道党工委下属党组织102个，其中党委6个、党总支14个、党支部82个，党员2856人，年内发展预备党员15名。围绕学习贯彻习近平新时代中国特色社会主义思想主题教育和中共二十大精神，组织开展集中学习13次、集体研讨6次，举办党组织书记专题培训班2次，街道获评全省冬训工作示范街道，《方寸之间有山海》党课获评市委组织部“党课开讲啦·龙城先锋”十佳精品党课。培育选树先进典型，组织“身边好人”“最美志愿者”“最美常州人”等先进典型的推荐报送和宣传，选树“天宁好人”6人、“新时代好少年”典型人物2人，街道办事处副主任、退役军人服务站站长房宁娟获评全国退役军人服务中心（站）百名优秀主任（站长），龙湖郦城社区叶丹获评第五届江苏省“最美社工”，青龙街道团工委窦心言获评江苏省“最美乡村振兴计划志愿者”，7名村（社区）书记获评常州市“5A”级村（社区）党组织书记，街道老干部党支部获评全省“六好”离退休干部示范党支部。构建全域党建共同体，7月，发布“红链天开·青青向融”全域党建品牌，推动青龙街道、东青片区基层党组织履职尽责，与企业共通互融；11月，揭牌启用青龙街道党群服务中心，与区地方志办公室、车联天下物流集团有限公司共同打造全区首个史志文化角；提升改造阳光龙庭社区和花园村党群服务中心，阳光龙庭社区党群服务中心拓展“延时错时”服务和托育服务，创成全市首批国家级“向日葵亲子小屋”项目点，“留灯书房”项目被《光明日报》宣传报道。坚决纠正“四风”问题，通过单位自查和聘请第三方机构督查等方式，开展作风督查80余次，下发《机关作风建设通报》12期，主动约谈96人，发送廉政提醒短信1000余条，处置信访、问题线索28个，立案14件，给予党内警告11人、党内严重警告3人，开除党籍1人，制发纪律检查建议书7份。加强新闻宣传，“你好青龙”微信公众号全年推送各类信息285条，被“学习强国”江苏学习平台录用信息33篇。

【青龙街道便民服务中心“周末不打烊”政务服务全区试点】 1月，青龙街道便民服务中心持续优化政务服务环境，推出“周末不打烊”服务，每周日上午9:00～11:30（法定节假日除外）为居民提供政务服务事项办理，2个综合办事窗口提供21项高频便民服务事项，采取“现场办理+帮办代办”形式，对于老弱病残孕等特殊群体当日无法完成办理的事项可以“邮寄上门”或者由社区工作人员“送件上门”，做到人在岗、网不断、事能办、不打烊，满足群众办事需求。是年，“周末不打烊”政务服务累计完成办件1100余件，有效解决群众“上班时间没空办，休息时间没处办”的困扰。

【横塘社区获评全国“最佳志愿服务社区”】 7月，横塘社区被全国学雷锋志愿服务“四个100”先进典型宣传推选活动组委会评为2022年度全国学雷锋志愿服务“最佳志愿服务社区”。横塘社区成立于2019年4月，位于龙城高架以东、青洋中路南侧、东方西路西侧、横塘河东路北侧，辖区总面积1平方千米，由4个商品房住宅小区（水晶城、金新御园、香溢紫郡、常发豪郡）和1个保障房住宅小区（青韵雅苑）组成，居住人口2.6万人，社区党

1月，青龙街道便民服务中心试点推出“周末不打烊”政务服务
（青龙街道 供图）

委下设4个党支部，有党员217名。社区有1家AAAA级社会组织——常州市天宁区青龙街道红蚂蚁社区创新中心，注册志愿者6000名，有“传统文化”“人工智能”“垃圾分类”“自然美育”“健康养生”“银龄生姿”等12支志愿者服务队伍。2019—2023年，社区志愿者累计举办文化传承、垃圾分类、自然美育、编程科普、健康养生等方面的培训、讲座30次，开展垃圾分类、阅读推广、文明礼仪、心理疏导、健康科普等方面志愿服务活动100场，志愿服务累计惠及居民10000余人次。

（刘吴煜）

茶山街道

【概况】 茶山街道地处天宁区东南部，东连雕庄街道，南邻武进区湖塘镇，西接兰陵街道，北靠天宁街道。街道办事处位于天宁区龙游路4号，行政区域面积10平方千米，下辖15个社区、6个建制村。至2023年年末，户籍人口90059人，常住人口138106人。境内有国家文物保护单位、中国共产党早期重要领导人之一的张太雷烈士故居，有省级文物保护单位、常州市保存体量最大、最为完整的早期纺织业建筑遗存——大成三厂民国建筑群，有始建于明代弘治年间的市级文物保护单位——晋陵白氏宗祠遗址。街道依托龙游河、健康养老服务业集聚区、多个商圈及楼宇（华润万象城、安信颐和1号楼、报业传媒大厦、勤丰大厦、智汇大厦等楼宇），构建“一河一区多点”经济发展格局。是年，街道团工委获评江苏省五四红旗团委，街道红山茶志愿服务队获评省优秀大学生志愿服务团，丽华二村社区老旧小区改造项目入选2023年度城镇老旧小区改造省级联系点，清凉新村第二社区创成省级宜居示范居住区，并获评省级垃圾分类示范小区，剑桥澜湾小区获评省级节水型居民小区，同济桥社区获评江苏省社区家长学校，红梅村站点获评省级精神障碍社区康复服务示范点。

表63 2023年茶山街道社区（村）基本情况一览表

<table>
<tr><th>社区（村）</th><th>户数（户）</th><th>户籍人口（人）</th><th>集体经济收入（万元）</th><th>党组织书记</th><th>居（村）委会主任</th><th>居（村）委会地址</th></tr>
<tr><td>朝阳新村第一社区</td><td>2640</td><td>5956</td><td>—</td><td colspan="2">何 斌</td><td>天宁区东城明居2幢</td></tr>
<tr><td>朝阳新村第二社区</td><td>2830</td><td>6374</td><td>—</td><td colspan="2">丁 峰</td><td>天宁区朝阳三村53-1幢</td></tr>
<tr><td>丽华一村社区</td><td>2239</td><td>5591</td><td>—</td><td colspan="2">鲍 莉</td><td>天宁区丽华一村菜场2楼</td></tr>
<tr><td rowspan="2">丽华二村社区</td><td rowspan="2">2274</td><td rowspan="2">5621</td><td rowspan="2">—</td><td colspan="2">陈 琳（1—6月）</td><td rowspan="2">天宁区华新南路64号</td></tr>
<tr><td>姜黎黎（7—12月）</td><td>姜黎黎（11—12月）</td></tr>
<tr><td>丽华三村社区</td><td>2462</td><td>5779</td><td>—</td><td colspan="2">周 青</td><td>天宁区华新南路36号</td></tr>
<tr><td>人民家园社区</td><td>1688</td><td>4043</td><td>—</td><td colspan="2">潘玉成</td><td>天宁区和平国际花苑3幢乙单元旁</td></tr>
</table>

续表 63

<table>
<tr><th>社区（村）</th><th>户数（户）</th><th>户籍人口（人）</th><th>集体经济收入（万元）</th><th>党组织书记</th><th>居（村）委会主任</th><th>居（村）委会地址</th></tr>
<tr><td>清凉新村第一社区</td><td>2165</td><td>5261</td><td>—</td><td colspan="2">周　勃</td><td>天宁区新城金郡花园 139 号</td></tr>
<tr><td>清凉新村第二社区</td><td>1666</td><td>4009</td><td>—</td><td colspan="2">阎珏汝</td><td>天宁区清凉新村 50 幢丙单元北</td></tr>
<tr><td rowspan="2">清凉新村第三社区</td><td rowspan="2">1867</td><td rowspan="2">4391</td><td rowspan="2">—</td><td colspan="2">周兰鸣（负责人）（1—3 月）</td><td rowspan="2">天宁区红梅南路 999-401 号</td></tr>
<tr><td>薛一青（4—12 月）</td><td>薛一青（6—12 月）</td></tr>
<tr><td>同济桥社区</td><td>1656</td><td>4027</td><td>—</td><td colspan="2">杨　芸</td><td>天宁区劳动中路 417 号银河湾明苑 37-129 号</td></tr>
<tr><td>富强新村社区</td><td>1042</td><td>2536</td><td>—</td><td colspan="2">缪　逸</td><td>天宁区新乐花园 5 甲 101 号</td></tr>
<tr><td rowspan="3">清凉东村社区</td><td rowspan="3">1714</td><td rowspan="3">3955</td><td rowspan="3">—</td><td colspan="2">姜黎黎（1—6 月）</td><td rowspan="3">天宁区清凉东村 15-1 号</td></tr>
<tr><td>徐家麒（负责人）（7—11 月）</td><td rowspan="2">—</td></tr>
<tr><td>徐家麒（12 月）</td></tr>
<tr><td>新城逸境园社区</td><td>1488</td><td>3545</td><td>—</td><td colspan="2">孙　菁</td><td>天宁区新城逸境园 19 幢物业 2 楼</td></tr>
<tr><td>华润国际社区</td><td>4150</td><td>10607</td><td>—</td><td colspan="2">巢　纲</td><td>天宁区华润剑桥澜湾 26 幢东首</td></tr>
<tr><td>天鹅湖社区</td><td>1367</td><td>3584</td><td>—</td><td colspan="2">顾丽娟</td><td>天宁区高成天鹅湖商铺 13 幢 2 楼</td></tr>
<tr><td>群力村</td><td>691</td><td>1689</td><td>288</td><td colspan="2">张建良</td><td>天宁区光华路前洑村 188 号</td></tr>
<tr><td>丽华村</td><td>1164</td><td>3288</td><td>471</td><td colspan="2">周国峰</td><td>天宁区采华路 30 号</td></tr>
<tr><td>富强村</td><td>1095</td><td>2473</td><td>807</td><td colspan="2">贲秋菊</td><td>天宁区中吴大道 1126 号</td></tr>
<tr><td>常春村</td><td>623</td><td>1560</td><td>102</td><td colspan="2">叶曙清</td><td>天宁区龙游路 12 号</td></tr>
<tr><td>勤丰村</td><td>1050</td><td>2763</td><td>702</td><td colspan="2">王荣庆</td><td>天宁区丽华北路 11-2 号</td></tr>
<tr><td>红梅村</td><td>1228</td><td>3007</td><td>349</td><td colspan="2">严月红</td><td>天宁区红梅村摇树自然村 55-1 号</td></tr>
</table>

【经济发展】 2023 年，茶山街道完成全社会固定资产投资 41.2 亿元，同比增长 5.6%；一般公共预算收入 4.3 亿元，同比下降 35.3%。辖区内有“四上”企业 158 家，其中规模以上工业企业 19 家，完成产值 72.1 亿元，与上年持平；规模以上服务业企业 18 家，完成营业收入 11.9 亿元，同比增长 5.8%；限额以上批零住餐企业 86 家，完成销售额 77 亿元，同比下降 6.4%；资质等级建筑业企业 15 家及房地产企业 12 家。社会消费品零售总额 24.1 亿元，同比增长 1.6%；进出口总额完成 32 亿元，同比下降 26.4%。重点项目建设稳步推进，19 个区级重点项目中，续建项目 15 个，新建项目 4 个，累计完成投资 39.8 亿元。是年，常州华利达服装集团有限公司获评全国就业与社会保障先进民营企业、绿色供应链管理企业、省长质量奖、市五星级企业，常州市东南电器电机股份有限公司获评国家级专精特新“小巨人”企业，常州市宏大智慧科技有限公司的“印染数字化定形机智慧系统应用典型案例”获评工信部“2023 年度工业和信息化质

量提升典型案例”，常嘉建设集团有限公司获评国家工程建设诚信典型企业、江苏省建筑业企业安全生产先进单位，常州四药制药有限公司获评市五星级企业。

【社会事业】 2023年，茶山街道新增城镇就业1868人、失业人员再就业1789人、就业困难人员再就业268人；创设城乡公益性岗位安置困难人员70人，开发高质量青年就业见习岗位100个，为160名离校未就业高校毕业生提供实名制就业服务；实施职业技能提升行动，开展就业技能培训983人，开展创业培训60人，组织1家企业职工合格证书培训75人。落实社会保险任务指标，新增参保企业22家，参保职工312人，年末享受城乡居民养老待遇742人，城乡居民基本养老保险基础养老金标准提高至450元/月，被征地农民养老年龄段保养金水平调整至1100元/月。社会救助（帮扶）保障到位，为247户低保家庭313人累计发放生活保障金369.72万元，为20户低保边缘家庭28人发放生活保障金3.6万元，为25名城乡特困人员累计发放救助供养经费52.2万元，为26户困难家庭发放临时救助金9.04万元，为242户困难家庭申请办理情暖龙城救助金36.3万元，为792名残疾人累计发放“两项补贴”417.7万元，为2156名残疾人办理意外伤害保险，为3户残疾家庭改造无障碍设施，为50名贫困残疾人配备冰箱、洗衣机等公益家电。完善养老保障体系，为4430名80周岁及以上老年人发放尊老金303.47万元，为239名政府援助服务对象提供价值407.81万元的居家养老援助服务，为44户困难老年人家庭实施适老化改造。优化为老服务，街道有安信颐和（常州）国际颐养中心、天宁区丽华老年公寓、天宁区金鼎护养中心等7家养老机构，累计1053张床位；21个社区（村）均建有居家养老服务站，设立21个社区老年助餐点，增设2家社区食堂，月均助餐6.7万余份，惠及1.4万余名老年人。落实住房保障救助，915户居民享受公共租赁住房实物配租，419户居民享受公共租赁住房租金补贴300.14万元。加强双拥工作，为退役军人发放退役军人优待证，为71名优抚对象按时足额发放抚恤金、生活补助、物价补贴56.3万元，走访慰问优抚对象、现役军人家庭、困难军人家庭130余户，发放慰问金5.1万元，为60周岁及以上农村籍退役士兵发放春节慰问金0.88万元，为企业退休“两参”人员发放春节、建军节慰问金44.97万元。提升公共卫生服务能力，全年建立居民健康档案49366份，建档率97.69%；为24974名居民、18949名重点人群签约家庭医生，签约率分别为49.42%、82.02%；为3515名适龄妇女免费开展“两癌”筛查，为1658名居民办理城镇基本医疗保险；为349对户籍人口育龄夫妻、181对流动人口育龄夫妻办理生育服务联系单。立足“一老一幼”教育需求，为1868人次老年人提供智能技术培训，试点启动0～3岁婴幼儿入户指导工作，经验做法《幼有善育，不负所“托”》被省、市媒体报道。丰富文体活动，新增室外健身路径点9个、面积3365平方米，累计拥有健身场地27处、面积1.35万平方米；举办“朝阳市集”“重逢清凉”等夜市活动，吸引2万余人次参与；建设街道级“宜人茶山·银龄乐园”退管服务中心，开展企业退休人员活动30余场，服务企业退休人员2万余人次。推进慈善工作，街道慈善工作站筹集专项互助基金135万元，“9·9公益日”爱心企业定向捐赠2.7万元，为2名孤儿、39名重残青少年发放慈善助孤金12.3万元，为3名学生发放慈善助学金4.2万元。推进社区教育和社区建设，街道社区教育中心“遇见茶山·红色之旅”项目入选常州市第三批社区教育游学实验项目，红梅村校外教育辅导站被评为2023年常州市优秀校外教育辅导站，清凉新村第二社区智慧社区建设获评江苏省智慧社区建设特色应用试点，常州市首个国家调查点“住户之家”在茶山街道华润国际社区揭牌成立，“古树新亭”提升改造项目获评市民政局“微更新·微改造”项目。

【社会治理】 2023年，茶山街道划分网格184个，其中综合网格162个（下设微网格719个）、专属网格22个；依托常州市市域社会治理现代化联动指挥平台（网格业务平台）累计上报事项3368件、巡查走访记录37392条。年内，5人获评市级平安之星（积极分子），3人获评区级平安之星（积极分子），3人获评市级“最美网格员”（联络员），4人获评区级“最美网格员”（联络员），清凉新村第一社区《“三步”工作法激活网格“红色动能”打造悦享幸福清凉》获评全市党建引领网格治理优秀案例。通过第三方机构对网格内居民随机民意抽查，15个社区、6个建制村群众满意率为88.3%。强化矛盾源头治理，全年累计受理江苏阳光信

4月28日，“文创两岸·情系一家”朝阳市集活动启动

（茶山街道 供图）

访平台信访件471件，其中来信20件、来访272件、网上投诉179件，及时受理率、按期办结率、群众满意率均为100%；受理“12345”政府公共服务平台工单5142件，省工单办理满意率89.54%，市工单办理满意率97.58%；处理调解矛盾纠纷948件，其中街道社会矛盾纠纷调处服务中心处理26件、社区（村）人民调解委员会处理675件、驻辖区派出所人民调解工作室处理247件，调处率、调处成功率均为100%。加强平安街道建设，全力“压发案、控大案、降损失”，开展反诈骗工作，电信诈骗损失数下降14%。筑牢监管防线，街道有社区矫正对象84人，其中被宣告缓刑83人、被暂予监外执行1人，无一人脱管漏管。完善政务服务机制，实施“茶山办、茶闪办、茶善办”政务服务品牌建设，街道便民服务中心全年受理并办结各类审批和服务事项21286件，接受咨询3979件；新增3个便民服务站提升点，辖区内“畅通办”便民服务点累计办件158件；推行延时服务、上门服务、预约服务、容缺受理、跨域通办、邮政寄递服务、“潮汐窗口”、“周末不打烊”等特色服务，全年办理“秒批秒办”事项418件、“帮办代办”事项2652件；定期更新梳理政务服务大厅进驻服务事项，街道进驻服务事项158项（其中公共服务事项16项），社区（村）进驻服务事项35项（其中公共服务事项12项）；政务服务自助一体机查询点击量39097次，打印量2855份，位列全市第一。强化法治宣传，累计开展法律法规宣传等活动15次，发放各类宣传资料6000余份，接待各类咨询200余人次，为特殊困难群体、农民工、妇女、儿童提供法律服务。加强污染防治，围绕非道路移动机械污染、危污乱散低、臭氧污染、扬尘污染、餐饮油烟、恶臭异味、污水处理、支流支浜消劣等17项防治任务加强综合治理和整治，完成95家餐饮油烟整治项目“回头看”，建成1个污水处理提质增效达标区，完成6家加油站地下水监测井建设及年度监测任务。加强安全生产督查，检查高层住宅小区及配建地下车库31处，督促整改隐患70条；检查工业企业75家，督促整改安全隐患620条；排查“九小场所”383家，督促整改隐患318条；排查安全生产重点领域，累计检查辖区建筑工地82次、居民自建房6096户、燃气站点30次，督促整改安全隐患11条。改善城乡面貌，累计改造17个小区、278幢住宅、11607户，总建筑面积89.4万平方米，立项总投资4.4亿元；完成加装电梯41台；针对环境卫生、公共设施、文化氛围布置等方面，整治提升红梅村、采菱村沿河区域，惠及村民249户；南开小区、东方花园、华景园、华润中吴府等21个小区创成省级垃圾分类达标小区。

【基层党建】 2023年，茶山街道党工委下属党组织187个，其中党委2个、党总支21个、党支部164个，党员5042名，年内发展预备党员23名。开展学习贯彻习近平新时代中国特色社会主义思想主题教育，以基层党群服务中心为载体，通过“运河党校”“古树新亭”大讲堂等阵地，组织党组织书记上专题党课169次，举办“学习新思想，奋进新征程”达人挑战赛等活动30余场次。发挥党组织堡垒作用，基层党组织书记领办21个“年度主打靠谱实事项目”，办好采菱村沿河区域整治、朝阳老菜场蝶变朝阳新市集等10余项民生实事；清凉新村第二社区“大树底下好清凉”党建品牌获省委副书记、省委组织部部长沈莹和市委组织部部长陈翔现场点赞；成立“先锋领航·万象更新”行动支部，护航助力华润万象城项目建设、招商引资进度，协调解决地铁口连通、自持物业维修基金免交等具体问题8个，帮助企业节省流动资金2600余万元。加强干部队伍建设，选派8名优秀年轻干部到综治维稳、拆迁征收、经济项目等一线实训锻炼，新提拔“90后”干部6人。加强党风廉政建设，召开作风建设大会2次，开展集体廉政谈话3次、谈心谈话104人次，受理信访举报20件，办结违纪案件5件，运用监督执纪第二种形态处分5人，制发纪律检查建议4份，印发《机关作风建设通报》4期。加强新闻宣传，“宜人茶山”微信公众号累计发布信息230余条，被“锦绣天宁”微信公众号录用信息10余篇，被市级以上媒体录用信息200余篇，被“学习强国”江苏学习平台录用信息12篇，其中新年采访《借你吉言：福暖四季，团团圆圆》在中央广播电视总台《朝闻天下》栏目播出。是年，1人获评2023年最美常州人——“最美诚信之星”，8人获评2023年度“天宁好人”，常州桑麻名人馆被命名为第十批常州爱国主义教育基地，红梅村公共安全体验馆被命名为常州市国防教育基地。

【常州市东南电器电机有限公司获评国家级专精特新“小巨人”企业】 7月，常州市东南电器电机有限公司获评国家级专精特新“小巨人”企业。该公司成立于1993年，注册资本8000万元，是国内第一家生产新能源汽车用电子水泵和车用电子水泵的企业，有员工近500人，其中研发人员占比超过15%，建有江苏省工程技术研究中心、常州市企业技术中心及常州市工程技术研究中心，是国家级高新技术企业、省级专精特新中小企业。该公司拥有40件专利(其中发明专利7件)，核心产品电子水泵、电子真空泵为自主研发生产，填补国内节能与新能源汽车领域真空水泵技术空白，实现关键部件国产化，是国内传统汽车和新能源汽车的首选产品，其中水泵的市场占有率为15%。2023年，实现销售收入4.3亿元，纳税800万元。

【茶山街道新增3家高新技术企业】 2023年，经省科技厅、省财政厅、省税务局认定，报全国高新技术认定管理工作领导小组备案，常州美源亚麻纺织有限公司、常州伟韬智能科技有限公司、常州纳尔森机电有限公司为高新技术企业，街道累计有高新技术企业9家。

常州美源亚麻纺织有限公司成立于2004年，注册资本3028.74万元，是一家专业生产纯亚麻纱线企业，主要从事工程用特种纺织品、高档织物面料的生产和销售，并从事各类羊毛、纺织原料及纺织品的进出口、国内批发、佣金代理业务，拥有发明专利2件、实用新型专利24件。2023年，公司完成销售额1.55亿元，纳税728万元。

常州伟韬智能科技有限公司成立于2015年，注册资本500万元，是一家从事智能机械生产加工企业，专注于自动化混合配料、高效能气力输送、自动化称重包装、环保除尘、锅炉尾气脱硫脱硝PNCR设备等业务，拥有发明专利1件、实用新型专利17件、软件著作权3件。2023年，公司完成销售353.87万元，纳税13.67万元。

常州纳尔森机电有限公司成立于2019年，注册资本500万元，是一家提供物料处理和运输企业，主营螺旋、气力输送、自动拆包机、包装秤、灌装机、码垛线等机电产品，提供自动化配料系统定制和生产工艺改造，拥有发明专利1件、实用新型专利9件。2023年，公司完成销售额985万元，纳税57万元。

【2家企业巾帼岗获评全国五一巾帼标兵岗】 3月，常州四药制药有限公司质量中心仪器分析岗、常州华利达服装集团有限公司技术部被全国总工会评为全国五一巾帼标兵岗。

常州四药制药有限公司成立于1996年3月，是一家专注于消化类、心血管类、呼吸类、麻醉及精神药品、产科药、老年病药等治疗领域药品研发、生产及销售的企业，2023年，实现销售收入10.97亿元，纳税1.07亿元。该公司质量中心仪器分析岗有18人，女职工比例89%，平均年龄40周岁，主要负责药物分析，在新药研发、稳定性考察、药品生产批件等项目中严把药品质量关，帮助公司连续33年保持国家、省、市三级市场抽检合格率100%，通过国家GMP认证、日本PMDA现场检查和美国FDA现场检查，先后获评全国优秀质量管理小组、全国医药行业质量信得过班组、常州市巾帼文明标兵岗、江苏省巾帼文明标兵岗。

常州华利达服装集团有限公司成立于1989年，是一家从事服装与汽车安全气囊研发、生产、加工、销售于一体的跨国集团企业。2023年，实现销售收入55.8亿元，纳税2.44亿元。该公司技术部有177

人，女职工比例70%，平均年龄41周岁，主要负责新品研发，拥有3588项技术资料，自主研发设计产品占比达38%，帮助公司从“以产定销”到“以销定产”的跨越转型，先后获评江苏省五一巾帼标兵岗、长三角地区纺织行业技术能手。

【丽华二村社区入选城镇老旧小区改造省级联系点名单】 丽华二村社区东至丽华北路，南邻离宫路，西到龙游河，北至中吴大道，社区占地面积27万平方米。3月，该社区老旧小区改造项目被列为2023年度城镇老旧小区改造省级联系点名单，改造面积21.02万平方米，涉及72幢（栋）、3174户居民，立项总投资约9600万元。4月，茶山街道启动实施改造，统筹推进市政管线、路面整治、雨污分流、下水道疏通、外立面出新、楼顶防水、楼道出新、护栏修缮、围墙修补、绿化整治、监控技防设施改造、停车位改造、智能化停车管理、智能回收系统建设和非机动充电桩建设等。至年末，完成改造任务。

【清凉新村第二社区创成省级宜居示范居住区】 1月，清凉新村第二社区创成省级宜居示范居住区。该社区东至常春村委蒋家村，南至光华路，西邻清凉新村第一社区，北至清凉东路，占地面积33万平方米，有居民2184户，户籍人口4008人，常住人口5011人。该社区居民住宅楼始建于20世纪70年代末，存在基础设施老化、建筑外立面破旧、屋顶漏水、内部道路狭窄、消防通道无法贯通等问题。2022年3月，茶山街道对该社区实施基础设施、适老化设施、停车设施、强弱电入地、路面整治、房屋修缮、雨污分流等宜居改造；同年12月，小区完成提升改造，增设50个非机动车充电装置、270个机动车停车位和5个电动汽车充电桩，加装电梯6台，完成社区智慧运营平台建设，总投资6900万元。2023年12月，清凉新村第二社区入选江苏省智慧社区建设特色应用试点名单。

【“茶饭小馆”社区食堂建成开业】 2023年，茶山街道与龙城灶（常州）餐饮服务有限公司合作，打造“茶饭小馆”社区食堂品牌。7月，“茶饭小馆”首店建成开业。该小馆位于光华世家4—101号（职教路与光华路交会处西北侧），建筑面积1181平方米，其中就餐面积580平方米，投资346万元。该社区食堂采用“政府补一点、企业让一点、个人出一点、慈善捐一点、志愿者做一点”养老助餐机制，为茶山街道辖区内60周岁及以上老年人提供助餐服务。至2023年年末，在“茶饭小馆”就餐老年人累计29.6万人次，日均就餐2300余人次。《新华日报》以《民生温度看“七有”——社区助餐，把“食”事办到老人心坎上》为题作宣传报道，省民政厅、常州市主要领导现场调研并给予肯定，获评2023年度常州市民生实事项目优秀典型案例。

（柯梦娇）

红梅街道

【概况】 红梅街道地处天宁区西北部，东至青龙西路、丽华北路，南靠沪宁城际铁路，西邻新藻港河，北接龙城大道。街道办事处位于天宁区竹林南路14号，行政区域面积10.5平方千米，下辖社区19个、建制村5个。至2023年年末，户籍人口95985人，常住人口135916人。境内聚集沪宁城际铁路常州站、常州客运中心、常州地铁1号线（翠竹站）、2号线（三角场站1号口）等城市交通枢纽资源；常州市中级人民法院、常州市人民检察院、常州市规划设计院、常州市排水管理处等行政事业单位坐落境内；有常州卫生高等职业技术学校、常州市第三中学、常州市翠竹中学、常州市红梅实验小学、常州市红溪实验幼儿园、常州市天宁区红梅中心幼儿园等优质教育资源；有常州市武进人民医院、常州瑞鸿医院、常州康瑞世纪医院、常州爱尔眼科医院等医疗卫生资源；绿地覆盖率达88%的翠竹公园坐落街道辖区翠虹路1号，是秋冬季节观赏落羽杉的绝佳之地。街道经济以商贸、批零为主导，飞龙东路（红梅段）沿线汇聚易美惠商业超市综合体、红星美凯龙国际电脑家电装饰城、大润发（永宁店）、天宁时代广场、交通银行大厦、凯信商务广场等特色楼宇。是年，街道创新项目“完善家门口议事体系，重塑社区治理共同体”获评2021—2022年度江苏基层社会治理创新成果奖，街道德康驿站获评省级精神障碍社区康复服务示范点，街道社区教育中心获评全省社会教育宣传报道2022年度先进集体，区老年大学红梅分校获评2023年江苏省优质老年学校；北环南村社区、北环新村社区获评省级“三全”社区家庭教育示范点，铂雅花园托育中心获评江苏省示范性托育机构。

表 64　2023 年红梅街道社区（村）基本情况一览表

<table>
<tr><th>社区（村）</th><th>户数（户）</th><th>户籍人口（人）</th><th>集体经济收入（万元）</th><th>党组织书记</th><th>居（村）委会主任</th><th>居（村）委会地址</th></tr>
<tr><td>红梅新村社区</td><td>2718</td><td>6226</td><td>—</td><td colspan="2">杨秋燕</td><td>天宁区红梅新村中心区域 73 号</td></tr>
<tr><td>北环南村社区</td><td>1735</td><td>4337</td><td>—</td><td colspan="2">钱玉亚</td><td>天宁区尚东区商铺 69 号 3 楼</td></tr>
<tr><td>凯旋城社区</td><td>903</td><td>2173</td><td>—</td><td colspan="2">宋文娟</td><td>天宁区凯旋城 9 幢 3 楼</td></tr>
<tr><td>金梅花园社区</td><td>1480</td><td>3925</td><td>—</td><td colspan="2">李　萍</td><td>天宁区金梅花园 18 幢 101 室</td></tr>
<tr><td>锦绣东苑社区</td><td>1452</td><td>3627</td><td>—</td><td colspan="2">王春芳</td><td>天宁区锦绣东苑 29 幢 3 楼</td></tr>
<tr><td>北环新村社区</td><td>3372</td><td>7322</td><td>—</td><td colspan="2">王海英</td><td>天宁区北环新村 49 幢对面</td></tr>
<tr><td>永宁路社区</td><td>1573</td><td>1747</td><td>—</td><td colspan="2">高　敏</td><td>天宁区聚景苑 15 幢东 2 楼</td></tr>
<tr><td>盛世名门社区</td><td>1519</td><td>4049</td><td>—</td><td colspan="2">俞　杨</td><td>天宁区盛世名门花苑 1 幢乙单元 1 楼</td></tr>
<tr><td>金百花园社区</td><td>1408</td><td>3093</td><td>—</td><td colspan="2">柯　萍</td><td>天宁区金百花园 12 幢 2 楼</td></tr>
<tr><td>红梅假日花苑社区</td><td>1056</td><td>2540</td><td>—</td><td colspan="2">陶金芳</td><td>天宁区聚缘雅居 11 幢 101 室</td></tr>
<tr><td>红梅西村社区</td><td>1817</td><td>4298</td><td>—</td><td colspan="2">潘　杰</td><td>天宁区红梅西村 58-1 号</td></tr>
<tr><td>虹景社区</td><td>1860</td><td>4795</td><td>—</td><td colspan="2">王　雄</td><td>天宁区虹景花园 47 幢西面 1 楼</td></tr>
<tr><td rowspan="2">翠竹南区社区</td><td rowspan="2">4593</td><td rowspan="2">11822</td><td rowspan="2">—</td><td>孙玲玲（负责人）（1—6 月）</td><td>—</td><td rowspan="2">天宁区翠竹新村 14 号</td></tr>
<tr><td>张　楠（7—12 月）</td><td>张　楠（9—12 月）</td></tr>
<tr><td rowspan="2">新堂社区</td><td rowspan="2">1916</td><td rowspan="2">4765</td><td rowspan="2">—</td><td colspan="2">谭蕴朴（1—6 月）</td><td rowspan="2">天宁区武进小区 130-1 幢</td></tr>
<tr><td>孙玲玲（7—12 月）</td><td>孙玲玲（9—12 月）</td></tr>
<tr><td rowspan="2">聚博花园社区</td><td rowspan="2">1608</td><td rowspan="2">4031</td><td rowspan="2">—</td><td colspan="2">张　楠（1—6 月）</td><td rowspan="2">天宁区聚博花园 21 幢 3 楼</td></tr>
<tr><td>周喆君（7—12 月）</td><td>周喆君（9—12 月）</td></tr>
<tr><td>翠竹新村北区社区</td><td>2337</td><td>6104</td><td>—</td><td colspan="2">陈　强</td><td>天宁区永宁北路 200-18 号</td></tr>
<tr><td>锦绣花园社区</td><td>2020</td><td>4943</td><td>—</td><td colspan="2">孙　叶</td><td>天宁区嘉盛苑 5 号楼 1 楼</td></tr>
<tr><td rowspan="2">红梅东村社区</td><td rowspan="2">2391</td><td rowspan="2">5514</td><td rowspan="2">—</td><td>康筠淼（负责人）（1—6 月）</td><td rowspan="2">—</td><td rowspan="2">天宁区湾龙路 66 号</td></tr>
<tr><td>奚晨旸（负责人）（7—12 月）</td></tr>
<tr><td>香缇湾花园社区</td><td>667</td><td>1549</td><td>—</td><td colspan="2">吴祝霞</td><td>天宁区香缇湾花园 9 幢乙单元 103 室</td></tr>
</table>

续表 64

<table>
<tr><th>社区（村）</th><th>户数（户）</th><th>户籍人口（人）</th><th>集体经济收入（万元）</th><th>党组织书记</th><th>居（村）委会主任</th><th>居（村）委会地址</th></tr>
<tr><td>红菱村</td><td>1731</td><td>4002</td><td>1137.16</td><td colspan="2">周建军</td><td>天宁区健身北路 688 号</td></tr>
<tr><td>竹林村</td><td>677</td><td>1980</td><td>602.2</td><td colspan="2">周炳海</td><td>天宁区飞龙东路 30-1 号</td></tr>
<tr><td>卫星村</td><td>680</td><td>1402</td><td>964.75</td><td colspan="2">高　璐</td><td>天宁区飞龙东路 423 号</td></tr>
<tr><td>胜利村</td><td>83</td><td>140</td><td>618.62</td><td colspan="2">陶育才</td><td>天宁区润园商铺 6-108 号四楼</td></tr>
<tr><td rowspan="2">林园村</td><td rowspan="2">561</td><td rowspan="2">1601</td><td rowspan="2">397.13</td><td colspan="2">王秋英（1—4 月）</td><td rowspan="2">天宁区竹林东路 83-1 号</td></tr>
<tr><td>顾　菲（负责人）（5—12 月）</td><td>—</td></tr>
</table>

【经济发展】 2023 年，红梅街道全社会固定资产投资完成 23.42 亿元，同比增长 9.4%；一般公共预算收入 2.66 亿元，同比下降 4.66%。辖区内有“四上”企业 146 家，其中规模以上工业企业 4 家，完成产值 4 亿元，同比下降 4.5%；规模以上服务业企业 33 家，营业收入 22.84 亿元，同比增长 17.5%；限额以上批零住餐企业 91 家，完成销售额 41.4 亿元，同比下降 3.2%；资质等级建筑业企业 10 家及房地产企业 8 家。社会消费品零售总额 87.2 亿元，同比增长 0.7%。进出口总额完成 8.15 亿元，同比下降 4.4%。辖区内 18 座楼宇入驻企业 1011 家，实现税收 1.3 亿元。全年新增发明专利 26 件，累计 95 件；新增高新技术企业 2 家，累计 6 家。7 个区级重点项目（含 1 个产业项目）完成投资 19.93 亿元，其中 5 个续建项目（翠礼峰天玺、路劲美的竹林壹号、梅亭佳园、翠竹市集及住宅小区建设、2022 老旧小区改造工程），2 个新建项目（2023 老旧小区改造、新都大厦桔子酒店 3.0 版项目）。4 月，“青梅住久”人才公寓建成投用，总投资 613 万元。

【社会事业】 2023 年，红梅街道新增城镇就业 2694 人、失业人员再就业 2581 人、就业困难人员再就业 387 人；创设城乡公益性岗位安置困难人员 102 人，为 149 名离校未就业高校毕业生提供实名制就业服务；实施职业技能提升行动，扶持创业并带动就业人数 950 人，补贴性职业技能培训 720 人次。落实社会保险任务指标，年末享受城乡居民养老待遇 1151 人，城乡居民基本养老保险基础养老金标准提高至 450 元 / 月，被征地农民养老年龄段保养金调整至 1100 元 / 月。社会救助（帮扶）保障到位，为 300 户低保家庭 399 人累计发放低保生活保障金 447.63 万元，为 26 户低保边缘户 51 人累计发放生活保障金 4.68 万元，为 145 名残疾人累计发放“两项补贴”452.97 万元，为 61 名困境儿童发放基本生活补助金 91.74 万元，为 9 名城乡特困人员累计发放救助供养经费 19.71 万元，为 17 户困难家庭发放临时救助金 8.69 万元，为 12 名困难家庭在读大学生发放慈善助学救助金 8 万元。完善养老保障体系，为 4827 名 80 周岁及以上老年人累计发放尊老金 323.51 万元，为 5578 名援助服务对象提供价值 448.26 万元的居家养老援助服务，为 27474 名 60 周岁及以上老年人购买安康关爱险，为 422 人办理居民养老保险，为 1791 人次老年人提供健康管理、智能手机操作技能培训等服务。优化为老服务，24 个社区（村）均建有居家养老服务站，设立 17 个社区老年助餐点，月均助餐 5416 份，惠及 672 名老年人；为 79 户困难老年人家庭实施居家适老化改造；为 36 户老年人提供家庭养老照护床位。落实住房保障救助，898 户居民家庭享受公共租赁住房实物配租，457 户居民家庭享受公共租赁住房租金补贴 425.65 万元。加强双拥工作，为 96 户重点优抚对象发放价值 4.8 万元慰问品，为享受定期抚恤金或定期定量补助金的优抚对象 118 人发放春节慰问金 4.72 万元，为企业退休“两参”人员发放春节、建军节慰问金 29.92 万元。开展卫生惠民服务，全年建立居民健康档案 136896 份，建档率 91.94%；为

61327名居民、39073名重点人员提供家庭医生签约服务，签约率分别为41.19%、79.47%；为4027位适龄妇女免费开展“两癌”筛查，为380名居民办理城乡居民基本医疗保险；为372对户籍人口育龄夫妻、172对流动人口育龄夫妻办理生育服务联系单；红梅街道社区卫生服务中心开设全区首个社区临床心理科，年内接诊900余人次。丰富文体活动，新增体育场地面积2.39万平方米，累计拥有体育场地面积26.07万平方米；举办“庆在红梅”“悦在红梅”“惠在红梅”“韵在红梅”主题文化活动987场，惠及70万余人次，红梅街道获评2018—2022年度全市群众体育先进单位。推进社区教育，街道联合常州开放大学开展“送课进社区”活动14场，受众442人次；街道社区教育中心开展培训讲座500余场，受众3万人次；开展终身学习周活动50余次，受众1600人次；红梅新村社区“社区教育助力社区治理”实验项目立项，获市级专项经费1万元，其“社区托育，‘诚’就未来善治解困”项目获评2023年常州市社区教育特色项目一等奖。推进社区治理与服务，19个社区构建“楼道—楼栋—小区—社区”四级议事体系，搭建街道、社区、物业、议事会代表、党支部代表五方议事平台，完善社区议事体系建设；举办“寒香杯”红梅街道第二届楼道文化建设项目比赛，探索总结楼道微自治经验。是年，红梅街道社工站获评2023年度常州市社会工作服务站示范点，北环新村社区“良法促善治，焕彩新北环”获常州市城乡社区治理与服务品牌展示一等奖，红梅西村社区获2023年度常州市平安法治和谐示范点，新堂社区创成常州市全科社工示范窗口。

【社会治理】 2023年，红梅街道划分网格214个，其中综合网格170个（下设微网格810个）、专属网格44个；依托常州市市域社会治理现代化联动指挥平台（网格业务平台）累计上报事项2838件、巡查走访记录82270条；4名网格员获评市级“最美网格员”、7名网格员获评区级“最美网格员”；通过第三方机构对网格内居民随机民意抽查，19个社区、5个建制村群众满意率为88.4%。化解矛盾纠纷，全年累计受理江苏阳光信访平台信访件121件，其中来信40件、来访63件、网上投诉18件，及时受理率、按期办结率、群众满意率均为100%；受理“12345”政府公共服务平台工单6762件，省工单办理满意率97.53%，市工单办理满意率96.73%；全年调解处理矛盾纠纷887件，其中街道社会矛盾纠纷调处服务中心处理6件、社区（村）人民调解委员会处理646件、驻辖区派出所人民调解工作室处理235件，矛盾纠纷调解率、调解成功率均为100%。加强公共法律服务，12个社区（村）完成公共法律服务站建设，在农民工学法周、“三八”妇女节、“3·15”消费者权益日等时间节点，开展普法宣传活动30余次，发放宣传资料500余份，解答群众咨询120余人次。做好严重精神障碍患者救治救助工作，全年为符合以奖代补条件严重精神障碍患者监护人发放奖补费用55.64万元。落实社区戒毒、康复措施，助力矫正对象回归社会，开展团体辅导8次，帮教率100%，无一人重新犯罪。开展电信网络反诈行动，翠竹公园打造全省首个“义起来反诈”主题公园，全年组织反诈专题宣传60余场，开展入户宣传5万余户，悬挂反诈横幅100余条，张贴反诈海报5000余张，发放反诈宣传单10万余张，街道电信诈骗警情同比下降43.9%，香缇湾花园社区获评市“无诈社区”。推进政务服务，全年受理各类审批和服务事项20411件，办结20404件，接受咨询17973件；推行各类特色服务，全年办理“帮办代办”事项1109件、延时服务事项351件、上门服务事项255件、预约服务事项303件、邮政寄递服务事项15件，“办不成事”反映窗口受理反映件56件，“周末不打烊”办件768件，3个“畅通办”便民服务点累计办件153件；定期更新梳理政务服务大厅对外进驻服务事项，街道进驻服务事项131项（其中公共服务事项16项），社区（村）进驻公共服务事项12项。实施老旧小区改造，立项总投资59399.48万元，涉及14个小区、312幢、12548户，改造面积123.42万平方米。加强垃圾分类处理，检查督导公共机构、小区生活垃圾分类200余次，书面督办100余次，开展垃圾分类主题宣传活动20余次、志愿活动60余次，入户宣传10万余户，创成省级垃圾分类达标小区16个。开展拆除违章、非机动车乱停放、餐厨废弃物等专项整治，与公安、交警、市场监管等部门建立联动机制，完善案件移交、信息反馈制度，全年受理举报4015起、考评类案卷4654起；拆除新建违建30处410平方米，拆除存量违建84处1235平方米；开展非机动车乱停放集中整治45次，累计出动100余人次，拖移非机动车400余辆、“僵尸车”8辆，教育整改400辆；开展餐厨废弃物整治30余次，对辖区内160余家餐饮企业开展抽查，累计出动150余人次，对垃圾混装等行为立案5起，当场教育告知8起。落实河长制管理制度，街道级河长全年巡河127次，村（社区）级河长巡河500次，开展水政执法20次，累计清理3000平方米河道垃圾70吨，清理河道内枯枝树木45棵。改善生态环境质量，完成区下达的44项污染防治攻坚战目标任务，常州市天宁区北环幼儿园创成市级节水型学校，常州市北环小学通过省级节水型学校复审。推进社会治理创新项目建设，街道“城运安防主题库”建设被列为市重点创新项目，并获评常州市社会治理创新优秀项目三等奖；街道“社区治理二十四节气”社会治理案例被市委政法委评为社会治理典型案例，北环新村社区“五大家园”建设项目被列为区重点创新项目。

【基层党建】 2023年，红梅街道党工委下属党组织239个，其中党委6个、党总支25个、党支部208个，党员5953名，年内发展预备党员17名。开展学习贯彻习近平新时代中国特色社会主义思想主题教育，通过专题学习会、特色主题党日、现场党课、大讨论等方式，开展集中学习近1000场次，覆盖党员近6000人；开展“党建引领‘邻聚力’，推动议事‘邻治理’”“老旧小区改造党员在行动”等活动197场，解决群众急难愁盼问题232项，推动主题教育成果转化为高质量发展成效。推动“两新”党组织应建尽建，常州爱尔眼科医院、佧瓦口腔门诊部常州有限公司、李耿餐饮管理有限公司成立党支部。以党建带团建、队建，红梅西村社区联合常州市红梅实验小学成立全区首个社区少先队工作委员会，设立“社区红领巾议事厅”，少先队员提出的79条意见建议均被社区采纳。实施全员岗位聘用，制定出台《红梅街道整合审批服务执法力量岗位聘用实施细则》，从机制上保障审批服务执法人员积极性和主动性。加强党风廉政建设，开展作风纪律明察暗访6次，印发《春节期间进一步加强作风建设的工作提醒函》《作风建设通报》，受理信访举报1件，全年办结违纪案件4.5件，给予党内警告处分1人、政务警告处分1人，开除党籍1人，制发纪律检查建议书1份。加强新闻舆论宣传，“品质红梅”微信公众号全年推送各类信息230条，被“锦绣天宁”微信公众号录用信息30余篇，被市级以上主流媒体报道200余次，街道“红梅花开”理论宣讲队被评为2023年度市优秀理论宣讲队。

【红梅街道新增2家高新技术企业】 2023年，经省科技厅、省财政厅、省税务局认定，报全国高新技术认定管理工作领导小组备案，常州新吉大矿用设备制造有限公司、江苏诚印科技有限公司为高新技术企业，街道累计高新技术企业6家。

常州新吉大矿用设备制造有限公司成立于2011年，总资产1225万元（注册资本1000万元），场地（用地）面积1257平方米，员工27人，是一家从事矿用设备、电器机械等研发、制造、销售及技术咨询公司。公司致力于安全生产矿用设备的研究与开发，拥有实用新型专利18件、发明专利3件、软件著作专利4件。2023年，公司完成销售额783.29万元，纳税99.73万元。

江苏诚印科技有限公司成立于2019年，注册资本1000万元，员工7人，办公面积319.72平方米，是一家以软件和信息技术服务为主的企业。公司开发诚印锁章、诚印甄章、验真码、一体机等原创产品，解决假章假文件泛滥顽疾，助力合同双方建立可验证的互信关系。公司拥有实用新型专利15件、发明专利3件、软件著作专利2件。2023年，公司完成销售额46.9万元，纳税2.99万元。

【景仁公园建成开园】 8月1日，景仁公园建成开园。该公园位于常州火车站北广场区域，紧邻常州市北环小学，占地面积1.8万平方米（含北环小学操场面积0.6万平方米），总投资1200余万元，由常州天宁建设发展集团有限公司投资建设，红梅街道负责日常管理和维护，是常州市首座采取“小园对标大园”方式实行标准化管理的“口袋公园”。2022年5月，天宁区启动景仁公园建设，以运动、文化、园艺、共享为主线，把历史文化、双拥工作与道德模范等主题串联起来，布局设置景仁广场、景仁书屋、文化景墙、邻里月季园、“两当轩”服务驿站等，2023年6月完工，被列为2023年江苏省政府民生实事——“乐享园林”活力空间建设项目。至年末，街道在景仁公园开展“中共二十大精神宣讲进公园”“社区趣味运动会”“安康关爱进社区纳凉晚会”“亲子园

8月1日，景仁公园建成开园　　（田建华　摄）

艺课”等文娱活动30余场，成为周边市民健身、休闲的好去处。

延伸阅读

黄景仁（1749—1783年），字汉镛，一字仲则，号鹿菲子，常州府武进县（今常州市武进区）人，宋朝诗人黄庭坚后裔，清代诗人。黄景仁四岁而孤，家境清贫，少年时即有诗名，清乾隆三十一年（1766年）为求生计四方奔波，乾隆四十六年（1781年）被任命为县丞，乾隆四十八年（1783年）病逝。黄景仁诗负盛名，和王昙并称“二仲”，和洪亮吉并称“二俊”，为毗陵七子之一，诗学李白，所作多抒发穷愁不遇、寂寞凄怆之情怀，也有愤世嫉俗的篇章，七言诗极有特色，亦能词，著有《两当轩集》《西蠡印稿》。

【常州一加爱心公益服务中心入围2022年度全国学雷锋志愿服务“最佳志愿服务组织”】 7月，常州一加爱心公益服务中心（以下简称“一加”公益中心）被中宣部推选为最佳志愿服务组织。“一加”公益中心前身为常州一加青年志愿者服务队，成立于1999年9月，2013年4月注册登记，是常州市第一家民间志愿者组织。1999—2023年，“一加”公益中心累计注册志愿者2万余人，志愿服务时长85万余小时，服务群众32万余人次，筹集慈善款物510余万元，有“爱心传递·玫瑰义卖”“阳光伙伴·双百行动”“残疾人手工坊”“关注DMD·爱不停步”“小志愿者成长营”等服务项目，先后获评全国志愿服务示范团队、全国志愿助残阳光基地、中国青年志愿者优秀组织。

（洪　佳）

天宁街道

【概况】 天宁街道地处常州市中心主城区，东临武进区丁堰街道，南依老京杭大运河，西接钟楼区南大街街道和荷花池街道，北至沪宁铁路。天宁街道办事处位于天宁区晋陵中路511号，行政区域面积8.3平方千米，辖15个社区、1个建制村。至2023年年末，户籍人口85323人，常住人口89321人。境内有“东南第一丛林”天宁禅寺、“常州第一园林”红梅公园、苏轼终老地——藤花旧馆、“江南名人第一巷”青果巷历史文化街区、前后北岸历史文化街区、古运河风光带、恽代英纪念馆、吕思勉故居等人文景观；拥有常州市第一人民医院、常州市第二人民医院、常州市中医医院、中国人民解放军联勤保障部队第九〇四医院（常州院区）等三甲医院；聚集江苏省常州高级中学、常州市第一中学、常州市第二十四中学、常州市局前街小学、常州市博爱小学等优质教育资源；汇聚常州购物中心、九洲环宇大厦等商务楼宇64座，以及南城脚·牡丹里文化创意产业园、天宁競园等特色园区7个；常州地铁1号线和2号线在工人文化宫交会。街道经济以商贸服务业为主导，规模以上服务业营业收入总量居开发区、镇（街道）第2名。是年，青果巷历史文化街区创成第二批国家级旅游休闲街区，桃园路户外劳动者驿站获评2023年全国最美工会户外劳动者服务站点，街道团工委获评全国五四红旗团委，街道创成省级示范性未成年人保护工作站（关爱之家）。

表 65　2023 年天宁街道社区（村）基本情况一览表

<table>
<tr><th>社区（村）</th><th>户数（户）</th><th>户籍人口（人）</th><th>集体经济收入（万元）</th><th>党组织书记</th><th>居（村）委会主任</th><th>居（村）委会地址</th></tr>
<tr><td rowspan="2">北直街社区</td><td rowspan="2">1803</td><td rowspan="2">1505</td><td rowspan="2">—</td><td colspan="2">陈笑云（1—3 月）</td><td rowspan="2">天宁区北直街小区 44 幢 -1 号</td></tr>
<tr><td>吴忠鑫（4—12 月）</td><td>吴忠鑫（10—12月）</td></tr>
<tr><td>博爱路社区</td><td>1952</td><td>4785</td><td>—</td><td colspan="2">丁李萍</td><td>天宁区聚和家园 13 幢乙单元北侧 2 楼</td></tr>
<tr><td>椿桂坊社区</td><td>2622</td><td>7436</td><td>—</td><td colspan="2">梅舒燕</td><td>天宁区国泰新都 6 幢 1 楼</td></tr>
<tr><td>前后北岸社区</td><td>2356</td><td>6630</td><td>—</td><td colspan="2">唐　洁</td><td>天宁区局前街 118 号</td></tr>
<tr><td>青果巷社区</td><td>2242</td><td>5346</td><td>—</td><td colspan="2">周文静</td><td>天宁区荆溪人家 3-8 号</td></tr>
<tr><td rowspan="2">青山路社区</td><td rowspan="2">2077</td><td rowspan="2">5494</td><td rowspan="2">—</td><td colspan="2">佘俊芳（1—3 月）</td><td rowspan="2">天宁区青山湾花园 12 幢 1 楼</td></tr>
<tr><td>陈笑云（4—12 月）</td><td>陈笑云（10—12月）</td></tr>
<tr><td>通济桥社区</td><td>1657</td><td>4895</td><td>—</td><td colspan="2">陆光洁</td><td>天宁区通济村 14 幢 1 号 2 楼</td></tr>
<tr><td>文笔塔社区</td><td>1365</td><td>2471</td><td>—</td><td colspan="2">卞文娟</td><td>天宁区御翠园 32 幢 2 楼</td></tr>
<tr><td>五角场社区</td><td>2170</td><td>5238</td><td>—</td><td colspan="2">丁燕玲</td><td>天宁区香溢俊园 12-1 号</td></tr>
<tr><td>小东门桥社区</td><td>2409</td><td>6283</td><td>—</td><td colspan="2">蒋英英</td><td>天宁区小东门路 106 号</td></tr>
<tr><td>斜桥巷社区</td><td>2330</td><td>6531</td><td>—</td><td colspan="2">袁琴娣</td><td>天宁区三家村 8 号</td></tr>
<tr><td>新丰街社区</td><td>2263</td><td>5906</td><td>—</td><td colspan="2">王　娟</td><td>天宁区丽景花园 1- 甲 -103 室</td></tr>
<tr><td>怡康花园社区</td><td>3275</td><td>9375</td><td>—</td><td colspan="2">冯菊英</td><td>天宁区怡康花园 15- 甲 -101 室</td></tr>
<tr><td>舣舟亭社区</td><td>2613</td><td>6414</td><td>—</td><td colspan="2">徐　敏</td><td>天宁区桃园路 7 号</td></tr>
<tr><td rowspan="2">兆丰花苑社区</td><td rowspan="2">2308</td><td rowspan="2">5588</td><td rowspan="2">—</td><td colspan="2">吴忠鑫（1—3 月）</td><td rowspan="2">天宁区月馨苑 1 号楼 1 楼</td></tr>
<tr><td>佘俊芳（4—12 月）</td><td>佘俊芳（10—12月）</td></tr>
<tr><td>解放村</td><td>495</td><td>1426</td><td>110.65</td><td colspan="2">高慧芬</td><td>天宁区延陵中路新港桥堍</td></tr>
</table>

【经济发展】 2023 年，天宁街道完成全社会固定资产投资 31.22 亿元，同比增长 15.37%；一般公共预算收入 7.35 亿元，同比下降 18.37%。辖区内有“四上”企业 250 家，其中规模以上工业企业 3 家，产值 6.45 亿元，同比下降 17.6%，超亿元企业 2 家（常州通用自来水有限公司、常州市新瑞得仪器有限公司）；规模以上服务业企业 45 家，营业收入 28.74 亿元，同比下降 0.3%，占全区规模以上服务业营业收入的 14.8%；限额以上批零住餐企业 173 家（其中批发业企业 127 家、零售业企业 27 家、住宿业企业 10 家、餐饮业企业 9 家），销售额 476.9 亿元，同比下降 8.3%，占全区批零住餐销售额的 32.07%；资质等级建筑业企业 25 家及房地产企业 4 家。社会消费品零售总额 159.4 亿元，同比增长 0.4%，占全区社会消费品零售总额的 34.13%。全年引进外贸企业 27 家，完成进出口总额 46.36 亿元，同比下降 2.7%。新增发明专利 116 件，累计 768 件。重点项目建设稳步推进，8 个区级重点项目［天宁街道 2023 年老旧小区改造工程项目、桃花院子项目、九洲玺（火车站南广场地块）项目、中联大厦项目、斜桥巷老旧小区改造工程项目、荣熙花园项目、金秋大厦项目、怡康小学改扩建项目］完成投资 21.77 亿元，4 个区级重点产业项目（元丰桥 21 号人才公寓项目、天宁胜境文化旅游设施提升工程项目、平安保险大厦漫心酒店项目、常州星悦邻里商

业项目）完成投资0.69亿元。辖区内3层及以上商务楼宇64座，总建筑面积112.33万平方米；入驻企业1849家，入驻面积88.76万平方米，入驻率79.02%，全年楼宇税收4.86亿元，同比下降30.88%。是年，天宁文旅创意休闲集聚区获评江苏省现代服务业高质量发展第三批集聚示范区，常州市化工轻工材料总公司获评省三星级上云企业，常州市新瑞得仪器有限公司获评省专精特新中小企业。

【社会事业】 2023年，天宁街道新增城镇就业2694人、失业人员再就业2581人、就业困难人员再就业241人；创设城乡公益性岗位安置就业困难人员78人，开发高质量青年就业见习岗位68个，为111名离校未就业高校毕业生提供实名制就业服务；实施职业技能提升行动，参加就业技能培训1000人、创业培训56人。落实社会保险任务指标，新增参保企业305家，参保职工3076人，年末享受城乡居民养老待遇436人，城乡居民基本养老保险基础养老金标准提高至450元/月，被征地农民养老年龄段保养金调整至1100元/月。社会救助（帮扶）保障到位，为283户低保家庭333人累计发放生活保障金425.78万元，为22户低保边缘家庭33人累计发放生活保障金3.96万元，为7048名残疾人累计发放“两项补贴”221.48万元，为22名困境儿童累计发放基本生活补助金39.53万元，为22名城乡特困人员累计发放救助供养经费47.83万元，为26户困难家庭发放临时救助金8.96万元，为6名困难家庭在读大学生发放慈善助学救助金4.6万元。完善养老保障体系，为3829名80周岁及以上老年人累计发放尊老金276.02万元，为3173名政府援助服务对象提供价值388.86万元居家养老援助服务，为71户困难老年人家庭实施适老化改造。优化为老服务，兆丰老年公寓、康乐颐养家园老年公寓、红日家园老年公寓3家养老机构累计拥有养老床位472张；16个社区（村）均建有居家养老服务站，设立9个社区老年助餐点、1个社区食堂，月均助餐10352份，惠及833名老年人。落实住房保障救助，736户居民家庭享受公共租赁住房实物配租，232户居民家庭享受公共租赁住房租金补贴173.49万元。加强双拥工作，为各类优抚对象发放抚恤补助、补贴合计125.82万元，其中为102户重点优抚对象发放价值2.12万元慰问品，为60周岁及以上农村籍退役士兵发放春节慰问金2.37万元，为企业退休“两参”人员发放春节、建军节慰问金26.39万元。提高公共卫生服务质量，全年建立居民健康档案83749份，建档率93.65%；为36964名居民、24067名重点人群提供家庭医生签约服务，签约率分别为41.33%、80.32%；为2510位适龄妇女免费开展“两癌”筛查，为1364名居民办理城乡居民基本医疗保险；为241对户籍人口育龄夫妻、38对流动人口育龄夫妻办理生育服务联系单。加强社会组织培育，天宁街道“益家人”社会组织发展培育中心培育社会组织29个，其中AAAA级社会组织10家、AAA级社会组织7家、AA级社会组织9家、A级社会组织3家。丰富群众文化生活，挖掘各类文化资源，利用常州晋陵文化商业发展公司、常州天宁胜境发展有限公司和常州中吴文化艺术服务有限公司3个平台，签订文化服务合作共建协议，加强阵地建设、政企联动、文化志愿者特色服务等方面合作；组织居民群众参加“天宁区第二届全民健身运动会老年人健身秧歌站点联赛”“第七届老年人太极拳站点联赛”、冰壶球培训和门球比赛等活动，累计为75万人次提供公共文化服务。

【社会治理】 2023年，天宁街道划分网格148个，其中综合网格124

7月，天宁街道开设“骑士子女暑托公益班” （天宁街道 供图）

个（下设微网格496个）、专属网格24个；依托常州市市域社会治理现代化联动指挥平台（网格业务平台）累计上报事项1722件、巡查走访记录68485条；年内，3名网格员获评市级“最美网格员”，4名网格员获评区级“最美网格员”，3名网格员获评市“平安网格”之星（积极分子）；通过第三方机构对网格内居民随机民意抽查，15个社区、1个建制村群众满意率为90.5%。推进矛盾纠纷化解，全年累计受理江苏阳光信访平台信访件147件，其中来信37件、来访52件、网上投诉58件，及时受理率、按期办结率、群众满意率均为100%；受理“12345”政府公共服务平台工单4500件，省工单办理满意率98.68%，市工单办理满意率95.79%；处理调解矛盾纠纷658件，其中街道社会矛盾纠纷调处服务中心处理24件、社区（村）人民调解委员会处理436件、驻辖区派出所人民调解工作室处理198件，调处率100%，调处成功率100%。提升基层社会治理效能，创新推出全省首个检察、民政条线共建的检民“童”行未成年人保护工作站，获评江苏省示范性未成年人保护工作站，小东门桥社区获第二批全省“援法议事”范例村（社区），五角场社区创成常州市平安法治和谐社区示范点。加强社会治安整治，先期介入并妥善化解街道区域矛盾纠纷3558起，抓获盗窃嫌疑人103名，区域警情数同比下降1.5%。提升政务服务能力，街道便民服务中心全年受理各类审批和服务事项31223件，办结31153件，接受咨询27672件；4个“畅通办”便民服务点全年累计办件51件；推行“周末不打烊”延时服务、上门服务、预约服务、邮政寄递服务等特色服务，全年办理“帮办代办”事项570件，“办不成事”反映窗口受理反映件73件；定期更新梳理政务服务大厅进驻服务事项（不含帮代办事项），街道进驻服务事项177项（其中公共服务事项16项），社区（村）进驻公共服务事项12项。实施老旧小区改造，总投资1.96亿元，涉及10个小区、116幢、4079户，改造面积49.67万平方米。加强特殊人群管理，对29名在册社区矫正人员实施管理和帮教，无一人重复犯罪，无矫正期违纪事件发生；实现社区戒毒参与率100%。加强普法宣传，在龙城红色驿站开展《中华人民共和国宪法》、《中华人民共和国民法典》、全民国家安全教育日等普法宣传活动。加强安全生产管理，持续开展“重大事故隐患专项排查整治行动”“生命至上，隐患必除”等专项行动，排查整治社会面场所1731家，督促整改各类隐患426处，整改率100%。

【基层党建】 2023年，天宁街道党工委下属党组织256个，其中党委8个、党总支18个、党支部230个，党员5646名，年内发展预备党员17名。是年，街道开展学习习近平新时代中国特色社会主义思想主题教育，领导班子带头领学、带头研讨，先后开展理论学习中心组学习5次；推出“利群·奋进”等党员教育学习路线，依托红色青果电台上线“感悟新思想”“身边榜样说”专栏，邀请党校专家学者、百姓名嘴、最美人物等领学宣讲，全年组织线上线下理论宣讲80余场次，其中进社区宣讲30余场次；强化“1+3+N”（1个主体班、3个专题课堂、N个特色活动）方案，开展“青心老城厢，青果正扬帆”青年成长脱口秀、“青年说·思享荟”年轻干部座谈会、“菁”彩主城课题调研等系列活动，街道团工委获评全区唯一全国五四红旗团委；依托各类资源，开展红色研学、安全自护、兴趣体验、新业态新就业群体暖冬行等活动，桃园路户外劳动者驿站先后获评暑托班省域突出单位、2023年“最美工会户外劳动者服务站点”。加强党风廉政建设，召开党风廉政工作专题会、警示教育和作风建设大会9次，对安全生产、生态环境和市委、区委重大决策部署落实情况开展督查8次、明察暗访70余次，发送提醒信息16条次，主动约谈116人次，办结违纪案件2件，下发纪律检查建议书1份，给予严重警告处分1人，开除党籍1人。认领省委巡视反馈意见整改落实专项督查第七组巡察天宁街道及所辖社区（村）党组织反馈的12个问题，逐项制定整改措施。加强新闻宣传，全年被市级以上媒体录用信息218篇，其中省级媒体78篇、市级媒体140篇，天宁街道“i尚主城区”微信公众号全年推送各类信息175条。

【天宁街道团工委获评全国五四红旗团委】 4月，天宁街道团工委获评全国五四红旗团委。街道团工委有团组织164个，其中团总支3个、团支部161个，团干部228人，团员1265人。2022年，街道团工委开展骑手子女暑托、夏日送“青”凉、社保政策解读等10余场服务活动，为企业员工子女提供作业辅导、兴趣拓展、手工制作、安全教育等服务内容，为一线工人送去防暑降温用品和清凉饮品，保障广大职工切身利益；与江苏理工学院、常州纺织服装职业技术学院、常州科技经贸技工学校合作，共同开展老城厢艺术街区改造活动，组织大学生通过毛毡戳戳绣和彩绘涂鸦方式打造城市景观小品，团结引领各界青年在老城厢复兴发展中贡献青春力量。

【2个居民小区投用常州市首批AI智能生活垃圾分类收集屋】 3月，天宁区按照每300～500户居民设置1个智能生活垃圾分类集中投放点标准，在天宁街道新天地花苑小区投放3座生活垃圾分类收集屋，在月馨苑小区投放2座生活垃圾分类收集屋。该5座收集屋为常州首批AI智能生活垃圾分类收集屋，以绿色为主色调，采取定时、定人、定点收集方式，内设垃圾投放区和清洗区，其中投放区分设厨余垃圾和其他垃圾等4个收集桶，配备智能称重系统，清洗区配套高压清洗机及除臭设备，具有自动语音播报功能，识别并播报垃圾投放违规行为，促使居民养成垃圾分类良好习惯，提高垃圾分类准确率。

（缪帛冶）

兰陵街道

【概况】 兰陵街道地处天宁区西南部，东至和平中路，南接武进区湖塘镇，西邻钟楼区永红街道，北枕老京杭大运河。街道办事处位于天宁区中吴大道1287号，行政区域面积4.81平方千米，辖12个社区、3个建制村。至2023年年末，户籍人口46880人，常住人口72677人。街道区位优势明显，交通物流条件良好，常州市轨道交通控制中心坐落辖区内，常州地铁1号线在境内设有清凉寺站、茶山站；九洲新世界广场、弘阳“生活+”商业广场、万都广场、富邦广场等25座楼宇分布辖区各主干道节点；常州市第三人民医院坐落境内，辖区内有常州市兰陵中学、常州市同济中学、常州市兰陵小学、常州市广化幼儿园等10所学校，涵盖幼儿园、小学和初中；常州老南门历史遗存中，保留有省级文物保护单位清凉禅寺，及丫叉铺、茶亭、中凉亭、白荡等一批历史地名，全国重点烈士纪念建筑物保护单位、民政部烈士纪念建筑物管理工作先进单位——常州市革命烈士陵园位于境内。是年，兰陵街道获评常州市冬训工作先进集体，兰陵街道人民调解委员会获评全国模范人民调解委员会，浦南南村小区改造项目入选全国城镇老旧小区改造可复制政策机制清单（第八批），工人新村第一社区创成省级宜居示范居住区。

表66　2023年兰陵街道社区（村）基本情况一览表

社区（村）	户数（户）	户籍人口（人）	集体经济收入（万元）	党组织书记	居（村）委会主任	居（村）委会地址
浦前社区	1083	2580	545.5	邹　枢		天宁区驴场头105号浦前工业园内
九洲新世界社区	2086	4599	—	陈　燕		天宁区九洲新世界花苑小区10幢甲单元东侧
乾盛兰庭社区	1247	2768	—	邱　伟		天宁区乾盛兰庭小区5幢乙单元1楼
天安河滨社区	1411	3143	—	周　润		天宁区兰陵北路602号天安河滨花园小区2幢东侧
工人新村第一社区	1506	3147	—	居诗舟		天宁区工人新村南8幢
工人新村第二社区	1912	4156	—	毛佳敏		天宁区水岸人家小区9号楼2楼
浦南社区	1375	3110	—	宋华斌		天宁区浦南新村11幢北侧2楼
浦北新村社区	1944	4363	—	刘　平		天宁区晋陵南路237-1号
浦陵社区	1645	4049	—	赵　超		天宁区江南经典小区1幢底楼
国泰名都社区	1715	3900	—	张美林		天宁区国泰名都小区8幢201室
世纪华城社区	709	1641	—	陈婷霞		天宁区世纪华城小区12幢北1楼

续表 66

社区（村）	户数（户）	户籍人口（人）	集体经济收入（万元）	党组织书记	居（村）委会主任	居（村）委会地址
上城社区	974	2172	—	吴红琴		天宁区弘阳上城小区21幢1楼
复兴村	478	1135	474	袁旭东		天宁区复兴路1号
荡南村	662	1804	335.1	潘　立		天宁区中吴大道1530号
茶山村	1731	4313	349.53	杨　诚		天宁区中吴大道1258号

【经济发展】 2023年，兰陵街道经济运行总体保持稳定，全社会固定资产投资11.8亿元，同比增长32%；一般公共预算收入2.70亿元，同比下降33.26%。辖区有“四上”企业162家，其中规模以上工业企业9家，完成产值9.4亿元，同比下降8.4%；规模以上服务业企业20家，营业收入17.11亿元，同比增长4.5%；限额以上批零住餐企业109家，完成销售额77.1亿元，同比增长2.8%；资质等级建筑业企业17家及房地产企业7家。社会消费品零售总额100亿元，同比增长0.2%。进出口总额完成12.34亿元，同比增长3.1%。全年招引企业530家，其中工业企业86家、服务业企业176家、批零住餐业企业268家，完成纳税617.52万元。全年新增发明专利17件，累计64件；新增高新技术企业1家，累计4家。9个区级重点项目稳步推进，完成投资9.11亿元。辖区内25座楼宇累计入驻企业5853家，入库税收2.06亿元，同比增长10%。完成常州市第三人民医院公共卫生临床救治中心项目（二期）、丰臣南郡东侧地块项目、兰陵小学北侧A地块项目、红庙头周边地块项目（一期）4个项目征收，累计腾出发展用地88480平方米。是年，江苏虫洞电子商务有限公司、常州市柚米家居用品有限公司获评2023年度市级电子商务示范企业，常州外事旅游汽车集团有限公司被认定为市级内资总部企业。

【社会事业】 2023年，兰陵街道新增城镇就业2694人、失业人员再就业2581人、就业困难人员再就业252人；创设城乡公益性岗位安置就业困难人员60人，开发高质量青年就业见习岗位48个，为71名离校未就业高校毕业生提供实名制就业服务；实施职业技能提升行动，参加就业技能培训432人、创业培训60人。落实社会保险任务指标，新增参保企业912家、参保职工1268人，年末享受城乡居民养老待遇365人，城乡居民基本养老保险基础养老金标准提高至450元/月，被征地农民养老年龄段保养金水平调整至1100元/月。社会救助（帮扶）保障到位，为164户低保家庭207人累计发放生活保障金239.05万元，为17户低保边缘家庭24人累计发放生活保障金3.06万元，为455名残疾人发放“两项补贴”225.14万元，为16名困境儿童发放基本生活补助金22.45万元，为11名城乡特困人员累计发放救助供养经费20.56万元，为20户困难家庭发放临时救助金9.7万元，向4名困难家庭在读大学生发放慈善助学救助金3.2万元。完善养老保障体系，为3015名80周岁及以上老年人累计发放尊老金205.41万元，为131名政府援助服务对象提供价值305.94万元的居家养老援助服务，为16861名60周岁及以上老年人购买安康关爱险，为74户困难老年人家庭实施适老化改造。优化为老服务，常州市人慈颐养中心、天宁区同泰颐养园、天宁区和平老年公寓、天宁区祥福老年公寓4家养老机构累计884张养老床位，每千名老年人拥有养老床位50张；15个社区（村）均建有居家养老服务站，设立9个社区老年助餐点，月均助餐3100余份，惠及540余名老年人。落实住房保障救助，352户（含新增7户）居民家庭享受公共租赁住房实物配租，187户居民家庭（含新增16户）享受公共租赁住房租金补贴130.25万元。加强双拥工作，为各类优抚对象发放抚恤补助、补贴累计80.27万元，其中为109户重点优抚对象发放价值1.77万元慰问品，为60周岁及以上农村籍退役士兵发放春节慰问金0.6万元，为企业退休“两参”人员发放春节、建军节慰问金17.17万元。提高公共卫生服务能力，全年建立居民健康档案32999份，建档率92.2%；为14978名居民、12941名重点人群提供家庭医生签约服务，签约率分别为41.86%、85.13%；为3079名适龄妇女免费开展“两癌”筛查，为642名居民办理城镇基本医疗保险；为162对户籍人口育龄夫妻、85对流动人口

4月9日，兰陵街道社区卫生服务中心开展义诊活动

（兰陵街道　供图）

育龄夫妻办理生育服务联系。12月，兰陵街道社区卫生服务中心全科医学团队被国家卫生健康委能力建设和继续教育中心评为2023年度中国家庭健康守门人。

【社会治理】 2023年，兰陵街道划分综合网格96个（下设微网格428个）专属网格14个；依托常州市市域社会治理现代化联动指挥平台(网格业务平台)累计上报事项7145件、巡查走访记录54934条，3名网格员获评市级“最美网格员”，4名网格员获评区级“最美网格员”；通过第三方对网格内居民随机民意抽查，12个社区、3个建制村群众满意率为88.7%。强化矛盾化解源头治理，全年累计受理江苏阳光信访平台信访件423件，其中来访345件、来信27件、网上投诉51件，及时受理率、按期办结率、群众满意率均为100%；受理“12345”政府公共服务平台工单3719件，省工单办理满意率98.4%，市工单办理满意率98.51%；处理调解矛盾纠纷455件，其中街道社会矛盾纠纷调处服务中心处理17件、社区（村）人民调解委员会处理422件、驻辖区派出所人民调解工作室处理16件，调处率、调处成功率均为100%。提升政务服务水平，街道便民服务中心全年受理各类审批和服务事项15219件，办结15219件，接受咨询12856件；试点设立2个“周末不打烊”全科窗口，服务内容涵盖21项具体事项，推出6项“容缺受理”事项清单，办理天宁区首张直接变更经营者的个体工商户营业执照；在“兰陵·集”人才公寓设置“人才版”政务服务一体机，集成“基本服务、人才政策、安居保障、就业创业、热门服务”5个功能模块、40个综合服务项目，并根据人才需求特点，创新定制人才公寓地图、青年驿站入住指南、求职招聘信息等个性化服务，其经验做法“引进来还要留得住，服务配套升级”被中央广播电视总台《经济信息联播》报道。实施老旧小区改造工程，总投资33612.65万元，涉及10个小区、201幢、7443户，建筑面积69.72万平方米，立项总投资33612.65万元。推进法治建设，承办常州市“法治宣传走基层”首场活动、常州市“法治小区”建设试点工作推进会，依托“民情茶座”“围炉问法”法律服务工作室开展线上普法直播4次，开展“守护钱袋子”等涉老防诈、网络防诈宣传活动22场，在辖区党员、居民中挑选190位“法律明白人”开展普法宣传，其中1人获评全省百佳“法律明白人”；街道通过“全国首批社会治理现代化试点”省级验收，“四驻四链四声”信访工作机制被中央政法委“长安评论”公众号刊载，入选全市平安建设典型案例。推进园林绿化环卫一体化保洁，对紫云府小区周边、光华路（晋陵南路—和平中路）、清凉支路等41万平方米区域的道路及园林绿化和21万平方米绿地步道实施环卫市场化保洁。加强生态环境保护，依托江苏省重点行业VOCs综合管理平台，完成东岗印务有限公司、常州雪莱服饰有限公司、常州蒋氏印刷有限公司3家企业低（无）VOCs含量原辅材料源头替代情况再核查，完成常州鼎天电工机械有限公司等6家企业活性炭吸附处理工艺核查；推进全域“无废城市”建设，劳动新村南区、兰陵公寓、天安河滨花园、浦南南村、光华公寓、九洲新世界花苑、九洲新世界君玺、劳动中路散居楼、江南豪华花园9个小区创成省级垃圾分类达标小区；抓好中央、省级生态保护督察和省级突出生态环境专项督察交办问题整改，办结省督察交办案件4起，受理常州市污染防治攻坚平台群众信访举报件206件，处置率、满意率均为100%。

加强安全生产管理，全年组织安全生产检查33次，涉及企业67家，排查整治安全隐患502处，整改率100%；整治世纪华城小区、九洲新家园小区电动自行车飞线充电、室内充电等消防安全隐患20余起，增设消火栓7个、车库喷淋系统7套、烟雾感应器62个，提升住宅小区安全系数。

【基层党建】 2023年，兰陵街道党工委下属党组织146个，其中党委1个、党总支15个、党支部130个，党员3941名，年内发展预备党员15名。开展学习贯彻习近平新时代中国特色社会主义思想主题教育，组织理论学习中心组学习（扩大）会17次、实地调研50余场，进社区、进企业宣讲200余场次。推进干部能力提升年活动，实施“才质兰陵”进阶计划2.0,采取“理论+实务”“培训+实训”“业务+专员”等形式，选拔50余名青年干部参与重点项目、重大任务，提拔“90后”副科职干部1人，完成公务员晋升四级主任科员2人、事业编制晋升八级职员4人，选聘编外优秀人员至五级岗6人。完善党群阵地建设，改造工人新村第一社区24幢西侧公共用房为“幸福工坊”党群服务联盟，建成各类小微党群服务站点57个，工人新村第一社区党群服务中心获评市级村（社区）党群服务中心点亮工程示范阵地。强化廉政风险管控，围绕机关作风建设，开展明察暗访22次，开展廉政约谈39人次，下发纪律检查建议书4份，查处群众身边的腐败和作风问题2人次、形式主义官僚主义问题1人次，党纪处分1人次。加强新闻舆论宣传，“雅质兰陵”微信公众号全年推送各类信息422条，被“锦绣天宁”微信公众号录用信息45篇，被“学习强国”江苏学习平台录用31篇，被市级以上媒体录用120余篇;《“统战+人才”小切口里做好大统战》被《新华日报》刊用，《聚焦文明建设，深化基层实践，奋力提高全社会文明程度》《建强基层“红色地标”照亮党员“思想坐标”》等经验做法被江苏文明网、省委新闻网等专栏刊载，微视频《加油吧！爸爸》获第十六届全省党员教育作品一等奖，视频作品《还看今朝“第一流”》获全市“我是冬训主讲人”活动二等奖，理论宣讲《健康频道里的太湖》获常州市“百姓名嘴”风采展示三等奖。

【科铄信息科技常州有限公司被认定为高新技术企业】 2023年，经省科技厅、省财政厅、省税务局认定，报全国高新技术认定管理工作领导小组备案，科铄信息科技常州有限公司为高新技术企业。该公司成立于2021年，注册资本100万元，建筑面积132.5平方米，是一家从事跨境电商物流管理系统、AI智能调价系统、一站式运营管理SaaS系统等软件技术服务、开发、咨询企业。至年末，公司有37名员工，其中专业技术人员34名，拥有实用新型专利3件、软件著作权12件、发明专利1件。2023年，公司实现销售收入2290万元，纳税203万元。

【兰陵街道人民调解委员会获评全国模范人民调解委员会】 10月8日，兰陵街道人民调解委员会（以下简称兰陵街道调委会）被最高人民法院、司法部评为全国模范人民调解委员会。兰陵街道调委会于2006年10月成立，聘请2名专职调解员、1名法律顾问，配备5名工作人员。2021—2023年，兰陵街道调委会健全群众诉求“一站式接收、一揽子调处、全链条解决”的矛盾纠纷调处机制，打造“民情茶座”“正气议事厅”等调解品牌，以“四驻”集聚调解资源，推行“常驻+派驻+轮驻+云驻”模式，即调委会工作人员定点常驻，民政、城管、人社等部门专人派驻，律师事务所、法庭、派出所等随案轮驻，“平安兰陵”平台上链接部门及人员全时云驻；以“四链”集成调解机制，根据矛盾纠纷类别，健全婚姻家庭、物业矛盾、劳资争议、城市建管等重点领域“专项业务链”，完善访调对接、公调对接等“联动复合链”，运用司法确认、公证见证等“服务配套链”，优化纠纷排查预防、数据分析共享、矛盾基层化解等“上下贯通链”；以“四声”优化调解质效，即迎着“呼声”受理，摸着“心声”调处，顺着“掌声”办结，听着“回声”提升，三年来累计化解矛盾纠纷1338起，调解成功率99%以上，调解协议履行率100%，未发生因调解不当或调解不及时引发“民转刑”案件发生。

【浦南南村小区改造项目入选全国城镇老旧小区改造可复制政策机制清单（第八批）】 12月22日，浦南南村小区改造项目被住房城乡建设部办公厅纳入城镇老旧小区改造可复制政策机制清单（第八批）。浦南南村小区东至晋陵南路，南至中凉新村，西至兰陵尚品小区，北至浦陵南路，建于1995年，占地面积4.77万平方米，建筑面积11.83万平方米，有24幢（栋）住房、88个单元、1003户住户。5月，为解决老旧小区房屋老化、设施陈旧、公共服务缺项等问题，街道对该小区养老及托幼服务设施、空间布局、环境卫生等实施提升改造，优化小区交通线路，拆除小区东侧毗邻花园街围墙，建造新的小区大门，实现东、北两个大门双向通车及消防畅通；扩展活动场所，在东西向中心主干道停车场建造二层挑高廊架，增设全龄健身设施、娱乐活动场所；盘活闲置空间，拆除小区西侧废弃垃圾房以及相连的7个车库，新建300平方米的托育中心，整合公交车回车场、变电站、戏台等杂散区域，建设集老年活动室、图书室、社区食堂等功能于一体的社区综合养老服务中心，将东门两侧街道所属的垃圾场站改建为便利店、裁缝铺等便民服务场所，累计投资4500万元。

9月，兰陵街道工人新村第一社区创成省级宜居示范居住区

（田建华 摄）

【工人新村第一社区创成省级宜居示范居住区】 9月，工人新村第一社区被省住建厅评为省级宜居示范居住区。工人新村第一社区东至兰陵路，南至东方小学，西至广仁路，北至天安河滨小区，居民住宅楼片区建于1979年，占地面积7.56万平方米，建筑面积15.06万平方米，有53幢住房、138个单元、1986户住户。为解决建筑外墙面老化、绿化景观不美观，以及周边道路、雨污管道、基础设施破损等问题，2022年3月，街道投资6800余万元，对该小区的基础设施、环境卫生设施、停车设施、安全设施、房屋设施等实施改造，完成道路沥青铺设24032平方米、道路标线9260米、彩色混凝土场地铺装3685平方米，完成自来水改造1986户、燃气改造708户，完成单元入口及公共部分无障碍坡道建设414平方米，绿化美化、提升改造公共绿地5419平方米，清理乱搭乱建1000平方米，增加机动车停车位3925平方米、非机动车停车位812平方米，增设电动汽车充电设施56套、智能化停车管理设施7处，增设消火栓7个，完成建筑外立面粉刷68118平方米、住宅楼道墙面粉刷19313平方米。

【光华路（兰陵段）街区餐饮场所实施燃气“瓶改管”】 12月，光华路（兰陵段）餐饮街区完成燃气“瓶改管”改造任务，总投资35万元。该餐饮街区地处兰陵商圈，西起兰陵北路，东至晋陵南路，全长约600米，沿路有30家餐饮商户使用瓶装液化气，存在通风不良、瓶装储量过大、软管不合规范等安全隐患问题。4月，街道启动实施该餐饮街区瓶装液化气更换管道天然气改造项目，涉及地下管54米、架空管466米，按照“应改尽改、能改则改”原则，建立“街道统筹、燃企实施、用户配合”工作体系，新建地下管道、地上架空管，增设进户阀、紧急切断阀、进户管、计量表、燃气报警系统等。至年末，光华路（兰陵段）餐饮街区燃气“瓶改管”改造任务通过区住建局和常州港华燃气有限公司组成的检查组验收，成为全区餐饮场所“瓶改管”示范街区。

（梁 文）

人物·荣誉

◆栏目编辑　潘劼飞

新任区级领导

【陈一锋】 1977年8月出生，男，汉族，江苏常州人，大学学历，2001年2月加入中国共产党。2023年8月，任常州市天宁区政府党组成员、副区长。1996年7月，毕业于江苏常州无线电工业学校电子设备结构专业，同年8月分配到常州无线电总厂通讯设备厂工作。同年12月，在空军司令部通信训练大队入伍。1997年3月，任徐州空军汽车团司训连学员。同年10月，任空军司令部汽车勤务队文书。1999年9月，在桂林空军学院警卫指挥专业学习。2001年7月，任南京军区空军通信技术兵训练大队勤务连警通排排长。2003年9月，任南京军区空军通信技术兵训练大队勤务连副连长（2001年9月至2004年6月在解放军炮兵学院南京分院经济管理专业在职大专学习）。2005年3月，任空军南京通信训练团政治处副连职干事。2006年11月，转业到常州市天宁区人事劳动保障局工作，先后任综合科科员、副科长（2004年9月至2007年6月在解放军炮兵学院南京分院行政管理专业在职大学学习）。2008年9月，任常州市天宁区政府办公室综合科副科长。2011年11月，任常州市天宁区政府办公室秘书科科长。2012年2月，任常州市天宁区政府办公室副主任。2015年6月，任常州市天宁区委办公室副主任。2016年6月，同时任常州市天宁区委督查室主任、区政务服务管理办公室（区政务服务中心）主任。2017年3月，任常州市天宁区兰陵街道党工委副书记、常州市蔬菜种子站站长，同年4月，同时任常州市天宁区兰陵街道办事处主任。2020年5月，任常州市天宁区兰陵街道党工委书记。

（谢　宁）

全国人大代表

【李承霞】 常州老三集团有限公司工会主席、妇联主席、服装制作工、高级技师，2023年，当选第十四届全国人大代表、第十三次全国妇女代表大会代表，被最高人民法院聘为第四届特邀监督员。

1979年12月出生，女，安徽巢湖人，初中学历。李承霞是老三集团一名普通纺织女工，她刻苦钻研学习缝纫制作技术，由辅助工逐渐成长为一名优秀技术型服装制作工，诠释出匠人精益求精的精神。她不怕苦不怕累，虚心求教，取人所长补己所短，使自己的技术不断提高，在全公司竞赛中名列前茅，成为服装挡车工标兵。她配合机修工开展技术革新，提高产品质量。她作为技术能手，对新员工请教的问题悉心讲解，在她的带领和指导下，车间里涌现出很多操作能手。2012年，当选常州市第十五届人大代表；2017年，当选为常州市第十六届人大代表；2018年1月，当选为第十三届全国人大代表；2018年，当选为中国工会第十七次全国代表大会代表。她先后获全国劳动模范、全国三八红旗手、中国好人、全国针织行业服装职业技能大赛优秀奖、全国五一劳动奖章、江苏省五一劳动奖章、江苏省劳动模范、江苏好人、最感动你的新常州人（十佳）、常州市优秀农民工、常州市五一劳动奖章、常州市劳动模范等荣誉。

（章丽华）

全国先进个人

【何小中】 伊顿电力设备有限公司设备设施课课长、助理工程师，2023年4月获全国五一劳动奖章。

1979年10月出生，男，汉族，江苏武进人，大专学历，中共党员。何小中长期在伊顿电力设备有限公司的断路器、环网柜、中低压配电柜等生产管理核心技术岗位，其自主摸索的“一松二垫三调四加”工作法，有效解决1000屏VS1开断路器弹跳问题；自主研发的节能项目产品每年为公司节约生产成本200余万元，并获国家重点新产品证书、省优秀新产品（金牛奖）、省质量信得过产品等25项专利和证书。他获评江苏省劳动模范、江苏省五一劳动奖章、江苏省文明职工、常州市劳动模范、常州市五一劳动奖章、常州市十佳文明职工。

（屠　晶）

【郭晨】 常州市天宁区翼创社工服务协会团支部书记，2023年4月被共青团中央授予全国优秀共青团干部称号。

1996年6月出生，女，汉族，江苏常州人，大学学历，中共党员。郭晨自2018年10月入职以来，把提高自身思想觉悟与政治修养放在首位，以服务青年为出发点和落脚点，坚持党建带团建，抓好团员青年思想道德建设；工作中兢兢业业、努力创新，密切联系青年，热情为青年服务，利用特殊时间节点组织团员青年开展各类主题团日活动，切实增强团组织的凝聚力和战斗力。新冠疫情防控期间，她不畏惧、不退缩、不犹豫，始终工作在一线，并为青年志愿者们拍摄防疫小短片，被“荔枝新闻”新闻客户端的《新闻空间站》栏目跟踪报道。2022年4月，被共青团江苏省委授予“江苏省优秀共青团干部”称号。

（陈晓珏）

【房宁娟】 常州市天宁区青龙街道办事处副主任，2023年11月被退役军人事务部授予2023年度全国退役军人服务中心（站）“百名优秀主任（站长）”称号。

1976年11月出生，女，汉族，江苏溧阳人，党校大学学历，中共党员。房宁娟在全市首创“情绪解码”工作法，对每位来访者进行情绪评估和情绪标注；率先推出“上门代办”“一网通办”“点位好办”的“三帮办”服务，进一步拓宽服务基层退役军人维度；在区级27项高频公共服务事项“帮办代办”基础上，又推动增加16项街道级退役军人业务办理；设立1家就业创业协会，吸纳辖区45家企业入会，帮助有就业意愿的退役军人100%实现就业。她带领的青龙街道退役军人服务站先后获评全国示范型退役军人服务站、省级优秀退役军人服务站、常州市退役军人服务先进集体。

（叶　怡　刘昊煜）

全省先进个人

【张文昌】 常州华利达服装集团有限公司党委书记、董事长，2023年10月被省委、省政府评为江苏省优秀企业家。

1953年9月出生，男，汉族，江苏常州人，大专学历，中共党员。张文昌坚守党的信念，以诚信为本、精益求精的“工匠精神”，把一家几百人的服装小厂发展成为国内外拥有员工2万余人、年销售额70多亿元的企业集团。公司主营品牌服装和汽车零部件，拥有海内外生产基地，其服装品牌“王子甲”“华利达”是中国驰名商标。他坚持创新引领，持续推进传统制造向智能制造转型，并涉足新能源汽车市场，为车企配套研发生产安全气囊。他坚守初心，每年投入200万元建立员工关爱基金，帮助困难员工，用实际行动在就业、出口、纳税等方面为“六稳”“六保”作贡献，先后获评江苏省优秀中国特色社会主义事业建设者、常州市明星企业家。

（杨　东）

【王君青】 江苏佳尔科药业集团股份有限公司车间副主任，2023年4月获江苏省五一劳动奖章。

1984年2月出生，男，汉族，江苏常州人，大学本科，中共党员。2008年，王君青入职江苏佳尔科药业集团股份有限公司，被安排在生产一线从事三班倒的生产操作工作，他不断学习生产一线操作知识，坚持多学多问多思，坚持理论与实际相结合，由于在生产一线的突出表现，相继被公司任命为车间QA、车间副主任，他所管理的生产车间承载着公司生产量最大、销售额最多、法规性要求最高的产品。2021年11月，他被公司调入开发试验中地屈孕酮新项目，在学习、总结和探讨中不断进步，并取得阶段性成功，产品转化率由原来的30%提升至46%，成品产量由原来的小试130克/批提升至4800克/批，实现从无到有、从有到优、从实验室到放大生产、从无体系管理到GMP体系管理的大提升，为公司创造发展增量贡献力量。

（屠　晶）

【许金国】 国家税务总局常州市天宁区税务局办公室主任，2023年4月获江苏省五一劳动奖章。

1979年10月出生，男，汉族，江苏常州人，大学学历，中共党员。许金国坚持“为国聚财、公正执法”的从税初心，探索党建与税收行政业务深度融合的有效措施，结合办公室职能定位，以绩效管理为切入点，创建“马上办”支部特色品牌。在纪检岗位恪尽职守，多次参加重要案件查办和巡察，深入外省进行案件调查取证，所办案件得到上级部门高度认可；在办公室岗位上，充分发挥参谋决策保障作用，常态化组织专项工作调研，及时解决征管资料归档、老干部活动中心筹建、办公用房资产管理等老大难问题，集中梳理本部门行政规章制度，强化保密安全等机要工作规范，信息宣传等日常工作稳步提升，所在部门连续多年在条线年度考核中名列前茅，并获评江苏省青年文明号，个人多次受到上级嘉奖，荣立三等功1次，2020年被区总工会评为新冠疫情防控先进职工。

（储歆怡）

【朱眺茵】 通标标准技术服务（常州）有限公司总经理，2023年3月被省妇联授予江苏省三八红旗手称号。

1972年8月出生，女，汉族，广东深圳人，博士研究生学历，中共党员。朱眺茵作为公司的机电工程师，带领并参与公司研发项目，她参与的3件实用专利获得授权；带领团队转化专利技术，提供先进的消费品质量检测、质量培训咨询等技术服务，支持长三角地区消费品制造企业升级产品，提升出口竞争力和内循环实力；带领企业从消费品检测拓展到工业品检测，扩建校准实验室，为区域工业制造企业提供技术支撑，2022年SGS公司被省发展改革委认定为省级现代科技服务领军示范企业。她参加常州市妇联“爱心妈妈”活动，帮扶重度听力障碍儿童，为江西萍乡乡村教师提供培训辅导。

（汤　震）

【姚志燕】 常州市天宁区青龙街道阳光龙庭社区党总支书记、居委会主任、妇联主席，2023年3月被省妇联授予江苏省三八红旗手称号。

1981年10月出生，汉族，江苏常州人，大专学历，中共党员。姚志燕扎根基层岗位，把思想政治引领贯穿于妇联开展的各项活动，她参与的“祖国，听她说”女性成长故事巡回演讲、中共十九大精神宣讲、江苏女性微信公众平台“她说·基层妇联好声音”等宣讲反响热烈；开展“巾帼心向党·建功新时代”主题活动，传播“最美家庭”“十佳母亲”等优秀事迹，弘扬新时代家庭文明新风尚；将分级分类管理运用到妇联日常工作中，为重点服务对象建立档案，评估服务等级，并以红黄绿三色标注，使帮扶工作有重点、更精准。2017年，姚志燕牵头成立女性社会组织“芝麻社会服务协会”，以妇女儿童和家庭需求为导向，以项目化运作为载体，汇聚社会力量，打造服务妇女儿童家庭、服务社会的新模式。她先后被评为常州市三八红旗手、常州市优秀党务工作者、江苏省最美社工。

（汤　震）

【张鲁佳】 常州市天宁区人民检察院第三检察部主任，2023年12月被省人力资源和社会保障厅、省人民检察院评为全省检察机关先进工作者。

1981年10月出生，女，江苏常州人，大学学历，中共党员。张鲁佳从事民事、行政检察工作以来，强化虚假诉讼、破产等领域专项监督，推进市场主体登记治理，办理相关案件43件，建立内外部监督协作机制8项，所办案件多次获评省、市级典型案例、优秀案例，相关项目获评常州市法治营商环境专项提升行动优秀项目；以数字赋能强化法律监督，推动民事立案监督39件、刑事立案监督27件，获全省数字检察模型竞赛一等奖；依托支持起诉、民事和解等制度，为群众办实事、解民忧，所办案件获评省级典型案例，被《检察日报》等媒体报道；潜心钻研业务，磨炼办案能力，调研成果多次获省、市级奖项。她先后获评全省民事检察业务标兵、全市打击虚假诉讼专项活动先进个人，入选全省检察研究人才库、全省检察机关民事检察业务人才库。

（朱　辉）

【周建清】常州市天宁区人民法院司法警察大队政委，2023年5月被省人力资源和社会保障厅、省高级人民法院授予“全省法院系统先进工作者”称号。

1973年9月出生，男，汉族，江苏常州人，大学学历，中共党员。周建清从事法警工作31年，带领全队警员参与最高院指定审理的10余起“123”系列专案、40余起扫黑除恶案等重大庭审保障工作；他负责撰写的《天宁法院司法警察工作手册》被作为全市法院警队执法规范化参考书籍，制定的《天宁法院司法警察辅助人员层级管理规定》得到最高院及省高院领导高度关注；他坚持定期组织警员开展庭审保障、安全检查等实战化训练，提升警员业务技能和履职能力，天宁法院警队多次在全市法院系统组织的法警技能考核中获得团体第一名的好成绩；他在对抗性强、危险性大的工作中，面对当事人持有的汽油瓶、煤气罐、凶器，沉着应战，果断处置，面对患有传染病的被告人，首当其冲，亲自押解，把安全留给他人，把危险留给自己。他先后被区政府记个人三等功2次、嘉奖3次，被区委评为“平安卫士”。

（於　露）

先进集体

表 67 天宁区获得综合荣誉（省级条线以上）一览表

荣誉称号	授予单位
2022 年度真抓实干督查激励（老工业基地调整改造工作）	国务院办公厅
2022 年落实有关重大政策措施真抓实干成效明显地方督查激励（“放管服”改革和数字政府建设、贯彻实施《政府督查工作条例》）	省政府办公厅
江苏省智慧教育样板区	省教育厅、省工信厅、省网信办

表 68 2023 年天宁区获得全国（条线）先进集体表彰一览表

荣誉称号	获奖单位	授予单位
全国“节约型机关”	区检察院	国家机关事务管理局、中共中央直属机关事务管理局、国家发展改革委、财政部
全国检察机关控告申诉检察部门接待窗口深化开展“为民办实事”实践活动表现优秀团队	蔡蔡工作室	最高检察院
国家教学成果奖二等奖	区教育局	教育部
2023 年全国工会职工书屋示范点	区税务局	全国总工会宣传教育部
2023 年度关爱环卫工人入选案例	区环卫处	中国城市环境卫生协会环卫作业运营专业委员会
《生态产品价值实现典型案例》（第四批）	郑陆镇	自然资源部办公厅
第六届基层党建创新典型案例优秀案例	雕庄街道	中国浦东干部学院、人民网、中国共产党新闻网、中国组织人事报社
中国计生协“向日葵亲子小屋”项目点	雕庄街道菱溪社区 青龙街道阳光龙庭社区	中国计划生育协会
全国文明实践巾帼志愿阳光站	雕庄街道菱溪社区	全国妇联宣传部
全国优秀志愿服务社区	青龙街道横塘社区	中央宣传部
科技志愿服务点（社区或村）先进典型	青龙街道横塘社区	中国科协办公厅
团中央“社区青春行动”试点社区	青龙街道横塘社区	共青团中央
全国优秀公共文化空间案例基层文化空间	青龙街道横塘社区	长三角及全国部分省市最美公共文化空间大赛组委会
2022 年度“优质服务基层行”活动表现突出、服务优质机构	红梅街道社区卫生服务中心	国家卫生健康委
全国五四红旗团委（团工委）	天宁街道团工委	共青团中央
2023 年最美工会户外劳动者服务站点	天宁街道桃园路户外劳动者驿站	全国总工会

续表 68

荣誉称号	获奖单位	授予单位
第二批国家级旅游休闲街区	青果巷历史文化街区	文化和旅游部
全国模范人民调解委员会	兰陵街道人民调解委员会	司法部
城镇老旧小区改造可复制政策机制清单（第八批）	兰陵街道浦南南村旧改项目	住房和城乡建设部
2023 年度中国家庭健康守门人	兰陵街道社区卫生服务中心	国家卫生健康委能力建设和继续教育中心
基层医疗卫生机构糖尿病规范化管理中心二星门诊	兰陵街道社区卫生服务中心	国家卫生健康委能力建设和继续教育中心
全国小学体育活力校园“优秀案例 100”	常州市雕庄中心小学、常州市局前街小学	中国教育科学研究院
国家级校本课程典型案例	常州市局前街小学、常州市龙锦小学、常州市解放路小学、常州市青龙实验小学	中小学课程研究中心
2023 年红十字生命教育应急救护知识竞赛单位组织一等奖	常州市第二实验小学	中国红十字会总会
全国北斗科普基地	常州市龙锦小学	中国卫星导航系统管理办公室学术交流中心
中国计生协优生优育指导服务项目	天宁区托育综合服务中心	中国计划生育协会

表 69　2023 年天宁区获得省级（条线）先进集体表彰一览表

荣誉称号	获奖单位	授予单位
全省机构编制重点课题研究成果二等奖	区委编办	省委编办
2023 年度全省五好基层检察院	区检察院	省检察院
全省优秀法院	区法院	省高院、省人社厅
全省法院首批“五好五强”领导班子	区法院	省高级人民法院党组
全省法院优化营商环境工作先进集体	区法院	省高级人民法院
2023 年度省发改系统综合先进单位	区发展改革局	省发展改革委
2022 年度全省示范性居家社区养老服务网络	区民政局	省民政厅
天宁区“完善家门口议事体系，重塑社区治理共同体”获评 2021—2022 年度江苏基层社会治理创新成果奖	区民政局	省民政厅
全省“五社联动”机制创新试点单位	区民政局	省民政厅
“初中生世界杯”江苏省第二十二届中学生阅读与写作大赛优秀组织奖	区教育局	江苏教育报刊总社、省教育厅
《关心为核：天宁区指向主人翁意识培育的思政课一体化建设项目》获省综合示范项目	区教育局	省教育厅

续表 69

荣誉称号	获奖单位	授予单位
《新时代区域中小学教师发展性评价改革实践探索》被江苏省教育厅评为教育评价改革十大典型案例	区教育局	省教育厅
《“百千万”初心育宁星课堂——新时代党建引领铸魂育人的区域实践研究》被列为2023年度江苏省教育系统党的建设研究立项课题	区教育局	省教育厅
《数字化行动，共建老年幸福生活》省级社区教育特色品牌建设项目	天宁区社区培训学院	省教育厅
2023年度全省服务贸易（服务外包）统计工作成效显著单位	区商务局	省商务厅
全省审计机关优秀审计项目二等奖	区审计局	省审计厅
全省大数据审计案例一等奖	区审计局	省审计厅
全省退役军人就业创业工作先进单位	区退役军人事务局	省退役军人事务厅
“退役无忧”工作品牌入选省退役军人工作创新创优项目	区退役军人事务局	省退役军人事务厅
省现代服务业高质量发展集聚示范区	江苏常州人力资源服务产业园	省发展改革委
江苏省工人先锋号	区劳动保障监察大队	省总工会
2023年工贸行业安全监管先进单位	区应急管理局	省应急管理厅
江苏省爱国卫生运动70周年表现突出集体	区卫生健康局	省爱国卫生运动委员会
2023年度全省卫生监督机构创新发展先进单位	区卫生监督所	省卫生监督所
全省家庭健康保险工作典型单位三等奖、进步奖	区卫生健康局	省计划生育协会
全省药品安全专项整治工作先进集体	区市场监督管理综合行政执法大队	省药品监督管理局
2023年度江苏省政府民生实事、省级乐享园林（景仁公园）	区城管局	省住建厅
2022年度全省巩固深化城管执法队伍“强基础、转作风、树形象”专项行动表现突出单位	区城管行政执法大队	省住建厅
2023年度江苏省公共机构节能低碳示范单位	区机关事务管理中心	省机关事务管理局、省发展改革委、省工信厅、省财政厅、省生态环境厅
2022年度“公益助残项目组织奖”	区残联	省残疾人福利基金会
2022年度“公益助残网络募捐工作特别贡献奖”	区残联	省残疾人福利基金会
“公益助残网络募捐工作争先进单位奖”	区残联	省残疾人福利基金会
江苏省“构筑民营经济舆论阵地”先进单位	区工商联	省工商联
江苏省民营企业调查点工作先进单位	区工商联	省工商联

续表 69

荣誉称号	获奖单位	授予单位
2023 年度全省关工委调研报告二等奖	区关工委	省关工委
2023 年“全省校外教育辅导站优秀活动视频”特等奖	区关工委、茶山街道红梅村关工委	省关工委
全省公安机关系列安保维稳工作成绩突出集体”	公安天宁分局指挥保障中心	省公安厅
集体二等功	公安天宁分局局前街派出所	省公安厅
2022 年度全省公安机关命案积案攻坚行动成绩突出集体	公安天宁分局刑警大队	省公安厅
江苏省税务系统“税务巾帼文明岗”	区税务局纳税服务股	省税务局
侨务进园区示范单位	天宁经济开发区	省委统战部
侨心书苑	天宁经济开发区	省侨联
先进制造业和现代服务业融合发展标杆引领典型综合评价示范区	天宁经济开发区	省发展改革委
“我是冬训主讲人”优秀视频作品	天宁经济开发区	省委宣传部
2023 年“爱心暑期班”优秀示范班点	天宁经济开发区	江苏省希望工程办公室、江苏省青少年发展基金会
优秀退役军人服务中心（站）	天宁经济开发区（青龙街道）退役军人服务站	省退役军人事务厅办公室
2022—2023 年度全省冬训工作示范乡（镇、街道）	郑陆镇、青龙街道	省委组织部、省委宣传部
2023 年度国土空间全域综合整治省级示范项目	郑陆镇	省自然资源厅
2023 年江苏省乡村振兴示范乡镇	郑陆镇	省农业农村厅、省乡村振兴局
2022 年度“人民满意窗口建设质量提升工程先进单位	郑陆镇人民来访接待中心	省政府信访局
2022 年省级贯标示范点	郑陆后续照管服务站	省戒毒管理局
江苏省节能低碳示范单位和能效领跑者	雕庄街道	省机关事务管理局、省发展改革委、省工信厅、省财政厅、省生态环境厅
全省“五社联动”机制创新试点单位	雕庄街道	省民政厅
2023 年度江苏省“暖心居保”服务品牌试点单位	青龙街道	省人社厅
江苏省精神障碍社区服务示范点	青龙街道德康驿站	省民政厅
江苏省“六好”离退休干部示范党支部	青龙街道老干部党支部	省委老干部局、省委离退休干部工作委员会
2022 年度“15 分钟医保服务圈”省级示范点	青龙街道为民服务中心	省医疗保障局
江苏省优质老年学校	老年大学青龙分校	省老年大学协会
省权益维护工作先进集体	茶山街道退役军人服务站	省退役军人事务厅

续表 69

荣誉称号	获奖单位	授予单位
江苏省五四红旗团（工）委	茶山街道团工委	团省委
2022—2023 年度江苏省“四好”商会	红梅街道商会	省工商联、省总商会
2023 年度江苏工会爱心托管班	天宁街道	省总工会
2023 年“爱心暑托班”省域突出单位	天宁街道	省希望工程办公室、江苏省青少年发展基金会
第六届江苏省母亲河奖优秀组织奖	天宁街道团工委	省保护母亲河行动领导小组
《加油吧爸爸》获第十六届全省党员教育作品一等奖	兰陵街道党工委	省委组织部
省模范职工小家	兰陵街道社区卫生服务中心	省总工会
省老年友善医疗机构优秀单位	兰陵街道社区卫生服务中心	省卫生健康委

表 70　2023 年天宁区获得市级先进集体表彰一览表

荣誉称号	获奖单位	授予单位
常州市“实施‘532’发展战略，推动高质量发展”先进集体	区财政局、区工信局、区民政局、市自然资源和规划局天宁分局、天宁生态环境局、天宁消防救援大队	市委、市政府
2022 年度“常州市优化营商环境工作”先进集体	区商务局、区城管局、区政务服务中心、区市场监管局综合监督管理科、公安天宁分局经侦大队、天宁经济开发区、郑陆镇、青龙街道	市委、市政府

先进个人

表 71　2023 年天宁区全国（条线）先进个人表彰一览表

姓名	工作单位	荣誉称号	授予单位
何小中	伊顿电力设备有限公司	全国五一劳动奖章	全国总工会
郭　晨	天宁区翼创社工服务协会团支部	全国优秀共青团干部	共青团中央
房宁娟	青龙街道办事处	全国退役军人服务中心（站）“百名优秀主任（站长）	退役军人事务部
窦心言	青龙街道团工委	2022—2023 年度大学生志愿服务西部计划考核等次优秀志愿者	全国大学生志愿服务西部计划项目管理办公室

表 72　2023 年天宁区省级（条线）先进个人表彰一览表

姓名	工作单位	荣誉称号	授予单位
王君青	江苏佳尔科药业集团股份有限公司	省五一劳动奖章	省总工会
许金国	区税务局	省五一劳动奖章	省总工会
姚志燕	青龙街道阳光龙庭社区	江苏省三八红旗手	省妇联
朱晀茵	SGS 通标标准技术服务（常州）有限公司	江苏省三八红旗手	省妇联
蔡一凡	区教育局团工委	江苏省优秀共青团干部	团省委
张　贺	青龙街道团工委	江苏省优秀共青团干部	团省委
祁　馨	区教师发展中心少先队	江苏省优秀共青团干部	团省委
尚子洲	公安天宁分局兰陵派出所	江苏省优秀共青团员	团省委
崔清源	天宁街道党政办	江苏省优秀共青团员	团省委
张鲁佳	区检察院	全省检察机关先进工作者	省人社厅、省检察院
朱　辉	区检察院	2023 年全省检察机关信息工作先进个人	省检察院
周建清	区法院	全省法院系统先进工作者	省人社厅、省高级人民法院
查熙迪	区法院	全省法院金融审判工作先进个人	省高级人民法院
陶　佳	区法院	全省法院立案信访工作先进个人	省高级人民法院
张一骥	区人社局	全省人社系统 2022 年重点工作成效明显个人	省人社厅
吴　达	区卫生健康局	江苏省爱国卫生运动 70 周年表现突出个人	省爱国卫生运动委员会
周　斌	区行政审批局	江苏省市场监管登记注册专家库第一批聘任专家	省市场监管局
陈　嘉	区市场监管局	全省市场监管系统“铁拳”行动先进个人	省市场监管局
杨　晔	区市场监管局	民盟江苏省 2022—2023 年度反映信息工作先进个人	中国民主同盟江苏省委员会
万　江	区应急管理局	2023 年度全省应急管理综合行政执法工作先进个人	省应急管理厅
郝世荣	区应急管理局	2023 年工贸行业安全监管先进个人	省应急管理厅
张　进	区城市管理行政执法大队	2023 年度全省住房和城乡建设系统“安康杯”竞赛组织工作优秀个人	省住建系统安康杯竞赛领导小组办公室
张谊家庭	区税务局	2022 年度江苏省最美家庭	省妇联
芮雯悦	区税务局	退税减税专项工作嘉奖	省税务局

续表 72

姓名	工作单位	荣誉称号	授予单位
周寒飞	天宁生态环境局	2020—2022全省生态环境信访工作先进个人	省生态环境厅
张　聪	天宁区郑陆畜牧兽医站	2023年度江苏省水产技术推广系统先进个人	省渔业技术推广中心
帅晓君	区退役军人服务中心	省级优秀退役军人服务中心（站）主任（站长）	省退役军人事务厅
蒋明慧	雕庄街道退役军人服务站	省退役军人服务中心（站）“百名优秀主任（站长）”	省退役军人事务厅
范晓栋	公安天宁分局巡特警大队	江苏最美辅警	省委宣传部、省公安厅
陆晓铭	公安天宁分局巡特警大队	江苏最美警察特别奖	省委宣传部、省公安厅
张　跃	公安天宁分局巡特警大队	江苏最美警察特别奖	省委宣传部、省公安厅
张　跃	公安天宁分局巡特警大队	记特等功一次	省公安厅
范晓栋	公安天宁分局巡特警大队	记特等功一次	省公安厅
孙　渊	公安天宁分局红梅派出所	全省公安机关系列安保维稳工作成绩突出个人”	省公安厅
陈　露	公安天宁分局刑警大队	个人二等功	省公安厅
李　晨	公安天宁分局新丰街派出所	江苏省青年岗位能手	团省委、省人社厅
董　帅	公安天宁分局兰陵派出所	个人嘉奖	省公安厅
徐才建	公安天宁分局东门水上派出所	2021—2023年度江苏省水上搜救先进个人	省水上搜救中心
许家琪	公安天宁分局兰陵派出所	全省卷烟打假打私工作先进个人	省烟草专卖局、省公安厅
周晓含	天宁交警大队	江苏最美警察	省公安厅
刘国华	常州市交通运输综合行政执法支队	全省交通运输行业优秀党务工作者	省交通运输行业党委
杨　波	天宁经济开发区管委会	全省人社系统优秀共产党员	省人社厅
张　丹	郑陆镇政法和社会综合治理局	2022年度后续照管工作成绩突出工作者	省戒毒管理局
高　健	郑陆镇综合行政执法局	2022年度巩固深化“强基础、转作风、树形象”专项行动表现突出个人	省住建厅
张　进	郑陆镇综合行政执法局	2023年度江苏省住房和城乡建设系统“安康杯”竞赛先进个人	省住建系统安康杯竞赛领导小组办公室
陆秋娥	郑陆镇关工委	全省关心下一代“最美五老”	省关工委
窦心言	青龙街道团工委	2022年度江苏大学生志愿服务乡村振兴计划优秀志愿者	省青年志愿协会、江苏大学生志愿服务乡村振兴计划省项目管理办公室

续表 72

姓名	工作单位	荣誉称号	授予单位
窦心言	青龙街道团工委	2022年度最美乡村振兴计划志愿者	省青年志愿协会、江苏大学生志愿服务乡村振兴计划省项目管理办公室
徐　清	青龙街道财政和资产管理局	2022年度致公党江苏省委社情民意信息工作先进个人	致公党江苏省委
宋正花	兰陵街道红十字会	基层组织工作先进个人	省红十字会
钱金琛	兰陵街道政法和社会综合治理局	后续照管工作突出个人奖	省戒毒管理局

表 73　2023 年天宁区市级先进个人表彰一览表

姓名	工作单位	荣誉称号	授予单位
季　钰	区人社局综合科	2022 年度全市“实施‘532’发展战略，推动高质量发展”先进个人	市委、市政府
李　曼	区发展改革局	2022 年度全市“实施‘532’发展战略，推动高质量发展”先进个人	市委、市政府
聂国平	区住建局	2022 年度全市“实施‘532’发展战略，推动高质量发展”先进个人	市委、市政府
黄潇琪	区招商服务中心	2022 年度全市“实施‘532’发展战略，推动高质量发展”先进个人	市委、市政府
刘　凯	区劳动保障监察大队	2022 年度“常州市优化营商环境工作”先进个人	市委、市政府
王　勤	区行政审批局	2022 年度“常州市优化营商环境工作”先进个人	市委、市政府
杨之欣	区发展改革局	2022 年度“常州市优化营商环境工作”先进个人	市委、市政府
江玲利	区市场监管局	2022 年度“常州市优化营商环境工作”先进个人	市委、市政府
王宏为	区税务局	2022 年度“常州市优化营商环境工作”先进个人	市委、市政府
龚佳音	区工信局	2022 年度“常州市优化营商环境工作”先进个人	市委、市政府

说明：先进集体与先进个人名录由各相关单位提供

附 录

◆ 栏目编辑 潘劼飞

文献摘要

增强信心决心 保持发展定力
为常州“万亿之城再出发”勇挑大梁、多作贡献

——在区委十一届八次全体会议上的讲话

区委书记 许小波

（2023 年 12 月 28 日）

区委十一届八次全体会议的主要任务是：坚持以习近平新时代中国特色社会主义思想为指导，全面贯彻党的二十大和二十届二中全会精神，深入学习习近平总书记对江苏工作重要讲话重要指示精神，认真落实中央经济工作会议和省委十四届五次全会、省委经济工作会议、市委十三届七次全会精神，总结回顾 2023 年工作，研究部署 2024 年任务，动员全区上下增强信心决心、保持发展定力，在推进中国式现代化中走在前、做示范，为常州“万亿之城再出发”勇挑大梁、多作贡献。

一、真抓实干锐意进取，开局之年各项工作全面起势

2023 年是全面贯彻落实中共二十大精神的开局之年。面对艰巨繁重的改革发展稳定任务，区委坚持以习近平新时代中国特色社会主义思想为指导，按照中央和省委、市委决策部署，顶住外部压力、克服内部困难，扎实推进高质量发展，做了大量打基础、化风险、创品牌、增信心的工作，中国式现代化天宁新实践迈出坚实有力的第一步、展现鼓舞人心的新气象。

坚持一体推进三件大事，用心感悟真理力量和实践伟力，“四敢”引领力明显增强。始终把深入学习宣传贯彻中共二十大精神、习近平总书记对江苏工作重要讲话重要指示精神和开展学习贯彻习近平新时代中国特色社会主义思想主题教育这三件大事紧密结合起来，作为全年工作的主题主线，以忠诚感恩之心、实干担当之行拥护“两个确立”、做到“两个维护”。扎实开展“党旗飘在一线、堡垒筑在一线、党员冲在一线”专项行动，团结带领党员干部群众打赢一场又一场硬仗、攻克一道又一道难关、化解一个又一个矛盾，老工业基地调整改造第三次获国务院真抓实干督查激励，“放管服”改革和数字政府建设获省政府督查激励。在全国市辖区高质量发展百强榜中，排名提升至第 39 位。通过深学细悟笃行，全区上下更加自觉地牢记嘱托、感恩奋进、走在前列，敢为、敢闯、敢干、敢首创的内生动力明显增强、干事劲头更加充沛。

乘势而上竞逐风口赛道，坚定不移地走新型工业化道路，新质生产力加快形成。深度参与全市“新能源之都”建设布局，举办“聚焦新能源 竞逐新赛道”重大项目推进活动，维发电子、零壹半导体等一批科技含量高、成长性强的企业纷纷落户，新能源汽车零部件、第三代半导体、太阳能光伏产业产值同比分别增长 22.5%、31.6%、22.5%。“智改数转”工作成效获中央广播电视总台报道，规上工业企业免费诊断实现全覆盖。新增国家专精特新“小巨人”企业 6 家、省潜在独角兽和瞪羚企业 5 家，科技型、创新型中小企业数量创历史新高，高新技术产业规模占制造业比重接近 50%。产业的迭代升级，带来发展动能的加速转换，“天宁制造”正阔步向“天宁智造”迈进。

持之以恒优化发展环境，努力营造投资兴业的良好氛围，城市聚合力不断跃升。创新建立“1+5+N”工作机制，高标推进十大联合攻坚工程，暖心出台关心关爱企业家 16 条，定期举办“政企同心会”，累计兑付惠企资金 7700 万元，办理留抵退税 4.3 亿元，协调解决问题诉求 1700 余个。“长三角一网通办”“个转企套餐办”率先实现，“信用＋承诺”容缺办理全领域推广，“首违不罚”柔性执法、“周末不打烊”延时服务收获广泛好评，营商环境评价位列全省第一方阵。累计建成高品质、有内涵的人才公寓1.1万套，入住率超过90%。全年新登记注册企业5150家、同比增长13.4%。城市能级的全方位提升，正吸引汇聚越来越多的发展要素，各方面“看好天宁、投资天宁”的共识持续增强。

经过全区上下的共同努力，经济社会发展呈现持续恢复、动能增强、预期改善的积极态势。预计，全年完成地区生产总值970亿元、增长4.4%，一般公共预算收入50亿元，全社会固定资产投资增长5.4%，核算服务业营收增长12.6%，城镇居民人均可支配收入增长5.1%。在宏观形势复杂多变的情况下，我们咬定目标、攻坚突破，较好地完成了全年各项目标任务。区委常委会主要做了以下五方面工作：

一是狠抓投资、力促消费，经济运行回升向好。坚持“稳”字当头、“进”上发力，不断提高工作颗粒度精准度，推动经济运行整体好转。招商引资加压奋进，全面掀起境内外招商热潮，举办德国斯图加特产业投资说明会、中日新能源检测交流会、上海经贸活动周等20余场专题活动，累计签约落地优质项目118个、总投资68.7亿元。项目建设扎实有力，119个市“532”发展战略重点项目超额完成年度投资。东方侏罗纪主体工程加快推进，恐龙人城堡酒店启动建设。新增市重大入库项目7个，在库项目累计达19个。140个区重点项目全部开工，国创未来检测中心、东风李尔智能座舱等61个项目竣工投产。消费市场有序复苏，青果巷创成国家级旅游休闲街区，华润万象城主体落成，M会员商店开业在即，朝阳市集、翠竹市集升腾城市“烟火气”。跨境电商产业蓬勃发展，全年开票销售13.8亿元，入库税收同比增长115%。

二是深耕产业、聚力创新，发展动能显著增强。始终把做强实体经济作为强区之要，以产业带动创新、以创新赋能产业，开发区、郑陆镇、雕庄街道获评市级智能制造示范区。三新经济积厚成势，区域一体化公共服务平台通过工信部验收，全球营收第一的欧陆检测签约落户，伊顿电力创成省级工业互联网标杆工厂。新增三新经济企业100家，纳税销售突破300亿元，“两业融合”实践成为全省标杆。数据赋能转型升级，实施智能化改造项目87个，新增星级上云企业22家、省级示范智能车间4家，亚玛顿获评国家级服务型制造示范企业，常药厂创成国家级绿色工厂，干燥智能装备产业入围省级特色集群。科创动能加速集聚，西安交大长三角光电中心挂牌运营，大连理工天宁创新中心签约落地。强力先端摘得中国专利奖银奖，华利达获评省长质量奖。创志科技IPO成功过会，康进医疗揭榜长三角联合攻关重点项目，全区高新技术企业总量达到416家，万人发明专利拥有量超过42件。

三是内外兼修、建管并重，城乡面貌精彩蝶变。精益求精布局“三生”空间，以城带乡、以乡兴城，努力打造更高质量的城乡融合发展示范区。空间资源优配增效，区级国土空间总体规划、街道精细化治理“白皮书”编制完成，中绎、桐家、东塘路工业园转型提升启动实施，实现低效用地再开发2300亩，土地节约集约利用模式获《人民日报》头版报道。城市更新蹄疾步稳，完成征迁清结70万平方米，夏雷路、横塘浜路等12条道路建成通车。53个老旧小区改造圆满收官，既有住宅加装电梯40部。乡村振兴亮点纷呈，新增高标准农田500亩、现代化宜居农房300户，农村人居环境考核全市第一。焦溪古镇列入江南水乡古镇联合申遗预备名单，小满茶铺、国乐传习所等潮流业态陆续上新。舜山小镇8大板块主体完工，寺墩遗址入围“考古中国”重大发现、全省唯一。美丽天宁可感可触，空气质量优良率达79.2%，省考断面提升至优Ⅱ水质。“五园荟秀”的萃园再现古典园林风雅，景仁公园获评省级乐享园林示范。建成全省首个林业“固碳基地”，生态产品价值实现路径入选全国典型案例。

四是坚守初心、节用裕民，百姓福祉节节攀升。用心用情用力解决群众急难愁盼，推动发展成果全民共享。基本民生稳步提标，新增城镇就业1.6万人，失业人员再就业1.5万人，村级集体经营性收入全面超过100万元。“15分钟医保服务圈”全省示范，市级双拥馆落成开放。公共服务均衡普惠，高标通过国家义务教育优质均衡发展区、学前教育普及普惠区验收，成为全国首批拥有两个国字号招牌的县市区。清凉小学、光华学校等3所学校完成改扩建，新增学位2340个。市儿童医院、郑陆卫生院、红梅卫生中心焕新亮相，区域医学检验中心建成投用。完成适老化改造400户，区级托育综合服务中心落成开放，“茶饭小馆”助餐、“1+N”社区普惠托育模式全市推广。社会大局和谐稳定，信托制物业管理模式率先试点，家门口议事体系建设获评省级创新成果。重点场所燃气泄漏保护装置实现全覆盖，生产安全事故起数、死亡人数分别下降20%、33%。实体性化解信访积案31件，房地产、互联网金融、地方债务等各领域风险总体可控。

五是深学笃行、正风肃纪，主题教育走深走实。聚焦“学思想、强党性、重实践、建新功”，持续深入推进以学铸魂、以学增智、以学正风、以学促干。先后开展区委理论学习中心组学习16场、一线调查研究196次，全国主流媒体聚焦华利达“平凡人党建”，“四下基层”生动实践获中央主题教育简报刊发，“民生事项承诺制”等特色做法3次亮相主题教育官方网站。压紧压实意识形态工作责任制，上线全省首个智慧理论宣讲助手“宁晓理”，萃园“中秋诗词会”、青果巷“国韵共潮生”获中央广播电视总台《新闻联播》报道，电影《觅渡》获金鸡奖最佳音乐奖。聚力壮大“宁聚力”品牌矩阵，常州市龙城先锋乡村振兴培训中心正式揭牌，“初心映山红、凤凰涅槃生”获评全国党建创新典型案例。扎实推进干部队伍能力提升，举办“阅见未来 伴宁成长”年轻干部读书月活动，新录用公务员培养管理模式全省推广。动真碰硬抓好省委巡视整改，超七成整改措施落实到位，办理安置房产权证1.4万余套，高层住宅消防、农村道路交通等安全隐患得到妥善化解。开展3轮区委常规巡察，纪巡审联动成效显著，全年立案139件，留置9人，党纪政务处分95人。建成开放全省首家监察文化馆，接待参观研学726批次、2.5万人次，正气充盈、政治清明的良好局面得到有力维护。

一年来，区委充分发挥总揽全局、协调各方作用，观大势、谋全局、抓要事，切实把党的领导落实到各领域各方面各环节。区人大及其常委会创新打造“民呼我应、助宁无忧”工作品牌，全过程人民民主的天宁样本更加鲜活。区政府集中精力抓好经济运行调度，向上向好的发展态势不断巩固。区政协积极探索“委员联系界别群众”实践路径，“有事好商量”画出最大同心圆。党管武装、统一战线、民族宗教和依法治区等工作全面加强，工青妇等群团组织作用充分彰显。在此，我代表区委，向全区广大党员干部群众和社会各界人士，致以最衷心的感谢和最崇高的敬意！

在肯定成绩的同时，也清醒地认识到，经济社会发展还面临不少困难挑战。主要是：有效需求不足、社会预期偏弱，经济增长内生动力还不够强劲，部分企业生产经营依然面临较大压力；城乡融合发展任重道远，基础设施建设推进不快，公共服务品质距离群众期待仍有差距；全面从严治党还有薄弱环节，少数党员干部专业知识不足、斗争能力不强、规矩意识有所弱化，违纪违法案件仍有发生，等等。对此，要高度重视，采取有力措施加以解决。

二、抢抓机遇乘势而上，在更大格局中找准发展坐标

即将过去的2023年，是江苏发展史上具有特殊意义的一年。这一年，习近平总书记全国两会期间参加江苏代表团审议并发表重要讲话，并于7月、12月两次亲临江苏视察。从“在高质量发展上继续走在前列”，到“在推进中国式现代化中走在前、做示范”，再到“紧紧依靠人民把强国建设、民族复兴伟业不断推向前进”，总书记三次重要讲话重要指示都饱含着对江苏发展的亲切关怀和殷殷厚望，更蕴含着对党和国家事业的深邃思考、对江苏工作的把脉定向。学习贯彻总书记重要讲话重要指示精神始终是进行时，我们要不断深化学习、深入领悟，更加自觉地用以武装头脑、指导实践、推动工作。

即将过去的2023年，也是常州发展史上具有里程碑意义的一年。这一年，常州成为全国人口最少、地域面积较小、人均水平较高的万亿之城，实现了综合竞争力、资源集聚力、区域辐射力、发展影响力的大幅跃升。迈进万亿之城，是金灿灿的荣誉，更是沉甸甸的责任；是披荆斩棘、长期奋斗的果实，更是起航新征程、扬帆再出发的动员。作为全市高质量发展的重要板块，我们理应在常州“万亿之城再出发”的新征程中，充分展示“天宁所长”、彰显“天宁价值”、体现“天宁担当”。全区上下要牢固树立“小区要有大作为”的理念，永葆“闯”的精神、“创”的劲头、“干”的作风，主动把握新一轮发展最好的“时”与“势”，紧扣“长三角三新经济高地、现代化城乡治理样板”发展定位，深入推进“3511”发展战略，奋力展现“走在前、做示范”的新气象新成效。

要巩固优势、积蓄胜势，努力实现“人无我有、人有我优、人优我特”。在区域竞争愈演愈烈的当下，唯有放大比较优势，才能脱颖而出，争取更多发展红利。要多做有品质、有质量的事，追求“最好”“最优”，形成更多在全市全省乃至全国都叫得响、立得住的品牌。要放大都市经济优势，加快现代服务业大发展、大繁荣，支持检验检测认证、研发设计等生产性服务业向专业化和价值链高端延伸，引导养老育幼、文化旅游等生活性服务业向高品质和多样化升级，实现总量持续壮大、质效明显提升。要放大城乡融合优势，以国家城乡融合发展改革试验区建设为抓手，一体推进党建引领、规划先行、产业升级、生态治理、配套联动、农民致富六项重点任务，实现城市乡村各美其美、美美与共。要放大文化底蕴优势，坚持守正创新，更加注重以文兴业、以文聚力、以文化经，在建设中华民族现代文明上探索新经验，创造更多人文经济学的实践样本，让“第二个结合”在天宁大地绽放更多绚丽之花。要放大民生品牌优势，始终坚持以“工匠精神”抓好城市更新，把整个天宁作为景区来打造，精美规划、精致设计、精心建设、精细

管理，加快塑造更有颜值、更有温度、更具归属感的幸福城市，更好展现常州“教我如何不想她”的独特魅力。

要对标一流、攻坚突破，努力实现“质量变革、效率变革、动力变革”。对标一流既是一种工作境界，也是一种价值追求，更是新时代拼搏奋斗的生动诠释。要坚持问题导向，主动担当作为，切实把工作中的“痛点、堵点、难点”转化为高质量发展的“支点、亮点、增长点”。要提升产业发展水平，牢牢抓住新一轮产业变革带来的战略机遇，走稳走好新型工业化道路，统筹推进传统产业焕新、新兴产业壮大、未来产业培育，加快数字经济与先进制造业、现代服务业深度融合，在强链、补链、延链上展现新作为。要提升项目建设水平，充分发挥重大项目的牵引带动和战略支撑作用，牢固树立“项目为王”的工作导向，一切围绕项目转、一切盯着项目干，狠抓谋划、招引、对接、推进、调度，切实以项目建设引领发展、支撑发展、保障发展。要提升企业创新水平，深入实施科创主体倍增行动，进一步强化企业主导的产学研用深度融合，加快集聚高层次人才，加快形成新质生产力，使天宁高质量发展更多依靠创新驱动的内涵型增长。要提升园区贡献水平，坚持存量消化与增量建设并举，健全完善“一个产业、一份规划、一个公司、一支队伍、一套政策、一只基金”的专题园区运作模式，聚焦项目、整合要素、配置资源，努力打造更多垂直开发区。

要真抓实干、争先进位，努力实现“走在前列、勇挑大梁、多作贡献”。站在“万亿之城再出发”的新起点，要知重负重、担责尽责，进一步增强“提标意识”，按照“走在前、做示范”的重大要求，把发展目标定得更高、劲头鼓得更足、步伐迈得更大，做到既为一域争光、更为全局添彩。要树牢造福人民的政绩观，尊重规律、实事求是，科学把握发展过程中稳和进、立和破、虚和实、标和本、近和远的关系，出实招、求实绩，打基础、利长远，有效防止“四个冲动”，坚决剔除一切制约高质量发展的不稳定因素，给天宁的明天留下坚实的产业基础、广阔的发展空间、过硬的干部队伍和清朗的政治生态。要鼓足干事创业的精气神，主动加强学习，拓宽视野格局，加快完善履职尽责必备的知识体系，不断提升“八种本领”“七种能力”。始终保持锐意进取、迎难而上的奋斗姿态，善于发现机遇、创造机遇、把握和用好机遇，积极担当作为、敢于善于斗争，做到战略上更加主动、战术上更加精准。要形成狠抓落实的好局面，大力弘扬“事不过夜、马上就办”的优良作风，进一步匡正干的导向，增强干的动力，形成干的合力，抓住一切有利时机，利用一切有利条件，定了就干、干则干成，努力以自身工作的确定性应对形势变化的不确定性，一步一个脚印把习近平总书记擘画的宏伟蓝图变成美好现实。

三、锚定目标奋发进取，推动高质量发展继续走在前列

2024 年是中华人民共和国成立 75 周年，是全面完成“十四五”规划目标任务的关键一年，也是常州“万亿之城再出发”的第一年。当前，外部环境依然错综复杂，经济运行面临较大压力，但经济回升向好、长期向好的基本趋势没有改变，支持高质量发展的要素条件不断积聚增多。全区上下要切实把思想和行动统一到党中央对形势的科学判断上来，坚定战胜困难、继续前进的信心和底气，以高度的战略定力办好自己的事，把工作的着力点放在更加主动的系统谋划上、放在更加积极的贯彻落实上，牢牢掌握发展主动权，以奋发之姿凝聚奋斗之力、走好奋进之路。

明年工作的总体要求是：坚持以习近平新时代中国特色社会主义思想为指导，全面贯彻中共二十大精神和习近平总书记对江苏工作重要讲话重要指示精神，深入落实中央经济工作会议和省委全会、省委经济工作会议、市委全会部署要求，坚持稳中求进工作总基调，统筹推进“五位一体”总体布局、协调推进“四个全面”战略布局，完整准确全面贯彻新发展理念，全面落实“四个走在前”“四个新”重大任务，锚定目标、奋发进取，扎扎实实、踏踏实实，巩固增强经济回升向好态势，更好统筹发展和安全，努力在高质量发展中走在前列、在推进中国式现代化中走在前做示范，不断谱写“强富美高”新天宁现代化建设新篇章。

2024 年经济社会发展的主要预期目标是：地区生产总值增长 5% 左右；一般公共预算收入增长 3% 左右；实际使用外资、进出口总额稳中提质；居民人均可支配收入与 GDP 增幅基本同步；社会消费品零售总额平稳增长；安全生产形势平稳向好；主要污染物减排、单位 GDP 能耗下降、大气、水环境质量改善完成市下达任务。实际工作中，要努力争取更好结果。

做好明年工作，重点是做到“六个坚持”：

（一）坚持项目为王、产业强区，加快打造发展硬核支撑

更加注重提振市场信心、稳定社会预期，着力激发有潜能的消费，扩大有效益的投资，形成消费和投资相互促进的良性循环。

1. 积极扩大有效投资。项目建设是经济发展的生命线、压舱石、稳定器。要狠抓项目招引，持续开展好“重

大项目攻坚突破年”活动，紧盯“链条、集群、配套”，开展小分队驻点招商，深化以商引商、基金招商、科技招商，滚动储备一批投资体量大、科技含量高、辐射带动强、市场前景好的省、市重点项目，确保全年落地10亿元项目5个，力争30亿元项目实现再突破。加强专业研判，着力培养一支懂经济、懂产业、会沟通、会协商的专业招商队伍，严格落实综合论证、集体研究、跟踪评价等风控机制，坚决杜绝“捡到篮子里就是菜”的项目冲动。提高推进效率，深化重大项目全周期管理，提速佳尔科仿真、曼淇威高端装备等104个重点项目建设，推动“拿地即开工、竣备即发证”从特例转向常态，早日形成更多可统可见的投资量、实物量。同时，要积极抢抓特别国债、地方政府专项债券发行机遇，及时谋划储备一批高质量项目，做好前期工作，争取更多项目纳入国家总盘子。

2. 借势竞逐风口赛道。省委赋予常州“全力打造代表江苏高质量发展水平、具有国际竞争力的新能源产业高地”的光荣任务。要立足天宁实际、放大比较优势，更大力度为“新能源之都”建设添砖加瓦。要加快集聚扩大规模，坚持“有链强链、缺链补链、上下延链”，以轻量化、智能化为主攻方向，精准招引新能源汽车关键零部件企业，鼓励本地企业跨界配套，形成“楼上楼下”“左邻右舍”的产业生态圈。聚焦第三代半导体、太阳能光伏的产业化布局，持续深耕设计研发、封装测试、专用设备等高附加值环节。拓展场景示范应用，紧盯新能源“三率”，抓紧引进一批操控感知、智能网联领域的创新企业，加快构建“车能路云”融合生态，建成投用新能源汽车服务舱。深化整区分布式光伏开发试点，推广建筑光伏一体化应用。着眼未来前瞻布局，坚持市场主导和政府引导相结合，主动探路氢能和新型储能、合成生物、人工智能等未来赛道，努力在产业周期循环中提前卡位、抢占高点。

3. 加快推进数字转型。以智能制造为主攻方向，深入推进产业基础高级化和产业链现代化，实现数字技术与实体经济耦合共生。要引导传统行业焕新，加快纺织服装、生物医药、装备制造等传统产业“智改、数转、网联”，培育星级上云企业30家、典型应用场景50个。赋能新兴产业裂变，鼓励航天云网、中天互联等双跨平台输出解决方案，支持浩万新能源、诺德电子创建国家智能工厂、数字领航企业，全年新增省级智能工厂（车间）5家以上。筑牢数字发展基座，积极争取常州智算中心落地，推动重点园区千兆光网优质覆盖。加快标识解析二级节点推广应用，力争接入企业突破2000家、标识解析率超过60%。

4. 释放多元消费潜能。消费是经济增长的持久动力，要着力扩大内需，推动消费从疫后恢复转向持续扩大。要提档升级传统消费，积极开展龙城嗨购节、越夜悦天宁等消费促进活动，改造提升中山门、光华路等4处农贸市场，推动住宿餐饮、批发零售加速回补。加快发展新型消费，积极培育数字供应链、直播带货等平台经济，启动购物中心加层改造，办好大运河半程马拉松、天宁美食节，实现更多“流量”变“销量”。持续提振大宗消费，促进房地产市场平稳健康发展，鼓励新能源汽车、电子产品、绿色家居消费，加快形成消费引导供给、供给创造需求的良好局面。

5. 培优育强园区楼宇。开发区要守好主阵地，进一步放大“智造”优势，专注产业集群化发展，全年新落地企业100家以上，三新经济规模突破400亿元，进入省级开发区前20位。高新区要争做排头兵，进一步打响“科创”品牌，深入推进空间资源的碎片化整理，加快基础设施建设，布局一批有成长性的强链、补链、延链项目，全力创建省级经济发达镇。城区街道要提高首位度，进一步厚植“税源”根基，加速楼宇经济从“场地租赁”转向“产业培育”，通过政策驱动、项目带动、服务促动，全年新增税收超千万楼宇5座以上。各专题园区要构筑增长极，选准方向、狠抓招引，加速去化、提高产出，力争主导产业集聚度达70%，亩均税收50万元以上。

（二）坚持创新引领、人才驱动，加快塑造新动能新优势

注重以科技创新赋能产业转型、以产业需求聚合创新要素，持续深化“四链”融合，推动“关键变量”加速成长为“最大增量”。

1. 培育高成长企业。强化科技创新同现实生产力对接，借创新之力推进强链、补链、延链。要壮大创新主体，扎实做好“五经普”工作，加快“微成长、小升规、高变强”，着力引育一批能有效掌控细分领域的隐形冠军，全年新增“四上”企业200家、高新技术企业120家、省级以上专精特新企业20家。扩容上市梯队，靠前服务、精准指导，合理规划企业上市路径，完成创志科技IPO，加快海图科技、坛墨质检上市进程，滚动储备后备企业100家。深耕质量标准，支持“链主”企业主导参与各类标准制定，新增发明专利授权550件，争创国家知识产权强县建设试点区域。

2. 集聚高层次人才。落实教育、科技、人才一体发展，加快建设人才友好、青年友好城区。要坚持以产聚才，主动策应三大赛道、合成生物产业需要，集聚资源、

加码政策，精准引进一批行业领军人才和创新创业团队，全年新增高层次人才300人、“龙城英才计划”项目28个。提升产改质效，扎实推进产教融合、校企合作，健全技能人才培养使用、评价激励机制，带动更多一线职工爱制造、善创造、敢创新。擦亮爱才名片，加快龙城人才会客厅建设，统筹教育、医疗、休闲资源配置，全方位提升人才公寓运行品质、服务品位和形象品牌，构建更多集创业孵化、产业集聚、商务社交等功能于一体的人才服务综合体。

3. 打造高能级平台。创新平台是科技型中小项目落地发展的重要载体，是集聚创新要素的引力场。要建好研发机构，加快云制造先导中心、5G科创中心创新综合体建设，改进运营能力，提升产出效率，新增省级以上双创载体2家。密切校地合作，积极拓展与西安交大、省产研院等高校院所的合作深度，强化基础研究、应用研究、试验开发、产业发展各环节的衔接，努力实现更多“从0到1再到100”的突破。营造良好生态，扩大“创新贷”“园区保”等金融产品规模，发挥科创投资基金杠杆作用，深入推进拨投结合、投贷联动，实现“科技—产业—金融”多维互动。

（三）坚持深化改革、扩大开放，加快提升区域发展能级

以改革优化资源配置、以开放拓展空间格局，更好应对风险挑战、破解发展难题，源源不断为高质量发展赋能增效。

1. 加大改革攻坚力度。按照中央和省、市统一部署，高效完成党政机构改革。深化全域全要素空间资源治理，以“危污乱散低”出清提升为契机，压茬推进工业企业综合评价，开工建设绿色涂料集聚区、牟家智能装备产业园，提速和平、东塘路工业园腾笼换鸟，为产业发展腾出更多空间。实施新一轮国企改革深化提升行动，更大力度引进社会资本参与基础设施建设和城市改造更新，积极开拓能源站、充电桩等经营性业务，继续探索资产证券化路径，推动国有企业真正按市场化机制运营，不断提高服务保障发展的能力水平。发挥“一网统管”作用，用好区级城市运行指挥中心，聚焦“高效处置一件事”，持续推进多跨场景建设，全力打造区域治理现代化新范式。

2. 拓展对外开放格局。深度融入长江经济带，主动参与长三角一体化发展，务实推进锡常协同发展先行区建设，加快实施青洋路高架北延、大明路北延等12条基础设施互联互通工程，构建四通八达、外联内畅的路网体系。加快内外贸一体化发展，依托进博会、广交会等平台，促进国内国际市场供采对接。鼓励企业拓展“一带一路”国际市场，扩大“新三样”出口规模。加快发展以海外仓为支撑的备货模式，支持跨境电商、离岸贸易等新业态融合发展。推动外资提质上新，主动对接粤港澳大湾区资源，加快招引一批“生产＋研发”“生产＋总部”优质项目，鼓励外资企业增资扩股、利润转投、外债转股，不断提高制造业外资比重。

3. 擦亮营商环境名片。当前，经济恢复与经营主体感受还有落差，企业经营仍面临较大压力。越是这种时候，越要以良好的营商环境，帮助企业打消顾虑，进一步坚定扎根天宁、投资天宁的信心决心。要简政放权提效能，紧扣重大项目建设需要和涉企“高频事项”，加强数字政务建设，持续打响“宁好办”服务品牌，推动各类助企政策直达快享、免申即享。规范管理促公平，深化“信用＋双随机”监管，扩容“首违不罚”覆盖领域，健全产权制度和市场交易规则，以良法善治保障企业健康发展。优化服务稳预期，更加注重一线企业的微观感受，运用好“政企同心会”等服务平台，完善问题诉求闭环处理机制，及时沟通、随时解难，真正当好企业行稳致远的坚强后盾。

（四）坚持规划引领、内涵发展，加快推动城乡融合共生

高效统筹生产、生活、生态空间布局，以绣花功夫抓好城乡规划建设管理，不断增强城市综合承载力和集聚带动力。

1. 匠心推进城市更新。尊重城市发展规律，实施小尺度、渐进式有机更新，以“特而精”塑造“最常州”的品质城区。要坚定不移推进老城厢复兴，深化常宾片区策划规划，联动周边一体改造，敞开空间、做足文化，让常州“四大园林之首”的近园在穿越时空、融通古今中活态呈现、焕发新生。提升文化宫片区能级，启动前后北岸、万博广场形态重塑，推进青果巷三期、中联大厦、金秋大厦建设，打造有文化、有记忆、有看头的城市地标。加快城市风貌出新，系统谋划城中村改造，抓住机遇、用好政策，以一院兴贤巷、桃园潘家村等为试点，通过规划调整、债券争取、房票安置等手段，实现形象改观与资金平衡双赢。全力保障地铁5号线施工，启动迎宾路、横塘河西路等道路建设，新增公共停车泊位1500个、加装电梯40部、保障性租赁住房800套。持续抓好精管善治，做优“天宁智理”平台，巩固深化一体化保洁成效，试点“城市大管家”模式，确保长效管理考评稳居全市前列。

2. 全面提速乡村振兴。学习运用“千万工程”经验，加快推进农业农村现代化，创成省级乡村振兴示范镇。

要做精做特现代农业，树立大农业观、大食物观，严守耕地和永久基本农田红线，加快“一核八园”规划落地，扎实推进高标准农田建设，着力提升渔光一体项目质效，切实保障粮食和重要农产品稳定安全供给。建好全域美丽乡村，深入开展“村庄敲章”行动，实现村庄规划编制全覆盖。完成现代化宜居农房（一期）建设，持续抓好人居环境整治、基础设施提档、幸福河湖打造，推动特色田园乡村从点的建设向全域辐射延伸。拓宽富民强村渠道，发展壮大新型农村集体经济，用好农村“三块地”改革试点，唤醒闲置宅基地等“沉睡的资源”，积极培育“新农人”，做活“土特产”文章，促进一二三产全链条融合升级，把更多增值收益留在农村、留给农民。

3. 系统谋划生态焕新。坚持以美丽天宁建设为牵引，更大力度协同推进降碳减污扩绿增长，争创国家生态文明建设示范区、“两山”实践创新基地。要积极稳妥推进碳达峰碳中和，加强资源节约集约循环高效利用，推动能耗双控逐步转向碳排放双控，倒逼产业提升、发展转型。铁腕攻坚污染防治，狠抓 $PM_{2.5}$ 和臭氧“双控双减”，加快支流支浜消劣整治，提速工业污水厂改造、城南垃圾中转站迁建，牢牢守住“环境质量只能更好、不能变差”的底线。打响生态绿城品牌，探索建立区级碳汇交易平台，见缝插绿布局“口袋公园”、街景小品，积极倡导垃圾分类、绿色出行，推动天蓝、地绿、水清成为城市的“幸福底色”。

（五）坚持人民至上、普惠共享，加快绘就美好生活图景

始终把为民造福作为最大政绩，持续擦亮“六个常有”民生名片，更高标准、更高质量建设人民满意的共同富裕城市。

1. 持续抓好富民增收。要提高就业质量，坚持把就业作为最大的民生，聚焦高校毕业生、退役军人、农民工等重点群体，加强人力资源开发利用，加大援企稳岗和技能培训力度，全年新增城镇就业1.4万人。织密社保网络，积极引导灵活就业人员、个体工商户、新业态从业人员参保，推动基本医保应保尽保。健全救助体系，统筹做好社会福利、慈善事业、优抚安置等工作，滚动开展特殊困难群体帮扶和妇女儿童权益保障，确保现代化道路上不落一人、不丢一户。深化东西部协作，拓展合作领域、推进优势互补，不断巩固和发展精诚团结、互利共赢的良好局面。

2. 主动回应民生关切。要注重教育内涵发展，加快常青小学、季子幼儿园等5所学校建设，新增学位2160个。深化“基础教育综合改革实验区”建设，不断提升教师队伍进阶式培养质效。优化医卫资源配置，加快市二院延陵院区、雕庄卫生中心建设，推进茶山、天宁、兰陵卫生中心异地新建。探索集团化办医，引育高水平人才，放大特色专科优势，全面增强基层医疗卫生机构核心竞争力。全力呵护“一老一小”，打响全龄社区食堂品牌，健全“政府支持＋多元助力”的可持续发展模式，让更多老百姓就近吃上“暖心饭”。加快区级养老服务指导中心建设，新增家庭养老照护床位200张。持续推进幼儿园“托幼一体化”发展，提速社区园区嵌入式托育点布局，创建省级普惠、示范性托育机构各1家。

3. 勇担新的文化使命。一体推进历史文化保护传承与创新发展，推动更多熔铸古今、打动人心的天宁文化元素走向全国。要赓续历史文脉，加快焦溪古镇入口打造、房屋织补、资源盘活、业态更新，推动古镇社区化、IP化发展。启动寺墩遗址考古工作站建设，搭建崧泽—良渚文化展示的全新窗口。探路文旅共兴，大力繁荣文化事业和文化产业，加快东方侏罗纪项目建设，保障舜山小镇“五一”盛大开园，通过“首店、首发、首牌、首秀”协同发力，打造“来了不想走、走了还想来”的旅游目的地。注重以文润城，持续推进城乡公共服务标准化、均等化，统筹抓好文明培育、文明实践、文明创建，不断激发奋进新征程、建功新时代的强大精神动力。

（六）坚持底线思维、极限思维，加快构筑安全稳定屏障

全面贯彻总体国家安全观，深入推进社会治理现代化，有效防范化解各类风险，实现高质量发展和高水平安全良性互动。

1. 提升本质安全水平。党政领导、属地管理、部门监管、企业主体、员工岗位“五方责任”，是法律的明文规定，是刚性的纪律要求，必须坚决落实到位。要坚持认识再提高、措施再细化，聚焦自建房、危化品、城镇燃气、建筑施工、消防安全等重点领域关键环节，扎实开展隐患大排查大整治，确保风险清仓见底、整改动态清零，坚决遏制较大及以上事故发生。持续加强应急管理体系和能力建设，建成区级公共安全体验中心，强化极端天气应对、食品药品监管，争创国家安全发展示范城区。

2. 增强基层治理能力。坚持以提供群众家门口的优质服务和精细管理为追求，深化治理改革，精准放权赋能，持续擦亮“天宁善治”品牌。要巩固整治形式主义为基层减负工作成效，深耕“社区主理人”创新实践，推动“五社”资源和项目有效链接、有序合作，打造共建共治共享的现代社区治理共同体。加快法治天宁、法

治政府、法治社会一体建设，压茬推进“宁好枫桥”专项行动，扩大信托制物业服务试点，建好矛盾纠纷多元化解“一站式”平台，确保矛盾不上交、平安不出事、服务不缺位。

3. 维护社会和谐稳定。高效精准处置突发事件，强化风险防范“四项机制”，严密防范各种渗透破坏、污名抹黑行为。要深化社会治安防控体系建设，常态化开展扫黑除恶斗争，依法严厉打击电信网络诈骗。深入开展信访问题源头治理三年攻坚行动，严格落实领导干部接访下访和包案化解制度，将心比心、依法依规化解陈年积案，最大限度控增量、减存量、防变量。妥善做好金融、房地产、地方债务、粮食能源安全等各领域风险防范，坚决防止各种“黑天鹅”“灰犀牛”事件。

四、纵深推进管党治党，不断把党的自我革命推向深入

扛起“走在前、做示范”责任使命，关键在党。要认真学习贯彻习近平总书记关于党的建设的重要思想，牢牢扛起全面从严治党主体责任，深入推进新时代党的建设新的伟大工程，不断提高党的建设质量，为现代化建设提供坚强政治引领和政治保障。

一要以政治建设为统领，永葆忠诚本色。始终把旗帜鲜明讲政治摆在首要位置，更加自觉地维护党中央集中统一领导，坚定拥护“两个确立”、坚决做到“两个维护”。胸怀“两个大局”、牢记“国之大者”，健全完善习近平总书记重要讲话和重要指示批示全链条贯彻落实机制，紧扣“四个走在前”“四个新”重大任务，推进政治监督具体化、精准化、常态化。坚持制度治党、依规治党，切实把党的领导全面、系统、整体地落到实处。严格执行民主集中制，不断增强党内政治生活的政治性、时代性、原则性和战斗性。

二要以学深悟透为标尺，强化理论武装。坚持不懈用习近平新时代中国特色社会主义思想凝心铸魂，在深化、内化、转化上持续用力，更加深刻把握“两个结合”“六个必须坚持”的科学方法。推进主题教育常态化制度化，完善党员干部理论学习长效机制，及时跟进学习总书记最新重要讲话重要指示批示精神，自觉做党的创新理论的坚定信仰者和忠实实践者。加快宣传思想文化工作守正创新发展，统筹抓好正面宣传、阵地建管、网络治理等重点工作，牢牢掌握意识形态工作领导权、管理权、话语权。

三要以实干担当为导向，锻造过硬队伍。树牢“四个注重选拔、四个坚决不用”的鲜明导向，做深做实政治素质考察，健全“选育管用督”全链条培养体系，完善年轻干部选拔任用机制。深入实施新时代干部现代化建设能力提升工程，通过墩苗锻炼一批、轮岗历练一批、结对帮带一批，不断增强推动高质量发展、服务群众、防范化解风险的本领。充分释放“三项机制”的穿透力、“综合考核”的牵引力，精准落实能上能下、容错纠错、澄清正名，通过激励和约束双向发力，让干事创业导向更鲜明、动力更强劲。

四要以固本强基为目标，筑牢战斗堡垒。牢固树立大抓基层的鲜明导向，大力实施村（社区）党组织“六强六好”提升行动，结合“双百”攻坚，强功能、扬优势、补短板，推动基层组织全面进步、全面过硬。坚持以“宁聚力”品牌为引领，统筹抓好农村和城市两大阵地、传统与新兴两大领域，努力将更多“首创经验”打造成全省有地位、全国有影响的党建品牌。健全完善党组织领导下的城乡治理体系，把支部建到科技研发、项目建设、产业富民第一线，更好发挥基层党组织在抓落实“最后一公里”中的作用。

五要以全面从严为基调，建设廉洁天宁。持续深化细化全面从严治党“四责协同”机制，推动管党治党责任层层压实、一贯到底。保持决心不变、力度不减、尺度不松，持续深化整改成果运用，扎实做好巡视“后半篇文章”。健全风腐同查工作机制，锲而不舍落实中央八项规定及其实施细则精神，重拳纠治“四风”顽疾。坚持不敢腐、不能腐、不想腐一体推进，加强纪检监察监督、巡察监督、审计监督、统计监督贯通融合，深化整治权力集中、资金密集、资源富集领域的腐败。常态化抓好警示教育、家风教育、纪律教育，推动严惩腐败与严密制度、严肃教育协同发力，引导广大党员干部学纪、知纪、明纪、守纪，不断增强自我净化、自我完善、自我革新、自我提高能力。

实践充分证明，只要真正用心把总书记的重要指示精神学习领会透，真正用心把总书记和党中央、省委、市委的决策部署不折不扣贯彻执行好，真正用心把各项工作扎扎实实抓好，就能不断推动高质量发展取得积极成果。让我们更加紧密地团结在以习近平同志为核心的党中央周围，深入学习贯彻习近平总书记对江苏工作重要讲话重要指示精神，在省委、市委的坚强领导下，拿出争先率先、攀高比强的豪情，点燃热血拼搏、倾力拼抢的激情，以“走在前、做示范”的果敢担当，加快建设“长三角三新经济高地、现代化城乡治理样板”，奋力书写好中国式现代化的天宁答卷，为常州“万亿之城再出发”作出新的更大贡献！

政府工作报告

——在常州市天宁区第十七届人民代表大会第三次会议上

区长 张凯奇

（2024年1月8日）

2023年工作回顾

2023年是全面贯彻落实中共二十大精神开局之年。这一年，习近平总书记全国两会期间参加江苏代表团审议，并两次亲临江苏考察，对江苏工作把脉定向，寄予亲切关怀和殷殷厚望，令我们倍受鼓舞、倍感振奋。一年来，在市委、市政府和区委的坚强领导下，深入贯彻习近平新时代中国特色社会主义思想和中共二十大精神，全面落实“四个走在前”“四个新”重大任务，锚定“长三角三新经济高地、现代化城乡治理样板”发展定位，深入推进市“532”发展战略和区“3511”工作部署，中国式现代化天宁实践取得阶段性成效。

——新发展动能加速汇聚。天宁高新区获批市高新技术产业园，3.25平方公里核心区域全面起势。康进医疗成功入围国家级区域合作联合攻关“揭榜挂帅”榜单，全市唯一。中欧检验检测认证产业园获评江苏省仪器仪表产业园。华利达代表天宁企业首次获得省长质量奖。老工业基地调整改造第三次荣获国务院真抓实干督查激励。

——新产业赛道收获硕果。界达轻量化零部件、盛天传动等一批投资超3亿元产业项目落地开工，中电新能、亿立特能源等12家企业阔步迈入“亿元俱乐部”。成功举办2023中国汽车芯片大会，应能微电子、芯缘半导体等一批车规级芯片企业聚链成群，第三代半导体产业产值增幅超30%。亚玛顿获评国家级服务型制造示范企业，太阳能光伏产业产值迈上50亿台阶。

——新文化地标闪耀龙城。萃园“五园荟萃”，再现江南古典园林盛景，开园前10天接待游客超20万人次，登上中央广播电视总台《新闻联播》。焦溪古镇入选江南水乡古镇联合申遗预备名单。寺墩遗址入围全省唯一“考古中国”重大发现。青果巷获评国家级旅游休闲街区，景仁公园列入省级示范项目。老图书馆“红盒子”盛装归来，成为老城厢又一文化艺术地标。

——新发展成果更加殷实。稳就业工作获国务委员谌贻琴现场高度肯定。国家级“义务教育优质均衡发展区”“学前教育普及普惠区”高分通过验收。郑陆镇生态产品价值实现机制入选全国典型案例。浦南南村入选住建部老旧小区改造可复制政策机制清单。信托制物业管理模式在全省率先试点。区政府贯彻实施《政府督查工作条例》、“放管服”改革和数字政府建设两项工作获省政府督查激励。

刚刚过去的一年，困难超出预想、结果好于预期。面对多重困难挑战，理顺“千头万绪”，付出“千辛万苦”，克服“千难万险”，较好地完成区十七届人大二次会议确定的各项目标任务。预计全年实现地区生产总值970亿元，增长4.4%，一般公共预算收入50亿元，全社会固定资产投资增长5.4%，核算服务业营业收入增长12.6%，城镇居民人均可支配收入增长5.1%，全国市辖区高质量发展百强榜排名跃升至第39位。

一年来，面对经济下行的巨大压力，全力以赴强产业、提质效，经济运行平稳向好。重大项目扎实推进。举办“聚焦新能源 竞逐新赛道”重大项目推进活动，维发电子、零壹半导体等118个项目签约落户，总投资68.7亿元，超3亿元项目达9个。东方侏罗纪项目推进蹄疾步稳，城堡酒店启动建设、恐龙星球揭开面纱，年度完成投资5亿元。新增市重点项目7个，累计在库达19个，完成投资31.66亿元，超年度计划9个百分点，140个区重点项目完成投资266亿元，东风李尔、国创未来、凯成新材等一批优质项目建成投用。产业质态加速跃进。实施“智能化改造和数字化转型”专项行动，新增星级上云企业22家、省示范智能车间4家、市“智改数转”典型应用场景5个、服务商4家，工作成效获中央广播电视总台报道点赞。常药厂摘得国家级绿色工厂称号，航天云网中小企业公共服务平台获评省级双跨平台，奥比利智能制造平台入选2023数字江苏建设优秀实践成果，伊顿电力荣获省级互联网标杆工厂，干燥智能装备产业入围省级中小企业特色产业集群。助企纾困倾尽全力。“零时差、零温差”落实“民营经济31条”等政策，暖心出台“关心关爱企业家16条”，定期举办政企同心会，推动惠企政策直达快享、非申即享，兑付惠企资金7700万元，办理留抵退税4.3亿元。发放稳岗返还资金3576万元，“园区保”助企融资2.06亿元，为140家企业发放政策性贷款近12亿元，用真金白银帮助市场主体应对冲击、增强信心。

一年来，面对区域竞争的激烈态势，全力以赴扬优势、增后劲，发展动能积蓄成势。构建科技创新“生态圈”。大力实施“创新主体倍增”计划，高新技术企业净增94家，产业规模占规上工业总产值比重达46.4%，全社会研发投入占比增至2.8%。大连理工天宁创新中心落户高新区，工业互联网高企数据中心竣工验收，浩万5G智慧车间建成投用。新增国家级专精特新企业6家、省级38家，省级研发中心10家、省瞪羚企业4家，怀业信息获评省潜在独角兽企业。新增“龙城英才计划”项目32个，5家企业入选市“揭榜挂帅”项目，发明专利授权524件，强力先端荣获中国专利奖银奖。上市工作稳中有进，创志科技成为2023年全市首家IPO过会企业，海图科技成功挂牌新三板创新层。扩大对外开放“朋友圈”。增进国际交流，举办德国斯图加特产业投资说明会、日本新能源检测交流会等重大境外推介活动4场，与40家境外企业机构达成合作项目35个。锡常协同发展先行区建设加速推进，形成政务便民、水气共治等合作成果9项。积极融入“一带一路”倡议，全球营收第一的欧陆检测落户中欧检验检测认证产业园，跨境电商产业园实现开票销售额13亿元，同比增长55%，知识密集型进出口额同比增长108%，虫洞电子商务获评省内外贸一体化试点企业。拓展营商环境“服务圈”。全面落实《优化营商环境三十条措施》，创新推出“1+5+N”营商环境工作模式，重点实施十大联合攻坚工程，营商环境评价位列全省城区第一方阵。成立全省首家金融司法协同中心，“1+1+N”个转企套餐办改革在全省率先推行，“周末不打烊”延时服务全市首推。扎实推进包容审慎监管，建立健全“双随机、一公开”联合监管协作机制，集中公布第二版“首违不罚”146项事项清单，商业秘密保护创新试点全省领先。

一年来，面对融合发展的“瓶颈”制约，全力以赴提能级、优生态，城乡品质持续跃升。空间“优”的格局更加清晰。2021—2035年国土空间分区规划修编完善，实现低效用地再开发2300亩，街道发展精细化治理白皮书编制完成，调优火车站北广场、青洋路高架沿线等12个重点区域城市设计。焦溪大道、夏雷路、横塘浜路建成通车。深入开展农村道路整治提升工程，农村道路优良率提升至90.26%。征收清结“百日攻坚”行动成效显著，东青集镇、三院周边等12个项目完成清结。人才公寓建设三年行动圆满收官，累计建成投用1.13万套，君天人才公寓惊艳亮相，青柠国际人才社区获评全市第一批四星级人才公寓。城乡“美”的图景更加生动。城市面貌展现“高颜值”，53个老旧小区改造全面完工，斜桥巷获评省城市更新试点，永宁雅苑、新城金郡建成全市首批既有住宅小区加装新能源充电桩试点。M会员店开业即“顶流”，朝阳市集、翠竹市集等网红菜场升腾城市“烟火气”，“油菜花大道”“月季花路”等景观绿化成为新打卡点。“精管善治”三年行动扎实开展，空中线缆、背街小巷等城市顽疾得到有力整治，城市长效综合管理位列全市第一方阵。乡村振兴跑出“加速度”，农业农村现代化示范片区有机更新，编制村庄单元规划6个，524亩高标准农田建成投用，舜山小镇农文旅项目主体完工，牟家村、施家巷村获评省级生态宜居美丽示范村，石堰村创成省级特色田园乡村。环境“好”的态势更加明显。新一轮太湖综合治理有力实施，41条支流支浜消劣整治工程开工启动，省考断面水质稳定达Ⅱ类，串心河、机器河创成市级示范幸福河湖，生态河道示范占比全市第一，农村生活污水治理率超90%。工地扬尘、挥发性有机物、生活面源污染专项治理行动纵深推进，全年空气优良天数达282天。“危污乱散低”出清行动取得新突破，关停并转企业386家，村镇产业园用地整治提升获省自然资源厅试点。“田林长制”工作推深做实，全省首个林业“固碳基地”高标建成。

一年来，面对人民群众的急难愁盼，全力以赴惠民生、增福祉，人民生活更有质感。社会保障多元化、均等化。创新打造13个“家门口”人社服务站，全区城镇新增就业1.61万人，失业人员再就业1.54万人，支持成功自主创业1776人，持续保持零就业家庭动态清零。新增社保扩面7204人，企退人员待遇、城乡居民养老金连年调增，普通门诊统筹实际报销比例提高28.35%，最低生活标准提高至每人每月1020元。公共事业既可感、又可触。清凉小学、光华学校建成投用，新增学位2340个，培育五级梯队教师96名，两项成果获评国家级基础教育教学奖，教育改革实践入选省典型案例。完成适老化改造400户，天宁区入选全省首批居家社区养老示范地区，新增养老助餐点14家、全龄社区食堂3家，“茶饭小馆”助餐模式备受好评、成功出圈。市儿童医院、郑陆镇卫生院、红梅社区卫生服务中心竣工投用，全市首家区域医学检验中心建成运行。“1+N”社区普惠托育服务模式全市推广，中海铂悦社区、水岸社区普惠托育点暖心开园，创成全市首个儿童友好专属网格联盟。第二届全民健身运动会成功举办，市双拥馆落户天宁，青果巷创成全市首家双拥示范街。民生实事办一件、成一件。累计投入19.08亿元，10项民生实事51个指标全部兑现。开展助老助残、困境儿童帮扶等公益服务项目25个，新建困境儿童“梦想小屋”48间；保障十类困难群众“五统一”医疗救助3793人；新增公共停车泊位1718个、接入“智慧停车平台”超1.1万个；14个安置小区1.4万余套大产权证全部办结；全市首个成片加装电梯小区清凉新村交付使用；翠竹公园建成全市首家反诈主题公园。尽管财政持续承压，但我们坚持投向民生领域资金一分不少、标准一点不降，用心用情把群众身边的关键小事办好办出彩！

一年来，面对基层治理的时代课题，全力以赴补短板、守底线，社会大局和谐稳定。优化社会治理。高标建成“幸福茶馆网格微家”等一批治理微阵地，兰陵街道人民调解委员会获得司法部表彰，“家门口议事体系”摘得江苏基层社会治理创新成果奖。“社区主理人”共治项目打响品牌，天宁区获授全省“五社联动”机制创新试点。城市运行指挥中心建成投用，“民生晴雨”数字治理平台获评中国数字政府治理十佳创新案例。增强安全韧劲。扎实开展重大事故隐患排查整治专项行动，立行立改危化品、“九小场所”、医疗机构等重点领域隐患问题超5000个，全年生产安全责任事故起数、死亡人数同比分别下降20%、33%。拧紧城镇燃气“安全阀”，累计安装工业级燃气泄漏安全保护装置1892台，建成光华路瓶改管燃气示范街区。世纪华城、琉璃光生物科技产业园等4家重大火灾隐患单位摘牌销案，7个高层小区完成消防隐患整改，全年火灾起数同比下降30%。妥善化解风险。强化社会治安整体防控，严厉打击电信网络诈骗、非法集资等突出违法犯罪，违法犯罪警情、刑事发案数实现双下降，群众安全感满意度测评居全市前列。创新发展新时代“枫桥经验”，纵深推进“信访突出问题攻坚化解巩固提升年”行动，房地产、互联网金融、地方债务等各领域风险总体可控。

各位代表！过去一年，坚持全面从严治党，狠抓政府自身建设，扎实开展学习贯彻习近平新时代中国特色社会主义思想主题教育，政府系统党员干部思想更加统一、意志更加坚定、干劲更加饱满。自觉在区委领导下开展工作，依法接受区人大及其常委会监督，自觉接受区政协民主监督，全年办理市、区两级人大代表建议和政协委员提案177件，见面率、满意和基本满意率均达100%。圆满完成第五次全国经济普查清查阶段工作。全面落实省委第六巡视组反馈问题整改。深化法治政府建设，健全“三重一大”决策机制，认真执行党风廉政建设责任制，推动审计监督提质增效，切实营造风清气正的政治生态。与此同时，人民武装、民族宗教、台侨事务、保密、档案、残疾人、后勤服务、关心下一代和工会、共青团、妇联、科协、工商联、红十字会、东西部协作等工作都取得了新成效。

这些成绩的取得，根本在于习近平新时代中国特色社会主义思想科学指引，是市委市政府和区委坚强领导的结果，是区人大、区政协监督支持和社会各界关心支持的结果，是全区上下同舟共济、团结奋斗的结果。在此，代表天宁区人民政府，向全区人民，向人大代表、政协委员，向各位老领导老同志，向各民主党派、工商联和无党派人士，向各人民团体，向税务、自然资源和规划、生态环境、医保、交通执法、银行、证券、保险等各驻区单位和广大企业，向驻区部队指战员、公安政法干警、消防救援人员，向所有关心、支持天宁发展的海内外朋友们，表示衷心的感谢和崇高的敬意！

在看到成绩的同时，必须清醒地认识到，面对外部环境严峻、有效需求不足、社会预期偏弱等多重压力，经济持续向好的态势还不稳固；传统产业规模化、集约化水平不高，三新经济集聚赋能效应尚不明显，企业上市步伐有待加快；科技创新能力较为薄弱，科创平台数量、质量亟待提升；资源要素制约明显，大项目、好项目数量不够多、质量不够优，科技招商、精准招商还有待加强；教育、医疗、养老等公共服务供给与群众期盼仍有差距；政府现代化治理体系建设依然任重道远。我们一定正视差距、直面问题，全力以赴攻坚克难，绝不辜负全区人民期待！

2024年主要工作安排

2024年是新中国成立75周年，是全面完成“十四五”规划目标任务的关键之年，也是常州“万亿之城再出发”的第一年。常州经济总量和规模站上了更高台阶，城市能级的跃升必将带来更多发展资源的集聚。新一轮的发展，机遇与挑战并存，竞争将愈发激烈。越是形势多变，越要保持定力。面对错综复杂的宏观环境，必须坚信“发展是解决一切问题的关键”，坚持稳中求进、以进促稳、先立后破，更好统筹质的有效提升和量的合理增长，确保在经济增长、风险防范上稳得住，在动能转换、提高效益上进得好。越是竞争激烈，越要拉高标杆。放眼高质量发展新赛场，必须坚信“小区能有大作为”，扛起勇挑发展大梁的担当，在实体经济强区、重大项目攻坚、新兴动能培育、城乡融合发展、民生品牌打造上快人一步，实现区域综合实力的稳步提升。越是爬坡过坎，越要政企同心。当前“三重压力”“三大变局”叠加冲击，企业发展殊为不易。必须坚信“寒冬过后就是春暖花开”，始终将企业家视为天宁发展最宝贵的财富，时刻与企业家们想在一起、干在一起，持之以恒优化营商环境，为企业发展添油加力、保驾护航。越是重任在肩，越要勇毅向前。面对发展中的困难，前行路上的阻碍，必须坚信“幸福是奋斗出来的”，弘扬四敢精神，攻坚克难、砥砺奋进，集中精力办好正在做的事、必须做的事、可以做的事，不断突破既往、超越自我。

新的一年，将坚持以习近平新时代中国特色社会主义思想为指导，全面贯彻中共二十大精神和习近平总书记对江苏工作重要讲话重要指示精神，深入落实中央、省委经济工作会议和省、市、区委全会部署要求，坚持稳中求进工作总基调，完整准确全面贯彻新发展理念，全面落实“四个走在前”“四个新”重大任务，紧紧围绕经济建设这一中心工作和高质量发展这一首要任务，锚定目标、奋发进取，巩固和增强经济回升向好态势，更好统筹发展和安全，以“走在前、做示范”的果敢担当，为常州“万亿之城再出发”勇挑大梁、多做贡献。

2024年全区经济社会发展的主要预期目标是：地区生产总值增长6%左右，一般公共预算收入增长3%左右，社会消费品零售总额增长6%左右，实际使用外资、进出口总额稳中提质；居民人均可支配收入与GDP增幅基本同步；安全生产形势平稳向好；主要污染物减排、单位GDP能耗下降、大气、水环境质量改善完成市下达任务。

围绕实现上述目标，重点推进以下七个方面工作：

（一）抢占发展新赛道，奋力打造产业强区。坚持主攻实体经济不动摇，把产业发展作为立区之本、强区之基。

全力竞逐三大赛道。深度融入全市“新能源之都”建设布局，努力在强链补链延链上展现新作为。做强新能源汽车零部件产业，抢抓新能源汽车整车制造零部件本地化转型机遇，立足全区新能源汽车精密部件、装备制造、检验检测认证等优势领域，紧盯“电池、电机、电控”核心三大件，实现与整车龙头联动生产、就近配套，产业规模保持两位数增长。做精第三代半导体产业，与专业基金合作，聚力车规级芯片的技术突破及产业生态优化，加强“揭榜挂帅”科技攻关，全力实现芯片设计制造、封装测试、半导体新型材料、专业设备等全链条协同创新、集聚发展。做优太阳能光伏产业，进一步扩大场景应用，探索建设光伏一体化建筑、光储直柔建筑等绿色能源示范工程，做强光伏玻璃、封装胶膜、逆变装备等高附加值产品，提前把握钙钛矿、异质结等行业新发展趋势，加速光伏产业迭代升级，实现弯道超车。

提档升级传统产业。加速传统产业转型步伐，实现制造业集约化、数字化、绿色化发展。鼓励龙头企业做大做强，支持干燥设备、医疗器械等传统产业向价值链高端迈进，力争全年新增规上企业200家、亿元以上工业企业10家。分类推动企业“智改数转网联”，打造一批智能工厂、5G全连接工厂等行业标杆示范项目，新增星级“上云”企业30家、典型应用场景50个。支持浩万新能源、诺德电子创建国家智能工厂、数字领航企业，全年新增省级智能工厂（车间）5家以上。提速标识解析二级节点推广应用，力争接入企业超2000家、标识解析率超60%。实施工业园区质效提升行动，探索工业用地全生命周期管理，盘活用好存量土地、闲置厂房，为优质企业腾挪发展空间。纵深推进“危污乱散低”综合治理，整治提升印染、铸造、干燥等行业，引导零散低效产能有序退出。推进生产节能改造，重点打造一批绿色工厂、绿色供应链企业，提速绿色低碳发展示范区创建。

做大做强园区经济。坚持存量消化与增量建设并举，推动从“论数量拼规模”向“重质量提效益”转变。加快去化步伐，落实园区“六个一”运营机制，完善全流程服务体系，扎实推动一批产业带动性强、税收贡献度高的优质项目落户入驻，进一步放大检验检测认证产业园、金融商务广场、新一代信息技术产业园等一流园区品牌效应，力争园区主导产业集聚度达70%，亩均税收超50万元，新落地企业超200家。提速载体建设，推动中交智荟港、武澄二期等项目年内竣工，提前布局项目导入，力争开园即满铺；做深城区街道楼宇经济文章，推动楼宇载体从“企业挂靠”向“产业输出”转变，打造千红大厦、报业大厦、凤凰世纪广场等一批特色楼宇，着力构建一区一园“两翼齐飞”、特色楼宇“多点开花”的发展格局。

（二）扭住项目“牛鼻子”，奋力扩大有效投入。坚持把项目建设作为经济发展的“压舱石”，全力以赴抓项目、扩投资，优环境、增后劲。

大力度强化招商引资。创新开展招商引资擂台赛，完善细化重点产业链招商图谱，加力攻坚央企国企、实力民企，着力招引龙头型、旗舰型项目，推动总投资超10亿元项目取得再突破，新增入库省重大项目3个、市重点项目7个。聚焦大上海、大湾区等地溢出资源，建设驻点招商“前沿阵地”，紧扣既定产业方向，深入开展基金招商、海外招商、科技招商、以商引商，办好招商周、海外推介会、央企对接会等专题活动，力争全年新签约项目超130个、外资项目10个以上。瞄准未来产业强招引，发展新质生产力，聚焦合成生物、人工智能等前沿领域，积极引入一批有潜力、有技术的优质项目、关键企业，探索布局智算中心，继续发力智能网联，厚植未来发展起跑优势。

高效率推进项目建设。按照“要素跟着项目走”的要求，完善专班推进、帮办代办、跟踪服务机制，统筹调度用地、能耗、环境容量等要素指标，进一步畅通联席协调、联审会办绿色通道，推动“拿地即开工”从试点走向常态，实现良顺核电及新能源阀门、曼淇威精密装备等39个项目年内开工建设，盛天、界达等56个项目竣工投产，年度投资超230亿元。强化重大项目全生命周期闭环管理，完善税收效益评价，建立健全项目建设“回头看”和政策兑现机制。抢抓扩大内需的有利时机，用好用足中央预算内资金、特别国债、地方政府专项债等政策工具箱，适度超前实施路网提升、管网改造等一批既利当前、又利长远的基础设施项目。

全方位优化营商环境。丰富“1+5+N”营商环境工作体系内涵，纵深推进数字建设，提升长三角“一网通办”能力和“智慧大厅”建设水平，推进26个省定标准“一件事”常态化办理。创新探索政务服务增值化应用场景，深化政银企合作机制，新增100个政务服务便利点。依托省市场监管信息平台，优化跨层级、跨部门联合监管。做优知识产权强区公共服务平台，加大企业知识产权保护力度。深入抓好“关心关爱企业家16条”落地见效，着力推进减税降费、金融扶持等惠企助企政策精准滴灌，力争促成政策性贷款超12亿元。更加注重一线企业的微观感受，持续推行个体工商户分型分类精准帮扶，健全常态化政企沟通机制，营商环境评价指标继续保持全省城区第一方阵。

（三）打好创新组合拳，奋力深化改革攻坚。坚持科技是第一生产力，坚定不移聚力改革、扩大开放、突破创新，加快塑造新动能、新优势。

积蓄创新最强动力。培育高精尖创新主体，新认定高新技术企业120家，省级以上专精特新企业20家。支持龙头企业建设高水平研发中心，新增市级以上研发机构10家，万人有效发明专利拥有量达50件。深入开展股改上市“龙腾”计划，新增IPO企业2家，新三板挂牌企业3家。加快省级高新区创建，力争创成武澄国家级孵化器、常州季子国家级众创空间，新获批省级以上双创载体2家。深度融合政产学研用，携手大院大所，实施产学研合作项目20个，组织“揭榜挂帅”技术攻关项目5个。坚持以产聚才、以才促产，聚焦三大赛道产业链上下游，全力招引一批行业领军人才和优秀创业团队，力争全年新增“龙城英才计划”项目28个，引进高层次人才300人、“高精尖缺”创新人才10人。全方位提升人才公寓设计品位、运行品质、服务品牌，打造“龙城英才会客厅”，构建集创业孵化、成果转化、商务社交于一体的人才服务综合体。

释放改革最大潜力。按照中央和省市统一部署，稳妥有序推进政府组成部门机构改革。强化预算绩效管理改革，完善“三全”体系建设，优化税收征管体制机制，提升税费服务协同水平。实施新一轮国企改革深化提升行动，促进国企市场化转型，积极开拓能源站、充电桩、公共停车场管理等经营性项目，继续探索资产证券化路径，提升国有企业生产经营效益和价值创造能力。强化政府数字化转型和“一网统管”建设，在“高效处置一件事”和“多跨”示范场景上协同发力。全力支持郑陆镇创建经济发达镇，确保年内高标通过省级验收。

激发开放最优活力。积极融入锡常协同“合作圈”，探索更大范围、更宽领域、更深层次合作，全面加强交通互联、产业互融、执法互动，奋力打造“苏锡常一体化发展引领示范区”。认真落实“稳外贸”各项政策，积极帮助企业拓展外贸市场，力争实现进出口额超200亿元。持续加强与“一带一路”国家和地区开放合作，充分发挥跨境电商“买全球、卖全球”作用，布局建设“一核多园”跨境电商产业园，为企业搭建对外贸易最优平台。

（四）深化城乡融合度，奋力扮靓美丽天宁。坚持以城乡统筹发展理念引领城市建设、加速乡村振兴，形成各美其美、美美与共的生动画卷。

加快片区更新。坚持规划引领，深化国土空间规划成果，完善龙城大道—青洋路互通等8个存量片区详规编制。焕新城市面貌，集中力量攻坚清结北广场、中村等地块。实施塔寺园一体化改造，深化常宾地块策划规划，重振文化宫片区活力，有序推进一院兴贤巷、桃园潘家村片区等新一轮城中村改造，建成保障性租赁住房800套。赋能地标商圈，提升购物中心、万象城等新老商圈能级，大力引入“首店、首发、首牌、首秀”，打造具有国际范、时尚感的高端消费中心城区。突出交通先行，全力支持地铁5号线建设，启动横塘河西路、迎宾路等道路建设，实施大明路北延、青洋路高架快速化改造，建设完成业丰路、紫林路等地块配套道路，新增公共区域机动车停车泊位1500个，形成更加高效便捷的交通出行体系。

推进乡村振兴。学习运用“千万工程”经验，建设新时代鱼米之乡。大力发展现代农业、科技农业、绿色农业，新建高标准农田2000亩以上。围绕清水蟹、翠冠梨、二花脸等国家地理标志，推进农产品深加工，延长产业链，提升价值链。扎实开展农村人居环境整治，高标准推进农业农村现代化示范片区建设，实施粮庄桥村工改、田改、宅改，建成省级宜居宜业和美乡村2家。促进农村一二三产融合发展，实施渔光一体等农业重大项目10个。大力发展新型农村集体经济，新增3家经营性收入超500万元村。加快“新农人”培育，支持农民多渠道灵活就业和自主创业，让农民的“钱袋子”鼓得更足、幸福生活更有预期。

提升城市管理。深入实施“精管善治”三年行动计划，突出背街小巷、农贸市场等重点环节，常态推进城市“序化、净化、绿化、美化”，巩固提升一体化保洁成效。以“城市漫步线路”为主题，推进城市微更新，新建“口袋公园”4座、配套绿化10公顷，让美丽街区“伸手可触、举步可及”。试点推行城市垃圾分类管理积分制，新建省市级垃圾“四分类”达标小区67个。深化“智慧城管”应用，拓展“天宁智理”平台功能模块，打造“纳米网格”“网上议事”等智能化应用场景，让“众创共治”理念贯穿城市治理全过程。

擦亮生态底色。深入践行两山理念，扎实建设美丽天宁。全力实施新一轮太湖综合治理，系统开展城镇污水处理提质增效“333”行动，提速郑陆工业污水厂二期建设，加快推进支流支浜消劣整治，建成幸福河湖2条，用心呵护天宁水韵之美。压紧压实大气“点位长”责任制，持续加大道路工地扬尘、餐饮油烟、汽车尾气治理力度，推动$PM_{2.5}$和臭氧浓度“双控双减”，实现空气质量优良天数比率持续提升。全力抓好中央和省生态环境保护督察反馈问题整改，解决好群众关注的突出环境问题。

（五）厚植民生幸福树，奋力促进共同富裕。坚持尽力而为、量力而行，持续保障和改善民生，让城市更美好、生活更惬意、人民更幸福。

让社会保障更普惠普适。突出做好稳就业工作，统筹推进高校毕业生、农民工、退役军人等重点群体就业，发挥“家门口”人社服务站带动功能，全年新增就业1.4万人，扶持自主创业1600人。完善城乡低保自然增长和动态管理机制，做好被征地和自愿退地农民社会保障、部分退役士兵社会保险接续等工作，社保扩面征缴6000人。健全社会救助分层分类体系，常态化开展特殊人群管理服务工作，切实保障困难群体基本生活。

让文化供给更富裕富足。进一步提升文明素养、引导文明新风，坚持开展“强国复兴有我”等主题宣教活动，强化道德模范、先进典型选树建设，推动新时代文明实践所（站）城乡全覆盖。促进景区、街区、商圈良性互动，办好大运河半程马拉松赛、天宁美食节，拓展“天宁文化旅游节”“越夜悦天宁”品牌内涵，推动萃园系列活动IP精彩出圈，确保舜山小镇如期盛大开园。深化焦溪古镇保护申遗，统筹推进核心区古建修缮、风貌提升，优化缓冲区文旅配套、业态布局。启动寺墩遗址考古工作站建设，搭建崧泽—良渚文化展示的全新窗口。

让公共事业更优质优享。持续扩大优质教育资源供给，加快推进焦溪中学、兰陵小学等项目建设，新增学位2160个，深入实施集团化办学，强化学前教育品牌创建，不断巩固基础教育领域的领跑优势。全力构建城市医联体，保障市一院原址改造和市二院延陵院区建设，实施基层社区卫生服务中心提优工程，为人民群众提供更满意的医疗卫生服务。加快养老服务均等化，改造提升综合性养老服务中心3家，新建家庭照护床位200张，大力推广社区食堂市场化运作模式，新增养老助餐点4家。加强“托幼一体化”建设，创建省级普惠、示范性托育机构各1家，新建、改扩建普惠托育服务设施各1个，推动“一老一幼”服务保障体系更为完善。

各位代表，2024年将继续加大民生领域投入，聚焦群众身边的“关键小事”，遴选提出12项民生实事候选项目提请人民代表大会审议票决，更好把民生实事做成群众期待的事、百姓满意的事。

（六）加快治理现代化，奋力推进共治共享。坚定贯彻总体国家安全观，更好统筹发展和安全，建设更高水平的平安天宁。

坚决守牢安全底线。全面贯彻“安全第一、预防为主、综合治理”方针，开展安全生产治本攻坚三年行动，深入推进危化品、城镇燃气、消防等重点领域安全隐患专项整治，持续压降安全事故起数和死亡人数，坚决遏制重特大事故发生。筑牢农村道路安全底线，加强风险隐患整治提升，确保农村道路优良率保持90%以上。强化基层应急预案体系和综合应急救援队伍建设，探索社会组织参与抢险施救协调机制，构建高水平公共安全体系。

着力化解风险隐患。加强政府性债务管理，坚决遏增量、减存量，推动债务综合成本持续下降。健全国有企业内控管理，建立多层次债务风险预警机制，合理控制企业债务规模，增强国企发展韧性。全面落实“四个最严”食品药品安全监管要求，完善分层分级精准防控，积极防范化解金融、能源等领域风险，扎实做好保交楼工作，牢牢守住群众“舌尖上”和“钱袋子”的安全。

切实创新社会治理。探索建设“完整社区”，全面推广信托制物业管理模式，切实提优服务群众的“最小单元”。坚持自治、法治、德治相结合，拓展“五社联动”“社区主理人”创新实践，用好新时代“枫桥经验”，做好源头治理，推进矛盾纠纷多元化解。健全社会治安防控体系，常态化推进扫黑除恶斗争，严厉打击电信网络诈骗等违法犯罪，确保社会安定、百姓安宁。

（七）提升行政执行力，奋力建设满意政府。奋进新征程、建功新时代，必须切实提升政府治理效能，守正创新、奋勇争先。

守绝对忠诚之正，创政治建设之新。坚持不懈用习近平新时代中国特色社会主义思想凝心铸魂，坚定拥护“两个确立”、坚决做到“两个维护”。坚持把党对一切工作的领导贯彻到政府工作各领域全过程，始终树立和践行正确的政绩观，确保中央大政方针，省委、省政府、市委、市政府和区委的决策部署不折不扣落地见效。坚持一级带着一级干、一级做给一级看，以高质量发展的实际成效体现“牢记嘱托、感恩奋进、走在前列”的责任担当。

守秉公用权之正，创法治建设之新。深入践行习近平法治思想，尊崇法律权威，建设高水平法治政府。严格执行重大行政决策程序规定，提高行政决策公信力、执行力。坚持依法行政，精准执行“首违不罚”，深入推进“双随机、一公开”。落实全过程人民民主，依法接受人大监督，自觉接受政协民主监督和社会各界监督，发挥审计“防未病、治已病”作用，深化公共资金、国有资产等重点领域监管，加强政务公开，让政府决策更科学、行政行为更规范。

守担当实干之正，创作风建设之新。把抓落实作为政府工作的生命线，坚持“精准、精细、精心”的政府工作理念，坚决做到说一件、干一件、成一件，以成效检验，用事实说话，拿成果证明，一笔一划把区委谋篇布局的美好蓝图变成精彩现实。严格落实中央八项规定及其实施细则精神，习惯过紧日子，将更多财力更加高效地用在保民生、补短板、促发展上。始终把纪律规矩挺在前，压紧压实党风廉政建设主体责任，持续巩固政府系统风清气正的政治生态。

各位代表！千钧重任催奋进、奋楫扬帆正当时！让我们更加紧密地团结在以习近平同志为核心的党中央周围，在区委的坚强领导下，与全区人民一道，接续奋斗、砥砺前行，奋力书写好中国式现代化天宁答卷，为常州“万亿之城再出发”作出新的更大贡献！

2023年重要文件题录

区委文件题录

中共常州市天宁区委、常州市天宁区人民政府关于评定2022年度全区创新发展贡献企业的决定的通知（1月19日）

中共常州市天宁区委关于成立中共常州天宁建设发展集团有限公司纪律检查委员会、中共江苏天宁城市发展集团有限公司纪律检查委员会的通知（1月20日）

中共常州市天宁区委常委会2023年工作要点（3月8日）

中共常州市天宁区委关于同意召开常州市天宁区科学技术协会第五次代表大会的批复（3月16日）

中共常州市天宁区委关于印发《天宁区2023年重点项目投资计划》的通知（4月18日）

中共常州市天宁区委、常州市天宁区人民政府印发《关于加快发展方式绿色转型积极稳妥推进碳达峰碳中和工作的实施意见》的通知（4月18日）

中共常州市天宁区委、常州市天宁区人民政府印发《关于做好2023年度全面推进城乡融合重点工作的实施意见》的通知（4月18日）

中共常州市天宁区委、常州市天宁区人民政府关于成立天宁区城市运行“一网统管”工作领导小组的通知（6月1日）

中共常州市天宁区委关于调整区委常委分工的通知（6月12日）

中共常州市天宁区委、常州市天宁区人民政府关于表彰2022年度“推动‘3511’发展战略贡献奖”先进集体和先进个人的决定（6月16日）

中共常州市天宁区委、常州市天宁区人民政府关于成立天宁区太湖综合治理指挥部的通知（6月19日）

中共常州市天宁区委、常州市天宁区人民政府关于给予2022年度工作表现突出的同志奖励的决定（6月30日）

中共常州市天宁区委关于省委巡视反馈意见集中整改进展情况的报告（8月15日）

中共常州市天宁区委关于成立区委学习贯彻习近平新时代中国特色社会主义思想主题教育领导小组的通知（9月20日）

中共常州市天宁区委、常州市天宁区人民政府关于成立天宁区推进新能源之都建设领导小组的通知（9月20日）

中共常州市天宁区委印发《关于深入开展学习贯彻习近平新时代中国特色社会主义思想主题教育的实施方案》的通知（9月23日）

中共常州市天宁区委关于进一步规范科级领导干部选拔任用工作程序的实施办法（10月22日）

中共常州市天宁区委关于印发《常州市天宁区区管国有企业领导人员管理办法》的通知（10月22日）

中共常州市天宁区委印发《关于规范全区机关事业单位中层干部选拔任用工作的实施意见》的通知（10月22日）

中共常州市天宁区委关于同意十一届区委第八轮巡察组组长授权任职及任务分工的批复（10月25日）

中共常州市天宁区委关于同意区管国有企业监察机构设置有关事项的批复（10月30日）

中共常州市天宁区委、常州市天宁区人民政府关于成立天宁区儿童友好工作领导小组的通知（12月1日）

中共常州市天宁区委关于同意召开常州市天宁区第十七届人民代表大会第三次会议的批复（12月27日）

中共常州市天宁区委关于同意召开政协常州市天宁区第十届委员会第三次会议的批复（12月27日）

区政府文件题录

常州市天宁区人民政府关于下达2023年度政府投资建设项目计划的通知（1月10日）

区政府关于评定2022年度质量建设示范单位的决定（1月20日）

常州市天宁区2022年法治政府建设情况报告（1月28日）

区政府关于调整区政府有关领导同志工作分工的通知（2月6日）

区政府关于印发《促进天宁建筑业高质量发展的实施意见》的通知（2月6日）

区政府关于印发《天宁区2023年政府工作报告责任分解落实方案》和《天宁区2023年民生实事责任分解落实方案》的通知（3月9日）

区政府关于做好我区第五次全国经济普查工作的通知（4月8日）

区政府关于印发《2023年天宁区生态文明建设工作方案》的通知（4月23日）

区政府关于印发《天宁区农贸市场综合管理体制优化提升实施意见》的通知（4月29日）

区政府关于印发《天宁区创建国家食品安全示范城市实施方案》的通知（5月31日）

区政府关于印发《天宁区高质量推进信用惠民试点创新开展信用管理与服务实施方案》的通知（5月26日）

区政府关于印发《天宁区深入推进“常有健康”三年行动方案（2023—2025年）》的通知（10月8日）

区政府关于印发郑陆镇政务服务事项调整清单的通知（11月27日）

区政府关于授予於琳雅等51名同志天宁区“优秀教育工作者”的通知（12月1日）

区委办公室文件题录

区委办公室印发《关于进一步规范和提升镇、街道人大工作的实施意见》的通知（3月6日）

区委办公室、区政府办公室印发《关于进一步加强天宁区城市管理工作的意见》的通知（3月9日）

区委办公室、区政府办公室、区政协办公室关于印发《政协常州市天宁区委员会2023年度协商计划》的通知（3月9日）

区委办公室、区政府办公室关于印发《天宁区贯彻落实第二轮中央生态环境保护督察报告整改方案》的通知（3月9日）

区委办公室关于转发天宁区关心下一代工作委员会2023年工作要点的通知（3月21日）

区委办公室、区政府办公室关于成立天宁区优化营商环境工作领导小组的通知（3月27日）

区委办公室关于印发《中共常州市天宁区委全面深化改革委员会2023年工作要点》的通知（4月6日）

区委办公室、区政府办公室关于印发《2023年天宁区落实市“532”发展战略责任清单及重点工作专班实施方案》的通知（4月18日）

区委办公室印发《关于在全区各级党组织和广大党员干部中大兴调查研究的行动方案》的通知（4月21日）

区委办公室、区政府办公室关于印发《天宁区贯彻落实江苏省统计局2022年第1统计督察组督察反馈意见整改方案》的通知（4月26日）

区委办公室关于印发《2023年度天宁区全面从严治党责任清单》的通知（5月5日）

区委办公室、区政府办公室关于开展2023年度区级领导挂钩联系服务重点企业工作的通知（5月18日）

区委办公室、区政府办公室关于常州市天宁区2022年度综合考核结果的通报（5月30日）

区委办公室关于在全区各级党组织和广大党员干部中开展“五带头五争先”活动的通知（5月30日）

区委办公室关于进一步做好学习贯彻中共二十大精神的通知（6月1日）

区委办公室、区政府办公室关于印发《天宁区关心关爱优秀企业家十六条措施》的通知（7月1日）

区委办公室、区政府办公室印发《关于进一步加强领导干部接访下访工作的意见》的通知（7月8日）

区委办公室关于调整天宁区领导干部挂钩联系点的通知（7月24日）

区委办公室、区政府办公室关于天宁区贯彻落实江苏省统计局2022年第1统计督察组督察反馈意见的整改情况的报告（7月31日）

区委办公室关于深化拓展整治形式主义为基层减负若干措施的通知（8月15日）

区委办公室、区政府办公室关于印发《在全区开展重点企业走访活动的实施方案》的通知（11月24日）

区委办公室、区政府办公室关于调整焦溪古镇申遗工作领导小组及完善相关工作机制的通知（12月19日）

区委办公室、区政府办公室关于建立常州市天宁区乡村建设行动联席会议制度的通知（12月19日）

区委办公室、区政府办公室印发《关于推动产业强区的若干政策（修订）》的通知（12月29日）

区政府办公室文件题录

关于切实做好第三次全国土壤普查工作的通知（1月18日）

区政府办公室关于2022年度天宁区校车安全管理工作考核结果的通报（1月30日）

区政府办公室关于调整天宁区爱国卫生运动委员会成员的通知（2月17日）

区政府办公室关于通报表扬2022年度全区政务信息工作先进单位和先进个人的决定（2月24日）

区政府办公室关于印发《天宁区2023年度公共基础设施城乡一体化管护体制改革试点实施方案》的通知（3月31日）

区政府办公室关于印发《2023年天宁区城乡生活垃圾分类工作实施方案》的通知（4月23日）

区政府办公室关于印发《2023年度天宁区政府重大行政决策事项目录》的通知（5月17日）

区政府办公室关于印发《天宁区普惠托育服务三年行动实施方案》的通知（6月1日）

区政府办公室关于印发《天宁区首席数据官制度建设实施意见》的通知（6月13日）

区政府办公室关于印发《常州市天宁区2023年法治政府建设工作要点》的通知（6月15日）

区政府办公室关于印发《关于在行政处罚中适用“首违不罚”规定的指导意见》的通知（6月15日）

区政府办公室关于印发《天宁区极端暴雨城市防洪避险预案（试行）》的通知（7月26日）

区政府办公室关于印发《常州市天宁区2023年度地质灾害防治方案》的通知（7月31日）

区政府办公室关于印发《天宁区区长质量奖评审规则》的通知（8月4日）

区政府办公室关于印发《天宁区质量管理先进班组管理办法》的通知（8月4日）

区政府办公室关于公布常州市天宁区行政许可事项清单（2023年版）的通知（8月30日）

区政府办公室关于印发《2023年度天宁区银行业金融机构支持地方经济高质量发展评价激励办法》的通知（10月26日）

区政府办公室关于印发《天宁区数字人民币试点工作实施方案》的通知（11月22日）

索 引

◆ 栏目编辑 陈 晨

主题词索引

说明

一、本索引采用主题分析法编制，按主题词首字的汉语拼音顺序排列，同音字按声调排列；首字相同按第二个字的音序排列，以此类推。

二、主题词后的阿拉伯数字表示内容所在页码，数字后的 a、b、c 分别表示该页的左、中、右栏。

三、本索引编有参见系统和附见系统。款目后第二个页码起为参见，表示参见内容所在位置；相关款目下一行缩后两字所排款目为附见款目。

四、特载、大事记、统计资料、重要文件选编、附录、彩页均未编制索引。

五、索引标引词采用中心词简称，天宁区区级党政机关、社会团体名称采用通行简称。

A

B

C

D

E

R

S

T

W

X

Y

Z